COLLECTION

DE

DOCUMENTS INÉDITS

SUR L'HISTOIRE DE FRANCE,

PUBLIÉS

PAR ORDRE DU ROI

ET PAR LES SOINS

DU MINISTRE DE L'INSTRUCTION PUBLIQUE.

PREMIÈRE SÉRIE.

HISTOIRE POLITIQUE.

COLLECTION

DES

CARTULAIRES DE FRANCE.

TOME III.

CARTULAIRE DE L'ABBAYE DE SAINT-BERTIN

PUBLIÉ

PAR M. GUÉRARD,

MEMBRE DE L'INSTITUT DE FRANCE.

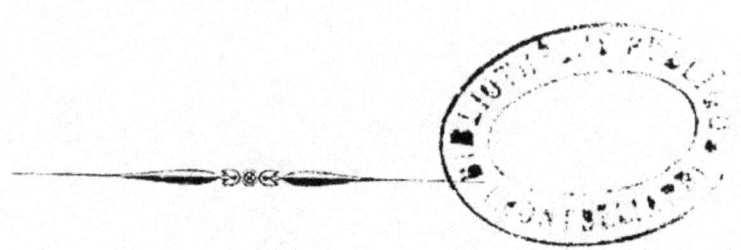

A PARIS.

M DCCC XL.

TITRES IMPRIMÉS PAR CRAPELET
RUE DE VAUGIRARD, N° 9.

PRÉFACE.

Ce recueil, divisé en trois parties, est moins un cartulaire qu'une chronique de l'abbaye de Saint-Bertin, comprise entre la fondation de cette abbaye, vers le milieu du VIIe siècle, et la mort de l'abbé Simon II, au commencement de l'année 1187. Mais, comme la première et la plus ancienne partie de l'ouvrage est depuis longtemps connue et citée par les savants sous le nom de *Cartulaire de Folquin*, nous avons cru devoir lui conserver ce titre, et nommer aussi cartulaires les deux autres parties, qui n'en sont que la continuation.

Nous avons peu de chose à dire des chartes que les auteurs ont insérées dans cette chronique. Elles sont au nombre de cent vingt-quatre, dont huit appartiennent au VIIe siècle, douze au VIIIe, vingt-six au IXe, une seule au Xe, quinze au XIe, et soixante-deux au XIIe. Ce sont, pour la plupart, des priviléges généraux, accordés d'abord par les rois, ensuite par les papes, et qui se reproduisent assez uniformément les uns les autres. Les principaux ont même été déjà publiés, en sorte que les chartes véritablement neuves sont en trop petit nombre dans ce volume pour fournir la matière d'un travail important.

C'est donc la partie historique du Cartulaire qui nous a paru, à tous égards, la plus intéressante. Les renseignements qu'elle fournit appartiennent, les uns à l'histoire générale de France, les autres à l'histoire particulière de l'abbaye; nous les examinerons séparément : mais, avant tout, nous devons donner une idée générale du Cartulaire, en faire connaître les auteurs, et décrire les manuscrits sur lesquels notre édition a été faite.

I.

Le cartulaire de Saint-Bertin fut commencé, vers le milieu du xe siècle, par un religieux de cette abbaye nommé Folquin, qui prend le titre de moine et de lévite[1]. Folquin était né en Lorraine, d'une des plus nobles familles du pays. Sa mère se nommait Thiédale, et son père Folquin[2]. Celui-ci était fils d'Odwin, dont le père, nommé aussi Odwin, était frère de l'évêque de Térouenne saint Folquin, et fils de Jérôme et d'Ermentrude. L'humble moine, qui nous fait connaître lui-même[3] cette généalogie, oublie de dire que son trisaïeul Jérôme était l'oncle de saint Adalard, abbé de Corbie, et le fils de Charles Martel[4].

L'an 948, le père et la mère de Folquin le conduisirent eux-mêmes à Saint-Omer, où ils le consacrèrent à Dieu, dans l'abbaye de Saint-Bertin, au commencement de novembre[5]. C'est à tort qu'un écrivain du xvie siècle semble lui donner le titre d'abbé[6], et que des savants l'ont confondu avec un moine

---

[1] Pag. 15. — [2] Pag. 146. — [3] Pag. 141. — [4] *Hist. littér.* t. VI, p. 384. Mabill. *Sæc Bened.* IV, part. 1, p. 625, n. 6. — [5] Pag. 146. — [6] Pag. 372.

PRÉFACE.

du même nom, qui fut abbé de Lobbes en 965[1]. Folquin ne paraît pas avoir jamais quitté son abbaye, où il mourut vers l'an 975[2]. Il n'était encore que diacre, *levita*, lorsqu'il composa son cartulaire, et rien n'indique qu'il se soit jamais élevé plus haut dans les ordres, ni qu'il ait été promu à quelque dignité dans son monastère. La souscription *Folquinus, levita et monachus, subscripsit*, mise au bas d'une charte dont il donne le sommaire[3], prouve seulement qu'il fut employé à la rédaction des actes de l'abbaye. Peut-être même eut-il la garde des archives de Saint-Bertin; la rapidité avec laquelle il a composé le recueil qui porte son nom prouve au moins qu'il en possédait à l'avance tous les éléments. Folquin prit la plume par ordre de l'abbé Adalolphe, élu le 4 avril 961, et le dernier fait qu'il rapporte dans sa chronique est la démission volontaire de ce même abbé, arrivée au plus tard au commencement de l'année suivante[4]. C'est donc en 961 que la première partie de notre cartulaire a été rédigée.

Elle commence par un pompeux éloge de saint Bertin. Folquin le compare au soleil, qu'il nomme Titan[5]. Les formules poétiques dont il orne son panégyrique prouvent qu'il n'était point étranger à la littérature profane. Il raconte ensuite, en peu de mots, l'arrivée de saint Bertin à Sithiu, et la construction dans ce lieu d'une église en pierres et en briques[6]. Rien dans sa narration ne fait même allusion à une vieille légende qui embellit de circonstances miraculeuses la deuxième fondation de l'abbaye[7]. Quoiqu'il ne soit pas entièrement exempt de la pieuse crédulité qui est un des caractères de son

---

[1] *Bibl. hist. de la Fr.* t. I, n. 12361. — [2] *Hist. littér.* t. VI, p. 384. Voy. Mabillon, *l. c.* et *Annal.* XLVI, 50. — [3] Pag. 154. — [4] Pag. 153, 154. — [5] Pag. 16. — [6] Pag. 17.

[7] Voyez les trois vies anonymes de saint Bertin, publiées dans le recueil des Bollandistes, au cinquième jour de septembre.

siècle, Folquin se montre généralement plus sensé que ses continuateurs : il est sobre de récits merveilleux; il se moque de ceux qui attribuaient à la lune une influence directe sur les événements humains[1]; il semble enfin doué d'un jugement et d'une critique peu ordinaires pour le temps où il a vécu.

Folquin se proposait, en écrivant son ouvrage, de faire connaître par ordre chronologique les actes, *gesta,* des abbés de Saint-Bertin et les donations immobilières qui avaient successivement accru le domaine de l'abbaye[2]. Quant aux chartes moins importantes, il en avait formé un recueil à part, dont les divisions correspondaient chacune à l'une des charges administratives du monastère, en sorte que chaque officier pouvait, au besoin, trouver dans un seul chapitre tous les actes qui concernaient son département[3].

En offrant son travail à l'abbé Adalolphe, Folquin proteste qu'il n'a rien écrit que ce qu'il a pu apprendre de témoins dignes de foi, ou recueillir dans les anciens diplômes échappés aux ravages des temps et du feu[4]. Ces vieux documents sont généralement datés par les années du règne des rois et du pontificat des papes. Afin de rendre les recherches plus faciles, Folquin a joint à ces dates celle des années de l'incarnation, en ayant soin toutefois de ne les jamais intercaler dans le texte des chartes, pour qu'on ne pût l'accuser de l'avoir altéré. On doit lui savoir d'autant plus gré de cette précaution, que sa concordance étant souvent fautive, ainsi que l'a remarqué Mabillon[5], on n'aurait pas manqué, s'il l'avait jointe aux actes mêmes, de rejeter comme suspects la plupart de ceux qu'il a rapportés.

Le recueil de Folquin est contenu dans un volume petit

---

[1] Pag. 133. — [2] Pag. 15 et 155. — [3] Pag. 155. — [4] Pag. 17 et 155. — [5] *Sæc. Bened.* III, 1ʳᵉ part. p. 105, n° 5.

in-folio en parchemin, écrit, à ce qu'il nous semble, au commencement du XIIe siècle, et qui appartient aujourd'hui à la bibliothèque de Boulogne[1]. Il est divisé en deux livres, précédés d'une liste des abbés de Saint-Bertin. Le premier livre se compose de soixante et un chapitres et le second de quatre-vingt-un; à la suite sont transcrites ou analysées onze chartes constatant les donations ou acquisitions des immeubles affectés à l'aumônerie du monastère; ce qui donne un total de quatre-vingt-douze chapitres pour le deuxième livre. On voit même, par la table des chapitres écrite à la tête du manuscrit de Boulogne, que le deuxième livre de Folquin se composait primitivement, dans ce manuscrit, de quatre-vingt-treize chapitres; mais, le dernier feuillet du volume ayant été arraché, il manque aujourd'hui le chapitre XCIII tout entier et la fin du chapitre XCII, lequel, ainsi qu'on s'en apercevra facilement, est incomplet dans notre édition[2].

Parmi les savants qui ont cité le Cartulaire de Folquin, Mabillon seul déclare avoir examiné lui-même l'exemplaire original conservé à Saint-Omer, dans les archives de l'abbaye de Saint-Bertin[3]. Cet original est-il le même que le manuscrit déposé aujourd'hui à la bibliothèque de Boulogne? Voici quelques observations qui rendent cette identité peu probable. Mabillon fait remonter au milieu du Xe siècle le manuscrit qu'il a examiné, tandis que l'écriture de celui de Boulogne est d'environ 150 ans plus récente. Suivant le célèbre béné-

---

[1] Une copie de ce manuscrit, exécutée avec beaucoup de soin par M. E. Miller, employé à la Bibliothèque royale, est conservée dans cette bibliothèque parmi les Cartulaires, sous le n° 158.

[2] V. p. 168. Ce chapitre XCII porte, dans la table des chapitres du manuscrit de Boulogne, le numéro XCIII, et le chapitre qui manque au manuscrit porte le numéro XCIV. C'est une erreur dont nous ferons connaître la cause en publiant cette table ci-après, à la suite de la préface.

[3] *De re diplom.* liv. VI, prolég. du diplôme n° CLXXXIX.

dictin, le recueil entier de Folquin se compose de quatre-vingt-un chapitres ; or on vient de voir que le deuxième livre renferme, à lui seul, quatre-vingt-un chapitres, et que le premier en contient soixante et un. Cette erreur de Mabillon serait d'autant plus inexplicable, qu'il a parfaitement connu le premier livre de Folquin, dont il a reproduit le prologue et donné des extraits fort étendus, et qu'il a imprimé aussi le diplôme et le préambule par lesquels s'ouvre le deuxième livre.

Si l'on compare le texte de notre édition, faite d'après le manuscrit de Boulogne, et les extraits de Folquin insérés dans le traité de Diplomatique, on y remarquera de nombreuses différences. Laissant de côté les variantes de détail, nous nous bornerons à deux observations. Mabillon, en publiant[1] la charte de Louis le Débonnaire, du 19 mars 830, qui commence à la page 77 de notre édition, n'a reproduit ni la date ni le nom du lieu où l'acte a été fait, indications auxquelles il attache ordinairement une assez grande importance. Il a aussi imprimé[2] la donation faite à saint Bertin par Amalfrid, le 8 février 685, qui est à la page 29 de ce volume. Le texte de cet acte donné par Mabillon, d'après le Cartulaire de Folquin, commence par ces mots : *Ego, in Dei nomine, Amalfridus, etc.* et se termine ainsi : *Actum Vermandis, quod fecit mensis februarius dies* VIII, *in anno* XII *regni domini nostri Teuderici*[3], *gloriosissimi regis.* L'illustre bénédictin ajoute en note : « C'est ainsi que finit la charte d'Amalfrid dans le Cartulaire de Folquin et dans la Chronique de Jean d'Ipres. Celui-ci donne cependant les premiers mots d'une sorte de préface qui était en tête de l'acte : *Quantum intellectus sensus humani, etc.* Folquin a retran-

---

[1] *De re diplom.* liv. VI, n° cc.
[2] *Ibid.* liv. VI, n° cxci.
[3] Il y a *Theoderici* dans le manuscrit de Boulogne.

ché ce préambule, sans doute parce qu'il n'ajoutait rien à la valeur historique du diplôme; mais il n'aurait pas dû omettre les souscriptions, qui sont ainsi conçues : *Amalfridus hoc testamentum, etc.;* et Mabillon reproduit, probablement d'après l'original, toute la fin de la pièce telle qu'elle est à la page 31 de notre édition, mais pourtant avec quelques variantes dans les noms propres. Or il est évident que, si les souscriptions et le préambule de la charte d'Amalfrid manquent dans l'exemplaire de Folquin dont Mabillon s'est servi, cet exemplaire est différent du manuscrit de Boulogne, d'après lequel nous avons transcrit et publié la même charte dans son intégrité.

Le recueil de Folquin se trouve encore dans un manuscrit sur papier, appartenant à la bibliothèque de Saint-Omer. C'est l'œuvre d'un moine de Saint-Bertin nommé Alard, qui y travaillait en 1509 et en 1512[1]. Ce moine semble indiquer l'existence d'un autre exemplaire de Folquin, écrit de même sur papier, *ex libro papyreo*[2]. Peut-être était-ce la même chose que le fragment signalé par lui au même endroit, sous le nom de *liber veteris Folquini*, et qui s'arrêtait au septième chapitre de notre premier livre.

Quoi qu'il en soit, le moine Alard a écrit sa copie d'après un exemplaire de Folquin qui n'est ni le manuscrit de Boulogne ni celui que Mabillon a consulté. En effet, Folquin a composé son recueil en 961; c'est un fait établi. Il est mort, suivant l'opinion commune, en 975 : on ne peut donc pas lui attribuer la notice imprimée sous le n° XCII, à la page 168 de notre édition, notice rédigée postérieurement à l'an 987, puisque Robert, fils de Hugues Capet, y figure avec le titre de roi, qu'il ne reçut qu'après avoir été associé au trône en janvier 988. Encore moins peut-on admettre qu'il eût inséré

---

[1] Notes des pages 26 et 110. — [2] Page 26, not. 3.

PRÉFACE.

lui-même, dans le recueil qui porte son nom, le chapitre xciii, par lequel se terminait primitivement le manuscrit de Boulogne, et qui contenait un diplôme de l'empereur saint Henri, de l'an 1015. Le manuscrit de Boulogne renferme donc au moins deux interpolations; mais il y en avait bien davantage dans celui d'après lequel a été faite la copie du moine Alard, que nous désignons sous le nom de manuscrit de Saint-Omer. Voici les titres des trois derniers chapitres de Folquin, d'après la table du manuscrit de Boulogne :

De dono Berhardi et Erkembaldi;

De terra Humbertusin;

Privilegium domini Henrici imperatoris[1].

Au lieu de ces trois derniers chapitres, la table du manuscrit de Saint-Omer donne les treize suivants :

De Balduino et Arnulpho, hujus loci abbatibus;

De Waltero, abbate;

Exemplar donationis terre et dominii de Harbela;

De morte Lotharii et regno Ludovici, regum;

Qualiter regnum Francorum a genere Caroli Magni sit disjunctum;

Qualiter terra nostra Humbertusin ab ecclesia fuerit alienata;

De Trudgaudo, abbate nostro;

De Odberto, abbate;

De morte Hugonis Capeti, successione filii ejus, et eventibus illius temporis;

De sancto Henrico imperatore, et fine abbatis [*Odberti*];

De Hemfrido, abbate sancti Bertini;

Exemplar privilegii domini Henrici traditi ecclesiis, etc. (1015);

De fine Henrici, imperatoris, et abbatis nostri.

---

[1] Les deux derniers titres se retrouvent dans l'extrait suivant de la table du manuscrit de Saint-Omer, au sixième et au douzième rang.

De ces treize chapitres, le manuscrit de Saint-Omer ne contient le texte que des trois derniers [1]; les dix autres remplissaient les feuillets 114 à 120, qui ont été arrachés, ainsi qu'on le voit par la pagination et par cette note, écrite sur le f° 113 : « *Hic detracta sunt capitula decem, ut patet ex datis folio-« rum et capitulorum, et indice suprasito, exemplari etiam meo.* » Quel est l'auteur de cette note? est-ce le moine Alard? Dans ce cas, les mots *Hic detracta sunt*, etc. se rapporteraient à l'exemplaire qu'il copiait, et les mots *exemplari meo* désigneraient sa propre copie, dans laquelle il aurait figuré la lacune de l'original en inscrivant le n° 120 à la tête du feuillet qui aurait dû porter le n° 114. Si la note est d'une autre main que celle du moine Alard, il en faudra conclure qu'outre le manuscrit vu par D. Mabillon, outre les manuscrits de Boulogne et de Saint-Omer, il existait encore, après 1512, un quatrième exemplaire de Folquin inconnu jusqu'ici. Dans tous les cas, il reste prouvé que le manuscrit de Saint-Omer n'a point été transcrit d'après celui de Boulogne, mais d'après un autre manuscrit, aussi inconnu, dont l'auteur avait ajouté onze chapitres nouveaux aux deux chapitres interpolés que renfermait déjà le manuscrit de Boulogne.

L'objet de ces interpolations était de combler la lacune qui existait dans l'histoire de l'abbaye, entre l'année 962, époque où Folquin avait cessé d'écrire, et l'année 1021, où commence le travail de son premier continuateur. L'auteur de ce supplément ne s'est point fait connaître, mais on verra tout à l'heure qu'il n'a pas l'autorité d'un historien contemporain.

Le manuscrit de Saint-Omer a été notre seul guide pour l'impression de la deuxième partie de la chronique de Saint-Bertin, qui renferme le cartulaire de Simon. Cependant, au

---

[1] On trouvera ces trois chapitres dans un petit appendice, à la suite de cette préface.

commencement du XVIᵉ siècle, il existait au moins deux autres exemplaires de ce cartulaire. La note *Hec... desunt in alio ms. exemplari pergamineo*, qui est au bas de notre page 197 et se rapporte aux quinze dernières lignes de cette page, prouve que le scribe Alard compilait son recueil sur deux exemplaires anciens, dont l'un lui fournissait, à cet endroit, les quinze lignes qui manquaient dans l'autre. Mabillon a aussi connu le travail de Simon; il en parle deux fois dans sa Diplomatique[1], mais sans dire un mot du manuscrit où il l'a rencontré.

Simon était né à Gand[2]. Il embrassa fort jeune la règle de saint Benoît dans l'abbaye de Saint-Bertin, où il fut élevé par un moine nommé Lambert, alors chargé des fonctions d'écolâtre, et qui enseignait aux jeunes religieux la grammaire, l'Écriture sainte et la musique[3]. Promu à la dignité d'abbé en 1095, Lambert accorda toute sa confiance à son ancien élève, et l'envoya dans divers monastères de Flandre pour y rétablir la règle[4]. L'an 1123, l'abbé Lambert étant subitement tombé en paralysie, les religieux, d'accord avec l'évêque de Térouenne, confièrent provisoirement à Simon l'administration de l'abbaye[5]. En 1127 il succéda à Eudes, abbé d'Auchi, et gouverna ce monastère pendant quatre années. Enfin Jean II, abbé de Saint-Bertin, qui s'était rangé dans le parti du pape Anaclet, ayant été déposé par Innocent II, Simon fut élu abbé à sa place et consacré par Milon, évêque de Térouenne, en 1131. Mais, cinq années après, à l'instigation des moines de Cluni, qui prétendaient avoir la suprématie sur l'abbaye de Saint-Bertin, Innocent cassa l'élection de Simon, parce qu'elle avait été faite sans l'avis de la cour romaine,

---

[1] *De re diplom.* I, II, 9; III, V, 4. — [2] Pag. 169. — [3] Pag. 169 et 212. V. *Hist. littér.* tom. XIII, pag. 78. — [4] Pag. 304. — [5] Pag. 290.

lorsque la contestation entre Saint-Bertin et Cluni était pendante devant cette cour. Il ordonna aux moines de Saint-Bertin de déposer leur abbé, et d'en élire un autre avec l'avis et le consentement des religieux de Cluni.

A la lecture des lettres pontificales, Simon, avec une résignation digne d'éloge, quitta son abbaye, où il revint mourir en 1148, après avoir passé douze années dans un couvent de sa ville natale [1].

Simon commença la rédaction du cartulaire qui porte son nom sous l'abbé Lambert et par l'ordre de cet abbé. Il se proposa l'exemple de Folquin, son prédécesseur, et adopta le même plan que lui, c'est-à-dire qu'indépendamment de la chronique des abbés, entremêlée de chartes, il fit à part un recueil d'actes, plus particulièrement destiné à l'administration des affaires temporelles de l'abbaye [2]. C'est peut-être ce dernier recueil que M. le marquis de Pastoret avait en vue lorsqu'il écrivait dans l'Histoire littéraire de la France [3] : « Le travail de Simon était divisé en trente-huit chapitres, suivis de deux livres de cens, qui regardaient deux terres de l'abbaye, et où se voit le détail des rentes et redevances auxquelles les vassaux étaient assujettis. L'auteur y ajouta le catalogue des livres qui, de son temps, composaient la bibliothèque de Saint-Bertin, suivi d'une généalogie très-succincte de nos rois des deux premières races; elle finit au roi Robert. » Ces détails ne peuvent certainement s'appliquer au travail de Simon que nous publions, et qui fait suite à l'histoire commencée par Folquin.

Ce dernier ouvrage s'arrête à la démission volontaire d'Adalolphe en 962. Personne ne s'étant mis en peine de recueillir les gestes des abbés qui s'étaient succédé à Saint-Bertin durant

---

[1] Pag. 303, 304, 322 not., 323. — [2] Pag. 169 et 170. — [3] Tom. XIII, pag. 78.

les cinquante-neuf années suivantes[1], Simon ne put, dit-il, faute de renseignements, reprendre[2] la chronique interrompue qu'à partir de l'an 1021. Il est bien évident, d'après ce passage, que les treize chapitres ajoutés au texte de Folquin, soit dans le manuscrit de Saint-Omer, soit dans le manuscrit inconnu dont celui-ci n'est que la copie, chapitres dans lesquels on trouve l'histoire de l'abbaye depuis l'an 962 jusqu'à l'an 1021, n'existaient pas encore à l'époque où Simon a écrit son cartulaire. Or le recueil de ce dernier s'étend, suivant le témoignage de ceux qui écrivirent après lui, jusqu'à l'élection de l'abbé Léon *inclusivement*[3], c'est-à-dire jusqu'à l'an 1138. Il paraît même qu'il ne s'arrêta pas là, et qu'il recueillit les circonstances principales qui la suivirent, les priviléges et les confirmations auxquels elle donna lieu. En effet, l'élection de Léon est rapportée à la page 308 de ce volume, et c'est plus loin, à la page 323, qu'on lit cette note, tirée du manuscrit même : *Hic incipit continuator Simonis.* Le dernier acte reproduit dans le cartulaire de Simon est une bulle d'Eugène III, de l'an 1145; et, comme Simon avait quitté Saint-Bertin dès l'an 1136, il a probablement terminé au fond de sa retraite de Gand le recueil qu'il avait commencé dans son abbaye.

Ce recueil se compose de trois livres, dont le premier renferme, dans notre édition, trente-quatre chapitres; le deuxième cent dix-huit, et le troisième quatorze. Soit que, pendant son administration, Simon fût entièrement absorbé par ses fonctions abbatiales, soit que la modestie lui ait imposé silence sur des faits où il avait eu la principale part, on chercherait vainement dans son cartulaire un renseignement relatif aux cinq

---

[1] C'est probablement à cause de cette négligence que notre cartulaire ne renferme qu'une seule charte du x{e} siècle; elle est dans le recueil de Folquin, p. 149 de ce volume.

[2] Pag. 170. — [3] Pag. 305.

années pendant lesquelles il a gouverné l'abbaye de Saint-Bertin. Ses continuateurs n'ont point rempli cette lacune; ils se sont contentés d'insérer quelques passages dans le travail même de Simon, afin de renouer le fil des événements, interrompu depuis 1131 jusqu'à 1138. Ces passages sont, 1° le dernier chapitre du deuxième livre[1], où il est parlé de Simon comme il n'en aurait certainement point parlé lui-même; 2° le prologue du livre III[2], où l'on raconte sommairement les travaux de cet abbé, ses écrits, sa retraite et sa mort.

Ces interpolations fournissent quelques détails sur le continuateur de Folquin. C'était un homme religieux, d'une naissance distinguée, instruit dans les lettres, mais s'exprimant avec difficulté. Certaines parties de son travail révèlent en lui une crédulité peu commune. On ne retrouve dans aucune la concision de Folquin, et Simon se dédommage trop souvent en écrivant de la difficulté qu'il éprouvait à manier la parole. Son goût pour la poésie se manifeste, chaque fois qu'il raconte la mort d'un abbé, par le soin qu'il prend de nous en donner l'épitaphe. Lui-même a écrit en vers héroïques une vie de saint Bertin. Le fragment qui nous en reste[3] est loin de rappeler l'élégante latinité de Virgile, dont pourtant Simon connaissait les ouvrages. En parlant d'un privilége pontifical qui semblait anéantir à jamais les prétentions de Cluni sur l'abbaye de Saint-Bertin[4], Simon ajoute aussitôt : *sed frustra, quia adhuc viridi latuit anguis in herba;* c'est une réminiscence du vers 93 de la troisième églogue. Ailleurs, racontant les interminables dissensions des moines réunis pour l'élection d'un abbé[5], Simon semble imiter de la manière suivante une belle phrase de Salluste[6] : *Volens itaque prior dissidentium animos in*

---

[1] Pag. 304. — [2] Pag. 305. — [3] Pag. 305 et 306. — [4] Pag. 283. — [5] Pag. 211.
[6] Nam idem velle atque idem nolle, ea demum firma amicitia est. (Sall. *Catilin.* c. xx.)

idem velle et idem nolle, firmitate amicitiæ, revocare, hac oratione iterum omnes alloquitur.

Rien n'annonce que Simon ait été moins exact que son prédécesseur dans l'usage qu'il a fait des anciennes chartes de son abbaye; mais il ne montre pas toujours une critique fort judicieuse dans l'appréciation de certains faits qu'il était pourtant à même de bien connaître. Il signale[1], par exemple, comme une miraculeuse faveur du ciel la découverte faite l'an 1050, par l'abbé Bovon, du corps de saint Bertin, lequel, inhumé par saint Folquin, évêque de Térouenne, sous le maître-autel de l'église abbatiale, *y était resté caché plus de deux cents ans*. En ouvrant le cartulaire historique dont il avait entrepris la continuation, Simon aurait appris qu'en 959, *quatre-vingt-onze ans seulement* avant la découverte de l'abbé Bovon, le corps de saint Bertin avait été élevé de terre à l'occasion d'une calamité publique, exposé à la vénération des fidèles, pendant une journée entière, dans l'église de Saint-Omer, reporté le lendemain à Saint-Bertin et rétabli dans son tombeau[2], dont la place était, à ce qu'il semble, parfaitement connue.

A partir de l'année 1145, où s'arrête la compilation de Simon, le cartulaire de Saint-Bertin a été continué, toujours sur le même plan, par des anonymes, dont le travail, divisé en cinquante-six chapitres, forme la troisième partie de cette édition, et ne se trouve aussi que dans le manuscrit de Saint-Omer.

D. Martène[3] parle d'un seul continuateur de Simon, qui aurait écrit en 1229. Le P. Lelong[4] en compte deux, l'un dont le travail s'arrêterait à l'an 1179, l'autre qui l'aurait continué

---

[1] Pag. 179.
[2] Ad propria requietionis loca (p. 151 et 152.)
[3] *Thes. anecd.* t. III, col. 442 et 443.
[4] *Biblioth. histor.* t. I, n° 12361.

jusqu'en 1229. Cette diversité d'opinions montre que les savants qui ont cité le cartulaire de Simon ne l'ont connu que de seconde main et par des notes erronées. Mabillon lui-même n'a jamais eu besoin d'examiner ce recueil, qu'il a cependant plusieurs fois mentionné, ou bien il en a eu à sa disposition un exemplaire bien différent du nôtre[1]; s'il en était autrement, comment aurait-il attribué[2] à Simon II, qui fut abbé de 1176 à 1187, le poëme sur la vie de saint Bertin, que notre cartulaire dit expressément avoir été composé par Simon Ier avant 1148, et offert à l'abbé Léon, son successeur[3], mort en 1163?

Simon a eu deux continuateurs, tous deux religieux de Saint-Bertin. Le premier a repris le cartulaire à l'année 1145; il ne s'arrête point à l'année 1179, mais au 29 janvier 1187, jour de la mort de l'abbé Simon II[4]. Ce religieux, qui n'a pas fait connaître son nom, écrivait-il seulement en 1229? Rien ne prouve péremptoirement le contraire. On sent toutefois en le lisant qu'il a été, comme Folquin et Simon, le témoin oculaire de la plupart des faits qu'il rapporte, et lui-même, en citant le témoignage des moines qui avaient fait l'élection de Simon II[5], donne clairement à entendre qu'il a vécu du temps de cet abbé. Dans tous les cas, il serait différent de l'écrivain dont parle Martène, et qu'il fait vivre en 1229, parce que Jean d'Ipres semble copier d'après cet écrivain le récit d'un fait arrivé cette année même.

On ne doit au second continuateur de Simon que quelques faits et quelques chartes, concernant l'administration de

---

[1] Les manuscrits de Folquin et de Simon que Mabillon a consultés sont probablement les mêmes que D. de Witte, archiviste de Saint-Bertin, cite dans ses copies de chartes, faisant partie de la grande collection de chartes de la Bibliothèque royale.

[2] *Sæcul. Bened.* III, part. 1, p. 106, n° 5.

[3] Pag. 305. — [4] Pag. 362. — [5] Pag. 342.

l'abbé Simon II, et que le premier continuateur avait omis. Ce travail, qui ne dépasse pas lui-même l'année 1187, est donc moins une deuxième continuation de Simon qu'un supplément de la première, supplément écrit, du reste, à une époque assez moderne, puisqu'on y trouve cité Jean le Long[1], ou Jean d'Ipres, qui fut abbé de Saint-Bertin depuis 1366 jusqu'en 1383.

Nous croyons qu'on peut, sans invraisemblance, l'attribuer au moine Alard, qui écrivait le manuscrit de Saint-Omer vers l'année 1512. Ce moine, en copiant le recueil de Folquin, de Simon et du continuateur de ce dernier, n'a pas suivi ses originaux avec une scrupuleuse fidélité. Non-seulement il a intercalé dans sa copie de nouveaux passages, comme on le verra dans notre édition, où ils figurent entre crochets, mais encore il en a retranché beaucoup d'autres que le manuscrit de Boulogne nous a seul fournis, par exemple la *breviatio villarum*, qui remplit les chapitres XVI-XXXV du deuxième livre de Folquin. De plus, il n'a fait des trois recueils qu'un seul corps d'ouvrage ayant une seule série de chapitres, depuis I jusqu'à CCCXXVIII; mais il a eu soin de noter sur la marge de son manuscrit les divisons qui existaient dans l'original ou les originaux qu'il transcrivait. Le désordre qui règne dans la série de ces notations marginales prouve qu'indépendamment des additions et des interpolations qu'il s'est permises il a cru pouvoir intervertir plusieurs fois l'ordre des chapitres qu'il a textuellement reproduits. Les notations marginales des chapitres deviennent de plus en plus rares à partir du chapitre XXIII de notre troisième partie (pag. 344) et cessent totalement à partir du chapitre XLVIII (p. 362). Cette observation démontre que le moine Alard a fait plusieurs additions au continuateur

[1] Pag. 372.

PRÉFACE.

de Simon entre les chapitres XXIII et XLVIII, et que ce dernier chapitre et les suivants sont tous de lui et ne se trouvaient pas dans les originaux d'après lesquels il a fait sa copie.

Nous avons déjà parlé des emprunts faits par Mabillon au cartulaire de Folquin. Avant lui, Aubert Lemire en avait tiré quelques chartes pour les insérer dans ses ouvrages, et ne s'était probablement servi que de simples copies. La plupart de celles qu'il a publiées ne figurent même pas dans notre cartulaire, soit parce qu'elles sont postérieures à l'époque où il se termine, soit parce qu'elles n'étaient point de nature à y trouver place[1]. Mabillon paraît donc être le premier et, nous l'avons déjà dit, le seul, parmi les savants modernes, qui ait dépouillé le Cartulaire de Folquin; il en a tiré treize diplômes, qu'on peut lire dans le sixième livre de sa Diplomatique, et dont la plupart ont été reproduits dans les Historiens de France. Mabillon n'a fait que mentionner la charte d'Adroald, qui, déjà publiée avant lui par Lemire et Lecointe, a été réimprimée depuis dans le *Gallia christiana,* où on lit encore trois autres chartes relatives à Saint-Bertin. L'une d'elles, le diplôme de Charles le Chauve, du 20 juin 877[2], est donnée, disent les auteurs du *Gallia*[3], d'après le cartulaire de l'abbaye, *ex chartario Sancti Bertini.* Ce serait pourtant faire injure à l'exactitude des Bénédictins, que de supposer imprimée d'après le cartulaire original une pièce qui est pleine de fautes. D. Martène et D. Durand, chargés de recueillir dans toute

---

[1] Dans ce nombre il faut ranger une lettre écrite en 1100 par Clémence, femme de Robert, comte de Flandre, à l'abbé de Cluni, pour l'engager à prendre la direction du monastère de Saint-Bertin, et une charte de 1105, par laquelle le même comte Robert soumet l'abbaye de Saint-Bertin à l'abbé de Cluni. (Lemire, *Oper. diplom.* p. 1147 et 1150.) La place de ces deux pièces est en effet marquée dans le cartulaire de Cluni.

[2] Pag. 123 de cette édition.

[3] Tom. III, instr. col. 110.

la France les documents nécessaires pour la nouvelle édition du *Gallia,* loin d'avoir la faculté de prendre des copies dans les archives de Saint-Bertin, purent à peine y mettre les pieds. « La bibliothèque, disent-ils eux-mêmes[1], est remplie d'un très-grand nombre de manuscrits fort anciens. Mais à peine nous permit-on d'y entrer, et le peu que nous en vîmes nous fit regretter de ne pouvoir pas en profiter. Nous aurions séjourné plus longtemps à Saint-Bertin, si nous avions eu la liberté d'y voir les manuscrits et les archives; mais il ne fut pas possible. Je ne sais si c'est parce que nous sommes réformés; car ces messieurs craignent fort ceux qui portent ce nom. » C'est donc d'après une copie du cartulaire, et non d'après le cartulaire original, que le diplôme de Charles le Chauve a été imprimé dans le *Gallia christiana.* Suivant les auteurs de l'Histoire littéraire de la France[2], il existait à Paris deux copies du recueil de Folquin, l'une à Saint-Germain-des-Prés, l'autre à la Bibliothèque royale dans le fonds de Gaignières; on les y chercherait vainement aujourd'hui. Il existe bien à la Bibliothèque royale, dans l'ancien fonds latin, un manuscrit portant le n° 5439 et intitulé *Chartularium monasterii Sancti Petri in Sithiu, vulgo Sancti Bertini, in diœcesi Audomarensi;* mais ce n'est ni le recueil que nous publions dans ce volume, ni même la collection de chartes faite en dehors de ce recueil par Folquin. En effet cette copie, qui date de 1671, se compose de deux parties; à la fin de la première on lit, *Finis antiqui chartularii Sancti Bertini;* et la seconde commence par cette note, qui est de la main de Baluze : *Incipit novum chartularium Sancti Bertini, quod tamen et ipsum vetustum est.* Les deux cartulaires forment 354 pages et sont suivis de

---

[1] *Voyage littéraire,* par deux Bénédictins de la congrégation de Saint-Maur, t. II, p. 184.
[2] Tom VI, p. 385.

ces lignes : *Chartularium istud ex originali Sancti Bertini describi jussit vir illustrissimus Johannes Baptista Colbertus, anno* MDCLXXI, *mense martio.* Steph. Baluzius. Mais la plus ancienne pièce qu'on trouve dans ce recueil est le diplôme de Charles le Chauve dont nous parlions tout à l'heure, et on y remarque la plupart des fautes qui le défigurent dans le *Gallia*. Toutes les autres chartes, émanées principalement des rois de France et d'Angleterre, des empereurs d'Allemagne, des comtes de Flandre et de Guines, sont de beaucoup postérieures à la mort de Folquin; la plus récente est de 1259.

Les archives de Saint-Bertin devaient contenir encore un troisième recueil, portant le nom de cartulaire, et qui renfermait une lettre d'Yves de Chartres au légat Conon, citée par les auteurs de l'Art de vérifier les dates[1]. Toutes ces collections diverses étaient bien différentes du recueil de Folquin, auquel, ainsi que nous l'avons déjà fait observer, le titre de *Chronique* conviendrait beaucoup mieux que celui de *Cartulaire*.

La première charte de ce recueil, la donation d'Adroald, avec quelques autres documents relatifs à l'abbaye de Saint-Bertin, ont été aussi insérés par de Bréquigny dans le volume qu'il a laissé inachevé, sous le titre de *Diplomata, chartæ,* etc. Il tenait de D. de Witte, archiviste de l'abbaye, des copies de ces pièces, faites soit d'après les originaux, soit d'après le véritable cartulaire de Folquin.

On a pu se convaincre, par les détails qui précèdent, que les diverses parties du présent ouvrage étaient, jusqu'à ce jour, mal connues. Mais si nous remontons au delà de Bréquigny, de D. Bouquet et de Mabillon, nous trouverons, vers le milieu

---

[1] Édit. in-f°, t. II, p. 292. (*Chr. hist. des comtes de Toulouse*, art. de Guillaume-Taillefer III.)

du xivᵉ siècle, une autre histoire de Saint-Bertin, écrite au sein de l'abbaye, par celui même qui en était le chef, et dans laquelle il sera facile de reconnaître, en mille fragments épars, toute la substance de notre cartulaire. Cet ouvrage est le *Chronicon ecclesiæ Sancti Bertini,* composé par Jean d'Ipres, dans la seconde moitié du xivᵉ siècle, et publié par D. Martène[1]. Quoique ce chroniqueur ne mentionne pas expressément notre recueil parmi les nombreux ouvrages dans lesquels il a compilé son histoire, on s'apercevra aisément qu'il y a puisé à pleines mains, sans même prendre la peine d'en changer toujours la rédaction. Au rebours de Mabillon, qui n'en a extrait que des chartes, Jean d'Ipres s'approprie surtout les relations historiques; quant aux actes mêmes, il se contente d'en prendre le sens et d'en rapporter ordinairement le commencement et la fin.

Le principal dessein de Jean d'Ipres a été d'écrire l'histoire de l'abbaye et des abbés de Saint-Bertin depuis l'origine du monastère. Pour donner plus d'intérêt et de clarté à ce travail, il y a joint, à leurs dates, les faits concernant l'histoire des papes, des rois de France, des comtes de Flandre, la création et l'histoire des nouveaux ordres religieux, l'érection des nouveaux évêchés, la fondation des nouveaux monastères[2]. C'est à peu près, sur un plan beaucoup plus étendu, le but que s'étaient proposé Folquin et Simon. Mais ces derniers avaient modestement borné leurs recherches aux seules chartes de leur abbaye, tandis que Jean d'Ipres s'est environné d'une foule de documents de toute espèce. Il a mis à contribution les légendes de saint Bertin, saint Omer, saint Folquin, saint Silvin, saint Remi, saint Wast, saint Ouen, saint Éloi, saint Amand, etc. etc. les chroniques des papes, des empe-

---

[1] *Thes. anecd.* t. III, col. 449 et suiv. — [2] *Ibid.* col. 447.

reurs, des rois de France, des comtes de Flandre et des comtes de Guines; les anciens documents, *antiquitates*, de l'abbaye de Saint-Bertin, les annales, histoires, chroniques et archives publiques, *archiva publica*, des abbayes de Saint-Denis, de Berg-Saint-Winox, de Waten, de Marchiennes, de Blangi et d'Andernach; les œuvres historiques de Vincent de Beauvais, de Jacques de Vitri, de Marini Sanuto et autres; enfin les textes de mille priviléges et chartes authentiques, tant de l'église de Saint-Bertin que d'autres églises[1]. C'est dans cet amalgame d'éléments divers qu'est venu se fondre notre cartulaire. Il y est morcelé, tronqué, méconnaissable; notre édition lui rend son unité et son autorité; et, malgré la publication de la chronique de Jean d'Ipres, les travaux originaux de Folquin, de Simon et de ses continuateurs ont tout le mérite de la nouveauté; et le témoignage de ces auteurs, pour les faits anciens, est autrement respectable que celui de Jean d'Ipres, qui n'écrivit que longtemps après eux.

II.

Dans le rapide examen que nous allons faire de ces travaux, nous passerons légèrement sur les renseignements étrangers à l'abbaye de Saint-Bertin. Ceux qui concernent l'histoire générale du royaume diffèrent peu des notions que nous fournissent les autres écrivains contemporains. Ils ne forment pas d'ailleurs un corps d'ouvrage complet et suivi; les chroniqueurs ont rapporté seulement les faits dont ils ont été le plus frappés, sans s'inquiéter de les lier avec les événements qui les avaient amenés et avec ceux qui en furent les conséquences.

La première relation historique de Folquin se trouve au

[1] *Thes. anecd.* col. 448.

vingt-quatrième chapitre de son premier livre[1]. Il y raconte trois batailles gagnées par Charles Martel sur le roi Chilpéric II, son général Rainfroi et son allié Eudes, duc d'Aquitaine. « Charles, ajoute notre chroniqueur, fit ensuite sa paix avec Eudes, ainsi qu'avec le roi Chilpéric, qu'il rétablit dans son royaume. Mais celui-ci ne survécut pas longtemps à cet événement; il mourut après cinq ans et demi de règne, et les Francs se donnèrent pour roi Thierry, fils de Dagobert le Jeune. » Le sacre de Pépin, de sa femme et de ses enfants, par le pape Étienne II, est raconté avec tous ses détails. L'auteur fait mourir Childéric III avant cet événement, et rapporte que ce prince fut enseveli à Sithiu, dans l'église de Saint-Bertin, sans dire qu'il eût été moine de cette abbaye[2].

Le principe d'élection, qui avait porté au trône Thierry IV présida aussi, selon Folquin, à l'élévation de Charlemagne à l'empire. « Le glorieux roi Charles, dit-il[3], étant allé à Rome, la trente-troisième année de son règne, fut élu empereur par tout le peuple, le jour de Noël, et sacré dans l'église de Saint-Pierre par le pape Léon. »

On sait qu'outre cinq femmes légitimes Charlemagne avait eu un grand nombre de concubines et de bâtards. Dans un livre intitulé *Visiones*, on lit qu'un ange fit voir au moine Wettin[4] l'empereur Charlemagne soumis à un châtiment cruel à cause de son incontinence; mais que toutefois les vertus et les belles actions du défunt empereur abrégeraient beaucoup son supplice.

---

[1] Pag. 44. — [2] Pag. 55, et 56. — [3] Pag. 68.
[4] Pag. 73. Cette vision de Wettin, moine de Reichnau, mise en écrit par Hetton, évêque de Bâle, a été reproduite en vers par Walafrid Strabon, et imprimée plusieurs fois. Voy. l'Histoire littéraire de la France, t. IV, p. 526-527, et t. V, p. XVI et 70.

PRÉFACE.

Les événements survenus depuis la mort de Charlemagne jusqu'à celle de Charles le Gros ne présentent, dans notre cartulaire, aucune particularité remarquable. « A Charles le Gros, dit Folquin[1], succéda un certain Eudes, qui n'était point de race royale; car, les empereurs étant décédés, il ne restait qu'un enfant au berceau, nommé Charles, fils de Carloman, et les Francs, n'espérant rien de lui, se donnèrent pour roi ledit Eudes, l'an du Seigneur 888 (lisez 887). » Cet enfant au berceau était Charles le Simple, fils de Louis le Bègue et non de Carloman, comme le répète encore un peu plus loin[2] notre chroniqueur. « L'an 893 le jeune Charles, fils du roi Carloman, est établi roi dans la ville de Reims, le jour de la purification de la sainte Vierge, le 4 des nones de février (2 févr.)[3], et sacré par l'archevêque Foulques, du vivant du roi Eudes. Celui-ci ayant appris qu'une partie des Francs avait élu roi ledit Charles, se mit à le poursuivre, ainsi que sa mère Ermentrude[4], sur toutes les terres des Francs. Enfin, les Francs qui l'avaient choisi pour leur roi essayèrent d'ôter la vie au roi Eudes par le poison, et ils y réussirent. Après sa mort, Charles s'arrogea sans contradiction le gouvernement des Francs. Affermi sur son trône, il se prit de grande amitié pour un certain Haganon, dont la race et la noblesse étaient inconnues aux Francs, l'éleva au-dessus de tous les autres seigneurs et en fit son conseiller le plus intime. Les Francs s'indignèrent de la faveur accordée à un inconnu; ils s'irritèrent contre leur roi et lui tendirent des embûches dans la ville royale de Laon. Échappé

---

[1] Pag. 130. — [2] Pag. 136.

[3] Le 28 janvier, d'après l'Art de vérifier les dates.

[4] La mère de Charles Simple était, suivant nos historiens, Adélaïde ou Judith, femme de Louis le Bègue; on ignore la famille de cette reine.

à ce danger par la fuite, Charles se retira en Lorraine; et les Francs, persévérant dans leurs sentiments, se choisirent pour roi un certain Robert, frère du défunt roi Eudes, et père de Hugues, depuis duc des Francs. »

Charles, ayant rassemblé une armée en Lorraine, vint au-devant de son rival dans un lieu du Soissonnais dont Folquin a laissé le nom en blanc[1]. Voici comment cet auteur raconte la mort de Robert, que plusieurs historiens disent être tombé sous les coups de Charles lui-même. « Folbert, le porte-étendard du roi Charles, cherchait attentivement Robert dans le combat. Enfin il le rencontre et le reconnaît à sa longue barbe tressée, qui, d'abord cachée sous la cuirasse, venait, par hasard, d'être mise à découvert. Aussitôt ils en viennent aux mains, se percent mutuellement de leurs traits, et, roulant ensemble à terre, ils rendent l'âme avec leur sang. Les Francs d'occident, apprenant la mort de leur roi, prirent la fuite, et la victoire resta à Charles et aux Francs orientaux. »

Cette dernière circonstance est opposée au récit de plusieurs historiens, d'après lesquels Hugues le Grand aurait à l'heure même dignement vengé la mort de son père, en battant complétement l'armée de Charles le Simple et forçant ce prince à prendre la fuite.

Vient ensuite le récit de la trahison d'Héribert, comte de Vermandois, l'emprisonnement de Charles à Péronne, que Folquin appelle[2] *Parona Scottorum;* la fuite de la reine Odgive et de son fils Louis en Angleterre, l'élévation au trône « d'un certain Raoul, fils de Richard, originaire d'Auvergne, » et la victoire remportée par ce prince sur les Normands. La mort de Charles le Simple, arrivée, suivant Folquin[3], dans la pri-

[1] Pag. 137. — [2] *Ibid.* — [3] Pag. 138.

son même de Péronne, est fixée par ce chroniqueur au 16 septembre, et non au 7 octobre de l'an 929.

Les malheurs de ce prince furent, si l'on en croit le même écrivain[1], cruellement vengés sur son persécuteur. A peine Louis IV était-il assis sur le trône, que le perfide comte de Vermandois médita contre lui des projets de trahison. Il imagina, un jour que le jeune monarque devait aller à la chasse, de l'éloigner des gens de sa suite, en l'amusant par des propos frivoles, afin de pouvoir s'emparer de sa personne. Mais Louis, averti du complot, posta dans un lieu caché une troupe de soldats qui devaient en sortir à un signal convenu; puis, partant pour la chasse avec le comte Héribert, il le dirigea, sans qu'il s'en doutât, vers le lieu de l'embuscade. Lorsqu'ils y sont arrivés, Louis feint d'embrasser le comte, l'étreint dans ses bras et s'empare d'une corde en crin que le traître avait suspendue à l'arçon de sa selle. Au même instant les soldats s'élancent au signal donné et s'emparent d'Héribert. « Le roi demanda au prisonnier ce qu'il prétendait faire de la corde attachée à la selle de son cheval; Héribert confondu avoua la trahison qu'il avait tramée dans son cœur. Sur l'ordre du roi on saisit le traître, qui fut attaché sous l'aisselle et suspendu à un arbre voisin. Tandis qu'il palpitait encore, pendu à l'arbre, Louis ordonna de couper la corde et d'abandonner le comte à la divine Providence, si elle voulait par hasard lui conserver la vie. Mais Dieu lui infligea une juste punition pour tous ses crimes; en tombant de l'arbre il creva par le milieu, car il était d'une excessive obésité. » Cet événement est le dernier que Folquin fournisse à l'histoire générale.

Le premier que raconte son continuateur est la conquête de l'Angleterre par les Normands. Simon ne manque pas de

[1] Pag. 139.

signaler les prodiges qui annoncèrent les succès de Guillaume le Bâtard en Angleterre. Quant aux motifs réels de cette formidable invasion, il n'en rapporte qu'un seul [1], le refus fait par Harold d'épouser la fille du duc de Normandie. Simon raconte également, sans l'expliquer, la guerre civile qui éclata vers le même temps en Flandre, entre Arnoul III, fils de Baudouin de Mons, et Robert le Frison, fils de Baudouin de Lille. On a droit de s'étonner de le voir passer sous silence l'intervention de Philippe Ier, roi de France, qui cependant, le 6 mars 1071, pilla et incendia la ville de Saint-Omer suivant quelques historiens, ou tout au moins les faubourgs de cette place selon quelques autres [2].

Après ces deux digressions, Simon s'écarte peu des faits relatifs à l'histoire de l'abbaye, qu'il poursuit sans interruption durant l'espace de cinquante années environ. Mais il revient ensuite sur ses pas, pour raconter les troubles suscités par les élections épiscopales dans la ville de Térouenne. L'histoire des trois évêques Hubert, Albert de Belle et Gérard, présente des particularités remarquables [3]. Hubert avait été élu évêque à l'unanimité, *electione cunctorum;* mais, à peine assis sur le siége épiscopal, il en fut honteusement chassé par les Morins. Hubert résistait de toutes ses forces à ses adversaires, lorsque, on ne sait pourquoi, il encourut la disgrâce du pape, qui, lui laissant tous ses bénéfices, le dépouilla de l'anneau pastoral. Hors d'état désormais de soutenir ses prétentions, Hubert se retira dans un couvent, où une vision surnaturelle lui apprit que Dieu n'avait point approuvé son élection à l'épiscopat. Il est probable qu'il ne tint pas compte de ce

---

[1] Pag. 197.
[2] Chronologie historique des comtes de Flandre, dans l'Art de vérifier les dates, article d'Arnoul III, dit le Malheureux.
[3] Pag. 264-266.

miraculeux avertissement, car ses ennemis vinrent le poursuivre dans sa retraite, où l'un d'eux, l'ayant découvert dans un endroit écarté, poussa contre lui son cheval et le perça de sa lance. Cet événement mit fin à l'ambition d'Hubert; il se fit moine dans l'abbaye de Saint-Bertin, y guérit de sa blessure et vécut encore longtemps dans le vieux monastère, sous l'abbé Lambert.

Son successeur, Albert de Belle, nommé aussi Lambert de Bellœil[1], élu par le crédit de ses amis à la cour de Flandre, et violemment intronisé par le comte Robert, fut repoussé de tous avec exécration. A la porte de l'église on plaça un crucifix portant au cou un écriteau en parchemin, dans lequel on interdisait, avec d'horribles imprécations, à l'évêque élu de prendre possession de son siége. Les fauteurs d'Albert ne tinrent aucun compte de cette opposition; l'un d'eux enleva le parchemin avec tant de violence, que l'image de Dieu crucifié tomba la face contre terre. A cette profanation, le clergé se disperse, abandonnant ses biens au pillage, et l'église reste au pouvoir de l'évêque intrus. Mais, au bout de quelque temps, celui-ci fut pris à l'improviste par l'avoué Eustache, qui, après lui avoir coupé la langue et les premières articulations des doigts, le chassa ignominieusement du siége qu'il avait usurpé.

Cependant les Morins avaient opposé un nommé Gérard à l'élu du comte de Flandre; mais les partisans d'Albert de Belle répandirent tant d'infâmes calomnies contre son antagoniste, que Gérard, déposé par le pape Urbain II, fut obligé de se retirer parmi les chanoines du Mont-Saint-Éloi.

Alors on se réunit de tous les lieux du diocèse dans l'église cathédrale de Térouenne, pour l'élection d'un nouveau pré-

---

[1] *Gall. chr.* t. X, col. 1541.

lat. Le clergé porta ses voix sur un chanoine de Saint-Omer nommé Erkembald, homme d'une naissance distinguée, d'une instruction solide et de mœurs irréprochables. Mais celui-ci, effrayé par le sort de ceux qu'on avait élus avant lui, refusa la dignité épiscopale. Il fallut essayer un nouveau choix, et la discorde se mit parmi les électeurs. Le candidat des abbés fut Jean, archidiacre d'Arras, chanoine régulier du Mont-Saint-Éloi, très-versé dans la connaissance des langues latine, romane et teutonique, homme recommandable, prudent et religieux. Le choix du clergé inférieur se porta sur un certain Obert de Hèle, personnage de qualités assez médiocres. Les électeurs ne pouvant s'accorder, les deux choix furent déférés à l'approbation du pape, et le souverain pontife, gagné par les recommandations de Clémence, comtesse de Flandre, et d'autres personnages influents, se décida pour Jean, qui fut enfin admis sans opposition.

Mais à sa mort les troubles recommencèrent[1]. La populace choisit pour évêque le jeune Baudouin, frère puîné de Thierry d'Alsace[2], comte de Flandre, tout à fait incapable de soutenir le fardeau d'une si haute dignité. Quoique repoussé par le métropolitain et ses suffragants, il resta quelque temps dans l'église, rendant la justice, expédiant les affaires, faisant beaucoup de mal et s'efforçant d'en faire encore davantage à ceux qui ne lui étaient point favorables. Vainement l'archevêque de Reims ordonna-t-il au peuple de Térouenne de se rassembler de nouveau pour élire canoniquement un homme capable et digne de l'épiscopat : la crainte qu'inspiraient le nouveau prélat et le comte de Flandre rendait à Térouenne

[1] Pag. 303.
[2] On donne la même qualification à Baudouin dans le *Gall. chr.* Cependant les auteurs de l'Art de vérifier les dates ne donnent à Thierry d'Alsace aucun frère du nom de Baudouin.

toute réunion impossible. L'archevêque alors appela dans son église de Reims les deux archidiacres et un petit nombre de clercs, qui procédèrent à l'élection. Leur choix tomba sur Milon, religieux de l'ordre de Prémontré, fondé récemment par l'abbé Norbert. Milon fut sacré en 1131.

Reprenons maintenant l'ordre chronologique, dont nous nous sommes écarté pour ne point interrompre l'histoire des évêques de Térouenne. On raconte que Guillaume II, dit le Roux, roi d'Angleterre, fut tué par hasard à la chasse, d'une flèche qu'un chevalier français, nommé Gautier Tyrrel, seigneur de Poix et de Pontoise, avait dirigée contre un cerf ou contre un sanglier. Guillaume le Roux, qui pendant sa vie n'avait manqué aucune occasion de s'approprier les biens des églises, qui avait disgracié Lanfranc et exilé Anselme, tous deux archevêques de Cantorbéry, ne devait pas avoir les sympathies du clergé. Aussi notre chroniqueur ne manque-t-il pas d'affirmer que la flèche qui ôta la vie au roi Guillaume, lancée contre un cerf, avait été miraculeusement détournée de sa direction. Suger, plus éclairé, donne cette opinion comme une conjecture, mais cherche à la justifier en faisant de Guillaume le Roux un horrible portrait[1]. Le même historien disculpe du crime ou de la maladresse qu'on lui imputait Gautier Tyrrel, qui, rentré en France, et à une époque où il n'avait rien à craindre ou à espérer, avait souvent juré, devant Suger lui-même, qu'il n'était pas l'auteur de la mort du roi Guillaume. Cette protestation serait-elle confirmée par notre chronique, où le meurtrier involontaire du prince anglais est nommé *Waltherus de Bekam*[2]?

Simon place, après la mort de Guillaume le Roux un évê-

---

[1] Vie de Louis le Gros, ch. 1, *Rec. des Hist. de Fr.* t. XII, p. 12.
[2] Pag. 268.

nement considérable, qui est cependant antérieur de cinq années; nous voulons parler du concile de Clermont, tenu en 1095, et dans lequel le pape Urbain II publia la première croisade. Il annonce ensuite[1] la prise de Jérusalem par les croisés l'an 1099, l'élection de Godefroi de Bouillon, duc de Lorraine, au trône de Jérusalem, enfin la formation de l'ordre du Temple, qu'il désigne fort clairement sans le nommer, mais dont il place l'origine, contrairement à l'opinion commune, sous le règne de Godefroi. Simon finit ce chapitre par cette phrase : « Qu'il me suffise d'avoir touché quelques mots de cette expédition; je sais qu'un grand nombre d'écrivains, *quamplures*, en ont consigné le récit dans des livres spéciaux. » Or l'auteur écrivait trente ans seulement après la première croisade.

La mort de saint Anselme, archevêque de Cantorbéry; celle de saint Hugues, abbé de Cluni; celle de Charles le Bon, comte de Flandre, assassiné dans l'église de Saint-Donatien à Bruges, toutes les trois accompagnées de circonstances plus ou moins miraculeuses, enfin la guerre que se firent entre eux les divers prétendants au comté de Flandre, et dans laquelle intervint le roi Louis le Gros, sont les derniers événements relatifs à l'histoire générale que l'abbé Simon ait enregistrés dans sa chronique.

Le travail de son continuateur commence[2] par le récit de la prise d'Édesse et des désastres qui accompagnèrent la deuxième croisade. Ce début semble promettre une ample moisson de renseignements historiques; mais le reste de la continuation, à l'exception d'un chapitre où sont racontés l'exil et l'assassinat de saint Thomas de Cantorbéry, ne renferme que des faits exclusivement relatifs à l'abbaye de Saint-Bertin.

---

[1] Pag. 271 et 272. [2] Pag. 322.

Nous allons tracer maintenant une rapide esquisse de l'histoire de cette célèbre abbaye, en nous appuyant principalement sur les documents contenus dans le présent volume.

III.

Dès les premiers pas, nous nous trouvons arrêté par d'assez graves difficultés chronologiques. Les époques de la naissance de saint Bertin, de son arrivée en Flandre, de la fondation de son abbaye, du commencement de son administration abbatiale, de sa retraite et de sa mort, ont donné lieu à des opinions très-diverses et qui paraissent inconciliables. On est cependant d'accord sur quelques points : tout le monde convient que saint Bertin et ses compagnons furent appelés en Flandre par saint Omer, devenu évêque de Térouenne; qu'ils fondèrent un premier monastère, dont ils furent obligés de sortir au bout de quelque temps à cause du nombre toujours croissant des moines; qu'ils bâtirent alors l'abbaye de Saint-Bertin, laquelle devint leur principal établissement, et laissèrent néanmoins quelques moines dans l'ancien couvent, qui fut depuis appelé *vetus templum* ou *monasterium*[1]. Mais à quelle date faut-il rattacher l'origine de ces deux maisons religieuses? Ici commence l'incertitude. Les opinions émises à ce sujet peuvent se réduire à trois. Jean d'Ipres[2] rapporte la construction de l'ancien monastère à l'an 626; celle du nouveau à l'an 640; il fait mourir saint Bertin à l'âge de cent douze ans, l'an 698, la soixante et treizième année de son administration dans le vieux monastère, la cinquante-neuvième de son gou-

---

[1] Il en est plusieurs fois question dans notre cartulaire, entre autres aux pag. 124 et 264 de ce volume.

[2] *Thes. anecd.* t. III, col. 458, 460, 476.

vernement dans l'abbaye proprement dite. Ces calculs, que favorisent en partie et notre cartulaire et les auteurs anonymes de la vie de saint Bertin[1], sont fondés sur une concordance erronée que les écrivains du moyen âge ont établie entre les dates des chartes, exprimées par les années des règnes, et la chronologie vulgaire. D'après le père Lecointe et Denis de Sainte-Marthe[2], saint Mommolin fut le premier abbé du vieux monastère, qu'il abandonna l'an 659 pour l'évêché de Noyon. Saint Bertin le remplaça et fonda trois années après, c'est-à-dire vers 662, la deuxième abbaye, où il mourut en 702, à l'âge de quatre-vingt-dix ans, cinquante-quatre ans après la fondation du premier monastère. Enfin les Bollandistes[3] placent à l'année 640 le premier établissement monastique de saint Bertin et de ses compagnons, à l'année 648 la naissance de l'abbaye de Saint-Bertin proprement dite. D'après eux, saint Mommolin, d'abord abbé du vieux monastère et puis des deux maisons à la fois, fut remplacé par saint Bertin, qui mourut presque centenaire vers l'an 709, environ soixante et dix ans après son arrivée en Flandre, soixante et un après la construction du vieux monastère, et la cinquantième année de son administration abbatiale. Mabillon s'accorde avec de Sainte-Marthe sur l'origine des deux maisons religieuses[4], avec les Bollandistes sur l'époque de la mort de saint Bertin[5]. Nous ne voulons pas entreprendre ici la discussion de ces différents points de chronologie; nous nous bornerons à raconter les faits tels qu'on peut les déduire de notre cartulaire, en adoptant pour guide, dans nos calculs, l'indication des années des rois de

[1] Bolland. 5 sept. p. 591, n° 5; p. 606, n° 12; p. 612, n° 46; et p. 41 du présent volume.
[2] *Gall. christ.* t. III, p. 485 et 486.
[3] Au cinquième jour de septembre, p. 559, 561, 580, 581.
[4] *Ann. Bened.* XIII, 49; XV, 1.
[5] *Ibid.* XIX, 43.

France, préférablement à celles de l'incarnation, qui ont été postérieurement ajoutées aux premières sans beaucoup de jugement et de critique.

Saint Bertin naquit aux environs de Constance sur le Rhin, vers l'an 597[1]. Il embrassa la vie monastique dans l'abbaye de Luxeuil, où il eut pour compagnons saint Omer, saint Mommolin et saint Ebertran[2]. Saint Omer, nommé évêque de Térouenne vers l'an 638[3], entreprit de rétablir la foi, qui était presque éteinte dans son diocèse, et d'en extirper les dernières racines du paganisme. Il fit venir auprès de lui saint Bertin, saint Mommolin et saint Ebertran[4], et les associa aux travaux de son apostolat[5].

A leur arrivée en Flandre, c'est-à-dire après l'an 638, Bertin et ses compagnons bâtirent dans le pays de Térouenne une belle église en pierres et en briques, consolidée à l'extérieur par des colonnes, ornée en dedans de lames d'or et de mosaïques[6]. Ils s'établirent près de cette église avec quelques moines, dont Mommolin fut le premier et l'unique abbé. Telle fut l'origine du *vieux monastère*, qui a subsisté jusqu'en 1497, époque où il a été incendié par les Anglais. L'église seule fut rebâtie dans la suite et devint la paroisse de Saint-Mommolin, bourg assez considérable, situé à peu de distance de Saint-Omer[7]. Folquin, qui n'a voulu écrire que l'histoire de la véritable abbaye de Saint-Bertin, ainsi que le prouve l'omission du nom de Mommolin dans sa liste des abbés[8], a relégué dans le prologue de son ouvrage le peu de mots qu'il a consacrés

---

[1] Pag. 7, 41. — [2] Pag. 3, 6, 7.
[3] *Gall. christ.* t. X, col. 1529.
[4] Saint Ebertran fut créé abbé de Saint-Quentin par saint Mommolin, devenu évêque de Noyon vers l'an 659. (*Gall christ.* t. IX, col. 1040.)
[5] Pag. 3 et 7.
[6] Pag. 17.
[7] *Gall. christ.* t. III, col. 484. Bolland. au 5 septembre, p. 561, n° 53.
[8] Pag. 13.

à l'ancien couvent, et son travail ne commence en réalité qu'à la donation d'Adroald [1], qui est l'acte de fondation de l'abbaye proprement dite.

Le nombre des moines croissant de jour en jour, l'ancien monastère fut jugé bientôt trop étroit pour les contenir, et Bertin fut chargé par son abbé d'aller chercher un lieu propre à l'établissement d'une colonie : ce lieu fut l'emplacement actuel de la ville de Saint-Omer. Il y avait en cet endroit, au commencement du VIIe siècle, un grand domaine qui s'appelait, du nom du territoire, *villa Sithiu*. Adroald, riche seigneur qui en était propriétaire et qui n'avait point d'héritiers, le donna avec toutes les dépendances à Bertin et à ses compagnons, afin d'y bâtir un monastère en l'honneur de saint Pierre. La donation fut faite la onzième année du règne de Clovis, fils de Dagobert, le 8 des ides de septembre (6 septembre 648)[2]. La construction de l'abbaye paraît avoir duré six ou sept ans; et ce serait seulement vers 655 que, Mommolin étant toujours abbé du vieux monastère, saint Bertin aurait pris la direction du nouveau. L'an 659, Mommolin remplaça saint Éloi sur le siége épiscopal de Noyon, et saint Bertin, à partir de cette époque, gouverna simultanément les deux abbayes[3]. Cependant l'évêque de Térouenne et l'abbé Bertin avaient fait bâtir à frais communs, sur une colline voisine du nouveau monastère, une église environnée d'un cimetière, dédiée à la sainte Vierge et destinée aux sépultures du saint évêque et des moines de Sithiu [4]. Le 18 mai 662, Omer déclara cette basilique, dans laquelle il voulait être enseveli, la propriété exclusive de l'abbaye; il la soumit entièrement à l'autorité de l'abbé Bertin et de ses successeurs, et l'affranchit à jamais de la suprématie épiscopale. L'église de la sainte

[1] Pag. 17. — [2] Pag. 17-19. — [3] Pag. 3 et 4. — [4] Pag. 23-26.

Vierge, qui prit le nom de saint Omer lorsqu'on y eut déposé le corps de son pieux fondateur, fut d'abord le centre d'une communauté monastique succursale de Sithiu[1], et au XVIe siècle, lorsque Paul IV eut érigé un évêché dans la ville de Saint-Omer, elle en devint l'église cathédrale.

Les richesses de l'abbaye s'accrurent encore, en 668, par les libéralités de Walbert, comte de Ponthieu, de Ternois et d'Arques, lequel, guéri miraculeusement par saint Bertin d'une grave blessure, fit don à l'abbaye de Sithiu de la ville d'Arques et de tout le comté qui en dépendait[2]. Mais la prospérité matérielle de sa maison n'était point l'unique but que se proposât le vénérable abbé; il se préoccupait aussi de la culture intellectuelle et morale de ses moines. C'est sous son administration que fut établie l'école de Sithiu, d'où sortit[3], vers l'an 695, le breton Winnoc, pour aller gouverner l'abbaye de Wormhoudt, que saint Bertin avait lui-même fondée.

Lorsque l'âge eut ralenti son activité, l'abbé Bertin résigna les fonctions abbatiales entre les mains du moine Rigobert. Celui-ci prit la direction de l'abbaye[4] la sixième année du règne de Childebert III, c'est-à-dire vers l'an 700. Il fit construire, par l'ordre de Bertin, une église sous l'invocation de saint Martin, qui devint la mère-église de l'abbaye; enfin il acheta, la dixième année du règne de Childebert (704), le 16 mai, un lieu nommé Rombli, dans le pays de Térouenne, avec toutes ses dépendances. Les difficultés de l'administration croissant avec le nombre des religieux, et Rigobert étant déjà fort avancé en âge, saint Bertin, qui vivait encore et conservait la haute direction de l'abbaye, en confia le gouvernement au vénérable Erlefrid[5], qui accrut les richesses du monastère par une acquisition considérable faite le 2 mai 708.

---

[1] Pag. 65, 74, 85, 87. — [2] Pag. 27. — [3] Pag. 37. — [4] Pag. 38. — [5] Pag. 39.

C'est seulement après cet acte que Folquin rapporte[1] la mort de saint Bertin, alors âgé de 112 ans[2]. Il termina sa carrière la quinzième année du règne de Childebert, la cinquante-quatrième de son administration, et fut enseveli dans l'église de Saint-Martin, dont l'abbé Erlefrid entreprit la reconstruction sur un plan plus vaste.

Nous passons sous silence les donations et les acquisitions dont s'enrichit encore l'abbaye, sous les abbés Erkembald, Waimar[3], Nanthaire, Dadbert, Hardrad et Odland. Ce dernier avait, s'il faut en croire Folquin[4], la singulière faculté d'entendre le bruit des cours d'eau cachés dans les entrailles de la terre. Il embellit le village d'Arques, l'une des principales possessions de l'abbaye, et en fit sa résidence[5]. Il y construisit une église en l'honneur de saint Martin, et un moulin, qu'il fit mouvoir en réunissant les eaux qui descendaient de la montagne. Le même abbé obtint de Charlemagne, le 26 mars 788[6], un privilége, qui fut confirmé par Louis le Débonnaire à l'abbé Fridogise le 18 septembre 820 : ce fut de pouvoir chasser les bêtes fauves dans toutes les forêts de l'abbaye, afin d'avoir des peaux pour recouvrir les livres, et faire aux moines des gants et des ceintures.

---

[1] Pag. 41.

[2] L'âge du pieux abbé n'est pas donné, il est vrai, par le manuscrit de Boulogne; mais il est consigné, indépendamment du manuscrit de Saint-Omer, dans la chronique de Jean d'Ipres. (*Thes. anecd.* t. III, p. 476.)

[3] C'est dans une donation faite à cet abbé, en juillet 745, par un prêtre nommé Félix, que l'abbé Bertin est qualifié de *saint* pour la première fois, p. 53.

[4] Pag. 67.

[5] Ce fut depuis un lieu de retraite et de repos pour les abbés de Saint-Bertin. Voy. p. 146.

[6] Cette date est fausse, puisque Odland ne succéda pas à Hardrad avant 795; mais la concession de Charlemagne n'en paraît pas moins authentique, puisqu'elle est expressément rappelée dans la confirmation de Louis le Débonnaire. Peut-être dans la date du diplôme de Charlemagne (p. 64), au lieu de *anno* xx *regni nostri*, y avait-il *anno* xxx, ce qui le rapporterait alors à l'an 798, époque où l'abbé Odland gouvernait depuis trois ans.

L'abbé Fridogise, dont nous venons de parler, Anglais de nation, était de la race royale de Charlemagne, et avait eu Alcuin pour maître. Chanoine-diacre et chancelier de Louis le Débonnaire, il était déjà pourvu des abbayes de Cormeri et de Saint-Martin de Tours, lorsqu'il obtint encore en 820, de la faveur royale, le titre d'abbé de Sithiu[1]. Homme mondain et dissipateur, Fridogise diminua le nombre des moines, afin d'appliquer à ses plaisirs une plus grande portion des revenus de l'abbaye. Il y avait quatre-vingt-trois religieux à Saint-Bertin, l'abbé n'en conserva que soixante. Quarante moines desservaient l'église de Saint-Omer; il les remplaça par trente chanoines, parmi lesquels, renonçant à la vie claustrale, il fit sa résidence ordinaire[2]. L'église de Saint-Omer resta depuis une collégiale; et, à la mort de Fridogise, les chanoines de Saint-Omer prétendirent à la suprématie sur les moines leurs voisins. Mais ce chapitre séculier rentra sous l'autorité des abbés de Saint-Bertin, l'an 839, en vertu d'une décision solennelle de saint Folquin, évêque de Térouenne[3], provoquée par le successeur de Fridogise, Hugues, fils de Charlemagne, qui périt le 15 mai[4] 844, dans la guerre de Charles le Chauve contre Pépin II, roi d'Aquitaine.

L'année précédente avait failli être troublée par une guerre civile[5]. Hugues, abbé de Sithiu, gouvernait en même temps l'abbaye de Saint-Quentin en Vermandois, à laquelle il portait sans doute une affection singulière. Jaloux de lui procurer un défenseur de plus auprès du Tout-Puissant, il imagina d'y transporter le corps de saint Omer, l'un des protecteurs du pays de Térouenne. Mais, pour y parvenir, il

---

[1] Pag. 74 et 75. *Gall. christ.* t. III, c. 489.
[2] Pag. 74, 75, 80, 87.
[3] Pag. 85, 87.
[4] Le 7 juin, suivant les annales de Fulde, ann. 844.
[5] Pag. 89-92.

fallait tromper la vigilance du peuple de ces contrées, ou se préparer à une résistance vigoureuse. Hugues associa donc à l'exécution de son projet un grand nombre d'habitants de Saint-Quentin, résolu, s'il le fallait, d'employer la violence. Il ne fut pas nécessaire d'en venir à cette extrémité; le moine Morus, gardien du saint corps, se laissa gagner, et l'abbé Hugues enleva cette dépouille sacrée, qu'il porta, suivi de sa troupe, jusqu'à la ville de Lisbourg. La divine Providence permit qu'ils s'arrêtassent en cet endroit durant trois jours. Pendant ce temps, l'illustre prélat de Térouenne, Folquin, faisait, suivant l'usage, la visite de son diocèse, pour veiller à l'exacte observation des saints canons[1]. Il était parvenu au prieuré de Wormhoudt, et déjà on lui offrait un repas digne d'un si grand pontife, quand tout à coup son frère accourt, lui annonce que le pays est perdu sans retour si l'on n'y porte remède; que le corps de saint Omer a été enlevé de son église; que, si l'évêque ne vole à sa défense, on le transporte à Saint-Quentin. Cette nouvelle jette le trouble dans le cœur du prélat. « Va, dit-il à son frère, parcours tout mon évêché, entraîne le peuple et tiens-toi prêt à trois jours d'ici dans les murs de Térouenne. J'y serai à la tête de ceux qu'avec le secours du ciel j'aurai emmenés de ces lieux. Alors, si saint Omer vient à notre aide, rien ne nous coûtera pour l'arracher à ses ravisseurs. » Trois jours après, les deux frères étaient à Térouenne. Une multitude immense se mit avec eux à la poursuite de l'abbé Hugues et de ses complices; on les atteignit à Lisbourg. Se voyant poursuivis, ils voulurent

---

[1] Saint Folquin voyageait sur un cheval qu'il avait habitué à ployer les genoux pour se laisser monter. En mourant, il le donna aux moines de Saint-Bertin L'intelligent animal assista au convoi de son maître et marcha devant son cercueil; mais ensuite il refusa de se laisser monter par personne. (P. 96.)

PRÉFACE.

reprendre leur précieux fardeau, mais en vain. Malgré les efforts trois fois répétés de la troupe entière, ils ne purent le soulever de terre, où il semblait avoir poussé des racines; force leur fut de l'abandonner et de prendre la fuite. Folquin ne s'amusa pas à les poursuivre. Il reprit son inestimable trésor, et, suivi des populations qui l'avaient accompagné, se dirigea vers l'église de Saint-Omer. Des prodiges signalèrent ce trajet. La multitude qui reconduisait la sainte relique passa, près de Térouenne, la Lys sans se mouiller; les moissons, couchées et foulées sous les pieds de ce cortége immense, se relevaient plus épaisses et plus belles après son passage. Enfin, le moine Morus, le gardien infidèle du corps de saint Omer, ayant proféré une imprécation sacrilége contre ceux qui le rapportaient au lieu de sa sépulture, au bruit des cloches des deux monastères, tomba aussitôt, la face contre terre, les membres roidis, les nerfs détendus, respirant à peine. Ramené à Saint-Bertin, il y recouvra plus tard l'ouïe et la vue, mais ne reprit jamais assez de raison pour reconnaître de quel côté se trouvait le monastère de Saint-Omer.

A partir de cette époque, l'histoire du monastère de Saint-Bertin, comme celle de beaucoup d'autres abbayes du même temps, n'offre plus guère aux lecteurs qu'une série à peine interrompue de dissensions intérieures, d'invasions au dehors et de calamités.

Un comte fort riche, nommé Hunrocus[1], était venu se faire moine et mourir à Saint-Bertin. A l'instigation de son fils l'abbé Adalard, successeur de Hugues, il avait laissé à l'abbaye des possessions considérables. Les bâtiments du monastère étaient dans un état florissant. Par ordre d'Adalard, la basilique de Saint-Pierre avait été couverte en bardeaux et celle de Saint-

[1] Pag. 110.

Bertin en plomb[1]. Mais en 859 l'abbé, desservi par des ennemis secrets auprès de Charles le Chauve, fut chassé de son abbaye et remplacé par un oncle du roi nommé Hugues. Ce fut pendant l'administration éphémère de ce dernier que les hordes normandes ravagèrent pour la première fois le pays de Térouenne[2]. Elles arrivèrent à Saint-Bertin le 1ᵉʳ juin 860; mais tout avait fui à leur approche; l'abbaye était déserte. Seuls, quatre religieux s'étaient dévoués à la mort, aimant mieux périr sous les coups des barbares que de survivre à la ruine de leur monastère. Trois d'entre eux eurent le sort des vieux sénateurs de l'ancienne Rome, dont ils imitaient, sans s'en douter, l'héroïque résolution. Cependant cette première visite des Normands ne paraît pas avoir été fort désastreuse, si l'on en juge par le peu de temps qu'exigea la réparation du dommage. Dans l'espace d'une année, on refit les toits de tous les édifices et la couverture en plomb de l'église de Saint-Bertin. L'ancien clocher de cette église n'avait pas été endommagé; mais, comme la forme en était un peu antique, on résolut d'en construire un autre plus élégant. La longueur du nouveau clocher, mesurée à terre, égalait la hauteur du comble sur lequel il devait être placé, car la charpente intérieure, construite de manière à contenir trois rangs de cloches superposés, formait ainsi trois étages sans compter la flèche[3]. Lors donc qu'on l'eut élevé sur le toit de l'église, on s'occupa de mettre au sommet de la tour un globe surmonté d'une croix. Un ouvrier nommé Bertus, placé au point le plus élevé et ravi de voir approcher la fin d'un si merveilleux ouvrage, agitait en l'air son marteau en signe de joie. Il perdit

---

[1] Notre manuscrit porte *asili* pour *assulu*, p. 93.

[2] Pag. 108.

[3] Pag. 109. Voy. les livres des miracles de saint Bertin, dans Mabillon, Sæc. bened. III, part. 1, p. 129.

malheureusement l'équilibre et tomba jusqu'à terre, mais, chose merveilleuse, ne se fit aucun mal. Bien plus, comme on s'empressait autour de lui et qu'on lui offrait de l'eau pour le remettre, il répondit en riant qu'il préférait se désaltérer avec du vin et que l'eau en ce moment n'était point de saison. Ce prodige, évidemment dû à la protection de saint Bertin, anima les ouvriers, redoubla leur ardeur et leurs forces; ils se mirent joyeusement à leur tâche et l'eurent bientôt terminée.

Tous ces travaux étaient finis lorsque Adalard reprit, le 25 juillet 861, la direction de l'abbaye, qu'il conserva un peu plus de trois années[1]. Après sa mort, arrivée le 3 février 864, Humfroi, évêque de Térouenne, fut élu abbé, le 15 mars, par le clergé et par le peuple[2]. Mais, deux ans après, un chanoine de Lorraine, nommé Hilduin, acheta l'abbaye de Saint-Bertin à Charles le Chauve, moyennant trente livres d'or[3]. Humfroi fut injustement dépouillé de sa dignité, et son successeur entra en fonctions le 19 juin 866.

Le droit d'élection aux divers offices de l'abbaye fut confirmé aux moines par le monarque et à la prière de l'abbé, qui s'étaient accordés pour violer ce même droit d'une manière si flagrante. Le 20 juin 877 Charles le Chauve, voulant satisfaire aux désirs que lui avait souvent témoignés l'abbé Hilduin, mort depuis quelques jours, régla l'emploi des diverses possessions immobilières de l'abbaye, ordonna que, conformément à la constitution de son père, le nombre des moines de Saint-Bertin serait toujours de cinquante; que les prévôts et les autres officiers seraient tous pris parmi les religieux par voie d'élection et avec l'approbation de l'abbé[4]. Trois ans auparavant, le même monarque avait institué

[1] Pag. 109 et 110. — [2] Pag. 110 et 111. — [3] Pag. 112. — [4] Pag. 123-125.

un marché qui devait se tenir tous les vendredis auprès de l'abbaye, et dont il donna les revenus aux religieux de Saint-Bertin[1]. Ce fait prouve qu'à cette époque la ville de Saint-Omer se formait déjà autour du monastère. L'abbé Foulques, élu en remplacement d'Hilduin le 9 février 878, entreprit de l'environner de murailles; mais le travail était peu avancé, lorsque, le 28 juillet de la même année, le monastère fut de nouveau envahi, pillé et incendié par les Normands[2]. Foulques, nommé archevêque de Reims à la mort du célèbre Hincmar, en 882[3], n'eut pas le temps de relever les bâtiments de l'abbaye, dont les murs à demi ruinés furent renversés par un ouragan, sous l'abbé Raoul ou Rodolphe, le 17 janvier de l'an 889[4].

Cependant on poursuivait activement les fortifications de Saint-Omer. En 891 les châtelains (*castellani*) des saints Omer, Bertin et Folquin, marchèrent contre les Normands à Widehem, et leur tuèrent trois cent dix hommes le 25 avril. Le dimanche suivant, 2 mai, les barbares s'avancèrent jusqu'au château (*castellum*) des mêmes saints, et l'attaquèrent sans succès depuis le milieu du jour jusqu'au soir. La chronique rapporte même que leurs drapeaux changèrent miraculeusement de couleur, et que douze de leurs soldats, étant parvenus à

---

[1] Pag. 120.

[2] Les auteurs du *Gall. christ.* (tom. III, col. 491) fixent la date de cette invasion au 26 décembre 881. Cependant la chronologie de Folquin, en cet endroit, offre de nombreux caractères de certitude. «Foulques, dit-il (p. 126 de notre texte), succéda à l'abbé Hilduin le 9 février, le premier dimanche de carême...... La première année de son administration, le monastère fut une seconde fois incendié par les Normands le 28 juillet, et une éclipse de soleil eut lieu le mercredi 29 octobre.» Ces trois faits se rapportent bien évidemment à la même année. Or, c'est en 878 et non en 881 que le premier dimanche de carême tombe au 9 février, que le 29 octobre est un mercredi et qu'il y a eu ce même jour une éclipse de soleil visible en Europe.

[3] Pag. 127.

[4] Pag. 130.

s'introduire dans l'église de Saint-Bertin, y perdirent la vue[1]. Ce fut la troisième et dernière alarme que ces hordes terribles causèrent à nos paisibles cénobites; mais ils se virent bientôt menacés d'une autre invasion tout aussi funeste, et à laquelle, malgré leurs efforts, il leur fut impossible de se soustraire.

Les riches abbayes de Saint-Wast d'Arras et de Saint-Bertin avaient vivement excité la convoitise de Baudouin le Chauve, comte de Flandre; il les demanda au roi Eudes[2]. De leur côté, les religieux de Saint-Bertin députèrent au roi un des leurs, nommé Grimbald, avec mission de déjouer, s'il était possible, les prétentions sacriléges du comte. Ce négociateur fut fortement appuyé par Foulques, jadis abbé de Saint-Bertin, alors archevêque de Reims, qui se trouvait auprès du monarque. Baudouin fut éconduit, et Eudes confirma l'élection des moines de Saint-Bertin, qui, pour la seconde fois, appelèrent Foulques au gouvernement de l'abbaye, l'an 893.

Foulques répara les désastres causés par la tempête de 889, et reconstruisit le château de Saint-Omer, dévoré par un incendie en 895. Mais, pendant les sept années que dura sa nouvelle administration, il eut à se garder sans cesse de la haine profonde du comte Baudouin. L'insatiable avarice de ce prince n'avait pas renoncé à l'espoir de s'approprier les deux abbayes que lui avait refusées le roi Eudes. Il renouvela ses instances auprès de Charles le Simple, dont il espérait avoir meilleur marché à cause de sa jeunesse. Mais Foulques sut défendre son abbaye, et reçut même, en bénéfice, celle de Saint-Wast des mains du roi Charles, contre lequel Baudouin s'était révolté. Alors la fureur du comte ne connut plus de frein; assuré que l'archevêque de Reims était le seul obs-

[1] Pag. 133. — [2] Pag. 134 et 135.

tacle à l'accomplissement de ses désirs, il le fit assassiner par un chevalier nommé Winemar, le 17 juin de l'an 900, et s'empara des deux abbayes. Depuis ce moment l'abbaye de Saint-Bertin fut toujours plus ou moins dans la dépendance des comtes de Flandre, et, lorsqu'ils ne la gouvernèrent pas directement eux-mêmes, ils exercèrent au moins une haute influence sur ses destinées.

Baudouin acheva les murs de Saint-Omer et fortifia l'abbaye de Saint-Bertin, mais s'enrichit à ses dépens[1]. Après sa mort, arrivée le 10 septembre[2] 918, l'abbaye fut successivement régie par ses deux enfants, Adalolphe, comte de Boulogne et de Térouenne, et Arnoul, comte de Flandre, qui hérita de son frère mort, sans postérité[3].

Ce fut sous l'administration d'Arnoul, l'an 938, qu'une femme mit pour la première fois le pied dans l'abbaye de Saint-Bertin, et cette femme fut l'épouse même du comte-abbé, Adèle, fille d'Héribert II, comte de Vermandois. Les guérisons miraculeuses qu'on attribuait aux mérites de saint Bertin[4] amenaient à son tombeau une foule de fidèles. Tout récemment encore, le fils du *préteur urbain* du château de Saint-Omer, nommé Rodolphe, miraculeusement guéri de la petite vérole devant l'autel du bienheureux abbé, avait pris, en reconnaissance, l'habit monastique[5]. La comtesse Adèle, souvent affligée de graves maladies, conçut un vif désir d'en aller demander la guérison à saint Bertin, dans l'église dédiée sous son nom. Mais comment fléchir la règle sévère qui, depuis plus de deux siècles, avait interdit aux femmes l'entrée de l'abbaye? Comment exécuter un dessein qu'aucune reine même,

---

[1] Pag. 139 et 140.
[2] Le 2 janvier, suivant l'Art de vérifier les dates.
[3] Pag. 140 et 141.
[4] Pag. 41.
[5] Pag. 142 et 143.

dit Folquin [1], n'avait osé former? La comtesse parvint cependant à obtenir l'assentiment des moines. Quoiqu'elle ait été obligée, pour cela, d'employer l'autorité des deux évêques de Térouenne et d'Arras, et quoique les libéralités dont elle crut devoir payer cette faveur semblent attester la répugnance des religieux à souffrir cette nouveauté, ce fait peut néanmoins être considéré comme une preuve du relâchement de la discipline. Ce relâchement était inévitable sous l'administration d'abbés laïques, dont les fonctions se bornaient à percevoir les revenus de l'abbaye. Le désordre s'accrut insensiblement jusqu'en 944, époque où il devint enfin nécessaire d'y mettre un terme. Arnoul commençait donc à s'en occuper sérieusement, lorsque la Providence le mit en rapport avec l'homme le plus capable d'introduire à Saint-Bertin une salutaire réforme. Voici comment Folquin raconte l'événement [2].

Le comte Arnoul était gravement malade de la pierre. Nombre de chirurgiens s'empressaient autour de lui, attirés par l'espoir d'une grande récompense s'ils parvenaient à le guérir. Pour l'engager à souffrir l'opération de la taille, ils la firent, en sa présence, sur dix-huit personnes attaquées de la même maladie, qui guérirent toutes à l'exception d'une seule. Mais le comte, plus effrayé de la mort de ce malade qu'encouragé par la guérison des dix-sept autres, ne put se résoudre à se faire tailler; plaçant tout son espoir dans la miséricorde divine, il obtint sa guérison par les prières de Gérard, fondateur de l'abbaye de Brogne, dans le diocèse de Namur.

[1] Pag. 142.
[2] Pag. 143. Ce récit, intéressant pour l'histoire de la chirurgie dans le moyen âge, n'est consigné ni dans le manuscrit de Boulogne, ni dans la chronique de Jean d'Ipres; mais le fait est raconté dans le manuscrit de Saint-Omer et dans la vie de saint Gérard, fondateur et abbé du monastère de Brogne, au diocèse de Namur. (Bolland. 3 octobre, p. 315 et 316.

Gérard, dit Folquin[1], était à peu près le seul homme de son temps qui eût conservé en Occident toute la pureté de la règle monastique; ce fut lui qu'Arnoul chargea de la rétablir à Saint-Bertin. Mais la tâche n'était pas facile; habitués au relâchement, les moines se révoltèrent au seul mot de réforme, et ni les menaces, ni la douceur, ne purent les ramener à la soumission. Arnoul les chassa de l'abbaye le 15 avril 944, et y établit à leur place, sous la conduite de l'abbé Gérard, des moines tirés de divers monastères. Cette mesure violente souleva le peuple, toujours prêt à prendre parti pour ceux qui semblent victimes du pouvoir. Il se répandit en menaces contre les moines réguliers et contre le comte lui-même. Celui-ci, qui ne s'était porté qu'à la dernière extrémité à cette espèce de coup d'état, envoya des messagers aux religieux fugitifs pour les engager à rentrer dans leur couvent, où rien ne leur manquerait, pourvu seulement qu'ils consentissent à mener une vie régulière. Les religieux rejetèrent ces avances et se retirèrent à Longuenesse, suivis d'une multitude immense. La plupart s'embarquèrent ensuite pour l'Angleterre, où le roi Aldestan leur donna une maison; les autres, au nombre de dix, rentrèrent dans l'abbaye et se soumirent à la réforme.

Dans la première ferveur de son zèle, Arnoul restitua aussi au monastère de Saint-Bertin le village d'Arques, dont il s'était emparé[2]. Il enrichit encore l'église abbatiale de plusieurs reliques précieuses, mais il ne renonça point à la direction suprême de l'abbaye. Gérard n'avait gouverné que sous l'autorité du comte; Agilon et Womar, qui lui succédèrent dans l'administration sans prendre le titre d'abbés, et Gui, neveu de Gérard, qui fut revêtu de ce titre, choisis par le saint

---

[1] Pag. 144. — [2] Pag. 146.

réformateur, n'entrèrent en fonctions qu'avec l'approbation d'Arnoul[1].

En 950 le comte donna, de sa propre autorité, l'abbaye de Saint-Bertin à son neveu Hildebrand[2]; et lorsqu'il l'envoya, quatre ans après, rétablir la règle dans l'abbaye de Saint-Wast, il prit sur lui de le remplacer à Saint-Bertin par un moine nommé Ragenold, malgré l'opposition générale de tous les religieux[3]. Sous l'administration de cet abbé, l'éléphantiasis fit des ravages dans le monastère; Ragenold lui-même, atteint de cette horrible maladie, se séquestra de la société de ses frères et gouverna comme il put, pendant un an, du fond d'une cellule écartée. Mais, au bout de ce temps, il quitta la maison par ordre du comte et se retira à *Vuachunvillare*[4]. Arnoul désirait rendre l'abbaye à son neveu Hildebrand, qui en avait déjà eu pendant quatre ans la direction. Se croyant sans doute certain des suffrages des moines, il voulut donner à son choix une apparence de régularité, et leur enjoignit de se réunir pour l'élection d'un abbé; mais l'événement trompa son attente; l'assemblée eut lieu le 4 avril 961, et les voix se portèrent sur le moine Adalolphe[5], par ordre duquel Folquin écrivit son cartulaire. Le comte eut l'adresse d'éloigner le nouvel abbé, avant qu'il eût reçu l'onction sainte, en le chargeant de porter, de sa part, des présents au roi d'Angleterre. Pendant que dura son absence, Arnoul et son fils Baudouin, qu'il avait associé au comté de Flandre, ne quittèrent point l'abbaye, et eurent tout le temps de préparer les esprits à la réception de l'ancien abbé Hildebrand. Au commencement de l'an 962, Adalolphe étant de retour, la validité de son titre d'abbé fut mise en question, sans doute à l'instigation du comte, qui s'empressa de faire revenir à Saint-Bertin son

[1] Pag. 145. — [2] Pag. 146. — [3] Pag. 148. — [4] Pag. 152 et 153. — [5] Pag. 153.

neveu Hildebrand, et de le replacer à la tête du monastère[1]. Arnoul, que Folquin appelle avec raison le comte-abbé, ne survécut que trois ans à cette réinstallation; Baudouin, son fils, était déjà mort de la petite vérole, dans l'abbaye, le 1ᵉʳ janvier 962.

Durant les cinquante-six années qui suivirent la mort d'Arnoul le Vieux, comte de Flandre, l'abbaye de Saint-Bertin fut successivement gouvernée par six abbés, dont on ne connaît guère que les noms[2] : ce sont Baudouin, Arnoul, Gauthier, Trudgaud, Odbert et Hemfroi[3]. On voit seulement, par les premiers chapitres de Simon, que les comtes de Flandre avaient conservé leur domination sur l'abbaye, mais sans y pouvoir maintenir la discipline introduite par saint Gérard, conformément aux ordres d'Arnoul le Vieux. Pour mettre fin aux scandaleux tumultes suscités dans l'abbaye par l'élection du successeur d'Hemfroi, Baudouin le Barbu, comte de Flandre, amena d'Arras le moine Roderic, qu'il mit à la tête du monastère de Saint-Bertin, malgré l'opposition de tous les moines et la fuite de plusieurs d'entre eux[4]. Roderic travaillait avec ardeur à rétablir l'ordre et la règle dans la maison sainte, qui était devenue, dit Simon, une caverne de brigands, lorsqu'un incendie, plus terrible que tous ceux que l'abbaye avait précédemment éprouvés, la réduisit

---

[1] Pag. 154.

[2] Voy. Jean d'Ipres, *Thes. anecd.* t. III, p. 547 et suiv.

[3] Dans la liste des abbés que nous donnons (p. 13) d'après le manuscrit de Boulogne, il n'est fait aucune mention ni de l'élection d'Adalolphe, ni de la réinstallation d'Hildebrand ; le premier des six abbés dont il est question ici, Baudouin, vient immédiatement après Ragenold. Il pourrait donc se faire que ce Baudouin fût Baudouin III, dit le Jeune, que son père Arnoul avait associé au comté de Flandre et qui mourut de la petite vérole à Saint-Bertin, peu de temps après la déposition de Ragenold. Son successeur dans la liste des abbés, Arnoul, pourrait être alors Arnoul le Jeune, son fils, qui lui succéda aussi au comté de Flandre.

[4] Pag. 171.

PRÉFACE.

presque tout entière en cendres[1]. Le désastre ne put être qu'imparfaitement réparé.

Les religieux incorrigibles persistaient dans leur relâchement, et le zèle de l'abbé s'épuisait en vains efforts pour vaincre leur obstination, lorsque la colère du ciel lui envoya un terrible auxiliaire. La peste fondit sur le monastère[2] et mit dans la tombe onze religieux en quarante jours. Le nombre des moines qui, sous l'abbé Hildebrand, en 962, s'élevait à quarante-six[3], s'était réduit à huit sous l'abbé Roderic[4], qui mourut le 9 juillet 1043[5]. Dans cet état de délabrement, il y avait cependant cet avantage que les dépenses de l'abbaye étaient de beaucoup au-dessous de ses revenus. L'abbé Bovon sut en profiter pour réparer entièrement les désastres de l'incendie. Il entreprit de reconstruire de fond en comble l'église de Saint-Bertin, mais la mort le surprit avant qu'il eût terminé cet édifice. Il finit ses jours le 10 décembre 1065, au retour d'un voyage qu'il avait fait à Rome pour les affaires de l'abbaye[6]. Huit ans auparavant, Bovon avait envoyé des messagers au pape Victor II, pour obtenir une bulle confirmative des priviléges et des possessions de Saint-Bertin[7]. Les successeurs de Bovon suivirent tous cet exemple, et tandis que, sous les deux premières races de nos rois, la confirmation des biens et priviléges de Saint-Bertin avait toujours été demandée au monarque, l'abbaye, à partir du XIᵉ siècle, sembla négliger la protection royale et ne recourir à d'autre patronage qu'à celui du souverain pontife[8].

---

[1] Pag. 171 et 172. — [2] Pag. 173. — [3] Pag. 155. — [4] Pag. 170. — [5] Pag. 179. — [6] Pag. 187 et 188. — [7] Pag. 180.

[8] Le manuscrit de la Bibliothèque du roi n° 5439 renferme, il est vrai, des confirmations de priviléges faites au profit de l'abbaye de Saint-Bertin par Philippe-Auguste en 1192, par Louis VIII en 1211 et 1223, et par Louis IX en 1231; mais ces princes agissaient dans ces actes en qualité de seigneurs de Saint-Omer, ville qui, en 1191, avait été cédée à Louis VIII

PRÉFACE.

La reconstruction de l'église abbatiale, commencée par Bovon, fut considérablement avancée par l'abbé Héribert[1]. Celui-ci fit terminer les murs extérieurs et construire les voûtes, les plafonds et la charpente du toit. Il suspendit à l'intérieur un lustre d'or et d'argent d'un prix jusque-là inouï. Mais avant que l'édifice fût couvert, il devint de nouveau la proie d'un autre incendie, qui dévora non-seulement le monastère entier, mais encore presque toute la ville de Saint-Omer[2]. Ce désastre arriva sous l'abbé Jean Ier, qui avait succédé à Héribert en 1081. Jean commença par faire réparer les toits et reconstruire le cloître, qu'il orna même à grands frais de superbes sculptures[3]. Il rebâtit les réfectoires sur un plan plus vaste; et, après avoir refait l'église, il s'occupa de l'embellir. A droite et à gauche de la croix du maître-autel, il plaça deux statues en bois, incrustées d'or, d'argent et de pierres précieuses. Dans la partie méridionale d'une chapelle ornée de peintures, qu'il avait élevée en l'honneur de la sainte Vierge, il fit sculpter un saint sépulcre, décoré de statues et de bas-reliefs représentant la nativité, la passion, la résurrection et l'ascension de N. S. Enfin il augmenta la bibliothèque de l'abbaye et l'enrichit de plusieurs bons et utiles ouvrages.

La première mention de cette bibliothèque se trouve dans le Cartulaire de Folquin : « Du temps de l'abbé Fridogise, dit-il[4], l'abbaye vit s'élever dans son sein un jeune écolier qui devait bientôt entrer au nombre des moines, c'était Guntbert[5], fils de Goibert et d'Ebertrude. Sa sagesse et sa gloire

comme représentant d'Isabelle sa mère, en même temps qu'Arras, Bapaume, Aire, Hesdin, etc. Voyez dans l'Art de vérifier les dates, la chronologie historique des comtes de Flandre, art. de Marguerite d'Alsace et de Baudouin VIII.

[1] Pag. 189. — [2] Pag. 199 et 200. — [3] Pag. 200 et 207. — [4] Pag. 79.

[5] Guntbert, tout jeune encore, avait fait le voyage de Rome avec son père; il y fut offert à saint Pierre et admis dans les ordres par le pape Eugène II, vers l'an

PRÉFACE.

n'ont pas cessé d'être l'objet de nos conversations, tout comme si nous jouissions encore de sa présence et de son mérite. » Cet éloge d'un moine mort depuis près d'un siècle est dicté à Folquin par une vive reconnaissance, non pour la générosité avec laquelle Guntbert et son père s'étaient dépouillés, au profit de l'abbaye, de leurs immenses richesses[1], mais pour les éminents services que le jeune moine avait rendus à ses confrères en consacrant son beau talent de scribe au renouvellement de la bibliothèque du couvent. Les livres qu'elle renfermait étaient presque tous vieux, usés, hors de service; il en fit de nouvelles copies de sa propre main, et composa lui-même quelques autres volumes, parmi lesquels Folquin signale un Traité du comput et un Antiphonaire ou livre d'antiennes, dans lequel le titre et les hymnes des grandes solennités étaient merveilleusement ornés de lettres d'or. — Depuis les travaux de Guntbert, exécutés dans la première moitié du ixe siècle, il n'est plus question, dans le cartulaire de Saint-Bertin, de la bibliothèque de l'abbaye jusqu'à l'administration de Jean Ier. Les livres qu'il fit composer sont l'Ancien Testament, depuis la Genèse jusqu'aux Rois; un Recueil d'homélies pour tous les jours de l'année, divisé en deux volumes; le livre d'Ephrem ou des Pronostics; une Concordance des Pères; les Commentaires de saint Augustin sur saint Jean; enfin un Passionnaire d'un poids énorme.

Cependant l'abbé Jean ne pouvait suffire à tout. Il est aisé de juger qu'à travers des épreuves si rudes et si fréquentes la réforme introduite par Roderic n'avait pas dû pousser de pro-

826 (p. 80). Il se fit moine à Saint-Bertin vers l'an 831. Nous le voyons, en 839, rédiger les actes de l'abbaye, qu'il signe avec le titre de diacre (p. 84 et 88). Il fut promu au sacerdoce le 22 décembre 853 (p. 93) et repartit pour Rome l'an 868. Le travail avait alors ruiné sa santé; il se plaignait de violents maux de tête, et ses yeux étaient en fort mauvais état.

[1] Pag. 50, 155-168.

fondes racines. Une petite anecdote, qui se rapporte au temps de l'abbé Bovon, et qui concerne le moine Héribert, depuis son successeur, montre à quel point la conduite des religieux était alors relâchée.

Héribert, qui était à la tête des affaires temporelles de l'abbaye, avait arraché une serve de Saint-Bertin des mains d'un ravisseur. La nuit suivante, au moment où le moine rentrait dans sa cellule après le chant des matines, il trouva dans son lit la jeune femme qui l'attendait, prête à lui donner toutes les preuves possibles de soumission et de reconnaissance. La pauvre fille s'était imaginé qu'en la délivrant le moine n'avait pu avoir d'autre but que d'en faire sa maîtresse [1]; et, dans cette même abbaye où jadis les reines elles-mêmes n'auraient osé franchir le seuil de la porte extérieure, une femme de condition servile arrivait sans obstacle, au milieu de la nuit, jusque dans la cellule d'un moine.

L'ordre et la discipline ne purent que s'altérer encore sous le gouvernement d'Héribert et de Jean Ier, presque toujours occupés de travaux matériels. Lambert, qui fut le successeur de Jean en 1095, consacra lui-même les onze premières années de son administration à terminer les constructions commencées par ses prédécesseurs, et ce fut seulement le 1er mai 1106 que la dédicace du nouveau monastère et de son église fut faite par Jean, évêque de Térouenne, assisté de l'évêque et des archidiacres de Cambrai, des archidiacres de Térouenne, des abbés de Waten et de Saint-Sauve de Montreuil [2]. L'abbaye dut au même abbé des embellissements et des améliorations considérables. Il fit bâtir à grands frais des moulins hors de l'enceinte du monastère, et distribuer de l'eau dans les cuisines et leurs dépendances, au moyen d'un aqueduc souter-

---

[1] Pag. 189. — [2] Pag. 224 et 276.

rain. Il planta des vergers, construisit une chapelle en l'honneur de la sainte Vierge, une infirmerie avec un cloître, un dortoir, un bâtiment pour recevoir les étrangers, et flanqua de deux tours la façade du monastère. L'église lui dut la plus grande partie de sa couverture en plomb, presque toutes ses cloches, une croix d'or et une chasuble d'un travail précieux, et une foule d'autres ornements, tels que chasubles, chapes, dalmatiques, étoles, candélabres, le tout en or et en argent, et orné de pierres précieuses, un devant d'autel en or d'un riche travail, deux autres en argent et un ciboire. De plus, il recouvra les fiefs que ses prédécesseurs avaient imprudemment aliénés, les dîmes tombées en mains laïques, les bâtiments, les revenus, les champs et les bois perdus par une administration négligente, ou ravis par usurpation[1].

Mais tous ces travaux n'absorbaient pas tellement le temps et les pensées de l'abbé Lambert, qu'il ne songeât aussi à la tâche la plus importante et la plus difficile de son ministère. L'état spirituel et moral de l'abbaye exigeait une prompte réforme. En violation de leur vœu de pauvreté, les moines possédaient en propre, recevaient et faisaient des présents sans autorisation; ils avaient des serviteurs auxquels ils donnaient le superflu de leurs portions de vivres, qui aurait dû être distribué aux pauvres; enfin ils ne manquaient, dit Simon[2], aucune occasion, aucun moyen de transgresser la règle. Quant à leur vœu d'obéissance, on verra tout à l'heure comment ils l'observaient. Dès les commencements de son administration, Lambert sentit la nécessité de corriger ces abus, et nul doute qu'il n'y fût parvenu, s'il eût joint à son amour du bien et à sa grande activité un peu plus de fermeté et de prudence. Mais il présuma trop de son autorité.

[1] Pag. 275 et 276. — [2] Pag. 269.

PRÉFACE.

L'an 1100, au mois de décembre, se sentant saisi d'une assez grave maladie, il se présenta tout à coup au milieu du chapitre, seul et sans auxiliaires, fit aux moines un long discours sur les peines et sur les récompenses éternelles, leur déclara qu'il sentait approcher sa fin, et qu'il ne voulait pas que Dieu pût lui reprocher d'avoir laissé vivre sa communauté dans la dissolution et l'indiscipline. En conséquence il condamna sans ménagement les fautes dont les moines se rendaient coupables chaque jour, et leur enjoignit de conformer désormais leur conduite à la règle. A cette prescription inattendue, les moines irrités, dit Simon[1], s'enflammèrent contre lui, comme du feu dans des épines; ils l'accablèrent d'injures, et le forcèrent à retourner dans son lit.

Revenu en santé, Lambert, voyant son autorité méconnue, prit le parti de soumettre Saint-Bertin à l'observance et à la domination de Cluni. Mais, éclairé par l'expérience, il dissimula son projet et chercha sous main à se ménager l'appui de Robert le Jeune, comte de Flandre, de la comtesse Clémence et de quelques seigneurs. Il était trop tard; les moines se tenaient désormais sur leurs gardes, et surveillaient toutes ses actions avec une inquiétude jalouse. Instruits de ce qui se tramait par les chanoines de Saint-Omer et de Térouenne, ils se forment en chapitre, arrachent à Lambert l'aveu de ses négociations secrètes, et le forcent à jurer qu'il en détruira l'effet par des démarches contraires[2].

Le malheureux abbé sentit bien que désormais ses efforts seraient impuissants. Feignant d'accompagner à Rome l'évêque de Térouenne, il s'alla renfermer dans l'abbaye de Cluni, alors gouvernée par saint Hugues, et y fit profession en qualité de simple moine. Instruits de sa retraite, les religieux de

[1] Pag. 269. — [2] Pag. 269 et 270.

Saint-Bertin se partagèrent en deux partis. Les uns déclarèrent nettement qu'ils ne voulaient plus de Lambert pour leur abbé; les autres, moins jeunes et plus sages, envoyèrent vers lui pour l'engager à revenir. Lambert se refusa d'abord à leurs prières; mais enfin, vaincu par les sollicitations de saint Hugues, et désespérant de faire accepter à ce prudent abbé le gouvernement de Saint-Bertin, il reprit le chemin de son monastère.

Lambert n'y trouva pas les esprits mieux disposés qu'ils ne l'étaient lors de son départ. Peu de ses moines allèrent à sa rencontre; le plus grand nombre lui refusa toute marque de déférence. Le lendemain de son arrivée, ils l'entourèrent, le pressèrent de déclarer s'il était vrai qu'il eût fait profession à Cluni, et, comme il cherchait à éluder la question, ils jurèrent de ne lui obéir en rien avant d'avoir obtenu de lui une réponse positive. L'abbé, poussé à bout, sortit du monastère, réunit secrètement ses chevaliers, se mit à leur tête, et rentra dans la maison les armes à la main. On se saisit des rebelles, on les dispersa dans diverses églises, et Lambert les remplaça par des religieux de l'ordre de Cluni, qui l'avaient accompagné, avec l'autorisation de saint Hugues. Quelques-uns des anciens moines se soumirent alors de bonne grâce à la réforme, et restèrent dans l'abbaye. Mais bientôt la régularité des nouveaux venus leur parut une chaîne trop lourde; ils s'échappèrent à leur tour, et plusieurs reprirent même l'habit séculier avec la vie mondaine[1]. Au dehors, au contraire, la réforme de Saint-Bertin ranima puissamment la piété des fidèles. Les moines relâchés, les chevaliers, les clercs séculiers, les paysans, les enfants, accouraient en foule à l'abbaye, se dépouillaient en sa faveur de tous leurs biens, et embras-

[1] Pag. 271.

saient la vie monastique. Le nombre des moines s'éleva bientôt à plus de cent vingt. Malheureusement, parmi les nouveaux cénobites, beaucoup avaient pris pour une vocation divine l'attrait de la nouveauté ou le premier mouvement d'un zèle irréfléchi, et leur imprudente admission dans la communauté prépara de longs sujets de troubles à l'abbé Lambert et à ses successeurs.

Cependant les commencements du nouvel ordre faisaient présager un heureux avenir. De l'abbaye de Saint-Bertin, la règle de Cluni fut portée d'abord dans les abbayes d'Auchi et de Berg-Saint-Vinnox; ensuite, en 1109, dans l'abbaye de Saint-Wast d'Arras[1]. Enfin, pendant dix ans d'une administration paisible et facile, Lambert avait eu le temps de se réconcilier avec les devoirs de sa dignité, qu'il n'avait reprise qu'avec répugnance, lorsque, en 1112, il se vit tout à coup menacé de la perdre une seconde fois.

Nous avons dit que saint Hugues avait obstinément refusé le don de l'abbaye de Cluni[2]; il avait résisté non-seulement aux offres et aux sollicitations de Lambert, mais encore à la pressante invitation de Clémence, comtesse de Flandre[3]. Rien ne prouve non plus qu'il ait jamais accepté une donation formelle de Saint-Bertin, à lui faite, en 1106, par le comte Robert le Jeune[4], sans doute à l'instigation de Lambert, qui ne voyait de salut pour le monastère que dans sa soumission à Cluni. Mais le successeur de saint Hugues, Pons de Melgueil, voulut se prévaloir de cette donation. L'an 1111, Pons, après

---

[1] Pag. 273, 274, 276, 277. La règle de Cluni fut encore introduite en 1117, par les soins de l'abbé Lambert, dans les abbayes de Saint-Pierre de Gand et de Saint-Remi de Reims. Pag. 286 et 287.

[2] Ce refus est consigné dans une convention faite entre saint Hugues et Lambert, et publiée par d'Achery, *Spicil.* t. III, p. 408, in-f°.

[3] Lemire, *Oper. dipl.* p. 1147.

[4] *Ibid.* p. 1150.

avoir visité en Espagne, en Bourgogne et en France toutes les maisons de son ordre, vint enfin à Abbeville pendant l'Avent. De là il s'empressa de prévenir Lambert qu'il irait, l'année suivante, célébrer la fête de Pâques à Saint-Bertin. Le bruit se répandit aussitôt dans l'abbaye que l'intention de Pons était d'y venir exercer sa juridiction. Les partisans de Cluni ne dissimulaient pas leur joie : ils disaient qu'en présence de Pons Lambert devrait abdiquer son autorité, que l'abbé de Cluni déposerait et remplacerait à son gré les dignitaires du couvent, qu'enfin il trônerait en qualité d'abbé des abbés dans la chaire abbatiale[1]. Lambert et ses partisans, un peu effrayés, et non sans raison, comme on le verra tout à l'heure, agirent sourdement auprès de la comtesse Clémence, dont le mari venait de mourir, et, par son intermédiaire, essayèrent de détourner Pons de son projet. On lui fit dire[2] qu'il serait honorablement reçu dans toutes les églises de Flandre où il voudrait aller, mais qu'il agirait convenablement en renonçant à célébrer la fête de Pâques dans l'abbaye de Saint-Bertin. Pons n'eut pas de peine à reconnaître la source de ces insinuations. Il eut une entrevue avec l'abbé de Saint-Bertin, et changea si bien ses dispositions, que Lambert, renonçant à défendre les priviléges de son monastère, sembla prendre un instant en aversion les adversaires de Cluni, c'est-à-dire le plus grand nombre de ses moines. Ceux-ci cependant, au-dessus de toute crainte, avaient résolu de repousser à tout prix le joug qu'on voulait leur imposer; ils se rassemblaient fréquemment, et délibéraient en commun sur les moyens de défendre l'indépendance de leur église. Le prieur de l'abbaye était l'âme de ces réunions; Lambert l'exile à Anchin. Mais après cet acte de vigueur il retombe dans une hésitation cruelle.

[1] Pag. 280. — [2] Pag. 281.

S'il résiste aux prétentions de l'abbé de Cluni, il risque de succomber dans une lutte inégale; s'il se soumet à l'autorité de cet abbé, il ruine à jamais par sa faute la liberté d'une église indépendante dès son origine.

Cependant la Flandre entière, s'il en faut croire Simon, avait pris parti dans cette querelle et se disposait à soutenir la résistance des moines. Loin de reculer devant les obstacles, l'abbé de Cluni députa vers celui de Saint-Bertin le prieur d'Abbeville et quelques autres messagers. Pons exigeait que Lambert lui procurât un sauf-conduit de la comtesse de Flandre pour se rendre à Saint-Bertin. Lambert intimidé accompagna les envoyés de son adversaire à Ipres, où était la cour de Flandre, et se joignit à eux pour prier la comtesse de vouloir bien permettre que Pons, abbé de Cluni, pût se rendre dans l'église de Saint-Bertin, *comme dans son église propre*. La forme de cette demande ne plut ni à la comtesse, ni au jeune comte Baudouin Hapkin, ni aux seigneurs de leur cour. L'orgueil flamand se révoltait contre ces prétentions, qui lui paraissaient une invasion déguisée de la puissance bourguignonne[1]. Le comte et sa mère demandèrent donc du temps pour réfléchir, mais les envoyés de l'abbé Pons ne se retirèrent pas, comme le dit Simon, sans avoir rien obtenu. Par un acte du 12 avril 1112, qui porte, entre autres signatures, celle de l'abbé Lambert, le comte et sa mère renouvelèrent au profit de l'abbé Pons la donation de Saint-Bertin, faite par le défunt comte Robert en faveur de saint Hugues[2]. Toutefois ils passèrent adroitement sous silence l'objet spécial du message de Pons, et l'on peut même conjecturer qu'ils prirent des mesures secrètes pour empêcher l'abbé de Cluni de réaliser ses ambitieux projets. Toujours est-il qu'au retour de leur ambassade

---

[1] Pag. 253, 282, 283.   [2] Martène, *Thesaur.* t. I, col. 334.

les envoyés de l'abbé Pons s'étant arrêtés avec Lambert à Saint-Bertin, y furent fort mal reçus et virent leurs serviteurs accablés d'injures et de mauvais traitements. Cet événement dut leur prouver que la lettre du comte de Flandre et la bonne volonté de Lambert ne suffiraient pas pour leur ouvrir les portes de l'abbaye.

Le lendemain l'abbé Lambert, accompagné de Jean, évêque de Térouenne, et de Geldouin, ancien abbé d'Anchin, alla trouver l'abbé de Cluni pour excuser, s'il était possible, les violences de ses moines; mais Pons le rendit responsable de tout ce qui était arrivé. Il déclara qu'il ne recevrait point d'excuses, à moins que, le jour suivant, Lambert ne conduisît lui-même à Rombli tous les prieurs de son ordre, pour y faire profession de la règle de Cluni; que, s'ils ne pouvaient se décider à cette démarche, on lui ramènerait au même endroit tous les moines de Cluni qui vivaient dans le monastère de Saint-Bertin. De retour à l'abbaye avec l'évêque de Térouenne, Lambert parvint à décider la majeure partie de ses moines à l'acte de soumission qu'exigeait l'abbé de Cluni. Mais le châtelain de Saint-Omer, instruit de ce qui se passait, défendit expressément, et avec de grandes menaces, aux religieux de sortir de leur maison. Lambert réunit alors les moines de Cluni, leur fit connaître la volonté de leur supérieur, et, ayant pourvu à leurs besoins, les envoya à Rombli, d'où l'abbé Pons les conduisit avec lui à Lihons.

L'affaire semblait pour longtemps assoupie, lorsque Pons, irrité de l'échec qu'il venait d'éprouver, fit enlever à Arras deux moines de Saint-Bertin qui avaient autrefois fait profession à Cluni[1]. Cet acte tyrannique réveilla l'énergie de

[1] Pag. 282.

Lambert; il députa vers l'abbé Pons l'ancien abbé d'Anchin et le gardien de l'église de Térouenne, pour réclamer la délivrance des deux religieux, et, en cas de refus, déclarer au ravisseur qu'une plainte allait être portée à la cour de Rome. A cette menace, les dispositions de Pons devinrent un peu plus pacifiques. Les deux abbés eurent ensemble à Lihons une troisième entrevue, dans laquelle on fit à Lambert quelques ouvertures de conciliation. Il revint à Saint-Bertin pour en délibérer avec ses conseillers intimes; mais ceux-ci le détournèrent de rien conclure et le décidèrent à faire le voyage de Rome, pour soumettre la cause au jugement du souverain pontife. L'évêque de Térouenne, dont les droits étaient aussi compromis par les prétentions de Cluni, écrivit lui-même au pape pour appuyer les réclamations des religieux de Saint-Bertin [1].

Les circonstances ne pouvaient être plus favorables. Il y avait peu de temps que Pascal II avait été contraint de signer avec l'empereur Henri V le fameux traité des investitures, et les religieux de Cluni s'étaient rangés, en cette occasion, parmi les censeurs les plus violents de la conduite du pape. Pascal, indisposé contre eux, accueillit favorablement les plaintes de Lambert. Le 19 juin 1112, il lui accorda une bulle par laquelle il cassait et annulait tout ce qui aurait pu être fait au préjudice de l'abbaye de Saint-Bertin, soit par l'abbé de Cluni, soit par le comte de Flandre, soit enfin par l'évêque de Térouenne [2].

De retour à Saint-Bertin, Lambert, pour mieux assurer l'effet des lettres pontificales, en notifia le contenu à l'abbé de Cluni et lui fit proposer un accommodement. Mais Pons repoussa ces avances et partit lui-même pour Rome, où il es-

---

[1] Pag. 252. — [2] Pag. 250, 253, 283.

saya vainement de faire révoquer la sentence que son adversaire avait obtenue.

Les avances pacifiques de Lambert furent plus favorablement accueillies par Pierre Maurice de Montboissier, nommé depuis Pierre le Vénérable, qui fut élu abbé de Cluni après la démission volontaire de Pons, et l'administration éphémère de Hugues II, en 1122. Occupé à réparer les désordres de l'administration précédente, Pierre eut d'abord trop d'embarras pour s'engager dans une contestation difficile, dispendieuse et d'un succès douteux. Il mit de côté ses prétentions sur l'abbaye de Saint-Bertin, se réservant secrètement de les renouveler dans des circonstances plus heureuses. Lambert et l'évêque de Térouenne se rendirent à Cluni pour rédiger, de concert avec Pierre, la transaction qui devait mettre fin aux querelles des deux communautés, et l'indépendance absolue de l'abbaye de Saint-Bertin fut solennellement reconnue. Malheureusement Lambert crut devoir ramener avec lui les religieux de Cluni que saint Hugues avait autrefois mis à sa disposition et que Pons de Melgueil lui avait enlevés[1]. La réintégration de ces étrangers dans le monastère flamand y déposa des germes de discorde qui ne tardèrent pas à porter leurs fruits.

L'an 1123 l'abbé Lambert, tombé en paralysie, perdit l'usage de la parole et des membres. Aussitôt, comme si toutes les mauvaises passions, un instant comprimées, n'eussent attendu que ce moment pour se donner carrière, un désordre épouvantable éclata au sein de la communauté[2]. Les moines de Cluni et leurs partisans, ayant à leur tête le grand prieur de l'abbaye, formaient une faction puissante, qui s'efforçait d'usurper le pouvoir pour se rendre maîtresse de l'élection. Simon, nommé vice-abbé dans ces circonstances difficiles, ne

[1] Pag. 284. — [2] Pag. 289 et 290.

put tenir une année entière contre les cabales des partisans de Cluni, dont il s'était toujours montré l'ennemi déclaré. Enfin le comte de Flandre et l'évêque de Térouenne interposèrent leur autorité; et le 14 août 1124, malgré les réclamations de l'abbé Lambert, qui vivait encore, malgré la bruyante opposition de quelques moines factieux, ils firent élire pour abbé, en leur présence, un homme honorable, nommé Jean, très-versé dans la langue teutonique, et qui de chanoine régulier était devenu depuis peu moine de Saint-Bertin.

A peine élu, l'abbé Jean II n'eut rien de plus pressé que d'éloigner le grand prieur et d'aller à Rome[1]. Il y obtint, le 11 octobre 1124, du pape Calixte II, frère de Clémence, comtesse de Flandre, une bulle qui reconnaissait et confirmait les possessions et l'indépendance de l'abbaye de Saint-Bertin[2]. Mais les factieux avaient profité de son absence pour répandre dans la communauté des semences de révolte. A son retour, il fut obligé de sévir contre une partie des moines, qui voulurent employer la force pour l'expulser de l'abbaye[3]. Bientôt la mort de l'abbé Lambert, arrivée le 22 juin 1125[4], réveilla les prétentions et les espérances de l'abbé de Cluni. Il obtint d'Honorius II, successeur de Calixte, une bulle[5] qui consacrait la suprématie de Cluni sur l'abbaye de Saint-Bertin, et des lettres par lesquelles il était enjoint à l'abbé Jean d'aller faire profession à Cluni dans le délai de quarante jours. Jean reprit en toute hâte le chemin de Rome, y produisit les priviléges de son abbaye, mais n'en put obtenir la confirmation. On lui permit seulement de plaider sa cause devant les cardinaux, auxquels fut renvoyée la connaissance de l'affaire. Vers la fin de l'an 1129, Jean entreprit pour la troisième fois le voyage de Rome, en la compagnie de l'archevêque

---

[1] Pag. 291. — [2] Pag. 292. — [3] Pag. 295. — [4] Pag. 291. — [5] Pag. 301.

de Reims[1]. Ils s'arrêtèrent ensemble à Cluni pour terminer, s'il était possible, par une convention amiable la querelle des deux monastères; mais, n'ayant pu y parvenir, ils se remirent tous deux en route pour l'Italie. Chemin faisant, les deux voyageurs apprirent la mort du pape Honorius, l'élection des deux papes Innocent II et Anaclet, et la guerre furieuse que se faisaient dans Rome les partisans des deux pontifes rivaux. L'archevêque reprit le chemin de la France, et l'abbé Jean arriva seul à Rome, où il embrassa le parti du pape Anaclet. Il obtint une bulle qui anéantissait toutes les prétentions de Cluni sur l'abbaye de Saint-Bertin, mais il fut excommunié par Innocent II[2]. De retour en Flandre, Jean trouva encore le pays divisé entre deux prétendants à l'épiscopat, Baudouin, frère du comte de Flandre, nommé à Térouenne par la populace, et Milon, religieux de l'ordre de Prémontré, élu canoniquement à Reims. A Térouenne, comme à Rome, il eut le malheur de s'attacher obstinément au mauvais parti, et cette nouvelle faute attira pour la deuxième fois sur lui la colère d'Innocent, qui présidait en ce moment un concile à Reims. Vers la fin de l'an 1131, un envoyé du pape se rendit à Saint-Bertin, rassembla les religieux dans l'église, et leur lut publiquement une lettre par laquelle Innocent leur défendait de reconnaître désormais Jean pour abbé, et de lui prêter obéissance[3]. A cette lecture, l'abbé entre en fureur; sans respect pour le lieu saint, il fait accabler de coups par ses valets l'envoyé de l'église; puis il sort, enlève une année des revenus de l'abbaye, et repart pour Rome. On n'en eut plus de nouvelles.

Pendant les cinq années qui suivirent, l'abbaye de Saint-Bertin fut gouvernée par Simon de Gand, l'un des auteurs de

[1] Pag. 301. — [2] Pag. 302. — [3] Pag. 303.

PRÉFACE.

notre cartulaire. Tout ce que nous savons de son administration, c'est qu'elle finit en 1136, époque où, à l'instigation des religieux de Cluni, l'élection de Simon fut cassée par Innocent II comme irrégulière[1]. Le pontife avait ordonné, ainsi qu'on l'a vu[2], que la nouvelle élection fût faite par l'avis et le consentement de l'abbé de Cluni; mais les religieux de Saint-Bertin reculaient devant cette innovation, qu'ils regardaient comme un attentat à leur indépendance. Ils envoyèrent[3] à la cour de Rome une députation conduite par Milon, évêque de Térouenne, et obtinrent enfin, à force d'instances et de prières, l'autorisation d'élire librement leur chef. Jamais peut-être ils n'avaient mieux senti la nécessité de faire un bon choix. Quoique Anaclet fût un ancien moine de Cluni, que son parti dominât à Rome, et que son rival fût obligé de quitter l'Italie, Pierre le Vénérable n'avait pas hésité à se ranger, avec saint Bernard, son ami, du côté d'Innocent II, et, après le fondateur de Clairvaux, l'abbé de Cluni était dans toute la chrétienté celui qui avait le mieux servi les intérêts du pape fugitif. Cette conduite, après le triomphe d'Innocent, rendit aux adversaires de Saint-Bertin tout le crédit dont ils avaient autrefois joui à la cour romaine, et ce fut sans doute ce qui décida Pierre le Vénérable à poursuivre le succès des prétentions qu'il avait renouvelées sous le pontificat d'Honorius II.

L'indépendance de Saint-Bertin, de nouveau menacée, devait donc résulter en grande partie de l'adresse, de la fermeté, de l'influence du chef que les moines allaient se choisir. Aussi l'élection dura-t-elle treize mois entiers, et ce ne fut qu'après s'être longtemps partagées entre six candidats successifs, que toutes les voix se réunirent enfin sur Léon, alors abbé de Lobbes[4]. Léon appartenait à l'une des plus nobles familles

[1] Pag. 304. — [2] Ci-dessus, p. xi. — [3] Pag. 305. — [4] Pag. 305, 307, 308.

de Furnes. Élevé à la cour des comtes de Flandre, il y avait rempli, après son oncle et son père, les fonctions de conseiller et d'aumônier du souverain. Il quitta le monde à vingt-quatre ans, se fit moine à Anchin, sous la conduite de l'abbé Alvis, qui devint plus tard évêque d'Arras. Léon fut promu ensuite à la dignité d'abbé dans le monastère de Lobbes, d'où il passa dans celui de Saint-Bertin, l'an 1138.

A peine Léon est-il intronisé qu'il est cité à Rome, pour y plaider la cause de son abbaye contre les éternelles prétentions de Cluni [1]. Il part aussitôt avec l'évêque d'Arras, Alvis, et arrive à la cour romaine longtemps avant ses adversaires. Notre abbé sut si bien mettre le temps à profit, que, lorsque les religieux de Cluni se présentèrent, il avait déjà gagné les bonnes grâces du pape et des cardinaux. Innocent II ne mit cependant ni précipitation ni partialité dans l'examen de cette affaire. Les deux parties produisirent leurs pièces. Le pontife, à la tête du sacré collége, consacra dix jours entiers à les examiner, à les discuter, à mûrir son jugement. Enfin, le 26 avril 1139, il donna une bulle qui n'est point, comme celles de ses prédécesseurs, une vague attestation de l'indépendance de Saint-Bertin, mais une véritable sentence motivée, rendue contradictoirement entre les deux parties, et par laquelle les prétentions de Cluni sur l'abbaye de Saint-Bertin sont complétement annulées [2].

Ainsi finit la grande querelle qui avait si longtemps divisé deux puissantes maisons religieuses. Léon, pour mieux assurer son triomphe, entreprit encore plusieurs voyages à Rome, et y fit confirmer le jugement d'Innocent II par Célestin II, Luce II, Eugène III et Adrien IV. Ses successeurs ne négligèrent point cette formalité [3]; car telle était l'incertitude qui

[1] Pag. 308 et 309. — [2] Pag. 310. — [3] Pag. 314, 319, 320, 331, 333, 363.

I

régnait alors dans toutes les institutions, que les décisions les plus conformes aux principes éternels de la justice n'avaient guère qu'une valeur temporaire, et cessaient d'être respectées dès que la main qui les avait scellées n'était plus là pour en assurer l'exécution. Mais les abbés de Cluni avaient enfin accepté de bonne foi la décision du saint-siége, et Saint-Bertin n'avait plus à craindre de ce côté de nouvelles tentatives d'invasion. C'est dans le sein même de l'abbaye qu'il faut maintenant chercher la cause des dissensions et des querelles que nous avons encore à raconter.

On se souvient que l'abbé Lambert avait introduit dans sa communauté bon nombre de moines de Cluni. Ces religieux n'avaient pu oublier leur origine. Lorsque Cluni fut vaincu, ils durent partager l'humiliation de la défaite, et les naturels de Saint-Bertin, si l'on peut ainsi parler, ne les aimaient pas assez pour leur en adoucir l'amertume. La communauté se trouvait donc partagée en deux camps, animés l'un contre l'autre d'une haine secrète, qui n'attendait pour éclater qu'une occasion favorable : elle ne tarda pas longtemps.

En 1147 l'abbé Léon partit pour la deuxième croisade[1], avec Thierri d'Alsace, comte de Flandre, et Alvis, évêque d'Arras. Il avait emprunté la somme nécessaire aux frais de son voyage[2], laissant à ses moines le soin de la payer durant son absence. Les assemblées qui se tinrent pour cet objet, sous la présidence du prieur Erkembald, furent troublées par des querelles déplorables. Il devint impossible de s'entendre sur un sujet si simple ; on en vint d'abord aux injures, puis aux coups de poing, enfin aux coups de bâton. Pour mettre fin à cette scandaleuse mêlée, les bourgeois et les vassaux laïques de l'abbaye furent obligés d'intervenir en armes, et d'ex-

---

[1] Pag. 322. — [2] Pag. 324.

pulser les plus mutins, qui rentrèrent dans le monde et quittèrent, pour la plupart, l'habit monastique. Ensuite on vendit les trésors de l'église dans le but de satisfaire les créanciers. Les ciboires, les châsses des saints furent dépouillés de leurs ornements d'or et d'argent. « Mais l'abbaye, dit le continuateur de Simon, en retira peu de profit, parce qu'il n'y avait pas de roi dans Israël; que la maison allait à l'aventure, privée de son chef, et qu'en l'absence du maître chacun n'en faisait qu'à sa guise. » Heureusement l'abbé Léon rapporta de son voyage des étoffes précieuses et des ornements d'église d'une valeur au moins égale à la somme qu'il avait empruntée, en sorte qu'il n'eut pas de peine à rétablir la paix et la concorde au sein de la communauté. Il semble cependant qu'il fût dans les destinées de l'abbaye de n'échapper à un péril que pour tomber dans un autre.

En 1152, pendant la nuit qui précéda la fête de la déposition de saint Bertin, Léon, avec une douzaine d'autres abbés et une multitude de moines, oubliait à table l'heure des matines, lorsque le feu, parti d'une petite maison de Saint-Omer, fit en un instant des progrès effroyables, dévora la moitié du château et envahit le monastère[1]. Les convives, gorgés de vin et de nourriture, se dispersèrent en désordre, et, loin de pouvoir opposer un obstacle au fléau, eurent à peine le sang-froid nécessaire pour se sauver eux-mêmes. Ce fut, à ce qu'il paraît, un épouvantable désastre. Il ne resta pas même un abri pour les moines, qui furent obligés de se réfugier dans les monastères du voisinage. L'abbé Léon était consterné[2] : il imputait ce malheur à sa négligence, et la vieillesse, dont il ressentait les premières atteintes, lui ôtait l'espoir de le réparer complétement. Cependant il rassembla toutes ses ressources, et se mit

---
[1] Pag. 325. — [2] Pag. 326.

à l'œuvre avec ardeur. Il fut si bien secondé par la générosité de plusieurs seigneurs, et surtout de Guillaume d'Ipres, fils de Robert le Frison, comte de Flandre, qu'il fallut à peine deux années pour remettre l'abbaye dans toute son ancienne splendeur. Les moines y rentrèrent le 1er novembre 1154 [1].

L'activité de Léon trouva un dernier aliment dans quelques contestations qui lui furent suscitées par Henri Plantagenet, roi d'Angleterre, et par Thierri d'Alsace, comte de Flandre, contestations qu'il sut faire tourner en partie à l'avantage de son abbaye [2]. En revenant de la cour de Flandre, où il avait préparé une transaction amiable avec le comte, il fut pris subitement d'une maladie grave. On le transporta en litière à Saint-Bertin, où il mourut le 26 janvier 1163 [3].

Deux ans environ avant sa mort, Léon avait entièrement perdu l'usage des yeux, et ne l'avait que très-faiblement recouvré après un traitement médical d'une année entière [4]. Dès cette époque, son autorité s'était considérablement relâchée dans le monastère, et, avec elle, l'ordre et la discipline. Le successeur de Léon n'était pas homme à souffrir cet abus. Godescalc [5], élevé dès l'enfance à Saint-Bertin, avait pendant quelque temps rempli les fonctions de prieur à Auchi. Rentré à Saint-Bertin pour diriger la maison destinée à la réception des étrangers, il en ressortit avec le titre d'abbé du Ham, et n'y revint enfin que pour prendre la direction du monastère, en remplacement de Léon, l'an 1163. L'austérité de Godescalc, la rigidité de ses mœurs, l'inflexibilité de son caractère, avaient prévenu contre lui le comte, les seigneurs, et bien plus encore la majeure partie de ses moines. Les jeunes surtout, élevés à Saint-Bertin sous l'abbé Léon, trouvèrent le nouveau régime insupportable et résolurent de s'en affran-

[1] Pag. 327. — [2] Pag. 327 et 328. — [3] Pag. 329-331. — [4] Pag. 328. — [5] Pag. 332.

chir[1]. Ils n'eurent point de peine à se concilier la faveur du vieux Thierri d'Alsace et du jeune comte Philippe, qui déjà, sous le nom de son père, gouvernait réellement la Flandre. Forts de cet appui, ils osèrent se présenter à Térouenne au synode d'automne, pour y accuser publiquement leur abbé. Heureusement Godescalc avait été prévenu ; il se rend lui-même à Térouenne, reproche vivement aux rebelles d'être sortis du couvent sans sa permission, et les fait excommunier en plein synode, comme séditieux et transgresseurs de la règle monastique. Revenant ensuite en toute hâte, il rassemble les vassaux de l'abbaye, attend le retour des excommuniés, et, lorsqu'ils se présentent pour rentrer au monastère, les fait honteusement chasser comme des apostats[2]. Un effroyable tumulte suivit cette mesure violente. Les amis, les parents des exilés, s'ameutèrent et s'efforcèrent de briser les portes de l'abbaye; mais, vigoureusement repoussés par la troupe de Godescalc, ils souffrirent beaucoup dans cette attaque audacieuse; quelques-uns même faillirent perdre la vie. Cependant il y avait encore dans la maison plusieurs moines séditieux qui n'étaient pas allés au synode. Ceux-ci ouvrirent secrètement la porte de l'église à leurs complices excommuniés, et les introduisirent dans l'abbaye. Dès ce moment le désordre fut au comble; Godescalc, cédant à la nécessité, se retira pour quelque temps à Arques. Il espérait que les moines rebelles reviendraient à de meilleurs sentiments; mais son attente fut trompée. Ils continuèrent à vivre à leur guise dans l'abbaye, témoignant une haine profonde contre les religieux restés fidèles à la règle et à leur abbé. Ceux-ci, de leur côté, évitaient scrupuleusement tout commerce avec des excommuniés qu'ils ne pouvaient voir sans horreur, et la

[1] Pag. 333. — [2] Pag. 334.

communauté fut ainsi divisée en deux partis ennemis, qui prenaient leurs repas séparément, se fuyaient l'un l'autre avec une égale antipathie, ou ne se mêlaient que pour faire éclater leur aversion mutuelle. L'autorité séculière était seule assez forte pour réprimer ces divisions scandaleuses. Godescalc fut bien obligé d'y avoir recours : il acheta par des concessions onéreuses l'intervention du comte de Flandre; mais il parvint à délivrer l'abbaye des moines les plus mutins et à introduire dans sa communauté une apparence de discipline. Néanmoins son administration ne fut en aucun temps exempte de tribulations et de déboires[1]. Il eut sans cesse à lutter, au dedans contre la haine des religieux, au dehors contre les attaques des clercs et des laïques.

A Thierri d'Alsace, qui n'aimait pas Godescalc, avait succédé, dans le comté de Flandre, Philippe, son fils, qui l'aimait encore moins[2]. Fort de la protection de ce prince, Robert, prévôt du chapitre de Saint-Omer, renouvela les anciennes prétentions des chanoines de cette église[3]. Il suscita de plus contre l'abbaye un chevalier nommé Nicolas, auquel il avait donné en mariage sa nièce suivant quelques-uns, sa fille, selon quelques autres. Ce Nicolas, son père David, le prévôt Robert, et Guillaume, châtelain de Saint-Omer, empiétèrent en plusieurs rencontres sur les biens et sur les droits de l'abbaye, et, dans les contestations qui s'en suivirent, Godescalc ne fut pas toujours victorieux. Il trouva cependant le secret, malgré tant d'embarras et de traverses, d'enrichir considérablement l'abbaye[4]. Les revenus du vestiaire s'étant beaucoup accrus, Foucard, qui en avait la direction, obtint de l'abbé que les pelisses des moines, dont la durée auparavant était de deux années, seraient renouvelées tous les ans. Plusieurs

[1] Pag. 335. — [2] Pag. 336. — [3] V. ci-dessus, p. xxxvii. — [4] Pag. 340.

fermes de l'abbaye, détruites par le feu, furent entièrement rebâties; leurs possessions étendues et environnées de murailles; enfin Godescalc fit placer dans le cloître une fontaine en bronze d'un somptueux travail, et dota la bibliothèque de plusieurs bons ouvrages, parmi lesquels le continuateur de Simon cite: le Décret de Gratien, les œuvres de Hugues de Saint-Victor, les gloses de M⁰ Gilebert (Porée) et de M⁰ Pierre Lombart sur les épîtres de saint Paul, l'Histoire évangélique et scolastique. Godescalc mourut le 10 septembre 1176[1].

Son successeur, Simon II, dut sa nomination à ce qu'on appellerait de nos jours une élection à deux degrés[2]. Pénétrés de la nécessité de faire un bon choix, et convaincus de l'impossibilité d'y parvenir par le concours d'un grand nombre d'électeurs, les religieux de Saint-Bertin choisirent douze d'entre eux, qu'ils chargèrent d'élire le successeur de Godescalc. Cette combinaison amena un résultat contraire à celui qu'on avait espéré. Simon, élevé par l'abbé Léon avec trop d'indulgence, s'était toujours montré assez tiède observateur de la règle, et ce fut au relâchement de sa conduite qu'il dut l'honneur d'être appelé à gouverner l'abbaye. Mais à peine eut-il le titre d'abbé qu'il changea pour quelque temps de caractère et de manière d'agir. Le premier acte de son administration fut la destitution du prieur, homme charnel et incapable. Résolu de réformer les abus, Simon commença par se réformer lui-même, et, joignant l'autorité de son exemple à celle de son titre, il s'efforça de rétablir la ferveur et la discipline au sein de sa communauté. Il ne montra pas moins de sollicitude pour la prospérité matérielle de l'abbaye. Parmi les utiles travaux qu'il exécuta, nous citerons un vivier creusé

---

[1] Pag. 341. La mort de Godescalc arriva le 10 septembre 1177, d'après Jean d'Ipres, cité dans le *Gallia*, t. III, p. 499.
[2] Pag. 342.

à peu de distance du couvent, un chemin conduisant de Saint-Bertin à Arques, la reconstruction complète du pont jeté sur l'Aa devant la porte du monastère [1]. Parlerons-nous des embellissements que lui dut l'église abbatiale? Les châsses et les vases sacrés, qui, après leur déplorable mutilation lors du départ de l'abbé Léon pour la Terre sainte, avaient été tant bien que mal rhabillés en cuivre doré, reprirent leurs somptueux revêtements d'argent et d'or. De nouveaux reliquaires, des chapes, des chasubles et autres ornements en étoffes précieuses, accrurent le trésor de l'église, et sa décoration extérieure s'embellit d'un groupe en bois peint, représentant la Vierge et saint Jean au pied d'un crucifix revêtu de tous les insignes de la passion.

Simon prit aussi quelque part aux affaires générales de l'Église; il assista l'an 1179 au concile général de Latran. Mais il n'oublia point en cette occasion les intérêts de sa communauté, et obtint du pape Alexandre III, avant de quitter Rome, l'autorisation d'exiger la dîme des harengs dans le comté de Flandre. Par des lettres particulières, dont Simon fut porteur, le souverain pontife enjoignit au comte de Flandre, Philippe, de mettre l'abbaye en possession de cette dîme, et délégua ses pouvoirs à l'évêque de Térouenne pour veiller au payement de ce nouvel impôt. Le comte rassembla donc, à la demande de Simon, les habitants de Gravelines, les côtiers de la châtellenie de Bourbourg et du comté de Boulogne, dont il était alors seigneur, en qualité de tuteur de sa nièce Ida, enfin les habitants de Calais et de Pétresse [2]. Il employa tour à tour la persuasion et l'autorité pour les engager à exécuter l'ordre du souverain pontife. Mais l'annonce d'un nouvel im-

---

[1] Pag. 343 et 344.
[2] Cette localité fait aujourd'hui partie de la ville de Calais.

pôt souleva toute cette multitude; tous s'écrièrent en tumulte que jamais personne ne s'était avisé de réclamer la dîme des harengs; qu'ils préféraient la mort à cette innovation ruineuse. Et tandis que quelques-uns captaient par de secrètes promesses la faveur du comte, les autres se répandaient en menaces terribles, jurant de décimer les moines de Saint-Bertin plutôt que de leur payer la dîme de leurs pêcheries [1]. L'abbé ne put rien obtenir cette fois; il s'en retourna triste et presque désespéré, en butte aux sarcasmes de ses propres religieux, dont plusieurs faisaient malicieusement observer que ses prédécesseurs, avec beaucoup plus de zèle, de savoir et de puissance, n'avaient jamais entrepris rien de pareil.

Cependant Simon ne renonça point à son projet. Il se ressouvint du proverbe, que le chêne ne tombe point au premier coup de hache, et recommença ses négociations auprès du comte de Flandre, tant par des lettres que par des messagers. Un des conseillers intimes de Philippe, Gérard *de Mescimis* se fit le principal interprète des supplications et des promesses de l'abbé. Celui-ci mettait sa personne et ses biens à la disposition du comte, pourvu qu'il protégeât l'abbaye de Saint-Bertin et qu'il en maintînt les droits. La soumission de l'abbé plut à Philippe, qui consentit à faire de nouveaux efforts pour l'exécution de la bulle pontificale; mais l'issue de cette seconde tentative fut pour l'abbaye un nouveau sujet d'affliction. Parmi les populations sur lesquelles frappait la nouvelle dîme, les habitants de Calais s'étaient surtout signalés par leur indocilité. Philippe leur députa deux moines de Saint-Bertin, porteurs d'une lettre par laquelle il était enjoint expressément aux Calaisiens d'entrer en arrangement avec

---

[1] Pag. 349.

l'abbé Simon[1]. Les malencontreux messagers, arrivés à Calais, n'eurent même pas le temps de lire leur dépêche. A la première nouvelle du motif de leur voyage, une rage effrénée s'empare de la multitude; tous courent aux armes, et des cris de mort retentissent aux oreilles des pauvres moines, qui se réfugient à la hâte dans une église, où ils se barricadent de leur mieux. Là, l'un d'eux se prosterne à demi mort au pied de l'autel, l'autre s'asseoit sur l'autel même, tenant embrassée une statue de saint Nicolas; et tous deux, tremblants de tous leurs membres, n'attendent plus que leur dernière heure, lorsque, grâce à la protection de Baudouin, connétable d'*Ernibinghem*, ils ont le bonheur de se tirer sains et saufs de ce mauvais pas.

Cependant le comte de Flandre ne voulut pas laisser impuni un pareil attentat. Il parut un jour à l'improviste au milieu de Calais; sans accuser nominativement personne, il déclara coupable la population tout entière et la frappa d'une amende de 1,000 livres. Ensuite, s'arrogeant la connaissance de la contestation qui existait entre les habitants de Calais et l'abbaye de Saint-Bertin, il décida qu'on ferait trois parts de la dîme en litige, l'une pour l'abbaye, l'autre pour les pauvres, la troisième pour la réparation ou la construction de l'église de la ville. Enfin, en compensation du tiers de la dîme qu'il venait attribuer à Saint-Bertin, Philippe jugea dans sa justice que l'abbaye devait supporter le tiers de l'amende imposée à ses adversaires. Malgré cette décision solennelle, malgré les lettres du comte Philippe et de la comtesse Ida, qui s'étaient portés cautions du payement de la dîme, malgré les chartes relatives au même objet de Guillaume, archevêque de Reims, et de Didier, évêque de

[1] Pag. 350.

PRÉFACE. LXXV

Térouenne[1], l'abbaye de Saint-Bertin ne put jamais rien tirer des habitants de Calais. Il est néanmoins probable qu'on ne lui fit pas grâce d'une obole sur les 333 livres d'amende qui avaient été laissées à sa charge.

Nous passons sous silence quelques autres affaires d'où Simon sut se tirer avec plus d'avantage, et plusieurs priviléges qu'il obtint encore, soit du comte Philippe, soit du pape Alexandre III et de son successeur. Au nombre de ces actes, il en est un cependant qui mérite d'être signalé, parce qu'il fait honneur aux lumières de l'abbé Simon. C'est une bulle par laquelle le pape Luce III, sur les pressantes instances de l'abbé de Saint-Bertin, l'autorise à établir des écoles dans la circonscription de toutes les paroisses dépendantes de l'abbaye, et lui donne le droit de nommer les clercs à qui la direction en devra être confiée [2]. Simon n'eut que la gloire d'avoir sollicité ce privilége; il ne put avoir le temps de le mettre à exécution. A peine l'eut-il obtenu, qu'il se sentit pris de la fièvre quarte, et l'invasion de cette maladie anéantit en lui toute espèce d'activité[3]. Le zèle ardent qu'au début de son administration Simon avait tout à coup déployé pour la réforme intérieure s'était bientôt ralenti dans le tourbillon des affaires; insensiblement il était retombé dans la tiédeur de ses jeunes années, et son indisposition acheva de le jeter dans le relâchement. Sous prétexte que son état de fièvre exigeait qu'il usât d'une nourriture délicate et d'excellent vin, il s'abandonna sans réserve aux délices de la table. Malade comme lui, le prieur imita sa conduite, et bientôt tous les moines, s'excusant par l'exemple de leurs supérieurs, n'eurent plus souci que de bien boire et de faire bonne chère[4]. Ce déréglement

[1] Toutes ces pièces sont dans le manuscrit n° 5439 de la Bibliothèque royale, p. 85, 221, 223, 225, 228, 230, 232.
[2] Pag. 354. — [3] Pag. 360. — [4] Pag. 361.

universel entraînait d'énormes dépenses, et bientôt toutes les branches de l'administration temporelle, particulièrement l'office et le cellier, furent criblées de dettes. En même temps la concorde avait cessé de régner parmi les moines; le scandale des dissensions intérieures avait éclaté au dehors, et le bruit courait qu'il était fréquemment question, tant à la cour de Flandre qu'à l'archevêché de Reims, de confier Saint-Bertin à la direction d'un nouvel abbé. Plusieurs prétendants négociaient même secrètement auprès des conseillers du comte et de l'archevêque, et briguaient à prix d'argent la dignité abbatiale.

Pour couper court à ces sourdes menées, les religieux de Saint-Bertin prirent l'initiative. Ils appelèrent Didier, évêque de Térouenne, et, avec le secours de ses exhortations, parvinrent à convaincre Simon qu'il était plus honorable pour lui de se retirer volontairement que d'attendre sa destitution. Il résigna donc le gouvernement de Saint-Bertin entre les mains de Jean, religieux de l'abbaye de Lobbes, le 11 juillet 1186[1], et se retira dans le prieuré d'Oxlaëre, près de Cassel, dont on lui assura la possession sa vie durant, indépendamment d'une pension viagère, qu'on lui avait assignée sur les revenus de Poperinghe. Simon mourut dans sa retraite le 29 janvier 1187[2].

Là finit la continuation de Simon, là doit aussi finir cette notice. Nous ajouterons seulement, d'après le *Gallia christiana* et d'après des documents officiels, la liste des abbés qui, depuis Simon II jusqu'à la révolution de 1789, ont gouverné successivement l'abbaye de Saint-Bertin, dont il ne reste plus guère aujourd'hui que la façade de l'église avec la tour et une partie des bas-côtés.

[1] 1187 d'après le *Gallia christ.* t. III, col. 500.
[2] Pag. 361 et 362.

PRÉFACE.

ABBÉS DE SAINT-BERTIN DEPUIS 1186.

Jean III, d'Ipres..	de 1186 à	1230.
Jacques Ier, de Furnes..................................	1230	1237.
Simon III, de Gand.....................................	1237	1249.
Gilbert, de Saint-Omer, surnommé l'Abbé d'Or.........	1250	1265.
Jacques II...	1265	.....
Guillaume I, *Mestiensis*................................		1271.
Jean IV, du Bois-Saint-Omer............................	1271	1278.
Gautier II, de Gand.....................................	1278	1294.
Eustache Gomer, de Lille................................	1294	1297.
Gilles de *Omnia* ou de *Ovia*...........................	1298	1311.
Henri, de Condescure...................................	1311	1334.
Aleaume Bristel ou Boistel, de Feneg (près Boulogne)....	1334	1365.
Jean V, dit le Long, ou Jean d'Ipres.....................	1366	1383.
Jacques III, de Condé...................................	1383	1407.
Jean VI, le Blicqure ou Blicquère, d'Arques..............	1407	1420.
Alard II Trubert..	1420	1425.
Jean Griboueli, de Gribonal ou de Gribonèle, d'Arras....	1425	1447.
Jean de Meudon, d'Ipres................................	1447	.....
Guillaume II, Fillatre, de Tournai, gouvernait en 1459 et 1473.		
Jean IX d'Aunai ou de Launoi, en 1477, mort en.........		1492.
Jacques IV, du Val, sacré par Antoine de Croy, évêque de Térouenne, est déposé par Alexandre VI.		
Antoine Ier, de Bergues.................................	de 1500 à	1531.
Ingelbert d'Espagne.....................................		
Gérard d'Hamericourt...................................	1544	1562.
Wast Grenet ou Genest, d'Arras.........................		1603.
Nicolas Mainfroi était abbé en 1606, mort en............		1611.
Guillaume III Lœumel, d'Anvers.........................	1612	1623.
Jean X ou Philippe Gillocq..............................	1623	1638.
Antoine II Laurin.......................................	1641	1650.
François Ier, de Lière..................................	1650	1674.
François II, Louis Boucault ou Boutault.................	1674	1677.
Benoît de Béthune des Planques, d'Arras.................	1677	1705.
Mommolin le Riche, de Valenciennes....................	1705	.....

Après la mort ou pendant l'administration de Mommolin, (la date nous est inconnue), l'abbaye de Saint-Bertin tomba en commende entre les mains du cardinal Dubois, qui la conserva jusqu'en 1723, année de sa mort. La liste des abbés, qui est en tête du manuscrit de Boulogne, fait foi que cette année même Benoît Petit-Pas fut élu abbé, et qu'après une administration de cinquante années, il fut remplacé, en 1775, par Charles Degherbode. Durant cet intervalle, il y eut pourtant à Saint-Bertin deux abbés commendataires, savoir: le cardinal de Choiseul, de 1764 à 1773, et d'Allesnes, coadjuteur de Saint-Omer, de 1773 à 1782. Degherbode fut, à ce qu'il semble, le dernier abbé de Saint-Bertin.

IV.

Peu de mots suffiront pour indiquer le plan que nous avons suivi dans cette édition. Elle a été faite, comme nous l'avons dit, d'après deux manuscrits, celui de Boulogne, qui ne renferme que le cartulaire de Folquin, et celui de Saint-Omer, qui contient en outre le travail de Simon et de ses continuateurs. Dans ce dernier manuscrit, le cartulaire de Folquin est précédé d'un long prologue en vers et en prose, et le texte a subi quelques interpolations. On trouvera ce prologue, sous le titre de *Proludia*, à la tête de ce volume; quant aux interpolations, elles sont imprimées à leur place entre crochets.

Nous avons reproduit le texte des deux manuscrits dans toute sa pureté, ou, si l'on veut, dans toute son incorrection. De là quelques différences dans l'orthographe des mêmes noms. Ainsi l'on trouvera: *sign. Amulrici, connestabellarii* (p. 221), *Amalricus, constabulus* (p. 258), *Ligesburch* (p. 89), *Liegesbordh*,

Liegesburth (p. 90) et *Lisburg* (p. 246). De là aussi beaucoup de mots communs écrits d'une manière vicieuse, comme *nichillominus* pour *nihilominus* (p. 91), *quatriennium* pour *quadriennium* (p. 126), *velud* pour *velut* (p. 190), etc.

Quant à la division de l'ouvrage, nous nous sommes conformé exactement, pour la première partie, c'est-à-dire pour le Cartulaire de Folquin, au manuscrit de Boulogne, qui est de beaucoup le plus ancien. Pour les deux autres parties, qui ne se trouvent que dans le manuscrit de Saint-Omer, nous avons été forcé de suivre uniquement ce manuscrit. Mais comme les ouvrages de Folquin, de Simon et des continuateurs n'y sont pas séparés les uns des autres, et n'y forment qu'une seule série de chapitres depuis I jusqu'à cccxxviii, nous avons dû changer les chiffres des chapitres de Simon. Ainsi, le chapitre cxxxvi, qui contient le prologue de Simon, et qui vient immédiatement après le chapitre lxxxii (du IIe livre) de Folquin, commence une nouvelle série consacrée au Ier livre de Simon. Les deux autres livres de Simon donnent aussi naissance à deux autres séries. De sorte que, dans la IIe partie de notre recueil, composée des trois livres de Simon, chaque livre a sa série particulière de chapitres, tandis que, dans le manuscrit, une seule série s'étend sur tous les trois livres. La IIIe partie, contenant la continuation de Simon, a été rangée par nous sous une seule série de chapitres, quoique, dans le manuscrit, elle soit divisée en plusieurs livres. Mais la division de ces livres et des chapitres qu'ils contiennent est tellement irrégulière et incommode, que nous avons pris sur nous d'adopter un ordre différent, plus simple et beaucoup plus méthodique.

Du reste, nous n'avons pas fait entrer dans le cartulaire de Saint-Bertin, qui est une véritable chronique et forme un ouvrage complet, les chartes concernant cette abbaye, contenues dans beaucoup d'autres manuscrits ou collections, et particulièrement dans le manuscrit 5439 de la Bibliothèque du roi. Ces chartes, et surtout celles de la collection composée par D. Dewitte et conservée dans la bibliothèque de Saint-Omer, pourront devenir un jour la matière d'une publication particulière, mais ne devaient pas entrer dans le volume que nous publions aujourd'hui.

L'assistance que j'ai reçue pour l'édition du cartulaire de Saint-Père ne m'a pas manqué pour celle du cartulaire de Saint-Bertin.

M. Claude, chargé de la plus forte partie du travail, s'est acquitté de sa tâche avec le religieux dévouement qu'il met dans l'accomplissement de tous ses devoirs, et j'ai retiré de la collaboration de M. Géraud tous les fruits que j'avais droit d'en attendre.

M. Auguste Le Prevost a bien voulu présider encore au travail relatif à la détermination des noms modernes des lieux mentionnés dans le cartulaire, et c'est à son expérience comme à son savoir que notre dictionnaire géographique doit beaucoup d'additions et de rectifications importantes.

J'ai aussi fait usage des excellentes notes de M. le marquis Le Ver, l'un des savants de nos jours qui connaissaient le mieux le moyen âge et l'histoire de notre pays. Mais, à son égard, ce n'est pas seulement l'expression de ma reconnaissance que je dois consigner ici, c'est en outre celle de ma douleur et de mes regrets. La mort qui vient de nous enlever M. Le Ver ne me laisse plus que sa tombe pour y déposer mon hommage.

PRÉFACE.

On trouvera imprimé à la suite du cartulaire de Saint-Bertin celui de l'abbaye de la Sainte-Trinité, nommée plus tard de Sainte-Catherine-du-Mont, à Rouen. M. Deville, après en avoir préparé l'édition, a bien voulu se dessaisir de son travail pour enrichir notre collection des cartulaires. Les très-beaux et très-bons ouvrages de M. Deville ont depuis longtemps assuré un accueil favorable à celui que nous venons offrir en son nom au public.

ERRATA.

Page 23, en marge, 14 apr., *lisez* : 18 mai.
Page 27, note 3, ligne dernière, au lieu de p. 66, *lisez* : p. 606.
Page 73, chapitre LV, ligne 9, legisse me memini. Quod isdem Vuettinus, *lisez* : legisse me memini quod, etc.
Page 158, ligne avant-dernière, iillum, *lisez* : illum.
Page 180, note 1, corrig. *quarto*, *lisez* : anno quarto pontificatus Leonis papæ noni.
Page 185, avant-dernière ligne, dictam, *lisez* : dictum.
Page 196, chapitre XXI, titre, DE WILHELMO, REGE ET COMITE ROBERTO, *lisez* : DE WILHELMO REGE, ET COMITE ROBERTO.
Page 203, ligne 11, BALDUINUS de Gandaz. RAO de Ganera, *lisez* : BALDUINUS de Ganda. RAZO de Ganera.
Page 229, chapitre XVII, ligne 16, in Fladria, *lisez* : in Flandria.
Page 243, ligne 20, sancti Johannis sancti Martini, *lisez* : sancti Johannis, sancti Martini.
Page 275, *supprimez la note et lisez ainsi les premières lignes du chapitre* LXXIII : Postea vero, quod nemo se visurum putavit, multo sumptu molendina infra ambitum curtis edificare cepit noster abbas Lambertus, et, contra opinionem omnium, ad effectum, sicut hodie apparet, adduxit. Aqueductum nichilominus, etc.
Page 278, chapitre LXXVIII, ligne 4, corpusr ex idem, *lisez* : corpus rex idem.
Page 304, en marge, 1031; *lisez* : 1131.
Page 353, chapitre XXXII, ligne 10, G. milite des Watenis, *lisez* : de Watenis.

INDEX CAPITUM.

PARS PRIMA.
CAPITA CHARTULARII FOLQUINI.

EX COD. BONON.

[Paginas editionis adscripsimus. Tituli uncinis inclusi ex cod. Audomarensi desumpti sunt.]

In nomine sancte et individuæ Trinitatis, incipiunt capitula primæ distinctionis libri de gestis abbatum et privilegiis Sythiensis cenobii, et de traditionibus possessionum quæ a fidelibus, sub uniuscujusque illorum tempore, huic loco cum cartarum inscriptione sunt concesse. Prima autem distinctio extenditur usque ad undecimum abbatem, continens annos CXCI [1]; scilicet a traditione Adroaldi de villa Sythiu, quæ facta est anno XI regis Clodovei, filii Dagoberti, usque ad decessum Fridogisi, abbatis, qui evenit anno XXI regni Ludovici, filii Karoli Magni [2].

I. Prologus Folquini, levite et monachi hujus loci, in gestis abbatum Sithiu .... Pag 15
II. De eo quod Adroaldus tradidit beato Bertino villam dictam Sithiu... 17
III. Exemplar traditionis 18
IV. De commutatione villarum facta inter beatum Bertinum et sanctum Mummolenum 20
V. Exemplar ejusdem .... Ibid.
VI. De privilegio beati Audomari episcopi, quod concessit sancto Bertino de basilica Sanctæ Mariæ et de sepeliendo ejus corpusculo 22

---

[1] Leg. CLXXXVI, ab a. 648 ad a. 834.
[2] In cod. Audomar. ante indicem capitum hæc leguntur : *Directorium titulorum voluminis hujus tripartiti, ad Dei altissimi decus, necnon cenobii Sithiensis profectum, capit initium. Prima siquidem partium continet Folquini monachi scriptum; secunda abbatis Simonis primi; tertia alterius ignoti post istum Simonem inchoantis.*

INDEX CAPITUM.

VII. Exemplar ejusdem privilegii..Pag. 23
[De eo quod Walbertus villam de Arkes beato Bertino tradidit]......... 27
VIII. De privilegio Theoderici regis, de hoc quod domnus Bertinus in Attinio fisco comparavit.. *Ibid.*
IX. Exemplar privilegii.. *Ibid.*
X. De cella Hunulfi Curte... 28
XI. Exemplar traditionis Amalfridi de eadem cella...................... 29
Conventio amborum Bertini scilicet et Amalfridi, pro ipsius celle regia confirmatione... 31
XII. Confirmatio Theoderici regis de eadem cella....................... 32
[De fundatione et dedicatione monasterii sancte Berte Blangiacensis]... 33
XIII. De morte Theoderici et successione Clodovei, filii ejus, et de quodam privilegio quod domno Bertino fecit............................ 34
XIV. Privilegium Clodovei regis.. *Ibid.*
XV. De morte Clodovei et successione Hildeberti et privilegio ejusdem... 36
XVI. Quod multa alia se vivente acquisierit, et de cella Woromhold dicta, et sancto Winnoco.. 37
XVII. Quod se vivente beatus Bertinus Rigobertum abbatem ordinaverit, et de monasterio sancti Martini quod idem Rigobertus construxit, et de emptione ejusdem de Rumliaco................................. 38
XVIII. Exemplar ejusdem emptionis...................................... *Ibid.*
XIX. Quod Erlefrido, post Rigobertum, cenobium suum commiserit, et de quibusdam rebus quas idem Erlefridus emit..................... 39
XX. Exemplar emptionis earumdem rerum............................... 40
XXI. De transitu domni Bertini, et morte Hildeberti, et successione regis Dagoberti, et de Basilica sancti Martini......................... 41
XXII. De Erkembodone abbate, successore Erlefridi et privilegio Chilperici regis... *Ibid.*
XXIII. Exemplar ejusdem privilegii...................................... 42
XXIV. De pugna Karoli in Vinciaco, et quo tempore sanctus Silvinus, Tholosanus episcopus, floruerit, et de regno Theoderici regis, et privilegio ejus.. 44
XXV. Exemplar privilegii.. *Ibid.*
XXVI. De alio privilegio ejusdem regis Theoderici de terris quas sanctus Bertinus emit.. 46
XXVII. Exemplar ejusdem privilegii..................................... 47
XXVIII. De episcopatu ejusdem abbatis, et de rebus quas emit in Sethtiaco. 48
XXIX. Emptio ejusdem abbatis et episcopi de rebus infra scriptis....... 49

INDEX CAPITUM.

XXX. De morte Erkenbodi et de successione Waimari, et privilegio Hilderici.. Pag. 50
XXXI. Exemplar privilegii Hilderici regis........................ 51
XXXII. De morte Waimari et successione Nantharii abbatis, et de Rokashemo.. 53
XXXIII. Traditio Felicis de Hrokashemo......................... Ibid.
XXXIV. De morte Hilderici et unctione Pippini, et de morte Nantharii abbatis, et successione Dadberti, et de Stephano papa.............. 55
XXXV. De Dadberto abbate.. 56
XXXVI. De successore Dadberti Hardrado, abbate, et de successore Pippini Karolo, filio ejus, et privilegio quod concessit huic loco............. 57
XXXVII. Exemplar ejusdem privilegii............................. Ibid.
XXXVIII. Emptio ejusdem abbatis de Rokashemo................ 59
XXXIX. Exemplar ejusdem emptionis............................. Ibid.
XL. De emptione Hardradi, abbatis de Loninghem................. 60
XLI. Exemplar ejusdem emptionis................................. Ibid.
XLII. Quod et Fresingehem emerit................................. 62
XLIII. Exemplar carte ejusdem emptionis......................... Ibid.
XLIV. De Odlando abbate, et privilegio Karoli regis.............. 63
XLV. Exemplar privilegii Karoli regis de venatione silvarum....... Ibid.
XLVI. Traditio Deodati clerici de rebus infra nominandis.......... 65
XLVII. Exemplar carte hujus traditionis........................... Ibid.
XLVIII. De labore ejusdem Odlandi abbatis circa villam que dicitur Arecas. 67
XLIX. De Nanthario juniore, et de unctione Karoli imperatoris, et emptione ejusdem abbatis de Flitrinio............................... 68
L. Exemplar ejusdem emptionis vel venditionis.................... Ibid.
LI. Traditio Lebtrudis de Gisna.................................... 70
LII. Exemplar ejusdem traditionis................................. Ibid.
LIII. De traditione cujusdam Folberti de Campanias............... 71
LIV. Exemplar ejusdem traditionis................................. 72
[LIVᵃ. De traditione ville Calmont].............................. 73
LV. De morte Karoli regis, cognomento Magni, et successione Illudovici. Ibid.
LVI. De Fridogiso abbate... 74
LVII. De privilegio Illudovici regis, et venatione silvarum monasterii Sithiu.. 75
LVIII. Exemplar ejusdem privilegii................................ 76
LIX. De privilegio ejusdem regis de monasterio Sithiu, tempore Fridogisi abbatis.. 77

INDEX CAPITUM.

LX. Exemplar ejusdem privilegii . . . . Pag. 77
LXI. De Guntberto, monacho 76

Incipiunt capitula libri secundi, qui extenditur a xii^{mo} abbate usque ad xxviii^{um}, scilicet a tempore Hugonis abbatis, filii Karoli regis Magni, quod fuit anno incarnationis Domini dcccxxxiii, usque ad illud tempus quo Hildebrandus abbas hunc locum secundo suscepit regendum, quod fuit anno dominice nativitatis dccclxi. Continet ergo hic liber annos cxxvii.

I. De Hugone abbate, et privilegio Hludovici regis . . . . Pag. 82
II. Privilegium Ludovici regis . . . . Ibid.
III. De privilegio sancti Folquini, episcopi 84
IV. Exemplar ejusdem 85
V. De privilegio Hugonis abbatis. Exemplar 87
VI. De morte Hludovici regis, et divisione regni inter filios ejus 89
VII. De translatione sancti Audomari . . . . Ibid.
VIII. Quomodo abbas Hugo eum furatus est 90
IX. De Adalardo abbate, et translatione sancti patris Bertini 92
X. De prestaria Adalardi abbatis, Odgrimo advocato 93
XI. Exemplar ejusdem . . . . Ibid.
XII. De successore beato Folquino destinato 95
XIII. De decessu ejusdem beati pontificis . . . . Ibid.
XIV. Aliud capitulum 96
XV. Breviatio villarum monachorum victus 97
XVI. De Kelmis . . . . Ibid.
XVII. De Fresingahem . . . . Ibid.
XVIII. De Loningahem . . . . Ibid.
XIX. De Morningahem 98
XX. De Bermingahem . . . . Ibid.
XXI. De Atcona 99
XXII. De Botnigahem . . . . Ibid.
XXIII. De Berningahem 100
XXIV. De Beingahem . . . . Ibid.
XXV. De Coiako 101
XXVI. De Rumingahem . . . . Ibid.
XXVII. De Pupurninga 102
XXVIII. De Pascandala 103
XXIX. De Wescrinio . . . . Ibid.
XXX. De Aldomhem . . . . Ibid.

INDEX CAPITUM.

XXXI. De Scala.. Pag.	104
XXXII. De Gisna..	105
XXXIII. De Terwana...	106
XXXIV. De Torbodessem...	Ibid.
XXXV. De numero prebendariorum et quarumdam rerum servitio......	107
XXXVI. Quod abbatia Adalardo abstracta Hugoni est data; et de incursione paganorum..	Ibid.
XXXVII. De restauratione monasterii, et illeso casu carpentarii.........	109
XXXVIII. De morte Adalardi abbatis.................................	Ibid.
XXXIX. De Humfrido episcopo et abbate............................	110
XL. Traditio Rodwaldi de Diorwaldingatum	111
XLI. De Hilduino, abbate...	112
XLII. Traditio Heriberti de Campania et Quertliaco..................	Ibid.
XLIII. Exemplar ejusdem...	113
XLIV. Traditio Liodrici de Mekerias et Heingasele...................	114
XLV. Exemplar...	115
XLVI. De obitu Humfridi episcopi, et multitudine locustarum.........	116
XLVII. Commutatio domni Hilduini abbatis et Rodfridi..............	Ibid.
XLVIII. Exemplar commutationis]..................................	Ibid.
XLIX. De fame et pestilentia hominum..............................	117
XLIX bis. Traditio Rodwaldi de Flidmum............................	118
L. De privilegio Karoli regis in securitate monasterii Sithiu et de theloneo..	Ibid.
LI. Exemplar ejusdem privilegii.....................................	119
LII. De unctione Karoli imperatoris.................................	121
LIII. De privilegio Karoli imperatoris de Turringahem...............	Ibid.
LIV. Exemplar..	Ibid.
LV. De obitu Hilduini abbatis, et exequiis et sepultura ejus...........	122
LVI. Privilegium Karoli imperatoris de dispositione hujus loci........	123
LVII. De morte Karoli imperatoris..................................	126
LVIII. De Folcone abbate...	Ibid.
LIX. De Rodulpho abbate...	127
LX. Traditio Rodini..	Ibid.
LXI. Traditio Odgrimi, cum precaria de Hamma....................	129
LXII. Exemplar...	Ibid.
LXIII. De morte Karoli regis, et successione Odonis..................	130
LXIV. Prestaria Hucbaldi monachi de Hildincurte...................	131
LXV. Exemplar...	Ibid.

INDEX CAPITUM.

LXVI. De eclipsi solis, et adventu Normannorum . . . . Pag. 133
LXVII. Qualiter Rodulphus abbas apud Atrebatis egrotans obierit. . . . . . . Ibid.
LXVIII. Qualiter post hec locus iste in laicali redactus est potestate; et de morte Folconis archiepiscopi 134
LXIX. De unctione Karoli regis, et de ejus electione de Francia 136
LXX. Pugna Karoli contra Rotbertum . . . . Ibid.
LXXI. De inclusione regis Karoli 137
LXXII. De adventu Hludovici regis 138
LXXIII. De morte Balduini abbatis 139
LXXIV. De elevatione sancti Folquini episcopi 140
LXXV. De morte Adalolphi abbatis 141
LXXVI. De ingressu feminarum in hoc monasterio . . . . Ibid.
LXXVII. De conversione monachorum in regulari proposito 143
LXXVIII. De Hildebrando abbate 146
LXXIX. De conversione monachorum in Atrebatis, et de Regenoldo abbate. 147
[Exemplar privilegii per Arnulphum abbatem impetrati 149
De signo crucis apparente in vestibus] 151
LXXX. Quod locus hic a Deo cepit flagellari 152
LXXXI. Allocutio actoris ad Adalolfum abbatem, qui hæc precipit scribi. 154
LXXXII. Dehinc secuntur carte testantes villas elemosine 155
LXXXIII. Traditio Goiberti de Curmontium, tempore Fridogisi abbatis . . . 156
LXXXIV. De traditione basilice de Steneland 157
LXXXV. De brevi quem fecit Goibertus 158
LXXXVI. Carta Goiberti de dote basilice Domini Salvatoris in Steneland. . 159
LXXXVII. De morte Goiberti 160
LXXXVIII. Privilegium Adalardi abbatis de cella Domini Salvatoris in Steneland 161
LXXXIX. Privilegium Karoli regis de eadem cella 162
XC. De ministerio ecclesiastico Domini Salvatoris 164
Item de possessionibus ejusdem ecclesie[1] . . . . Ibid.
XCI. De dono Berhardi et Erkembaldi[2] 167

---

[1] Hic titulus numerum xci præfert, ideoque tres tituli sequentes sub num. xcii, xciii et xciv inscripti sunt in Indice.

[2] Post hunc titulum, tredecim alios reperies in cod. Audomarensi, hoc modo :

1° De Balduino et Arnulpho hujus loci abbatibus.

2° De Walthero abbate.

3° Exemplar donationis terre et dominii de Arbela.

4° De morte Lotharii et regno Ludovici regum.

5° Qualiter regnum Francorum a genere Karoli Magni sit disjunctum

INDEX CAPITUM.

XCII. De terra Humbertusin.................................... Pag. 168
[XCIII. Privilegium domni Henrici imperatoris.]

EXPLICIUNT CAPITULA LIBRI SECUNDI.

PARS SECUNDA.
CAPITA CHARTULARII SIMONIS,

EX COD. AUDOMARENSI [1].

LIBER PRIMUS.

Prologus Simonis, abbatis hujus ecclesie..................... Pag. 169
I-V [I-V]. De domno Roderico abbate......................... 171-173
VI [VI]. De inquietudine terrarum ecclesie et commutatione earum..... 175
VII [VII]. Exemplar carte de commutatione ecclesiarum Harbele, etc...... *Ibid.*
VIII [X]. Exemplar donationis quatuor altarium Tornacensis diocesis, scilicet Hettingeem, Westkerke, etc............................. 176
IX [IX]. De constructione cenobii Sancti Vinnoci Bergensis, et eventibus illius temporis.. 178
X [XI]. De obitu hujus loci abbatis.............................. 179
XI [XII]. De domno Bovone abbate............................. *Ibid.*
XII [XIII]. Exemplar carte de libertate hujus loci................ 180
XIII [VIII]. De altercatione inter abbatem nostrum et Gerbodonem...... 183
XIV [IX]. Privilegium Balduini Insulani de libertate Arkas, de submanentibus, et decimatione de Broborg............................ 184
XV [XIV]. De transitu venerabilis Bovonis abbatis.............. 187

6° Qualiter terra nostra Humbertuisin ab ecclesia fuerit alienata. [Hoc cap. signatur n. XCII in indice Bononiensi.]

7° De Trudgando abbate nostro.

8° De Odberto abbate.

9° De morte Hugonis Capeti, successione filii ejus et eventibus illius temporis.

10° De sancto Henrico imperatore et fine abbatis [*].

[*] Hæc decem capita superiora desunt codici Audomar. cujus sex folia, ubi fuerant transcripta, avulsa sunt. Tria quæ sequuntur reperies in appendice, p. XCIX et C.

11° De Heinfrido, abbate Sancti Bertini.

12° Exemplar privilegii domni Henrici traditi ecclesiis sanctorum Audomari atque Bertini, auxilio archipresulis Coloniensis Heriberti interveniente [*].

13° De fine Henrici imperatoris et abbatis nostri.

[1] Uncis inclusimus numeros qui, ex quodam codice antiquiore, in marginem cod. Audomar. conjecti sunt.

[*] Hoc caput idem est, ut videtur, cui præfixus erat numerus XCIII in cod. Bonon.

INDEX CAPITUM.

XVI-XVIII [xv-xviii]. De abbate nostro Heriberto............ Pag. 188-190
XIX [xix]. Exemplar altaris de Broburg.................... 192
XX [xx]. Confirmatio donationis villarum Elchinii, Coeka, Calmont.... 194
XXI [xxi]. De Willelmo rege, et comite Roberto................ 196
XXII et XXIII [xxii et xxiii]. De obitu domni Heriberti abbatis......... 198
XXIV [xxiv]. De domno Johanne, abbate nostro.................. Ibid.
XXV et XXVI [xxv et xxvi]. De incendio hujus loci.............. 199-200
XXVII[1]. Traditio Gerbodonis et Ade, conjugum, tercie partis ville Ostresele... 201
XXVIII [xxvii]. Exemplar carte Johannis, abbatis de villa dicta........ 202
XXIX [xxviii]. Exemplar carte Roberti comitis de libertate Arkes, et pascuis pecorum... 203
XXX [xxix]. Privilegium Johannis abbatis de parte comitatus ville de Arkes 205
XXXI [xxx]. Exemplar carte episcopi Noviomensis de altari in Calmont. 206
XXXII [xxi]. De aqua nostra dicta Mera........................ 207
XXXIII [xxxii, xxxiv et xxxv]. De quibusdam factis domni Johannis.... Ibid.
XXXIV [xxxvi]. De obitu ejus. Epitaphium ejus et Roberti, Frisonis comitis.. 208-209

LIBER SECUNDUS.

I-VII [i-vii]. De venerando Lamberto, abbate hujus loci.......... 210-213
VIII [viii]. Exemplar carte Urbani pape secundi, de libertate altarium nostrorum.. 214
IX [x]. Exemplar privilegii Pascalis pape secundi, de hujus loci libertate et nostrarum rerum confirmatione......................... 217
X [xxiv]. Exemplar traditionis Clarembaldi de suo alodio in villa Lustinghem.. 220
XI [xxv]. Exemplar privilegii comitis junioris Roberti, de libertate molendinorum nostrorum et filo aque............................ 222
XII [xxxv]. Exemplar Baldrici, Tornacensis episcopi, de altaribus Coclara et Rusleda, que Tancradus canonicus tradidit................. 223
XIII [xxxviii]. De hujus ecclesie sancti Bertini dedicatione............ 224
[XIII A xxxviii[2].] Exemplar Johannis, Morinorum episcopi, de hujus ecclesie et cimiterii consecratione............................. Ibid.
XIV [xxxix]. Exemplar carte Johannis episcopi, de cimiterio sancti Nicolai in Grevelinga... 225

---

[1] Hic titulus numero caret in margine.   [2] Numerus xxxviii iteratur in margine.

INDEX CAPITUM.

XV [XL]. Exemplar carte Roberti, episcopi Attrebatensis, de traditione altarium de Anesin, Werkin, Salomes, Hautay............... Pag. 226

XVI. [XLII]. Exemplar Yde, comitisse Boloniensis, de comitatu ejusdem terre sancti Bertini.. 227

Versus in laudem virorum in exemplari contentorum.............. 228

XVII [XLIII]. Exemplar Eustacii, Bolonie comitis, de comitatu terrarum de Merch... 229

XVIII [XXXVII]. Exemplar Lamberti, Tornacensis epicopi, de traditione altaris de Runbeka cum capellis............................ Ibid.

XIX [XXXVI]. Exemplar traditionis quorumdam altarium per Lambertum, episcopum Tornacensem................................... 230

XX [XXXIV]. Exemplar carte Johannis, episcopi Morinorum, de traditione de Oxelare, juxta Casletum............................... 231

XXI [XXXII]. Exemplar carte Johannis, episcopi Morinorum, de Eggafridi capella, qualiter venit in usus Bertiniensium................... 232

XXII [XXXIII]. Exemplar carte Johannis, Morinorum presulis, de altari Eggafridi capelle, et de anniversario suo...................... 233

XXIII [XXVI]. Exemplar Johannis episcopi, de Guisnensi silva.......... 234

XXIV [XXII]. Exemplar Johannis episcopi, de cimiterio monialium de Broburg.. 236

XXV [XXI]. Exemplar Johannis episcopi, de redditione cujusdam terre... 237

XXVI [XX]. Exemplar carte Johannis episcopi, de decima leprosorum hujus ville sancti Audomari................................ Ibid.

XXVII [XXXI]. Exemplar traditionis altarium de Warneston et Haveskerke per episcopum predictum................................ 238

XXVIII [XXX]. Exemplar concordie inter Lambertum, abbatem nostrum, et Theinardum, castellanum de Broborg...................... 239

XXIX [XXIII]. Exemplar concordie inter Lambertum abbatem et Everardum clericum, de altari de Helcin............................ 241

XXX [XXVII]. Exemplar concordie inter abbatem Lambertum sancti Bertini et Gislebertum Andernensem, de quadam terra................ 242

XXXI [XIX]. Exemplar carte Gerardi, Morinensis episcopi, de libertate altarium nostrorum, pro commutatione altaris de Gisnis........... Ibid.

XXXII [XLI]. Exemplar concordie inter Lambertum abbatem et Balduinum de Salpervinc, de quodam feodo........................ 244

XXXIII[1]. Exemplar carte Johannis, Morinorum episcopi, de traditione cujusdam predii Calvasart vocati................................ 245

[1] Numerus nullus in ora cod.

INDEX CAPITUM.

XXXIV-XXXV [XLVI]. Exemplar carte Manasse, comitis Gisnensis, de traditione redditus sexdecim stufferorum .... Pag. 246 et 247

XXXVI [XLVII]. Exemplar carte Roberti junioris, Flandrie comitis, de libertate ville sancti Bertini, Poperinghem dicte .... Ibid.

XXXVII [XLVIII]. Concordia inter abbatem Lambertum sancti Bertini et Lambertum de Reninghem, de ministerio de Poperinghem 248

XXXVIII [IX]. Exemplar pape Pascalis secundi, de hujus loci libertate et abbatis electione, et quod sumus sub umbraculo et tutela domni apostolici 250

XXXIX [XII]. Exemplar aliud privilegii ejusdem pape, de hujus loci Sancti Bertini libertate 251

XL [XV]. Pascalis pape exemplar ad episcopum Belvacensem, de quadam terra nostra Hubertisin dicta .... Ibid.

XLI [XIII]. Littere Johannis, Morinensis episcopi, ad Paschalem papam.. 252

XLII [XIV]. Pascalis pape responsio ad litteras dictas 253

XLIII [XVI]. Pape Pascali Johannes, episcopus Morinorum, notificat concordiam inter abbates Sancti Bertini et Cluniacensem factam 254

XLIV [XXVIII]. Exemplar carte Balduini Hapkin, filii Roberti, comitis, de commutatione ville Ostresele pro berquaria .... Ibid.

XLV [XXIX]. Exemplar Balduini comitis, de libertate de Arkes, de decima et comitatu de Broburg 255

XLVI [XLIX]. Exemplar carte Balduini comitis, de theloneo hujus ville et de terra Rodelinghem 257

XLVII [XI]. Exemplar privilegii pape Pascalis, de commutatione ville Ostresele, et quibusdam aliis 258

XLVIII [XVII]. Exemplar Calixti pape secundi, de hujus loci libertate, et altarium nostrorum, et quomodo suscipit nos sub tutela sua, nec aliquis in abbatem preficiatur nisi electus 260

XLIX et L [XVIII et L]. Calixtus papa secundus, de libertate loci nostri et electione abbatis penes Alciacum .... 262 et 263

LI et LII [LI et LII]. De Huberto, episcopo Morinensi, successore Drogonis 264

LIII [LIII]. Qualiter Albertus episcopus fuit detrusus 265

LIV [LIV]. De domno Gerardo, episcopo Morinorum .... Ibid.

LV [LV]. De electionis diversitate .... Ibid.

LVI-LVIII [LVI-LVIII]. De electione Johannis, Morinensis episcopi 266

LIX et LX [LX et LXI[1]]. De interfectione Willelmi, regis Anglie 267

---

[1] Num. LIX deest margini.

INDEX CAPITUM.

LXI - LXVI [LXII - LXVIII]. De hujus conventus reductione ad regulam .... Pag. 268-271

LXVII [LXIX]. De concilio ab Urbano secundo papa penes Clarum Montem celebrato, et profectione Christianorum contra paganos .... *Ibid.*

LXVIII [LXX]. De introductione ordinis ex hoc cenobio Sithiu in vicinas ecclesias 272

LXIX [LXXI]. De ecclesia Alchiacensi 273

LXX et LXXI [LXXII-LXXIV]. De ecclesia sancti Winnoci de Bergis .... *Ibid*

LXXII-LXXIV [LXXV-LXXXII]. De superbo conatu canonicorum Watinensium, et resistencia, et quibusdam factis Lamberti, abbatis nostri 275

LXXV-LXXVII [LXXXIII-LXXXV]. De ecclesia Sancti Vedasti Attrebatensis.. 276

LXXVIII [LXXXVI]. De obitu Roberti, comitis Flandrie, filii Frisonis, et ejus sepultura 278

LXXIX et LXXX [LXXXVII et LXXXVIII]. De obitu sanctorum Anselmi, archiepiscopi, et Hugonis, abbatis Cluniacensis .... *Ibid.*

LXXXI-LXXXIV [LXXXIX-XCVI]. De Pontio abbate, sancti Hugonis successore 280

LXXXV-LXXXVII [XCVII-XCIX]. De consecratione Henrici imperatoris, et regressu abbatis Lamberti a Roma 283

LXXXVIII [C]. De quodam miraculo sancti Audomari Sithiensis 285

LXXXIX et XC [CI et CII]. De reformatione ecclesie sancti Petri in Ganda. 286

XCI [CIII]. De correctione ecclesie sancti Remigii Remensis 287

XCII [CIV]. De obitu domni Balduini Hapkin comitis, et ejus sepultura... 288

XCIII [CV]. De depositione Hermetis, abbatis in Bergis, et ejus successore .... *Ibid.*

XCIV [CVI et CVII]. De egrotatione domni Lamberti, abbatis nostri 289

XCV [CVIII]. De electione et consecratione Johannis secundi, abbatis nostri 290

XCVI [XCVI]. De obitu abbatis Lamberti 291

XCVII [CIX]. De prima profectione Johannis abbatis Romam .... *Ibid.*

XCVIII [CX]. Exemplar privilegii Calixti pape 292

XCIX [CXI]. Exemplar litterarum Calixti pape ad Johannem, Morinorum presulem 294

C [CXII]. De obitu Kalixti pape secundi .... *Ibid.*

CI [CXIII]. Exemplar traditionis altaris de Lisiwege, per Simonem, episcopum Tornacensem 295

CII [CXIV]. Exemplar carte Caroli, Flandrie comitis, de libertate comitatus de Broburg 296

INDEX CAPITUM.

CIII [cxvii]¹. De interfectione Caroli, comitis Flandrie............ Pag. 297
CIV [cxviii]. De ultione predicti comitis, et ejus successore............ 298
CV [cxix]. Qualiter Willelmus de Ypra anhelavit ad comitatum........ Ibid.
CVI [cxx]. De Arnoldo Dano................................... Ibid.
CVII [cxxi]. De Theoderico de Elzachia, postea comite............... 299
CVIII [cxxii]. De morte Willelmi comitis, et ejus sepultura........... Ibid.
CIX [cxxiii]. De Theoderico, comite Flandrie...................... 300
CX [cxxiv]. De obitu Suavehildis, prime uxoris ejus................ Ibid.
CXI [cxxv]. De morte Clementie comitisse........................ Ibid.
CXII et CXIII [cxxvi et cxxvii]. De secunda profectione et tertia Johannis abbatis Romam.. 301
CXIV [cxxix]. De transitu Johannis, episcopi Morinensis............. 302
CXV [cxxx]. De electione Balduini, filii comitis Theoderici........... 303
CXVI [cxxxi]. De consecratione et electione Milonis episcopi......... Ibid.
CXVII [cxxxii]. De depositione Johannis abbatis................... Ibid.
CXVIII [cxxxiii]. De domno Simone, ejus successore................ 304

LIBER TERTIUS.

Prologus. De hujus Simonis abbatis amore ad ecclesiam............ 305
I [i-ii]. De abbate Leonio..................................... 307
II [iii]. De ecclesia Laubiensi................................. Ibid.
III [iv]. De electione Leonii, abbatis nostri..................... 308
IV [v]. De prima ejus profectione ad Romam.................... Ibid.
V [vi]. De huic ecclesie libertate reddita....................... 309
VI [vii]. De reditu Leonii abbatis a Roma, et pacis tractatu inter abbates Cluniacensem et Bertiniensem................................. Ibid.
VII [viii]. Exemplar privilegii pape Innocentii, de hujus ecclesie libertate, et pacificatione controversie inter Cluniacensem abbatem et nos....... 310
VIII [ix]. Exemplar Innocentii pape secundi, qualiter declarat per litteras suas episcopo et archidiaconis ecclesie Morinensis et Flandrie comiti, ecclesiam istam a subjectione Cluniacensium absolutam esse debere... 313
IX [x]. De secunda profectione Leonii abbatis Romam.............. 314
X [xi]. Exemplar Celestini pape secundi, de possessionibus ecclesie nostre, et his que supra diximus............................. Ibid.
XI². Exemplar Alvisi episcopi, de traditione altaris de Barlin........ 318

---

¹ Numeri cxv et cxvi ad oram cod. omissi sunt.
² Numerus nullus ad oram cod.

INDEX CAPITUM.

XII [XII]. Exemplar Lucii pape secundi, de possessionibus et hujus ec-
clesie libertate... Pag. 319
XIII [XIII]. De tertio itinere abbatis nostri ad Romam............... 320
XIV [XIV]. Exemplar privilegii Eugenii pape tertii.................. Ibid.

PARS TERTIA.
INDEX CAPITUM CONTINUATIONIS SIMONIS.

I [I-III]. De eventibus illius temporis.......................... Pag. 322
II[1]. Domnus Simon, abbas quondam hujus loci, capit finem sue cronice... 323
III [XVI]. De obitu et sepultura dicti Simonis abbatis.............. Ibid.
IV [IV]. De intestino dissidio inter fratres, et ejusdem sedatione....... 324
V [V-VII]. De hujus cenobii incendio fortuito..................... 325
VI [VIII et IX]. De reparatione edificii ecclesie destructi.......... 327
VII [X-XII]. Qualiter Henricus, Anglorum rex, ecclesiam calumpniaverit.. Ibid.
VIII [XIII]. De carentia visus abbatis et usurpatione berquarie....... 328
IX[2]. Qualiter adhuc vivens suum ordinaverit anniversarium, et de felici
obitu Jossionis monachi....................................... 329
X [XIII[3]]. De obitu abbatis nostri, et ejus sepultura............... 330
XI [I-III[4]]. De domno Godescalco, abbate hujus loci................ 332
XII [IV]. Qualiter fuit in concilio Turonensi et privilegiis impetratis.... Ibid.
XIII [V-VIII]. Qualiter Sithienses suo abbati infesti fuerunt........... 333
XIV [IX]. Qualiter sanctus Thomas Cantuariensis receptus fuit......... 335
XV et XVI [X et XVIII]. De resistentia abbatis nostri contra adversarios ec-
clesie... Ibid.
XVII [XIX]. Qualiter Willelmus, castellanus Sancti Audomari, recognovit,
coram comite Flandrie, injuste calumpniari paludem de veteri monaste-
rio et piscationem in Mera.................................... 338
XVIII [XX-XXV]. De quibusdam factis abbatis nostri.................. 340
XIX [XXVI]. De obitu et sepultura abbatis nostri Godescalchi......... 341
XX [I[5]]. De electione Simonis, abbatis hujus ecclesie.............. Ibid.
XXI [II-III]. De amotione prioris................................. 342
XXII [IV-X[6]]. De quibusdam factis ad profectum monasterii.......... 343

---

[1] Numerus nullus ad oram cod.
[2] Item.
[3] Num. XIII bis inscriptus est in margine.
[4] Hic incipit, in margine codicis, altera ca-
tum series.
[5] Hic iterum nova capita incipiunt.
[6] Inde ab hoc titulo numeri marginales fiunt
rarissimi et mox omnino deficiunt; quapropter
eos referre necessarium non duximus.

XXIII. De translatione sanctorum Nerei et Achillei............... Pag. 344
XXIV. De tertia translatione agii presulis Folquini.................... 345
XXV. De querela sui predecessoris per eum sedata................... 346
XXVI. Exemplar concordie inter abbatem nostrum et prepositum Watinensem, et abbatissam de Broburg........................... 347
XXVII. Qualiter abbas noster concilio Lateranensi interfuit, et de privilegiis ab eo impetratis.. 349
XXVIII. Carta Alexandri pape, ne teneamur laicis prebendas ecclesie conferre.. 351
XXIX. Exemplar ejusdem pape, super decimas Waranciis............. Ibid.
XXX. Aliud exemplar de presbiteris ecclesie Broburgensis............ 352
XXXI. Exemplar aliud quomodo archiepiscopus, quivis episcopus, vel alia persona, in ecclesias ad jurisdictionem nostram spectantes, excommunicationis sentenciam promulgare nullatenus possit................. Ibid.
XXXII et XXXIII. Item duo alia exemplaria ejusdem pape............ 353
XXXIV et XXXV. Privilegia Lutii pape.......................... 354
XXXVI. De Bernardo, penitente monaco hujus loci.................. 355
XXXVII. Qualiter Philippus comes dedit ecclesie LX stufferos........... Ibid.
XXXVIII. Exemplar.. Ibid.
XXXIX et XL. De concambio berquarie............................ 356
XLI. Qualiter abbas dedit in feodum quamdam terram in Furnis......... 357
XLII. Concordia inter abbatem et castellanum de Salperwiic............ 358
XLIII. De quibusdam sanctorum reliquiis......................... 359
XLIV. Qualiter abbas noster languit............................. 360
XLV. De jactura reddituum ecclesie.............................. 361
XLVI. Qualiter cessit prelature................................ Ibid.
XLVII. De obitu et ejus sepultura............................... 362
XLVIII. De institutione ardentis cerei in lanterna vitrea ante patris Bertini sacra pignera.. Ibid.
XLIX. Aliud privilegium Lucii pape tercii......................... 363
L. Exemplar privilegii...................................... Ibid.
LI. Textus littere... 366
LII et LIII. Idem comes Flandrie, de querela sopita inter Sanctum Bertinum et Walterum de Formisele super palude de Honela................. 367
LIV. Textus licentie construendi................................ 369
LV. Simon abbas pretitulatus. Quomodo quidam Henricus de Insula volebat se subtrahere a parrochiali jurisdictione ecclesiæ de Trullega...... 370
LVI. Epilogus.. 371

INDEX CAPITUM. XCVII

Appendix I. De Heinfrido, abbate Sancti Bertini.................... XCIX
II. Exemplar privilegii domni Henrici, traditi ecclesiis sanctorum Audomari atque Bertini, auxilio archipresulis Coloniensis Heriberti interveniente... *Ibid.*
III. De fine Henrici imperatoris, et abbatis nostri................... C

APPENDIX.

I.

DE HEINFRIDO, ABBATE SANCTI BERTINI.

Sancto Heinrico imperante, Roberto item rege, et Balduino Barbato comite militantibus, circa annum assumpte nativitatis Christi millesimum duodecimum, Heinfridus successor extitit Odberti in cura pastorali, qui annis bis septem in regimine vixit. Suo tempore, interventu venerabilis Heriberti, Coloniensis archiepiscopi, isdem abbas privilegium impetravit bonorum que nos et ecclesiam sancti Audomari hactenus recipimus in Colonia, cujus tenor verbotenus sequitur.

II.

EXEMPLAR PRIVILEGII DOMNI HENRICI, TRADITI ECCLESIIS SANCTORUM AUDOMARI ATQUE BERTINI, AUXILIO ARCHIPRESULIS COLONIENSIS HERIBERTI INTERVENIENTE.

In nomine sancte et individue Trinitatis. Henricus, divina favente clementia, Romanorum imperator augustus. Si monasteriis sanctorum et necessitatibus servorum Dei aliquo pietatis studio prospicimus, et nostre prodesse saluti et regni nostri proficere credimus stabilitati. Proinde notum sit omnibus fidelibus nostrorum presentibus scilicet et futuris, qualiter, petente Heinfrido venerabili abbate, sed interveniente Heriberto, Coloniensi archiepiscopo, maximeque pro remedio anime nostre, duobus monasteriis in loco Sithiu dicto constructis, quorum unum est canonicorum, alterum vero monacorum, sub nomine et veneratione sanctorum Christi confessorum Audomari episcopi et sancti Bertini abbatis, confirmamus et corroboramus omne quitquid habere videntur infra nostri regni metis, vel quitquid possidere rationabiliter videntur in certis villarum locis jacentium : in Davandra duodecim mansos; in Hosanhem duos; in

22 nov. 1015.

APPENDIX.

Frequana octo; in Godolfassem duos; in Herebath duos; in Casello duodecim; in Gesoldesdorph sex; in Prodaca unum mansum et vineam superpositam. Insuper eciam concedimus eisdem fratribus, ut deinceps libero arbitrio, firma pace et quiete perfruantur quitquid a fidelibus Christi supranominatis traditum est sanctis, et quocunque terrarum regni nostri homines illorum pro necessitate sua fuerint transmissi, nusquam theloneo constringantur, nec illud persolvere a quoquam cogantur. Et ut hec nostre confirmationis sive concessionis auctoritas stabilis et inconvulsa permaneat, hanc nostri precepti paginam manu propria roborantes, sigillo nostro imprimi jussimus.

Signum domni HENRICI, invictissimi Romanorum imperatoris augusti.

Data quarto kalendas decembris, indictione quarta decima, anno dominice incarnationis MXV., anno vero domni Henrici regnantis XIV, imperii autem secundo.

Actum Noviomago.

III.

DE FINE HENRICI IMPERATORIS, ET ABBATIS NOSTRI.

Annus salutis christiane erat MXXI[us], quando imperator prenominatus Henricus feliciter migravit ad Christum. Quo item anno, die mensis novembris XXI[a], Heinfridus, noster abbas, mortis debitum solvit, cui rerum parcat Opifex. Fulbertus Carnotensis et Heribertus Coloniensis tunc temporis floruerunt presules, quorum prior ad sacre matris Marie laudem responsoria ista, *solem justicie, stirps Jesse*, edidit, necnon alia. Alter is est qui absolvit tripudiantes per annum a nodo cujusdam presbiteri in profesto natalis Domini celebrantis, et ad cujus pignera post mortem mulier quedam pro salute filii duodenis rogatura ire decreverat, ut vult textus relationis beati patroni nostri Bertini, per cujus sancti merita sanitate donatur corporea.

CHARTULARIUM SITHIENSE.

PARS PRIMA.

FOLQUINI CHARTULARIUM.

PROLUDIA[1].

Audomarus cum Bertino, eodem clari genere,
In Luxovio vicino monasterio, prospere studere, proficere
Corde firmo, non opino, cupientes assistere
Uni simul atque trino Deo cum favore bino ;
Audomarus ad Morinum presul a rege mittitur,
Et, ut convertat populum, Bertinus hunc insequitur.
In Sithiu construitur utrumque monasterium,
Et a Bertino regitur horum quodque collegium.
Sit diu, sit in seculum urbs Sithiu! Gaude satis,
Clero juncto cum populis, patribus his tibi datis,
Quorum stas patrociniis, jocundaris miraculis ;
Nam in factis Deo gratis,
Amborum meritis operatur vis Deitatis.

ACCIPE PATRONI BERTINI LAUDES BEATI.

Cedrus excelsa Libani, quam fovet vallis aurea,
Que non ut fenum clibani transit, sed Dei gratia
Stabilitur; et Domini sic resplendet in area
Bertinus, verbi semini probus hians agricola.
Divini edificii sic est petra gratissima,
Ut quo vertatur lateri ubique stet aptissima.
Nam non cedit mulcedini, nec frangitur per aspera;
Sed cui plus tenditur fini, plus pollet patientia
Lapis quadratus, operi Dei bonus per omnia :
Quatuor ejus anguli virtutum cardinalia.
Qui gestiebat ornari terris mancus celicola :
Vide qua fortitudini studebat linqui propria.

[1] Hæc solus habet codex Audomarensis.

PROLUDIA.

Remote predicatui, quo gens est fortissima,
Vacat; hoc fortis animi decoratur prudentia.
Nam, cum hujus primi claustri non essent apta predia,
Plus grata querens, angeli ductu, vas contra flumina
Vadit, sui collegii hec summa providentia
Qua providet superni. Refulget temperantia,
Cum vovet semper non perfrui que sunt delectabilia.
Divitiis, voluptati consensum negat; omnia
Que gregi nocent abigi jubet; claret justicia.
Confusio temptatori, liberatori gratia,
Sibimet planctus; et reddi sic vult singulis singula.
Datur anima factori, terre carnis materia.
Ergo, Pater, regem celi sic placans, nobis eterna.
Quem cuncta bona largiri per te scimus, da gaudia. Amen.

Deus deorum locutus est. Audite et intelligite traditiones quas Dominus dedit vobis; traditiones dico collata fidelium devotorum, que Deus, videlicet cujus providentia in sui dispositione non fallitur, dedit vobis, intelligo commonachis meis, qui in Sithiensi florigero sancti patris Bertini habitatis cenobio; quibus ego, vester alumnus humilis, hoc prohemium dirigi peto. Audiamus unanimiter, percipiamus et intelligamus, hoc est aure cordis; intus ruminemus legentes, ut exinde jubilum cor apprehendet et catholicorum recordetur prisca devotio. In principio quidem ipsa efferbuit, que moderno evo vix scintillat, iniquitatibus nostris et advincionibus infidelibus intercedentibus. Oro tamen ut ipsas a nobis commoveat, qui vile cinctorium nostrum assumere dignatus est Dei filius, ut que nobis ad vite subsidium, ita et saluti animarum profutura concedat. Revera, si bona suscepimus de manu Domini et fidelium Christi sui, dignum est ut ipsorum assidue recordemur, preces quod valemus pro eisdem fundendo, ne ingratitudinis vitio notemur. Adaperiat, supplico, Dominus cor vestrum circa eos, prout eorum circa vos jampridem aperuit; quatinus velud ipsi libuit assumere unum de civitate, scilicet Mommolenum, et duos de cognatione, Bertinum scilicet et Ebertrandum, Renenses dudum, quos primaria nostri institutione introduxit in Syon specula sancte contemplationis; dans nobis

PROLUDIA.

pastores juxta cor suum, qui paverunt necdum nos scientia et regulari doctrina, sed et populum copiosum Francorum, Menapiorum et Morinorum. Ita et placeat cum memoratis patribus assumere in eternum requiem eosdem benefactores, quo, pro caducis suis opibus eterna, pro perituris celestia recipiant, ad videndum Dominum in letitia et exultatione, cum sanctis quos in terra decreverunt honorare. Habete, obsecro, eas, prout studiose et hilariter ex cartis veterum et possessione modernorum collegimus, non modo ut valuimus, sed optavimus, ad vestrum et nostrum presens solatium et profectum, et futurorum presidium; attendentes studiose quid edificationis, quid interioris letitie et jubili legenti afferat, quid item commodi et honoris domui hujus. Nec claret aliquem posse prediorum suorum jura et libertates sane conservare, nisi eorumdem juris et libertatis prehabita cognitione. Quocirca in hoc presertim nostro evo versari necessarium est, quum navicula necdum Bertini, immo ecclesie Petri et totius ecclesie catholice, ita in medio mari jactatur, agitatur, commovetur fluctibus, procellis et undis. Revera non frustra adjecit evangelista Marcus: *Qui reliquerunt domum, fratres, sorores, patrem et matrem, agros, propter Christum Domini et propter Evangelium, centies tantum accipere debere.* Cum persecutionibus quas admodum moderno tempore experimur, sed fulti sic verbo dominico, et sanctorum patronorum exemplis roborati, omnis a nobis mesticia cordis elongari debet. Quid enim egerint apostolus Petrus et condiscipuli, docet tenor Evangelii in honore ipsius recitatus, die octavorum apostolorum. Ait enim: *Et pre timore clamaverunt: Domine, salva nos, perimus.* Clamemus ita et nos devotis mentibus ad Dominum cum tribulamento. Sancti item patres nostri suprapositi in navi ascendentes, absque gubernatore et remigio, sine ulla cibi et potus sui cura, huc atque illuc deducti, quo se verterint instruit nos legenda.

Nonne omnipotentem rogabant Dominum, requiei gratia, utque statueret procellas fluctuum in auram? Et quia perseveraverunt pulsantes, deduxit eos in portum voluntatis, et exinde letati sunt, quia solverunt fluctus. Nec difficile nobis est ipsorum imitari gesta, cum exemplo, ut diximus, illorum munimur atque docemur. Plerosque alios adversantes navicule Crucifixi, quos longum esset in apertum dare, contrivit, quando respexit de celo, et dedit dextras Machabeis, populo suo exemplari. His, fratres mei, armis resistere expedit adversus tales qui occidunt corpus, intelligo substantiam servorum Dei. Reppulit a me spiritus Domini cum hec dictarem, teste conscientia, omnem papirum scriptam, ut, opinor, mansuetis predicta annunciare misisset nos. Igitur gratia Domini nostri Jesu Christi, caritas Dei, a quo omnis valitudo et prosperitas, vobiscum, modicum fratrem vestrum, humili calamo utentem, habetote vestri memorem.

NAVIS ECCLESIA EST, QUE
- In prora habuit fortiter trahentes.
- In carina habuit suaviter quiescentes.
- In puppi habebit provide regentes.
- Per fluctus recta vadit,
- Sive aqua in latus cadit.
- Omne hominum genus continet.
- Pericula sustinet.
- Mari supereminet.
- Vento agitata properat.
- Sibi commissos liberat.
- Si quis exit, submergitur;
- Manens portum adipiscitur.
- Vix cum paucis transgreditur;
- Honerata libenter egreditur.

Audomarus, agius, pontifex egregius, stelliferi splendoris,
Fruilpho qui ex patre Domitaque ex matre, orthodoxi fulgoris,
Inque valle aurea, nube sub aerea, prosiliit ad ortum,
Lacum cis Constancie, metro sub Maguntie, Rhenique citra portum.
Hac patrem genitumque sub regula utrumque assumpsit Luxovium.
Tarvanensi populo prefuit prius, sedulo pastor pascens ovium,
Extrinseco lumine privari qui maluit, quam interno homine superna quo r
O spem miram! Qua spirasti mortis hora, te flentibus
Hac dum hora impetrasti profuturum te fratribus,
Imple, presul, quod optasti, nos tuis juvans precibus.
Qui tot signis claruisti in egrorum corporibus,
Tuis opem ferens Christi, egris medere moribus,
Elapsus mundi turbine, postque laboris stadium,
Gaudes supremo cardine, vectus ad vite bravium.

PROLUDIA.

Vos qui sero seritis,
Salutemque queritis,
Bertini pro meritis
Sinite crudelia.
Hic vir vite speculum,
Indoctum qui populum
Vertit ad fidelia;
Quem lata Constancia,
Ex grata prosapia,
Fovit ab infantia
Ad usque Rheni portum.
Hinc Germani nobiles
Norunt atque veteres,
Alemanni proceres,
Agii hujus ortum.
Cum Bertramno sodales,
Mummolini subjugales,
Tres viri stelle tales,
Terris spargunt lumina.
Hiis Ruthena patria,
Cum vicina Flandria;
Agnie riparia
Suscepere numina.
Quos Adroaldus dives
Celi suscepit cives,
Dans glacies sub nives
Sithiuque flumina.
Qui morem justicie,
Florem pudicitie,
Exitum letitie
Servarunt illibatos;
Quos stantes in acie,
Sanctorum in facie,
Dono plenos gratie,
Jam indicat beatos.
Jocundemur in hac die,

Venerantes Christum pie,
Modulatis vocibus,
Qui Bertinum sublimavit,
Coronavit et beavit,
Cum beatis civibus.
Sanctus in hac vita degens,
Semper pauper, nunquam egens;
Sprevit pompam seculi;
Sprevit mundum, sprevit vana,
Christum orans mente sana
Pro salute populi.
Contra morem navigantis,
Sibi locum adoptavit
Educandis gregibus.
Vino dato, sanat claudum;
Hinc dux offert dona laudum
Sanctis in celestibus.
Demoniacus sanatur,
Fugitivus paci datur,
Cecus gaudet lumine.
Laboranti sensus datur,
Architector gratulatur
Liber a gravamine.
O Bertine, pie pater,
Ne nos frangat Demon ater,
Conserva precamine.
Ubi scimus te translatum,
Nobis locum para gratum,
In celesti lumine.
Adest dies triumphalis
In qua laudis specialis
Est Bertinus principalis
Causa et materia.
Regnum mundi hic respuit,
Solum proprium rennuit;
Nec tenuit quem genuit

Bertinum Constancia.
Sed ut fidem predicaret,
Ac talentum ampliaret,
Peregrinus fit Bertinus
Morinorum patria.
Dum vineam hic rigavit
Audomarus quam plantavit,
Factis mirum fecit virum
Divina potentia.
Angelico remigio
Ductus est huc navigio;
Adversos fluctus superat,
Ad locum quando properat,
Bertinus quem elegerat,
Dei providentia.
Demon exit a captivo,
Et claustrali fugitivo
Placet penitentia.
Qui Bertino famulamur,
Famulando mereamur
Ejus patrocinia ;
Ut cum ipso properemus,
Et cum ipso decantemus
Celicum Alleluya.

Prelatus quivis, aut ecclesie episcopus, non censetur dominus, sed duntaxat administrator ad vitam; et adhuc cum bene administrat, nec alias C. II. et III. *De donation.*). Nec ei permissa quevis bonorum ecclesie alienatio, maxime immobilium[1], sive rerum corporalium aut incorporalium, ut *Juriictionis* capitulo, *Nulli de rebus ecclesie non alienandis;* nec etiam ad longum empus transferre, utputa decem annorum. Tercium responsum doct. *Nemini enim de suo jure aliquid est detrahendum.*

FLANDRIE COMITES,

SECUNDUM JACOBUM BALLIOLANUM,

AB ANNO 792 UNO ET EODEM STEMMATE FUERUNT :

Lidericus Harlebecanus obiit prefectus, anno 808.

Ingerrannus Harlebecanus, etiam saltuarius, obiit 825.

Audacer, item saltuarius, obiit, secundum eumdem Jacobum, 837.

Balduinus Ferreus, primus comes, filius Audachri per Judith uxorem, illustrissimus fuit, cum ea esset Calvi Caroli cesaris et regis Francorum, filia, ex Ermentrude propria uxore; ex qua liberi prodierunt : Carolus brevis vite, Balduinus, Rodulphus quoque, Cameracensis comes. Obiit Ferreus Balduinus anno 879. Sepultus in Sancto Bertino.

Balduinus, filius ejus, dictus Calvus, obiit 918.

Arnulphus senex obiit anno Domini 964 [965 D. Bouquet].

Balduinus, filius ejus, obiit, vivo patre, anno 961. In Sancto Bertino.

Arnulphus secundus obiit 988 [989].

Balduinus Pulchra Barba obiit 1036.

Balduinus pius, dictus Insulensis, obiit 1067.

Balduinus Montensis, filius ejus, obiit 1070.

Arnulphus tertius, cum patruo Roberto congressus, obiit 1072 [1071]. Hic est apud Bertinicum cenobium sepultus.

Robertus Frisius obiit 1092 [1093].

Robertus, filius ejus, obiit anno Domini 1111, Attrebati.

Balduinus Securis, filius Roberti secundi, bello Nortmannico sauciatus, monacus fit in Sancto Bertino. Ibi sepultus anno 1119.

Carolus Bonus comes obiit 1127.

Guillelmus, Roberti ducis Nortmannorum filius, obiit anno 1129 [1128]. In Sancto Bertino conditus sub tumba.

Theodericus Elsaticus obiit 1169 [1168].

Johannes Elsaticus, filius ejus, obiit 1190 [1191].

Margaretta Elsatia obiit 1194.

Balduinus Constantinopolitanus obiit 1205 [1206].

JOANNA, filia ejus, obiit 1244.
MARGARETTA, Joanne soror, obiit comitissa, anno 1279 [1280].
GUIDO comes, filius Margarette, obiit 1304 [1305].
ROBERTUS BETUNIENSIS, filius Guidonis, obiit 1322.
LUDOVICUS KERCIACENSIS obiit anno 1346.
LUDOVICUS MALANUS obiit in Sancto Bertino, anno 1383 [1384].
MARGARETTA, filia ejus, insimul cum patre sepulta.
PHILIPPUS AUDAX, filius regis Joannis, obiit anno 1404 [1405].
JOANNES, filius Philippi de Burgundia, obiit 1419.
PHILIPPUS, filius ejusdem Joannis, obiit 1467.
CAROLUS, filius Philippi, Burgundus, obiit 1476 [1477].
MARIA, filia Caroli, Burgunda, obiit 1481 [1482].
PHILIPPUS AUSTRICUS, filius Maximiliani et Marie, obiit 1506.
CAROLUS, filius Philippi et Johanne, imperator.

Nomina Abbatum huius Loci
Sanctus Bertinus primus abbas

Rigobertus, abbas.
Erlefridus, abbas.
Sanctus Erkembodo, abbas.
VVuaimarus, abbas.
Nantharius, abbas.
Dadbertus, abbas.
Hardradus, abbas.
Odlandus, abbas.
Nantharius, abbas.
Fridogisus Anglus, abbas.
Hugo, abbas.
Adalardus, abbas.
Hugo junior, abbas.
Sanctus Humfridus, abbas.
Hilduinus, abbas.
Folco, abbas.
Rodulphus, abbas.
Balduinus, abbas.
Adalolfus, abbas.
Arnulfus, abbas.
Sanctus Gerardus, abbas.
VVuido, abbas.
Hildebrandus, abbas.
Regenoldus, abbas.
Balduinus, abbas.
Arnoldus, abbas[1].
VVualterus, abbas.
Trudgaudus, abbas[2].
Odbertus, abbas.
Hemfridus, abbas.
Rodericus, abbas.
Bovo, abbas.
Heribertus, abbas.
Johannes I., abbas.
Domnus Lambertus, abbas.
Johannes II., abbas.
Symon I., abbas.
Leo, abbas.
Godescalcus, abbas.
Symon II., abbas.
Johannes III., abbas[3].
Jacobus I., abbas.
Symon III., abbas.
Guillebertus, abbas aureus[4].
Jacobus II., abbas.
Willelmus I., abbas.
Johannes IV., abbas.
VVualterus II., abbas.
Eustacius Gomer, abbas.
Egidius de Ovia, abbas[5].
Henricus, abbas.
Alelmus Boistel, abbas[6].
Johannes V. Longus, abbas.
Jacobus III. de Condeta, abbas.

[1] Arnulfus. *Gall. Chr.*
[2] Trudgrandus. *Ibid.*
[3] Abbatum nomina quæ sequuntur neque una manu, neque uno tempore, exarata sunt.
[4] Gilbertus. *Gall. Chr.*
[5] Egidius de Onnia. *Ibid.*
[6] Bristel. *Ibid.*

Johannes Blicquere, abbas [1].
Alardus-Trubert, abbas.
Johannes VII., Griboueli [2], abbas.
Johannes de Medon.
Guillelmus II., Tornacensis, abbas.
Johannes de Alneto, abbas.
Jacobus du Val, abbas.
Anthonius de Bergis, abbas.
Engelbertus d'Espaigne, abbas.
Gerardus de Hamericourt, abbas.
Vedastus de Grenet, abbas.
Nicolaus Mainfroy, abbas.
Guillelmus III. Loemele, abbas [3].
Philippus Gillocq, abbas.
Antonius Laurin, abbas.
Franciscus de Lieres, abbas.
Franciscus Boucault, abbas.
Benedictus de Bethune, abbas.
Momolenus le Riche, abbas.
Dubois, cardinalis, commendatarius nominatus.
Benedictus Petit-Pas 1723-75.
Carolus Degherbode.

[1] Johannes le Blicqure. *Gall. Chr.*
[2] Johannes de Gribonal vel de Gribonele. *Ibid.*
[3] Guillelmus Loeumel. *Ibid.*

CHARTULARIUM
SITHIENSE.

PARS PRIMA.
FOLQUINI CHARTULARIUM.

LIBER PRIMUS.

In nomine sanctæ et individuæ Trinitatis. In hoc codice gesta abbatum Sithiensis cenobii depromere cupientes, vel possessionum traditiones, quæ a fidelibus, sub unius cujusque illorum tempore, sacro huic loco, cum cartarum inscriptione, sunt concessæ, describere volentes, a primo ipsius loci structore, domno Bertino abbate; operis hujus exordium sumamus Christo.

I.

PROLOGUS FOLQUINI LEVITE ET MONACHI.

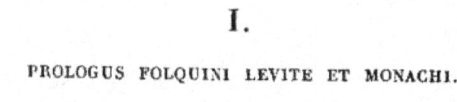uod omnipotens Deus sepe suis fidelibus duo retributionis præmia dederit, unum in hujus vitæ peregrinatione, alterum in perpetua supernorum tranquillitate, satis sancta paginula, sapienter anserini vomeris cultro sulcata, perscrutantibus patefacit. Nam hic quamplurimos apud homines, quamdiu vivunt, almifluis virtutum miraculis coruscando manifestat, quos

postea in æterna quietudine, pro sui laboris sudore, quiescere perpetualiter prestat. Unde quoque fit, ut, eorum memoria laudando, semper magnificet in terris, quorum perpetuitatis nomina in cœlestibus conscribuntur albis. Inter quos nobis pre cæteris unus, coram Deo præsentique sæculo, carior consistit patronus; qui visui nostræ mentis, cum alta supernæ meditationis ascendit, gloriosus apparet veluti aureus Tytan, cum, novo mane, crocea relinquens cubilia septemplicia, præclari luminis, per totum proclivi sæculi rotatilem orbem, fugatis tenebris, sua emittit spicula; quia in illius typo, per Sancti Pneumatis munera, ad amorem Dei electorum sepe sufficienter accenduntur corda. Quapropter in primis latinus sermo æthimologiam sui nominis licere sibi depromere diligenter petit, quem omnis plebs vulgaris simplici vocabulo Bertinus consuete promit; quia ejus significationem, cum sit profunda, melius nuncupare non novit. *B* enim prima ipsius vocabuli ponitur littera, eo quod ab ipsa semper *bonus* extiterat infantia. *ER* similiter sillaba sequitur, quæ datur intelligi *hereditarii* significatio tota; mutataque *ti* in *na*, sillaba adhuc una, ab eo quod *natus*, ut ita conglomerati subinferatur ipse *bonus heres* nobis *natus*, et a Domino Deo, suis feliciter exigentibus meritis, in sæcula datus, unde pro nostris facinoribus intercessor quotidie consistit præcipuus. Nunc igitur non est necesse, nec hoc etiam nostræ opis est, ut tanti patroni miracula, quæ per illum Dominus, ipso adhuc in corpore vivente, operare dignatus est quamplurima, hic nostræ stoliditatis sermo in hujus brevitatis succinctione vel quid parum sua præsumat tangere audatia; nam omnia quæ, quamdiu in hoc mundo felicem agebat vitam, vel in sui transitus novitate fuerant facta, valde perita manus scriptoris in sua legentibus patenter edidit vita[1]. Nos interim ad multiplicia ejus desudamenta, quæ, pro loci sui erectione laboratione sudavit assidua, optamus dicta reflectere, si ipse quoque dignetur adesse. Nam, cum, relicta, secundum Domini præceptum, patria, Sithiu cum duobus

---

[1] S. Bertini vita edita est a Mabill. *Sæc. Bened.* III, part. I, pag. 108 et sqq. et a Bollandist. Sept. t. II, pag. 586 et sqq. 590 et sqq.

adisset loca, tunc temporis, ob nimiam multorum paludum putredinem vel nemorum densitatem, per omnia invenit deserta, nec ad usus hominum, nisi quod et adhuc incolis non deest pro capescendis squamigerorum generibus, quid unquam utilia. Quo in loco sanctus vir tantum in Dei nomine sudavit, ut primitus nobile templum, lapidibus rubrisque lateribus intermixtum, in altum erigeret; cujus ex vicino columnæ, quarum capitibus singulis imposita testudine, utramque parietem firmiter sustentant; nec minus interius oratorii pavimenta multicoloris petrarum junctura, quæ pluribus in locis aurea infigunt lammina, decenter adornavit. Cujus templi structuram qui forte velit, præ oculis inspicere poterit. Hunc tantummodo codicem de membranulis in unius libri cumulavimus corpus, ut, si forsan quis istius loci possessionum investigandarum fuerit avidus, ad hunc recurrat : ibi numerum et nomina invenire poterit quantocius sub prætitulatione annorum dominicæ nativitatis, vel tunc temporis cujuslibet regis, apte conjunctum [1], prout nostræ erat possibilitatis; sed non omnia, quoniam multa ab antecessoribus nostris neglecta sunt, partim librorum incensione, partim demolita vetustate.

II.

DE EO QUOD ADROALDUS TRADIDIT BEATO BERTINO VILLAM SITHIU.

In primordio igitur hujus operis, auspice Christo, præponimus traditionem Adroaldi tunc temporis illustrissimi, qui, velud in gestis almi patris Bertini legitur [2], cum hereditarium possessionis suæ non haberet, post decessum fragilitatis humanæ, tractare cepit assidue qualiter Christo commendaret terrena, ut mercaretur superna. Igitur, adveniente domno Bertino in territorium Taruaninse, hortatu beati presulis Audomari, tradidit Adroaldus supramemoratus domno Bertino villam sui juris, Sithiu nuncupatam, anno incarnationis

---

[1] Qua in re, uti a Mabillonio adnotatur, Folquinus a vero calculo passim aberravit.

[2] Adi Mabill. *Sæc. Bened.* III, part. 1, pag. 109; et Bollandist. Sept. tom. II, pag. 587 A.

Domini nostri Jhesu Christi DC XLV.[1], qui est annus XI. regis Lodovei, filii Dagoberti, quatinus ibi cœnobium in honore principis apostolorum construeret, et ad ordinem vitæ monasticæ plurimos accenderet exemplo conversationis propriæ; cujus traditionis exemplar hic etiam scire volentibus pre oculis inscribere curavimus.

III.

EXEMPLAR TRADITIONIS ADROALDI[2].

« Dominis sanctis patribus Bertino, Mummolino, Ebertranno. Ego in Dei nomine Adroaldus, sana mente, sanoque consilio integræ deliberationis, prout mundana peccata mea illecebris abstergere Dominus dignetur, dono vobis omnem rem portionis hereditatis meæ in pago Taroanense, quod domno patri Audomaro, apostolico viro, ad senodochium suum ædificandum dare voluimus; sed ipse salubre ac melius consilium nobis donavit, ut ipsam rem vobis delegarem, ut ibi monasterium in honorem sancti Petri principis apostolorum construere debeatis, ad conversandum monachis, ubi beati pauperes spiritu et domestici fidei adunari debeant, quorum voces cotidie ad aures Domini personare noscuntur, quorum petitiones Dominus audit et implet. Propterea vobis in Christo patribus dono, per hanc epistolam donationis, in pago Taroanense, villam proprietatis meæ nuncupante Sitdiu, supra fluvium Agniona, cum omni merito suo, vel adjacentiis, seu aspicientiis ipsius villæ. Hæc sunt: villa Magnigeleca, VViciaco, Tatinga villa, Amneio, Masto, Fabricinio, Losantanas, et Ad Fundenis seu Malros, Alciaco, Laudardiaca villa, Franciliaco, cum omni merito eorum; cum domibus, ædificiis, terris cultis et incultis; mansiones cum silvis, pratis, pascuis, aquis aquarumve decursibus, seu farinariis, mancipiis, acculabus; greges cum pastoribus, mobilibus, immobilibus, vel quibuslibet beneficiis Hæc omnia vobis ad integrum trado atque transfirmo ut habeatis

---

[1] Rectius a. 648 aut insequenti, quocum Chlodovei annus XI convenit.

[2] Edidit Miræus, *Oper. diplom.* tom. I pag. 7.

teneatis atque possideatis, et quibus volueritis ad possidendum relinquatis. Si quis vero, quod futurum esse non credo, si ego aut ullus de heredibus meis, vel quislibet opposita persona contra hanc donationem venire conaverit, ullo umquam tempore, inprimitus iram Dei incurrat, et sancti Petri offensam; et insuper, fisco cogente, auri libras xv, argenti pondo xxx coactus exsolvat, et quod repetit non valeat evindicare. Et ut hæc donatio omnibus temporibus firmissima sit, manu nostra roboravimus, et qui signarent aut subscriberent ad præsens rogavimus. Facta donatio viii idus septembr. anno xi. regni domini nostri Clodovii regis [1].

« Actum Ascio, villa dominica, publice, coram strenuis personis, quorum nomina, cum subscriptionibus vel signaculis, subter tenentur inserta.

« Ego Adroaldus hanc donationem, a me factam, subscripsi. In Christi nomine, peccator Audomarus, nomine absque opere episcopus, pro testimonio subscripsi. Ego Agolfus, acsi indignus, presbiter, subscripsi. Ego Ingobertus, acsi indignus, presbiter, subscripsi.

« † Sign. Chuneberti grafionis. †Sign. Landeberti. Sign. Maurilionis. Sign. Baboni. Sign.[2] sacebaronis. Sign. Adalbaldi. Leudolenus abbas subscripsit. [Sign. Vvaldegisili, in Christi nomine. Ragnulfus, jubente domno Audomaro episcopo, et rogante Adroaldo inlustri viro, hanc donationem scripsi.

« Testes hujus traditionis :

« Sign. Babbani. Sign. Seoquini. † Sign. Crodmari. † Sign. Ermemberti. † Sign. Maurini. †Sign. Adalchabii. † Sign. Rigoberti. †Sign. Chrodobaldi. †Sign. Vumegeri †Danoaldus presbiter A. Sign. Ormari. † Sign. Ineufi. † Sign. Bertolandi. Sign. Tudobaldi. † Sign. Astronvaldi. †Sign. Gaiberti. † Sign. Bainus A. Sign. Madalgisi. † Sign. Burgasti. †Sign. Madalaulfi. † Sign. Aldeberti. Sign. Traswaldi. †Sign. Macrini. †Sign. Gislebertus A. Sign. Badoni. †Sign. Radbaldi sacerdotis. † Sign. Vualdmari. † Sign. Anchaldi sacerdotis, in Christi nomine, ut supra A. Sign. Charrici. † Sign. Isberti sacerdotis. † Sign. Amalgarii.] »

---

[1] De cœnobii constructione aliisque rebus, post Adroaldi donationem, a Bertino, Mummolino et Ebertranno gestis, vid. Mabill. *Annal.* XIII, 49, t. I, p. 400 et sqq.

[2] Hic videtur expungendum *Sign.*, ut possit legi : *Sign. Baboni sacebaronis.*

IV.

EXEMPLAR COMMUTATIONIS VILLARUM BEATI BERTINI ET MUMMOLENI EPISCOPI.

Sub Francorum quoque principe Lothario, prædicti regis Lodovei filio, anno ipsius v., Verbique incarnati[1] DCLX., placuit venerabili viro Mummoleno, Noviomensi episcopo, domnoque Bertino, abbati de Sitdiu monasterio, inter se aliqua commutare locella; deditque venerabilis Mummolenus episcopus domno Bertino abbati villam nuncupatam Vallis, quam de parte dederat viro reverentissimo Ebertramno, abbati de sancti Quintini cœnobio, pro alia villa, cognomento Tuninio, seu et in Brago, et in Glindono, vel in Selertiago. Hæc quinque locella domno concessit Bertino; et, e contrario, vir venerandus Bertinus dedit Mummolino episcopo portionem suam de villa nuncupante Vausune, in pago Constantino, et locum aliud, nomine Launardiaca villa, ad integrum. Quam commutationem regia auctoritate confirmare petierunt; quod et factum est. Exemplar autem regiæ confirmationis istic proponere placuit.

V.

EXEMPLAR EJUSDEM[2].

« Dum et nobis Dominus in solio parentum nostrorum fecit sedere, oportet nobis salubriter peragere ut ea in Dei nomine debeamus propensare; ut id quæ quod[3] profectum ecclesiarum vel res sanctorum salvandum pertinet, libenti animo debeamus præstare; qualiter hoc in Dei nomine inlibata debeat permanere, et apud æternum retributorem nobis ex hoc ad mercedem possit pertinere, et congregatio Deo canentes pro nobis Domini misericordiam stu-

---

[1] Fallitur hic Folquinus, ut solet, quotiescumque fere temporum convenientiam declarare conatur. Interiit Clodoveus II, Clotarii III pater, sub finem a. Chr. 656. Anno igitur VI regni Clotarii, mense februario, jam currebat annus 662.

[2] Edid. Mabill. *De re diplom.* p. 605.

[3] *Sic.*

deant deprecare. Igitur apostolicus vir Mummolenus, Noviomensis urbis episcopus, necnon et venerabilis vir Bertinus, abba de monasterio Sitdiu, qui ponitur in pago Taruanense, a quorum amborum opere visi fuerunt ædificare, et est in honore sanctæ Mariæ, genitricis Domini nostri Jhesu Christi, necnon et sancti Petri et Pauli apostolorum, vel cæterorum domnorum sanctorum, constructus; ad præsentiam nostram venientes, clementiæ regni nostri detulerunt notitia, ut aliqua locella eorum congrua et opportuna, tam in pago Constantino quam in Noviomagense, vel Cameracense, seu Vermandense, ubicunque congruum locum advenirent, inter se commutare deberent. Ideo petierunt nobis unanimiter antedictus domnus Mummolenus episcopus seu venerandus vir Bertinus abba, ut eis licentiam tribuere deberemus, tam de parte domno Mummoleno episcopo vel civitate Noviomense ipsius pontificato, quam et de parte ipsius Bertino abbate vel monasterii sui Sitdiu, quandoquidem eis complacuerit et locum invenirent, licentiam nostram habeant faciendum. Invenerunt inter se ambo locella aliqua his nominibus : Vallis, quem de parte venerabili viro Ebertramno abbate de basilica sancti Quintini, pro alia villa, cognominanti Tunninio, seu et in Brago, et in Glindono vel in Selerciaco, in ista loca quinta denominata dedit Mummolenus episcopus jam dicto Bertino abbate. Similiter dedit Bertinus abba memorato domno Mummoleno abbati vel episcopo portione sua de villa nuncupante Vausune, in pago Constantino, ad integrum, quem de illustri viro Agulfo pro alia villa Franciliaco in concambio accepit; et alio locello qui vocatur Laudardiaca villa in pago . . . . . [1] ad integrum. Ista omnia denominata, quod nos, pro reverentia ipsius sancti loci, vel Bertino seu monasterii sui Sithiu, ut hoc in eismetipsis Mummoleno episcopo et Bertino abbate, sicut superius diximus, integra nostra auctoritas plenius confirmata deberet. Cujus petitioni ita prestitisse et in omnibus confirmasse, cognoscite; precipientes enim ut, sicut constat de ipsas res superius quicquid dictum est, in ipsa loca cum omnia et ex omnibus

---

[1] Vacuus est in Cod. locus nominis. Supplenda, ut videtur, vox *Taruanensi*.

totum et ad integrum, id est, cum terris, domibus, mancipiis, farinariis, vineis, vel, quicquid inter se commutaverunt, cultis et incultis, et hoc ad præsentes præsenti tempore possedere vel dominare videntur, ita et in antea, per nostrum præceptum plenius inde confirmatum, et superscripti domnus Mummolenus episcopus et Bertinus abba, de ipsas res superius nominatas quicquid per manu nostra fuit delegatum vel firmatum, sicut per eadem declaramus, hoc habeant, teneant atque possideant; suisque successoribus, cum Dei et nostra gratia, derelinquant; vel quicquid exinde facere decreverint, liberam in omnibus habeant potestatem, et nulla inter ipsos lis et altercatio, post temporibus, ante parentum nostrorum regibus maneat; nisi tam de parte domno Mummoleno episcopo, quam et de successoribus suis Noviomagense civitate, nulla requisitio nec remallatio fiat, et de parte Bertino abbate vel ipsius monasterii Sitdiu, seu successoribus suis, non fiat; et nec successoris vestri in curticellas superscriptas, nec quislibet, ut dictum est, judiciaria potestas ibidem ingredere non præsumat, nisi pro nostra mercede habuero introitum judicum, memoratus abba vel successores sui ibidem consistentes, ad parte ipsius monasterii, valeant possidere, qualiter in illis delectetur ad ipsa sancta congregatione pro nobis Domini misericordiam jugiter deprecare. Et ut hæc præceptio firmior habeatur, et a vobis successoribusque vestris per tempora in omnibus conservetur, nos et præcelsa domna et genitrix nostra, Balthechildis regina, signaculo manus nostris noscimur affirmasse.

« Actum sub die kal. febr. anno vi.° regni nostri, Grisciaco palatio. »

VI.

DE PRIVILEGIO BEATI AUDOMARI, QUOD CONCESSIT SANCTO BERTINO DE BASILICA SANCTÆ MARIÆ.

662. In eodem quoque anno, sub eodem principe Hlothario, fecit beatus Audomarus, Taruennensis ecclesiæ episcopus, domno Bertino privilegium ecclesiæ suæ, quam in honorem sanctæ Dei genitricis

Mariæ construxerat in Sithiu villa, ad corpora fratrum tumulanda[1], ut ipsa basilica sub umbraculo patrocinii predicti abbatis Bertini, seu successorum ejus, per succedentia tempora usque in finem regatur, ut ipsius privilegii testatur karta, quam etiam hic inscribere curavimus uti tunc temporis factam accepimus.

VII.
EXEMPLAR EJUSDEM PRIVILEGII.

« Domnis sanctis ac venerabilibus in Christo mihi adherentibus fratribus, tam abbatibus quam et presbiteris vel diaconibus, vel omni clero Taruennensis ecclesie seu viris illustribus, optimatis, sublimis personis vel reliquis quampluribus, Audomarus, Christi gratia, Taruennensis ecclesiæ episcopus. Licet nos antiquæ regulæ constituta salubri observatione custodire conveniat, tamen, divina largitate inspirante, utili provisione pertractante, constituimus ut quod sacris deliberationibus non derogat, intrepida observatione conservetur. Quia placuit nobis, juxta fraternalem consensum et visceralis pietatis affectus, ita cor nostrum intrinsecus mollivit, ut basilica in insula Sithiu, ubi in antea monasterium in Dei nomine ædificatum esse videtur, ubi regulariter viventes aderant monachi sub libertate constituti, ibidem pariter cum ipsis monachis, pro eorum consolatione vel adjutorio, basilicam, communi opere, ad corpora eorum vel nostrum quiescenda, ædificavimus in honorem sanctæ Mariæ genitricis Domini nostri Jhesu Christi; ut in suprascripta basilica, juxta ipsorum fratrum plenissimam caritatem, in ejus locello corpusculum meum, post obitum meum, ibidem depositus vel conditus, deberet inter ipsorum corpuscula monachorum, qui, religioso habitu, ad omnipotentis Dei verbum, convenerunt de dissimilibus gentibus, de squalitate mundi, in unius gremio sanctæ ecclesiæ, pro amore Christi, consolidati sunt; ut ab jugo mundi colla mentes excutiant, omnia deserere, terrenæ curæ pondera deponere, atque ad cœleste desiderium latius animi

14 apr. 662.

[1] De hac ecclesia, quæ postea in monasterium, ac demum in cathedralem Audomaropolis ecclesiam conversa est. vid. Mabill. *Annal.* XIII, 49, t. I, pag. 401.

sinum laxent, vitam remotam pro superna retributione petierunt, ut
in ea sanctis precibus dediti, et vetustatem cordis a societate secularium strepitus disjungere, et in igne amoris Domini conflant, ut
ad cœleste gaudium contemplandum se innovent. Proinde ego qua
fiducia provocatus, intercessores meos apud clementissimum et omnipotentem Dominum, ut suis precibus prebere mihi dignentur ammi-
niculum, humiliter deposco, et taliter ab ipsa congregatione supplico,
ubi et ubi locus evenerit, in quo Dominus de hac luce me migrare
jusserit, consocia caritate, juxta quod in auribus vestris patefecimus,
quod voluntas nostra taliter decrevit, ut cùm ipsis peregrinis, in ipsa
basilica, quam pro eorum adjumento construximus, ibidem me requies-
cere, secundum ipsorum monachorum voluntatem, et Dei adjutorio,
licentiam habere debeam; et ipsi fratres, de quibuslibet locis, in præ-
fata insula corpus meum adducere, et ibidem recondere debeant.
Per quod decerno, et, juxta consensum fratrum clericorum Taruanensis ecclesiæ, vel illustribus viris personis interdico, ut ipsa basilica sub umbraculo patrocinii abbatis Bertini, qui nunc temporis in
antedicto monasterio præesse videtur, seu a successoribus suis, sub
eorum gubernatione regenda, cum divino cultu affectuque piissimo
et dilectione qua decet, et cum omni integra soliditate insulæ Sithiu
monasterio in sui juris obtineant vigore arbitrioque, vel rebus inibidem
aspicientibus; ut neque ego neque ullus episcoporum successorum
meorum, neque privilegio aut muneris causa, pro ejus adjutorio,
servorum Dei vel ipsorum libertate integra reservanda, requirere non
præsumat. Et, sicut antiquorum vel in novo tempore, monasteria
propria privilegia sunt consecuta, ita et hoc a successoribus custodia-
tur; ut quicquid in ipsa basilica vel ejus monasterio ibidem offertur,
ipse abba vel monachi ibidem servientes, absque ullius contrarietate
vel repetitione episcoporum, liberi, cum Dei adjutorio, hoc possideant; et, juxta quod decretum est, quicquid predicti basilici monachi sub libertate evangelica regulariter viventes, regio munere, seu
a quibuslibet Christianis, in agris, mancipiis, auro argentove sacrisque
voluminibus, vel in quibuscunque speciebus, quæ ad ornamentum

divini cultus, vel ad opus eorum monachorum pertinere noscuntur, vel in cæteris rebus collatis aut deinceps collaturis, in præsenti vita nostris temporibus seu successorum meorum, neque ego nullusque sibi pontifex, aut aliquis ex ordine clericorum ordinator Taruanensis æcclesiæ, suis usibus usurpare aut minuere, aut ad civitatem aliqua specie deferre non præsumat. Et quicquid ad ipsum altare in Dei nomine fuerit oblatum a quibuscunque, Deo inspirante, transmissum, nichil sibi exinde, pro reverentia sanctæ Mariæ, in cujus honore ipsa basilica vel reliquorum sanctorum constructa esse videtur, pontifex aut ejus archidiaconus, vel quilibet ordinator æcclesiæ Taruanensis, audeat vindicare a præfato monasterio; neque in agris ipsius convivia, ego, vel pontifices successores nostri, vel archidiaconus, præparare non præsumat, nisi ab abbate sepedicti monasterii Sithiu spontanea voluntate fuerit rogatus, et, peracto divino misterio, absque ullo incommodo, in sua studeat habere regressum; neque ulla alia potestate in ipso monasterio, ut diximus, neque in rebus, seu misterium aut ornamentum ipsius, neque in personis donandi aut commutandi, pro reverentia sanctæ Mariæ vel Petri et Pauli apostolorum, vel pro eo, ut quieti sub regula sancta ipsi monachi vivere debeant, ad ipsum monasterium deservientes, ut de perfecte quiete ipsa congregatio valeat, duce Domino, illeso tramite, per tempora exultare, et ad portum quietis æternæ feliciter pervenire; et, sicut plura monasteria, sub libertate viventes, ut pro statu æcclesiæ et salute regis, vel stabilitate regni et tranquillitate patriæ, valeant in ipso loco vel ad eorum reliquias sanctorum plenius exorare, et, juxta decreta antiquorum patrum, Domino adjuvante, valeant perseverare; quatinus hanc epistolam, cum privilegio concesso atque indulto sub ea, ut diximus, libertate, sicut plurima monasteria, ut monachi ibidem consistentes debeant in perpetuum permanere firmissime, ut jamdicti monachi a sepedicto monasterio ejusque cellulas, quia nichil de canonica auctoritate convellitur, quicquid domesticis fidei, pro tranquillitate pacis vel reverentia sanctorum, tribuitur. Illud etiam placuit addere, ut, absque introitu pontificis, ipsi monachi sub religione vel regula, sicut superius diximus, vivere debeant, Christo protegente, qui adjuvet hanc epistolam conservantibus, et qui destruat infringere eam præsumentibus. Quam diffinitionem constitutionis nostræ, nostris et futuris temporis, ut valitura sit, manus nostræ subscriptionis roboravimus, et fratribus nostris et illustribus viris, ut et ipsi perfirmare deberent, rogavi.

« Actum in basilica ipsa, sub die XVIII. mai, anno VI., regni domni nostri Clothacarii regis[1].

« In Christi nomine, quamvis peccator, ego AUDOMARUS, nomine absque merito episcopus, hanc epistolam voluntarius dictavi et recensere audivi; et qui subterius scribere deberent, rogavi. Hæc abocellis feci, et alius manum meam tenens scripsit et subscripsit.

« In Christi nomine, MUMMOLENUS, acsi peccator, episcopus, rogatus pro indiculo domni Audomari, subscripsi. In Christi nomine, AUDEBERTUS indignus subscripsi. In Christi nomine, DRAUCIO, indignus episcopus, subscripsi. In Christi nomine, GRAVANGERUS, indignus episcopus, subscripsi. BERTEFRIDUS peccator hanc epistolam subscripsi. In Christi nomine, AUDOBERTUS episcopus subscripsi. AMLACHARIUS, in Christi nomine, peccator episcopus, subscripsi. BAGINUS, acsi peccator, episcopus, subscripsi. In Christi nomine, ego ABEL, acsi indignus, abbas, subscripsi. Ego RAMNEBERTUS peccator hanc epistolam subscripsi. Ego LANDEBERTUS, acsi indignus, monachus, hoc privilegium, rogatus, scripsi et subscripsi[2]. »

Igitur decedente domno Audomaro episcopo, in villa Waurantis dicta, distante a Sithiu cenobio fere quatuor miliaribus, a domno Bertino, secundum ipsius beati viri in hoc privilegio rogatum, exinde deportatus, in suprascripta basilica, coram altare Dei genitricis est humatus; ac deinceps ipsa basilica domno Bertino fuit subdita[3].

---

[1] A. Chr. 662. — « Actum anno Verbi incarnati sexcentesimo sexagesimo. » *Cod. Audom.*

[2] Hic habet cod. Aud. : φ *Ad hujusmodi signum finit liber veteris Folquini.*

[3] In cod. Aud. prima, ut videtur, manu, scriptum est hoc monitum : « Ex libro papireo, ubi hæc littera habetur inserta, continetur tam ea que immerito delevi, quam hoc : actum anno, etc.; item et in originali, quam ego hodie IX. decembris anno 1512, palpans legi, est mihi testis Deus. »

[DE EO QUOD BEATUS WALBERTUS VILLAM ARKAS BEATO PATRI BERTINO TRADIDIT.

Postquam beatus Bertinus casum miserabilem Walberti[1], viri eximii probitatis, et cruris fracturam predixerat, et cellarium vino vacuum ejus fide sincera fragrantissimo mero repleverat; insuper ex mero multiplicato semel delibato isdem Walbertus comes plenam incolumitatem receperat, omni sublato dolore; ob remunerationem celestis beneficii, villam Arkas et multa alia predia beato compatri suo Bertino et fratrum usibus, anno Virginei sexcentesimo sexagesimo octavo, perpetuo delegavit.

Arkensis gratus tibi, queso, sit comitatus.]

VIII.

PRIVILEGIUM THEODERICI REGIS DE HOC QUOD DOMNUS BERTINUS IN ATTINIO FISCO COMPARAVIT.

Anno autem dominicæ incarnationis DCLXXVI., ind. IIII., regnante glorioso Francorum rege Theoderico, qui erat frater præfati regis Clothacarii, anno x.[2], fecit idem rex Theodericus preceptum securitatis domno Bertino, de eo quod comparavit in Attinio fisco, cujus hic est textus.

IX.

EXEMPLAR[3].

« Si aliquid ad loca sanctorum pro adjuvamen servorum Dei concedimus, hoc nobis ad laudem vel æternæ retributionis pertinere

23 oct. 682.

---

[1] Walbertus a Joanne Iperio nuncupatus Pontivensis, Tornacensis et Arkensis comes, habuit, eodem Joanne auctore, patrem Hangericum, Theoderici regis Burgundionum, majorem domus, et matrem Leodegundam. Magna hæreditatis suæ parte monasterio Sithiensi tradita, sæculum ejuravit, subque S. Bertino abbate monachus est effectus. De quo et Walberto sane altero, qui Luxoviensis abbas fuit, conf. Mabill. *Sæc. Benedict.* III, part. I, pag. 113, et part. II, pag. 453; Joan. Iper. *Chronic.* cap. I, part. x; Bolland. Mai. t. I, p. 274.

[2] Initium regni Theoderici, teste Mabillonio, sumitur ab ineunte mense septemb. a. 673; ex quo annum x ejusdem regni, cum a. Chr. 682 congruentem esse satis perspicuum est.

[3] Vulgatum a Mabill. *De re diplomat.* pag. 66.

confidimus. Igitur cognoscat magnitudo seu utilitas vestra quod nos venerabili viro Bertino, abbati de monasterio Sithiu, tale beneficium concessimus, ut quod infra mero Attiniacense, de fisco nostro comparatum habebat, aut in antea ad comparandum invenire potuerit, præter illos mansos unde operas carrarias exeunt, hoc habeat concessum; et nullo reddita terræ, nec nullas functiones publicas eisdem ob hoc exigere nec requirere non debeatis. Quapropter per hoc præceptum specialius decernimus ordinandum, quod in perpetuo volumus esse mansurum, ut neque vos, neque juniores, seu successores vestri, nec quislibet de judiciaria potestate adcinctus, de ipsis terris quod infra mero Attiniacense, infra ipso fisco nostro, memoratus abba comparatum habet, aut deinceps ipse vel successores sui, aut pars ipsius monasterii comparare potuerunt, præter illos mansos unde carpentas exeunt, nullos redditus terræ, nec nullas functiones eisdem non requiratis nec exactetis, nisi quicquid exinde ipse abba, vel pars monasterii sui Sithiu, aut successores sui, quod fiscus noster percipere potuerit, ex nostro munere largitatis hoc habeat concessum atque indultum. Et ut hæc præceptio firmior habeatur, et per tempora melius conservetur, manus nostræ subscriptionibus eam decrevimus roborare. Signum gloriosi regis THEODERICI. Data sub die x. kal. novembris, anno x. regni nostri, Compendio palatio, in Dei nomine feliciter. »

X.

DE CELLA HUNULFI CURTE.

Anno ab incarnatione Domini DCLXXVII., indictione [1] VI., vir quidam inclitus, nomine Amalfridus, tradidit domno Bertino monasterium quod ipse construxerat in proprietate sua, nomine Hunulfi Curte, in pago Cameracense, super fluvio Scald; ubi et filia ipsius illustris viri, Auriana nomine, abbatissa, sanctimonialium rectrix esse

---

[1] Indic. VI non cum a. Chr. 677, sed cum a. 678, convenit; neuter vero horum annorum cum XII Theoderici III, qui annus incidit in a. Chr. 685.

videtur : eo tenore ut hoc ipse, dum adviveret, per precariam haberet, et post suum obitum ac filiæ ejus Aurianæ, supradictus abba Bertinus seu successores sui hoc habeant, teneant atque possideant; et quemcunque præpositum ibi præponere voluerint, licentiam habeant, sicut etiam exemplar illius traditionis, apud nos hactenus conservatum, testatur hoc modo.

XI.

TRADITIO AMALFRIDI DE EADEM CELLA [1].

« Quantum intellectus sensus humani potest mentis sagacitate pensare, atque sedula indagatione perpendere, nichil amplius valet in hujus sæculi luce de gaudio fugitivo lucrare, quam quod de rebus suis, locis venerabilibus, in alimoniis pauperum, curetur impendere; quatinus fragilitatem naturæ omnes generaliter patiantur, priusquam subitanea transpositio eveniat, oportet pro salute animæ vigilare, ut non inveniat quemquam imparatum, sicut Dominus in evangelio ait : *Qui dat parum, comparat sibi regnum, et sine fine mansuram gloriam.* Igitur ego, in Dei nomine, Amalfridus, illuster vir, inspirante divina potentia, atque pro remedio animæ meæ, deputavi et concessi atque delegavi, per hanc paginam donationis, ad monasterium Sithiu, quod est in honore sancti Petri et sancti Pauli vel sancti Martini, seu et cæterorum sanctorum, constructus, vel ubi venerabilis vir Bertinus abbas præesse videtur, una cum voluntate vel convenientia filiæ meæ Aurianæ, quæ ibidem rectrix esse videtur, hoc est monasterium nostrum cujus vocabulum est Hunulfo Curtis, in pago Kambrincense, super fluvio Scald, quem ego in proprietate nostra in honore sanctæ Mariæ vel sancti Petri seu sancti Martini seu sanctæ Pollinæ, ubi ipsa preciosa gemma requiescit in corpore; ita, ut mihi complacuit, in tali ratione, ut ad ipsum monasterium Sithiu, ad opus sancti Petri, jam dictum monasterium, cum omni integritate vel soliditate sua, in se aspicientem vel pertinentem, ibidem

---
[1] Edidit Mabill. *De re diplom.* p. 607.

delegare deberemus. Quod ita et fecimus. Tam de alode parentum meorum quam et de comparato, seu et de quolibet adtracto undecunque, ipsum monasterium dotatum esse videtur, tam de parte nostra quam et de aliorum collata bonorum hominum, vel undecunque manu vestita habuimus; et nostræ fuit possessionis justitia, una cum terris, mansis, castitiis ibidem aspicientibus vel superpositis, domibus, ædificiis, acolabus, mancipiis, campis, silvis, pratis, pascuis, farinariis, aquis aquarumve decursibus, peculiis, præsidiis, mobilibus et immobilibus, adjacentiis, appenditiis, omnia et ex omnibus, rem inexquisitam ad integrum. Et, sicut nobis convenit, quamdiu in hoc sæculo advixero, ipsum monasterium pro precaria sancti Petri vel vestra, usitare vel dominare seu emeliorare debeamus; et post meum obitum atque de hac luce discessum, memorata filia mea Auriana in ipso monasterio degere vel regere debeat; et post suum obitum, ipsum monasterium superius nominatum Hunulfo Curtis ad integrum, aspectus vel subjectus, omni tempore ad Sithiu monasterio debeat esse. Et quem ipse abbas, qui tunc temporis adest, vel fratres de ipso monasterio Sithiu ibidem consistentes, complacet qualem præpositum ad ipsum monasterium nostrum constituere voluerint, potestatem in omnibus habere mereantur. Et supplicamus ipsos fratres et rectores ipsius monasterii, propter Deum et mercedem nostram lucrandam, ut ipsum monasterium, quod ibidem transfirmavimus, de missas, de curso, de luminaribus curam habere studeant, et de hospitibus et peregrinis caritatem, ut mercedem exinde habere debeant, et nomen nostrum in libro vitæ recenseant. Et ipsum monasterium in eorum jure, perpetua donatione, hoc est ipsius monasterii Sithiu, habeant, teneant atque possideant, vel quicquid exinde facere voluerint, liberum in omnibus potiantur arbitrium. Et si quis vero, quod fieri minime credimus (quod absit!), si egomet ipse, aut ullus de heredibus aut proheredibus meis, seu quislibet ulla emissa aut extranea persona fuerit, qui contra hoc testamentum venire voluerit, aut infringere illud præsumpserit; inprimitus iram Dei omnipotentis incurrat, et ante tribunal Christi, cum ipso sancto Petro, in die judicii, deducat rationes; et insuper, una cum socio fisco distringente, auri libras x, argenti pondera xx coactus exsolvat; et insuper, quantum ipsum monasterium tunc temporis emelioratus valuerit, vel duplam pecuniam coactus exsolvat, et quod repetit non evindicet, sed hoc testamentum, isto omnique tempore, firmum permaneat cum stipulatione subnixa.

« Actum in Vermandis, quod fecit mensis februarius dies viii., in anno xii. regni domni nostri Theoderici gloriosissimi regis.

« AMALFRIDUS hoc testamentum, a me factum, relegi et subscripsi.
« Ego AURIANA, abbatissa, consentiens subscripsi.

«Signum ADALFREDI. VULFAALDUS. NIVATIO. ANGABERTUS. HILDRAMNUS. ERCHANFRIDUS. SIGINUS. WARAULFUS, diaconus. BLITMARUS. CRASMARUS. DUDAN. BRUNO. ERMENFRIDUS. CONSTANTINUS. GISLEFRIDUS, centenarius. GERFRIDUS. BALDETRANNUS. »

« BLADARDUS, rogatus, hoc testamentum scripsi et subscripsi. »

Hac traditione jam peracta, atque illustrium virorum subscriptione firmata, ut etiam per succedentia tempora inconvulsa servaretur, annis necdum duobus post prædictam traditionem peractam, qui erat annus dominicæ incarnationis DCLXXVIIII., atque prædicti regis Theoderici annus XIIII.[1], pariter regale palatium in villa Crisciaco adientes, domnus scilicet Bertinus abbas, et Amalfridus, illustris factor hujus traditionis, postulantes suprascriptam donationis cartam regiæ præceptionis auctoritate firmare. Quod rex tunc devote complexans, devotius est executus, confirmans illud regia auctoritate; quæ etiam, cum sigilli regalis subscriptione apud nos conservata, hactenus testatur, ita dicendo.

[1] Annus xiv regni Theoderici III, mense aprili, cum a. Chr. 687 convenit. Vide supra, p. 27, not. 2.

XII.

CONFIRMATIO THEODERICI REGIS DE EADEM CELLA[1].

1 apr. 687.
« Quotiens recta postulatio sacerdotum vel monachorum, quod pro eorum quiete vel ad animæ salutem pertinet, libenter in Dei nomine obaudire, vel effectum, Christo propitio, perducere cogimur; et hoc ideo, ut eos melius delectet pro stabilitate regni jugiter exorare vel Deum pro nobis deprecare. Igitur veniens vir venerabilis Bertinus, abba de monasterio Sithiu, quod est constructum in pago Taruanense, in honorem sancti Petri vel cæterorum sanctorum, per consensum et voluntatem illustris viri Amalfridi vel matronæ ipsius Childebertanæ, seu et filiæ eorum Aurianæ, abbatissæ, Cariciaco villa, in palatio nostro, in nostram venientes præsentiam, clementiæ regni nostri intulerunt, eo quod ipse Amalfridus et matrona sua Childebertana, in honore sanctæ Mariæ genitricis Domini nostri Jhesu, vel sanctæ Pollinæ, in loco nuncupante Hunulfo Curte, super fluvio Scald, monasterium visi fuerunt ædificasse; et res eorum ibidem delegassent, vel quicquid eorum legitimum esset ipso sancto loco firmaverunt; etiam et alii homines plures devotione plenissima, in quantum eis possibilitas de rebus eorum ibidem ad ipsum locum firmaverunt, et ipsum monasterium Hunulfo Curtem ad opus sancti Petri seu Sithiu monasterii vel domni Bertini abbatis, cum omni integritate sua in se habente vel pertinente, per eorum instrumenta a die præsente delegaverunt; inspecta ipsa instrumenta una cum terris, mansis, casticiis ibidem ædificatis, mancipiis, campis, silvis, pratis, pascuis, aquis aquarumve decursibus, farinariis, communiis, omnia et ex omnibus, rem inexquisitam, sicut superius intimavimus vel denominatum est, ad integrum suprascripto monasterio Sithiu transfirmaverunt. Cujus hoc beneficium prædicto monasterio Sithiu vel domno Bertino abbati, gratanti animo, vel pro mercedis

[1] Hanc confirmationem edidit, sed mancam, Mabillonius, *De re diplom.* p. 607.

nostræ augmentum ita præstitisse, vel in omnibus confirmasse[1], vel ad petitionem ipsius Amalfridi, et per hunc præceptum nostrum plenius in Dei nomine confirmatum, ut, sicut constant, qui per talem, ut ipse, beneficium ad tempora nostra vel successorum parentum nostrorum regum, ipso monasterio Sithiu sit conservatum, ut hoc ipse habeat, vel successores sui habeant, teneant atque possideant; vel quod exinde pro utilitate monasterii sancti Petri facere voluerint, jure firmissimo habeant potestatem. Et ut hæc præceptio firmior habeatur, manu nostra subterfirmavimus.

« Datum kal. april. anno xiiii. regni nostri, Crisciaco palatio. »

[DE FUNDATIONE ET DEDICATIONE MONASTERII SANCTE BERTE BLANGIACENSIS.

Theodorici pretitulati regis, Clodovei et Batildis regine filii, fundatoris[2], sancti presulis Vedasti Attrebatensis, anno duodecimo, in Blangiaco, beatissima Berta monasterium[3] edificare cepit in pago Taruanorum, in propria possessione, anno dominice nativitatis octogesimo secundo[4], vel circiter, ut patet in scriptis predicti monasterii. Compositis denique omnibus ad ornatum monasterii, piissima Berta convocavit in unum venerabiles episcopos ad prescriptum monasterium dedicandum, sanctum videlicet Ansbertum, Rotomagensem episcopum; sanctum VValaricum; sanctum Germanum de civitate Parisii; sanctum Silvinum, advenam de Tholosa venientem; sanctum Pharonem de Meldis, fratrem VValberti suppositi; venerabilem Ravengarium, in cujus diocesi anterelatum scitum est cenobium, Taruanensem presulem, plerosque alios preclare vite viros. Ili omnes, velut columpne firmissime intra sanctam ecclesiam uno in tempore floruerunt, et ad memoratam Bertam, devotioni ejus favere gliscentes, convenerunt. Ravangerus autem, Morinorum episcopus, in cujus parochia actum est, interrogavit si omnia

685.

[1] Hic supplenda verba, *cognoscite; præcipientes*, quæ habet cum charta superior, n. v, p. 21, tum inferior, n. xiv, p. 35. Quædam alia iterum omissa fuisse necesse est post voces, *qui per talem ut ipse*, quæ sequuntur.

[2] Suppl. *monasterii*.

[3] De Blangiaco monasterio, vid. *Gall. Christ.* tom. X, col. 1588 et sqq.

[4] Corrig. 685.

adessent dedicationi necessaria. Responsum est ilico a Berta cuncta adesse. Tunc ille : « Affer, inquit, ysopum, ut preparetur usui neces- « sario. » Et illa inquit : « Huc usque, pater, nesciebamus si de illo ali- « qua necessitas huic adjungeretur operi. » Tunc, nutu divino, angelus, in modum juvenis, detulit ysopum miraculose meritis astantium. Facta est hec dedicatio quando fecit mensis februarius dies novem.]

XIII.

DE MORTE THEODERICI ET SUCCESSIONE CLODOVEI FILII EJUS, ET CETERIS.

Decedente interea glorioso Francorum rege suprascripto Theoderico, anno incarnationis dominicæ DCLXXXII., qui erat annus regni ipsius[1] XVII., filius ejus Clodoveus puer in regno Francorum gloriose sublevatur. Qui regia auctoritate privilegium quoddam domno Bertino fecit de monasterio suo Sithiu, in quo quicquid ab antecessoribus suis prædicto loco fuit concessum, ipse privilegio regiæ confirmationis adfirmavit; interdicens scilicet, sine judiciaria potestate, locum illum per succedentia tempora manere, nec aliquis publicus exactor, sub aliquo districtionis freno, ingenuos ac servientes loco illi distringere præsumat. Quod etiam privilegium istic inscribere placuit. Actum est anno ab incarnatione Domini DCLXXXII., qui erat annus I. præfati regis, hoc modo.

XIV.

PRIVILEGIUM CLODOVEI REGIS[2].

1 jun. 691.

« Clodoveus rex Francorum. Si illa beneficia, quæ parentes nostri ad loca sanctorum præstiterunt vel concesserunt, pro nostris oraculis confirmamus, et regiam consuetudinem exercemus et nobis ad laudem vel stabilitatem regni nostri in Dei nomine pertinere confidimus. Igitur venerabilis vir Bertinus, abba de monasterio Sithiu, quod est in pago Taruanense, in honore sanctæ Mariæ genitricis

---

[1] Obiit Theodericus III a. Chr. 691, cum, ex supradictis, regni sui a. XVIII ageret.
[2] Vulg. a Mabill. *De re diplom.* p. 607.

Domini nostri Jhesu Christi, necnon et sancti Petri et Pauli apostolorum, vel cæterorum domnorum sanctorum constructum, ad nostram accessit præsentiam, clementiæ regni nostri suggessit, eo quod avus noster Clotharii[1] quondam rex, de omnibus curticellis vel villas ipsius monasterii quicquid præsenti tempore possidebant, aut adhuc inantea, ex munere regum, vel collato populi, seu de comparato, aut de quolibet recto adtracto, in quibuslibet pagis atque territoriis inibi, erat additum vel collatum, integra emunitate, antecessore suo Mummolino, quando vel prædicto monasterio concessis; ut nullus judex publicus ibidem ad causas audiendas, freta exigenda, fidejussores tollendos, nec mansiones aut paratum faciendo, nec homines ipsius monasterii, tam ingenuos quam et servientes, super terras suas commanentes distringendos, nec nullas redibitiones requirendas nec exactandas, nec judiciaria potestas ibidem ingredere quoquo tempore non deberet, nisi sub emunitatis nomine, omni tempore, cum omnis fretis concessis, pars ipsius monasterii debeat possidere. Unde et præceptionem principum, seu confirmationem avunculi nostri Clothacarii et Childerici, seu et genitoris nostri Theoderici quondam regis, qualiter hæc vel illa locella, quæ postea ipse Bertinus abba, ad partes ipsius monasterii, pro commutationis titulo vel instrumenta accipere confirmaverunt, nobis in præsente ostendit relegendas, et ipsis beneficiis concessis, de tempore usque nunc, asserit conservatas; sed pro firmitatis studium, petiit memoratus abba celsitudini nostræ, ut iccirco ipsum locum, pro nostra auctoritate, plenius confirmare deberemus. Cujus petitioni, pro mercedis nostræ munere vel reverentia ipsius sancti loci, ita præstitisse et in omnibus confirmasse cognoscite; præcipientes enim, ut quicquid constat suprascriptos avos nostros, Clodoveus quondam rex, de ipsa emunitate, sicut superius est comprehensum, præphato Mummolino, vel postea ipsi avunculi nostri Clothacarius seu Childericus, seu et genitoris nostri Theoderici quondam regis, juste et rationa-

[1] Corrig. *Chlodovius*, auctore Mabillonio. Clodoveus enim II Clodovei III avus fuit, non Clotarius.

biliter consenserunt vel confirmaverunt; et de eo tempore usque nunc recto tramite fuit conservatum, ita et inante, pro nostro præcepto plenius in Dei nomine confirmato, inspectas ipsas præceptiones suprascriptorum principum, sicut per easdem declaratur, circa ipso abbati Bertino vel successoribus suis, aut ipso monasterio Sithiu, omni tempore, ipsis beneficiis concessis, in omnibus valeat esse conservatum, et nulla refragatione vel nullo impedimento a judicibus publicis exinde quo tempore habere non pertimescant. Unde ut ipsa confirmatio, pro stabilitate regni nostri vel salute patriæ, Domini misericordiam jugiter debeant exorare. Et ut hæc auctoritas firmior habeatur, et in omnibus conservetur, nos et præcelsa genitrix nostra Chrotechildis regina manus nostræ signaculis subter eam decrevimus confirmare.

« Signum gloriosi CLODOVEI.

« Signum præcelsæ genitricis nostræ CRHODECHILDIS reginæ.

« Actum sub die I. kal. jun. anno I. regni nostri. »

XV.

DE MORTE CLODOVEI ET SUCCESSIONE HILDEBERTI, ET PRIVILEGIO EJUSDEM.

698. Anno etiam dominicæ incarnationis DCLXXXIIII. cum, decedente præphato rege Clodoveo, anno regni ejus[1] II., frater ejus Hildebertus Francorum gloriose sumpsisset imperium, anno III. regni ejus, fecit idem rex domno Bertino privilegium regiæ auctoritatis, secundum suprascriptæ conscriptionis tenorem, quam ab antecessore suo Clodoveo rege factam, supra jam conscripsimus. Quod privilegium hic ideo omittimus, ne conscripta iterare videamur. Nos interim ad subsequentia festinemus.

---

[1] Regnare cœpit Clodoveus III a. 691 post mortem Theoderici III, patris sui: obiitque a. 695, mense martio, i. e. regni sui a. IV, vel ineunte a. V.

XVI.

QUOD MULTA ALIA, SE VIVENTE, ADQUISIERIT, ET DE CELLA VVOROMHOLD DICTA.
ET SANCTO WINNOCO[1].

Hec et alia quamplurima, se adhuc vivente, monasterio suo adauxit cum ingenti desudatione. Multa etiam præterea, partim præcedentium incuria, partim quoque diuturna vetustate demolita, nobis hactenus manent incognita. Certum est autem quod omni vitæ suæ tempore in præparatione loci sibi a Domino traditi sudasset, unde nec abstitit, donec priscis monasteriis regali auctoritate constructis, regalibus privilegiis et terrarum opulentia coequaret. Quin etiam et alia monachorum cœnobia, se adhuc vivente, construxit, ex quibus unum est quod vocatur Woromhold, quod quidam vir dives, Heremarus nomine, eidem viro Dei contradidit. Sanctus vero Bertinus servorum Dei multiplicare volens habitacula, hoc ipsum cœnobium quatuor viris, ad se a Britanniæ partibus advenientibus, ad construendum regendumque commisit, Quadonoco videlicet et Ingenoco, Madoco sanctoque VVinnoco, ut inibi receptionem pauperum construendo, hospitum peregrinorumque curam gererent non modicam in necessariis administrando. Post decessum vero supradictorum trium virorum, Quadonoci videlicet et Ingenoci et Madoci, sanctus Bertinus, conventiculo fratrum inibi degentium, beatum concessit præesse VVinnocum, quia de ejus vita et moribus non dubitabat, quem secum ab infantia sub dominica monasterii scola nutrierat: cujus vitam et virtutes, qui diligenter investigare voluerit, a quodam eligentissime conscriptam, invenire apud nos poterit. Nos interim cepta percurramus.

[1] Cf. Joann. Iper. *Chronic.* col. 473.

XVII.

QUOD, SE VIVENTE, BEATUS BERTINUS RIGOBERTUM ABBATEM ORDINAVERIT[1].

Beato igitur Bertino jam in senium vergente, regimen cœnobii sui Rigoberto venerabili viro commisit, ut, relicto mundanæ implicationis negotio, liberius vacaret Deo. Hic, sub tempore regiminis sui, domno Bertino ordinante et jubente, construxit monasterium in honore sancti Martini, qui nunc loci caput et totius abbatiæ principatus existit, anno VI. regni Hildeberti, qui erat annus dominicæ incarnationis[2] DCLXXXVIIII., sub pontifice Taruuanensis ecclesiæ Ravangero. Hic etiam, sub anno dominicæ incarnationis DCXCIII., regnante glorioso rege Hildeberto anno X., emit a viro quodam, Eodberto nomine, villam quandam, vocabulo Rumliaco, solidis mille quingentis; cujus emptionis carta taliter est facta.

XVIII.

EMPTIO RIGOBERTI ABBATIS DE RUMLIACO[3].

16 maii 704.

« Domino sancto et in Christo, venerabili viro Rigoberto, abbati de monasterio Sithiu, Eodbertus venditor. Constat me non imaginario jure, sed plenissima voluntate, vobis vendidisse, et ita vendidi, tradidisse, et ita tradidi, de præsente, hoc est omnem rem portionis meæ in loco nuncupante Rumliaco, in pago Taruanense, quam de parte filii mei Chardeberti quondam, ex luctuosa hereditate, mihi obvenit : id est cum terris, domibus, edificiis, mancipiis, silvis, pratis, pascuis, aquis aquarumve decursibus, mobilibus et immobilibus, farinariis, greges cum pastoribus, rem inexquisitam, ad integrum; quantumcunque conjux mea ibidem tenuit, moriensque dereliquit, vel ad filium nostrum superius nominatum de parte sua ad ipsum pervenit : hoc integrato ordine, ipse abbas vel pars monasterii sui

---

[1] Vid. Joan. Iper. *Chronic.* col. 474.
[2] Ann. VI regni Childeberti in annos Chr. 700 et 701 incidit.
[3] Vulgavit Bréq. *Diplom.* p. 369.

in jure et dominatione eorum, a die præsenti, faciant recipere vel dominare. Unde accepimus a vobis in precio taxato, juxta quod nobis bene complacuit atque convenit, inter aurum et argentum, solidos mille quingentos tantum; ita ut ab hodierna die, ipse abba vel pars monasterii sui habendi, tenendi, dandi, vendendi, commutandi, vel quicquid exinde facere voluerit, liberam et firmissimam in omnibus habeant potestatem. Si quis vero, quod futurum esse non credimus, si nos ipsi aut ullus de heredibus, aut pro heredibus nostris, vel quislibet opposita persona, qui contra hanc venditionem quam ego plenissima voluntate fieri vel conscribi rogavi, venire aut effringere presumpserit, et a me vel a meis heredibus defensatum non fuerit, tunc inferamus nos vel heredes nostri tantum; et alia tantum quantum a vobis accepimus, vel quantum ipsa res eo tempore meliorata valuerit, dupplam pecuniam, statuta servante, componat; et quod repetit evindicare non valeat, sed præsens venditio hæc omni tempore firma et inviolata permaneat cum astipulatione subnixa.

« Actum Sithiu monasterio, quod fecit mensis maius dies XVI, anno X. regni domni nostri Childeberti gloriosi regis.

» Signum EODBERTI qui hanc venditionem fieri rogavit. Signum FLADEBERTI. Signum MADALCHARI. Signum EDELBERTI. Signum CHIDOLFI. Signum MAURIANÆ. Signum SIGEBERTI.

« ERCHEMBODUS, lector, hanc venditionem scripsit et subscripsit. »

XIX.

QUOD ERLEFRIDO, POST RIGOBERTUM, CŒNOBIUM SUUM COMMISERIT.

Crescente interea multitudine monachorum, beatus pater Bertinus, præfato Rigoberto requiem desudationis indulgens[1], venerabili viro Erlefrido[2], a se nutrito, cœnobii sui regimen commisit; ipse, artioris vitæ vias incedens, semotus ab mundana perturbatione, tota mente insisteret divinæ philosophiæ. Præfatus autem vir reverentissimus

[1] Cf. Joann. Iper. cap. II, col. 477.
[2] Cf. cap. III, ibid.

Erlefridus, inter cætera quæ gessit, emit a quodam viro, nomine Darmundo, res portionis suæ, in loco nuncupante Saroaldsclusa, super fluvio Sumna, in pago Vermandense, et in Appiliaco, super fluvio Ysara, in pago Noviomense, seu in Diva et Corbunaco, solidis mille quingentis, quæ venditionis carta hic est inserta.

XX.

EMPTIO ERLEFRIDI ABBATIS DE REBUS INFRASCRIPTIS [1].

7 maii 708

« Domino et venerabili Erlefrido abbati de monasterio Sithiu, Darmundus venditor. Constat me non imaginario jure, sed plenissima voluntate tibi vendidisse, et ita vendidi, hoc est duas partes de re portionis meæ in loco nuncupante Saroaldsclusa, super fluvio Sumna, in pago Vermandense; similiter et in Appiliaco, super fluvio Ysara, duas partes sitam in pago Noviomensi; seu in Diva et Corbunaco duas partes, ad integrum : hoc est tam in terris, domibus, ædificiis, mancipiis, vineis, campis, silvis, pratis, pascuis, aquis aquarumve decursibus, farinariis, peculiis, cultis et incultis. Suprascriptas portiones a die præsenti tibi trado atque transcribere rogo perpetualiter ad possidendum. Unde accepi in precio, quod inter nos bene complacuit, hoc est, inter aurum et argentum, solidos mille quingentos tantum, ita ut a die præsenti ipsas portiones habendi, tenendi, dandi, vendendi, commutandi, vel quicquid exinde volueris facere, liberam et firmissimam, Christo propitio, in omnibus habeas potestatem. Si quis vero, quod futurum esse non credo, si ego ipse aut ullus de heredibus meis, vel quislibet opposita aut extranea persona, contra hanc venditionem venerit, inferamus vobis tantum et alia tantum quantum a vobis accepimus; duplamque pecuniam, consocio fisco distringente, coactus exsolvat, et quod repetit evindicare non valeat; sed hæc venditio omni tempore firma permaneat cum astipulatione subnixa.

[1] Edit. apud Bréq. *Diplom.* pag. 380.

« Actum Sithiu monasterio, VI. nonas mai, anno XIIII. imperii domni nostri Hildeberti gloriosi regis.

« Ego Darmundus venditor, qui hanc venditionem fieri rogavi.
« Ravangerus, acsi indignus, episcopus, subscripsi.

« Signum Fulberti. Signum Madalharii. Signum Humberti, vicarii.
« Chrodberthus hanc venditionem scripsit et subscripsit. »

XXI.

DE TRANSITU DOMNI BERTINI.

Sub hujus prefati Erlefridi regiminis tempore, beatus pater Bertinus plenus dierum et sanctitate, post diuturnum in Domini servitute famulatum, carnea relinquens ergastula, migravit ad Christum, percepturus ab ipso æternæ remunerationis bravium; qui erat annus dominicæ incarnationis DCXCVIII. et prefati regis Hildeberti xv.[1], indictione XI. [etatis sue anno centesimo duodecimo], et regiminis sui anno LIIII. Sepultusque est in basilica sancti Martini, ubi plurimæ a Domino virtutes, per ejus merita, sunt patratæ : quod textus ejus vitæ patefacit elegantissime. Eo etiam tempore[2], venerabilis rex Hildebertus migravit ad Dominum, cum regnasset annis XVI. Regnavitque Dagobertus puer, filius ejus, pro eo, annis V[3]; sub cujus tempore predictus abbas Erlefridus basilicam sancti Martini supra sancti patris Bertini tumulum ampliori opere reedificare cœpit.

XXII.

DE ERKENBODONE ABBATE, SUCCESSORE ERLEFRIDI.

Post multiplicia igitur prefati Erlefridi abbatis desudamenta, quæ, postquam magistri superstes extiterat, desudavit mente promptis-

---

[1] Annus XV Childeberti regis convenit cum anno Christi 709. Cf. Mabill. Sæc. Benedict. III, part. I, pag. 117; Annal. XIX, 45, tom. II, pag. 23; Martenn.

Thesaur. anecdot. tom. III, col. 475, in not.
[2] A. Chr. 711.
[3] Emend. IV.

sima, migrans ad Dominum, successorem sibi reliquit Erchembodum, sapientia et bonitate coæqualem. Qui, tempore regis Hilperici, successoris predicti regis Dagoberti, quoddam privilegium regia auctoritate ab ipso poposcit rege constructum, quod taliter est factum.

XXIII.

PRIVILEGIUM CHILPERICI REGIS TEMPORE PREFATI ABBATIS[1].

« Chilpericus rex Francorum. Si facta parentum nostrorum, quod ad loca sanctorum prestiterunt vel concesserunt, per nostris oraculis confirmamus, regia consuetudine hoc exercemus, ut nobis ad laudem vel stabilitatem regni nostri, in Dei nomine, pertinere confidamus. Igitur venerabilis vir Erchembodus, abba de monasterio Sithiu, qui est in pago Taruanense, in honorem sanctæ Mariæ, genitricis Domini nostri Jhesu Christi, necnon et sancti Petri et Pauli apostolorum, vel cæterorum domnorum sanctorum, constructus, ad nostram accessit præsentiam. Clementiæ regni nostri suggessit, quod avus noster Clodoveus, quondam rex, de omnibus curtis vel villis ipsius monasterii, quicquid eodem tempore possidebant aut adhuc inantea, ex munere regum, vel collata populi, seu de comparato aut de quolibet adtracto, in quibuslibet pagis atque territoriis, inibi est additum vel collatum; integra emunitate, antecessori suo domno Bertino, quondam ipsius monasterii abbate, vel ad predictum monasterium concessisset; ut nullus judex publicus ibidem ad causas audiendas, aut freta exactanda, vel fidejussores tollendos, nec mansiones aut paratas faciendas; nec homines ipsius monasterii, tam ingenuos quam et servientes, qui super terras suas commanent, distringendos, nec ullas redibitiones requirendas vel exactandas, judiciaria potestas ibidem ingredere quoquam tempore non deberet, nisi sub emunitatis nomine, omni tempore, cum omnes fretus concessos, pars ipsius monasterii perenniter deberet possidere. Unde et preceptiones ipsius videlicet principis avi nostri Clodovei, et confirmationes precelsorum avunculorum nostro-

[1] Edit. a Mabill. *De re diplom.* pag. 608.

rum Clodocharii et Theoderici, seu et genitoris nostri Childerici, etiam et consobrinorum nostrorum Clodovei et Childeberti quondam regum, se ex hoc pre manibus habere affirmat, et quod ipsa beneficia concessa ab eo tempore usque nunc videantur esse conservata; sed, pro integra firmitate, petiit celsitudinem nostram memoratus abbas, ut hoc, circa ipsum locum, pro nostra auctoritate, plenius confirmare deberemus. Cujus petitioni, pro mercedis nostræ augmentum vel reverentia ipsius sancti loci, ita præstitisse et in omnibus confirmasse cognoscite. Precipientes enim precipimus, ut quicquid constat suprascriptum avum nostrum Clodoveum, quondam regem, de ipsa emunitate, sicut superius est comprehensum, prefato Bertino, vel postea ipsi avunculi nostri Clodocharius et Theodericus, seu et genitor noster Childericus, etiam et consobrini nostri Clodoveus et Childebertus quondam regum juste et rationabiliter concesserunt vel confirmaverunt, et de eo tempore usque nunc recto tramite fuit conservatum, ita et inantea pro nostro plenius in Dei nomine confirmare deberemus : inspectas ipsas preceptiones suprascriptorum principum, sicut per easdem declaratur, circa ipsum abbatem Erkenbodum vel successores suos, et ad ipsum monasterium Sithiu, omni tempore, ipsa beneficia concessa in omnibus valeant esse conservata; et nulla refragatione nec nullum impedimentum a judicibus publicis exinde quoquam tempore habere non debeant. Unde ipsa congregatio, pro stabilitate regni nostri vel salute patriæ, Domini misericordiam jugiter debeant exorare. Et ut hæc auctoritas firmior habeatur, et in omnibus conservetur, manus nostræ subscriptionibus eam subter decrevimus roborare.

« Actum anno regni nostri III. »

XXIV.

DE PUGNA KAROLI IN VINCIACO.

21 mart. 717.   In prefati autem regis Chilperici tempore, Karolus dux, filius Pippini, ab Auster adveniens, commoto exercitu, contra jam dictum Chilpericum regem et Ragemfridum illius ducem, pugnam iniit. Sed prius, ceso ejus exercitu, terga vertit. Postea autem, resumptis viribus, contra Chilpericum hostem movit die dominico, in Quadragesima. Sed Karolus prius pacem fieri rogavit. Illis non dantibus, pugnam iniit XII. kal. april., Deoque juvante, victo Chilperico et Ragemfrido, victoriam accepit. In hoc autem tempore beatus Silvinus, Taruennensis episcopus, floruit, virtutibus et sanctitate plenus; cujus nunc in Sithiu venerabiliter humatum pausat corpus. Peracta autem supra memorata pugna, iterum Chilpericus rex cum Ragemfrido Eudonem ducem in auxilium expetentes, contra Karolum ire disponunt. Quibus Karolus occurrens intrepidus, fugatis iterum hostibus, triumphum est adeptus. Karolus autem cum Eudone duce amicitias postea feriens, et cum Chilperico rege pacificatus, eum in regno restituit. Sed non diu in hac vita mansit, mortuus namque est, cum regnasset annis V et dimidio. Franci vero Theodericum, Dagoberti regis junioris supramemorati filium, super se regem statuunt. Qui prefato Erkenbodoni abbati privilegium quoddam concessit, regia auctoritate confirmans ea quæ ab antecessoribus suis sancto huic loco est concessum; quod hic etiam pre oculis taliter habetur insertum.

XXV.

EXEMPLAR PRIVILEGII[1].

3 mart. 721.   « Theodericus rex Francorum. Ut illustribus gravionibus, seu et omnibus agentibus, vel junioribus eorum, tam presentibus quam futuris, in cujuscumquelibet actionibus monasterii Sithiu tenere vel

---

[1] Vulgat. a Miræo, *Oper. diplom.* t. I, p. 128; a Mabill. *De re diplom.* p. 608-609.

habere videtur. Si facta parentum nostrorum, quæ ad loca sanctorum præstiterunt vel concesserunt, per nostra oracula confirmamus, regia consuetudine exercemus; hoc ideo, ut nobis ad laudem vel stabilitatem regni nostri, in Dei nomine, pertinere confidamus. Igitur venerabilis vir Erkenbodus, abbas de monasterio Sithiu, qui est in pago Taruanensi, in honore sanctæ Mariæ, genitricis Domini nostri Jhesu Christi, necnon et sancti Petri et Pauli apostolorum, vel cæterorum domnorum sanctorum, constructus, ad nostram accessit presentiam. Clementiæ regni nostri suggessit, eo quod proavus noster Clodoveus, quondam rex, de omnibus curtis vel villis ipsius monasterii, quicquid eodem tempore possidebant, aut adhuc inantea ex munere regum, vel de collatis populi seu de comparato, aut de comparando, aut de quolibet adtracto, in quibuslibet pagis atque territoriis, inibi est additum vel collatum, integra emunitate, antecessori suo Bertino quondam, vel ad predictum monasterium Sithiu, concessisset; ut nullus judex publicus ibidem ad causas audiendas aut freta exactanda, vel fidejussores tollendos, nec mansiones aut paratas faciendas, nec homines ipsius monasetrii, tam ingenuos quam et servientes, qui super terras suas commanent, distringendos, nec nullas redibitiones requirendas nec exactandas, judiciaria potestas ibidem ingredere non presumat, nisi sub emunitatis nomine, omni tempore, cum omnibus fretis concessis, pars ipsius monasterii perhenniter debeat possidere. Unde et preceptione ipsius principis proavi nostri Clodovei, et confirmationibus precelsorum avunculorum nostrorum Clothacarii et Childerici, seu et avorum nostrorum Theoderici et Childeberti, atque consobrini nostri Chilperici quondam regis, ex hoc pre manibus se habere affirmat, et quod ipsa beneficia concessa ab eo tempore usque nunc videantur esse conservata; sed, pro integritate firmitate, petiit celsitudini nostræ memoratus Erkenbodus abbas, ut hoc, circa ipsum locum, per nostram auctoritatem, plenius in Dei nomine confirmare deberemus. Cujus petitioni, pro mercedis nostræ augmentum vel reverentia ipsius sancti loci, ita prestitisse et in omnibus confirmasse cognoscite. Precipientes enim precipimus, ut quicquid constat suprascriptum proavum Clodoveum, quondam regem, de ipsa emunitate, sicut superius est comprehensum, concessisse prefato Bertino, antecessori suo, vel postea ipsi avunculi, vel avus noster Clotharius, et Theodericus, Childebertus et Childericus[1], etiam et confirmationes consobrini nostri Chilperici, quondam regis, juste et rationabiliter concesserunt vel confirmaverunt, et, de eo tempore usque nunc, recto tramite sunt conservatæ, ita et in postmodum, per nostrum preceptum plenius, in Dei nomine, confirmamus : inspectas ipsas preceptiones suprascriptorum principum, sicut per easdem declaratur, circa ipsum Erkenbodum abbatem, vel successores suos, aut circa ipsum locum Sitdiu, omni tempore ipsa beneficia concessa in omnibus valeant esse conservata; et nullam refragationem nec ullum impedimentum a judicibus publicis exinde quoquam tempore habere non pertimescant. Unde et ipsa congregatio, pro stabilitate regni nostri vel salute patriæ, Domini misericordiam jugiter debeat exorare. Et ut hæc auctoritas firmior habeatur, et in omnibus conservetur, manus nostræ subscriptionibus eam subter decrevimus affirmare.

« Signum gloriosi regis THEODERICI.

« Data quando facit martius dies III, anno primo regni nostri, Suessionis civitate, in Dei nomine feliciter. »

XXVI.

DE ALIO PRIVILEGIO EJUSDEM REGIS THEODERICI.

Eodem quoque anno, in mense novembrio, fecit idem rex Theodericus prefato abbati Erkenbodo privilegium aliud de terris quas domnus Bertinus, se adhuc vivente, de precedentium regum fisco, in quibuscunque locis, emerat, vel de omnibus rebus, continentem se in hæc verba.

---

[1] Ordo verborum, auctore Cointio, ex superioribus, sic restituendus est : *Ipsi avunculi Clotarius et Childericus, vel avi nostri Theodericus et Childebertus*.

XXVII.

EXEMPLAR EJUSDEM PRIVILEGII [1].

« Theodericus rex Francorum. Quem divina pietas sublimat ad regnum, condecet facta servare parentum : precipue quæ compendiis ecclesiarum aut locis sanctorum, a regali clementia, pro æterna retributione, probatur esse indultum, oportet conservare in ævum. Igitur cognoscat magnitudo ac utilitas vestra, venerabilem virum Erkenbodum, abbatem de monasterio Sithiu, per missos suos clementiæ regni nostri detulit in notitiam, quod tritavus [2] noster, Theodericus, quondam rex, per preceptionem suam, sua manu subscriptam, antecessori suo Bertino, quondam abbati, vel predicto monasterio Sithiu, tale beneficium concessisset, ut quod infra fisco nostro, ubi et ubi, in quascunquelibet pagis vel territoriis, comparatum habebat, aut inantea ad comparandum invenire poterit, vel quod boni homines Deum timentes, pro animabus eorum, ad suprascriptum monasterium dederant, aut inantea dederint, hoc habuisset concessum ; et quod de fisco nostro comparatum habebat, aut inantea comparasset, preter illam terram unde opera carpentaria exeunt, hoc habuisset indultum, ut nulla judiciaria potestas nullos redditus terræ nec nullas functiones publicas eidem, ob hoc, exigere aut exactare vel requirere non deberet. Unde et ipsam preceptionem jam dicti tritavi nostri se pre manibus habere ex hoc affirmavit, et nobis in presenti eam ostendit ad legendum; et ipsa beneficia concessa, de eo tempore usque nunc, asseruit esse conservata. Sed, pro firmitatis custodiam, petiit celsitudinem nostram, ut hoc, circa ipsum locum sanctum, pro nostris deberemus confirmare oraculis. Quod nos, propter nomen Domini et reverentia ipsius sancti loci, gratanti animo ita prestitisse et in omnibus confirmasse cognoscite. Precipientes enim, ut quicquid constat suprascriptum tritavum nostrum Theodericum, quondam regem, de ipso beneficio, sicut superius est comprehensum, prefato Bertino vel

10 nov. 721.

---

[1] Apud Mabill. *De re diplom.* p. 609.   [2] Emend. *proavus.*

ad suprascriptum locum sanctum, pro augmento mercedis suæ, concessit, et, de eo tempore usque nunc, recto tramite fuit conservatum; ita et inantea, inspecta ipsa preceptione predicti principis, sicut per eadem declaratur, ita et inantea per nostrum preceptum plenius, in Dei nomine, sit confirmatum, sub eo ordine, circa ipsum Erkenbodum abbatem, vel ad ipsum monasterium suum Sithiu, omni tempore, ipsa beneficia sint concessa, et in omnibus valeant esse conservata; et nullam refragationem nec ullum impedimentum a judicibus publicis exinde quoquam tempore habere non pertimescant; unde et ipsa congregatio, pro stabilitate regni nostri vel pro salute patriæ, Domini misericordiam jugiter exorare delectet. Et ut hæc auctoritas firmior habeatur, vel perhenniter in omnibus conservetur, manus nostræ subscriptionibus ea subter decrevimus affirmare.

« Signum gloriosi domni Theoderici.

« Data quod facit novemb. dies decem, anno I. regni nostri, Confelentis castro.

« Ego Conradus, jussus, recognovi et subscripsi. »

XXVIII.

DE EPISCOPATU EJUSDEM ABBATIS.

Anno quoque ejusdem regis Theoderici, qui erat annus dominicæ incarnationis DCCXX., prefatus abbas Erkembodus[1], Taruennensis ecclesiæ sublimatus episcopus, Ravangeri successor in ordine factus, qui, et ipse successor extiterat Baini præsulis, successoris Draucii, qui, post beatæ memoriæ presulem Audomarum, Taruennensis ecclesiæ susceperat pontificatum. Hic autem prefatus Erkenbodus episcopus, cum episcopatu abbatiam tenens, anno III. prefati regis Theoderici, emit a quodam viro, Rigoberto nomine, res proprietatis suæ in loco

---

[1] Erkembodus, seu Erkembodo, abbas Sithiensis in locum Ravengeri, Taruennensis episcopi, suffectus est, a. III regni Theoderici IV, i. e. a. Chr. 723. Vid. Joan. Iper. Chronic. cap. IV, part. II; Gall. Christ. tom. III, col. 487.

nuncupante Sethtiaco, super fluvium Agniona, cum adjacentia Kelmias et Strato; et, infra Mempisco, Leodredingas mansiones, seu Belrinio, super fluvio Quantia, sitas in pago Taruanense, cum adjacentia sua, quod est in pago Pontivo, in loco nuncupante Monte, super fluvio Alteia, solidis, inter aurum et argentum, mille quingentis : cujus venditionis carta sub horum apicum tenore est facta.

XXIX.

EMPTIO EJUSDEM EPISCOPI DE REBUS INFRA SCRIPTIS.

« Domino atque apostolico patri Erkembodo, episcopo atque emp- 29 aug. 723. tori, et ejus congregationi ibidem consistentem. Ego Rigobertus venditor, nullo cogente imperio, sed plenissime voluntatis arbitrio, vobis ad opus monasterii vestri Sithiu, qui est constructus in honore sancti Petri et sancti Pauli apostolorum, seu et sancti Martini et sancti Audomari confessoris atque pontificis, ubi ipse et domnus Bertinus abbas requiescit in corpore, vendidi et ita vendidi, tradidi et in presenti tradidi; hoc est omnes villas meas nuncupantes Sethtiaco, super fluvium Agniona, cum adjacentiis suis Kelmias et Strato; et, infra Mempisco, Leodringas mansiones, seu Belrinio, super fluvio Quantia, sitas in pago Taruanense, cum adjacentiis suis quæ sunt in pago Pontivo, in loco nuncupante Monte, super fluvio Alteia : id est in predicto loco, tam ex alode parentum meorum quam et de comparato, seu de quolibet ingenio vel attracto, moderno tempore, mea ibidem videtur esse possessio vel dominatio, una cum terris, domibus, ædificiis, acolabus, mancipiis, campis, silvis, pratis, pascuis, piscatoriis, farinariis, aquis aquarumve decursibus, peculiis, presidiis, greges cum pastoribus, mobilibus et immobilibus, adjacentiis, appendiciis vel reliquis quibuscunquelibet beneficiis; totum atque ad integrum de jure meo in jure et dominatione, legaliter, per festucam, tradidi atque vverpivi; seu per hanc venditionem, a die presenti, transfirmavi perpetualiter ad possidendum. Et accepi a vobis, pro ipsis rebus superius comprehensis, de remedio vestro, in precio taxato, quod mihi bene complacuit, hoc est, inter aurum et argentum, solidos mille quingentos tantum; ita ut ab hac die habeatis, teneatis atque possideatis, vel quicquid exinde inantea pro utilitate ipsius monasterii facere volueritis, liberam in omnibus habeatis potestatem ad faciendum. Si quis vero, quod futurum esse non credimus; si ego ipse aut ullus de heredibus aut proheredibus meis, seu quislibet ulla extranea aut emissa persona, qui contra hanc venditionem venire temptaverit, aut eam infringere presumpserit; et si a me vel heredibus meis defensatum non fuerit, tunc spondemus vobis tantum, aut successoribus vestris, alias tales res esse reddituros; et insuper, distringente fisco, auri libris x, argenti pondera xx, coactus exsolvat, et quod repetit non evindicet; sed hæc venditio omni tempore firma et inconvulsa perennis temporibus valeat perdurare cum stipulatione subnixa.

« Actum Sithiu monasterio publice, IIII. kal. septembr. anno III. regni domni nostri Theoderici gloriosi regis.

« Ego Rigobertus hanc venditionem a me factam relegi et subscripsi.

« Signum Dodoni. Signum Leudegisli. Signum Chumbaldi centenarii. Signum Cherebaldi. Signum Ellemberti. Signum Ingomari.

« Winidmarus, diaconus, hanc venditionem, rogatus, scripsi et subscripsi. »

XXX.

DE MORTE ERKENBODI, ET DE SUCCESSIONE VVAIMARI, ET PRIVILEGIO HILDERICI.

Decedente interea in extremis prefato rege Theoderico, Hildericus Francorum suscepit imperium, anno ab incarnatione Domini DCXLII[1]. Interea et prefatus Erkenbodus, episcopus et abbas, decessit a sæculo[2], et in monasterio sancti Audomari, coram altare sanctæ Dei genitricis [quod dicitur ad Campanas], tumulatur a populo [ubi usque hodie ejus tumba cernitur lapidea]. Cui in episcopatu successit Adalgerus.

---

[1] Post mortem Theoderici, vita functi a. 737, Francia sine rege fuit usque ad a. 742, quo rex creatus est Childericus III, Chilperici II filius.

[2] Quo anno decesserit Erkembodus, utrum 734, an 737, 740, vel 742, incertum est.

Abbatiam vero regendam suscepit VVaimarus, qui, tempore prefati regis Hilderici, privilegium quoddam consecutus est regiæ auctoritatis, secundum statuta precedentium regum, quæ prefato concesserunt Sithiu monasterio, quod ab ipso rege firmatum constat in hoc modo, anno ejusdem regis imperii primo.

XXXI.

EXEMPLAR PRIVILEGII CHILDERICI REGIS [1].

« Hildericus rex Francorum. Ut viris illustribus, gravionibus atque omnibus gentibus vel junioribus eorum, tam presentibus quam futuris, in quibuscumque actionibus monasterium Sithiu habere videtur. Quem divina pietas sublimat ad regnum, condecet facta conservare parentum; precipue quæ compendiis ecclesiarum aut locis sanctorum regali clementia, pro æterna retributione probatur esse indultum, oportet conservare in evum. Igitur cognoscat magnitudo et utilitas vestra, quod venerabilis vir VVaimarus, abbas de monasterio Sithiu, clementiæ regni nostri detulit in notitiam, quod parens noster[2] Theodericus, quondam rex, per suam preceptionem, sua manu firmatam, antecessori suo Erkenbodo abbati, vel ad predictum monasterium suum Sithiu, tale beneficium concessisset, ut quod infra fiscum nostrum, ubi et ubi, in quibuscumquelibet pagis aut territoriis comparatum habebat, aut inantea ad comparandum invenire poterat, vel quod boni homines, Deum timentes, pro animabus eorum, ad suprascriptum monasterium dederunt, aut inantea dederint, hæc habuisset concessum; et quod de fisco nostro comparatum habebat, aut inantea comparasset, præter illam terram unde opera carraria exeunt, hoc habuisset concessum; et nulla judiciaria potestas nullos redditus terræ, nec ullas functiones publicas eidem ob hoc exigere, aut exactare, nec

23 april. 743.

---

[1] Edidit Mabillonius, *De re diplomat.* pag. 610.

[2] Hoc *parentis* nomen, quod Childericus Theoderico Calensi, decessori suo, adscribit, non ipsius patrem (nam Childericus Chilperici II filius erat), sed, Merovingorum more, principem, absque paterni nominis indicio, designat.

requirere non deberet. Unde et ipsam preceptionem jam dicti parentis nostri Theoderici, quondam regis, se pre manibus ex hoc habere affirmat, et nobis in presenti eam ostendit ad relegendum; et ipsa beneficia concessa, de eo tempore usque nunc, asserit esse conservata. Sed, pro firmitatis custodiam, petiit celsitudinem nostram, ut hoc, circa ipsum locum sanctum, per nostris deberemus confirmare oraculis. Quod nos, propter nomen Domini et reverentia ipsius sancti loci, ita prestitisse et in omnibus confirmasse cognoscite. Precipientes enim precipimus, ut quicquid constat suprascriptum parentem nostrum Theodericum, quondam regem, de ipso beneficio, sicut superius est comprehensum, prefato Erkenbodo abbati vel suprascripto loco sancto, pro aucmento mercedis suæ, concessit, et, de eo tempore usque nunc, recto tramite fuit conservatum, ita et inantea, inspectis ipsis preceptionibus predicti principis, sicut per easdem declaratur, ita et inantea, per nostrum preceptum plenius, in Dei nomine, sit confirmatum, sub eo ordine, circa ipsum VVaimarum abbatem, vel ad ipsum monasterium suum Sithiu, omni tempore, ipsa beneficia concessa in omnibus valeant esse confirmatæ; et nullam refragationem nec ullum impedimentum a judicibus publicis exinde quoquam tempore habere non pertimescant : unde et ipsa congregatio, pro stabilitate regni nostri vel salute patriæ, Domini misericordiam jugiter debeant exorare. Et ut hæc auctoritas firmior habeatur, vel per tempora in omnibus conservetur, manus nostræ subscriptionibus eam subter decrevimus affirmare.

« Signum gloriosi regis Hilderici.

« Data quando facit april. dies XXIII, anno primo regni nostri, Crisciaco palatio, in Dei nomine feliciter. Amen. »

XXXII.

DE NANTHARIO ABBATE, ET MORTE VVAIMARI ; ET DE ROKASHEMO, QUEM QUIDAM FELIX DEDIT NOBIS.

Post decessum autem prefati abbatis VVaimari, Nantharius totius abbatiæ sublimatus est dignitati. Cui, anno III. prefati regis Hilderici, quidam presbiter, Felix nomine, tradidit, ad usum monasterii sui Sithiu, cellam sui juris propriam, vocabulo Hrokashamo sive Therealdo loco, ut testatur illius traditionis karta, quam hic, ad confirmationem credulitatis, describimus, sub tenore antiquæ illius dictationis.

XXXIII.

TRADITIO FELICIS DE ROKASHAMO [1].

« Sicut Dominus in Evangelio ait : *Qui dat parum, comparat sibi regnum, et qui tribuit parum pecuniæ, accipit sine fine mensuram.* Igitur ego, in Dei nomine, Felix, presbiter, inspirante divina clementia, atque pro animæ meæ remedio, deputavi et concessi atque delegavi, per hanc paginam donationis, ad monasterium Sithiu, quod est in honore sancti Petri et sancti Pauli apostolorum, et sancti Martini vel sancti Bertini confessoris, ubi ipse domnus in corpore requiescit, vel ubi venerabilis vir Nantharius abbas præesse videtur, hoc est cellam meam in loco nuncupante Rochashem sive Therealdo loco [2], in pago Flandrinse, quam ego in honore sancti Michaelis archangeli, vel sancti Johannis Baptistæ, vel sanctæ Mariæ, genitricis Domini nostri Jhesu Christi, vel cæterorum sanctorum, opere construxi, quam ab extraneis personis, dato precio, comparavi; ita, ut mihi complacuit, in tali ratione, ut ad ipsum monasterium Sithiu, ad opus sancti Petri, jam dicta cella, cum omni integritate vel soliditate sua in se aspiciente vel pertinente, ibidem delegare deberemus. Quod ita et fecimus ad integrum, perpetualiter ad possidendum, ut ibidem aspecta vel subjecta

---

[1] Edid. Warnkönig, in sua *Flandr. Hist.* t. I, instr. p. 9 et sqq. ex antiq. apographo.
[2] *Hrochashem sive Hervaldolugo.* Warnk.

omni tempore esse debeat; una cum terris, mansis, casis, ædificiis, mancipiis, acolabus tam ingenuis quam et servientibus, campis, silvis, pratis, pascuis, aquis aquarumve decursibus, farinariis, peculiis, presidiis, mobilibus et immobilibus; omnia et ex omnibus, rem inexquisitam, quicquid dici vel nominari potest, hæc vobis vel ad opus monasterii Sithiu, a die presenti, dono, trado atque transfundo perpetualiter ad possidendum. Et post meum obitum, ipse qui tunc abbatis fungetur moderamine, vel fratres de jam taxato monasterio Sithiu ibidem consistentes, complaceat, qualem præpositum ad ipsam cellam constituere voluerint, potestatem in omnibus habere mereantur. Et supplicamus ipsos fratres et rectores ipsius monasterii Sithiu, propter Deum et mercedem nostram lucrandam, ut ipsa cella, quam ibidem transfirmavimus, de missis, de curso, id est psalmis[1], et de luminariis curam habere studeant, et de hospitibus et peregrinis caritatem et mercedem exinde habere debeant. Tantum in ea ratione, quamdiu ego in hoc sæculo, Christo propitio, advivero, ipsam cellam usualiter, pro beneficio ipsius monasterii, mihi liceat possidere; in ea vero ratione, ut aliubi nec ipsam cellam quam ad ipsum monasterium delegavi, nec ipsas res quæ ad ipsum locum pertinent, aliubi nec dare, nec vendere, nec commutare, nec alienare, nec naufragare potestatem habeam. Et supplicamus ut nomen meum in libro vitæ ipsi sacerdotes, qui in ipso monasterio degunt, habere dignentur; et, post meum obitum atque de hac luce discessum, suprascripta cella, cum omni re emeliorata atque supraposita, pars predicti monasterii Sithiu, vel ejus rectores, a die presenti, absque ulla expectata audientia vel traditione, hoc in eorum jure et dominatione ad integrum recipiant ad possidendum, et faciant exinde quicquid utile est quod elegerint. Si quis vero, quod futurum esse non credo; si egomet ipse, aut ullus de heredibus aut successoribus meis, seu quelibet extranea persona fuerit, quæ contra hanc donationem venire temptaverit, aut eam infringere conata fuerit, iram Dei omnipotentis summæ majestatis incurrat et judicium et offensam; et cum ipsis sanctis

---

[1] Voces. *id est psalmis*, scriptæ sunt super *de curso*, in modum glossæ.

apostolis Petro et Paulo, et sancto Martino, sanctoque Bertino, cui ipsam cellam delegavimus, ante tribunal Christi pro hoc deducat rationes; et de eorum ecclesiis excommunicata et extranea efficiatur, ne ibi exinde compareat; et insuper inferat partibus ipsius monasterii, cogente fisco, tantum et alia tantum, quantum ipsa cella tunc temporis emeliorata valuerit, vel quantum ego in hoc seculo moriens dereliquero, duplam pecuniam, quantum ipsa cella tunc temporis emeliorata valuerit, cum omnibus rebus ibidem aspicientibus, multa componat, et quod repetit evindicare non valeat. Sed hæc donatio, ut hæc merces mea, omni tempore firma permaneat cum stipulatione subnixa.

« Actum Sithiu monasterio publice, VIII. kal. august. anno III. regni domni nostri Hilderici gloriosi regis.

« Ego FELIX hoc testamentum, a me factum, relegi et subscripsi.

» Signum CHRODGARII, illustris. Signum RIMBERTI. Signum ODBERTI. Signum GODOBERTI. Signum GUMWINI. Signum VVANINGI. Signum GONTBERTI. Signum CHRAMNI. Signum ERLARII [1]. Signum CLODBALDI. Signum CLIDEBALDI. Signum GUNTHARII, sacerdotis [2]. Signum CHEREWINI. Signum AUSTROALDI centenarii. Signum THEODBERTI [3].

« Ego VIORADUS, diaconus, rogatus, scripsi et subscripsi. »

XXXIV.

DE MORTE HILDERICI, ET UNCTIONE PIPPINI, ET CETERA.

Non post multo autem tempore, antedictus rex Hildericus vitæ ultimam claudens metam, Sithiu monasterio, in beati Bertini tumulatur ecclesia. Mortuo quoque prefato abbate Nanthario, Dadbertus in regimine successit in jam dicto monasterio. His temporibus Stephanus Romanus pontifex, per oppressionem sanctæ ecclesiæ, a rege atrocissimo et blasphemo et nec dicendo Hatstulfo, ad domnum Pippinum venit in Francia, ubi ægrotavit usque ad mortem, et mansit aliquod tempus apud pagum Parisiacum, in venerabili monasterio

---

[1] S. Dramni. S. Erlulfi. Warnk.
[2] S. Childebaldi. S. Gumbarii scavvini. Id.
[3] Warnk. legit, Berdberti; additque, S. Gumarddi. S. Nordberti. S. VVidegrimo.

sancti martiris Christi Dionisii. De quo cum jam medici desperarent, subito, interventu ipsius beati martiris, per revelationem, curatus est, ut ipsius beati pontificis testatur epistola, quæ etiam apud nos in beati Dionisii passione tenetur inserta. In qua revelatione ab ipso Christi martire ammonitus est, ut principale illud altare in sanctorum apostolorum Petri et Pauli dedicaret honore, qui etiam ei, cum prefato martire, in jam dicta apparuerant visione. Qui mox surgens sanus, indicavit regi predicto Pippino et suis obtimatibus, et implevit omnia quæ fuerat jussus. Qui Christi roboratus virtute, inter celebrationem consecrationis prefati altaris et oblationem sacratissimi sacrificii, unxit in regem Francorum predictum florentissimum regem Pippinum et duos filios ejus, Karolum et Karlomannum. Sed et uxorem ipsius incliti principis Pippini, nomine Berthradam, inclutam cycladibus regiis, gratia septiformis Spiritus Sancti, in Dei nomine, consignavit, anno dominicæ incarnationis DCCLIIII. Atque Francorum proceres apostolica benedictione sanctificans, auctoritate beati Petri, sibi a Domino Deo Jhesu Christo tradita obligavit; et obtestatus est, ut nunquam de altera stirpe, per succedentium temporum curricula, ipsi vel quique ex eorum progenie orti regem super se presumant aliquo modo constituere, nisi de eorum propagine, quos et divina providentia, ad sanctissimam apostolicam sedem tuendam, eligere, et per eum videlicet vicarium sancti Petri, immo Domini nostri Jhesu Christi, in potestatem regiam dignata est sullimare, et unctione sacratissima consecrare. Atque post hæc isdem pontifex Romam reversus, Pippinus cum filiis suis totius Franciæ monarchiam deinceps est adeptus.

XXXV.

DE DADBERTO ABBATE.

Supramemoratus autem Dadbertus abbas, ut diximus, post Nantharium abbatia est sublimatus. De cujus tempore nil in hujus monasterii narratur gestis, neque ex adquisitione regalium privilegiorum, neque in factione aliarum kartarum, sed neque in aliqua hujus cœnobii utilitate. Nescio an non permiserit brevitas vitæ, an forte ab illo adquisita precedentium nostrorum sint incuria neglecta.

XXXVI.

DE SUCCESSORE DATBERTI, HARDRADO ABBATE [ET DE SUCCESSORE PIPPINI, KAROLO, FILIO EJUS, ET PRIVILEGIO QUOD CONCESSIT HUIC LOCO].

Dadberto quoque jam dicto a seculo migrante, Hardradus in abbatia successit, vir insignis in extollenda monasterii sui dignitate. Cujus labor et industria enitet in kartis, quæ hactenus sub ejus apud nos conservantur memoria. Nam cum, decedente prefato rege Pippino, Karolus, filius ejus, illi Francorum gloriosissime successisset in regno, anno dominicæ incarnationis DCCLXVIII., prefatus abbas jam dictum adiens regem Karolum, rogavit hæc ab illo regia auctoritate firmari, quæ antecessores sui regalibus privilegiis sacro huic loco visi fuerant condonasse. Quod isdem excellentissimus rex magna benignitate complectens, devote complevit, ut id ipsum regale firmamentum, cum sigilli ejus impressione, nobis hactenus ita patefacit.

XXXVII.

EXEMPLAR EJUSDEM PRIVILEGII [1].

« Karolus, Dei gratia, rex Francorum, vir illuster. Si facta antecessorum nostrorum regum quod ad loca sanctorum prestiterunt vel concesserunt, per nostra oracula confirmamus, regia consuetudine exercemus, et nobis ad laudem vel stabilitatem regni nostri, in Dei nomine, pertinere confidimus. Igitur venerabilis vir Hardradus, abba de monasterio Sithiu, qui est in pago Taruanense, in honore sanctæ Mariæ, genitricis Domini nostri Jhesu Christi, necnon et sancti Petri et Pauli apostolorum, vel ceterorum domnorum sanctorum construc-

jul. 769.

---

[1] Edidit Mabill. *De re diplom.* pag. 610.

tus, ad nostram accessit presentiam. Clementiæ regni nostri suggessit, eo quod antecessores nostri reges de omnibus curtis vel villis ipsius monasterii, quicquid eodem tempore possidebant aut adhuc inantea ex munere regum vel collata populi, seu de comparato aut de quolibet attracto, in quibuslibet pagis atque territoriis, inibi erat additum vel collatum, integra emunitate, antecessoribus suis vel ad monasterium Sithiu concessisset; ut nullus judex publicus ibidem ad causas audiendas, aut freda exactanda, vel fidejussores tollendos, nec mansiones aut paratas faciendas; nec homines ipsius monasterii tam ingenuos quam et servientes, qui super terras suas commanent, distringendos, nec ullas redibitiones requirendas nec exactandas, judiciaria potestas ibidem ingredere quoquam non presumat tempore; nisi sub emunitates munere, omni tempore, cum omnes frethos vel bannos concessos, pars ipsius monasterii perhenniter debeat possidere. Unde preceptionem antecessorum nostrorum se ex hoc præ manibus habere affirmat, et quod ipsa beneficia concessa ab eo tempore usque nunc videantur esse conservatæ. Sed, pro integra firmitate, petiit celsitudini nostræ supramemoratus abba, ut hoc, circa ipsum locum, pro nostra auctoritate plenius confirmare deberemus. Cujus petitioni, pro mercedis nostræ aucmentum vel reverentia ipsius sancti loci, ita prestitisse et in omnibus confirmasse cognoscite. Precipientes enim, ut quicquid constat de ipsa emunitate, sicut superius est comprehensum, antecessores nostri juste et rationabiliter concesserunt vel confirmaverunt, et de eo tempore usque nunc recto tramite fuit conservatum, ita et inantea, per nostrum præceptum plenius, in Dei nomine, sit conservatum; inspectas ipsas preceptiones suprascriptorum principum, sive per easdem declaratur, circa ipsum abbatem Hardradum vel successores, ad ipsum monasterium Sithiu omni tempore ipsa beneficia concessa, in omnibus valeant esse conservata; et nullam refragationem nec ullum impedimentum a judicibus publicis exinde quoquam tempore habere non pertimescant : unde ipsa congregatio pro stabilitate regni nostri vel salute patriæ Domini misericordiam jugiter debeant exorare. Et ut hæc auctoritas firmior habeatur et in omnibus conservetur, manus nostræ subscriptionibus eam decrevimus roborare.

« Signum Karoli gloriosi regis.

« Data mense julio, anno I. regni nostri.

« Actum Andiaco. »

XXXVIII.

EMPTIO EJUSDEM ABBATIS DE ROKASHEMO.

Anno autem ejusdem regis secundo, qui erat annus dominicæ nativitatis DCCLXVIIII., emit isdem abbas Hardradus, ad opus ecclesiæ quæ dicitur Therealdo luco, quam antecessori suo Nanthario abbati Felix quidam, presbiter, tradiderat, a quodam viro, nomine Sigerado, res proprietatis suæ, in loco jam supramemorato Hrokashem, quicquid ibidem habere sua videbatur esse possessio, sicut venditionis karta testatur hoc modo.

jun. 770.

XXXIX.

EXEMPLAR EJUSDEM EMPTIONIS.

« Domino venerabili in Christo patri Hardrado, abbati de monasterio Sithiu, atque emptore. Ego Sigeradus, venditor, ad sacrosanctam basilicam sancti Michaelis, quæ est constructa in Heraldo luco, ubi Fugislus presbiter adesse videtur, per hanc epistolam venditionis constat me non imaginario jure, sed propria voluntate arbitrii, vobis, vel ecclesiæ vestræ sancti Michaelis, vendidisse, et ita vendidi et de presenti tradidi, hoc est, omnem rem portionis meæ in loco nuncupante Hrokasem, in pago Flandrinse, id est, tam terris quam et manso, cum omnia castitia superposita, pratis, campis, mancipiis, communiis, perviis, wadriscapis, peculiis, presidiis, mobilibus et immobilibus; omnia et ex omnibus tam de alode parentum, quam et de comparato, seu de quolibet adtracto, rem inexquisitam, ad integrum hoc vobis vel ecclesiæ vestræ sancti Michaelis vendo, trado atque transfirmo perpetualiter ad possidendum. Unde accepi a vobis de rebus ecclesiæ

770.

vestræ, pro jam dicta re, precio taxato vel dato, in quo mihi bene complacuit, hoc est, inter aurum et argentum, solidos cc tantum; ita ut, ab hac die, ipsam rem superius nominatam vos vel successores vestri habeatis, teneatis atque possideatis, vel quicquid exinde facere volueritis, liberam in omnibus habeatis potestatem ad faciendum. Si quis vero, quod futurum esse non credo; si ego ipse aut ullus de heredibus ac proheredibus meis, vel quislibet ulla opposita persona, qui contra hanc venditionem venire voluerit, aut eam infringere conatus fuerit, inferamus vobis vel successoribus vestris, cogente fisco, tantum, et alia tantum quantum a vobis accepimus, vel quantum ipsa portio tunc temporis emeliorata valuerit; et insuper duplam pecuniam coactus exsolvat, et quod repetit evindicare non valeat; sed hæc venditio omni tempore firma permaneat cum stipulatione subnixa.

« Actum Therealdo luco.

« Datum in mense januario, anno II. regni domni nostri Karoli gloriosissimi regis.

« Signum Sigeradi, qui hanc venditionem fieri rogavit.

« Signum VVioradi. Signum Folchradi. Signum Thedulfi. Signum Odelradi. Signum Engelradi.

« Ego Fulgislus, presbiter, scripsi et subscripsi. »

XL.

DE EMPTIONE HARDRADI, ABBATIS, DE LONINGAHEM.

776.

Emit quoque isdem abbas Hardradus, anno VIII. prefati regis Karoli, a quodam viro VValdberto, solidis ducentis, omnem rem possessionis suæ in loco nuncupante in Loningaheimo, in pago Bononensi, quicquid sua inibi videbatur esse hereditaria possessio, quod etiam ipsius karta testatur ita dicendo.

XLI.

EXEMPLAR EJUSDEM EMPTIONIS.

jul. 776.

« Domino venerabili viro in Christo Hardrado, abbati de monasterio

Sithiu, atque emptori. Ego VValdbertus, venditor, per hanc epistolam venditionis constat me non imaginario jure, sed propriæ voluntatis arbitrio, vobis vel monasterio vestro Sithiu vendidisse, et ita vendidi et de presenti tradidi, hoc est, omnem rem portionis meæ, duas partes, in loco nuncupante in Loningaheimo, in pago Bononiense, id est, tam terris, mansis, casticiis, mancipium I, nomine Blidinarus, cum omni etnekæ et peculiari suo, pratis, silvis, pascuis, communiis, perviis et wadriscapis; omnia et ex omnibus, rem inexquisitam, totum ad integrum, hoc vobis vel monasterio vestro Sithiu, a die presenti, vendo, trado atque transfirmo perpetualiter ad possidendum. Unde accepi a vobis de rebus monasterii vestri, pro jam dicta re, precio taxato vel dato, in quo mihi bene complacuit, hoc est, inter aurum et argentum, solidos CC tantum; ita ut, ab hac die, ipsam rem superius nominatam, vel successores vestri, habeatis, teneatis atque possideatis, vel quicquid exinde facere volueritis, liberam in omnibus habeatis potestatem ad faciendum. Si quis vero, quod futurum esse non credo; si egomet ipse aut ullus de heredibus aut proheredibus meis, vel quislibet ulla opposita persona, quæ contra hanc venditionem venire voluerit aut eam infringere conaverit; et si a me vel ab heredibus meis defensa non fuerit, tum inferamus vobis vel successoribus vestris, cogente fisco, tantum et alia tantum quantum a vobis accepimus, vel quantum ipsa portio tunc temporis emeliorata valuerit; et insuper duplam pecuniam coactus exolvat, et quod repetit evindicare non valeat; sed hæc venditio omni tempore firma permaneat cum stipulatione subnixa.

« Actum Sithiu monasterio publice.

« Datum in mense julio, anno VIII. regni domni nostri Karoli gloriosissimi regis.

« Signum VVALBERTI, qui hanc venditionem fieri rogavi.

«Signum TRUDMARI. Signum BAGINI. Signum RANDGERI. Signum UDMARI. Signum ERMNULFI. Signum VVINIDGERI.

« Ego HENRICUS, diaconus, scripsi et subscripsi. »

XLII.

QUOD ET FRESINGEHEM EMERIT.

Emit et aliam terram solidis c, nomine Fresingehem, a quadam muliere, nomine Sigeberta, secundum hanc kartam.

XLIII.

EXEMPLAR.

10 jun. 788. « Domno venerabili in Christo patri Hardrado, abbati de monasterio Sithiu, atque emptori. Ego Sigeberta, venditrix, per hanc epistolam venditionis constat me non imaginario jure, sed propria voluntate arbitrii, vobis vel predicti monasterii Sithiu vendidisse, et ita vendidi, tradidisse, et ita tradidi, hoc est, omnem rem portionis meæ in loco nuncupante Fresingahem, situm in pago Taruuanense super fluvium Agniona, preter jornale unum, quod exinde ad aliam rem reservavi ad integrum : id est, tam terris, mansis, casticiis, ædificiis, campis, silvis, pratis, pascuis, communiis, perviis et wadriscapis. Omnia et ex omnibus, rem inexquisitam, totum ad integrum, hoc vobis vel predicto monasterio a die presenti vendo, trado atque transfirmo perpetualiter ad possidendum. Unde accepi a vobis de re monasterii vestri, pro jam dicta re, in precio taxato vel dato, in quo mihi bene complacuit, hoc est, inter aurum et argentum, solidos c tantum; ita ut ab hac die hoc habeatis, teneatis atque possideatis, vel quicquid exinde facere volueritis, habeatis potestatem ad faciendum. Si quis vero, quod futurum esse non credo; si ego ipse aut ullus de heredibus ac proheredibus meis, vel quælibet alia persona, quæ contra hanc venditionem venire voluerit aut eam infringere præsumpserit, inferamus vobis vel successoribus vestris, cogente fisco, tanta et alia tanta quantum a vobis accepimus, vel quantum ipsa portio tunc temporis emeliorata valuerit; et insuper duplam

pecuniam coactus exolvat, et quod repetit evindicare non valeat; sed hæc venditio firma permaneat cum stipulatione subnixa.

« Actum Sithiu monasterio publice.

« Data in mense junio, die x. anno xx. regni domni nostri Karoli gloriosi regis.

« Signum Sigebertanæ, quæ hanc venditionem fieri rogavit.

« Signum Hildeberti. Signum Snelgeri. Signum Hildulfi. Signum Regenhari. Signum Hildmari. Signum Madallei. Signum Baini. Signum Gundberti.

« Ego Gerbaldus, diaconus, scripsi et subscripsi. »

XLIV.

DE ODLANDO ABBATE, ET [PRIVILEGIO KAROLI REGIS.]

Hæc ad monasterium Sithiu predicti Hardradi abbatis labore adaucta, decedens a sæculo, Odlandum, bonitate et sapientia coæqualem, sibi in regimine monasterii reliquid successorem, anno Domini DCCXCVIII[1]., cujus laudis memoria apud nos manebit in sæcula. Hic, inter reliqua quæ gessit, regem suprascriptum Karolum adiens, deprecatus est regiam sublimitatem, ut concederet abbatibus Sithiensis cenobii ejusque hominibus, in totius abbatiæ silvis venationem exercere. Quod excellentissimus rex concedens, regali etiam privilegio confirmavit; precipiens ut nullus eis quoquam tempore ob hoc infensus esse presumeret, sed ad usus ipsius monasterii Sithiu, ad codices contegendos, vel manicas et zonas faciendas, licentiam haberent in propriis silvis venationem exercere. Quod privilegium regia auctoritate firmatum, id ipsum ita testatur, hactenus apud nos, cum sigillo regali, servatum.

XLV.

EXEMPLAR PRIVILEGII KAROLI REGIS DE VENATIONE SILVARUM[2].

« Karolus, Dei gratia, rex Francorum et Langobardorum, ac patri- 26 mart. 786. cius Romanorum. Quicquid enim ad loca sanctorum venerabilium pro

---

[1] A. 795, apud Joannem Iper. col. 498. Cf. Gall. Christ. tom. III, col. 487.

[2] Diploma illud fictitium esse contendunt Cointius. Annal. Eccles. Franc. tom. V.

oportunitate servorum Dei concedimus vel confirmamus, hæc nobis procul dubio ad æternam beatitudinem pertinere confidimus. Igitur notum sit omnibus fidelium nostrorum magnitudini, præsentium scilicet et futurorum, qualiter concessimus Outlando abbati et monachis ex monasterio Sithiu, quod est constructum in honore Dei omnipotentis et sancti Petri principis apostolorum vel cæterorum sanctorum, ubi sancti Audomarus atque Bertinus, Christi confessores, corpore requiescunt, ut, ex nostra indulgentia, in eorum propriis silvis licentiam haberent eorum homines venationem exercere, unde fratres consolationem habere possint, tam ad volumina librorum tegenda, quamque et manicias et ad zonas faciendas, salvas forestes nostras, quas ad opus nostrum constitutas habemus. Propterea presentem auctoritatem fieri jussimus; per quam omnino precipimus atque demandamus, ut neque vos neque juniores vestri seu successores memorato viro venerabili Outlando abbati, aut successoribus suis seu hominibus eorum, pro hac causa inquietare aut calumpniam generare, aut aliquid pro hoc requirere ab eis aut exactare, nec omnino contradicere presumatis, nisi liceat eorum hominibus, ut supradiximus, ex nostra indulgentia, in eorum propriis silvis venationem exercere. Et ut hæc auctoritas firmior habeatur, et per tempora melius conservetur, de anulo nostro subter sigillari jussimus.

« Signum domni KAROLI gloriosi regis.

« Data VII. kalend. april. anno XX. regni nostri.

« Actum in supradicto loco Sithiu, in atrio sancti Bertini, in Dei nomine feliciter. Amen. »

p. 549-550. auctoresque *Nov. Gall. Christian.* tom. III, col. 487-488. Mabillonius, ipse quoque, qui hoc vulgavit, *De re diplom.* pag. 611, nihil in eo commentitii reprehendit. Cæteroquin idem diploma confirmavit Ludovicus Pius, sicut videbimus infra, c. LVIII.

XLVI.

TRADITIO DEODATI DE REBUS INFRA NOMINANDIS.

In anno autem dominicæ nativitatis DCCXCVIIII. qui erat annus prefati regis Karoli XXXII. et regiminis jam dicti abbatis III. quidam clericus, Deodatus nomine, res possessionis suæ, accepto precio, eidem abbati, ad opus monasterii sui Sithiu, vendidit in locis his nominibus nuncupatis, in Sanctum, in Ascio, super fluvio VVidolaci, et in Fresinnio, super fluvio Capriuno, et in Hildvvaldcurt, et in Lonasto, super fluvio Abbunfontana, in pago Taruanense. Hæc omnia ad usus fratrum vendidit, atque per venditionis kartam transfirmavit; quæ prefatus abbas Otlandus ad vestimentorum fratrum mox usus delegavit; in ea videlicet ratione, ut hæc ipse Deodatus, dum adviveret, per precariam haberet, ac, post suum obitum, emeliorata omnia ad jam dictum reverterentur monasterium.

800.

XLVII.

EXEMPLAR HUJUS TRADITIONIS.

« Venerabili in Christo patri Odlando, abbati de monasterio Sithiu, vel omni congregationi fratrum vestrorum ibidem consistentium, ego Deodatus clericus, peccator, dum et omnibus non est incognitum, qualiter res portionis meæ, in locis nuncupantibus in Sanctum, et in Ascio, super fluvio VVidolaci, et in Fresinnio, super fluvio Capriuno, et Hildvvaldcurt, et in Lonasto, super fluvio Abbunfuntana, in pago Taruanense : id est, in predictis locis, tam terris, mansis, castitiis, ædificiis, et ecclesiam sancti Martini, quæ est constructa in honore ipsius predicti domini et sancti Martini, in jam dicto loco, sanctis seu ecclesiis reliquis, seu quicquid ad jam dictum locum Sanctis aspectum vel subjectum esse videtur, vel reliquis predictis locis;

3 aug. 800.

mancipia cum omni ethnike et peculiari eorum, campis, silvis, pratis, pascuis, perviis et wadriscapis, aquis aquarumve decursibus, farinariis, adjacentiis, appendiciis, cultis et incultis, omnia et ex omnibus quicquid dici vel nominari potest, quantumcunque in predictis locis mea fuit possessio vel dominatio, tam de alode parentum meorum quam et de comparato seu de concambio, vel de quolibet attracto, ad me legibus noscitur pervenisse; fabricaturas ecclesiarum, auro argentoque, drappalia diversæ faciei vel speciei, libros diversos, vel quicquid in suprascriptis omnibus locis aspicere videtur; omnia et ex omnibus, rem inexquisitam, ad integrum, vobis per venditionis titulum, accepto precio, ecclesiæ vestræ, a die presenti, transfirmo; in ea vero ratione, ut res cunctæ superius comprehensæ ad opus monachorum in predicto monasterio Sithiu degentium vestimenta comparentur, id est, drappos ad kamisias ultro marinas, quæ vulgo *berniscrist* vocitantur, sicut in voluntate continetur vestra. Sed postea vos, una cum consensu fratrum vestrorum, juxta quod mea fuit petitio, ut suprascriptas res mihi usualiter, appresto beneficio vestro, parare promisistis, ad excolendum vel emeliorandum, et, sicut convenit nobis, annis singulis, ad festivitatem sancti Martini, censum, hoc est, solidos II de argento, vobis vel successoribus vestris dare vel transsolvere debeamus; et aliubi ipsam rem nec dare, nec vendere, nec commutare, nec naufragare pontificium non habeam, nec possessio mea nullam ex hoc calumpniam generare non possit; nisi tantum, ut dictum est, quamdiu advixero, pro vestro beneficio possideam, et post meum obitum atque de hac luce discessum, omnes suprascriptas res, absque ullius contrarietate, vos vel successores vestri, a die presenti, ad integrum, recipere faciatis perpetualiter ad possidendum. Et hæc præcaria omni tempore firma permaneat cum stipulatione subnixa.

« Actum Sanctis publice.

« Datum in mense augusto, die III. anno XXXII. regni nostri domni Karoli gloriosissimi regis.

« Signum Deodati, qui hanc precariam fieri rogavit.

« Signum David, filii ejus, consentientis.

« Signum Guntardi. Signum Herradi. Signum VVigmari. Signum Erenberti. Signum item Erenberti. Signum Egelulfi. Signum Rigfridi.

« Ego, in Dei nomine, Guntbertus, indignus diaconus, scripsi et subscripsi. »

XLVIII.

DE LABORE EJUSDEM ODLANDI ABBATIS CIRCA VILLAM ARECAS.

Hujus autem abbatis Odlandi labor et industria maxime enitet in villa quæ dicitur Arecas, quæ erat una de principalibus abbatiæ membris, quam et sibi sedem statuit, omnique nobilitate nobilitavit. Basilicamque inibi in honore sancti Martini construxit, cujus templi nunc solum fundamenta tantummodo se præbent oculis intuentium; constituitque, uti hi testantur quorum progenitores et avorum avi in suprascripta villa fuerant mansionarii, ut inibi, ebdomadibus singulis, quinque ex sancti Bertini monasterio, totidemque ex sancti Audomari, ad serviendum Domino deputarentur monachi. Ibi etiam, quod mirabile nostris hactenus monstratur temporibus, molendinum fecit volvere aquis contra montem currentibus; constituitque ut nullus hominum molendinum extra locum jam dictum construere presumeret: quod ad utilitatem monasterii Sithiu ad tempus fuit conservatum. Hujus autem abbatis tale fertur fuisse ingenium, ut posset audire auribus quo aqua deflueret per inscios occultosque terræ meatus. Sunt et alia quamplurima ipsius laudum preconia, quæ in secularium versantur ora; quæ ideo hic omittimus, ne negligentibus videantur superflua.

[Posteaquam Odlandus abbas annis ferme novem sue vixisset administrationis, exuit fragilem carnis sarcinam, redditurus Creatori talentorum rationem. Cui in respectu cenobiali successit Nantharius, hujus nominis secundus.]

XLIX.

DE NANTHARIO JUNIORE, ET DE UNCTIONE KAROLI IMPERATORIS, ET EMPTIONE EJUSDEM ABBATIS DE FLITRINIO.

Odlandi quoque in regimine successor extitit Nantharius junior, anno Verbi incarnati DCCCV. regisque prefati Karoli XXXVIIII[1]. Predictus quoque gloriosus rex Karolus, anno regni sui XXXIII. Romam adiens, a cuncto populo in imperatorem electus, die natalis Domini, in ecclesia beati Petri, a Leone papa est consecratus. Nantharius autem abbas, anno prephati regis Karoli XXXVIIII. imperiique ejus V., emit a quodam viro, nomine Erlhario, res proprietatis suæ, in loco nuncupante Flitrinio : id est, mansum I. et, inter terram arabilem et pratum seu et silvam, bunaria X; quæ etiam per precariam ab ipso abbate sibi dari poposcit; quod ita et fecit.

L.

EMPTIO NANTHARII, ABBATIS, DE FLITRINIO.

oct. 806.

« Domno venerabili in Christo patri Nanthario, abbati de monasterio Sithiu, sive de cella quæ dicitur Hebrona, ubi Ebroinus præpositus esse videtur. Ego Herlharius, venditor, per hanc epistolam venditionis constat me, non imaginario jure sed plenissima voluntate, vobis vel monasterio vestro vendidisse, et ita vendidi, tradidisse et de presenti tradidi, hoc est, mansum I in loco nuncupante Fletrinio, in pago Isseretio, et, inter terram arabilem et pratum seu et silvam, habentem plus minus bunaria X. Per hanc epistolam donationis, sicut tradimus, diximus, dono, trado atque transfirmo perpetualiter ad possidendum; in ea ratione, ut hoc habeatis, teneatis atque possideatis, vel quicquid exinde facere volueritis liberam atque firmissimam, Christo propitio, in omnibus habeatis potestatem ad faciendum.

[1] Fort. corrig. 804, Caroli regis XXXV.

Unde benivolentia vestra habuit pietas apprestitum beneficium, tam mihi quam et infantibus meis, his nominibus, Erkenrado, Baldrado, Errictrudæ, VValdedrudæ: qui pari suo longius supervixerit, usualiter nobis procurare promisistis, ad excolendum vel emeliorandum; et, sicut convenit nobis, annis singulis censum, id est, modia x de sale, vobis vel successoribus vestris, pro ipso usu, dare vel adimplere debeamus; et aliubi ipsam rem vestram nec dare nec vendere nec commutare nec alienare, nec pro nullo aliquo ingenio deponere pontificium non habeamus; nec possessio nostra nullum prejudicium, nec contra partem monasterii vestri ex hoc generare non debeamus: nisi tantum, ut dictum est, quamdiu in hoc seculo, propitio Christo, advixero, pro vestro beneficio possidere debeamus; et post nostrorum omnium obitum atque de hac luce dicessum, ipsæ res superpositæ, absque ullius contrarietate vel interpellatione judicis, ad integrum recipere faciatis perpetualiter ad possidendum. Si quis vero, quod futurum esse non credo; si ego ipse aut ullus de heredibus ac proheredibus meis, vel quislibet ulla opposita vel extranea persona fuerit, quæ contra hanc venditionem venire aut eam infringere voluerit, discutiente fisco, auro untias III, argento libras V coactus exolvat, et quod repetit evindicare non valeat; sed hæc donatio omni tempore firma permaneat cum stipulatione subnixa.

« Actum Beborna, in mense octobrio, anno XXXVIIII. regnante domno nostro Karolo gloriosissimo rege, et anno VI. imperii ipsius.

« Signum ERLHARII, qui hanc venditionem fieri rogavit.

« Signum ERKENRADI, filii sui, consentientis.

« Signum FOLCQUINI. Signum item ERKENRADI. Signum VUENDELGRIMI. Signum GERARDI. Signum ELPHARII. Signum HERRADI. Signum HARDMANNI. Signum RANTVUINI. Signum GUNTFRIDI. Signum HELINGERI. Signum HEODRADI. Signum ENGELGERI. Signum SICBALDI. Signum GRIMARDI. Signum GODOBERTI.

« Ego GUNTBERTUS scripsi et subscripsi. »

LI.

TRADITIO LEBDRUDIS DE GISNA.

Anno quoque insecuto[1], in mense octobrio, quædam vidua, Lebdrudis nomine, tradidit prefato abbati, ad monasterium suum Sithiu, omnem rem suæ proprietatis in loco nuncupante Gisna sive Totingetun, in pago Bononensi; expetiitque, pro beneficio, a jam dicto abbate, rem monasterii sui in ipso pago, id est bunaria II, in loco nuncupante Etloum, in hæc verba.

LII.

EXEMPLAR.

« Domno magnifico in Christo patri Nanthario, abbati de monasterio Sithiu, quod est constructum in pago Taruuanense super fluvium Agniona, in honore beatorum apostolorum Petri et Pauli atque Andreæ seu sancti Martini et sancti Bertini, vel plurimorum sanctorum martirum et confessorum; congregationi etiam ipsius sancti loci. Ego Lebtrudis vidua, cogitans ob amorem celestem vel pro abluendis facinoribus meis, mihi complacuit ut aliqua munuscula meæ parvitatis Domino conferre deberem, quod ita et feci. Ergo dono omnem rem meæ proprietatis in loco nuncupante Gisna sive Totingetun, in pago Bononensi, super fluvium Vuasconinga vvala, hoc est, mansa cum casa vel casticiis, edificiis, pratis, pascuis, terris, perviis et vvadriscapis, vel quicquid ibidem aspectum vel subjectum esse videtur: et mea legitima fuit possessio vel dominatio, cum re inexquisita ad integrum. Hæc autem omnia superius comprehensa ad prefatum monasterium per hanc paginam traditionis dono, trado atque transfirmo perpetualiter ad possidendum. Pro qua vero donatione et vestra pietate, expetivi a vobis terram aliquam monasterii vestri, in loco

---

[1] Id est 807.

nuncupante Ecloum, in ipso pago Bononensi, hoc sunt, bunaria II; in ea vero ratione, ut ipsas terras ego et tres infantes mei, his nominibus, Hildeberta, Nidlebus et Erpsuvid, dum advivimus, pro vestro beneficio, ad usum fructuum possidere debeamus. Unde quoque, pro eodem usu, annis singulis, ad festivitatem sancti Audomari, kal. novembr. pensas duas de formaticis transsolvere debeamus; et non habeam pontificium ipsas res alienare, nisi **tantum** pro beneficio vestro ad usum fructuum excolere debeamus; et, post nostrum omnium obitum, ambas predictas res rectores monasterii vestri presentaliter perpetua portione potiantur. Si quis vero, quod fieri minime credo; si egomet ipsa aut ullus de heredibus meis, seu quislibet ulla opposita persona, quæ contra hanc donationem venire voluerit, aut infringere presumpserit, iram Dei atque prescriptorum sanctorum incurrat, et ab universali fide excommunicatus appareat; et insuper, distringente fisco, auri untias VI, argenti pondera multa componat, et quod repetit evindicare non valeat : sed presens epistola omni tempore firma permaneat cum stipulatione subnixa.

« Actum Gisna villa publice, quando fecit mensis octobr. dies XI, anno XL. regni, et octavo imperii domni nostri Karoli piissimi imperatoris augusti.

« Signum LEBDRUDIS, viduæ, quæ hanc donationem fieri rogavit.

« Signum MADALGERI. Signum ODILONIS. Signum INGELBERTI. Signum BERTLANDI. Signum VUENDELGERI, centenarii.

« Ego GUNTBERTUS, sacerdos, scripsi et subscripsi. »

LIII.

TRADITIO FOLBERTI DE CAMPANIAS.

Vir etiam quidam, Folbertus nomine, anno præphati regis Karoli XLIII. imperii vero ejus X., tradidit eidem abbati Nanthario, pro anima genitricis suæ defunctæ, possessionem suam in Campanias in pago Taruuanensi, in hunc modum.

LIV.

EXEMPLAR.

apr. 811.

« Domno venerabili in Christo patri Nanthario, abbati de monasterio Sithiu, ubi duo agi, Audomarus scilicet et beatus Bertinus, pausant in corpore. Ego Folbertus, per hanc paginam traditionis, constat me vobis vel ad prefatum monasterium vestrum Sithiu, pro remedio animæ genitricis meæ, Ebertanæ, defunctæ, hoc est, aliquam partem hereditatis meæ, id sunt, plus minus habentem bunaria v. et unum pratum cui vocabulum est Brattingadala, et quicquid ad illum pratum pertinere visum est in loco nuncupante in Campanias, in pago Taruuanense, cum pervio legitimo et vvadriscapo : hæc omnia, juxta ut superius comprehensum est, vobis vel successoribus vestris dono, trado atque transfirmo perpetualiter ad possidendum. Propterea vestram flagitavi pietatem, ut ipsam rem licuisset mihi usitare vel emeliorare. Et postea vos, una cum consensu fratrum vestrorum, juxta quod mea fuit petitio, ipsam rem, quamdiu advixero, procurare promisistis, ad excolendum vel emeliorandum, et, sicut convenit nobis, annis singulis, ad festivitatem sancti Bertini, quæ est nonas septembr. censum, id est, denarios IIII, pro ipso usu, vobis dare vel transsolvere debeam. Si quis vero, quod futurum esse non credo; si egometipse aut ullus de heredibus meis, qui contra hanc donationem venire voluerit, vel eam infringere temptaverit, inferat vobis, una cum distringente fisco, auri uncias IIII, argenti pondera v coactus exolvat, et quod repetit evindicare non valeat; sed hæc tradicio omni tempore firma permaneat cum stipulatione subnixa.

« Actum in Bagingatun, in mense aprilio, anno XLIIII. regnante Karolo glorioso rege, et anno x. imperii ejus[1].

« Signum Folberti, qui hanc donationem fieri rogavit.

« Signum Folcharii. Sign. Abboni. Sign. Ingoberti. Sign. Vuendelgarii, centenarii. « Ego Guntbertus, sacerdos, scripsi et subscripsi. »

---

[1] Annus XLIV regni Caroli Magni cum a. Chr. 812; ipsius vero imperii annus x, cum a. Chr. 811, conveniunt. Major ideo fides adhibenda videtur notis chronologicis c. LIII, quæ sibi invicem concordantes a. 811 indicant.

LIV a.

DE TRADITIONE VILLE CALMONT.

[Karolus jam supramemoratus, desiderans per orbem famam augeri suam, ut liquido patet per multorum voluminum de eo mentionem agentium lectionem, inter cetera, huic cenobio villam Calmont Deo sanctoque Bertino tradidit, cujus traditionis carta penes episcopum Noviomensem habetur.]

LV.

DE MORTE KAROLI, ET SUCCESSIONE HLUDOVICI.

Post insignia igitur sepedicti regis Karoli gloriosorum actuum preconia, postque devictas multarum gentium nationes, quæ hactenus in viventium versantur ora permanebuntque in secula, primi parentis exolvens penam, suam Creatori reddens animam, corpusque tam gloriosum, terra mox futurum, naturæ solvens debitum, terræ dimisit tegendum, anno dominicæ incarnationis DCCCXIIII. regnique ipsius XLVIII. imperiique ejusdem XV[1]. de quo in libro quodam, qui pretitulatur *Visiones Vuettini*, legisse me memini. Quod isdem Vuettinus, dum in extasi ab angelo duceretur, inter reliqua quæ sibi ostendebantur, vidit eundem regem Karolum stantem toto corpore sanum atque pulcherrimum; solum animal quoddam oppositum vidit lacerare virilia stantis; dictumque est illi ab angelo, quod hæc ideo pateretur, quia nimis impatiens libidinis fuerat in seculo; sed, pro aliorum ejus opera virtutum, cito ab hoc esset eripiendus periculo. Successit itaque illi in regno filius ejus Ludovicus, consimilis ei per omnia in gloriosis actibus; in cujus tempore exoritur quoddam lumen ecclesiæ, Folquinus nomine, quod, ne sub modio celaretur absconsum, ab ipso rege super ecclesiæ imponitur candelabrum, Taruuanensique civitati delegatur ad pontificatum, anno incarnationis dominicæ DCCCXVII. et prefati regis IIII. De cujus vita et virtutibus multum quod

---

[1] Corrig.: *regnique ipsius* XLVI. *imperiique ejusdem* XIV.

loqueremur erat, obtaremque ea quæ in hoc mundo gessit summotenus perstringere; sed fatuitatem meam ipse perpendens, horreo saltem tangere quod viri peritissimi possent etiam formidare : superant enim philosophicam mundanæ sapientiæ disputationem, etiamsi aliquis cavallino, secundum poetricas finctiones, ad plenum se jactet epotasse fontem. Hæc solummodo in ejus memoriam fatua garrulitate deprompsi; reliqua ipsius opera acutioris ingenii viro relinquo investiganda, ipse egomet, si juverit, etiam deinceps, pro posse meum, illa quæ recolo paratus ad enarranda.

LVI.

DE FRIDOGISO ABBATE.

Nantharius interea abba, junior, [anno sui regiminis octavo decimo] migrans a seculo, regularis vitæ primum destructorem sibi reliquid successorem, Fridegisum videlicet, nec ipso nomine dignum, abbatem. Nam cum hactenus sacra monachorum regula, miseratione Dei, in hoc cœnobio foret conservata, crescente rerum opulentia, monachis ordinationem monasterii sui, abstracta abbatia, regali beneficio in externas personas est beneficiata. Unde contigit, ut supradictus Fridegisus, genere Anglus et abbas sancti Martini Turonis, anno Verbi incarnati DCCCXX. et prefati regis Ludovici VII. abbatiam Sithiensis cœnobii regia donatione susciperet gubernandam. Qui in initio tirannidis suæ, cum cerneret abbatiam universam tot monachorum usibus delegatam, utputa centum et triginta monachorum inter utraque monasteria sancti Bertini scilicet sanctique Audomari, degentium, nichilque suarum voluptatum usibus sequestratum, avaritiæ jaculo cecatus, monachorum impudenter temptat vitam destruere, ut res eorum usibus a fidelibus traditas suæ lasciviæ potuisset facilius mancipare. Quod diabolica suggestione mente conceptum, nefanda est ab illo perpetratione peractum. Nam in capitaneo apostolorum seu sancti Bertini loco, ubi LXXXIII monachi deserviebant Domino, LX, pro humana potius laude quam pro Dei amore, retinuit; reliquos districtioris vitæ viros, quos suæ perversitati putavit non consentire, de monasterio expellens abire permisit. In sancti Audomari quoque monasterio, ubi regulariter viventes aderant XL monachi, XXX canonicos ibidem ad serviendum deputavit in monasterio Christi. Ac post hæc, totius abbatiæ circuiens villas, et quia duplex extabat monachorum numerus, dupplam eis portionem villarum est largitus. Canonicis autem, quia pauciores erant numero, simpla contra monachis est data portio. Ipse ea quæ sibi maxime placuerant, ad suæ perversitatis usum reservavit; et quia canonicus erat, cum canonicis in sancti Audomari monasterio seculariter vivebat. Quid plus hujus abbatis referam versutiam, cum veraci possem famine dicere hunc primum loci hujus casum extitisse? Hic etiam, secundum veridicam veritatis vocem, cum alii laborassent, in labores eorum introiit; nec solum introiit, sed etiam quæ laboraverant temeraria presumptione destruxit. Hic etiam fraternæ caritatis utriusque monasterii destructor extitit, dum et monachi sibi justum et ab antiquis patribus traditum reverentiæ honorem vindicant, canonicorumque subjectionem sibi veraciter defendunt, et canonici ab ipso abbate canonico, fallaci assertione, principatum ad se monasteriorum pertinere dicunt. Pro his omnibus et reliquis tirannidis suæ actibus, hactenus blasphematur ab omnibus, nec dubium quod blasphemabitur et a succedentibus.

LVII.

DE PRIVILEGIO HLUDOVICI REGIS DE VENATIONE SILVARUM MONASTERII SITHIU.

Hic etiam predictus abbas, anno primo regiminis sui, jam dictum regem Ludovicum adiens, petiit ab eo licentiam in sepedicti monasterii sui Sithiu silvas venationem exercere, sub occasione librorum tegendorum vel manicarum ad usus fratrum faciendarum, sed quod credibilius est, ad suæ vanitatis ludibrium exercendum. Quod rex sine mora concessit; regali auctoritate privilegium ob hoc fieri jussit, quod et ipse sigilli sui impressione signavit in hæc verba.

820.

LVIII.

EXEMPLAR EJUSDEM PRIVILEGII.

15 sept. 820. « In nomine Domini Dei et salvatoris nostri Jhesu Christi. Hludovicus, divina ordinante providentia, imperator augustus. Imperialis moris optinet predecessorum suorum pie facta non solum inviolabiliter conservare, sed etiam censuræ suæ auctoritate alacriter confirmare; quanto magis nos a tanto principe, a domno scilicet et genitore nostro, ob amorem Dei collatum vel confirmatum, ab his quibus attributum est et firmius teneant et securius possideant. Iccirco notum fieri volumus omnibus fidelibus sanctæ Dei ecclesiæ et nostris, presentibus scilicet et futuris, quod vir venerabilis Fridogisus, abba, et sacri palatii nostri summus cancellarius, qui et monasterium Sithiu, quod est constructum in honore Dei omnipotentis et sancti Petri principis apostolorum vel ceterorum sanctorum, ubi etiam sanctus Audomarus confessor Christi corpore requiescit, ostendit nobis quoddam auctoritatis preceptum domni et genitoris nostri Karoli, divæ memoriæ, prestantissimi imperatoris, in quo continebatur insertum, qualiter concessisset monachis ibidem degentibus, in eorum propriis silvis, ut licentiam haberent illorum homines venationem exercere, unde fratres consolationem habere possent, tam ad volumina librorum tegenda, quamque et ad manicas faciendas vel zonas, salvas forestes ejus, quas ad opus ejus constitutas habebat; et deprecatus est, ut paternæ auctoritati firmitatis gratiam nostram superadderemus auctoritatem. Cujus precibus annuentes, hanc nostram auctoritatem ei fieri jussimus, per quam omnino precipimus atque demandamus, ut neque vos neque vestri juniores seu successores vestri, memorato viro venerabili Fridogiso abbati atque successoribus suis seu hominibus eorum, pro hac causa inquietare aut calumpniam generare, aut aliquid ab eis pro hoc requirere aut exactare, nec omnino contradicere presumatis; nisi liceat eorum hominibus, sicut supradiximus, ex nostra indulgentia, in eorum propriis silvis venationem exercere. Et

ut hæc auctoritas firmior habeatur, et per tempora melius conservetur, de anulo nostro subter jussimus sigillari.

« Signum Ludovici gloriosi regis.

« Durandus, diaconus, ad vicem Fridogisi abbatis, recognovit et subscripsit.

« Data xiiii. kal. octobris, anno, Christo propitio, vii. imperii domni Ludovici piissimi augusti, indictione xiiii.

« Actum Verno palatio, in Dei nomine feliciter. Amen. »

LIX.

PRIVILEGIUM EJUSDEM REGIS DE MONASTERIO SITHIU, TEMPORE FRIDOGISI ABBATIS.

Predictus autem abbas Fridogisus secundo rege jam dicto petiit, ut etiam sua auctoritate, per regale privilegium, monasterium suum Sithiu ab omni judiciaria potestate defensaret, et, sicut constat antecessores suos reges eidem loco concessisse, ita et ipse gloriosus rex sua auctoritate dignaretur confirmare. Quod rex, anno incarnationis Domini dcccxxx. hoc modo regia auctoritate firmavit.

LX.

EXEMPLAR EJUSDEM PRIVILEGII[1].

« In nomine Domini Dei et salvatoris nostri Jhesu Christi, Ludovicus, divina ordinante providentia, imperator augustus. Cum locis divino cultui mancipatis, ob divinæ servitutis amorem, opem congruam ferimus, et imperialem morem decenter implemus, et id nobis profuturum ad æternæ remunerationis premia capessenda veraciter credimus. Iccirco notum esse volumus omnibus fidelibus sanctæ Dei ecclesiæ et nostris, presentibus scilicet et futuris, quia monachi ex

19 mart. 830.

---

[1] Edidit Mabillonius, omisit autem notas chronologicas nomenque loci ubi diploma datum est. Vid. *De re diplom.* pag. 612.

cœnobio Sithiu, quod est situm in pago Taruanense, constructum in honore sanctæ Dei genitricis semperque virginis Mariæ et beatorum apostolorum Petri et Pauli, in quo corpora beatorum confessorum Christi Audomari et Bertini requiescunt, ubi etiam presenti tempore vir venerabilis Fridogisus, auctori Deo, abba preest, optulerunt obtutibus nostris auctoritatem immunitatis domni et genitoris Karoli, bonæ memoriæ, serenissimi imperatoris, in qua continebatur insertum, quod non solum ipse, verum etiam et antecessores ejus priores reges videlicet Francorum, predictum monasterium, ob amorem Dei tranquillitatemque fratrum ibidem consistentium, semper sub plenissima defensione et immunitatis tuitione habuissent. Sed, pro firmitatis studio, postulaverunt, ut non solum paternum, seu predecessorum nostrorum regum morem sequentes, hujuscemodi nostræ auctoritatis preceptum erga ipsum monasterium immunitatis atque tuitionis gratia fieri jussimus, sed et eam percenseremus, ut omnes cellas et villas, seu cæteras possessiones predicti monasterii sanctæ Mariæ et sancti Petri et Pauli atque beatorum Audomari et Bertini, quas in quibuslibet pagis et territoriis infra ditionem imperii nostri constant, nullus succedentium nostrorum dividere aut in alios usus convertere presumeret, et ut familia ejusdem monasterii nullis quibuslibet hominibus foderum daret. Quorum petitionibus libenter adquievimus et ita concedimus, atque per hunc preceptum in omnibus confirmamus. Et ideo successores nostros admonemus, ut, sicut nos predicto monasterio sanctæ Mariæ et sancti Petri et Pauli atque beatorum Christi confessorum Audomari et Bertini concessimus, ita illi ratum et stabile permanere permittant, ut nullam divisionem in monasteriis aut cellis vel villis seu cæteris possessionibus, in quibuslibet pagis aut territoriis consistant, faciant aut facere permittant, aut in alios usus ipsas res retorqueant; sed et hoc per hos imperiales apices sancimus atque decernimus, ut nullus judex publicus aut quislibet ex judiciaria potestate, in ecclesiis aut locis vel agris seu reliquis possessionibus memorati monasterii, quas moderno tempore in quibuslibet pagis et territoriis infra ditionem imperii nostri juste et legaliter possidet, atque deinceps in jure ipsius sancti loci voluerit divina pietas augere, ad causas judiciario more audiendas vel freda exigenda, aut mansiones vel paratas faciendas, aut foderum exigendum, aut fidejussores tollendos, aut homines ipsius monasterii tam ingenuos quam et servos distringendos, nec ullas redibitiones aut illicitas occasiones requirendas, ullo umquam tempore ingredi audeat, vel ea quæ supra memorata sunt penitus exactare presumat; sed liceat memorato abbati suisque successoribus res predicti monasterii, vel sicut in precepto domni et genitoris nostri continetur, cum omnes fredos et bannos sibi concessos, sub immunitatis nostræ defensione quieto ordine possidere, quatinus ipsos servos Dei, qui ibidem Deo famulantur, pro nobis ac prole nostra, vel etiam pro stabilitate totius imperii nostri a Deo nobis concessi atque conservandi, jugiter Domini misericordiam exorare delectet. Et ut hæc auctoritas nostris futurisque temporibus, Domino protegente, valeat inconvulsa manere, manu propria subter eam firmavimus, et anuli nostri impressione signari jussimus.

« Signum Hludovici serenissimi imperatoris.

« Durandus, diaconus, ad vicem Fridogisi, recognovi et subscripsi.

« Data xiiii. kal. april. anno, Christo propitio, xvii. imperii domni Hludovici piissimi augusti, indictione viii.

« Actum Niuhem palatio, in Dei nomine feliciter. Amen. »

LXI.

DE GUNTBERTO MONACHO.

Sub hujus abbatis tempore, exoritur quidam tirunculus mox futurus monachus hujus ecclesiæ, Guntbertus nomine, patre Goiberto et matre Ebertruda; cujus laus et sapientia ita hactenus in omnium nostrorum versatur ore, acsi presentaliter in vivo teneretur corpore et merito. Nam monasterii hujus libraria, quæ pene omnia vetustate erant demolita, quoniam peritus erat scriba, propria renovavit industria. Insuper et alia adauxit librorum volumina, ex quibus duo sunt antiphonarii, quos ipse propria manu conscripsit; et alterum sancto Audomaro, alterum vero sancto Winnoco concessit. Scripsit et tertium, quem lucidiori opere elucidavit; cujus initium, et in carmine majorum sollempnitatum, aureis litteris mirifice decoravit; quem, quia eligantiorem vidit, sancto Bertino contradidit. Descripsit et compotum, quem et nobis concessit habendum; insuper et alia, quæ si hic scribantur, videbuntur esse superflua. Hic autem, in primeva juventute, a patre Romam ductus, ibique sancto Petro oblatus et ab Eugenio papa est clericatus. Quem pater exinde domum reducens, in hoc monasterio Sithiu sancto Petro sanctoque Bertino monachum optulit, locumque istum hereditate sua nobiliter hereditavit. Concessit namque ad jam dictum monasterium Sithiu, monasterium quoddam quod ipse in proprietate sua construxerat, nomine Steneland, ad quod omnem ejus hereditatem Salvatori Domino, in cujus nomine eundem construxit monasterium, perpetua firmitate delegavit. Hæc sunt autem nomina villarum quas predictus Goibertus, Guntberti prefati pater, pro elemosina sua ad basilicam Domini Salvatoris in Stenelant contradidit : In Ricolvingeem, Hisdenne cum mancipiis; in Henrikengehem sive Milnom, et alio Henrekengehem, Ebresengahem; in Winningahem; in Curmontium; in Sinningahem; in Okkaningahem; in Hostede; in Lampanesse; in Simpiaco; in Bortheem; in Reka; in Strate; in Hemmanvvil; in Kiltiaco; in Hedenesberg; in monasterio mansum hortumque; in Ariaco similiter; in Tarwana mansum; in Quentvico similiter. Item quæ ab aliis ad eandem basilicam sunt concessæ : In Kessiaco et Squerda; in Wesarinio; in Vostringe; in Tingriaco; in Wilere; in Mellingasele; in Loclesse; in Lonastingahem; in Gruonomberg; in Dagmaringahem. Hæc omnia prefatus Goibertus et filius ejus Guntbertus, partim ex eorum hereditate, partim aliorum donatione, ex ipsius tamen Guntberti adquisitione, ad basilicam Domini Salvatoris in Stenedland, firmissima tradiderunt donatione, et ipsam basilicam atque portam[1] monasterii Sythiu, ad eorum elemosinam faciendam in pauperibus et peregrinis, promptissima concesserunt voluntate. Quæ omnia in locis suis cum de elemosina loqui cepimus, cum cartis suis, Deo favente, describemus.

[1] *Ad portam.* Cod. Aud.

EXPLICIT LIBER PRIMUS.

LIBER SECUNDUS.

I.

DE HUGONE ABBATE.

Abbate autem Fridogiso migrante a seculo [sui regiminis anno quarto decimo], Hugo venerabilis, filius Karoli regis magni et frater Hludovici cesaris, in abbatia successit, anno incarnationis Domini DCCCXXXIIII. et prefati regis Hludovici XXI. Qui, anno regiminis sui II. predictum regem adiens, rogavit hæc ab illo regia auctoritate firmari, quæ antecessores sui Francorum reges regalibus privilegiis prefato Sithiu monasterio visi fuerant confirmasse. Quod rex excellentissimus tam prompte adimplevit, quantum et rogantem præ antecessoribus, utpote fratrem corde tenus fraternali caritate dilexit.

II.

PRIVILEGIUM HLUDOVICI REGIS, TEMPORE HUGONIS ABBATIS[1].

13 aug. 835

« In nomine Domini Dei et salvatoris Jhesu Christi. Hludovicus, divina repropitiante clementia, imperator augustus. Si preces fidelium nostrorum, devote nobis famulantium, ad optatum effectum solitæ benignitatis liberalitatem pervenire concedimus, habundantius credimus oportere suggessiones dilectissimi fratris nostri Hugonis, venerabilis abbatis, quas omnino ratione plenas esse non dubitamus dignissimo honorificentiæ propriæ effectu perficere, easque precipue quæ manifesto suæ devotionis fervore ad divinum cultum propensius exequendum pertinere noscuntur. Quapropter noverit omnium fidelium sanctæ Dei ecclesiæ nostrorumque, tam presentium quam et futurorum, industria, quia memoratus dilectus frater noster Hugo, sacri palatii nostri archinotarius, et venerabilis abba monasterii Sithiu, siti in pago Taruanensi, constructi in honore beatæ semper Virginis, geni-

---

[1] Apud Mabillonium, *De re diplom.* pag. 613.

tricis Domini nostri Jhesu Christi, Mariæ, ac beatorum apostolorum Petri et Pauli, in quo etiam corpora Christi confessorum Audomari atque Bertini tumulata noscuntur, nostræ innotuit celsitudini, qualiter jamdudum, tempore predecessoris sui Fridogisi abbatis, eidem monasterio nostram fecissemus auctoritatem, per quam illud, cum omnibus ad se pertinentibus, morem paternum avitumque sequentes, sub nostra constitueramus defensione et mundeburdo atque immunitatis tuitione, necnon omnes cellas et villas seu cæteras possessiones, quæ in quibuslibet pagis et territoriis, infra ditionem imperii nostri, consistunt; ut nullus successorum nostrorum divideret aut in alios usus converteret, utque familia ejusdem monasterii nullis quibuslibet hominibus foderum daret imperiali auctoritate decrevimus; petens ut eandem nostram auctoritatem suo quoque nomine renovari juberemus. Nos itaque, ob amorem divinum et reverentiam atque honorem eorumdem sanctorum, necnon et monitionem ejusdem fratris nostri, memoratam auctoritatem nostram circa eundem locum, rectoresque per tempora labentia sibi succedentes, renovari censuimus, et ea quæ illic decreta fuerant presenti etiam auctoritate roborare. Proinde hos nostros imperiales apices fieri jussimus, per quos successores nostros admonemus, ut, sicut monasterio predicto sanctæ Mariæ et sancti Petri et Pauli atque beatorum Christi confessorum Audomari et Bertini concessimus, ita illi ratum et stabile permanere permittant; ut nullam divisionem in monasteriis aut cellis vel villis seu cæteris possessionibus, in quibuslibet pagis et territoriis consistunt, faciant aut facere permittant, aut in alios usus ipsas res retorqueant; sed et hoc per hos imperiales apices sancimus atque decernimus, ut nullus judex publicus aut quislibet ex judiciaria potestate, in ecclesiis aut locis vel agris seu reliquis possessionibus memorati monasterii, quas moderno tempore, in quibuslibet pagis et territoriis, infra dicionem imperii nostri, juste et legaliter possidet, vel quæ deinceps in jure ipsius sancti loci voluerit divina pietas augeri, ad causas judiciario more audiendas, vel freda exigenda, aut mansiones vel paratas faciendas, aut foderum exigendum, aut fidejussores tollendos, aut homines ipsius monasterii tam ingenuos quam et servos distringendos, nec ullas redibitiones aut illicitas occasiones requirendas, ullo unquam tempore ingredi audeat, vel ea quæ supra memorata sunt penitus exactare presumat; sed liceat memorato abbati suisque successoribus res predicti monasterii, sicut in precepto domni et genitoris nostri continetur, cum omnes fredos et bannos sibi concessos, sub immunitatis nostræ defensione quieto ordine possidere : quatinus ipsos servos Dei, qui ibidem Deo famulantur, pro nobis ac prole nostra vel etiam pro stabilitate totius imperii nostri a Deo nobis concessi atque conservandi, jugiter Domini misericordiam exorare delectet. Et ut hæc auctoritas nostris futurisque temporibus, Domino protegente, valeat inconvulsa manere, manu propria subter firmavimus, et anuli nostri impressione signari jussimus.

« Signum Hludovici, serenissimi imperatoris.

« Hirminmarus, notarius, ad vicem Hugonis abbatis, recognovi et subscripsi.

« Data idus augusti, anno xxii. imperii domni Hludovici piissimi augusti, indictione x[1].

« Actum Aquisgrani, palatio regio, in Dei nomine feliciter. Amen. »

III.

Eodem tempore predictus Hugo abbas condolens infelicissimæ et miserrimæ divisioni et discissioni venerabilis Sithiensis cœnobii ab infando Fridogiso factæ a domno Folquino tunc Morinorum venerabili antistite unitatem cœnobiorum pristino more reformari impetravit. Quod et privilegio firmari fecit. Hujus autem privilegii hoc est exemplar.

[1] Annus xxii Ludovici non cum decima sed cum decima tertia indictione convenit; fides vero adhibenda videtur priori notæ chronologicæ, quæ cum anno ii Hugonis abbatis, superius designato, optime concordat.

IV.

« In[1] nomine Patris et Filii et Spiritus Sancti. Ego Folquinus, Dei gratia, Morinorum episcopus, omnibus fidelibus tam futuris quam presentibus. Quicquid, ob amorem Dei exigentes, rei veritatem memoriæ futurorum noscendum reliquerimus, valde id animabus nostris profuturum speramus, dum et vera innotescimus et falsata dampnamus. Melius est enim ipsam veritatem ad laudem Dei manifestare, quam pro lucro aut negotio terreno eam celare, ne scilicet homo peccator offensam Dei et sanctorum ejus in hoc videatur incurrere. Igitur ego Folquinus, episcopus, suggestione Hugonis, abbatis Sithiensis cœnobii, quod est constructum in insula Sithiu, in honore beati Petri principis apostolorum, ubi beatus Bertinus corpore quiescit; perpendens injustitiam lacrimabilem quam Fridogisus, predecessor supra memorati abbatis, eidem sancto loco intulerat, tota intentione excogitare cepi, qualiter eundem locum ad pristinum honorem valerem reducere. Omnibus certe notum est fidelibus, quoniam sancti confessores Christi Audomarus atque Bertinus, dum adhuc in corpore essent, cimiterium in villa Sithiu, in superiori loco, ad tumulanda sua et monachorum corpora, communi opere fecerunt, in cujus medio basilicam in honore sanctæ Mariæ construxerant, quam etiam beatus Audomarus, sancto Bertino suisque successoribus donans, per privilegium quoddam episcopalem confirmaverat, et suum inter eos corpusculum sepeliri in eodem privilegio rogaverat; quam predictus abbas Fridogisus non solum sancto Bertino tulit, sed etiam, quod dictu horribile est, monachos ejus, Deo honeste ibidem servientes, cum magno dedecore expulit, canonicosque ibi constituit, dum scilicet a temporibus sanctorum Audomari atque Bertini religio monachica, ibidem famulans, religiosissime floreret; quorum lacrimosa injustitiæ reclamationique incessabili conpatiens, et petitioni Hugonis venerabilis abbatis adquiescens, edilitatem seu custodiam ipsius basilicæ sancto Petro sanctoque Bertino reddendam, et monachum

---

[1] Privilegium illud vulgavit Mabill. *Sæc. Bened.* III, part. 1, pag. 122.

ad custodiam ibi ponendum censui et statui, ut et quattuor temporibus in anno missarum sollempnia celebrarent stabilivi, hoc est III. feria in dierum Rogationum, in festivitatem quoque beati Johannis Baptiste, et in depositione sancti Audomari, in festivitate Omnium Sanctorum; et quicquid ad ipsum altare veniret, monachi sancti Bertini, absque ulla contradictione, juxta morem pristinum, secundum decretum beati Audomari, quod, in privilegio de traditione ipsius loci, istius loci coenobitis scripsit et interdixit, haberent, tenerent et in perpetuo perhenni jure possiderent; nec episcopus aut archidiaconus ejus seu aliquis clericorum vel judex forensium rerum aliquid sibi exinde vendicent. Denique jam quidam emerserant audacia temeritatis decepti, dicentes primatum locorum ad se pertinere debere. Quorum presumptuose superbiæ resistens, per descriptionem capitularem, coram quibusdam primatibus regalis palatii et hujus patriæ, eos huic loco subegi, et conatum eorum adnichilavi. Hoc etiam scriptum posteris relinquendum fore ratum duxi, ut per hoc quandoque resistatur invidorum male voluntati et hoc infringere volentium iniquo conatui. Quod quicunque, futuris temporibus, vel infringere vel adnichilare presumpserit (quod absit!) auctoritate Patris et Filii et Spiritus Sancti, anathema sit, nisi digna penitentia resipuerit.

« Actum est anno incarnationis dominicæ DCCCXXXIX. indictione II. imperii autem Hludovici regis anno XXVI. presulatus quoque nostri anno XXIII. in ecclesia sanctæ Mariæ, XII. kal. julii, presenté universali sinodo.

« Ego FOLQUINUS, ex consensu et precepto domni Hludovici imperatoris, hæc voluntarie firmavi, et cum episcopali interminatione subscripsi.

« Ego MAXIMUS, archidiaconus, subscripsi.

« Ego HUGO, abbas, subscripsi.

« Signum ADALARDI, monachi. Signum AMALBERTI, monachi. Signum MORI, monachi. Signum UNRICI, comitis. Signum ODGRIMI, advocati. Signum EVERUINI, militis. Signum BERARII, militis.

« Ego GUNTBERTUS, levita et monachus, jussu domini Folquini presulis, hanc kartam scripsi et subscripsi. »

« Et ne per successorem aliquem vel hoc vel simile discidium vel fieri vel teneri a quibuslibet pravæ voluntatis posset, ego Hugo, abbas Sithiensis, privilegio antiquam subjectionem ecclesiæ beati Audomari Sithiensi cœnobio reformavi.

« Exemplar autem privilegii hoc est. »

V.

« Quicquid[1] ob amorem Dei exigentes rei veritates memoriæ futurorum noscendum reliquerimus, valde id animabus nostris profuturum speramus, dum et vera innotescimus et falsata dampnamus. Melius est enim ipsam veritatem ad laudem Dei manifestare, quam pro lucro aut negotio terreno eam celare, ne scilicet homo peccator offensam Dei et sanctorum ejus in hoc videatur incurrere. Igitur ego Hugo, abbas hujus Sithiensis cœnobii, quod est constructum in insula Sithiu, in honore sancti Petri principis apostolorum, ubi beatus Bertinus corpore quiescit, perpendens injustitiam lacrimabilem, quam predecessor meus Fridogisus abbas eidem sancto loco intulerat, tota intentione excogitare cepi, qualiter eundem locum ad pristinum honorem valerem reducere. Omnibus certe notum est fidelibus, quoniam sancti confessores Christi Audomarus atque Bertinus, dum adhuc in corpore essent, cimiterium in villa Sithiu, in superiori loco, ad tumulanda sua et monachorum corpora, communi opere fecerant; in cujus medio basilicam in honore sanctæ Mariæ construxerant, quam etiam beatus Audomarus, sancto Bertino suisque successoribus donans, per privilegium quoddam episcopale confirmaverat, et suum inter eos corpusculum sepeliri in eodem privilegio rogaverat; quam predictus abba Fridegisus non solum sancto Bertino tulit, sed etiam, quod dictu horribile est, monachos ejus, Deo honeste ibidem servientes, cum magno dedecore expulit, canonicosque ibi statuit, dum scilicet a temporibus sanctorum Audomari atque Bertini religio monachica ibidem, Deo famulans, religiosissime floreret. Quorum lacrimosæ injustitiæ

29 jun. 839.

[1] Hæc charta eisdem verbis ac superior constat, nominibus aliquot dieque ac formula finali duntaxat mutatis.

reclamationique incessabili compatiens, cum consilio venerabilis Folquini, Taruanensis episcopi, edilitatem seu custodiam ipsius basilicæ sancto Petro et sancto Bertino reddidi, et monachum ad custodiam ibi statui, et ut quattuor temporibus in anno missarum sollempnia celebrarent stabilivi, hoc est III. feria in diebus Rogationum, in festivitate quoque beati Johannis Baptistæ, et in depositione sancti Audomari, in festivitate etiam Omnium Sanctorum; et quicquid ad ipsum altare veniret, monachi sancti Bertini absque ulla contradictione, juxta morem pristinum, secundum decretum beati Audomari, quod, in privilegio de traditione ipsius loci, istius loci coenobitis scripsit et interdixit, haberent, tenerent et in perpetuo perhenni jure possiderent; nec episcopus aut ejus archidiaconus seu aliquis clericorum vel judex forensium rerum aliquid sibi exinde vindicent. Denique jam quidam emerserant audacia temeritatis decepti, dicentes primatum locorum ad se pertinere debere; quorum presumptuosæ superbiæ resistens, per descriptionem capitularem, coram primatibus regalis palatii et hujus patriæ, eos huic loco subegi, et conatum eorum adnichilavi. Quia vero omnimodis canonici invident monachorum honori, hoc scriptum posteris relinquendum fore ratum duxi, ut quandoque invidorum per hoc resistere possent malæ voluntati.

« Actum in basilica sancti Petri apostoli, in die sollempnitatis ejus III. kal. julii, post sinodum, ante festivitatem sancti Johannis Baptistæ celebratam, anno incarnationis dominicæ DCCCXXXIX. indictione II. imperii autem Ludovici regis anno XXVI. presulatus quoque almi presulis Folquini anno XXIII. et nostri regiminis anno VI.

« Ego Hugo abbas, ex consensu domni Ludovici imperatoris, hæc voluntarie firmavi, ipsumque ut subscriberet rogavi.

« Signum venerabilis Folquini, episcopi, cum episcopali interminatione.

« Signum Maximi, archidiaconi. Signum Alardi, monachi. Signum Amalberti, monachi. Signum Mori, monachi. Signum Bavonis, monachi. Signum Undrici, comitis. Signum Odgrini, advocati. Signum Everwini, militis. Signum Berharii, militis. Signum Otillefridi Signum Guntberti. Signum Angonis. Signum Megelfridi.

« Ego Guntbertus, levita et monachus, jussu domini Hugonis abbatis, hanc cartulam scripsi et subscripsi. »

VI.

DE MORTE HLUDOVICI REGIS, ET DIVISIONE REGNI INTER FILIOS EJUS.

Gloriosus autem rex Hludovicus imperator augustus, anno incarnationis dominicæ DCCC XL. cum regnasset annis XXVII, decessit a seculo. Ante cujus obitum mirabile quiddam et inauditum accidit in pago Taruennicum. Nam ipso anno, post medium januarium, meridie, ignei umbones cum sonitu grandi ab æthere lapsi sunt, mirumque spectaculum omni populo detulerunt. Defuncto autem predicto imperatore Hludovico, filius ejus Hlotarius, qui ante obitum patris ad imperatorem unctus erat, de Italia veniens, monarchiam tenere gestiebat. Sed fratres Hludovicus et Karolus divisionem regni affectantes, post unum annum, maximo prælio inter se conflixerunt in pago Autisiodorense, in loco qui vocatur Fontanetum. In quo loco Franci, cum omnibus nationibus sibi subjectis, mutua se cede prosternentes, ad ultimum Hludovicus et Karolus, Lothario fugato, triumphum adepti sunt. Post cruentissimum vero prælium, pace inter eos facta, diviserunt inter se Francorum imperium. Et Lotharius quidem accepit regnum Romanorum et totam Italiam, et partem Franciæ orientalem totamque Provintiam. Hludovicus vero, præter Noricam, quam habebat, tenuit regna quæ pater suus illi dederat, id est Alamanniam, Turingiam, Austrasiam, Saxoniam, et Avarorum, id est, Hunorum, regnum. Karolus vero medietatem Franciæ ab occidente, et totam Niustriam, Britanniam et maximam partem Burgundiæ, Gotiam, Wasconiam, Aquitaniam, submoto inde Pippino, filio Pippini, et in monasterio sancti Medardi attonso. Ista autem periculosissima discordia sine requie quinquennii occupaverat tempus.

VII.

DE TRANSLATIONE SANCTI AUDOMARI DE VILLA LIGESBURCH.

Sub hac tempestate invenimus ita annotatum in decennovænalibus annorum dominicæ nativitatis, quod est DCCC XLIII. indictione VI. sancti Audomari corpus de villa Liegesbordh refertur ad locum Situm. Sollempnitasque illius translationis in mense junio devote a populo celebratur Taruennico, sed plerique ignorant e vulgaribus pro qua re statuta sit in primitus. Æquum autem arbitror esse et ecclesiæ provenire, si causas illius solempnitatis in hoc codice, quamvis impolito, digeram sermone, maxime cum Tobiam angelus ammoneat, dicens : *Opera Domini narrare et confiteri honorificum est*. Est enim in hoc facto, si referatur unde Domini laudetur magnificentia, et unde ipsius sancti amplificetur reverentia. Aggrediar ergo dicere, non quæ ipse presumo fingere, sed quæ a senioribus mihi constat intimatum fore.

VIII.

Igitur Hugo abbas jam memoratus, excepta causa quam refero, vir per cuncta laudabilis, postquam locum hunc sua constitutione laudabiliter stabilivit, qua et canonicos sancti Audomari monachis sancti Bertini, etiam per descriptionem capitularem, juste subjugavit, monachumque ab inferius monasterium ad sancti Audomari custodiam deputavit, diabolica sagitta jaculatus, cœpit excogitare qualiter sancti Audomari corpus, cujus ope et auxilio, una cum sodali suo Bertino, Taruennicus gubernatur populus, Vermandis, ad sancti Quintini monasterium, quoniam hoc ipsum gubernabat, posset deferre quantocius. Metuens tamen animositatem plebis, congregata Vermandensium multitudine, temptat vi abstrahere, si forsan impediretur a plebe. Accessit interim, et monacho quodam, Moro nomine, extante custode, sacrum sancti presulis ac patroni nostri corpus sumens, villam usque Liegesburth nomine cum sua deportavit multitudine. Dei autem providentia operante, triduo in prefata villa manserunt cum sacrato corpore. Acciderat interea, ut præclarus Taruennæ civitatis presul Folquinus, episcopali more, parrochias episcopii sui circuiret, ut, sicubi contra sanctorum canonum statuta ageretur, curiosus pastor addisceret, et tali studio cellam usque VVo-

romhold dictam, pia curiositate perveniret. Interea ubi inibi ad mensam ventum est, in qua lautissima, uti tanto pontifici, præparabantur obsequia, frater ipsius beati præsulis advolitat, nuntians grave et irrecuperabile patriæ, si perficeretur, excidium : sanctum scilicet Audomarum ex monasterio suo abstractum, et, ni cito succurrat, ad sanctum Quintinum Vermandis usque deferendum. Hæc audiens sanctus Domini sacerdos, nimium turbatus intrinsecus : « Vade, in-
« quit ad fratrem, et totius episcopii mei populum gira curiosius, et
« die tertia infra muros Taruennæ urbis presto esto cum omnibus, et
« ego presens ero cum his quos mecum, Christo auxiliante, detulero
« de istis partibus. Tum demum, si ipse juverit sanctus, ad excutiendum
« eum omnimodis sum paratus. » His autem secundum verbum beati pontificis rite peractis, adest die tertia in urbe Taruenna multitudo innumerabilis et pene ante invisa. Tunc sacerdos Domini, cum omni hac multitudine, insequitur predictum abbatem cum suis, usque ad villam superius nominatam cum omni festinatione. At illi gestientes corpus sanctum sustollere fugamque inire, nulla hoc multitudine prorsus valebant a terra levare. Cumque id, addita adhuc majori multitudine, conarentur bis terque levare, nichilominus ita manet inmotum, acsi quibusdam radicibus terra tenus teneretur affixum. Tunc, absque retardatione ullius commodi, accelerant fugam, relicto corpore sancti. Beatus autem Folquinus dans illis fugiendi locum, accipiens thesaurum illud omni auro preciosissimum, repetito calle, cum tota plebium multitudine reportat ad proprium unde tultus fuerat locum. At ubi ventum est Taruenna, ad fluvium quod dicitur Leia, omnis populi supra memorata multitudo, absque aliqua conctatione, pedibus transvadans fluminis aquam, exacto amne, nec unius stillæ humor in eorum apparuit tegmine. Progredientesque per aristifera agrorum sata, neque enim vitare ea poterant tam numerosa plebium agmina, cum veluti tribulis tonsæ terratenus curvarentur spicæ, transacta multitudine, ita densabant sulcos, ut patenter agnosceres protectoris adventum etiam congaudere campos. Utrorumque autem monasteriorum clerici stantes, anxii eventum expectabant rei;

sed postquam datum est oculis, quamvis procul, cernere multitudinem populi adventantis, protractis campanarum funibus, vocem laudantium omnes dederunt in excelsis. Antedictus autem custos ecclesiæ, Morus, tunc ad mensam sederat epulaturus; et, audito campanarum sonitu, interrogat quæ esset causa pro qua populi tanta exultarent letitia. Dictumque est illi a narrantibus, quod sanctus Audomarus a Folquino pontifice esset reductus, et ob hoc letitia tanta cunctus exultaret populus. Quod audiens nimium turbatus, iram Dei reducentibus confestim est imprecatus. Nec dum ab ejus ore illicita exciderant verba, cum repente facie tenus in terram ruit, totoque corpore rigidus, distentis membrorum nervis, semivivus emarcuit. Sic tantum stupidus ad sanctum Bertinum est deportatus, ibique quod verbo tenus commisit diutino languore penituit. Nam visu et auditu recuperato, sensu ita sine tenus est privatus, ut nunquam posset animadvertere qua in parte sancti Audomari monasterium videretur positum esse. Corpus autem beati Audomari presul Folquinus terra recondidit, ne a subsequentibus parili modo posset auferri. Post hæc abbas Hugo a Karolo rege [suo nepote] Aquitaniam missus, propter ejusdem regis fidelitatem, dolo Pippini interfectus est XVIII. kal. junii, anno incarnationis Domini DCCCXLIIII. [regiminis sui hujus loci anno decimo]. Erat autem isdem Pippinus quem supra in monasterio sancti Medardi attonsum memoravi, qui, exinde per fugam elapsus, Aquitaniam est reversus, ibique multis diebus fugitando latuit; et post hæc a Ramnulfo quodam per fidem est deceptus, comprehensus, regique Karolo est adductus, et Silvanectum perpetuo est exilio deputatus.

IX.

DE ADALARDO ABBATE.

Post Hugonem autem abbatem [duodecimum] supramemoratum, abbas efficitur Adalardus in hoc cœnobio Sithiu, sancto Petro et sancto Bertino a patre Hunroco oblatus; sed post canonicus [sub Fridogiso] est effectus. Suscepit autem abbatiam anno prefato XII. kal. augusti. Hujus autem regiminis anno III. qui erat annus Verbi incarnati DCCC XLVI., sancti Bertini corpus a sancto Folquino episcopo, ut fertur, transfertur et reconditur XVII. kal. augusti. In cujus anni tempore [et curriculo] extitit hiemps gravissima valde; atque post quinquennium exoritur fames intolerabilis nimium, quo tempore Guntbertus supra memoratus, in diaconali adhuc ordine positus, ad prepositurae honorem est evectus. Sub anno autem dominicae nativitatis DCCC LIII., sancti Petri basilica asili est cooperta, annoque insequente sancti Bertini ecclesia plumbo est tecta. Guntbertus quoque eo anno, XI. kal. januarii, ad presbiterium est consecratus.

X.

PRESTARIA ADALARDI ABBATIS ODGRIMO ADVOCATO.

Anno quoque Domini DCCC LIIII., qui erat annus regis Karoli XIIII. et episcopatus beati Folquini XXXVIIII. et regiminis jam dicti Adalardi abbatis XI.[1], concessit isdem abbas, per prestariam, cuidam homini Odwino terram quam habuerat isdem in beneficio in Cafitmere, id est bunaria XXX, cum portiuncula quam isdem Odwinus tradiderat ad monasterium Sithiu, in pago Bononensi, in loco nuncupante Mighem, bunaria III; in ea ratione, ut annis singulis, ad festivitatem sancti Bertini, nonas septembr., de cera valente solidos V persolvat, ut specialiter lumen ad altare, ante quod pater jam dicti abbatis Hunrocus tumulatus noscitur esse, nullo umquam desit tempore.

XI.

« Quicunque rectores ecclesiarum Dei juste et competenter devotioni fidelium annuerint, Dei se in hoc voluntati parere non dubitent.

5 sept. 853.

---

[1] Charta ipsa quæ inferius refertur, data est *nonis septembris, anno* XIIII *regnante domno Karolo*, i. e. 5 sept. 853. Huic unicæ instrumenti notæ cæteræ quas hic Folquinus conjecit male aptantur.

Iccirco dilecto in Domino, filio ecclesiæ nostræ, Odwino, ego in Dei nomine Adalardus, abbas monasterii Sithiu, cum consensu fratrum nostrorum, prestator. Multorum notitia patet, quia nuper portiunculam tuam in pago Bononensi, in loco nuncupante Mighem, scilicet bunaria III, ad precium valens libras IIII, nobis vel ad præscriptum monasterium delegasti, expetens ut te, cum uxore ac liberis, una cum beneficio tuo in Cafitmere, id sunt bunaria XXX ac mancipia XII, his nominibus : Ostorbaldum, Gernhardum, Herebaldum, Radburg, Sigberta, Thiobert, Strilleburg, Wifken, Lolithan, Liodburgam, Winetbertan, Adalbertan, ad custodiam sancti Petri et sancti Bertini, specialiterque ad altare, coram quo corpus genitoris nostri Hunroci requiescit, sub censu luminario annuatim nostram ejusque elemosinam reddendo, confirmaremus. Juxta itaque petitionem tuam, res utrasque concedimus, tam tibi quam uxori tuæ et filiis tuis, sub hoc censu possidendas, ut in festivitate sancti Bertini, nonis septembr., de cera valente solidos V et dimidium persolvatis, tam pro rebus præscriptis quam pro capitibus vestris, id est, II diebus mundbordalibus, nullumque aliud servitium vobis imponatur. Quod si quislibet fecerit, vel a prefato sancto loco abstrahere temptaverit, iram Dei omnipotentis et sancti Petri sanctique Bertini incurrat. Si conamen impium non omiserit. Et hæc prestaria, manu nostra fratrumque roborata, firma permaneat cum stipulatione subnixa.

« Actum Sithiu monasterio, in basilica sancti Bertini, nonis septembr. in festivitate ipsius, anno XIIII. regnante domno Karolo, filio Illudovici imperatoris.

« Ego Adalardus, abba, propria manu firmavi.

« Ego Guntbertus, peccator, prepositus, subscripsi.

« Signum Amalberti, decani. Signum Bavonis, monachi et presbiteri.

« Guntbertus scripsit et subscripsit. »

XII.

DE SUCCESSORE BEATO FOLQUINO DESTINATO.

Quia igitur mentionem beati Folquini fecisse me memini, libet adhuc unum ejus opus hic intexere, quod recolo me agnovisse, VVicfrido pontifice narrante. Longa, inquit, senectute fessus, isdem beatus antistes Folquinus, utputa qui XL. in episcopatu fere pergerat annum, cum jam non posset publice missarum sollempnia celebrare, cognito hoc, rex, illo adhuc vivente, quod contra canones erat, successorem ei episcopum destinavit. Quod audiens sanctus presul, semet, episcopali more, preparavit ad celebrationem missæ, et omne misterium, supplantatore astante, implevit strenuissime. At ubi ventum est ad dandam, uti episcopi mos est, benedictionem, verso ordine, protulit illis maledictionem. At illi trepidi, cum, ascensis equitibus, ad propria cuperent reverti, in media via supplantator episcopi de equo lapsus, relisa cervice, spiritum efflavit vitæ; omnesque qui cum illo venerant, infra annum variis cladibus expirarunt [et ita, cum sibi conjunctis, culpam luit improbitatis ob reatum].

XIII.

DE DECESSU EJUSDEM BEATI PONTIFICIS.

Igitur adveniente vocationis suæ tempore, isdem beatus pontifex, quamvis longevo gravaretur senio, episcopii sui parrochias circuire decrevit. Bonam hanc virtutum suarum consumationem credens, ut ecclesiæ filios, si alicubi a matris suæ gremio errassent deviando, secundum canonum statuta plectendo, ad eandem reduceret, suis predicationibus exhortando. Tali autem studio talique devotione, ad ecclesiam in Mempisco sitam, Hicclesbecke nuncupatam, pia accessit curiositate. Inibi autem non diu commorans, cum jam cogitaret reverti, viribus corporis cepit repente destitui, egritudineque corporali fatigari. Tunc convocatis discipulis, eos omnipotenti Domino commendans, animam cœlo reddidit sanctorum cœtibus consociandam.

Transiit autem in suprascripta villa, anno incarnationis dominicæ DCCCLV. indictione III. feria III. vesperascente, qui erat annus prefati regis Karoli XV.[1] et episcopatus ipsius beati presulis XL.[2], XVIII. kal. januarii. Rogaverat autem isdem pontifex, ut, sicubi exitus ejus accederet, corpus illius ad Sithiu monasterium, in basilica sancti Bertini, portaretur tumulandum. Defuncto autem illo, cum clerici ejus quererent qualiter illum ad supradictum locum portare potuissent, in ipsa nocte, flante vento australi, omnis illa aquarum indimetibilis profunditas qua cingitur Sithiu insula, ita congelavit, ut, mane exequias sancti corporis deferentibus, firmissimum aqua gressum per glaciem preberet euntibus; quod, in hiemali tempore, vix septem dierum algor valet efficere. Deportantes autem beati viri corpus ad Sithiu monasterium, ad latus sancti Bertini dextrum est tumulatum.

XIV.

ALIUD CAPITULUM.

Fertur autem eundem virum Dei equum quendam habuisse, qui, quotiens iter aliquoties carpere vellet, ad obsequium viri Dei genua flecteret, ut scilicet absque ullo labore tergo illius equitaturus ascenderet. Hunc autem ferunt fratribus dandum ante ejus feretrum preisse, sed omnem deinceps hominem ferre recusasse, nec passus est post membra tanti pontificis voluptatibus deservire alicujus hominis. Qui non longo post tempore mortuus, cum canibus cibus esset appositus, a nullis illorum est attactus. Et merito cadaver ejus canes non poterant lacerare, super quem ymnidica cantica Christo decantata erant sepissime. Quod videntes cives, eum humano more sepelierunt, quem nec bestiæ nec volucres tangere presumpserunt.

---

[1] Mense decembri 855, jam currebat annus XVI Caroli Calvi.

[2] Emend. ut videtur, XXXIX. Constat siquidem ex superioribus (I, 55, et II, 4) illum in sedem Morinensem sublimatum fuisse anno 817.

XV.

BREVIATIO VILLARUM MONACHORUM VICTUS.

Sed, quia gesta beati Folquini narrando parumper ab abbatum gestis digressi sumus, libet jam ad ea pernarranda calamum reflectere. Abbas igitur Adalardus villas ad fratrum usus pertinentes, vel quicquid exinde sub qualicunque servitio videbatur provenire, absque his quæ in aliis ministeriis erant distributæ vel quæ militibus et cavallariis erant beneficiatæ, tali jussit brevitate describere[1].

XVI.

In Kelmis habent monachi ecclesiam I ac bunaria XII, et mancipia VI, luminaria IIII. Unusquisque solvit de cera valente denarium I. Mansum indominicatum cum casa et aliis castitiis ; de prato bunaria XXXVIIII, de terra arabili bunaria CLXXX, de silva grossa bunaria XXX, de silva minuta bunaria XV. Mansa XV per bunaria XII, et ille dimidius per bunaria VI, cum servis X, qui faciunt in ebdomada III dies ; et ancillæ VI faciunt ladmones VI, aliæ ingenuæ facit unaqueque ladmonem dimidium. Unusquisque parat de brace modia X, de farina VI; pullos III, ova XX. Ad vineas unumquodque annum carros II. Lunarii XVI, prebendarii VII. Ded habet bunaria VI, arat bunaria II.

XVII.

In Fresingahem Everwinus habet bunaria V; arat jurnales III, et solvit denarios VI. In eadem villa Heleca habet bunarium dimidium, arat jurnalem I.

XVIII.

In Loningahem Beregen habet bunaria VIIII, arat bunaria IIII. In

[1] Huc cod. Audom. addit : *quod nunc linquimus, quum parvi commodi est.*

Elciaco Amalger habet bunaria xiiii; mancipia iii; arat bunaria iiii, et solvit solidos ii.

XIX.

In Morningehem Guntbertus habet bunaria viii, arat bunaria iiii. Gerbald habet bunaria iii, arat bunaria i. Stracfret habet bunaria vi, arat bunarium i et dimidium. Thegen major habet casam dominicam cum aliis castitiis; de prato bunaria v, de terra arabili bunaria xx, de silva minuta bunaria v; mancipia xii. Berharius caballarius habet mansum de terra arabili bunaria xx, de prato bunaria v; de silva minuta bunaria vi. Mansa ii per bunaria xii. Facit sicut superius. Mancipia viii. Benemar habet casam cum aliis castitiis, de prato bunaria x, de terra arabili bunaria xxx, de pastura et silva minuta bunaria xxiii. Mansa iii per bunaria xii. Facit sicut superius. Mancipia xxiiii. Ostoradus habet mansa cum castitia; de prato bunaria xii, de terra arabili bunaria xx, de silva minuta bunaria vi. Mansa iii per bunaria xii. Facit sicut superius. Mancipia xxiiii. Bavo habet casam cum aliis castitiis; de prato bunaria xi, de terra arabili bunaria xxx, de silva minuta bunaria iiii. Casam i per bunaria viii. Facit sicut superius. Mancipia xvi. VVendelardus habet casam cum aliis castitiis; de prato bunaria xi, de terra arabili bunaria xxx, silva minuta bunaria iii. Mansus i per bunaria xii. Facit sicut superius. Mancipia xiiii. Megenfridus habet casam cum aliis castitiis; de prato bunaria xi, de terra arabili bunaria xlv, de silva minuta et pastura bunaria xvi. Mansus ii per bunaria xii. Facit sicut superius. Mancipia iiii. Balduinus habet casam cum aliis castitiis; de prato bunaria vi, de terra arabili bunaria xx, de silva minuta et pastura bunaria xx. Mansus i per bunaria xii. Facit sicut superius. Mancipia viiii.

XX.

In Bermingahem habet mansa, cum scuria, de terra arabili bunaria xxiii, silva minuta bunaria iii. Et in Edenenas de terra bunaria x;

mancipia x. Omnes, excepto Iremberto, arant ad ipsam villam bunaria IIII, et colligunt II et ducunt ad monasterium, et cludunt virgas xv; et in monasterio item omnes virgas IIII, et facit unusquisque in anno dies XXIIII in estate. Irembertus autem arat bunaria II, et colligit I. Luminarii XI. Solvunt inter omnes solidos VII, denarios VIII. Homines qui faciunt in anno III dies sunt xx.

XXI.

In Atcona est ecclesia, ad quam solvunt VII homines de lumine unusquisque de cera valente denarios II. Casam indominicatam cum aliis castitiis; de prato bunaria XI, de terra arabili bunaria CC, de silva minuta bunarium I, de pastura inculta bunaria L. Mansa XXIIII et dimidium; omnes per bunaria XII, et ille dimidius per bunaria VI, cum servis XI, qui faciunt in ebdomada dies III. Ancillæ XII faciunt ladmones XII. Alii ingenui faciunt II dies in ebdomada, et de illis ingenuis feminis XIII veniunt ladmones VI et dimidius. Ad vineas carra VI. Facit unusquisque de brace modia x, de farina VI; pulli III, ova xx. Lunarii XV, prebendarii VI. VVilbertus habet bunaria XII; solvit solidos II, et prævidet silvam. Sunt ibi homines qui faciunt II dies in ebdomada LXXIIII. Iremharius major habet casam indominicatam cum aliis castitiis; de prato bunaria x, de terra arabili bunaria XXII, de pastura et silva minuta bunaria xv. Mansa II per bunaria XII. Facit sicut superius. Mancipia XXIII. Stillefridus habet mansum; de prato bunaria VI et jornalem I, de terra arabili bunaria xxxv, de silva minuta bunaria VI. Mancipia VIII. Bavo habet mansum cum casa et aliis castitiis; de prato bunaria v et dimidium, de terra arabili bunaria XLVI et dimidium, de silva minuta bunaria VIII. Mancipia XIIII. Isti unaquaque ebdomada faciunt II dies. Si non caballicant, sepiunt virgas v, et in monasterio inter omnes virgas IIII. Lodberta habet in Selem, pertinentem ad Attona, precariam I, unde solvit solidum I.

XXII.

In Botniggahem Bertrada habet aliam unde debet arare.

XXIII.

In Berningahem habet, inter silvam et terram arabilem, bunaria plus XL.

XXIV.

In Beingahem villa habet ecclesiam, indominicatum mansum cum castitiis; de prato bunaria XV, de terra arabili bunaria CXX, de silva grossa bunaria XL ad saginandos porcos XX, de silva minuta bunaria C. Mansum XVIII et dimidium per bunaria XII, et ille dimidius per bunaria VI, cum servis XI, qui faciunt III dies in ebdomada; ancillæ VIIII; facit ladmones VIIII. Alii ingenui faciunt II dies in ebdomada, et de ingenuis feminis X veniunt ladmones V. Ad vineas carra IIII et dimidium. Unusquisque de brace parat modia X, de farina VI; pullos III, ova XX. Lunarii XXI. Sunt ibi prebendarii VI, luminarii XC. Solvunt inter omnes libram I, solidos V. Brunger habet bunaria VI, arat bunarium dimidium I. Megel habet bunarium I et dimidium, arat dimidium. Megenger habet bunaria II, arat dimidium. Bavo habet bunaria IIII, solvit denarios VIII. Gundelbertus habet bunaria III, arat bunaria II. Omel decanus habet bunaria III, arat bunaria II. Lanfredh habet de terra bunaria XXXI et dimidium, de silva minuta bunaria III; mancipia XIII; arat bunaria II, solvit solidos II. Engelger major habet bunaria de terra XLIII et dimidium, de silva minuta bunaria X; mancipia XX. Item alius Engelgerus habet casum cum castitiis; de terra arabili bunaria XLII, de silva minuta bunaria X; mancipia VII. Isti arant bunaria IIII, unusquisque, et sepiunt virgas XV. Gundelbertus habet bunaria XL; inde solvit solidos VI, et, unaquaque ebdomada, II dies, et habet mancipia III. Molendinos III; de uno veniunt modia C; de aliis, de unoquoque, modios LX; et ille unus dat pullos XX, ova CC; illi alii, unusquisque pullos XV, ova C. Badager habuit inde precariam I, hoc est mansum I; de terra bunaria XLIIII; mancipia II. Isti arant bunaria IIII, unusquisque, et sepiunt virgas XV; et in estate facit dies XVI, et colligunt bunarium I et dimidium, et ducunt ad monasterium; et ad monasterium sepiunt inter omnes virgas III; dant pullos II, ova X.

XXV.

In Coiaco habet ecclesiam cum bunariis XVIII; mancipia II. De luminariis solidos III. Casam indominicatam cum aliis castitiis; de prato bunaria XL, de terra arabili bunaria CLX, de silva minuta bunaria XXXV. Mansa XXI per bunaria X. Sunt in eis servi XV, qui faciunt in ebdomada dies III. Ancillæ VII faciunt ladmones VII. Alii ingenui, qui faciunt in ebdomada II dies; et illæ ingenuæ feminæ unaqueque facit ladmonem dimidium. Ad host carrum dimidium. Ad vineas carra III. Facit unusquisque de brace modia X, de farina modia VI; pullos III, ova X. Sunt ibi lunarii XXIIII, luminarii XLII. Solvunt inter omnes solidos XII. Prebendarii sunt ibi VI. Habet ibi sedilium I; inde solvit solidum I. VValager habet bunaria II, arat bunarium I. Molendinum I; solvit modia XXX. Camba I; solvit solidos IIII. Megenhardus habet bunaria III et dimidium, solvit solidum I dimidium. Homines qui faciunt II dies in anno, sunt XXXVII. Ille major habet casam cum castitiis; de terra bunaria XXII, silva minuta bunaria VII; mancipia IIII.

XXVI.

In Rumingahem habet mansum cum castitiis; de terra bunaria XV, de silva minuta bunaria X. Mansos II et dimidium per bunaria XII, et ille dimidius per bunaria VI. Resident in eis servi III, qui facit in ebdomada dies III; ipsique perserviunt totos illos mansos. Ad vineas carrum dimidium. Faciunt de brace modia X; pullos II, ova XX. Habet ibi lunares XIII, luminarii X. Solvunt inter omnes solidos II, denarios II. Homines qui faciunt II dies in anno sunt IIII. Sunt ibi bunaria XIIII. Veniunt ad incensum de formaticis pensæ X. Item de bunariis II solvit pensam I; de formaticis pensam dimidiam. Item de bunariis VII veniunt de formaticis pensæ VII.

XXVII.

In Pupurninga villa habet ecclesiam, cum bunariis XVIII; mansum I indominicatum; de terra arabili bunaria CLVIII, de silva grossa faginina et minuta mixta bunaria CCCC, ad saginandos porcos DC. Mansos XLVII et dimidium: ex his X constant bunariis XXIIII, itemque X bunariis XX, itemque X bunariis XV; illi alii omnes per bunaria XIII, et ille dimidius bunaria VIII. Resident in eis servi IIII; faciunt in ebdomada III dies. Ancillæ IIII facit camsiles IIII. Alii ingenui faciunt II in ebdomada dies; et illæ ingenuæ feminæ, solvit unaquæque denarios IIII. Lunarem nullum, luminarios CLXXIIII. Inde veniunt libræ II, solidi XVIII. Herescarii CVIIII. Veniunt solidi XIIII, denarii VII. De terra censali, incultis et infructuosis bunariis CXVIII veniunt incensus de formaticis pensæ XXI; aucas XXV. Ad host carros II; ad vineas carros II. Illæ IIII ancillæ parant de brace modia X. Unusquisque pullos II, ova X. In tertio anno porcum I valente denarios IIII. Ille major habet mancipia IIII. De bunariis X veniunt de mel sextarii III. Godobert caballarius habet casam indominicatam cum aliis castitiis; de terra bunaria LXXXVI, silva minuta bunaria IIII; mancipia VI. Mortbert caballarius habet casam indominicatam cum aliis casticiis; terra bunaria XX, silva minuta bunaria XII et dimidium; mancipia X. Mansa IIII per bunaria XII. Resident in eis ingenui qui nichil aliud facit per totum annum, nisi II dies in ebdomada. Dat unusquisque corum pullum I, ova V. Isti arant, unusquisque, bunarium I, et colligunt I; et caballicat. De terra censali bunariorum XII veniunt de mel sextarii II. Porcarius unus habet bunaria III ad vestitum. Item de bunariis III solvunt flascones XII, scutellas C. Engeten habet bunaria IIII, arat bunarium dimidium, et operatur unaquæque ebdomada I diem. Radeken habet bunaria III, arat bunarium dimidium, et facit in ebdomada II dies. Aldbert bunaria IIII; facit similiter. Abbo bunaria V, arat dimidium.

XXVIII.

In Pascandala habet de una ecclesia III partes; mansum III per bunaria XX. Solum incensum de assibus II.

XXIX.

In Weserinio habet ecclesiam indominicatam, mansam cum castitiis; de prato bunaria XVI, de terra arabili bunaria CLVIIII, de silva grossa bunaria XVIII ad saginandos porcos XX, de silva minuta bunaria LI, de pastura communi sufficienter. Mansos XVIII : decem ex his constant per bunaria XII ; item V constant bunariis X ; tres bunariis VIIII ; cum servis XII, ancillis VIII. Facit in ebdomada dies III, et ladmones VIII. Alii ingenui, facit II dies in ebdomada, et de ingenuis feminis X veniunt ladmones V. Ad host carrum dimidium ; ad vineas carrum I dimidium. Unusquisque parat de brace modios X, de farina VI; et dant pullos II, ova XX. Prebendarii V, lunarii XXXVI, luminarii LX. Inter omnes solvunt libram I. Sunt ibi homines XXI, qui faciunt in anno II dies. Habet ibi sedilios X; veniunt in incensum de argento solidi VIII et dimidius. Tunel habet bunaria XIIII, arat bunaria II et custodit silvam. Molendinos III ; unusquisque solvit modia majora XXX. In uno anno saginat porcos II ; in alio I ; et debet pullos XX, ova CC. Item molendinum I; solidos V. VVinetmar major habet de prato bunaria III, de terra arabili bunaria XXXII, silva minuta bunaria V. Mansos II. Facit sicut superiores. Lunarii XVII. Hlodoger caballarius habet mansum dominicum; de prato bunaria VII, de terra arabili bunaria XLIII, silva minuta bunaria VIII. Lunarii XXI. Gerwinus caballarius habet casam dominicam cum castitiis, de terra bunaria XV; mancipia II.

XXX.

In Aldomhem habet casam indominicatam cum aliis castitiis; de prato bunaria XV, de terra arabili bunaria XCVIII, silva grossa bunaria L ad saginandos porcos XXX, silva minuta bunaria LIII. Mansos XV per bunaria xii, cum servis vii. Facit in ebdomada dies iii. Ancillæ ii; facit ladmones ii. Alii ingenui faciunt in ebdomada ii dies; et de ingenuis feminis veniunt ladmones v. Ad host carrum dimidium; ad vineas carrum i dimidium. Parat unusquisque de brace modia x, de farina vi; et debet pullos iiii, ova xx. Sunt ibi prebendarii vi; lunarii xviii, luminarii xxiiii. Inter omnes solvunt solidos viii et dimidium. Molendinos ii : ex uno veniunt modia majora xxx, et ex alia modia xxx. Uno anno saginat porcos ii, alio i; pullos xx, ova cc. Quod molendinum habet Otbertus; et habet bunaria xiiii, et habet mancipia v, et custodit silvam. Ille decanus habet bunaria iiii et dimidium ad præbendam. Homines facientes in anno ii dies sunt xviii. Salaca major habet casam dominicam cum aliis castitiis; de terra arabili bunaria xxx, silva minuta bunaria iii; mancipia xii. Suithger caballarius habet casam dominicatam cum aliis castitiis; de prato bunaria vii, de terra arabili bunaria xlvi, de silva minuta bunaria x. Mansi iii per bunaria xii, cum servis ii; et facit iii dies in ebdomada. Ingenuæ iii feminæ, facit unaquæque ladmonem dimidium; facit servitium sicut in ipsa villa. Et habet lunarios vii; et habet ecclesiam dimidiam, cum bunariis viii, et mancipia ii; et luminarios xv. Solvunt inter omnes solidos iiii et denarios viii.

XXXI.

In Scala habet casam indominicatam cum aliis castitiis; de prato bunaria vii, de terra arabili bunaria lxxxii, de pastura communi sufficienter. Mansa xvi, omnes per bunaria xii; cum servis v, qui facit ii dies in ebdomada; ancillæ ii, qui facit ladmones ii; aliæ ingenuæ unaquaque facit ladmonem dimidium. Ad host solidi iiii; ad vineas carrum i et dimidium. Parat unusquisque de brace modia x, de farina similiter; pullos iii, ova x. Sunt ibi præbendarii vi. Adalandus habet bunaria xx, arat bunaria iii. Ille major habet xxiiii; mancipia i.

XXXII.

In Gisna habet ecclesiam cum bunariis XII; mancipia III. Habet ibi casam indominicatam cum aliis castitiis; de prato bunaria LXXX; de terra arabili bunaria CXLVIII; de silva grossa bunaria XXX, ad saginandos porcos XX; de silva minuta bunaria XL; de pastura communi sufficienter; mansa XVI. Ex his constant VII bunariis VII; item III constant bunariis XI; item III bunariis VIII. Resident in eis servi VIIII, qui faciunt in ebdomada III dies; ancillæ III, facit ladmones III; alii ingenui, facit II dies in ebdomada; aliæ ingenuæ, facit unaquæque ladmones dimidium. Ad host carrum dimidium; ad vineas carra II. Unusquisque de brace parat modia X; de farina modia VI; pullos III; ova XX. Lunarii XVIII, luminarii XCIII: inter omnes solvunt libram I et solidum I, denarios VIII. Homines qui facit II dies in anno, XL. De terra censali bunaria XII, solvunt solidos IIII. Megentio habet bunaria XII; est berbicarius, et providet silvam. Et sunt prebendarii IIII. Ille decanus habet bunaria V ad præbendam. Harduinus, berbicarius, habet bunaria VIII ad prebendam. Thiodradus, caballarius, habet bunaria XI. Stitwinus habet bunaria XII; arat bunaria II; dat carra ad Wadnam[1] et ad monasterium. De bunariis XI et mancipiis II veniunt de mel sextarii VI. Item de bunariis VI veniunt pisces quanti possunt. De terra censali in colonia, et de precariis, veniunt de formaticis pensæ LX. Ille major habet mansum dominicum. De terra arabili bunaria XLV; de silva minuta jornalem I; mancipia V. Roolf habet casam dominicam, et est caballarius. Bunaria XIII; mancipia II. Godobert, caballarius, habet casam dominicam. De terra bunaria XXI; mancipia IIII; de silva minuta bunaria IIII. Adda habet bunaria XL; mancipia XV; facit ladmones I, arat bunaria II, et colligit.

---

[1] Hæc vox nobis videtur nomen ad quemdam locum referendum, nec vero acceptione communi sumenda, uti conjicitur apud Ducangium, ubi *stagnum* valere crediderunt.

XXXIII.

In Terwana habet casam indominicatam cum aliis casticiis; de terra arabili bunaria LIII; de silva grossa bunaria VI, ad porcos IIII; de silva minuta bunaria IIII; mansum X per bunaria XII. Omnes tenent ingenui. Facit in ebdomada II dies; ad vineas carrum I. Unusquisque debet denarios IIII, pullos II, ova XX; faciunt de brace modia X, de farina VI; ladmen nullum; ad host nichil. Ango habet bunaria II, arat jurnalem I. Megenlano habet jornales III, arat bunarium dimidium. Hildeburg habet bunaria II. Litlot habet bunaria III, arat bunaria II. Sunt ibi lunares VIII, luminarii et herescarii CLV. Veniunt libræ II, solidi XIIII, denarii VIII. Habet ibi sedilios XXXIII; inde veniunt solidi XV et dimidium, libræ II. Ille major habet bunaria VIII. Bereger habet bunarium I et dimidium, arat jurnalem I. Hadaken habet bunarium I et dimidium, arat bunarium dimidium. Frumger habet bunarium I et dimidium, arat jornalem I. Habet ibi molendinum I; solvit modia C, pullos XXX, ova CCC; saginat porcum I.

XXXIV.

In Thorbodessem habet ecclesiam cum bunariis VIII et jornalem I; mancipium I. Indominicatum: de prato bunaria XV, de terra arabili bunaria CXLVII, silva minuta bunaria VIIII, de pastura communi satis. Mansos XVIII: ex his unum constat bunariis XII, decem per bunaria X, item VII per bunaria VIIII. Sunt in eis servi XII, qui faciunt in ebdomada dies III. Ancillæ VIIII, facit ladmones VIIII. Alii ingenui, facit in ebdomada II dies, et illæ ingenuæ feminæ VII; unaquæque facit ladmonem dimidiam. Ad host solidi IIII; ad vineas carra III. Facit de brace modia X, de farina similiter. Pullos II, ova X. Lunarii VI, luminarii XV: solvunt inter solidos II, denarios VIII. Molendinum I; inde venit in censum modia XII. De terra censali bunaria VIIII. Arat bunaria IIII, et dat multonem I. Regenger habet bunarium I et jornalem I, arat bunarium I. Alavius habet bunaria II, arat bunarium I. Hisegeger major habet bunaria XVIII, mancipia VIII; molendinum I; solvit modia XI.

Homines qui faciunt II dies in anno sunt XXVIIII. Saxger habet bunaria XX, mancipia III; solvit solidos III. Amalwaldus habet bunaria VI, mancipia III, et caballicat. Alfunard ille Saxo habet bunaria VIIII.

XXXV.

Intra monasterium, per diversas officinas, habet præbendarios XCV; et de hortis veniunt libræ XX, si eis præbendæ dantur, et vestimenta et utensilia. Habet in Vuidengaham mansum cum castitiis; de terra bunaria XX. Servit unaquaque die fratribus ad condimentum cibi in coquina. Item habet inter Mighem et Huolingaam bunaria XXX. Servit unaquaque die ad pistrinum et ad bracitorium in adducendis lignis. Item habet in Boningaham mansa IIII per bunaria XII. Nichil aliud faciunt per totum annum, nisi emendant tecta monasterii. De silva grossa inter Vampingaham et Hilsferod, unde possunt saginari porci L. Item habet ad portam mansum unum per bunaria XIIII. Servit unaquaque die ad portam. Molendinum unum ad opus eorum.

XXXVI.

QUOD ABBATIA ADALARDO ABSTRACTA HUGONI EST DATA; ET DE INCURSIONE PAGANORUM.

Igitur post hæc, anno dominicæ nativitatis DCCCLVIII., et præfati regis Karoli XX., præfatus abbas Adalardus apud eundem regem incusatus, anno regiminis sui XVI., abbatia ab eo est abstracta, atque Hugoni juniori est data VIIII. kalendas aprilis, qui erat canonicus et filius Chonradi et avunculus Karoli supra memorati regis. De cujus actibus nil nobis est notum, quoniam in præfato monasterio non præfuit nisi biennium. Anno namque regiminis ejus II., cum seva paganorum lues, non tantum circumjacentes terminos, verum etiam seposita regna grassando, ferro igneque consumeret, amica sibi fraude, pecunia avidi, rapina famelici, toto nisu alto mari velivolantes, spumantia certatim sulcabant freta, pertinacique cursu tandem applicuerant in finibus Menapum, in sinum qui vocatur Isere portus; ibique prosilientes, incendiis ac devastationibus nusquam indulgentes, ad famosissimum locum pausationis Christi confessorum Audomari atque Bertini subripiendorum properant aviditate thesaurorum, sabbatoque ebdomadis Pentecostes, hora secunda, pervenerunt ad locum quo tendebant; sed, provisione tutantis Dei, nullos ex fratribus ibi reppererunt. Monitu enim Domini jubentis obtemperantes, quo dicit, *Si vos persecuti fuerint in unam civitatem, fugite in aliam*, subduxerunt se ad tempus, reservantes se secundis et melioribus rebus, præter IIII viris, qui devoverunt se, si Deo placuisset, potius inibi velle oppetere, quam loci sui desolationi supervivere. Nomina autem illorum hæc sunt : Vuoradus et Winetbaldus, sacerdotes; Gerwaldus et Regenhardus, diaconi. E quibus Vuoradus in ipso monasterio decrepitus, diris colaphorum tunsionibus ictus, nuditateque triduana et alguferæ leto tenus profligatus, extitit. Winetboldus autem acris verberibus maceratus, atque per nares infusione distentus, semivivus est relictus. Gerwaldus autem, licet diversis multoque gravioribus vexatus esset ludibriorum suorum irrisionibus, servante eum tamen Domino, etsi non sanitati pristinæ, saltem concessus est vitæ. Quartus qui et junior, Regenardus nomine, variis contritionibus fractus, illis abscedentibus et secum ducere conantibus, viribus quibus poterat, reluctabat : eligens potius, in Christi nominis confessione, si id ab inimicis quoquomodo extorqueri quivisset, martirio inibi animam Deo commendare, et corpus paternis cymiteriis concinerari, nomenque fraternis dipticis inscribi, quam ludibriorum suorum execrabilissimis spurcitiis pollui. Diris tamen ut erat nexibus strictus, protractus est ad nativitatis suæ villam, distante a monasterio Sithiu miliario tercio, ad aquilonalem plagam dictam Munninio. Stipatus itaque multitudine, cum in ipso crepusculo se per illam pertransire animadverteret, subito se in terram jecit. Cumque adversis telis ab inimicis ducentibus tondendo cogeretur ut surgeret, et ille protestaretur se nullo pacto velle, sed magis inibi pro Christo oppetere, crebris lancearum punctionibus perfossus, una cum sanguinis effusione animam efflans, Christo libavit.

XXXVII.

DE RESTAURATIONE MONASTERII, ET DE ILLESO CASU CUJUSDAM CARPENTARII.

Post discriminis prefati liberationem, fratres ejusdem coenobii convenientes, communiter tractaverunt ut tecta ecclesiarum caeterarumque officinarum pleniter resarcirent. Quod, sicut summa devotione est inchoatum, ita velocius quam putabatur, Deo adjuvante, pulcherrime est perfectum; ecclesiaque sancti Bertini celerrime extitit, miro opere, plumbo cooperta. Sed et turillae ipsius mirae magnitudinis mirabilisque fabricae, studuerunt edificare. Cujus longitudo consistentis in terram aequabat altitudinem culminis ecclesiae cui superponendum erat: nec mirum; tristega enim [hoc est tricameratio ipsius] tribus ordinibus facta erant, excepta summa claxendice. Itaque ecclesiae suppositum cum triumphale sanctae crucis desuper erigeretur signum, unus artificum, nomine Bertus, stans desuper, arripuit malleum, et quasi gratulabundus pro appropinquata pene consummatione tam miri operis, ictum veluti jactanter longius incaute jecit, sed, heheu! resiliente rota et quatiente, vacillans pedibusque lubricans, de tanta altitudine preceps terra tenus venit. Sed, mirum dictu, mirabilius miratu, nullam lesionem passus, quinetiam risibile et plausibile responsum accurrentibus, et aquam sibi pro refocillatione offerentibus, sine doloris anxietate protulit, dicens se jugiter potius velle sitim vino restringere quam aqua, nec oblato tunc egere limphae liquore. Artifices autem, hac de causa, nedum dicamus animati, verum et roborati, inchoatum opus expleverunt constantes et leti; nec extitit dubium alis intercessionum beati patris Bertini, cui servivit, hunc fuisse deportatum.

XXXVIII.

DE MORTE ADALARDI ABBATIS.

Igitur, his expletis, anno dominicae nativitatis DCCCLXI., abbatia jam dicto Hugoni ablata, iterum Adalardo est reddita VIII. kal. augusti, anno regni prefati regis Karoli xxi.[1]; sed non hanc, nisi triennio post hæc, rexit. Anno namque IIII., apud sancti Amandi monasterium egrotans, exivit hominem III. nonas februarii, qui erat annus dominicæ nativitatis DCCCLXIIII., sepultusque est in eodem monasterio in cripta, intrantibus in latere sinistro. Hic autem, inter reliqua donaria quæ huic sacro loco Sithiu concessit, dedit quandam casulam colore purpureo, auro margaritisque mirifice insignitam[2]. Hujus autem pater Hunrocus, quod supra memoria excidit, in monasterio Sithiu comam capitis deposuit, monachicumque habitum, jugo se Christi submittens, assumpsit; et, quia comes erat ditissimus, hereditatis suæ maximam partem prefato monasterio est largitus. Ex quibus una est villa, Hunela dicta, quam eo tenore contradidit, ut custos ecclesiæ ad quem eam tradidit, annis singulis, post ejus vitæ decessum, in ejus anniversarium annuale, exinde fratribus prepararet obsequium. Qui postea inibi defunctus, coram altare sancti Laurentii, in sinistra parte ingredientium, est humatus, idibus novembris; ipsoque die quo et festivitas translationis sancti Folquini et sancti Briccii depositio celebratur, satis lautissima, uti custodis posse est, refectio hactenus fratribus exhibetur. Eodem quoque tempore, Zoppo, vicarius, simili exemplo, in eodem monasterio attonsus, monachi habitum est adeptus.

XXXIX.

DE HUMFRIDO EPISCOPO ET ABBATE.

Post mortem quoque jam dicti abbatis Adalardi, eodem anno[3], Humfridus, Taruanensis episcopus et Prumiensis monasterii mona-

---

[1] Fortasse rectius xxii.

[2] Post *insignitam* legitur in cod. Aud.: « Quæ usque ad tempora domini Anthonii de Bergis, hujus loci abbatis, conservata fuit, ut postea mentio clarius fieri poterit, volente Christo, sub quo hujus pagine scriptor, Alardus peccator, habitum monaci et professionis sumpsit, illi serviens in capellanum pro anni presentis, ab incarnatione Salvatoris millesimi quingentesimi noni, curriculo. »

[3] Anno 864.

chus, tocius cleri et populi optione, abbatiam regendam suscepit idibus martii, tantum propter amorem et timorem Dei. Erat isdem Humfridus, qui beato Folquino successerat in episcopatu, vir omni bonitate et sanctitate refertus. Rexit autem hanc tantummodo per biennium. Sub quo quidam Megenfridus, a patre Ruodwaldo oblatus, efficitur monachus; cum quo et portiunculam suæ proprietatis in pago Bononensi, in loco nuncupante Diorwaldingatun, id est bunaria XII, ut filius ejus supra memoratus debitum monasticum in victu vestituque inibi habere deberet.

XL.

TRADITIO RODWALDI DE DIORWALDINGATUM.

« In Christo domno et venerabili patri Humfrido, episcopo atque abbati monasterii sancti Petri, vocabulo Sithiu, sanctorumque confessorum Audomari atque Bertini. Ego, in Dei nomine, Roudwaldus, traditor, per hanc paginam traditionis, trado ad prefatum monasterium sancti Petri portiunculam proprietatis meæ in pago Bononensi, in loco nuncupante Diorwaldingatum, super fluviolum[1]... bunaria XII et mancipia IIII, ea ratione ut filius meus Megenfridus, quamdiu advixerit, in ipso coenobio debitum monasticum in victu vestituque pleniter optineat. Est autem petitio mea, ut ipsam terram, quamdiu vixero, ad usum fructuarium censualem teneam, solvens kal. novembris monachis jamdicti monasterii argenti solidos II; ipsique, post meum obitum, eandem terram ad utilitatem propriam, sine ulla contrarietate, recipiant. Si quis vero, quod futurum esse non credo, si ego ipse (quod absit!) aut ullus de heredibus aut proheredibus meis, seu quislibet extraneus, huic traditioni calumpniam intulerit, distringente fisco, librarum XXX solutione multetur; nec sit quod repetit evindicet, sed hæc traditio omni tempore firma permaneat cum stipulatione subnixa.

864 vel 865.

[1] Vacuus est nominis locus.

« Actum Sithiu monasterio, in ecclesia beati Petri apostoli, anno XXVI., regnante domno Karolo rege.

« Signum ROUDWALDI, qui hanc traditionem fecit firmavitque.

> « Signum TRUDBERTI. Signum HUCBERTI, advocati. Signum ADALGISI. Signum GUNTARDI. Signum HILDMARI. Signum REGEMARI. Signum FOLRADI. Signum FOLMARI. Signum VUILLEBALDI.

« Ego HRODBERTUS, diaconus et monachus, scripsi et subscripsi. »

XLI.

DE HILDUINO ABBATE.

Itemque post hæc, anno incarnationis dominicæ DCCC LXVI., Karolus rex Humfrido abbatiam cum dedecore auferens, Hilduino, canonico, nuper de Lotharii senioratu ad se converso, dedit, propter libras XXX auri, XIII. kal. julii. Qui, ut credo, loco huic, jam pene deciduo, donatus a Domino, excepto domno Bertino, qui primus hujus loci structor extitit, omnium predecessorum suorum actus ita suorum compensatione adnullavit, ut merito, absque aliqua oblivione, nomen ejus in sæculum apud nos habeatur cum benedictione. Fallor nisi hoc etiam testantur cartæ quæ, sub ejus tempore factæ, et ejus labore adquisitæ, jam hic sunt inserendæ.

XLII.

TRADITIO HERIBERTI DE CAMPANIAM ET QUERTLIACO.

Anno namque regiminis sui II., III. kalendas septembris[1], quidam vir, Heribertus nomine, et conjux ejus Megesinda, cum filiis Ellemberto atque Egilberto, tradiderunt prefato domno Hilduino, ad opus monasterii sui Sithiu, res proprietatis suæ in loco nuncupante Campaniam, in pago Tarwanensi, et in alio loco nuncupante Quertliaco, vel Broma, sive Minthiaco; expetiitque per precariam res monasterii prefati abbatis, in loco nuncupante Uphem, in pago Bononensi, vel

[1] Legitur IV kal. decembr. in charta ipsa, quæ sequitur.

Vuileræ in ipso pago, in eo tenore, ut ambas res traditas et precatas, dum adviverent, tenerent sub censu infra scripto.

XLIII.

EXEMPLAR EJUSDEM.

« Venerabili in Domino patri Hilduino, abbati monasterii sancti Petri, vocabulo Sithiu, ubi corpora Christi Domini confessorum, Audomari atque Bertini, requiescunt, nos, in Dei nomine, Heribertus et conjux mea Megesinda, necnon et filii nostri Ellembertus atque Egilbertus, pariter traditores et precatores. Tradimus itaque ad prescriptum monasterium sancti Petri res proprietatis nostræ legitime possessas in pago Taruanensi, in loco nuncupante Campaniam : mansum cum casa et aliis casticiis et arboreta, et, inter ipsum mansum et aliam terram arabilem et pratum, bunaria xxxii et dimidium; et de silva fagina, bunaria vii et dimidium; itemque, in alio loco nuncupante Quertliaco vel Broma sive Minthiaco, bunaria xx, in pago Bononensi, super fluvio Elna; et mancipia xviiii, his nominibus: Thiodo, Hathalec, Regenfeth, VValdburg, Edeborg, Guodlia, Sigeberth, Radborg, Hirmelind, Irmengard, Hildegard, Engelgard, Liodgard, Thancwara, Vodolberta, Betto, Thiodfred, Ruotholf[1]. Hæc omnia ad prescriptum monasterium legaliter tradimus atque transfirmamus perpetualiter ad possidendum. Et propterea expetimus a vobis res ecclesiæ vestræ in loco nuncupante Uphem, in pago Bononensi, super fluvium Helicbruna : mansum cum casa et aliis castitiis, interque ipsum mansum et terram arabilem et pratum, bunaria c et ii; et in alio loco nuncupante Wileria, in ipso pago, juxta predictum rivulum, bunaria x et viii, cum ipsorum locorum perviis legitimis et wadriscapis; et mancipia xxx et viii, his nominibus : Asbertus, Hildewara, Grimbertus, Egelwara, Ostobertus, Radlia, Geldwara, Liodrada, Ereprad, Stillewara, Harduinus, Hildborg, Immo, Thegenrad, Megelind, Alfrec, Folclind, Adalind, item Megenlid, Regenlind, Metendrodh, Eum-

28 nov. 867

---
[1] Mancipia xviii tantummodo nominantur.

bertus, Hincmar, Rofsind, Megenguara, Thiodsind, Irmelind, Lodwinus, Ehgelhild, Irmenhild, Erkenbrog, Megensind, Markwara, Frunger, Idwinus, Folewara, Trasborg, Regenlind; nobis, tam mihi quam et conjugi meæ Megensindæ, vel predictis filiis nostris, vel si nobis duobus simul convenientibus Deus adhuc liberos dederit, ambæ res prescriptæ, tam eas quas dedimus quam illas quas expetimus, nobis omnibus præscriptis, quandiu advixerimus, per precariam concedatis ad usitandum ac meliorandum; ea ratione ut, annis singulis, ad festivitatem sancti Bertini, quæ est nonis septembris, solidos III in censum persolvamus monachis in ipso monasterio Deo famulantibus, et, post obitum nostrum duorum, filii nostri solidos V, in eadem festivitate, persolvant, ipsasque in nullo naufragare presumant res; sed, post nostrorum omnium discessum, ipsas res, tam quas tradimus quam eas quas accepimus, monachi prefati monasterii cum omni emelioratione recipiant. Si quis vero (quod futurum non credo), si nosmetipsi, aut quislibet extraneus, huic traditioni frangendo temptaverit, auri uncias XX, argenti pondera XXX prescriptis fratribus coactus exolvat, nec repetita evindicet, sed hæc traditio firma permaneat cum stipulatione subnixa.

« Actum in monasterio sancti Petri, quod Sithiu vocatur, IIII. kalendas decembris, anno XXVIII. Karoli regis, filii Hludovici.

« Signum Heriberti et Megesindanæ et Ellemberti et Egelberti, qui hanc traditionem cum precaria fecerunt.

« Signum Vulframni. Signum Eigelramni. Signum Frideberti. Signum Rodfridi. Signum Hucberti, advocati. Signum Ricuardi. Signum Foldberti. Signum Bavonis, decani.

« Ego Grimbaldus, diaconus et monachus, scripsi et subscripsi. »

XLIV.

TRADITIO LIODRICI DE MEKERIAS ET HEINGASELE.

Eodem quoque die, vir quidam, Liodricus nomine, tradidit prefato abbati Hilduino rem possessionis suæ, in loco nuncupante Mekerias, et in alio loco nuncupato Heingasele ; expetiitque per precariam easdem res, cum alia terra monasterii Sithiu, vocabulo Vualdringahem, in hoc modum.

XLV.

EXEMPLAR.

« Domno venerabili Hilduino, abbati de monasterio sancti Petri sanctorumque Christi confessorum Audomari atque Bertini, vocabulo Sithiu, ego in Dei nomine, Liodricus traditor simul et precator. Dono igitur donatumque in perpetuum esse volo legaliter, per festucam et andelaginem, rem proprietatis meæ in loco nuncupante Mekerias, in pago Terwanense, infra Mempiscum : mansum cum casa, et, inter ipsum mansum et terram arabilem, bunarium 1 et jornalem 1 ; et in alio loco nuncupato Heingasele, in pago suprascripto, de terra bunaria v, super fluvium Isera, una cum ipsorum locorum perviis legitimis et wadriscapis. Et propterea expetivi vobis rem ecclesiæ vestræ, hoc est, in loco nuncupato Vualdringahem, in pago Tarwanensi, super fluvium Dilgia, mansum cum casa, et, inter ipsum mansum et terram arabilem vel pratum, bunaria xii et dimidium, una cum perviis legitimis et wadriscapis, tam mihi quam et conjugæ meæ Aldgudanæ, vel filiis nostris Liudrico, Grimberto, Ricbodoni, Odgudanæ, Hiltrudæ, Bertrudæ,[1] quamdiu advixerimus, ad excolendum et usitandum vel emeliorandum tenere debeamus ; et ut, ad festivitatem sancti Bertini, quæ est nonis septembris, annis singulis, ego et conjunx mea, pro vestro beneficio, denarios vi ad predictum monasterium monachis inibi Deo famulantibus transsolvere debeamus ; filii autem nostri, post nos, solidum 1 solvere debeant, ipsasque res, tam eas quas dedimus quam illas quas expetimus, nec dare nec vendere nec in nullo naufragare potestatem habeamus ; sed, post nostrum omnium obitum, ambæ res, cum omni emelioratione, a monachis perpetualiter possidendæ recipiantur. Hæc ergo traditio, cum precaria, firma perpetualiter permaneat, stipulatione subnixa.

[1] Suppl. *ut.*

« Actum monasterio Sithiu, in ecclesia sancti Petri, IIII. kal. decembris, anno XXVIII. Karoli gloriosi regis.

« Signum Liodrici, qui hanc traditionem fecit.

« Signum Suitgeri. Signum Ermari. Signum Liodberti.

« Megenharius, monachus ei presbiter, scripsit et subscripsit. »

XLVI.

DE OBITU HUMFRIDI EPISCOPI, ET MULTITUDINE LOCUSTARUM.

870.

Anno autem gloriosi regis Karoli xxx., qui erat annus dominicæ nativitatis DCCCLXVIIII., gloriosus Taruennæ civitatis presul Humfridus migravit ad Dominum, VIII. idus martii et episcopatus ejus anno XV. ; cui in episcopalem cathedram successit Accardus, XVII. kal. octobris, ordinatus. Anno quoque insecuto, siccitas magna in mense accidit junio, et usque in medio augusto; et post venit locustarum innumera multitudo, virides herbas annonasque consumentes. Nordmanni quoque, eodem anno, Andegavis perveniunt, multosque puniunt; sed a Francis obsessi, datis obsidibus, se quoque dedere.

XLVII.

COMMUTATIO DOMNI ABBATIS HILDUINI ET RODFRIDI.

873.

Post hæc autem, anno prefati regis Karoli xxxv., placuit predicto abbati Hilduino, et cuidam viro Hrodfrido, ut res eorum inter se commutarent; quod et fecerunt, secundum hunc modum.

XLVIII.

16 mart. 875.

« In nomine Domini nostri Jhesu Christi. Placuit atque convenit inter venerabilem virum Hilduinum, abbatem monasterii Sithiu sancti Petri, ubi sanctorum Audomari atque Bertini corpora pausant, et omnem congregationem ipsius monasterii, et inter quendam hominem, nomine Hrotfridum, ut quasdam res sibi oportune commutarent; feceruntque. Dedit itaque predictus venerabilis abba, ex parte monasterii sui, prefato Hrofrido, in loco nuncupato Stratsele, super fluvio Niopa, in pago Tarwanense, intra Mempiscum curtilem, id est cum casticiis; et, inter ipsum curtilem et pratum ac terram arabilem, bunaria XL; et de silva bunaria X, una cum ipsorum locorum communiis, perviis legitimis et wadriscapis. Et, e contra, in conpensationem istarum rerum, dedit prædictus vir Hrofridus prefato venerabili abbati, ex proprietate sua, in loco nuncupante Crumbeke, in pago Tarwanense, intra Mempiscum, super fluvium Fleterna, curtiles II cum castitiis; et, intra ipsos curtiles et pratum ac terram arabilem, bunaria XLVIII; et de silva bunaria VII, et jornalem I et dimidium, una cum ipsorum locorum communiis, perviis legitimis et wadriscapis. Ut autem hæc commutatio firma permaneat, duas epistolas uno tenore conscriptas fieri decreverunt, ut quod sibi competenter legaliterque contulerunt firmiter teneant, postque prefati Hrotfridi et filiorum ejus decessum, ambæ res ad predictum redeant monasterium. Illud etiam firmitati addentes, ut, si ipsi aut successores eorum, seu quislibet extraneus, huic commutationi et precarie contrahire præsumpserit, qui pari suo litem intulerit, auri uncias X coactus exolvat, et sua repetitio inanis existat. Hæc vero karta firma permaneat, stipulatione subnixa.

« Actum Sithiu monasterio publice, mense martio, die XVI., anno XXXV. Karoli regis.

« Signum HRODFRIDI, qui hanc commutationem cum precaria fecit firmavitque.

> « Signum THEIDSTORNI. Signum BERENGARII. Signum ENOCH. Signum VULFRADI. Signum ADALBALDI. Signum ALBUINI. Signum VUILHARII. Signum ODBERTI, advocati. Signum GODOBERTI.

« Ego MEGENHARIUS, presbiter et monachus, scripsi et subscripsi. »

XLIX.

DE FAME ET PESTILENTIA HOMINUM.

In ipso anno [DCCC LXXIIII.] facta est fames magna et mortalitas 874.

hominum per pestilentiam permaximam. Vinum autem extitit habundanter; annoque insecuto, ignis globus maximus, in aurora diei, de æthere est lapsus, itemque stella cometes apparuit vi. idus junii.

XLIXbis.

TRADITIO RODWALDI DE FLIDMUM.

Residente interea prefato venerabili abbate Hilduino in monasterio Sithiu, in ecclesia sancti Bertini, anno iiii., regnante glorioso rege Karolo anno xxviii.[1], vir quidam illustris, Rodwaldus nomine, pater Megenfridi, cujus superius sub Humfrido abbate mentionem feci, secum cepit cogitare ut hereditatem suam inter infantes suos divideret; quod et fecit. Inter alios autem, dedit ad sanctum Bertinum, pro filii sui loco Megenfridi, quem inibi ante monachum fecerat, in Flitmum, mansum i cum uno servo et uxore et filiis, coram multis testibus.

Grimbaldus, diaconus et monachus, scripsit et subscripsit.

L.

DE PRIVILEGIO KAROLI REGIS IN SECURITATE MONASTERII SITHIU; ET DE THELONEO, TEMPORE HILDUINI ABBATIS.

874. Anno quoque regni gloriosi regis Karoli xxxiiii., qui erat annus nativitatis Domini dccclxxiii., residente eodem rege in sancti Quintini monasterio, adiit jam dictus abbas Hilduinus eundem regem, postulans ut sicut antecessoribus suis ipse vel antecessores sui reges, per regalia privilegia, securitatem monasterii Sithiu condonasset, ita etiam suo in tempore renovaret. Cujus petitioni rex annuens, diligenter adimplevit; superaddens etiam quod aliis minime concesserat, mercati scilicet theloneum, sicuti idipsum privilegium, cum impressione anuli regalis, testatur in hunc modum.

[1] Parum convenit Hilduini abbatis annus iv, qui in a. Chr. 869 vel 870 incidit, cum Caroli regis a. xxviii, qui est Chr 867 vel 868.

LI.

« In nomine sanctæ et individuæ Trinitatis. Karolus gratia Dei rex. Si preces fidelium nostrorum devote nobis famulantium ad optatum effectum, solitæ benignitatis liberalitate, pervenire concedimus, regium et avitum nostrorum procul dubio morem exercemus. Quapropter noverit omnium fidelium sanctæ Dei ecclesiæ nostrorumque, tam presentium quam et futurorum, industria, quia venerabilis abbas Hilduinus, fidelissimus noster atque ministerialis noster librarius, abbas scilicet monasterii Sithiu, siti in pago Tarwanensi, constructi in honorem sancti Petri, apostolorum principis, in quo corpora sanctorum confessorum Audomari atque Bertini tumulata noscuntur, nostræ innotuit majestati, qualiter jamdudum, tempore predecessoris sui venerabilis Hugonis abbatis, avunculi nostri, eidem monasterio nostram fecissemus auctoritatem, per quam illud, cum omnibus ad se pertinentibus, sub nostra constitueramus defensione et mundeburdo atque immunitatis tuitione, necnon omnes cellas et villas seu cæteras possessiones, quæ in quibuslibet pagis et territoriis infra ditionem regni nostri consistunt; ut nec nos neque successores nostri divideret aut in alios usus converteret, utque familia ejusdem monasterii nullis hominibus foderum daret, regali auctoritate decreveramus; petens ut eandem nostram auctoritatem suo quoque nomine renovari juberemus. Nos itaque, ob amorem divinum et reverentiam eorundem sanctorum, auctoritatem nostram circa eundem locum renovari censuimus, et ea quæ illic decreta fuerant præsenti etiam auctoritate roborare. Proinde, hos nostros regales apices fieri jussimus, per quos successores nostros admonemus, ut, sicut predicto monasterio concessimus, ita illi ratum et stabile permanere permittant; ut nullam divisionem in monasterio aut cellis seu cæteris possessionibus faciant aut facere permittant, aut in alios usus retorqueant. Sed et hoc per hos regales apices sancimus atque decernimus, ut nullus judex publicus aut quislibet ex judiciaria potestate, in ecclesiis aut locis vel agris

12 feb. 874.

seu reliquis possessionibus memorati monasterii, quas moderno tempore juste et legaliter possidet, vel quæ deinceps in jus ac dominatione ipsius sancti loci voluerit pietas divina augere, ad causas judiciario more audiendas, vel freda aut bannos exigendos, aut mansiones vel paratas faciendas, aut foderum exigendum, aut fidejussores tollendos, aut homines ipsius monasterii tam ingenuos quam et servos distringendos, nec ullas redibitiones aut illicitas occasiones requirendas, ullo umquam tempore ingredi audeat, vel ea quæ supra memorata sunt penitus exactare præsumat; sed liceat memorato abbati suisque successoribus, res predicti monasterii, vel, sicut in præcepto quod avunculo nostro Hugoni concessimus, continetur, cum omnibus fredis aut bannis sibi concessis, sub immunitatis nostræ defensione, quieto ordine possidere. Mercatum quoque omni tempore, in die Veneris, prænominato sancto loco concessimus, ut quicquid ex ipso mercato sive districto atque banno adquiri potest, ad luminaria ipsorum sanctorum Audomari atque Bertini perveniat, et, semel in anno, custos ecclesiæ fratribus ipsius sancti loci refectionem exinde tribuat; quatenus ipsos servos Dei, qui ibidem Deo famulantur, pro nobis ac regina et prole nostra, vel etiam pro stabilitate totius regni nostri a Deo nobis concessi atque conservandi, jugiter Domini misericordiam exorare delectet. Et ut hæc auctoritas nostris futurisque temporibus, Domino protegente, valeat inconvulsa manere, manu propria subter eam firmavimus, anulique nostri impressione assignari jussimus.

« Signum Karoli gloriosissimi regis.

« Gammo, notarius, ad vicem Goizeni, recognovit et subscripsit.

« Data ii. idus februarii, indictione vi.[1], anno xxxiiii. regni nostri, et in successione Hlotarii regis anno iiii.

« Actum Sancto-Quintino. »

[1] Fort. legend. *indict.* vii, quæ convenit cum a. 874.

LII.

DE UNCTIONE KAROLI IMPERATORIS.

Post hæc, Karolus, rex occidentalis Franciæ, anno Verbi incarnati DCCCLXXVI., Romam venit cum donariis multis; ipsoque die natalis Domini in imperatorem electus, et a Johanne papa consecratus, Italiam regendam suscepit. Quo in Franciam reverso, Hludovicus, frater ejus, rex orientalis Franciæ, defunctus est. Tunc Karolus imperator, Aquisgrani palatium pergens, etiam Renum usque cum exercitu pervenit. Sed Hludovicus, nepos ejus, collectis orientalibus Francis et Saxonibus, patruo obviam venit, Rhenumque cum exercitu pervenit; transitoque illo, in villa Anderniaca pugnam iniit; et victores extitere orientales, occidentalibus fugatis. Hoc patratum est VIII. idus aprilis.

875.

LIII.

PRIVILEGIUM KAROLI IMPERATORIS DE TURRINGAHEM.

His ita peractis, rogatu predicti venerabilis abbatis Hilduini, concessit idem rex Karolus ad monasterium Sithiu, ad usus monachorum, in villa Turringahem, mansum indominicatum, cum appenditiis quæ in regali privilegio denominantur, quod præfatus imperator, ob eandem causam, fieri jussit in hæc dicta se habentem.

LIV.

EXEMPLAR.

« In nomine sanctæ et individuæ Trinitatis. Karolus, ejusdem Dei omnipotentis misericordia, imperator augustus. Si locis divino cultui mancipatis emolumentum imperialis celsitudinis exibemus, et ad presentem vitam facilius transigendam, et ad futuram felicius optinendam hoc nobis prodesse absque dubio confidimus. Noverit igitur omnium fidelium sanctæ Dei ecclesiæ nostrorumque, tam presentium

27 jun. 877.

quam et futurorum, industria, quoniam, per deprecationem Hilduini, venerabilis abbatis, concedimus sancto Bertino et fratribus ibidem Domino militantibus, ad suos usus, in pago Ternensi, in villa Turringahem, mansum indominicatum, et, inter silvam et terram, bunaria LIIII, et mancipia XIII, et mansa servilia IIII per bunaria VIII; et in Menolvingahem bunaria XXX, ad jam dictum mansum pertinentia; et in Belrinio bunaria XV, et in Menteka bunaria VIII, et in Vertuno bunaria XXX. Unde hoc nostræ altitudinis præceptum fieri et memoratis fratribus sancti Bertini dari jussimus; per quod præcipimus atque jubemus, ut, ab hodierna die et deinceps, predictas res in suos usus assumant, et exinde agendi hujusmodi licentiam habeant et æternaliter disponendi, sicut et ex aliis rebus quas ad suos usus hactenus possederunt; qualiter pro nostra et conjugis atque prolis incolumitate, et tocius imperii a Deo nobis commissi statu, eos liberius exorare delectet, atque ut, ob remedium jam dicti Hilduini abbatis, Dominum indesinenter deprecare studeant. Et ut hoc per omnia tempora inviolabiliter conservetur, manu propria subter firmavimus, et anulo nostro insigniri jussimus.

« Signum KAROLI, gloriosissimi imperatoris augusti.

« AUDACHERUS, notarius, ad vicem Gauzlini, recognovit et subscripsit.

« Datum v. kal. julii, indictione x., anno XXXVIII. regni domni Karoli imperatoris in Francia, et imperii secundo.

« Actum Pontione palatio. »

LV.

DE OBITU HILDUINI ABBATIS, ET DE EXEQUIIS ET SEPULTURA EJUS.

Relatis igitur traditionibus quæ sub amantissimo abbate Hilduino sunt adquisitæ, incumbit jam tempus referre quem terminum habuerit præsentis vitæ. Sed, antequam incipiam calamum ponere, horreo tremula vix manu attingere, quoniam, post hunc, nemo clericorum similis successit in nulla bonitate; in ipso namque vitæ termino, ostendit quam dilectionem conservasset predicto loco. Denique, anno incarnationis dominicæ DCCCLXXVII., qui erat annus prefati regis Karoli XXXVII[1]. et imperii ejusdem II., in Karisiaco regali palatio isdem gloriosus abbas Hilduinus decessit a seculo, anno regiminis sui XII[2]., VII. idus junii. Corpus autem ejus, sicut et ipse vivens postulaverat, ad sanctum Bertinum est translatum. Veniens autem Atrebatis, in sancti Vedasti monasterio una pernoctavit nocte, atque unum pallium satis preciosissimum pro illo inibi est datum. Tandem ad Sithiu perventum, satis luctuosis exequiorum hejulatibus concelebratum, in ecclesia sancti Bertini, contra sancti Martini altare capitaneum, est tumulatum. Atque, inter cætera donaria, huic sacro loco pallium quendam concessit preciosissimum, cappamque nivei coloris, rubeis intersertam volucrum figuris, cortinamque de pallio pretio rarissimam. Gloriosus autem imperator Karolus, ipsius abbatis fidem obsequiumque rememorans, privilegium quoddam ipso sancto loco concessit; in quo ordinationem monasterii, sicut vivens expetierat, post ejus mortem, regia auctoritate, disposuit in hunc modum.

LVI.

PRIVILEGIUM KAROLI IMPERATORIS DE DISPOSITIONE HUJUS LOCI[3].

« In nomine sanctæ et individuæ Trinitatis. Karolus, ejusdem Dei omnipotentis misericordia, imperator augustus. [4] Priscis locis, et in eis, pro totius ecclesiæ sanctæ statu, Deo militantibus, debitam curam et defensionem impendimus, profuturum nobis ad presentem vitam feliciter transigendam et futuram, Deo opitulante, omnimodo non du-

20 jun. 877.

---

[1] Legend. XXVIII, ut videtur.
[2] Fort. legendum XI : Hilduinus siquidem regimen monasterii Sithiensis susceperat 19 jun. 866. Vid. supr. c. XLI.
[3] Edit. in *Gall. christ. nov.* tom. III, instrum. col. 110, et *Script. Franc.* tom. VIII, pag. 664.
[4] Omiss. videtur *si*.

bitamus. Noverint itaque omnes fideles sanctæ Dei ecclesiæ et nostri, præsentes atque futuri, quia venerabilis vir Hilduinus, abba cenobii sancti Petri quod vocatur Sithiu, ubi confessorum Christi Audomari atque Bertini corpora beata quiete fruuntur, celsitudini nostræ frequentissime suggessit, eundem sanctum locum, rerum sua diminutione nimium periclitari; memorans Hugonem, venerabilem abbatem, quondam ordinationem illius sancti loci competentem summa devotione disponere voluisse et cepisse, sed, morte præventum, non perfecisse; se vero, predecessoris benivolentiæ heredem, humillima devotione ut perficeretur exorare. Nos itaque, jam dicti kari nostri Hilduini, nuperrime defuncti, supplicem devotionem et sinceram erga nos fidem obsequiumque multimodum recolentes, ipsiusque supplicationi in memoratis annuentes, decernimus auctoritate imperatoria, ut in monasterio sancti Petri, ubi beatus Bertinus requiescit, Deo famulantes, ad statum loci sancti illius, has res deinceps, sine ullius molestia vel diminutione, contineant, videlicet : ad mansum monasterii dominicalem, vaccaritias, cum silvis adjacentibus, in Widingaham, VVolingaham, Vampingaham cum **Lunchold**, Hilsferod cum Lardbruca et Grevia, Hirnethold, Dakingahem, Gruononberg, cum cæteris adjacentiis et territoriis carpentariorum v inibi jacentibus; et villas has : Vuesarinium, Taruenna, Coiacus, Hilkinium, Aldomhem, Gisna, Scala, Thorbodashem, Pupurningahem; et, in marisco, Buoningahem; Recca, cum sedilibus, in furnis, et juxta Merkisa; et Loom ad Sentinas; in Calmontis quoque villa, exceptis his quæ beneficiata fuerant, mansorum medietatem et mancipiorum; vinearum autem duæ partes; mansum indominicatum cum bunariis x. Sunt quoque famulis monasterii cxii hæ villæ deputatæ : Kelmis, Atquinium, Beingahem, cum territorio; in Rummingahem, Sinningahem, Okkaningahem; et in vetus monasterium piscationem, sicut et anterius. Iis rebus adicimus, ad victum fratrum, villam nomine Liegesborth, cum omni integritate sua, ut olim fuit, exceptis cavallariis tribus. Ad kamaram fratrum, in vestiario, adicimus Krokashem cum Westkerca, et cum appenditiis; et in Gelwaldastorp, ecclesiam et vineas et mansa XII cum hominibus; item in Kasello, ultra Hrenum, mansa similiter XII; in Frekena, mansa X, cum matre ecclesia, et decimam illic ordinatam cum hominibus; in Daventre portu, mansa VII; ad portam autem, ante fores ecclesiæ, vaccaritiam cum hortulo; et, in Loconesse, mansa VII, cum suis appenditiis et mancipiis. Territorium quoque et vineas, quas predictus abbas Hilduinus, ex proprietate sua, in pago Vermandense, in loco nuncupato Hebbencurt, eidem monasterio, pro remedio animæ suæ, contulit, ad luminaria ipsius ecclesiæ ubi humatus jacet, confirmamus. Decernimus etiam quæque a tempore præcelsi genitoris nostri, collatis devotorum, ad eorum commemorationem celebrandam, eidem sancto loco, cartarum delegationibus, per easdem confirmatum est, secundum ipsorum delegationem et ecclesiasticam sanctionem, maneant stabilita, et quæ in postmodum eodem tenore Domini Salvatoris addiderit clementia. Statuimus quoque ut in eodem monasterio numerus L monachorum, secundum constitutionem domni genitoris nostri, perpetuo tenore servetur; et præpositus cæterique ministeriales nequaquam fiant, nisi ex ipsis fratribus, per electionem eorum et consensu abbatis. Habeant igitur omnes res præscriptas, imperiali auctoritate roboratas, quatinus eosdem Dei famulos pro nobis ac conjuge vel prole, statuque imperii nostri, Domini misericordiam uberius exorare delectet. Et ut hæc auctoritas per omnia tempora inviolabiliter conservetur, manu propria subter firmavimus, et anuli nostri impressione insigniri jussimus.

« Signum KAROLI, gloriosissimi imperatoris.

« AUDATHER, notharius, ad vicem Gosleni, recognovit.

« Data XII. kal. julii, anno XXXVII [1]., regnante domno Karolo, imperiique ejusdem II.

« Actum in Compendio palatio imperiali, die XIII. post mortem prefati abbatis. »

[1] Hic initium regni Caroli Calvi sumendum est, ut videtur, ab anno 840.

LVII.

DE MORTE KAROLI IMPERATORIS.

5 oct. 877.   Post hæc, eodem anno, Karolus imperator Romam properare volens, post medium julium de Francia iter arripuit, et in Italiam veniens, Papia obviam habuit Johannem papam. Venitque Karlomannus, nepos Karoli, cum multis milibus bellatorum de Baioaria et reliquis Germanorum orientalibus, contradicens illi Italiæ regnum. Et cum non haberet copiam Karolus rex resistendi, papæ donariis sancti Petri commendatis, reversus est, infirmatusque, intra Alpes obiit III. nonas octobris. Cujus corpus milites XV diebus aromatibus conditum ferentes, cum fetore, propter calorem, gravarentur, miserunt in tonnam vinariam alios XV dies. Tandem nimio fetore gravati (nam ad sanctum Dionisium eum transferre cupierant), demum victi, in monasterio Nantuato Burgundiæ, quod dicitur ad sanctum Marcellum, sepelierunt. Hludovicus, filius ejus, rex constituitur in Compendio palatio.

LVIII.

DE FOLCONE ABBATE.

9 febr. 878.   Successit interim Hilduino in abbatia Folco canonicus, V. idus februarii, dominica I. in quadragesima, rexitque hanc per quatriennium. Sub cujus tempore, ambitus castelli circa monasterium sancti Bertini est dimensus, et per ministeria distributus; sed, plurimis rebus obstantibus, non est perfectus. Hujus anno primo, monasterium sancti Petri et sancti Bertini, jam vice altera a Nordmannis est incensum V. kalendas augusti; et eclipsis solis quarta facta est kalend. novembris[1], IIII. feria, hora VIII., et mortalitas hominum et pecorum magna. Hludovicus autem, filius Karoli imperatoris, anno regni sui secundo necdum expleto, obiit Compendio palatio, V. idus aprilis, anno incarnationis Domini DCCCLXXVIIII. Deinde filii ejus Hludovicus et Karlomannus regnum ejus inter se dispertiunt. Isdem autem rex Hludovicus

[1] Corrig. *quarto kal. novembris*, i. e. 29 octobr.

in pago Vimiaco cum Nordmannis bellum gerens, triumphum est adeptus, et, non post multo, obiit, III. nonas augusti, anno Domini DCCCLXXXI. Regnavit annos II, menses III. Cui successit in regno frater ejus Karlomannus; regnavit annis III, diebus VI; obiit anno Domini DCCCLXXXIIII. Deinde Karolus, rex Suavorum, filius Hludovici regis Noricorum, qui erat filius Hludovici, filii Karoli Magni, filii Pippini, monarchiam totius imperii Francorum et Romanorum assumit, anno Verbi incarnati DCCCLXXXV. Anno autem primo prefati regis Karlomanni, Hincmarus, archipresul Remensis ecclesiæ, obiit; cui Folco, jam dictus abbas, in ordine successit. [Suo autem tempore, id est anno octuagesimo minus quinto [1], Balduinus, primus Flandrarum comes, solvit debitum mortis, postquam sub habitum monaci aliquandiu in cenobio sancti Bertini vixisset. Ejus carnea moles in eodem cenobio terre mandatur; cor vero et intestina in Blandivio sancti Petri, in Ganda, monasterio sunt.]

882.

LIX.

DE RODULFO ABBATE.

Itaque Folcone ad archiepiscopatum sublimato, Rodulfus abbatiam suscepit in eodem anno. Cui, anno primo Karoli regis Suavorum [2], quidam vir, Rodinus nomine, tradidit, ad usum monasterii sui Sithiu, res proprietatis suæ, per nomina in ipsius traditionis karta inserta, quæ sub hoc tenore est facta.

LX.

TRADITIO RODINI.

« Domino sancto et venerabili patri Rodulfo, abbati de monasterio sancti Petri sanctorumque confessorum Christi Audomari atque Bertini, ego, in Dei nomine, Rodinus traditor atque precator. Trado itaque res proprietatis meæ ad præscriptum monasterium, in pago

8 sept. 883.

---

[1] I. e. 875. Obitus vero Balduini ad annum 879 videtur remittendus.

[2] A. scilicet 883. Vid. inferius, p. 130, not. 1.

Pontivo, super fluvium Alteiæ, in villa quæ dicitur Remmia : ecclesiam unam, et mansum indominicatum cum castitiis, et, inter ipsum mansum ac terram arabilem vel pratum sive silvam, mansa VIIII; itemque, in Cathriu, in eodem pago, cum manso indominicato, mansa VII; itemque, in pago Ambianensi, in Sana Terra, in loco qui vocatur Rosierias, mansum cum castitiis, una cum ipsorum locorum communiis, perviis legitimis, wadriscapis; et mancipia xx, his nominibus : Anastasium, cum uxore sua et infantibus illorum VI; Adalrada cum infantibus duobus; Gerlandum, Haldolfum, Folcombertum, Theodradum, Rodbertum, Restaldum, Civiredam, Rainildam, Anstrudam. Et hæc omnia, ut supra dictum est, ad monasterium jam dictum trado legaliter atque transfirmo perpetuo possidenda, ea ratione ut, tam ipsas res quas trado, quam et ipsas quas expeto ecclesiæ vestræ in precariam, pro beneficio vestro accipiam, ego videlicet et conjunx mea Ava, filiique nostri et filiæ, hoc sunt : in pago Ambianensi, in Sana Terra, quæ dicitur Rustica villa, et Roserias, mansum indominicatum, et, inter ipsum mansum et terram arabilem vel pratum, mansa XII; in Centla, mansum I; in Hunduncurth, mansum indominicatum et mansa x; item, in pago Kamaracensi, in Finis, mansa IIII; et mancipia hæc : Odoher, Folcardum et uxorem suam Odernam, cum infantibus suis; Gerbertum, Abbonellum, Rudoricum, Sigerum, Rikardum, Bakalerum, cum tribus reliquis. Pro ipso quoque usufructuario, annis singulis, nonis septembris, ego et conjux mea solidos persolvamus V; post nostrum vero obitum, filii nostri solidos VI persolvant. Sed post nostrum omnium obitum, ambæ res superius nominatæ, cum omni melioratione et superpositione, ad opus fratrum in eodem monasterio Domino famulantium, absque ullius contrarietate, recipiantur, quibus et census persolvit[1]. Si qui etiam, quod futuris testamur, si nos ipsi aut illius[2] de heredibus vel proheredibus nostris, seu quelibet extranea persona, huic nostræ traditioni contraire aut infringere temptaverit, auri libras XII, argenti pondera XXX, coactus exolvat, et

[1] Fort. legend. *persolvetur.*
[2] Corrig. *ullus.*

quod repetit non evindicet; sed hæc traditio, cum precaria sua, firma permaneat, cum stipulatione subnixa.

« Actum in monasterio Sithiu, in ecclesia sancti Petri, anno I. Karoli magni imperatoris, VI. idus septembris.

« Signum Rodini, qui hanc traditionem, cum precaria, firmavit.

« Signum Albrici. Signum Vuadhabii. Signum Anselmi. Signum Guntardi. Signum Odgrini, advocati. Signum Thiodradi, scavini. Signum Adalwini.

« Grimbaldus, sacerdos et monachus, scripsi et subscripsi. »

LXI.

TRADITIO ODGRIMI, CUM PRECARIA DE HAMMA.

Item, anno III. predicti regis Karoli, Odgrimus, advocatus jam dicti monasterii Sithiu, tradidit eidem loco hereditatem suam, in loco nuncupato Hamma, super fluvio Marsbeccæ, in pago Mempisco. Unde et petiit eidem abbati per precaria res monasterii sui, in villula quæ dicitur Sithiu; quod sine mora optinuit, secundum hanc kartam.

LXII.

EXEMPLAR.

« Dilecto in Christo filio Ecclesiæ Odgrimo, Rodulfus, gratia Dei, abba de monasterio sancti Petri, vocabulo Sithiu, ubi corpora Christi confessorum Audomari atque Bertini requiescunt, omnis caterva monachorum ibidem conversantium. Plurimorum ore versatur multorumque in notitia habetur, qualiter tu, his diebus, legaliter tradidisti res proprietatis tuæ ad nostrum monasterium : hoc est, in loco nuncupante Hamma, super fluvio Marsbeke, in pago Mempisco, bunaria XXXIII, una cum perviis legitimis ac wadriscapis; et propterea expetisti a nobis res ecclesiæ nostræ : hoc sunt, bunaria L, jacentia in villula quæ dicitur Sithiu, super fluvio Agniona. Nos quoque, quod tua fuit petitio, ipsas res ambas, tam eas quas dedisti, quam eas quas a nobis expetisti, concedimus tibi et uxori tuæ Bertlianæ, seu filiis vestris, ad excolendum et emeliorandum; et, sicut convenit, nobis, annis singulis, ad festivitatem sancti Bertini, nonis septembris, solidum 1 persolvere studeatis; et aliubi ipsas res nec dare nec vendere nec commutare nec alienare potestatem habeatis; sed, ut dictum est, quandiu vixeritis, pro nostro beneficio, possideatis; ac, post vestrum omnium obitum, ipsæ res prescriptæ, cum omni emelioratione, a nobis vel successoribus nostris ad integrum recipiantur in perpetuum possidendæ. Hæc ergo prestaria firma permaneat, cum stipulatione subnixa.

« Actum Sithiu monasterio publice, in basilica sancti Petri apostoli, III. idus aprilis, anno III., regnante domno Karolo imperatore in Francia[1], nepote Karoli.

« Ego RODULFUS, abba, propria manu firmavi. »

LXIII.

DE MORTE KAROLI REGIS, ET SUCCESSIONE ODONIS.

888.

Post hæc autem Karolus rex, imperii sui anno IIII., decessit a seculo; cui quidam Odo, non ex regia stirpe, successit in regno. Namque, decedentibus imperatoribus, Karlomanni filius tantum in cunis remansit puer Karolus, de quo cum Franci desperassent, præfatum Odonem super se regem statuunt, anno Domini DCCCLXXXVIII[2]. In cujus anno secundo, sancti Bertini monasterium a tempestate est dejectum XVI. kal. februarii.

[1] Auctores *Novæ Gall. christ.* chartam illam confectam fuisse putant biennio post chartam Rodini superius relatam, nempe anno 885, quia initium regni Karoli Crassi sumunt ab eo tempore quo in Lotharingia principatum obtinuerat. Recte quidem quod ad chartam Rodini attinet; hic vero, si verba ipsa instrumenti attendas, nil dubium quin agatur de ejusdem Caroli regno in Francia, cujus tertius annus ad a. 887 revocandus est.

[2] Leg. 887.

LXIV.

PRÆSTARIA HUCBALDI MONACHI DE HILDINCURT.

Eodem anno, isdem abbas Rodulfus concessit, per prestariam, Hucbaldo, monacho cœnobii sancti Amandi, villam monasterii sui Sithiu, in pago Vermandense, nuncupante Hildini Curtem, cum villulis ad eandem pertinentibus. Cujus præstariæ talis est carta.

LXV.

EXEMPLAR [1].

« Cum servorum Dei necessitatibus quilibet vel inpresentiarum competentia, prout ei possibile fuerit, subsidia confert, vel eorum profectibus profutura in posterum procurare studet, justum profecto atque condignum videtur, ut spes hujus quesitæ a Deo mercedis, dum ipse advixerit, frequentibus illorum precibus roboretur, ac, post finitum ei presentis vitæ cursum, quo sperata percipere pervaleat, eisdem patrocinantibus, adjuvetur. Quapropter omnes nos, fratres congregationis monasterii sancti Petri et beati Martini confessoris Christi, ubi etiam sanctus Bertinus, venerabilis Christi confessor, corpore quiescit, notum esse volumus omnibus circumquaque manentibus, qualiter dilectus confrater noster Hucbaldus, ex cenobio almi pontificis Christi Amandi confessoris, ad erudiendum domnum abbatem Rodulfum, seniorem nostrum, concedente ac præcipiente Gauzlino, ejusdem loci abbate, omnibusque illius sanctæ congregationis fratribus consentientibus, destinatus, petierit a præfato domno Rodulfo, quasdam res, propter temporalis solatiam necessitatis, dum ejus adhereret lateri, ab illo concessas sibi, nostris specialiter usibus delegari atque contradi : hoc est, in pago Vermandense, villam

28 mart. 889.

[1] Quasdam ejusdem instrumenti clausulas retulit Mabill. *Annal. Bened.* tom. III, pag. 280.

Hildincurtem vocatam, cum villulis ad eandem pertinentibus; in ea ratione ut, quandiu ipse Hucbaldus advixerit, absque ullius contrarietate, libere teneret, usitaret atque emelioraret; omnibus autem annis, quod[1] ibi essent mansi integri, tot nobis ex eis daret modios frumenti; post ejus vero obitum, eedem res ad nostrum recipiantur usum. Huic igitur ejus petitioni domnus senior noster Rodulfus, abbas, sensum prebuit, nosque delegavimus. Considerantes etiam condignum esse nostrarum utrorumque monasteriorum orationum invicem confederare, statuimus communi consensu, ut, excepto debito orationum pro omnibus Christianis, per singulos annos, in quadragesima, omni ebdomada, feria IIII., illi pro nos, nosque pro illis, decantemus psalmos L, et missam specialem cum omnium oblatione. Addit etiam Hucbaldus ut, annis singulis, ad festivitatem sancti Amandi, quæ est VII. kalendas novembris, de ipsius rebus refectionem nobis exinde præparet, et omnes qui, post illum, easdem res ad opus monasterii ipsius recepturi sunt, similiter faciant. Hæc autem prestaria omni tempore firma permaneat, cum stipulatione subnixa.

« Actum monasterio Sithiu, v. kalendas aprilis, anno II. Odonis regis.

« Ego Rodulfus, abbas, manu propria firmavi.

« Signum Hucbaldi, qui hanc notitiam firmare fierique rogavit.

> « Signum Dotsolonis, decani. Signum Engelgoti, presbiteri. Signum Hereberti, presbiteri. Signum Hildradi, presbiteri. Signum Machardi, presbiteri. Signum Gisleberti, presbiteri. Signum Liodfridi. Signum Adalardi. Signum Megenfridi. Signum Liobwini. Signum Hertici, presbiteri. Signum Arnolfi. Signum Grimbaldi. Signum Vuinetbaldi. Signum Gunduini. Signum Sigeberti. Signum Erraldi. Signum Vuendelberti. Signum Leodgisi. Signum Trudbaldi. Signum Norberti, subdiaconi. Signum Rotberti. Signum Giselberti, diaconi.
>
> « Regeno, indignus sacerdos et monachus, scripsit et subscripsit. »

[1] Corr. *quot.*

LXVI.

DE ECLIPSI SOLIS, ET DE ADVENTU NORMANNORUM.

Anno post hæc tertio, eclipsis solis facta est xviii. kalendas septembris, hora secunda, et siccitas magna in mense maio, junio et julio; et stella cometes apparuit. Eodem anno, id est dominicæ nativitatis DCCCXCI., die dominico, post nonam, pagani sunt, per merita sanctorum Audomari atque Bertini et Folquini, occisi CCCX in Widingahammo, a castellianis sanctorum predictorum. Sequenti quoque dominico, meridie, venit exercitus reliquus paganorum ampliori multitudine ad castellum sanctorum predictorum; et pugnaverunt a meridie usque ad vesperum, vi. nonas mai, et nichil prævaluerunt. Sed aliqua pars illorum intravit ecclesiam sancti Bertini; ibique ceci effecti sunt xii viri, et vexilla eorum in aliam figuram mutata sunt; quod libellus miraculorum sancti Bertini apertissime testatur.

LXVII.

QUALITER ABBAS RODULFUS APUD ATREBATIS EGROTANS OBIERIT.

Deinde, anno post hæc altero, Rodulfus abbas apud Attrebatis, in diebus octavarum Domini, sanguinem minuans, ii. nonas januarii, circa mediam noctem, brachium ejus cepit turgescens inflari; paulatimque dolore ad præcordia properante, obiit die illucescente, anno Domini DCCCXCII. Non hæc autem dixi ut astruam lunaris globi numerum et cursum, secundum supervacuam mundialium sapientiam, a Christianis esse observandum, acsi, quod nefas est etiam dicere et horribile auditu, Christus, in ii. iii. et iiii. luna potestatem teneat, in i. autem et v. et viii. amittat; sed veraciter dico quod presciens omnia Deus predestinatum ejus terminum vitæ sub hac voluit occasione finire. Sepultus est autem isdem abbas in monasterio sancti Vedasti.

LXVIII.

QUALITER POST HÆC LOCUS ISTE IN LAICALI REDACTUS EST POTESTATE; ET DE MORTE FOLCONIS ARCHIEPISCOPI.

Post mortem autem Rodulfi abbatis, Balduinus[1], inclitus marchisus [Flandrie, Bolonie, Ternensis etiam comes], abbatiam tenere gestiens, regem [Francie] adiit, deprecaturus, si id quoquomodo posset torqueri, abbatiam Sithiensis cœnobii sibi concedi. Quod audientes [jamdicti sancti loci] monachi, Grimbaldum quendam, ex ipsis monachum [sub Hugone, venerabili abbate duodecimo predicto, vestitum, gratia et honore dignum], ad regem dirigunt, id omnimodis, si posset, consilium toto conamine evacuandum. Quo proficiente, obviam habuit eundem comitem, quo tenderet requirentem. Cui, cum respondisset se regem expetere velle, indicavit ei se regia donatione abbatiam adquirere posse, si monachorum voluntas in hoc non videretur contraire; se quoque obnixe petere, ne eum ex hoc vellet impedire. Talibus in verbis discessum est. Grimbaldusque, via qua ceperat, pervenit ad regem; repperitque ibi venerabilem Folconem, quondam Sithiensis cœnobii abbatem, tunc vero gloriosum Remorum archipresulem. Cui cum, ex monachorum verbis, intimasset omnes unanimiter ante locum velle deserere, quam sacer locus sub laicali redigeretur potestate, postulavit, in Dei omnipotentis nomine, ut expeteret regi ne hoc sub ejus regni permitteret fieri tempore, quod ab antecessoribus nunquam videbatur factum esse. Quod audiens archiepiscopus Folco, condolens petitioni ejus, memorque antiquæ dilectionis circa eundem locum, una cum ipso Grimbaldo ad regem veniens, verba monachorum intimavit, et, ne laicus monachis superponeretur, omnimodis expoposcit. Rex autem, annuens ejus petitioni, per fratrum electionem, eidem Folconi abbatiam demum commisit regendam [qui annis quatuor strenue rexit, reparans monasterium,

[1] Balduinus II, cognomine Calvus.

sub Rodulfo abbate, tempestate consumptum. Ejus tempore, Cluniacum fundatur]. Hæc ei ergo causa seminaria fuit odii, inter eundem Folconem, episcopum et abbatem, et inclitum Balduinum, marchionem; et hæc inimicitia vIIII annorum fere occupaverat tempus, donec prefatus comes Balduinus [scelus quod animo conceperat evomeret, ut] quendam militem suum, nomine Winemarum, ad regem Karolum puerum, qui tunc regnabat, pro hac eadem causa dirigeret, et ut episcopi animum placaret, et ad consentiendum id, si quo modo posset, inclinaret. Cumque episcopus in sua, ut ceperat, sententia perduraret, seque dejeraret nullo modo consentiret ut laicus [contra sanctorum canonum statuta] jam dictæ dominaretur abbatiæ, isdem Winemarus, cum ira reversus, et quia hæc Compendio palatio acta erant, tetendit insidias episcopo Remis revertenti. Episcopus autem hujus rei ignarus, cum illic cum paucis advenisset, predictus [minister mali] Winemarus, super eum cum magna ferocitate irruens, non veritus justitiæ nec pertimescens iram Dei, quod auditu est etiam horribile, episcopum lancearum interfecit punctione, anno dominicæ incarnationis dcccc., xv. kalend. julii, feria III., hora VI. [Ecce qualiter, pro ecclesie Sithiensis tuitione, cultor vince Domini cadit, libans Salvatori animam jungendam sanctorum choris in perhenni gaudio. Cujus venerabile corpus assumentes, Remis, in ecclesiam almi Remigii presulis, honorifice sepelierunt.] Quod nefas inauditum ilico difamatum est per regiones cunctarum provinciarum, nec potuit lateri Romæ, cunctarum urbium dominæ. Unde et apostolicus ipsius sanctæ Romanæ ecclesiæ[1] predictum Winemarum apostolica auctoritate vinxit sub anathemate, scribens et ad episcopos cunctarum provinciarum, ut eodem modo dampnarent tanti homicidii reum; quod et ita constat factum. Isdem autem Winemarus [doli minister], in cordis sui duritia perseverans, se minime reum cepit excusare; asserebat enim se hoc pro senioris sui fidelitate patrasse, et iccirco fine tenus in ipso permansit anathemate. Balduinus autem, post hæc, abbatiam optinuit regia donatione.

[1] Suppl. *minister*, aut aliud ejusmodi.

LXIX.

DE UNCTIONE KAROLI REGIS, ET DE EJUSDEM ELECTIONE DE FRANCIA.

893.

Anno igitur nativitatis Domini DCCCXCIII., Karolus puer, Karlomanni regis filius [1], rex constituitur Remis civitate, in purificatione sanctæ Mariæ, IIII. nonas februarii, consecratus a predicto Folcone archipresule, vivente adhuc Odone antedicto rege. In cujus anno II. castellum sancti Audomari igne consumitur. Audiens Odo rex quod pars aliqua Francorum in regem unxissent Karolum, persequebatur illum cum matre Ermentruda in cunctis finibus Francorum. Tandem Franci, qui eum super se regem statuerant, veneno Odonis regis vitam extinguere moliti sunt; quod et fecerunt. Quo defuncto, Karolus rex, absque ulla contrarietate, Francorum suscepit imperium. Qui confirmatus in regno, quendam Haganum, cujus genus et nobilitas ignorabatur a Francis, super omnes diligendo extulit, et hunc familiarius cæteris sibi consiliarium ascivit. Quod videntes Franci, non leviter ignoti hominis amicitias tulerunt; regique ob hoc infensi, insidias ei, in Lugduno, regia civitate, tetenderunt. Cognito autem, rex Karolus per fugam exinde elapsus, in regnum quondam Hlotarii successit. Franci in sententia perseverantes, Rodbertum quendam, fratrem Odonis regis supra memorati, super se regem statuunt; qui erat pater Hugonis, postea Francorum ducis, regnavitque annis fere duobus.

LXX.

PUGNA KAROLI CONTRA RODBERTUM.

Post hæc Karolus rex, congregato exercitu de regno Hlotarii et de reliquis orientalibus Francis, contra eundem Rodbertum pugnaturus accedit, et, in die quodam dominico illuscescente, transiit cum exercitu vadum fluminis Iseræ; occurritque ei predictus Rodbertus cum occidentalium Francorum multitudine, in pago Suessonico, in

---

[1] Carolus, cognomine Simplex, Carlomanni frater, non filius erat.

loco nuncupato[1]..... factaque est inibi mutua Francorum cedes permaxima. Folbertus autem quidam, Karoli regis antesignanus, Rodbertum in prelio exquirebat attentius. Accidit autem ut occurreret illi, detecta barba, quam prolixam lorica texerat superalligata; moxque, sine mora, mutuis se confodientes spiculis, terra tenus utrique ceciderunt, unaque cum sanguine spiritum efflarunt vitæ. Audientes autem Occidentales regem eorum corruisse, in fuga versi sunt, victoriaque cessit Karolo cum Orientalibus. Post cruentissimum vero prælium, videns Karolus se adhuc inter adversariorum medio positum, hinc scilicet Hugonem, jam dicti Rodberti regis filium, illinc Heribertum, ejusdem generum[2]; cavensque ne irruerint super eum cum multitudine hostium, reversus est cum suis, unde venerat, in Hlotharii regnum.

LXXI.

DE INCLUSIONE REGIS KAROLI.

His ita patratis, prædictus Heribertus, omni dolositate plenus, post regem Karolum nuntios misit verbis pacificis in dolo, dicens se omnimodis penitere quod contra eum conatus fuisset agere; unde, si reverteretur, promisit ei regnum Francorum per omnia subjugare. Quod audiens Karolus, letus effectus, usque sancti Quintini castrum, Vermandis, est reversus. Cui occurrens isdem Heribertus, introduxit eum in eundem castrum, præparavitque ei convivium satis lautissimum. Facta autem nocte, cum omnes vino sepulti quiescerent, præcepit Heribertus suis ut, habeuntes, omnia eorum arma tollerent, ne, in facto quod facere cogitabat, haberent unde resistere possent. Orto igitur sole, accipiens regem, tradidit custodiæ. Milites autem, cum, ad arma confugientes, non repperirent, ad propria dolentes repatriaverunt. Heribertus autem accipiens Karolum, duxit in castrum quod dicitur Parona Scottorum; eratque ibi sub custodia clausus usque

[1] Deest nomen loci in Cod.
[2] Heribertus II, comes Viromandensis, de quo sequenti capitulo sermo habetur. Robertus vero alium quoque generum habuit Radulfum, qui in locum soceri defuncti successit.

ad diem mortis ejus. Uxor vero ejus, regina, nomine Odgiva, genere transmarina, cum et ipsa multas insecutiones fuisset sub hoc tempore passa, filium suum, Hludovicum puerum, ad Anglos direxit tuendum; nam et ipsum querebant interficiendum. Regem igitur super se Franci statuunt Rodulfum quendam, patre Ricardo, genere Alvernicum. Sub cujus tempore Stephanus, Taruanensis ecclesiæ episcopus, decessit a sæculo; cui in episcopatu successit Wicfridus, hujus nostri monasterii Sithiu præpositus, anno incarnationis dominicæ DCCCCXXXV., XII. kalendas julii, ab Artaldo archipresule consecratus. His diebus Northmanni, a Rotomago collecta multitudine navium, circumjacentia maris littora devastabant. Quod audiens Rodulfus rex, congregato Francorum exercitu, contra hos in pago Taruanense pugnaturus accessit. Cognito hoc, Northmanni captivos, quos de diversis locis sumpserant, jugularunt. Rodulfus autem rex, in monte qui dicitur Falcoberg insecutus eos, prælium commisit, fugatisque eis, victoriam est adeptus, licet cum suorum maximo dispendio.

LXXII.

DE ADVENTU HLUDOVICI REGIS.

929.

Anno post hæc incarnationis Domini DCCCCXXVIIII., Karolus rex in Parona castro, in custodia qua missus fuerat, obiit XVI. kalendas octobris, sepultusque est in monasterio sancti Fursei. Obiit etiam post hæc Rodulfus rex [1]. Quo defuncto, Franci trans mare propter Hludovicum dirigunt, ut eum in paterno solio in regnum sublimarent Francorum; ipsique Francorum proceres episcopique et comites, Bononiam usque civitatem, cum maximo honore regem suscepturi obviam pergunt; inter quos erat Hugo, dux Francorum inclitus, Heribertusque, deceptor fraudulentissimus, et Adalolphus markisus. Suscipientes regem, Lugduno civitate, cum honore maximo, deducunt, ibique cum in regem elevant et ungunt. Qui confirmatus in regno, Heribertum, patris sui traditorem et tortorem, se quoque parili modo

[1] Obiit Rodulfus anno 936, mense jan.

decipere cupientem, Deo illi dignam pro factis compensationem reddente, tali punivit ultione. Notaverat isdem Heribertus diem quo rex Ludovicus venatum ire deberet; percogitavitque ingenium ut, quando ipse cum rege venatorio insisteret lusui, fabulis suis illectum, procul a venatoribus sejungeret regem, moxque ligamine vinctum, crudelitatis suæ exerceret actum. Hoc autem consilium, Deo miserante, non potuit latere, sed regi nuntiatum est ab uno horum qui huic consilio videbantur interesse. Cumque, die statuto, ad venationem exissent, partem aliquam militum rex in occulto insidiarum posuit loco, dato illis cognitionis signo, quod audientes, advolarent continuo. Igitur, cum utrique sermocinantes incederent, rex scilicet insidiatorque suus, apprehendens eum rex, quasi amplexandi gratia, abstraxit vinculum setis contortum, sellæ illius, suæ alligationis causa, alligatum; moxque, signo dato, insidiæ surrexerunt de loco. Captumque Heribertum interrogat rex, quid sibi vellet vinculo quem sellæ gerebat affixo; moxque confessus est quæ adversus eundem machinatus erat corde perverso. Precepit autem rex, et comprehenderunt eum, et in arbore vicina, sub ascilla ligatum, suspenderunt. Cumque adhuc palpitaret pendens in arbore, jussit rex quo pendebat [funem] incidere, et Dei hunc potestati committere, si hujus sub hoc casu vellet vitam servare. Deo autem illi justam retributionem pro factis reddente, cum dimissus fuisset ex arbore, crepuit medius: erat enim crassitudinis nimiæ. Talique morte finem præsentis habuit vitæ.

LXXIII.

DE MORTE BALDUINI ABBATIS.

Balduinus [Calvus] autem, comes et abbas monasterii Sithiu, ambitum castelli circa monasterium sancti Bertini construxit, et per ministeria disposuit; et post hæc [ut brevius ejus facta perstringantur, plus abstulit ecclesie quam dedit; et hactenus de dampno a se perpetrato sentient monaci presentes et futuri. Postquam autem annis decem et septem solo nomine prefuisset] egrotans, obiit, anno Verbi incarnati dccccxviii., iiii. idus septembris. Cumque corpus ejus pars aliqua militum in Sithiu monasterio, juxta patrem suum [Balduinum Ferreum], vellent tumulare, uxor ejus, nomine Elftrudis, cupiens cum illo pariter in uno cimiterio concinerari, Gandavo, in monasterio Blandinio, fecit tumulari. Necdum enim licitum erat cuiquam feminarum sancti Bertini ingredi monasterium, nefasque putabatur si vel ecclesiæ aliqua furtim subintrasset atrium [1].

Markam vero ejus filii ejus inter se diviserunt; et Arnulfus, qui major natu erat, Flandriam; Adalolphus vero civitatem Bononiam et regionem Taruennicam, pariterque sancti Bertini suscepit abbatiam. Cujus amorem, quantum circa eundem locum habuit, testantur qui adhuc supersunt, qui eum fine tenus cognoverunt.

LXXIV.

DE ELEVATIONE SANCTI FOLQUINI EPISCOPI.

928.

Anno post hæc dccccxxviii. felicissimæ incarnationis Jhesu Christi Domini nostri, tempore Karoli reclausi, indictione i., meus qui hoc ipsum scribo pater, Folquinus nomine, cum fratre suo, apparatu quo poterant, de regno Hlotarii huc adveniunt, sancti Folquini corpus, quod eo usque tempore terra tegebatur, levare cupientes. Erant enim utrique ejusdem beati viri carnali consanguinitate proximi. Postulata etiam a predicto comite et abbate Adalolpho licentia, ventum est ad sancti viri tumbam cum cereis et thimiamateriis et choro psallentium, elevaveruntque corpus idibus novembris, feria v., die illucescente; præparaveruntque supradicti refectionem fratribus, prout poterant; vinum namque et omnia ad victum necessaria venientes

---

[1] Post hæc cod. Audom. addit quæ sequuntur:

Nam, per legem celebrem,
Monacis sexum muliebrem,
Quamquam diu vixit,
Prefixo limite, dixit:
Femina, fige pedem!

Negat hic tibi terminis edem
Sanctam, sanctorum
Sic norma jubet monachorum.
Hic locus nunc ritum
Colit, a patre stabilitum.

secum detulerant. Quibus peractis, gaudentes ad propria sunt reversi. Erant autem, isdem videlicet Folquinus et Regenwala, frater suus, filii Odwini, filii alterius Odwini, qui erat frater beati præsulis Folquini. Pater autem ejusdem sancti episcopi dictus est Hieronimus; genitrix vero Ermentrudis est vocata.

LXXV.

DE MORTE ADALOLPHI ABBATIS.

Igitur post hæc Adalolphus, comes et abbas [pius, posteaquam annis quindecim cenobio huic prefuisset], in hoc ipso monasterio Sithiu egrotans, obiit anno nativitatis Domini DCCCCXXXIII., idibus novembris, sepultusque est in basilica sancti Bertini, in latere sinistro altaris sancti Martini capitanei. Inter reliqua autem donaria, dedit ad eundem locum calicem sui potus aureum et balteum ad calicem consecrationis dominici sanguinis faciendum; armillas autem suas sancto Audomaro ad patenam concessit faciendam. Dederat quoque antea eidem sancto Audomaro pallium quoddam, auro margaritisque mirifice intextum; contra quod Arnulfus [inclitus marchisus et istius abbas conventus, frater Adalolphi jam mortui] alterum sancto Bertino concessit, consimili opere præcipuum. Post cujus luctuosum obitum, Arnulfus, frater ejus, abbatiam cum reliquo ejus comitatu recepit [et ita ecclesia ista, pastore religioso viduata, a laicis maritatis, per modum hereditatis, est possessa].

933.

LXXVI.

DE INGRESSU FEMINARUM IN HOC MONASTERIO.

Hujus autem abbatis et comitis Arnulfi nobilissima conjunx Adala, cum sepissime magnis infirmitatibus esset aggravata, desiderare cepit ut in hoc monasterio ei licentiam monachi darent intrare, ut coram altare sancti Bertini, pro salute deprecatura, liceret se prosternere.

938.

Hujus igitur rei causa, advocatis venerabilibus episcopis Wicfrido, Taruennensis ecclesiæ episcopo, et Folberto, Cameracensis, denudavit eis desiderium suum. Accepta etiam a monachis licentia, anno nativitatis Domini DCCCCXXXVIII., annoque v.[1] Illudovici regis, feria secunda Paschæ, introduxerunt eam præfati episcopi in eodem monasterio, non sine tremore maximo, quoniam hoc illa prima facere præsumpserat, quod antea reginarum nulla concupiscere vel audebat. Intrando autem, plurima huic loco ornamenta contulit, et quandiu vixit, nunquam donare cessavit.

In ipso quoque ejus ingressu, inclitus markisus Arnulfus, per rogatum ejusdem suæ amantissimæ conjugis, tradidit eidem loco, ad usus fratrum, fiscum Merki cum omnibus adjacentiis, ecclesia, mancipiis, edificiis, terris cultis et incultis, pratis, pascuis, piscationibus, animalibus, quesitis et inquirendis; ea ratione, ut, quamdiu adviverent, ipse videlicet et uxor sua supra memorata Adala, filiusque eorum Balduinus, in sui juris dominio possiderent, et singulis annis centum solidos fratribus pro eodem fisco persolverent; post eorum vero de hac luce discessum, tota possessio ejusdem monasterii subjaceat ditioni. Quam traditionem cum prestaria describere rogavit, et ipse propria manu firmavit, et reliquos palatii sui proceres ut describerent precepit. Hi sunt autem testes : Vuicfridus, episcopus; Folbertus, episcopus; Damasus, episcopus; Hemfridus, presbiter; Engelandus, monachus; Vuinetmarus, decanus; Grimbaldus; Odarius, monachus; Everardus, advocatus; Vuinemarus, laicus; Rodulfus; Hericus, laicus; Vuinetmarus, diaconus et monachus, subscripsit. Ante hoc autem tempus, Adalolphus, tunc quidem puerulus, nunc autem ætate mediocri, ipso etiam sacerdotio honorandus, a patre Everhardo, summæ nobilitatis viro, et matre Ricsinda, in hoc monasterio sancto Petro sanctoque Bertino est oblatus. Rodulfus etiam, ipsius castelli pretor urbanus, filium suum, nomine Vualterum, cum morbo, medici quem variolam vocant, morti videretur esse proximus, ulnis propriis sustollens, coram sancti Bertini altare deportavit; monachumque effec-

---

[1] Leg. *secundo*, cum Mabill. *Ann.* tom. III, p. 441.

turum, si ejus pia juvaretur intercessione, spopondit. Quem mox saluti restitutum, Deo omnipotenti famulum et sancto Bertino optulit monachum perpetualiter permansurum.

LXXVII.

DE CONVERSIONE MONACHORUM IN REGULARI PROPOSITU.

Antedictus autem abbas et comes Arnulfus, dolens religionem monasticam, quæ inibi in priori tempore a beato Bertino constructa vigebat, tunc temporis aboletam, cogitare cepit qualiter pristinam religionem extrueret, et locum antiqua sanctitate nobilitaret.

[Sed, voluntate altissimi Dei, qui sponsam suam, ecclesiam videlicet, quanquam interdum fluctuari, nunquam tamen periclitari permisit, eundem marchionem continuis cruciatibus calculi, qui, urinam inhibens, nuncupatur vulgo lapillus, voluit macerari. Ad quem, medendi gratia, multi cirurgicorum convolarunt, sperantes se, ab eo qui affluebat divitiis, emolumentum non parvum accepturos. Sed illi, suæ artis peritiam querentes in eum extollere, et extollendo ostentare, sub cujus aspectu octodecim viros, simili morbo confectos, inciderunt, quos quidem omnes, uno dempto qui in brevi mortem obiit, curaverunt. Et quia is sibi medelam incidendi evitandam ostendit, de cetero tale quid suggerentibus ulterius audire nequivit. Demum, divina gratia ad se conversus, contemptis hujus seculi medelis, mente ad eum cucurrit qui solo sermone universa restaurat, et venerandi Gerardi presentiam per nuncium velocem queritat. Adveniente siquidem viro Dei, intimavit lugubrum, ut pro corporis sanitatis recuperatione omnipotentis clementiam imploraret. Verum, fusa prece, et marchionis animo sancti viri consilio pulsato quatinus de suorum bonorum affluentia egenis daret, volente Deo, obtemperat marchisus sancto; celebratisque missarum sollempniis cum fletuum suspiriis, triduani jejunii abstinentia indicitur illi. Cumque comes iste sacramentorum devotus participasset misteriis, repente mingendi appetitus marchionem sepedictum impelit, et, congruo petente secessu, sine difficultate urentem emisit lapillum. Quo pristine sanitati mirabiliter restituto, quanti in ejus pectusculo habundabat exultatio, quanteve arcas virum Dei exercuerit condecens veneratio, non nostre opis est comprehendere. Comes igitur, beneficii collati remunerator liberalissimus, virum Dei multis peroptans premiari muneribus, omnibus spretis, comiti respondisse fertur : « Si nostra, inquiens, dereliquimus, quomodo aliena accipiemus? » Sacramentis tamen terribilibus obstrictus comes, vix tandem compellit ut suarum facultatum decimus acceptaret, et, ut prudens dispensator, consideranter dispensaret; et hoc quoque prius humiliter declinavit quod paulo post non cupide suscepit, quas prudenti consideratione dispertivit. Item et quotquot abbatiarum comes memoratus habebat sua sub potestate, utile sibi visum est procurationem dicto Gerardo commendare.]

944. Ob hac igitur causa [venerandum] Gerardum quendam abbatem ad se advocavit [ut cenobium istud sancti Bertini, regularitate viduatum, ad pristinum sancte regule honorem stabiliret, et ut perversam consuetudinem, ne scilicet de cetero seculares viri abbatum officium usurparent, funditus evelleret], et cum ipsis monachis tractare cepit, si forte ad consensum boni consilii eorum animum inclinare posset. Cumque illi, in obduratione mentis permanentes, nec minis nec blanditionibus flecterentur, hos de monasterio præcepit abire, anno saluberrimæ nativitatis Jhesu Christi Domini DCCCCXLIIII., XVII. kal. mai; ipsique Gerardo abbati, qui pene solus et primus in occiduis partibus, ultimis temporibus, regularis vitæ normam servabat, cum monachis e diversis locis collectis, eundem monasterium tradidit regulariter gubernandum. Erat autem populi ad hoc ipsum spectaculum congregati non parvi numeris, eratque videre dolorem cunctis in monachorum exitu permaximum et lacrimas in oculis plurimorum, turbationemque ejusdem loci famulorum cum reliqua multitudine plebium, in monachos regulares et in ipsum comitem insurgere volentium. Comes autem, post eos dirigens, rogavit ut reverterentur; promittens omnia se eis daturum necessaria, tantum ut, revertentes ad proprium locum, profiterentur se ordinem servare monasticum. At illi in sententia perseverantes, cum magna se-

quentium populorum multitudine exeuntes, apud villam ejusdem monasterii, Loconessam nuncupatam, aliquantisper demorati sunt. Post aliquantulum autem, major pars eorum navim in oceano intrantes, in transmarina regione delati sunt. Quos rex Adalstenus[1] benigne suscipiens, monasterium quod dicitur ad Balneos eis statim concessit; ob id maxime, quia frater ejusdem incliti regis, Etwinus rex, in monasterio sancti Bertini fuerat tumulatus. Siquidem, anno Verbi incarnati DCCCCXXXII., isdem rex Edwinus, cum, cogente aliqua regni sui perturbatione, hac in maris parte, ascensa navi, vellet devenire, perturbatione ventorum facta navique collisa, mediis fluctibus absortus est. Cujus corpus cum ad litus esset devectum, Adalolphus comes, quoniam propinquus ei carnali consanguinitate erat, cum honore sumens, ad sancti Bertini monasterium detulit tumulandum. Post cujus mortem, frater ejus rex Adalstenus plurima huic loco in ejus elemosina direxit exenia, et, ob id, ejusdem monasterii monachos amabiliter suscepit ad se venientes. Reliqui autem monachorum, quorum cor Deus visitationis suæ gratia illustraverat, regulam amplectentes monachicam, ad proprium reversi sunt monasterium, Engelandus videlicet, loci hujus antea præpositus; Grimbaldus cum Drothwino, ipsa senectutis canitia venerandi; post hos Adalolphus et Galandus, Siguvinus, Suavinus, Vulfricus, Sigebaldus atque Adalgerus. Igitur, quia abbas Gerardus monasterium in Gandavo situm, nomine Blandinium, tenebat, nec utrosque, hoc videlicet et illud, præsentialiter gubernare poterat, Agiloni quodam, sancti Apri monacho, Toletanæ civitatis, cum Womaro, Blandinii monasterii monacho, non cum abbatis nomine, regularis vitæ regimen, comite jubente, et Gerardo abbate consentiente, concessum est. Brevi autem post hæc tempore, Agilone mortuo, Gerardo abbate postulante, et comite Arnulfo annuente, Wido, ipsius Gerardi nepos, abbas in hoc monasterio consecratur, anno nativitatis dominicæ DCCCCXLVII.; sub cujus tempore Vuago quidam puerulus, a patre Odone, civitatis Monsterioli, monachus hic oblatus efficitur. Post, isdem abbas Wido,

---

[1] Al. Aldestanus, Edwardi I filius, rex Angliæ.

quia nimis vanæ juventutis gaudia sectabatur, apud comitem incusatus, abbatia est fraudatus, et sancti Bavonis monasterio abbas est destinatus. Vuomarus autem regimen monasticum sub regulari regebat districtione. Quo tempore ego ipse hæc scribens Folquinus, a patre Folquino supra jam memorato, et matre Thiedala, de regno Lothario dicto huc adductus, anno incarnationis felicissimæ Domini nostri Jhesu Christi DCCCCXLVIII., die festivitatis elevationis sancti Bertini, quæ succedit omnium sanctorum festivitati, sancto Bertino oblatus, monachus, proh dolor! facie tenus sum effectus.

LXXVIII.

DE HILDEBRANDO ABBATE.

Supra memoratus igitur gloriosus markises Arnulfus, post Widonem antedictum abbatem, parvo post tempore, Hildebrando nepoti suo, eundem monasterium contradidit ad regendum. Sub cujus tempore ita in hoc monasterio sanctitatis excrevit religio, ut forma et exemplum foret cunctis per circuitum constructis monasteriis. Gaudebant siquidem monachi sub tanto patre constituti, quoniam eis et interiora mentium sua exhortatione administrabat pabula, et exteriora corporibus sufficienter præbebat necessaria; studebat autem, inter reliqua sanctæ regulæ præcepta, jussioni huic maxime obedire, qua abbati præcipitur ut studeat plus amari quam timeri, ut ne, dum nimis eraderet eruginem, frangeretur humanæ fragilitatis vas; discretionemque ita in cunctis suis actibus assumebat, ut in jussionibus suis esset et quod fortes cuperent, et quod infirmi non refugerent. Ordinatus est autem anno ab incarnatione Domini DCCCCL., ab Vuicfrido Taruennensis ecclesiæ episcopo, XVI. kalendas aprilis. Huic autem comes Arnulfus, ipsius abbatis avunculus, ad usus fratrum sub eo viventium reddidit villam nuncupatam Arecas, quæ uti longe inferius dixisse me memini, unum erat ex principalibus abbatiæ membris, et abbatis obsequium erat deputata; in qua et abbatis antiquitus sessio ab inquirenti frequentabatur populo; quam et ipse comes, quia paterna successione abbatiam susceperat, suo usui mancipatam tenebat. Reddidit autem hanc usui fratribus XII. kalendas junii, anno nativitatis Domini DCCCCLII., ejusdemque abbatis III. Ferunt autem seniores hanc eandem villam esse sancto Bertino a Vualberto comite, sancti Bertini compatre, fuisse traditam, ubi in vita ejusdem patris scribitur quod, post ejusdem comitis elisionem, et a viro Dei sanationem, plurimum hereditatis suæ partem Deo et beato concessit Bertino.

Sub hujus abbatis etiam tempore, præfatus comes Arnulfus, sanctarum reliquiarum avidus, sanctum Silvinum a monasterio requietis suæ proprio[1]...... sibi delatum, huic monasterio direxit venerandum, XV. kalendas martii, die festivitatis ejusdem, anno inarnationis dominicæ DCCCCLI. Post etiam sanctum Walaricum, eodem modo de castello et monasterio suo ei deportatum, ad hunc direxit monasterium VIII. kalendas septembris. Sanctum etiam Richarium, die post hæc VI., id est, IIII. kalendas septembris, pari modo precepit deferri conservandum, anno a nativitate Domini DCCCCLII. Suscepit etiam prædictus abbas in monasterio quendam canonicum Saxonici generis, nomine Odoldum, ad monasticum confugientem habitum; cui ad imbuendam puerorum scolam commisit. Erat enim litteratoria arte peritissimus. Et decaniæ curam commisit, quam usque hodie, Deo miserante, regit.

LXXIX.

DE CONVERSIONE MONACHORUM IN ATREBATIS, ET DE REGENOLDO ABBATE.

Cum igitur locus iste religione qua supradiximus vigeret sub præfato abbate, cogitatio incidit glorioso comiti Arnulfo, ut pari religione sancti Vedasti nobilitaret monasterium. Unde et accersito domno abbate Hildebrando, direxit ad eundem monasterium [posteaquam congregationi monacorum Sithiensium quadriennio prefuisset], ut exemplo operum suorum et exhortatione ad observantiam

[1] Hic locus vacuus est in Cod.

eos accenderet monasticæ regulæ. Quo cum pervenisset, et id pro quo venerat implere omnimodis satageret, ad ultimum præfatus gloriosus comes obedire nolentes præcepit monasterio exire; monasterii autem curam, cum his qui remanserant, eidem abbati præcepit gubernare. Quo id pro viribus ad tempus strenue adimplente, pro labore et exhortatione quæ illis utpote rudibus impendi erat necesse, negligebatur ab illo locus iste. Deprecatus est autem isdem abbas inclitum marchisum Arnulfum, ut monasterium hoc Sithiu alicui ex ipsis fratribus committeret gubernandum, ne, dum curis insisteret monasterii unius, negligeret alterius. Annuens autem comes, cum illius consilio, cuidam ipsius monasterii monacho, nomine Regenoldo, fratrum tantum voluntate obstante, in abbatis sublimavit honore. Ordinatus est autem anno ab incarnatione Domini DCCCCLIIII., XII. kalendas aprilis, ab Wicfrido, Taruanensis ecclesiæ præsule. Hildebrandus autem abbas, nobis flentibus, curam animarum eidem domno abbati Regenoldo committens, Atrebatis rediit. Regenoldus autem abbas satis pervigili cura sollicitus erat circa regimen animarum sibi commissarum; in brevi autem tempore amabilis extitit omnibus et devotus. Qui confirmatus in loco, emit a quodam viro illustrissimo, Hugone vocabulo, adjuvante inclito markione Arnulfo, ecclesiam quandam in honore sancti Michaelis constructam, nuncupatam Vuachimvillare, sitam in pago Bononensi, libris v denariorum. Hic etiam, tempore regiminis sui, consentiente, immo compellente glorioso comite Arnulfo, sancti Audomari reliquias cum honore maximo, et cum multimodo ac devotissimo monachorum ac canonicorum obsequio, ut terras trans Rhenum sitas, huic sacro loco jam olim a fidelibus concessas, adquireret, Neumago usque regio palatio deportavit, quo in loco tunc gloriosus Otto, rex orientalis Galliæ, advenerat. Cumque ventum esset ad Thiale portum, custos ecclesiæ blasphemando, et reliquias sanctas vituperando, nolebat ecclesiam aperire. Post paululum autem, quidam concite adcucurrit, nuntians eundem custodem a balneis reversum, subita infirmitate correptum, et, ni intercessione succurrant monachi, mox esse moriturum. Quod audientes fratres, cum raptim unus eucharistiam, alter sacratas reliquias afferre conarentur, ecce alter adest nuntius, dicens eis ne sollicitarentur, quoniam isdem presbiter, sancto illi Audomaro dignam blasphemiæ penam reddente, terminum præsentis fecisset vitæ. Cognito autem hoc, populi undique ad ecclesiam concurrerunt, et facultate qua poterant reliquias sanctas honoraverunt. Partim autem prospere pro quibus venerant adquisitis, ecclesiam[1] in Frekenas regia donatione recepta, cum reliquias[2] sancti ad propria sunt reversi. Sub anno autem dominicæ nativitatis DCCCCLIIII., qui erat annus regiminis præfati abbatis I., gloriosissimus rex occidentalium Francorum Hludovicus decessit a sæculo, et Remis, in monasterio sancti Remigii, est tumulatus IIII. idus septembris. Cui in regno successit filius ejus, adhuc puer, Illotarius, III. idus novembris, in regem ab Artaldo archipræsule Remensis æcclesiæ consecratus.

954.

[Sub quo Arnulphus comes, et Sithiensis ecclesiæ, quantum ad temporale, administrator, privilegium emunitatis confirmationisque bonorum a semetipso datorum, et deinceps donandorum; item de justicia quam debeamus habere in omnibus locis, nostris impetravit, secundum hanc formam que hic verbo tenus inseritur.]

EXEMPLAR PRIVILEGII IMPETRATI.

« In nomine sancte et individue Trinitatis. Lotharius, divina ordinante Providentia, rex Francorum. Cum locis divino cultui mancipatis, ob divine servitutis amorem, opem congruam fecimus, imperialem profecto morem decenter implemus, et nobis ad remunerationis eterne premia capescenda profuturum firma credulitate confidimus. Idcirco notum esse volumus omnibus fidelibus, et nostris presentibus scilicet et futuris, quia venerabilis Arnulphus, marchio abbasque ex monasterio cenobii Sithiu, quod est situm in pago Taruanensi, constructum in honore sancte Dei genitricis semperque virginis Marie, et apostolorum Petri et Pauli, in quo corpora beatorum confessorum Audomari atque Bertini requiescunt, ubi eciam

7 januar. 962.

[1] Sic.   [2] Sic.

presenti tempore prenominatus abbas, auctore Deo, preesse videtur; nostre innotuit majestati qualiter, jamdudum tempore, predecessores parentes nostri, reges videlicet Francorum, eidem monasterio regalibus privilegiis talem concedissent auctoritatem, ut illud, cum omnibus ad se pertinentibus, sub perpetua eorum defensionis maneret securitate. Sed, pro firmitatis inditio, postulaverunt ut non solum, predecessorum nostrorum regum morem sequentes, nostre hujusmodi auctoritatis preceptum erga ipsum monasterium, tuitionis gratia, fieri juberemus, sed eciam perficeremus ut omnes cellas et villas, seu ceteras possessiones predicti monasterii, quas in quibuslibet pagis et territoriis infra ditionem imperii nostri consistunt, nullus predecessorum nostrorum divideret, aut in alios usus converteret, et ut familia ejusdem monasterii nullis quibuslibet hominibus foderum daret; et ut ea que a fidelibus recenti tempore concessa sunt, nostra quoque auctoritate firmaremus, humiliter petierunt. Quorum petitionibus libenter adquievimus; et ita in omnibus concedimus, atque per hoc preceptum confirmamus, fiscum videlicet Morke, cum omnibus appenditiis, quem is inclitus markisus Arnulphus, noster fidelissimus, eidem loco sancto tradiderat, consentiente, immo rogante Athala, ejusdem conjuge nobilissima, tempore quo ipsa feminarum prima temptavit ingredi sancta ipsius monasterii limina; villam eciam Arkas dictam, quam isdem quoque victui fratrum adauxit, in qua et alodem Everardi illustris, ejusdem loci advocati, quem post suum obitum ipsis tradidit fratribus recipiendum; monasterium quoque sancti Michaelis, Wachimvillare dictum, cum appenditiis suis; Petresse quoque ecclesiam, prefati markisi traditione donatam : hæc omnia eidem loco sancto confirmamus regali auctoritate. Proinde hos nostros regales apices fieri jussimus, per quos successores nostros ammonemus ut, sicut predicto monasterio concessimus, ita illi ratum et stabile permanere permittant; ut nullam divisionem in monasteriis aut cellis vel villis seu ceteris possessionibus faciant aut facere permittant, aut in alios usus retorqueant. Sed et hoc sancimus atque decernimus, ut nullus judex publicus, aut quislibet ex juditiaria potestate, in ecclesias aut ceteras possessiones memorati monasterii, quas nunc possidet, vel que deinceps voluerit divina potestas augeri, ad causas juditiario more audiendas, vel freda aut bannos exigendos, aut mansiones vel paratas faciendas, aut foderum exigendum, aut fidejussores tollendos, aut homines ipsius monasterii distringendos, nec ullas redibitiones aut illicitas occasiones requirendas, ullo unquam tempore ingredi audeat, vel ea que memorata sunt penitus exactare presumat; sed liceat memorato abbati Arnulfo, suisque successoribus, res predicti monasterii, cum omnibus fredis et bannis sive concessis, sub nostra defensione quieto ordine possidere; quatinus ipsos servos Dei, pro nobis ac pro stabilitate totius regni nostri a Deo nobis concessi, jugiter Dei misericordiam exorare delectet. Et ut hec auctoritas nostris futurisque temporibus, Deo protegente, valeat inconvulsa permanere, manu propria eam firmavimus, et annuli nostri impressione assignari jussimus.

« Actum VII. idus januarii, regnante domno Lothario, anno VIII., indictione VI.

« Actum Leuduni feliciter. »

Sic signatum inferius :

« Signum LOTHARII, gloriosissimi Francorum regis.

« OTTO, cancellarius, recognovit. »

Anno post hoc v., signum crucis, nescio qua causa exigente, subito in vestimentis insignitum videbatur humanis. Erat autem color acsi ex aliquo pinguedinis liquore vestis, in qua apparebat, per loca, in crucis modum videretur infecta; sed non erat nosse ex qua acciderat causa. Unde timentis regionis hujus populi, ne aliquod flagellum super eos immineret irritati Domini, ad orationis studium frequentius accurrunt, templaque requietionis summorum patronorum Audomari atque Bertini exeniis quibus poterant invisebant. Vuicfridus etiam, Taruennæ civitatis episcopus, totius episcopii sui populum, sub hac tempestate obnixius Dominum deprecaturum, ad Sithiu jussit adventare monasterium. Igitur XI. kalendas februarii, statuto jejunio, replentur plateæ innumerabili populo; adest autem et episcopus ipse, et elevantes sanctissimi patris Audomari corpus ad inferius monasterium, cum flentium populorum deportant multitudine. Facta autem inibi oratione, relevantes ejusdem sancti corpus sanctissimique Bertini, piissimi suorum in necessitatibus protectoris, una cum sanctis Richario et Walarico, ad superius deferunt monasterium, calle repetito. Cumque venissent in interstitio quodam duorum monasteriorum, episcopo sermonem faciente ad populum, Rodulfus, quem supra memoravi, terram quandam hereditatis suæ nuncupatam [1].......... conjuge et filiis consentientibus, sancto Bertino tradidit possidendam. Uxor vero ejus binas aureas lunulas promptissima eidem sancto concessit voluntate. Post hoc, sanctorum corpora ad sancti Audomari monasterium sunt delata; atque, in introitu ecclesiæ, ad hominis staturam trabibus superelevata, sub ea populorum in ecclesia subintrabant agmina. Igitur, quia jam nox incumbebat, abbas Regenoldus, prospiciens jam non esse reditus, illic cum sanctorum corporibus nocte illa est pernoctatus. In crastino obsequente, utroque monasteriorum conventu ad propria requietionis loca sunt referta. Post hæc Rikelinus quidam, tunc puerulus, hic monachus est oblatus; cum quo pater ipsius, nomine Vualdo, ecclesiam quandam hereditatis suæ, in villa Granai dicta, sacro huic loco tradidit, quam et per precariam, in sua et filii alterius vitam emeliorandam, recepit.

LXXX.

QUOD LOCUS HIC A DOMINO CEPIT FLAGELLARI.

His temporibus, nescio utrum peccatis exigentibus, an secundum quod legitur scriptum, « Quem diligit Dominus corripit; flagellat autem omnem filium quem recipit; » locus hic lacrimabiliter elefantiæ a Deo lepra cepit flagellari. Quo morbo, quod lacrimosum est,

[1] Deest nomen loci.

domnus etiam abbas Regenoldus percussus, loci hujus regimen, prout poterat, anno fere integro post hæc, regebat, secrete in cella conversans, a fratrum conventu semotus. Tandem, comite Arnulfo, morbi hujus causa, locum hunc, visitatione soluta, vitante, compulsus est monasterio exire, et in loco supra jam a me memorato, Vuachunvillare dictum, secedere. Ante autem, regimen animarum sibi commissarum, ipso comite jubente, fratribusque in unum, ob hoc ipsum, collectis, cum eorum voluntate, Adalolpho, superius jam nominato, et ejusdem monasterii monacho, commisit die, sollempni sacratissimæ cenæ, anno DCCCCLXI. nativitatis dominicæ, quæ contigerat tunc II. iduum[1] aprilis, die VII. idus earumdem ventura pascali sollempnitate. Ante hæc, quod supra memoria excidit, Wicfridus, Taruennæ civitatis presul, a seculo decessit, anno Domini DCCCCLVIIII., XIIII. kalendas septembris. David, Corbeie monachus, in episcopatu successit. Adalolphus autem satis sollicitus erat de commissa sibi congregatione, non tamen abbatis consecratus ordinatione; ingeniose siquidem comite factitante, quod post claruit in subsequenti opere, ut nepoti suo Hildebrando supradicto locum hunc facilius iterato posset condonare. Quo in tempore comes isdem eundem domnum Adalolphum cum exeniis ad regem trans mare direxit Anglorum. Quo jam trans mare delato, Odoldus supra memoratus, noster decanus, de partibus citra Rhenum positis, ubi vindemiare fuerat missus, cum vina VIII vasorum est reversus. Advenerat autem hoc in tempore comes et abbas Arnulfus in hoc ipso Sithiu monasterio, et filius ejus Balduinus, juventutis flore honestissimus, cum conjuge nuperrime desponsata, nomine Mathilda, Saxonici generis, equali nobilitate conspicua. Quæ, in primo ejus in hoc monasterio ingressu, cortinam quandam invisæ magnitudinis, precipuique operis, huic loco concessit, variorum colorum adornatam tabulis [qua usque utitur ecclesia ista pro velo quadragesimali]. Mittens autem comes Arnulfus, præcepit vinum supra memoratum suscipi et suis usibus reservari. Dedit vero in recompensatione fratribus

---

[1] Leg. II *nonas*.

ejusdem monasterii ecclesiam quandam Petresse dictam, ne raptoris incurisse videretur notam; quam tradidit II. kalendas decembris, die festivitatis sancti Andreæ. Isti sunt testes : Balduinus, filius ejus, consentiens; Odoldus decanus, Hemfridus præpositus; Engelandus, Drothwinus, Grimbaldus, monachi; Arnulfus, nepos ipsius comitis. Rodulfus, prætor urbanus; Everhardus advocatus, Egelbodo, fidei creditores. Folquinus, levita et monachus, subscripsit. Post hoc autem, adveniente nativitatis Christi die, præfatus comes Balduinus morbo, quem medici variolam vocant, cepit egrotare, tristemque nobis festum sua reddidit incommoditate. Die autem kalendarum januariarum, quo celebrantur octavæ nativitatis dominicæ, quod lacrimosum est etiam dicere, cursum presentis finivit vitæ. Erat autem videre cuncto populo utriusque sexus et diversæ ætatis dolorem intolerabilem et pene antea invisum. Sepultus est autem in hoc ipso monasterio, in medio beati patris Bertini requietionis templo, anno nativitatis Christi DCCCCLXI., indictione IIII.; regnante Illotario rege, anno VIII. Revertente autem domno Adalolpho de partibus quibus missus fuerat, iterum inquisitio et electio de abbate futuro cepit ventilari. Mittens autem comes Arnulfus, direxit post Hildebrandum, supra memoratum abbatem et nepotem suum, et ei iterato hunc commendavit locum, quæ et hactenus, miseratione Dei, regit, qui est annus supra memoratus dominicæ nativitatis DCCCCLXI. [Quod facile erat fieri, quoniam a monacis cenobii hujus, ob vite probitatem, non modice amabatur. Et ita patet quod Adalolphus, jam dicti cenobii monacus, cessit voluntati comitis sepe dicti, cum vix anno unico administrasset. Et postmodum, Hildebrandi abbatis nostri reassumpti regiminis anno III., ejus avunculus Arnulphus, quondam comes Flandrarum et abbas, ut supra ostensum est, complevit officium vite. Sepultus in Blandinio.]

LXXXI.

Explevi jam, auxiliante Domino, quæ jusseras, domne et beatissime, necnon et amantissime pater, Adalolphe, comprehendens in

PARS PRIMA. — FOLQUINI LIB. II.

uno codice traditiones fidelium cum kartis earum, necnon et gesta abbatum ab ipso primo loci hujus structore domno Bertino abbate, usque ad ultimum, qui nunc præest nostræ etatis tempore. Fateor autem ipsa veritate, teste me, nichil hic aliud scripsisse nisi quod in exemplariis antiquorum potui repperire, aut strenuis viris narrantibus agnoscere. Si qui autem me invidiose voluerint dilaniare, obsecro paternitatis tuæ refrenentur favore. Reliquas vero kartas per diversorum ministeriorum officio deputatas curavi separatim inscribere, ut quod unicuique ministerio distributum erat, faciliori inquisitione posset inquirens indagare. Subscripsi etiam per ordinem fratrum nostrorum nomina, quos ego, juvenculus et pene ultimus, recordor in hoc monasterio regulari vixisse vita.

Domnus abbas Hildebrandus.	Hemfridus.	Engelandus.	Heimericus.
	Adalolphus.	Sigelmus.	Everardus.
Odoldus decanus.	Rodvinus.	Aldgerus.	Liuzo.
Ingelandus.	Siguinus.	Uuago.	Everoldus.
Uuinetmarus.	Galandus.	Folquinus.	Regenfridus.
Grimbaldus.	Liodricus.	Idelbaldus.	Tiozo.
Domnus abbas Regenoldus.	Odarius.	Adalsigae.	Uulfardus.
	Erembaldus.	Adalardus.	Reingerus.
Grimwaldus.	Suavinus.	Matfridus.	Nidgrimus.
Benedictus.	Adalgisus.	Amarlandus.	Humfridus.
Rikelmus.	Uuluricus.	Heremarus.	Folcarus.
Drotwinus.	Sigebaldus.	Grimbaldus.	Regenerus.

LXXXII.

DEHINC SEQUUNTUR KARTÆ TESTANTES VILLAS ELEMOSINÆ.

Hic etiam villulas ad elemosinæ ministerium a fidelibus contraditas, non meo parcens labori, sed monasterii prospiciens utilitati, cum cartis suis, scribere aggrediar: memini namque me hoc ipsum promisisse, cum Gundberti mentionem sub Fridogiso fecissem abbate. Igitur quæ scribenda sunt pene omnia ipsius Gundberti et patris sui Goiberti sunt largitione tradita. Construxerat autem isdem Goibertus in proprietate sua, sicut longe superius dixi, cellulam quandam in honore Domini Salvatoris, in loco nuncupante Stenetlant; ad quam maximam hereditatis suæ partem delegaverat; et hanc eandem cellam ad sanctum Bertinum pro parte filii sui Gundberti, quem in eodem monasterio monachum fecerat, sub perpetua firmitate condonavit. Prima autem kartarum de villis, quas ad eandem cellam tradidit, nobiscum habetur de Curmontium, quæ in ordine scriptionis prima erit subsequentium.

LXXXIII.

TRADITIO GOIBERTI DE CURMONTIUM, TEMPORE FRIDOGISI ABBATIS.

Aug. 831.
« Domno venerabili in Christo patri Fridogiso, abbati de monasterio Sithiu, ubi duo agii Audomarus videlicet una cum beato Bertino, Christi Domini confessores, in corpore repausant. Ego, in Dei nomine, Goibertus, una cum filio meo Guntberto, pariter traditores, per hanc epistolam traditionis donamus vobis spontanea voluntate quicquid habere vel dominare visi sumus in loco qui dicitur Curmontium, in pago Bononensi, super fluvium Edivinia: id est, mansum et casam capitalem superpositam, cum alia castitia vel edificia ibidem pertinentia, majora vel minora; una cum terris arabilibus, pratis, pascuis, concidis, communiis, perviis legitimis, et wadriscapis; omnia in omnibus, rem inexquisitam, totum ad integrum; et insuper mancipia x, his nominibus: Ellefridum, Odbertam, Gerwaldum, Vuerembaldum cum infantibus suis II, Hildewif cum infantibus suis II. Hæc omnia superius denominata ad sepulchrum sancti Bertini legaliter coram testibus tradimus, ea scilicet conditione, quatinus post nos in eodem loco Domino famulantes hoc, ad specialem consolationem, supra suum debitum habeant. Quod si quisquam de rectoribus predicti monasterii hoc ab eis auferre, propter malivolentiam, vel inde debitum eorum supplere voluerit, tunc omnimodis, absque ulla contradictione, ad nostros legitimos heredes revertere debeat; et ut ego Guntbertus, propter hoc donum, quamdiu, Domino annuente,

vixero, inter ipsos monachos plenissimum debitum habeam. Quod si contigerit, ut sepe evenit, ut, propter invidiam vel avaritiam prepositorum, de jam dicto monasterio egressus fuero, tunc, absque ulla contradictione, iterum hereditatem meam recipiam. Et ista hereditatula parva volumus ut ad ecclesiam Domini Salvatoris in Steneland deserviat. Si quis vero, quod futurum esse non credimus, quod ullus de heredibus vel proheredibus nostris, si ista cautio firma perduraverit, vel quælibet opposita aut extranea persona, contra hanc traditionem nostram devotissimam venire presumpserit, vel infringere temptaverit, iram ipsius Domini Salvatoris Dei omnipotentis incurrat, et sanctorum ejus; et insuper, distringente fisco, auri uncias x, argento pondera xx, coactus exolvat, et quod repetit evindicare non valeat; sed presens traditio omni tempore firmissima permaneat, cum stipulatione subnixa.

« Actum Sithiu monasterio, in mense augusti, anno xviii. imperii Hludovici, piissimi augusti.

« Ego Goibertus hanc traditionem a me factam recognosco.

« Signum Gundberti, filii sui, qui hanc traditionem pariter fecit firmavitque.

« Signum Gabrielis. Signum Riquionis. Signum Egedbodonis.

« Ego Vuinidbertus, sacerdos et monachus, scripsi et subscripsi. »

LXXXIV.

Dederunt et Steneland basilicam in honore Domini Salvatoris, et unde ipsa basilica dotata esse videtur, et aliam partem hereditatis, mansis, casticiis, mobilibus, immobilibus, ad integrum; preter mancipia, quæ ingenua dimittere cupiunt in elemosina patris Thiodberti et matris Bertrudæ et filii Guntberti, ut inde annuale celebrent in elemosina fratribus et pauperibus. Et illa basilica de curso[1] cum clericis ac luminaria custodita sit, sicut coram Domino Salvatore, in die

---

[1] Supra verbum *curso*, scriptum est, *id est psalmis*.

judicii, ratio sit ante tribunal Christi. Et illud parum in ipso Stenedland et Ricolvingahem, quicquid ego et Hlotildis ac Heremarus delegaverunt usque ad bunaria CL, ac mancipia XXI, totum ad integrum pertinens et serviens ad basilicam Domini Salvatoris.

LXXXV.

ANNO NATIVITATIS DCCCXXVI., HUNC BREVEM FECIT GOIBERTUS, QUANDO MATREM SUAM BERTHUDAM DUXIT AD ROMAM ET GUNDBERTUM FILIUM SUUM, ET IBI EUM SANCTO PETRO OBTULIT: ET PAPA EUGENIUS EUM IBI CLERICAVIT ET CONFIRMAVIT.

« Omnem substantiam nostram misimus in manus bonorum hominum, tam in terris quam in mancipiis, peculiis, presidiis, mobilibus et immobilibus, omnia et ex omnibus, totum ad integrum; in eo tenore, ut, si mihi contigerit finis meus in itinere quo pergere dispono in partibus Rome, orationis causa, ut ita fecissent, sicut ego illis disposui, in elemosina mea et patris mei et matris et filii mei. In primis illam hereditatem in Embriaco, ad sanctum Audomarum. Et illam in Curmontis et in Humbaldingahem: illum puero, pro hereditate, Guntberto, et mancipia XX, si revertitur in patriam; si non venerit, tunc illud in Curmontis ad sanctum Bertinum, ad opus fratrum, in mea elemosina, unde consolationem habeant extra debitum suum; et nullus abbas potestatem habeat illis abstrahere; ut offerant pro me et filio et patre meo vel matre, et missas vel psalmos celebrent. Et Everwinus et Lothwinus illas res provideant quicquid laborare possunt ad opus fratrum; post finem illorum, ille cui decanus jusserit. Et vaccas X, berbicas L, porcos XV, boves IIII. Et illud in Humbaldingahem datur Jedone propinquo meo. Si ille puer revertitur, habeat tunc illud in Hethenesberg; illam hereditatem quam ibidem comparavit, per totum habeat Jejodo; sin autem, tunc vendantur in meis propinquis, et datur pretium presbiteris, ut missas canant pro nobis, et servis Dei et ancillis, ut offerant pro nobis. Et in Tathingahem illum mariscum, et in Ganape, nepoti meo Heremaro; et in Muldelhem ad sanctum Audomarum, pro loco illius pueri, et mancipia vi; et illum alodem in Aganesberga, et in Selis illum pratum, et in Vostringe illum bunarium per omnia vendantur, et detur pretium in elemosina nostra. Reliqua omnia tradantur ad sanctum Bertinum in nostra elemosina. »

LXXXVI.

KARTA GOIBERTI DE DOTE BASILICÆ DOMINI SALVATORIS IN STENELAND.

« Si aliquid de rebus nostris locis sanctorum vel in substantia pauperum conferimus, hoc nobis procul dubio in æterna beatitudine retribuere confidimus. Iccirco enim, in Dei nomine, Goibertus, dono ad basilicam quæ est constructa in loco nuncupante Sanctum Salvatoris, sive Steneland, in honore Domini Dei nostri et Salvatoris Jhesu Christi, necnon et sanctæ Dei genitricis Mariæ et sancti Petri apostoli, necnon et aliorum multorum sanctorum, donatumque in perpetuum esse volo in loco nuncupante, super Ennena, Araca, mansum I et bunaria II; et inter Henrikengahem et Lonastingahem bunaria XIII, et jornalia III et dimidium; et in alio loco, cujus vocabulum est Hiddigareta, et marisca, bunaria XIIII. Sunt simul bunaria XXX, cum perviis et wadriscapis, et mancipiis VI, his nominibus: Erkenbaldum, Morellum, Evonem, Ostorbertum, Folcbaldum, Winebardum, cum peculiari eorum. Hæc omnia, sicut superius dictum est, in presenti ad ipsum locum sanctum jam ante dictum, ut custodes ejusdem ecclesiæ hoc habeant, teneant, atque possideant, vel quicquid exinde facere voluerint libero in omnibus, Christo eidem regente ecclesiæ perfruantur arbitrium. Si quis vero, quod minime esse credo, si ego ipse, aut aliquis de heredibus aut proheredibus meis, qui contra hanc epistolam traditionis aliquam calumpniam generare præsumpserit, in primis iram Dei omnipotentis incurrat, et insuper inferat, distringente fisco, auri libras C, argenti pondera CCC, coactus exolvat; et quod repetit nichil valeat, sed hæc traditio firma permaneat, cum stipulatione subnixa.

« Actum in eadem basilica ante altare.

8 nov. 828.

« Data vi. idus novembris, anno xv. domni Hludovici imperatoris.

« Signum Goiberti, qui hanc traditionem fieri rogavit.

« Signum Guntberti, filii ejus, consentientis. Signum Heremari, nepotis ejus, consentientis. Signum Vurascolfi. Signum Nitolfi.

« Radlandus, presbiter, scripsit et subscripsit. »

LXXXVII.

DE MORTE GOIBERTI.

838.

Anno Domini DCCCXXXVIII., incarnationis Domini, xvi. kalendas mai, iiii. feria, ebdomada ii. pasche, quando in monasterio sancti Audomari in monte Goibertus infirmatus fuit, suadente filio suo Gundberto, dimisit xv mancipia ingenua ad basilicam Domini Salvatoris in Steneland, sub censu luminario, ad denarios iiii. Anno eodem post hec, in mense novembrio, cum infirmatus sensisset appropinquare diem obitus sui, descripsit ipse propria manu, in tabulis ceratis, quæ exterius celatæ erant barbulis crassi piscis, et subtus deauratæ erant, qualiter suas res manu tercii sui disponerent, iiii. nonas novembris, ii. feria, isto modo : « In Humbaldingahem et Embreka, et Hettesnasmont, ad opus Guntberti filii mei. In Ostringa, bunarium i ipsi Guntberto. In Ganape, Trudlindæ. In Winingahem, Bertrudæ; excepto manso quem ad ecclesiam in Stenedland tradidi. In Middelhem, ad sanctum Audomarum. In Anineshem, Folbaldo, et illud pratum quod habui in Selem. In Fraxerias, in Frandris, totam hereditatem nepoti meo. Ad Sanctum Salvatorem, petrariam illam quam habui juxta Scamnis; mancipia quoque xv ad eandem ecclesiam dimittere volo ad denarios iiii. » Jussit quoque recitare coram se et amicis suis ipsum brevem, ii. nonas novembris. Pridie ante obitum suum, dimisit quoque xiiii mancipia ad Stenetland ingenua. Sequenti quoque die, priusquam obiret, claves basilicæ ipsius omniumque aliarum officinarum in manus filii sui Gundberti tradidit et commendavit, dicens : « His omnibus, fili, te superstitem confirmo, quatinus et Dei hanc domum meamque ac antecessorum meorum etiam et tuam elemosinam, dum advixeris, congrua cura custodias. » Quibus dictis, requievit in Domino anima et corpore, ac obiit nonis novembris, IIII. feria vesperascente. Postera die portantes corpus Goiberti ad monasterium Sithiu sepelierunt in basilica sancti Bertini, coram altare Domini Salvatoris et crucifixi.

LXXXVIII.

PRIVILEGIUM ADALARDI ABBATIS DE CELLA DOMINI SALVATORIS IN STENELAND.

« Quæcunque rectores ecclesiarum Deum timentibus et amantibus ad vota annuerint, in his procul dubio Dei se voluntatem implere non dubitant. Iccirco ego, in Dei nomine, Adalardus, abbas monasterii sancti Petri, vocabulo Sithiu, ubi sanctus Domini Audomarus Bertinusque requiescunt, notum esse volo sanctæ ecclesiæ deicolis præsentibus atque futuris, quia fidelis Dei ipsiusque sancti loci, et noster, Gundbertus, parvitatem nostram petiit, ut traditionem patris sui Goiberti ac suam de cella Domini Salvatoris in Stenedland, sive Sancti Salvatoris, nostro etiam testamento confirmaremus. Cujus voluntati et petitioni libentissime annuentes, ob suam patrisque sui prescripti circa predictum sanctum cenobium devotionem et plurimam utilitatem, statuimus, vice Dei et sanctorum ejus, ut, sicut testamentum jam dictæ traditionis resonat, absque ullius contrarietate, res ipsæ ad ipsorum predecessorumque suorum elemosinam peragendam perpetualiter maneant; ipseque Gundbertus, quamdiu, Christo annuente, vixerit, ipsarum procurationem et potestatem ad opus monasterii Sithiu habeat; qui, si citius vitam finierit, quem ipse probaverit vel elegerit in provisione suscipiat. Utque secundum kartas traditionem inconvulse maneant, eas nominatim exprimimus, scilicet : in ipso Steneland, in Ricolvingahem, in Hisdenne cum mancipiis, in Henrikingahem sive Milhem, et alio Henrekingahem cum Trudbaldo et luminariis in ejus ministerio; in Ebresingahem, in Winingahem, in Curmontium, in Siningahem et in Istem; in Hokingahem, in Hostede, in Lampanesse, in Simpiaco, in Burthem, in

27 mart. 857.

Reka, in Strate; in Hemmawic, terra Frawivi; in Kilciaco cum Odlando fabro, in Etesnasberg; in monasterio mansum hortumque; in Ariaco similiter; in Tarwana mansum; in Quentwico similiter, quolibet ingenio attractæ, vel nostro amminiculo augmentatæ, et quæque in postmodum Dei clementia addiderit. Item in Kessiaco, Sperdia, Vuesarmio, Vostringe, Tingiaco, Vuilere, Mellingasele, Loclesse, Lonastingahem, precariam Landberti, Adalgeri, Hildberti; in Gruonoberg silvam cum terra; in Dagmaringahem, tam ipso Guntberto vivente, quam post obitum ejus, inconvulsæ maneant, sicut hodie illic pertinere noscuntur. Moneo etiam et contestor, per ipsum Dominum Salvatorem, omnes rectores hujus cenobii præsentes futurosque nec hoc nostræ auctoritatis testamentum malignitate qualibet infringere quantumlibet moliantur. At si quisquam fecerit, impreco contra eum Deum omnipotentem omnesque sanctos ejus ultores, una cum animabus Deo devotis, qui has illi res contulerunt. Ut autem hujus testamenti firmitas perfecte roboretur, manu propria subscripsimus, et reverentissimum episcopum nostrum Humfridum subscriptione sua roborare rogavimus.

« Actum Aria monasterio, VI. kalendas aprilis, anno incarnationis Domini DCCCLVI., et bissextili ascensu I., indictione V. ac embolismo, sabbato ante medium quadragesimæ, anno XVII., regnante domno Karolo, cum fratre Hludovico ac nepote Hlotario.

« Ego ADALARDUS, abbas, propria manu firmavi.

« Ego HUMFRIDUS, episcopus, hoc testamentum propria manu firmavi.

« Ego ipse, in Dei nomine, GUNDBERTUS peccator, jubente domno abbate Adalardo et annuente precibus meis, una cum venerabili episcopo Humfrido, subscripsi. »

LXXXIX.

PRIVILEGIUM KAROLI REGIS DE CELLA DOMINI SALVATORIS IN ŠTENELAND.

25 julii 866.

« In nomine sanctæ et individue Trinitatis. Karolus, gratia Dei, rex. Debitores nos regia excellentia novimus, ut servorum Dei devotis constitutionibus et firmitatem et defensionem adhibeamus; idque nobis vitam et futuram beatitudinem profuturum non dubitamus. Noverint igitur omnes fideles sanctæ Dei ecclesiæ et nostri præsentes atque futuri, quia venerabilis vir Humfridus, episcopus et abbas, nostram petiit sublimitatem de cellulis quibusdam in diocesi sua, scilicet in loco nuncupato Sancti Salvatoris, sive Stenedland, quam in honore domini Dei Salvatoris Jhesu Christi venerabilis matrona Bertruda, una cum filio Goiberto, in dote sua statuit, Romam pergens; ibidemque vitam finiens, et nepoti Guntberto, filio Goiberti, qui adhuc superest, conservandam, et ad Dei servitium augmentandam deputari voluerunt. Sed et in alio loco, in insula super Agnionam, juxta monasterium sancti Bertini, quam memoratus Gundbertus per ordinationem et adjutorium præscripti venerabilis episcopi, perque aliorum sui propinquorum et amicorum solatium, ad ipsius Domini Salvatoris famulatum aptare contendit, adhuc pene omnibus necessariis expertem, ut ipsa loca sancta, cum rebus parvulis appendentibus, regio statuto et defensione roboraremus. Proinde, vice Dei, decernimus firmamusque, et per futura tempora etiam divina conjuratione constringimus, ut hæc loca sancta ad honorem domini Dei Salvatoris nostri Jhesu Christi una gubernatione inseparabiliter hereant, et in eis Deo Salvatori famulantes obtata quiete fruantur, nichil contrarietatis vel a prælatis ecclesiæ, vel a sæculari potentia sustinentes; resque a præfatis Bertruda, Goiberto, Guntberto, Deo Salvatori dicatæ, vel undecunque augmentatæ, et, Dei gratia, augmentandæ, nil omnino præsentibus futurisque temporibus cuiquam personæ vel dignitati exolvant, ulla occasione, quamvis valde necessaria judicetur, nisi victum vestitumque ibidem Deo servientium, et luminaria ceræ oleique reliquis sanctis, et necessariis restaurationis, ac, pro facultate, cura pauperum hospitumque, et, omni studio præfatorum, annuam commemorationem in elemosina servis Dei et pauperibus; et cum omni integritate et appendiciis suorum locorum, tam in terris quam in mancipiis, rebusque inexquisitis, sicut nunc possidentur, sine aliqua substractione vel diminutione, memoratus Dei fidelis et noster orator Guntbertus clericusque sancti Petri apostoli ab Eugenio papa tonsus, omni tempore vitæ suæ his sanctis locis custos, cum summa quiete, sine cujuslibet malivolentiæ perturbatione maneant; et, post eum, quem in famulatu Domini Salvatoris a se enutritum probaverit dignum et optimum; et deinceps, omni tempore perpetualiter, sancto conventu hoc conservetur. Successoresque nostros rogamus, per ipsum Dominum Salvatorem contestamur, ut hoc præceptum nostrum nulla machinatione in aliquo convelli patiantur, sed potius ipsi firmissime roborent. Ut autem hæc precellentiæ nostræ confirmatio perpetuum, in Dei nomine, optineat vigorem, anulo nostro subter eam jussimus sigillari.

« Data VIII. kalendas augusti, anno XXVII. Karoli regis.

« AUDATER, notharius, ad vicem Gauzlini, recognovit et subscripsit. »

XC.

BREVIS DE SUBSTANTIA ET CENSU ET DISPENSA DOMINI SALVATORIS, QUANDO HILDUINUS ABBAS INJUSTE, KALENDIS SEPTEMBRIS, A MANIBUS GUMBERTI OMNIA ABSTULIT, ANNO DOMINI DCCCLXVII.

DE MINISTERIO ECCLESIASTICO DOMINI SALVATORIS.

Sunt ibi capsæ IIII, auro argentoque parate; cruces III; calix I, cum patena argentea; turibulum eneum I. Pendunt ibi calices III; armillæ IIII in funibus, cloccarum auro argentoque paratæ.

DE VESTITU.

Pallei IIII, palla linea I, corporalia II, cinctoria III, alba I, casulæ II, stola I, succinctorium auro paratum I, dalmatica diaconalis I.

DE LIBRIS.

Missale I. Lectionarium I. Antiphonarium I. Omeliaria III. Regum I.

Baptisterium i. Omeliæ Gregorii. Epistolæ Pauli. Genesis. Prophetarum.

Ad basilicam Domini Salvatoris, in porta, sunt de terra arabili bunaria LXV, de prato bunaria XX; de silva saginacia, faginina, bunaria XX; de minuta, bunaria XV. Sunt servientes inter viros et feminas XVIIII, qui inter omnes non habent nisi mansos VII per bunaria XII. Sunt mancipia XIIII. Vaccarius habet bunaria IIII; Berbicarius bunaria III.

In Curmontium, inter terram cultam et incultam, bunaria L; mancipia VIII. Ad luminaria et fabricationem, et tecturam, et emendationem ecclesiæ, et incensum, inter Steneland et Winningahem, sunt bunaria inter terram et silvam XX. In Triaco et terra Trudbaldi; in Henrikingahem et Reka; in marisco, quod ipse Goibertus ad altare tradidit, bunaria XXVI. In Kilciaco, quod datum est in elemosina Edeberge, pro quo in annuali ejus XII pauperes pascuntur. Item in Sethliaco et Campanias bunaria XVIII, quod datum est in elemosina Trudlinde pro qua in annuali ejus C pauperes pascuntur. In Quintuico mansum I. Item luminaria pro Goiberto et Gundberto, et Trudlinda et Riquione, de quibus inter censum et luminare debet venire libra I solidi V, ad elemosinam faciendam et clericorum necessitatem. In Hemmavinc marisco, mansum I quem dedit Adalardus abbas, unde venit solidi X. In Simpiaco bunaria XII, quæ tradidit Zoppo pro libris V argenti, unde deberent venit[1] solidi III; sedneversingahem[2], quod dedit Liodricus, bunarios XVIII, inde debent pensæ III. Item silva in Gruonoberg, cum terra in Dagmaringahem, quam concessit Adalardus abbas, unde veniunt solidi II. De luminaribus, de ministerio Trudbaldi, unde veniunt solidi VIII. De horto in Insula solidi XV. Summa, libræ II. De precariis veniunt solidi II, denarii VI; de sale modiola X. Item quæ annuatim ex his rebus expendebantur ad luminaria, cera, oleum, pinguedo, et universæ necessitates in sanctuario Dei. Clerici VIII pascebantur, vestiebantur. Nonis novembris, in annuale Goiberti, fratribus de farina nitida modia V;

---

[1] Sic. [2] Sic.

de farina grossa ad dispensam famulis et pauperibus modia II; de cervisia modia III. De formaticis pensam I. Ad pisces solidi V. De pinguedine sextarii. De melle sextarius magnus I. De[1] uncia I. De cimino uncia I. Inter cinamomum et gallingar et cariofilo uncia I. De vino modia VII aut VIII. Ad Montem modium I. De cera libræ III. VI. idus novembris, in dedicatione ecclesiæ, ad opus fratrum et hospitum, de farina nitida modii V; de cervisia modii XV; inter hospites et pauperes, de formaticis pensum II dimidium, frisingas IIII; ad pauperes CCCLXV, de farina grossa quantum necesse est; ad pisces solidi V, de vino modii VII, pullos XV. VI kalendas januarii fratribus de vino modius I; idibus januarii similiter. XV. kalendas marcii similiter, et pauperes C; de farina grossa modii II; de cervisia modius I cum compane. Nonis marcii modius I pauperibus, ut supra. In octavis Pasce vel in Pasca annotina modium I pauperibus, ut supra. IIII. nonas maii modius I pauperibus, ut supra. VI. idus mai modium I pauperibus, ut supra. Idibus julii modius I pauperibus, ut supra. VIII. idus augusti modius I pauperibus, ut supra. Idibus septembris modius I pauperibus, ut supra. IIII. nonas octobris calices II pauperibus, ut supra. Initio musti modius I. Odlandus faber habet in Kessiaco quantum Adalardus concessit de terra mala, bunarii L, mancipium nullum. Bernardus, advocatus, habet in Vostringe terram quam tradidit Goibertus, bunaria L, mancipium nullum.

DE VACCARIIS.

Ratwinus habet, inter juniores et seniores, vaccas VII; cum vitulis lactantes II; vacuas III; juvencas triennales III. Debet pensas. Sunt inter totum capita XX. Berbicas[2] Vodel habet oviculas lactantes L; vacuas XXIII; multones XIII; agnellos L. Sunt inter totum capita CXXXVI. In Curmontium Huobbel habet multones XIII; annales VIII; oviculas lactantes XXXVI; vacuas XIIII; agnelli XXXVI. Sunt inter totum capita CVI: debet pensas XXX. In Stenedland sunt porci, inter

[1] Nomen rei non apparet.
[2] Fort. leg. aut *De berbicariis*, aut *Berbicarius*.

majores et minores, xxx; sunt boves ii ad occidendum; pulli xii; anates iii. Sunt ibi de spelta supra sementiam bennæ xv; de baliarcho carradæ xxx; de avena carradæ xv; de hordeo carradæ ii; de feno carradæ xxxv. Sunt inter boves et vaccas, et berbicas et porcos capita ccc. Post hæc, ego Gundbertus, in mense junio, anno sequenti, tabulas ii marmoris purperei valentes libras iiii, dalmaticam subdiaconalem, armillam ad cloccam habentem argenti solidos v, quaterniones diversos veteris Testamenti obtuli Domino Salvatori. Dedi item denarios viii in Bononia ad materiamen altaris.

XCI.

« Anno Domini dccclxviii., et anno regni Karoli regis xxviii.[1], vi. kalendas augusti, Guntberto Romam ire disponente, in Vuabrante villa episcopali, in solario, in manus domni Humfridi episcopi, Vuigmari comitis, Meionis, Odberti, dederunt Berhardus et Erkembaldus terciimanus, vice Asbaldi patris sui, in Humbaldingahem et in Embrica, in pago Taruenensi, quicquid ibidem Goibertus habuit et ut filio suo Guntberto condonarent, præcepit manuterciis; et Heremarus, post illos, Folkramno et Asbaldo reddidit: ut, si Guntbertus reverteretur, sicut jussisset facerent; si autem non reverteretur, sicut per missum suum mandaret manutertii facerent in sua et patris elemosina, sicut coram Deo rationem reddituri.

27 jul. 868.

« Actum est anno episcopatus Humfridi episcopi xiii., ipso etiam pariter Romam ire disponente.

« Signum Fardulfi, advocati. Signum Grimbaldi, senioris. Signum Bertlandi. Signum Brunsteni. »

« In Dei nomine, ego Gundbertus peccator, presbiter, iturus ad Romam, ad dominum meum sanctum Petrum, cui ab infantia traditus fui, ibidemque clericatus, rogans et contestans per Dominum

[1] Rectius, ut videtur, xxix.

ut hæc perficiantur ita, propria manu scripsi, infirmus capite valde et oculis, et subscripsi. »

XCII.

DE TERRA HUMBERTUSIN, IN PAGO BELVACENSI, SANCTO BERTINO DATA.

« Notum sit omnibus fidelibus, quod, temporibus Hugonis regis, patris Rodberti regis, et temporibus abbatis Vualteri cœnobii sancti Bertini, habuit sanctus Bertinus quandam terram in pago Belvacensi, dictam Humbertutsin, super fluviolum Tera; super quam præpositus erat quidam monachus Milo, nomine quidem, sancti Bertini, archidiaconus ecclesiæ Taruanensis, qui, sæculari pompæ nimis inserviens, et propter hoc eidem Dei fidelitatem negligens, accepta pecunia, Rainardo de Baledin ipsam terram dedit, ea scilicet conditione, ut omni anno, pro censu cc solidos Belvacensis monetæ persolveret, quoad viveret. Hoc autem debitum quoad vixit, per quendam Johannem, ejusdem terræ nostræ inhabitatorem, ix septembris, in festivitate sancti Bertini, transmisit. »

Cætera desunt in Codice.

PARS SECUNDA.

SIMONIS CHARTULARIUM.

LIBER PRIMUS.

PROLOGUS SIMONIS ABBATIS HUJUS ECCLESIE, PRIMI DE HOC NOMINE, NATIONE GANDENSIS, INSEQUENTIS OPERIS.

Omni dilectionis gratia et gratie spiritualis efficatia predicando et amando patri, domno Lamberto abbati, suus Simon, suorum omnium minimus, quitquid saluti corporis et anime coram summo opifice commodum est et utile. Cum indecens sit et injustum, pater amantissime, filios, jus paterne hereditatis re mortalis glorie vel spe successionis transitorie affectantes, paterne prudentie nolle imbui virtutibus; multo imbecillius est justioris quam callumpnie ab eorum vestigiis, quadam animi desidia, exorbitando deviare, quos non solum facit imitabiles innata mentis virtus et probitas; verum etiam, tam ex industria animi quam ex sagacitate ingenii, ecclesiastica approbat non spernanda auctoritas. Hos igitur, dilectissime pater, quem turturea caritate unice amplector, quippe quem lacte vestre dulcedinis, utpote qui necdum cordis palatum habueram, cibis solidioribus licet invitum, licet renitentem, insuescis; hos, inquam, post vos, ad emulationem proponendos censui, quos, pro eorum spectata virtute, antecessores in pastorali regimine habuistis. Quorum etiam gestis breviter summatimque descriptis, cartas nichilominus separatim in uno volumine a mea exiguitate describi voluistis, quas, tam principum quam diversorum presulum auctoritate, ad utilitatem devitande controversie vel pacis continue, de traditionibus et diversis fidelium commutationibus, vel de qualicunque utilitate ecclesie, posteris confirmatas reliquerunt, ut futurorum incuria, cognita eorum vivaci industria, memoriale bonorum operum non lateret in secula. Quibus nichil unquam naturaliter inolevit tam utile, quod vobis non sit impressum, quasi, ut ita sit dictum, in aurea summi imperatoris imagine, quodque non sit posteris omnibus per vos imitabile, pieque recolentibus dignum et memorabile. Tanto namque unaqueque virtus clarior redditur, quanto, eodem majorum exemplo vel industria, ad utilitatem futurorum studiosius commendatur. Vestro itaque, juxta congruam mei nominis interpretationem, imperio cupiens esse obediens, quanquam impotens, tamen ut possum, in hoc favens conquinisco; imitans quemdam loci hujus cenobitam, Folquinum nomine, qui, jussu sui abbatis, pene omnium hujus cenobii rectorum, a tempore sanctissimi patris nostri Bertini invicem sibi succedentium, usque ad tempus domni Adalolphi, qui in cathalogo xxvi^{tus} ponitur [1], compendiose gesta cartasque digessit; simulque devitam antecessorum meorum scriptorum torporem, qui sex [2] abbatum, a semel dicto pastore usque ad Christi athletam Rodericum, diversis temporibus sibi succedentium, facta inscripta reliquerunt. Ex quibus, licet nobis nihil sit compertum scriptu memorabile, haud tamen dubium eos in suscepti regiminis cura multo labore desudasse. Quibus omissis, a domno Roderico initium scribendi sumentes, illud potissimum exoramus ne lectori sit tediosum, post dubias deliciarum copias, eciam furfurei panis attingere micas.

NOMINA FRATRUM TEMPORE RODERICI ABBATIS :

Leduinus, decanus et monacus; Bovo, Suavinus, Reinerus, Winradus, Vulfardus, Wazo, Gerbodo.

---

[1] Adalolfus II, in *Gallia christiana*, vigesimus octavus Sithiensis cœnobii abbas numeratur, quia series abbatum a sancto Mommolino, sancti Bertini prædecessore, sumitur, et duplex mentio fit de sancto Fulcone, qui semel et iterum, diversis temporibus, monasterii regimen obtinuit.

[2] Prætermisso Hildebrando, Adalolfi II successore, qui ante eundem Adalolfum semel jam abbatiæ præfuerat.

I.

DE DOMNO RODERICO ABBATE.

Tricesimus secundus[1] hujus Sithiensis cenobii extitit Rodericus abbas et rector, vir per cuncta laudabilis omniumque laude non immerito predicabilis. Qui, post excessum predecessoris sui abbatis Heinfridi, dum fratres loci hujus, antecessorum inconsiderata nimis remissione, a rectitudine regularis norme deviantes, tumultuando insolescerent, a Balduino comite, qui, ob magnitudinem virium suarum, Magnus, vel, ad distantiam antecessorum suorum equivocorum, ob proceritatem barbe Barbatus dictus est, ab Attrebato, unde monacus erat, adductus anno millesimo vigesimo primo dominice incarnationis, invitis et contradicentibus fratribus, nonnullis eciam recedentibus, hoc in loco abbas constituitur. Suscepto igitur hoc modo cure pastoralis regimine, id ad quod venerat diligenter exequitur. Sed, quoniam radicata longa consuetudine, acsi innata foret, mentis iniquitas humana nequiverat correptione facile evelli, factum est ut qui in melioratione nostri noluimus esse ultronei, celestis animadversionis verbere graviter attacti, cum majori nostri dispendio, quandoque a malo cessaremus coacti.

II.

Enimvero iniquitatum nostrarum enormitate irritatus, supernus arbiter exteriorem domum suam, sed, malis nostris urgentibus, speluncam latronum effectam, uti longe antea divinitus comminatum fuerat, igni miserabiliter ad devorandum deliberarat. Nulli autem sit dubium utrum casu fortuito, an prelibate rei gratia hujus combustionis super nos ingruerint dispendia; cum, procul a monasterio

---

[1] Leg. *tricesimus tertius*. Sex siquidem abbates, inter Adalolfum vicesimum sextum et Rodericum de quo agitur, cœnobium rexerant. Rodericus tricesimus sextus inscribitur in *Gallia christiana*, ubi Mommolinus semel, Fulco et Hildebrandus bis adnumerantur.

illo igne exurgente, accrescente, et ventus ei consurrexerit et concreverit, ac, nonnulla domata transgressus, versus templum vehementiore flabro, nimio peccato urgente, impulerit. Et, ut dictum est, *A sanctuario meo incipite,* edes Dei subito igne invaduntur, lamentabiliterque edacis flamme voracitate liquantur; et quod diutino multoque sudore elaboratum extitit, tunc, proh dolor! unius diei hora consumpsit. Dehinc rapacitate sua tocius claustri girat confinia, et, nihil intermisso, exterminat omnia. Verum, ut dictum est, *Nihil in terra fieri sine causa,* haud credendum est Dominum domum suam dimisisse frustra perire, sed ut diutinis malis penitus expiaretur, et ut domus sua interior, ibidem videlicet commanentes, a pravis actionibus suis deterrerentur, ne, si malis suis nollent abrenuntiare, deterius ignis eterni post in eternum punirentur dampnatione. Huc eciam illud memorie occurrit, quod quadragesime observatione illud discrimen nobis acciderit, quando cuncti sane fidei cultores potissimum errata aliorum temporum punire, atque ab his digna penitudine se operam dant expiare. Sicsic longanimis et multe misericordie et verax Dominus, illo in tempore, hoc cenobium cenobitasque suos, tanta incendii percussione multatos, a cunctis peccati spurtitiis examinasse, et, in reliquum vite tempus, o utinam velit emendatiores esse! quatinus hoc rogo inextinguibili castigatiores effecti, eterni ignis cruciatus evaderent inextinguibiles.

III.

His ita consumptis, insecuta nocte, cuidam seniorum in sompno visum est videre quemdam magnificum virum, habitus candore niveum, vultus splendore fulmineum, quodam claustra loco perstitisse, diligentique obtutu circumspectis omnibus, extenta dextra omnem cenobii locum benedixisse. Qua de re eciam colligitur locum a quibusdam commissis jam expiatum, demumque in pristinum vel potiorem decorem aliquando miseratione Dei committendum. Interea, fratribus divo expositis, ac murorum parietibus tectorum suorum honestate nudatis, denuo, necessitate urgente, reparantur, murisque utcunque stantibus superponuntur.

IV.

Quid plura? cunctis pro tempore ac pro posse reparatis, seu potius dealbatis, quidam nostrorum citius recto, non multo post tempore, visitationis sue obliti, et ad abrenuntiata irreverenter reversi, necdumque fece malorum suorum exinanita, demum diabolice malignitatis illaqueantur pedica. Cum ecce divina majestas nos territura, demum, post aliquorum annorum curriculum, in nos gladium suum vibravit, ac subita peste multam partem nostrorum letho tenus percutit. Nec erat tunc ulla morientium requies, sed dietim corruebant velud morbide oves; cum, illo vel illis defunctis, adhuc eorum sepulturis inserviretur, ecce aliorum exitus subito denuntiatur.

V.

Plurimo interim ejusdem pestis horrore affecti, atque singuli super se subito future mortis suspecti, multam malorum suorum penitentiam iterato ceperunt gerere, de intimis lacrimarum suspiriis exacerbatam malis suis Domini faciem placare. Tunc cerneres illud apostolicum bene compleri: *Confitemini alterutrum peccata vestra, et orate pro invicem ut salvemini.* Nec minus omnes peculiaritatis reculas in medium proferri, ante pedes domni abbatis Roderici exponi, digne penitudinis et lacrimarum fluentis rebaptizari, et, ut brevius concludam, his cunctisque malis abrenuntiari et omnibus bonis invitari. Nec tamen sic omni quadragesima cessatum est ab hujusmodi lue letifera, donec, undecim nostrorum defunctis, ac totius anni diebus, quibus diutius abusi sumus, in tali merore atque anxietate decimatis, festivum pascale sollempnium instaret, omnemque ejusdem cladis lacrimam ab oculis gementium pietas Dei abstergeret. Verumtamen non hec dominice invectionis flagella cujusquam aures offendant, sed potius quicunque his se correxerint in susceptionem filiorum recipiendos congaudeant, recollentes quod sacra scriptura nos instruit, *Flagellat Dominus omnem filium quem recipit;* et quod ipsa veritas proloquitur prophete vaticinio, *Ego quos amo, arguo et castigo;* et quid, quod ipse Dominus evangelice intonat : *Omnem palmitem qui fert fructum, purgabit eum ut fructum plus afferat.* Unde quicunque valuerint in vite manentes, in musti dulcedinem maturantes, dulcorari, non abnegent dominice castigationis frequenti ferro incidi. Condecens quippe est pium ac justum, judicem Dominum nostrum nos multipliciter delinquentes, nunc minis suis terrificare, nunc duris objurgationum suarum immissionibus, digne multociens correxisse, quatinus, nobis ejusdem mali saporis gustu ad tempus exacerbatis, post superne mentis gratie Dei gratioribus exhilaremus donis, atque super nos tociens facte visitationis semper memores, in reliqua vite nostre tempora simus emendatiores. Dultior quippe nobis est apum labor, si prius tinxerit ora malus sapor; gratius astra micant, ubi nothus densissimas fugaverit nubes. Sicsic nimirum nobis, divini terroris virga juste attritis, et a peccatorum nostrorum cenosa infectione penitus defecatis, utriusque hominis puritatem cum gravitate morum, sepedictus pater Rodericus, regulamque sancti Benedicti observandam proposuit, cujus et ipse studiosus imitator et ferventissimus amator usque ad finem vite permansit. In adquirendis vero rebus tam exterioribus quam necessariis corporalibus nichilominus sollicite invigilavit. Adquisita, licet non omnia, gratisque data largitate fidelium, litterarum annotatione kartis mandavit, quas eciam, ut rata forent inscripta, tam principum quam episcoporum auctoritate, sicut subjecta earum docent exemplaria, sua postulatione confirmari impetravit.

VI.

DE INQUIETUDINE TERRARUM ECCLESIE ET COMMUTATIONE EARUM.

Interea, orta inquietudine adversus eum ab inhabitantibus quasdam terrarum possessiones ecclesie huic appendentes, dum sentit se ad sedandas litis controversias improbitati tumultuantium virtute esse imparem, quod suo nomine valuit consilio, alterius parat sapienter vincere auxilio. Accedit igitur ad episcopum Taruanensem, Balduinum nomine, monacum quondam Corbeie, postulans episcopali auctoritate malivolos obturbatores ecclesie sedari, terrasque supradictas suis successorumque suorum usibus perpetuo deputari, et, pro commutatione earum, sibi quedam altaria eque imperpetuum possidenda condonari; quod libenti animo consentit, cartamque de commutationis mutue largitione, ut subjectum est, confirmavit.

VII.

EXEMPLAR CARTE DE COMMUTATIONE ECCLESIARUM HARBELE, TORBESSEM ET PETERENESSA.

« In nomine sancte et individue Trinitatis. Balduinus, Christi favente clementia, Taruannensis ecclesie episcopus. Notum sit omnibus, tam futuris quam et presentibus, quod ego atque Rodericus, abbas videlicet ecclesie sancti Bertini, de rebus ecclesiarum nostrarum inter[1] unam commutationem fecimus. Prefatus namque abbas dedit michi quandam terram sitam super fluvium Agniona, que vulgo Laurentia nuncupatur, pro qua reddidi ei in concambio duo altaria: altare scilicet de villa que Harbela dicitur, et aliud de villa que Torbodeshem appellatur. Iterum contulit michi jamdictus abbas terram sitam in villa que dicitur Casmera, quam nos ea conventione suscepimus, ut, quia erat inquieta et ab inhabitantibus hominibus ipsi abbati contradicebatur sepius, nostro episcopali ministerio eam quietam nostris usibus facere deberemus. Itemque aliam terram, que jacet in villa Stapulas nominata; aliam quoque in villa que Dalvas dicitur. Pro quibus terris tradidi ei in cambio altare unum, in villa que Petressa vocitatur; eo tenore, ut, sicut ecclesia sancte Marie, cui, Deo auctore, deservio, possidet terras su-

---
[1] Suppl. *nos.*

perius nominatas sine censu vel quolibet respectu; ita predicta ecclesia sancti Bertini possideat altaria sine respectu atque circada, et a personatus exactione vel libera positione omnino.

« Ego Balduinus, Deo donante, episcopus, hanc commutationem feci et propria manu firmavi. Hujus rei testes sunt tot et tanti, quot et quanti in nostra tunc fuerunt sinodo, de quibus pauca nomina subscripsimus.

> « Signum Huberti, archidiaconi. Signum Johannis, archidiaconi. Signum ipsius Roderici, abbatis. Signum Germani, abbatis sancti Winnoci. Signum Alfridi, abbatis sancti Vulmari. Signum Rumoldi, monaci. Signum Rameri, monaci. Signum Gerbodonis, advocati. Signum Ernulfi, advocati.

« Acta sunt hec in basilica sancte Dei genitricis Marie, Taruanne, anno dominice incarnationis millesimo vigesimo sexto, regnante Francorum rege Roberto, Balduino vero marchionatum agente tricesimo nono[1]. Hec itaque ita acta et confirmata, quicunque aliquando adnichilare vel infringere ausus fuerit, sit in adventu Dei anathema, maranatha, nisi digna penitentia resipuerit. »

[VIII][2].

EXEMPLAR CARTE QUATUOR ALTARIUM TORNACENSIS DIOCESIS, SCILICET HETTINGEEM, ATLINGEEM, VESTKERKA ET ROKASHEM.

Circa 1026.

« In nomine sancte et individue Trinitatis, Harduinus[3], divina permittente gratia, Tornacensis civitatis episcopus, omnibus Deo servientibus eterne felicitatis munus. Notificamus quoque fidelibus tam presentibus quam futuris, quod venerabilis abbas Rodericus ex famoso cenobio Sithiensi, cum communi fratrum sue subjectionis consilio, id a me suo loco expetierit, quatinus altaria que nostre diocesis habentur, scilicet Hettingeem, Adlingeem, Westkerka, Rokashem, per omne hujus vite spatium mea auctoritate sinodali

---

[1] Annus 39 Balduini Barbati, comitis Flandriæ, incidit in a. Christi 1128.

[2] In Cod. X.

[3] Idem sane qui, in præcedenti charta, Balduinus nuncupatur.

PARS SECUNDA. — SIMONIS LIB. I.

condonarem. Cujus petitioni libenter annuens, quod nobis esset amicissimus, quin eciam vir magne perfectionis, factu optimum duxi, causa Dei amoris sanctique Petri et sancti Bertini, Folquini, Silvini quoque, qui in eodem cenobio requiescunt, ut apud Deum pro me intercessores existant, et ejudem cenobii tam presentes quam futuri fratres sue societatis communionisque portionem michi in Deum specialem fore admittant. Igitur que rogavit implere volui, et quorum[1] multo clericorum agmine, et coram Stephano ac Bernardo, archidiaconibus, eadem altaria tradidi. Attamen traditionem faciens non sue vite termino finiendam, verum eciam perpetualiter per omnia successorum meorum episcoporum tempora permansuram constitui; ita duntaxat, ut persone per eadem altaria constituerentur, ut, si forte persona constituta moreretur, altera persona sine precio illi subrogaretur. Obsecro igitur omnes successores meos episcopos, per misericordiam Dei perque communem christianam fidem, ut hec inconvulsa inviolataque, nostra auctoritate firmata, stare permittant, ne iram Dei sanctique Petri et ceterorum sanctorum inibi requiescentium incurrant, sed patrocinio sanctorum ejusdem loci et oracionibus servorum Dei monacorum semper mereantur protegi. Ceterum, si quis hujus traditionis carte destructor, qualicunque molimine facti consiliive repertus fuerit, Dei omnipotentis et sancti Petri anathemati subjaceat; sed ut hec nostre traditionis carta firma stabilisque permaneat, cum stipulatione subnixa.

« Actum est istud in monasterio sancte Dei genitricis Marie, quod est situm in civitate Tornacensi, regnante gloriosissimo rege Roberto. »

« Signum HARDUINI, episcopi. Signum HUGONIS. Signum STEPHANI, archidiaconi. Signum BERNARDI, archidiaconi. Signum LIBERTI, decani. Signum SALEFRIDI, decani. Signum ENERELMI, decani. Signum RAGENERI, decani. Signum INGELBERTI. Signum NORBERTI. Signum AMOLULFI. Signum WALFREDI. »

[1] Fortass. leg. *coram*.

IX.

DE CONSTRUCTIONE CENOBII SANCTI VINNOCCI BERGENSIS, ET EVENTIBUS ILLIUS TEMPORIS.

Abbatis pretitulati anno secundo, et assumpte Christi nativitatis vigesimo secundo supra millesimum, Flandrie comes Balduinus Barbatus, canonicos ecclesie collegiate sanctorum Martini et Vinnoci confessorum expellens, propter conversationis eorum enormitatem, cenobium sancto Vinnoco de Castro, quod fundaverat in Bergas, fecit; ponens illic aliquam partem monacorum domni patris Bertini, preficiens eisdem venerabilem Rodericum, vita et moribus insignem, subiciens hoc modo jamdictum cenobium Sithiensibus monacis. Cumque idem Rodericus septennio illud strenuissime rexisset, anno nativitatis dominice secundo de trigenta supra millesimum, crescente paulatim monacorum cetu, abbatem ordinavit Germanum, monacum sancti Bertini; qui, completo quadrienni spatio in regimine, diem obiit. Post quem alius monachus Bertinensis, cui nomen Rumoldus, successit.

His diebus accidit miraculum in Calmont, sancti Bertini villula, de quodam tiranno, qui, cum ducentis equitibus, illuc venit depredandi gratia. Cumque omnia animalia in campis pascentia sustulisset in grave dampnum civium, advenit Vinradus, sancti Bertini monacus, ab abbate Roderico missus, qui, dum eidem obtulisset ducentas missas, nec ille eas acceptasset, demum monacus ad orationum confugit auxilia, et audivit Creator quod respuit creatura. Verum repente de equo lapsus, cervice fracta, terminum vite fecit. Tandem quod predarat reducitur, et nomen Domini laudatur.

Post hec gloriosus Francorum rex Robertus et Balduinus magnus, Flandrie comes, deposito onere carnis, a seculo migrarunt.

X.

DE OBITU DOMNI RODERICI ABBATIS.

Tandem igitur, etsi ex multis memorabilibus que laudabiliter peregit pauca sint dicta, post animarum sibi commissarum correctionem, post felicem hujus vite conversationem, post fidelem hujus loci administrationem, anno incarnati Verbi millesimo quadragesimo tercio, sui vero regiminis vigesimo secundo, septimo idus jullii moritur, et intrantibus basilicam majorem ab australi plaga ad sinistram sepelitur, hoc epitaphio tumulo ejus suprascripto :

> Ut virgo plange, Sithiensis grex miserande ;
> Plorans, dic : Heu ! me, heu ! pater et domine !
> Heu ! pastor celebris, heu ! consilium probitatis !
> Ut pater alte jaces, summa sophia lates,
> Currus et auriga gregis hujus, et Israhelita
> Verus, et absque dolo, heu ! Roderice pater,
> Qui modicus mundi, modicos nos nobilitasti !
> Ecce redimus ad id te quoque terra tegit ;
> O te plorandum magis ! at nos funera tamen
> His tua curemus, det tibi leta Deus.

XI.

DE SUCCESSORE EJUS DOMNO BOVONE ABBATE.

Successor itaque ejus, virtutumque animi in divino cultu bono egregius imitator, efficitur vir adprime liberali litterarum scientia eruditus, et sub monastica religione a primeva etate nutritus. Qui, inter cetera virtutum suarum opera preclara, ecclesiam hujus loci incendio concrematam, a fundamentis reedificare cepit; sed, quanquam magna ex parte sublimatam, morte tamen preventus, imperfectam reliquit.

In cujus restauratione basilice adeo ei gratia divina astitit, ut sub capitaneo altari, dum illud everteret, corpus sanctissimi patris nostri Bertini, ubi, a beato presule Folquino reconditum, ducentis et eo amplius annis latuerat, reppererit; et repertum, astante spectabilium personarum utriusque sexus innumera multitudine, attestantibus eciam signis, honorifice levaverit, elevationisque sollempnem diem celebrandam omnibus annis sexto nonnas mai instituerit. Quo quoque tempore, forensiorum negotiorum nundine in opido sancti Audomari celebrabantur ex more. Qualiter ergo eadem inventio inventique sancti elevatio elevationisque sollempnis institutio sit gesta, quam decenter sit ordinata, quam prudenter effectui mancipata, commentariolo ab eodem viro Bovone abbate accurato eloquio exinde composito, scire volentibus per ordinem patet. Facta est autem inventio ista anno assumpte nativitatis Christi millesimo quinquagesimo, mensis junii die sexta decima; elevatio vero, quinquagesimo secundo super millesimum, regiminis quoque ipsius abbatis decimo, Leone papa nono[1] apostolice sedi presidente, in Francia rege Henrico regnante, et comite Balduino Insulano in Flandria principante. Nec adhuc his contentus, vir Deo dignus, cum vivens salus esset presentium, ut eciam mortuus fieret presidium futurorum, Romam, mundi dominam, nuntios misit, cartamque de libertate loci sibi commissi, et de substituendis abbatibus communi vel certe saniori fratrum consilio, auctoritate Victoris pape, sub excommunicationis anathemate, confirmare fecit.

XII.

EXEMPLAR CARTE DE LIBERTATE HUJUS LOCI.

13 mai. 1057.

« Victor episcopus, servus servorum Dei, dilecto filio Bovoni, religioso abbati, cunctisque successoribus ejus in Sithiensi cenobio regulariter promovendis imperpetuum. Convenit apostolico moderamini quatinus, sicut dignitate ac autoritate Petri, principis apostolorum, singulare privilegium omnibus preminemus, ita universarum ecclesiarum Dei sollicitudinem habeamus, ac singulis quibusque

[1] Corrig. *quarto.*

fidelibus atque piis locis oportuna suffragia conferamus. Quapropter, inclinati precibus tuis, carissime ac religiose abba Bovo, per hanc nostre auctoritatis censuram confirmamus ac corroboramus tibi tuisque successoribus regulariter promovendis Sithiense cenobium imperpetuum, quod in episcopio Taruannensi est constitutum in honore sancti Petri ac omnium apostolorum, ubi eciam preclarus Christi confessor Bertinus, ipsius loci primus fundator ac abbas, cum Folquino ac Silvino, beatis confessoribus, corpore quiescit. Pariter quoque confirmamus tibi tuisque successoribus, sicut dictum est, imperpetuum, cuncta eidem cenobio juste pertinentia, tam ea que hactenus devotione fidelium Christi illic collata sunt, quam que deinceps juste conferenda sunt, in arvis, campis, pratis, pascuis, silvis, aquis aquarumve decursibus, molendinis, piscariis, villis, ecclesiis, comitatibus, familiis, vineis, pomeriis, cunctisque suis mobilibus vel immobilibus, cultis vel incultis; ut quidquid inde, secundum Dei timorem, ad ipsius cenobii utilitatem regulariter disposuistis agere, liberam in omnibus habeatis faciendi potestatem; per omnia vobis salva et hoc privilegio nostro perpetualiter confirmata immunitate illa seu libertate, quam beatus Audomarus, Taruannensis presul, in prefato beato Bertino eidem cenobio proprio scripto indulsit atque confirmavit, qua hactenus secundum beati Gregorii pape luminoso abbati concessa, obeunte abbate monasterii ipsius, nullus episcoporum in describendis previdendisque ac quesitis querendisve rebus ecclesie hujus, aliqua se occasione, permisceat; abbatem vero eidem monasterio non alium, sed quem dignum moribus atque aptum discipline monastice, communi consensu, congregatio tota vel, quamvis parva, pars congregationis saniori consilio, secundum timorem Dei, poposcerit, ordinet. Stationes autem illic publicas per episcopum fieri omnino prohibemus, ne, in servorum Dei recessibus, popularibus occasio prebeatur ulla conventibus, ac simpliciores ex hoc animas plerumque, quod absit, in scandalum trahat. Frequentior quoque muliebris introitus, nisi forte, secundum dictum Nicholai pape, ab abbate monasterii vel fratribus, necessitatis causa vel dilectionis gratia, vocatus advenerit, ne, importunitate sui ministrorumque suorum inquietudine, fratres vel abbas sustineant ullam molestiam, et sic ei cuncta lesionis funditus ablata potestate, nullatenus aliquando in vestro versetur gravamine. Unde, apostolice sedis censura, sub divina contestatione juditii, anathematis impositione statuentes, interdicimus ut nullus unquam episcoporum seu cujuslibet ordinis clericorum, vel quilibet publicarum actionum administrator, seu alia quelibet aut quantumlibet magna parvaque persona, audeat vel presumat contra hoc nostrum privilegium agere, aut inde quitquam alienare, auferre, aut minuere vel transgredi; sed potius firmum ac stabile imperpetuum, sicut a nobis concessum et confirmatum est, permaneat; liceatque abbati vel fratribus monasterii ipsius apostolicam sedem appellare contra quorumlibet hominum injuriam, si, per episcopum Taruanensem aut archiepiscopum Remensem, satisfacere predicto monasterio ejusdemque rectoribus contempserint. Si quis autem, quod non optamus, temerario ausu, contra hoc nostrum apostolice sedis statutum in quoquam temerare vel confringere presumpserit, et contradictor illius extiterit in aliquo, auctoritate sancte et individue Trinitatis et apostolorum principis Petri, cujus, licet indigni, dignatione tamen vicibus fungimur, vinculo anathematis mancipatus, a regno Dei segregatus, diabolo et angelis ejus, nisi resepiscens satisfaciat, indissolubiliter aggregetur. Qui vero pio respectu observaverit, ac defensor hujus confirmationis et concessionis extiterit, potestate beati Petri, apostolorum principis, ac sanctorum confessorum Audomari atque Bertini, celestis regni introitum et gratiam atque gloriam a justo judice Domino Deo nostro vitamque eternam percipere mereatur, in secula seculorum. Amen.

« Scriptum per manus Gregorii notarii, anno dominice nativitatis millesimo quinquagesimo septimo.

« Ego Humbertus, dictus episcopus sancte ecclesie Silve Candide, interfui, et propria manu subscripsi.

« Ego Benedictus, sancte Bellitrensis ecclesie dictus episcopus, cognovi, et propria manu subscripsi.

« Ego Bonefatius, sancte Albanensis ecclesie dictus episcopus, cognovi, et propria manu subscripsi.

« Ego Petrus, archidiaconus sancte Romane ecclesie, cognovi, et propria manu subscripsi.

« Ego Hildebrandus, sancte Romane ecclesie archidiaconus, cognovi et propria manu subscripsi.

« Ego Fredericus, diaconus, subscripsi.

« Datum tertio idus maii per manus Aribonis, diaconi, anno tertio pontificatus domni papæ Victoris, mense maio, indictione decima, die tertio decimo. »

XIII.

DE ALTERCATIONE FACTA INTER ABBATEM BOVONEM ET GERBODONEM, ADVOCATUM ECCLESIE NOSTRE.

His ita dispositis, non multo post tempore, inter dominum Bovonem, abbatem, et advocatum hujus loci, Gerbodonem, lis gravissima exoritur. Siquidem advocati interest officii res ecclesiasticas et bona exteriora ab ingruentibus pravorum hominum defensare periculis, cum, versa vice, sicuti tunc contigit, cupiditate avaritie, defensandam ecclesiam perturbare, magisque soleant oneri esse, quam utilitati ecclesiastice prodesse. Unde actum est, ut idem Gerbodo, in villa sancti Bertini, Arkas dicta, quasdam indiceret injustas exactiones persolvendas, super famulos quoque sancti Bertini et submanentes jus indebitum sibi usurpans, hoste gravius inquietabat omnia. Cujus rei gratia abbas Bovo Balduinum marchionem expostulat, quatinus, investigata diligentius hujus litis controversia, finem sua auctoritate altercationi imponat. Cujus petitioni benigne annuens, venerabilis princeps, re justa discussa, ambobus pacificatis, pari utriusque assensu et consilio, quid unicuique debeatur suo suorumque procerum decernit juditio. Quod decretum ne infringeret aliqua hominum oblivio, sua corroboravit litterarum apicibus, ut subjectum est, astipulatio.

XIV.

PRIVILEGIUM BALDUINI INSULANI DE LIBERTATE ARKAS, DE SUBMANENTIBUS ET SERVIENTIBUS ABBATIS ET MONACHORUM, DE DECIMATIONE DE BROBORG [1].

6 jan. 1056.

« In nomine Patris et Filii et Spiritus sancti. Ego Balduinus, Dei gratia, Flandrensium comes, reputans mecum nobis, plus aliis in hoc mundo occupatis, magis necessaria esse sanctorum patrocinia, optimum duxi non solum nostra largitate eorumdem sanctorum Dei exteriora augeri bona, verum etiam ab omni oppressione et injusticia defendendo, integra conservare ab aliis collata vel conservata, et in melius restituere quocunque male instituta vel depravata. Unde notum facio omnibus presentibus et futuris, me in villa sancti Bertini, que dicitur Arkas, pravas et nimis injustas quasdam exactiones, que violentia et oppressione malorum quorumdam advocatorum videbantur surrexisse, humili et obnixa postulatione abbatis Bovonis, penitus extirpasse. Quidam enim, advocati nomen usurpantes, et ecclesiam, quam tueri et defendere omnino deberent, quantum in ipsis erat, versa vice, opprimere volentes, dicebant se in prenominata villa Arkas, semel vel bis in anno, debere hospitari, et quecunque sibi suisque necessaria essent ab ejusdem ville hominibus procurari. Insuper vero volebant petitionem annuatim, quasi ex debito, facere, et adhuc quedam alia, que nulla ratione poterant vera comprobare. Unde inter advocatos et abbates ecclesie sancti Bertini graves dissensiones, frequentes altercationes orte sunt. Cum vero tante injurie abbates nullatenus vellent adquiescere, novissime, tempore predicti abbatis Bovonis et Gerbodonis advocati, eo usque, hac de causa, scandalum processit, ut, dum homines illius, in vindictam ac

---

[1] Hujus privilegii fragmenta ediderunt Malbranq. *de Morinis*, tom. II, pag. 739, et editores *Script. rer. Franc.* tom. XI, pag. 380.

PARS SECUNDA. — SIMONIS LIB. I.

gratiam domini sui, quemdam ipsius abbatis monacum, nomine Albricum, ex injuncta ei obedientia, Arkas venientem, nimis crudeliter apprehensum, precisis genitalibus, deturpare cogitarent, satis inhumane penitus ei vitam auferrent. Quocirca, ut omnis controversia et querela inter abbatem et advocatum, que de prefata villa orta est, imperpetuum sopiatur, me mediante et utriusque assensu super hoc concordante, statui, cum optimatum meorum consilio, ut advocatus, qui pro tempore fuerit in regalem expeditionem iturus, unum baconem, et unam pensam caseorum, et unum equum ad summarium, vel, pro his, unam marcham argenti ab abbate accipiat, et, singulis annis, de unaquaque terra ipsius ville, dimidiam firtalem avene, sine omni contradictione habeat; eo pacto atque conditione, ut nil unquam amplius de eadem villa, qualicunque causa vel machinatione, exigat aut accipiat, et ut abbati, si indiguerit, oportunum sue defensionis auxilium non subtrahat. Preterea, ad petitionem dicti abbatis et monacorum suorum, villam Archas cum omnibus appenditiis suis, terris videlicet cultis et incultis, pratis, pascuis, molendinis, aquis, coram baronibus meis, ad usum et utilitatem ecclesie sancti Bertini possidendam perpetuo confirmavi; ita scilicet ut, sicut eadem villa proprium jus et hereditarium sancti Walberti comitis fuerat, qui eam sancto Bertino viventi in corpore tradidit, ita sancti Bertini fratrumque ibidem Deo servientium hereditaria et propria possessio, comitatu, exactione, molestia, vi, oppressione, et omni lege seculari cujuslibet comitis vel potentis omnimodo exclusis, soli ecclesie subdita, firma et pristina libertate imperpetuum permaneat. Insuper, de pascuis porcorum vel pecorum ville de Arkes, in vicina silva, Ruhould dicta, antiquo jure pascentium, antiquarie carte dicte ecclesie assentiens, annui, ut nullus alius, nisi abbas aut prepositus vel missus ipsius ecclesie, inde exigat quicquid, pro respectu silvestris pasture, exigendum et accipiendum est. Pascuum quoque porcorum vel pecorum, que inter burgenses sancti Audomari et villam Arkas, vulgo dictam Suinard, jacet, palustrem etiam terram ex integro, que inter arabilem terram de

Arkas et vetus monasterium, et, in oriente, inter vetus fossatum in silva et in Hindringeld et vetustam Mere, atque, in occidente, inter Esled et Kesgale, necnon Morlaka, et Simonis Led, jacere dinoscitur, predicto Gerbodone advocato concedente, quia sancto Bertino viventi in corpore tradita fuerat, et, usque ad hec tempora, ecclesia ipsius sancti, absque contradictione qualibet, libere et inconcusse possedit; ac quidquid infra prenotatos terminos in piscariis, pratis, pascuis, sive in aliorum terris, in presenti utilitatis est, vel quolibet modo accreverit in futurum, predicte ecclesie, propriis usibus profuturum confirmo; ita sane, ut nulli hominum liceat inde sibi quidquam juris vendicare, nisi quod per voluntatem abbatis et capituli legitime optinuerit. His ita statutis, concessis et confirmatis, illud quoque subscribi et determinari placuit, quomodo, interveniente Drogone, Taruanensium presule, et sepedicto abbate, et predicto Gerbodone, advocato, assensum prebente, spatium mensure atrii et curtis sancti Bertini taliter divisimus: scilicet, ut usque ad medium fluvii qui dicitur Agniona, quo circumfluente idem cenobium cingitur, spatium mensure atrii ejusdem sive curtis in circuitu protenditur, et infra manentes ab omni potentia et justicia liberi maneant et quieti, et tantum abbati de componenda cujuscunque negotii causa vel institutionis eorum rationem reddant, et ipsum consulant. Que divisio sive institutio, ut majori auctoritate fulciretur, corpora sanctorum Audomari et Bertini navi imposita predictum per fluvium in nostra potentia circumduci fecimus, episcopo Drogone ab ipsa navi aquam benedictam versus atrium projiciente, et, hoc modo, quantum est spatium in liberam potestatem sancti Bertini vindicante. De submanentibus autem et servientibus abbatis et monacorum, qui in oppido sancti Audomari, et in comitatu advocati hospitantur, stabilitum est a me, ut, omni anno, in natale Domini, modium frumenti ab abbate persolvatur, et sic ab omni infestatione liberi maneant et quieti, nisi aliquis illorum palam inventus fuerit vim fatiens vel furti reus aut similium legum prevaricator. Preterea institui, sub excommunicatione predicti Drogonis episcopi, ut, in cunctis parrochiis quas sanctus Bertinus habet in castellaria de Broburg, in Flandria, quitquid decime de nova terra, vel per secessum maris vel ex locis palustribus, et nunc et in futurum accreverit, inde duas garbas hereditario jure sanctus Bertinus possideat, una cum decimatione de berquariis et vaccariis. Hanc vero cartam in presentia omnium recitari fecimus, cunctisque assensum prebentibus, tandem eam sigilli nostri impressione subter signavimus. Quicunque vero, suadente diabolo, horum omnium confirmationem futuris temporibus in aliquo violare presumpserit, accusante se, sua iniquitate convictus, quinque libras auri principi terre persolvere cogatur, et irritum fiat quod inique presumpsit.

« Acta est hec confirmatio a me Balduino, Flandrensium, Dei gratia, marchione, anno dominice incarnationis millesimo quinquagesimo sexto, indictione nona, regnante Henrico Francorum rege, in villa sancti Audomari, in basilica sancti Petri, die sancto Epiphanie, astantibus hujus rei testibus strenuis viris, quorum nomina subter tenentur inserta :

« Signum BALDUINI, incliti marchionis. Signum DROGONIS, episcopi Taruannensis. Signum GERARDI, Cameracensis episcopi. Signum BOVONIS, abbatis. Signum LEDUINI, abbatis. Signum EUSTATII, comitis. Signum ROGERI, comitis. Signum INGELRAMNI, comitis. Signum ROBERTI DE BETHUNIA. Signum RODULFI Gandensis. Signum ELGOTI Attrebatensis. Signum GERBODONIS, advocati. Signum ANSELMI. Signum ALOLFI de Hesdin. Signum ELVARDI, militis. Signum HUBERTI, militis. Signum WALTERI, militis. Signum CHRISTIANI, scriptoris hujus privilegii. »

Duo sunt originalia sigilli ejusdem comitis signata, et ejusdem scriptoris manu scripta.

XV.

DE TRANSITU VENERABILIS BOVONIS ABBATIS.

Cum igitur idem vir venerabilis, expletis quibusdam negotiis propter que Romam ierat, inde reverteretur, reliquias sancti Dionysii, quas, pro benedictione, apud cenobium ejusdem martiris in

1065.

Francia acceperat, secum detulit, et cum eisdem processionabiliter ab omni conventu susceptus, pignera sancta in locello, cum corpore sancti Bertini, honorifice recondidit. Anno deinde assumpte nativitatis Christi millesimo sexagesimo quinto, peracte vero fidelis administrationis sue anno vigesimo quarto, migrat ab hoc mundo, et e regione sepulcri domni Roderici abbatis, non sine planctu astantium, tumulatur; locusque tumuli hoc exametro epigrammate superintitulatur :

> Bos Domini Bovo, Domino donatus ab ovo,
> Fructu non parvo Domini profecit in arvo.
> Cujus tollendo juga, quadrigamque trahendo,
> Hanc fabricam primo templi fundavit ab imo;
> Quam divinarum portans virtute rotarum,
> Rexit et erexit, contraque pericula texit.
> Hic, ejus membris, decima sub luce decembris,
> Terre mandatis, sociatur in ethre beatis.

XVI.

DE ABBATE HERIBERTO, SUCCESSORE BOVONIS.

Post ejus obitum, dum de substituendo abbate ageretur, Heribertus, qui, pre ceteris, secularium utilitatem expertus negotiorum extiterat, electus a fratribus, preficitur; ut puta vir, tam generis dignitate quam morum virtutibus adornata probitate, subditis omnibus imitabilis. Que adeo vel naturalis, vel magis exercitata in eo excreverat, ut hujus loci publica in exterioribus administratio illi adhuc sub clericali habitu delitescenti injungeretur. Sub qua dum fideliter fratrum usibus inserviret, superni respectus acie illustratus, monacus efficitur, publicarumque rerum, dum religiose viveret, ei itidem cura exterior delegatur.

XVII.

Qua preocupatus fidelissimus dispensator, sancte eciam castitatis amator, dum temptatur, probatus, Deo gratias, invenitur. Enimvero

cum quedam famula sancti Bertini rapta, ipsiusque ope esset erepta, nocte sequenti idem a matutinalibus hymnis ad stratum rediens, invenit eandem nuper ereptam sub lectisterniis in lecto decubantem. Primumque obstupescens et admirans quid rei esset, tum demum plenius rem deprehendens, ab obsequente famulo lumine suscepto, illoque amoto, interrogat juvenculam quid vellet, quidve quereret. « Estimabam, inquid, domne, causa ereptionis mee, te carnale com-
« mertium affectare in me. » At ille : « Non est, inquit, mihi nunc
« commodum huic rei operam dare. »

Alio quoque tempore, dum, nescio qua interveniente occasione, stimulo carnis urgeretur, cunctis illico vestibus depositis, interula, id est stammineo, duntaxat circumamictus, sub divo stans, nocturni frigoris asperitate tamdiu torquebatur, donec ignis incestus intus extingueretur. His igitur aliarumque virtutum testimoniis approbatus, abbas postmodum, ut dixi, effectus, gradum suscepti regiminis tum morum probitate, tum rerum communium dispositione, tum edificiorum dirutorum reedificatione adornavit. Nam basilicam, a predecessore suo domno abbate Bovone inceptam, ipse maceriis exterioribus testudine arcuata, piramidibus innixa trabibus, laquearibus tectorumque culminibus honorifice consummavit; in cujus medio coronam invise estimationis, auro argentoque fabrefactam, desuper a laquearibus suspendit.

Dumque, adhuc virtutibus in dies succrescens, rumore omnium celebris haberetur, regis Francorum Philippi primi auctoritate, cenobio sancti Germani Autisiodorensis[1], quamquam contra sacros ordines, abbas constituitur. Qui cum strenue hunc illumque locum non multo tempore rexisset, sentiens se administrationi utriusque non sufficere, simulque canonicum non esse unum duobus cenobiis pre-

---

[1] Heribertus ordinatus est abbas Sithiensis anno 1065, ut referetur inferius, cap. XXII, p. 198. Quamvis ab anno 1069, usque ad annum 1072, abbatiam Sancti Germani Autissiodorensis rexisse videatur, ex sequentibus, cap. XXI, p. 197, nulla tamen fit mentio illius in libro de Gestis abbatum Sangermanensium, apud Labbe, *Bibl. mss.* tom. I.

esse, Autisiodorense relinquens, avitum Sithiense cenobium repetiit, et in dispositione communis utilitatis, usque ad vite terminum, inibi Deo adhesit.

XVIII.

Sed supersedendum nec arbitror miraculo, quod, eo orante, meritis patris nostri Bertini, Dominus operari dignatus est, licet suo ordine non ponatur; nam, antequam abbas esset, hoc modo factum dignoscitur esse. Quidam, Bodora nomine, subministerialem agebat causam cujusdam majoris, prediti potestate advocationeque, sibi vindicantis ville[1] proprii juris sancti Bertini, Calmont nomine. Hic, quia una et timeri et placere desiderabat, nimium nimiumque vicicolas labore usque impense acto premebat. Verum, pro causa hujus moliminis et pro tante controversia injustitie, supranominatus pater Heribertus, precepto venerande memorie abbatis Bovonis, agens curam ipsius ville, curavit hunc sepius ammonere, ut desisteret a nequam actu et ab omni oppressione. At palam arguentem sceleris, velud metuens, fugiebat; clam autem illi detrahens, subdolus machinamenta instruebat. Super his vero dolens monachus, dominum illius adiit, suorumque ac suam injuriam patefecit. « Ego ipse pro « me, inquit, hunc primum curabo minari; et, si deinceps hec admi- « serit, pecunie sentiet dampnum. » Revertente igitur monaco, forte alter jamdictus advenit, cui dominus ejus : « Heribertus, inquit, mona- « cus tibi succenset, dicens quia ruricolas meo servitio subde[2]. » Redit siquidem armatus precepto Domini, malumque evomit latentis veneni. Nam apprehendit boves illius in agro pascentes, et servitio domini sui subdidit, eosque per totum triduum tenuit; ut autem placuit, macilentos multumque afflictos, uti fit tot laboribus, reddidit. Inde adeo motus siquidem monachus, nequam hunc verbis aggreditur : « Usque ad id tempus libera extitit nostra curtis ab omni « servitio, fuitque sue potestatis; nec quis priorum ausus fuit in ea « sibi vendicare aliquod jus sive vim invasionis. Quamobrem ergo

---

[1] Fort. corrig. *villam*. [2] Leg. ut videtur, *subdis*.

« nostros boves abegisti, et in servitium alterius vendicasti? » Non mirum quidem si nequam prava ore profert; inanis est, opus ac si esset dictum¹ : « Si tuus, inquit, sanctus Bertinus bos esset, jugo meo jun« geretur, subque labore ingemeret, qui tuos quereris meo labori in« sudasse. » At ille inquit : « Quid dixisti nequam? Et si cogitaras quod « nefas dictum est, haudquaquam palam proferres. Plectere, miser, « merita, plectere pena; mulctabere celestis ire virga. » Dum ergo isdem valde motus, super his pedem averteret, merito digna percussus est plaga. Nam facies illius ad posteriora ilico flectebatur, adeo ut occiput quod erat, sinciput, et sinciput quod erat, occiput haberi videretur, preter quod faties suis formis insigniri deberet. Collum enim distortum et tumidum, labia eque quidem tumentia et aliorsum ac deberent versa; lumina quoque oculorum in versum aspicientia cernere erat; et, quid plura referam? quid mirum dictu majusque visu est? nichil humani in eo intuebatur. Talis itaque domum deportatur. At taurinos mugitus emittens, omnem viciniam sue pene cruciatu movebat : erat enim in homine videre miseriam. Verum suis precibus aliorumque rogatu, et quia voluit videre multatum, una cum aliis noster monacus Heribertus ilico venit; cujus presentiam intelligens voce, non enim visu hunc ipsum agnoscere quieverat, quo pro se oret deprecetur intente ac sepe multum rogat. At ille compatiens misero (quis enim mortalis hunc hujusmodi cernens non compateretur?), sciscitatur an velit amodo resipiscere, funditusque priorem vitam corrigere. « Eadem, inquit, passio et in« curabilis percellat me feriens, si sane sanctus in omnibus neglexero « emendari! » Credidit igitur bonus vir sponsioni illius, reversus est continuo, oravit, sanitati restitutus est. Sequente autem die, claris indutus vestibus, valentior atque sanior solito apparuit. Mirantur omnes qui eum novere perculsum, tam repente convaluisse. Sed ipse alia fingebat, componebat orationem, aliorsum vera detorquens ac deberet. Verum cum sepe mendatio contra verum stare homo assuesceret, fallendi assiduitas aluit audatiam; audacia vero congeminavit

¹ Locus vehementer corruptus.

crimen; crimen quoque meritam intulit mortem. Nam necdum triduo post hec transacto, boves cujusdam pauperis rapuit, ditioni falsi juris subdidit, nimiisque laboribus, pro merito sui et libito, proque temporis quantitate, insudatum tenuit. Necdum boves reddiderat, et majora quidem actum ire forte cogitatu volebat, cum forte eadem passione qua primum percutitur. Cadit in terram; miser tum quoque non homo esse, non mortale sonare videtur; nam pro humanis verbis mugitus dat; pro planctu, pro querela, rabiem aggrestium ferarum imitatur. Orat amicos quo pro se rogent, nec refert quidem. Deprecatur nunditiis ut sese visitatum monacus veniat, id quoque minime quidem meretur. Igitur, eodem die quo rursus percussus eadem infirmitate est, vitam quam postposuerat perdidit; mortem quam secutus fuit, vidit, invenit, sensit. His ita gestis, demum, ut dixi, abbas affectus, cartam cujus exemplar subjectum est, de renovatione remisse consuetudinis quorumdam altarium liberalitate Drogonis episcopi, innovavit.

XIX.

EXEMPLAR ALTARIS DE BROBORGH.

17 oct. 1075.   « In nomine sanctæ ac Deificæ Trinitatis. Drogo ejusdem gratia et dispensatione pietatis, non suæ merito bonitatis, intronisatus cathedra pontificali Morinorum civitatis, universis ecclesiæ filiis, post terminum Deo gratum vitæ mortalis, beatitudinem supernæ hereditatis. Quoniam vitæ hominum tempora non sunt admodum perseverantia, ut aliquando expostulat necessitas maxima; pro cujuslibet negotii causa, quæ testimonio indiget, approbanda, convenienter et necessario antiquorum industria rationibilis, consilii et utilitatis magne provida, litterarum adinvenit figuras et signa, ut eorum quasi quadam nuntiorum ac testium loquela, quod necessarium erat ac dignum, memoriæ posteris notificaretur per futura secula, et ita, quodam artificio, mortui cum vivis, qui jam longinquo temporis intervallo precesserunt cum futuris, haberent commertium colloquendi,

voluntatisque sue et operis, consiliique et mysteria propalandi, quos prolixis seculorum locorumque spartis manifestum est disterminari. Quod cum ita sit, volo notificari tam futurorum quam presentium dilectioni, et presentia mea corporali et carte hujus inscriptione indeterminabili, Heribertum, venerabilem abbatem Sithiensis cenobii, cum ejusdem monacorum[1], precamine supplici, a nobis impetrasse sanctorum perpetue mancipationi Petri scilicet, Martini, Bertini, Folquini, Silvini, post Deum habenas moderantium prefati loci, ut privilegium quoddam manumissionis altarium Brodborch, Quede et Lo, cappellarumque ipsis subjectarum renovarem, iteraremque confirmatione canonica, quia eam antecessorum meorum Framerici et deinde Balduini dilectio paterna, animarum suarum salutis gratia, et orationum omnium inibi regulariter viventium fecerat causa. Hanc itaque eorum deliberans petitionem religiosam, et ardenti voto a Deo, fonte vivo, sitiens orationum promissarum retributionem, tanto decrevi devotius peragendam, quanto percepi religiosius desideratam. Quocirca ego Drogo, episcopus Morinorum, assensu et concilio clericorum meorum, traditionem vel manumissionem ecclesiarum jamdictarum, et cappellarum sibi attitulatarum, jam denuo confirmatam, ut prelibatum est, paterna benignitate majorum meorum, legaliter renovo et canonice confirmo; illud tamen interserendo, et universarum questionum altercationem removendo, ut futuris temporibus seculi cedat prememoratis sanctis in hereditarie possessionis jus proprium atque perpetuum; ea determinatione premissa conditionum, ut semper singulis annis persolvantur quinque solidi de songeta, et viginti ad procurationem episcopi eo anno quo circadam facit, et nil amplius michi vel posteris meis de predictis ecclesiis illis, inquam, synodorum, terminis quibus cetere solvunt ecclesie ex vicinis locis. Et ut hec donationis vel renovationis sententia omni tempore seculi permaneat intemerata, si forte quelibet persona intra sacros ordines vel extra, malitie diaboli veneno infecta, eam adnullare aut debilitare fuerit molita, nisi

---

[1] Suppl. *conventu*.

per se citissima curetur vel resipuerit emendationis penitentia, sit in adventu Domini nostri Jesu Christi anathema, maranatha. Similiter statuo et confirmo, sub excommunicatione premissa, ut in cunctis parochiis, quas sanctus Bertinus possidet in Brodburgensi castellaria, quitquid decimationis, sive nunc seu in posterum, accreverit, tam in novis quam in antiquis terris, predictus sanctus in perpetuum jure obtineat hereditatis. Idipsum enim in carta, quam comes Balduinus sancto Bertino concessit, anathematis innodatione corroboravi, ipso comite petente et de duabus garbis donum faciente; insuper etiam de berquariis et vaccariis plenam decimam concedente. Actum hoc Verbi incarnati millesimo septuagesimo quinto anno, indictione tercia decima, regnante Philippo Francorum rege, episcopii mei anno quadragesimo sexto, in ecclesia sancte Dei genetricis Marie, coram universali sinodo, decimo sexto kalendas novembris, astantibus bonis et ydoneis testimonio viris. Nomina testium :

> « Signum DROGONIS, episcopi, qui hanc traditionis cartam fieri jussit et recenseri fecit. Signum ARNULFI et HUMBERTI, archidiaconorum. Signum ERMENGERI, abbatis sancti Winnoci. Signum BALDUINI, prepositi sancti Audomari. Signum GEROLDI, decani. Signum GRIMELANDI, cantoris. »

XX.

INCIPIT CONFIRMATIO DONATIONIS VILLARUM ELCINII, COEKA, KALMONT, ET REDDITUS COLONIE AD VINUM, AB EODEM HERIBERTO ABBATE CONCESSE.

1075.

« In nomine sancte et individue Trinitatis. Heribertus, gratia ejusdem divine dispensationis, abbas cenobii Sithiensis, presentibus et futuris, hoc in loco et ubique fidelibus universis, post terminum vite presentis inevitabilem, celestis glorie beatitudinem. Cum constet unicuique mortis incerta dies et hora, et homo brevi vivens tempore quasi flos conteratur, et fugiat velud umbra, vitandum est, et summopere elaborandum ut fiat quod bonum est, quamdiu in presenti peregrinatur vita, ut, transeunte mundo et concupiscentia ejus, lucrentur bona future vite, cujus non est terminus. Quocirca ego Heribertus, Dei gratia, abbas, post obitum meum volens esse consultum anime mee, et juste petitioni atque utilitati carissimorum filiorum meorum, et, post eos, futurorum pia favens consideratione, confirmationes quasdam, que quidem temporibus predecessorum meorum abbatum constitute fuerunt, ipse firmiori stabilitate studui renovare; quasdam vero, sano mentis consilio et communi favore fratrum, confirmare meo decrevi in tempore, adhibita ad noticiam posterorum litterali testificatione. Notum sit igitur tam futuris quam presentibus, villas Elcinum, Coika, Calmunt, et bonum de Colonia, ad vinum fratrum, me perpetuo jure ex integro delegasse; ea scilicet inviolabili interposita ratione, ut neque ego in vita mea, neque aliquis post me futurus abbas, neque aliqua quælibet persona, inde audeat aliquid usurpare, excepta ministeriorum et mollendinorum que ad abbatem spectat redemptione; et ydoneus ad hoc prepositus eligatur, constituatur, concordante abbatis voluntate et precepto, cum communi fratrum provisione; et sit fas eundem prepositum substitutione alterius deponere, justa tamen hoc exigente ratione sue negligentie aut offense, et communi, ut dictum est, tocius conventus sententia sanissima in hoc concordante. Karitates etiam que pro vivis seu pro mortuis conferuntur a fidelibus, quarum medietates cedebant predecessorum meorum abbatum in usus, ex integro semper habendas ipsis assignavi fratribus recipiendas et expendendas, ubi fratres potissimum elegerint a priore qui ad hoc fidelis fuerit inventus. Beneficium quoque cujusdam Winnemari, quod idem Winnemarus, in presentia mea et meorum militum, michi reddidit, adhuc vivens, assignatum quoddam paterne dilectionis pignus, dilectissimis filiis meis eorumque dereliqui successoribus, ut, cum ingressus fuero viam universe carnis, semper in anniversario obitus mei et antecessorum meorum abbatis Roderici et abbatis Bovonis, plenissima caritas vini atque unius ministrationis piscium detur a preposito ville Kelmis, nihil detracto ex rectitudine cotidiane ministrationis. Molendinum nichilominus de Huneles, ad elemosinam a me constitutum, majori frequentie pauperum majoris cure et humanitatis prebeat sustentamentum, ut, suscepto sepius Christo in membris suis, si quid negligentius a me, vel a meis prioribus hactenus factum est, indulgeatur nobis. Constitui preterea, ad edilitatem monasterii, bonum quod in villa Hanelmos ad sanctum Bertinum probatur pertinere; et unum march argenti de decima ville Loningehem, que est in pago Bononie, utrumque suscipiendum et expendendum ab edituo, ad necessaria, ut dictum est, ecclesie. Statui postremo, ut, cum quilibet hujus cenobii frater, morte preventus, ex hoc seculo migraverit, prebendam suam, anno integro, unus sacerdos, qui pro ejus anima Dominum deprecetur, habeat; et pro dimidia libra denariorum, pro vestimentis ejus, a camerario alii sacerdoti detur, qui similiter pro eo orare studeat. Igitur, ut nulla occasione vel necessitate aliquis, futuro in tempore, audeat has confirmationes, vel confirmationum renovationes mutando aut minuendo aut adnichilando infringere, quas nos, roborande caritatis et concordie causa, et salutis animarum nostrarum stabilivimus gratia, congregato in unum omnium fratrum nostrorum conventu, a minimo usque ad maximum unanimi consensu, ab illis eciam qui post nos futuri sunt servanda, confirmavimus; confirmata, ut dictum est, infringentes, ipse primum et mecum viginti sacerdotes, faventibus aliis, in commune anathematizavimus. Quicunque ergo violaverit, cum fautoribus atque adjutoribus suis in malitia, nisi digna per se resipuerit penitentia, sit in adventu Domini anathema, maranatha. Quod si tandem non sponte sua, sed seculari coactus potentia, resipuerit, septem libras auri solvet principi terre pro malignitatis sue iniquo conatu et opere. Itaque, quia ex auctoritate romana, tempore, loco, principe et testimonio, unaqueque stabilienda est carta, actum est a me Heriberto, gratia Salvatoris, abbate, anno incarnationis ejusdem millesimo septuagesimo quinto, indictione decima quarta, regnante Philippo Francorum rege. »

XXI.

DE WILHELMO, REGE ET COMITE ROBERTO.

Anno itaque dominice incarnationis millesimo sexagesimo sexto, vel, ut quibusdam placet, sexagesimo septimo, tempore ejusdem abbatis Heriberti, Willelmus, comes Nortmannie, ex signo celitus dato (cometa enim claritatis admirande et visionis horrende apparuit), cum copioso navium apparatu et multitudine exercitus, Angliam petiit, ac Haroldo ipsius terre occiso, eo quod filiam ipsius Wilhelmi in uxorem accipere recusaverit, Anglos gravi prelio, multorum sanguine fuso, sibi subjugavit, et utrique populo Anglico et Nortmannico regnavit. Nec multo post tempore, anno videlicet Christi nativitatis millesimo septuagesimo primo, Robertus, filius Balduini comitis Insulani, qui postea Iherosolimitanus dictus est, apud castrum Casletum contra nepotem suum Arnulphum, commissa pugna civili, Arnulpho occiso, fratre ejus Balduino nichilominus, cum matre Richilde, eliminato, victricibus signis insignitus, monarchiam tocius Flandrie adeptus est.

[1] Anno insecuto, scilicet septuagesimo secundo, rediit abbas noster ab Autisiodorensi cenobio; in cujus absentia Sithiense monasterium non pauca perpessum est incommoda. Nam a regimine cenobiali sancti Winnoci spoliatur; pasturam item Suinard dictam, inter cappellam leprosorum sancti Audomari et crucem de Arkes jacentem, amisit. Regresso tamen abbate Heriberto, visus est male disposita in statum pristinum erigere, et, ut erat sagax et intelligens, quod jampridem in Bergis perdiderat, in Alchiaco monasterio recuperat, instituens Alchiacensibus monachis, anno quo supra, Suelgerum Bertinensem ibidem abbatem, qui biennio abbas extitit. Post cujus transitum Gervinus, sancti Bertini cenobita, ab abbate Heriberto fit abbas ibidem. Illo mortuo, successit Norbertus, et ita vicissim Bertinienses, usque hodie, in illius loci dignitate abbaciali sublimantur, donec regularis vite norma in suo Sithiensi cenobio viguerit.

[1] In codicis margine legitur : *Hec, usque ad capitis finem, desunt in alio ms. exemplari pergamineo.*

XXII.

DE OBITU DOMNI HERIBERTI ABBATIS.

Anno itaque virginei partus millesimo octogesimo primo, sui autem regiminis anno septimo decimo, dissinteria idem venerabilis pater Heribertus lecto decubuit; qua aliquandiu laborans, plurima virtutum suarum monumenta posteris relinquens, quibus adhuc nostro evo celebris non immerito habetur, in pace quievit.

XXIII.

Cujus rei non immemor adhuc vivens, providentie sapienti usus consilio, molendinum de Huneles, pro redemptione anime sue, pauperum Christi usibus imperpetuum habendum, sub anathematis interminatione, delegavit. Expletis igitur cum maximo astantium planctu, ut tantum decebat patrem, funeris exequiis, in medio majoris basilice, quam ipse consummaverat, corpus terre mandatur, altera exaltationis sancte crucis, mensis septembri die quinta decima, cujus tumulus diademate, auro argentoque, ipsius patris sumptibus, fabrefacto, honorifice coronatus fuit.

XXIV.

DE DOMNO JOHANNE, ABBATE NOSTRO.

Destitutis igitur tam luctuoso obitu tanti patris dulcedine filiis fratribus, quia ovile dominicum ducatu pastoris diu carere non debuerat, facta electione, in domno Johanne de Ipra, priore hujus loci, Domini gratia, omnes pari concordavere sententia. Qui, pene a pueritia, intra ecclesiasticos parietes collactatus, ad tantam animi probitatem paulatim crescendo conscenderat, ut illi jam adulto, maxima ex parte, publicarum rerum injungeretur dispositio. At ubi provexiori evo animique sagacitate cepit maturescere, prioratum loci, post abbatem Heribertum, suscepit suo in tempore. Sicque fratrum usibus necessariis exterius inserviens, et salutiferis animarum exertitiis interius invigilans, in tantum gratiosus et amabilis omnibus videbatur, ut, dixi, post decessum sepememorati patris Heriberti, ad loci regimen, eadem omnium sententia, electus expeteretur. Et, quoniam Morinensi ecclesie presul, a quo consecrari et baculo pastorali insigniri, et, ut moris est, debuerat intronisari, nescio quo discidio, tunc temporis deerat, domnum Gerardum, hujus rei gratia, Cameracensem adiit antistitem, cujus providentie, ob gubernandos sancte matris ecclesie filios, dispensatio ejusdem diocesis delegata fuerat. A quo honorifice susceptus, et honorificentius, propter quam venerat, consecrationem adeptus, cum multo militantium comitatu ad sedem propriam revertitur. Cui nimirum tota Sithiensis obvia fit congregatio, amictu circumamicta vario, utputa tanti patris honore exhilarata multimodo. Tandem cum jubilo suscipitur, in sede principali constituitur, post omnia ab omnibus osculatur, et deinceps ut pater et abbas veneratur. Tanta illi deinde in subditis affectuosa caritas, ut quotiens, gratia ecclesiatice utilitatis, alicubi profectus aliquandiu abesset, miro amoris desiderio a fratribus et domesticis ejus prestolaretur adventus. Solebant namque exhilaritate animi ejus, ut boni filii, patri alludere. Eratque in eo tunc magnam videre humilitatem, cum sibi transeunti non pateretur quemlibet assurgere, nec debitam reverentiam sibi impendere. Sed, cum emulis solummodo placare non posset, ipseque erga eos nil impatienter ageret, sed equanimiter caninas eorum obtrectationes jugiter dissimularet, in hoc videbatur notandus, quod gratia pietatis erga quoslibet agebat remissius.

XXV.

DE INCENDIO HUJUS LOCI.

Sed, quoniam, proh dolor! prosperis successibus solent aliquando tristia succedere, accidit, justo Dei juditio, illius tempore, civibus hujus ville divine ultionis tam gravis animadversio, ut, eorum peccatis exigentibus, pene omnium sevo incendio consumeretur cohabitatio. Et, quia in agro dominico zizania malorum operum, invidia hostis humani generis, torpentibus a spirituali exercitio custodibus, superseminata, falce divine severitatis secanda, et igne superne examinationis fuerant consumenda, ignis vi peccatorum nostrorum appulsus, omnem locum istum enormitate sui circumvallat, et obvia queque peredit. Et, quoniam adhuc arundinea tectura, in ignea facile in cineres redigenda, pars nove basilice tegebatur, ea arrepta ab igne, cum subjecta lignorum materie, et cum prope stante ardua turre, cum omnibus adjacentibus officinarum edibus, monasterium quoque sancti Petri, a venerabili viro Alquero, hujus loci monaco, a fundamentis inceptum, tuncque noviter consummatum, igneo vapore liquantur.

XXVI.

Quid multa? Tam gravis infortunii incommodo amabilis abbas Johannes attractus, quia summa hujus excidii ejus labori et ordinationi incubuerat, de reedificatione tractare non distulit. Fratribus interim divo expositis, utpote tanto claustro adusto, totus in opus manuum accingitur, multoque labore omnique conamine, bonus Christi mercennarius in reedificandis cenobii domatibus innititur. Adeoque per divinam clementiam secundus successit operum effectus, ut in brevi quecunque vorax flamma, partim ex parte, totaque ex toto vastaverat, in pristinum, vel potius in potiorem quam prius fuerant, restitueret decorem et statum. Enimvero, quoniam refectoria domus, tociusque confinia claustri ignis pessundederat, utrunque ex integro reparans, claustrum quidem, quanquam sumptuosis expensis, mira arte sculptoria decoravit; ceteraque omnia ex maxima parte sublimavit, ampliavit, et tectorum culminibus, Deo gratias, consummavit. His ita effectui quanquam satis laboriose mancipatis, exteriora nichilominus que, antiquorum institutione ordinata, minus domui Dei profuerant, corrigere curavit; et correcta, ne iterato pravorum imprudentia deteriorarentur, cum quibusdam ecclesiasticis traditionibus, cartarum allegationi mandavit.

XXVII.

TRADITIO GERBODONIS ET ADE, CONJUGUM, TERCIE PARTIS SUI ALLODII VILLE OSTRESELE.

« In nomine sancte et individue Trinitatis. Nos seculares homines semper huic mundo dediti, nimium illecebris inservimus hujus seculi. His eciam morbidis, caducis et transitoriis commodis toti inheremus; eterna vero et magis desideranda, proh dolor! bona nichil pendimus. Unde, dum cotidie hinc exire cogimur nudi, et nichil preter peccata portantes, terribili Dei nostri juditio discutiendi representamur. Tunc queque terris habita non solum prodesse, sed obesse prevalent, elemosinarum vero bona, si qua sunt, familiariter arrident. Quod ego Gerbodo et Ada, conjux mea, considerantes, atque vite perhennis sollicitudinem gerentes, nobis quod in eternum expediat providere, et aliquantulum Deum nobis debitorem cupimus efficere. Credimus enim et certum tenemus quod quitquid ecclesie servis, scilicet Dei, pro ejus amore deliberatur, non hominibus sed ipsi Deo donatur. Sic enim dictum audivimus in ewangelio: *Quamdiu fecistis ex his meis*[1] *minimis michi fecistis.* Quod autem Deo nostro datur, nequaquam dando amittitur, sed denuo recipiendum sapienter ei creditur. De quo apostolus : *Scio cui credidi, et certus sum quia potens est depositum meum servare in illum diem.* Tunc nulla erit sollicitudo eruginis, aut tinee vel furum; nec tantumdem recipietur, sed centuplum, ut Dominus in ewangelio : Omnis qui reliquerit agros in nomine meo *centuplum accipiet, et vitam eternam possidebit.* Hec ego omnia sciens, et omnia credens, alodium meum, hoc est terciam partem tocius ville Ostreseld, quod prius conjugi mee in dotalitium dederam, ea ipsa consenciente et rogante, Deo et sancto Petro sanctoque Bertino, firma do traditione; ea scilicet ratione, ut abbas ipsius loci, in omni meo anniversario, meeque conjugis, refec-

Circa 1084.

[1] *Quamdiu fecistis uni ex his fratribus meis minimis*, etc. Matth. xxv, 40.

tionem ibidem Deo famulantibus fratribus faciat, ut eo libentius ipsi fratres pro redemptione nostra ad Dei aures pulsent. Pro qua scilicet anime mee redemptione hanc traditionem facio, meorumque militum subsignatione firmo.

« Signum Ebvardi. Signum Huberti. Signum Rameri Halreth. Signum Odgrini. »

XXVIII.

EXEMPLAR CARTE JOHANNIS ABBATIS DE VILLA ASTRESELA.

1087.

« In nomine Patris et Filii et Spiritus Sancti, vita et salus omnibus sancte Dei ecclesie defensoribus. Quoniam apud veteres laudabiliter quidem consuetudo inolevit, ut, si quid in ecclesiasticis dignum memoria fieret, id litterali attestatione firmaretur; nobis quoque visum est eorum statutis nequaquam contraire, immo, exempli gratia, in similibus similia agere. Quapropter ego Johannes, Sithiensium abbas, notum facio sanctum Bertinum in villam, Ostrasele nuncupatam, delatum, quatinus altiori consilio mei et fratrum ibidem sui juris allodium sine aliqua contradictione sibi vendicaret, sicque ab omni controversia liberum quidem ac quietum imperpetuum permaneret; ubi, inter reliqua, Arnulfus atque Gerbodo, frater suus, ex conventione utrinque facta et concessa, homines nostri manibus effecti quatuor marchas argenti, unusquisque videlicet duas, et hoc constituto tempore, id est in festivitate sancti Micaelis, in benefitium singulis annis recipiunt; eo scilicet pacto atque conditione, ut nullo ingenio, nulla ratione, in predictum sancti allodium, causa aliquid usurpandi seu eciam placitandi, se aliquatenus ingerant, nec postremo quicquam quod ad dampnum ecclesie respiciat umquam inibi agere presumant; insuper vero omnes suos liberos ac servos, quemadmodum seipsos, a simili injuria compescant. Si quando autem, placito aliquo adgravato, ministerialis et custos ejusdem boni, rem suis juribus in effectum ducere nequiverit, tunc tandem, si sibi id utile visum fuerit, ab eo vocati et moniti veniant, simulque consilio et auxilio in quantum prevalent, una cum eo, salva fidelitate ecclesie, omnia tractent atque disponent; terciumque nummum, ex eodem placito provenientem, tunc tantum, ejus rei gratia, habeant, ultra hoc nil umquam, ut dictum est, de cetero intromittentes. Facta est igitur hec talis conventio in presentia nostra, cunctis super hoc assensum unanimiter prebentibus, anno ab incarnatione Domini millesimo octogesimo septimo, indictione decima, regnante Francorum rege Philippo; presente Lamberto Hejaniensi abbate, multis quoque aliorum spectabilium personis. Quas videlicet in presentium subscriptione, ad corroborandum hujus rei testimonium, attitulari placuit ex nomine, hoc modo :

« Balduinus de Gandaz. Rao de Ganera. Razo et Africus, frater ejus, de Moneta. Rothardus de Sotligehem, et Rotneth, frater suus, et Sigerus de Westernehem, et Rodulphus de Hervetingehem. Gerardus de Kimbresaca; et aliis multis, quos longum est memorare.

« Quibus expletis, astante ibidem sacrosancto corpore beati Bertini, cum aliis reliquiis, decretum est et exclamatum, ut, quicumque supramemoratam conventionem aliquando violare presumeret, eterno anathemati subjaceret, nisi digna penitencia reconciliatus, a tanto errato cito resipisceret. Fiat, fiat. »

XXIX.

EXEMPLAR CARTE ROBERTI FRISONIS, COMITIS FLANDRIE, DE LIBERTATE DE ARKAS, ET DE PASCUIS PORCORUM ET PECORUM EJUSDEM VILLE.

Prudenter satis antiquorum excogitavit sollercia, ut litteris commendarent et firmarent que honeste ac recte a se facta posteros latere nolebant. Unde et ego Robertus, gratia Dei, Flandrensium comes, ad noticiam tam futurorum quam presentium hic annotari volui, qualiter assensum prebuerim humillime petitioni abbatis Johannis et fratrum de cenobio sancti Bertini, de villa eorum que dicitur Arkas; ut scilicet, sicut eadem villa hereditarium et proprium jus sancti Walberti comitis fuerat, qui eam sancto Bertino tradiderat, ita scilicet sancti Bertini fratrumque ibidem Deo servientium, hereditaria et propria possessio, comitatu et omni lege seculari [1], soli ecclesie subdita, sine aliqua alicujus comitis vel potentis vi vel molestia, firma libertate imperpetuum permaneat. Super omnia, de pascuis porcorum vel pecorum ejusdem ville in vicina silva, Ruhoud dicta, antiquo jure pascentium, antiquarie carte eorum assentiens, annui, ut nullus alius, nisi abbas predicte ecclesie, aut prepositus sive missus ejus, inde exigat et accipiat quicquid, quasi, pro respectu silvestris pasture, et exigendum et accipiendum est. Palustrem eciam terram, que inter arabilem terram de Arkes et Elst, ultra vetus monasterium; et, in oriente, vetus fossatum in silva; ac inter Hindringeled et vetustam Mere, atque, in occidente, novum fossatum, interjacet; quam pater meus Balduinus, comes, Gerbodone advocato concedente, sancto Bertino, quia ei in corpore viventi tradita fuerat, liberam possidendam confirmavit. Ac quitquid infra notatos terminos in piscariis, sive in alliorum terris, in presenti utilitatis est seu in futurum, in pratis et pascuis, vel quolibet modo accreverit, propriis ecclesie usibus profuturum, reconfirmo; ita sane ut nulli hominum liceat exinde sibi quitquam juris vindicare, nisi quod per abbatis voluntatem, capitulo concedente, legittime obtinuerit. Decima quoque reddituum de berquariis et vaccariis, et de nova terra, in Broburgensi castellaria, quam pater meus ecclesie concessit, concedo; et cetera que per cartam confirmavit, cum hic prescriptis, sigilli mei impressione, ut rata permaneant, annuo. Quicumque vero, suadente diabolo, horum omnium confirmationem futuris temporibus in aliquo violare presumpserit, accusante se, iniquitate sua convictus, quinque libras auri principi terre persolvere cogatur, et irritum fiat quod inique presumpsit. Actum est hoc anno incarnationis Domini millesimo nonagesimo tercio, indictione prima, in presentia predicti comitis Roberti et filii ejus Roberti, et procerum suorum, quos ob testimonium hic annotari placuit.

« Signum ROBERTI, comitis, qui hanc cartam scribi fecit. Signum ROBERTI, junioris. Signum ROBERTI, advocati. Signum CONONIS. Signum RODGERI, castellani. Signum THUMBALDI de Ypres. Signum RAINGERI, dapiferi. »

[1] Suppl. *libera* vel *immunis*.

XXX.

PRIVILEGIUM JOHANNIS, ABBATIS, DE COMITATU VILLE DE ARKES, QUEM IDEM ABBAS SANCTO BERTINO ADQUISIVIT.

« Ego Johannes, Sithiensis cenobii abbas, notum facio tam futuris quam presentibus, me partem comitatus de villa de Arkes, illam videlicet que ad Baldricum de Culhem attinet, in censu optinuisse; eo pacto atque conditione, quatinus duobus militibus suis Baldrico, filio Arnulfi, et Eustatio, filio Ymmonis de Baldringehem, quibus eam in feodo concesserat, singulis annis, in die elevationis sancti patris Bertini, decem solidos, unicuique scilicet quinque, ejus rei gratia, darem, sicque eam cum quiete ad opus ecclesie possiderem; similiter autem posteri eorum, quicunque predictum feodum habuerint, totidem solidos, suprascripto termino, in camera abbatis hujus ecclesie, accipiant, et ultra nil exigere aut usurpare presumant. Quod si prenominatus census, die statuto, eis non fuerit tributus, postea, pro emendatione talis negligentie, duos solidos accipiant, ita tamen ut ex integro censu nil ob hoc minus accipiant. Actum est vero hoc, tam ipsis quam domno suo presentibus et unanimiter assensum per omnia prebentibus. Si quis ergo hanc nostram conventionem deinceps infregerit aut aliquatenus contra dixerit, eterno anathemate subjaceat, nisi cito digna satisfactionne resipiscat. Recitata est et confirmata in presentia domni nostri Roberti senioris, villa Aria, ipso annuente, et, una cum suis, subscriptionis signo firmante, quorum nomina, testimonii gratia, hic placuit annotari. Signa testium :

> « Signum ROBERTI, comitis. Signum GERTRUDIS, comitisse. Signum ARNULFI, archidiaconi. Signum BALDUINI, castellani. Signum ROBERTI, advocati. Signum BALDRICI de Culhem. Signum EUSTATII, advocati Taruanensis. »

Circa 1093.

XXXI.

EXEMPLAR CARTE EPISCOPI NOVIOMENSIS DE ALTARI DE CALMUNT.

7 dec. 1093.

« In nomine sancte et individue Trinitatis, Patris et Filii et Spiritus Sancti. Ego Rabodus, Dei gratia, Noviomensium episcopus, omnibus hic et ubique fidelibus. Cum nobis, fratres karissimi, sit cognitum sancte Dei ecclesie cultores ad honorem ecclesiastici ordinis exaltandum fideliter elaborasse, nos, eorum successores, dignum est ipsorum sequi doctrinam, et, in quantum possumus, sanctam ampliare ecclesiam. Horum igitur informatus exemplo, domno Johanne abbate, fratre vero Gerardo, ejusdem monaco, intercedentibus, ecclesie sue, sancti scilicet Bertini, ad monacorum usum, altare de villa, que Calmunt in Valles dicitur, Baldrici archidiaconi, nostrorum clericorum consilio, sub personatu perpetuo tenendum concessi; tali quidem conditione, quod, unaquaque persona decedente, aliam predicti sancti abbas seu monaci Noviomensi episcopo presentent personam, cui ipse episcopus ejusdem altaris personatum commendet; persona vero restituta quinque tantum solidos episcopo, seu ejus archidiacono, tribuat, et unoquoque anno, in festivitate sancti Remigii, pro respectu altaris sibi commissi, tres eis similiter solidos solvat, et ad eorum sinodum celebrandam veniat; sicque ab omni exactione libera permaneat. Quod ne quis violare presumat, sub anathemate interdixi, ac canonice confirmatum supradictis monacis delegavi.

« Signum RABODI, Noviomensis episcopi. Signum BALDRICI, archidiaconi. Signum HEREMARI, decani. Signum ROBERTI, decani. Signum PETRI, cantoris. Signum GERELMI. Signum WIDONIS. Signum GERARDI, cancellarii.

« Actum Noviomi VII° idus decembris, anno incarnationis dominice millesimo nonagesimo tercio, indictione prima, regnante rege Philippo, Rabodi episcopatus vigesimo sexto. »

XXXII.

DE AQUA NOSTRA DICTA MERA.

Aquam preterea Mere dictam, copia piscium affluentem, antiquorum largitate, fratrum usibus delegatam, sed a quodam piscatore, sub obtentu falsi juris, tunc temporis injuste possessam, post multas litigiosas placiti controversias, tandem procerum terre decreto, in presentia Roberti, comitis Flandrie, senioris, ecclesie huic restituit; invasoremque anathematis vinculo tam graviter religavit, ut nunquam postea inde loqui auderet.

XXXIII.

DE QUIBUSDAM FACTIS DOMNI JOHANNIS.

Ligneas quoque duas ymagines, auro argentoque cum lapidibus fabrili arte supertectas, dextra levaque capitanee crucis statuit; capellamque sancte Marie mira varietate picture decoloratam fundavit. In cujus australi diverticulo, opere sumptuoso, diversis yconiis superficie tenus insculpto, formam sepulcri Domini sublimavit; illudque illis dedicatum, nativitatis dominice, passionis, resurrectionis et ascensionis pigneribus insignivit. Nunc temporis autem predictorum nihil oculis patet.

Refectorium etiam et claustrum, ut supra diximus, ex integro reparans, claustrum quidem mire arte sculptoria decoravit, ceteraque omnia, ex maxima parte, sublimavit et ampliavit. Per que liquido patet, eundem bone memorie pastorem Domini domus et servorum decorem dilexisse.

Codices nichilominus non modice appreciationis conscribi fecit; quorum titulos, ad commendandum ejus studium, breviter subnectere non piguit. Librum Veteris Testamenti, ab exordio Geneseos usque in Regum; librum Omeliarum tocius annualis circuli, in duo volumina divisum; librum Effrem vel Pronosticorum; librum collationum Patrum; librum Augustini super Johannem ; Passionalem quoque, immensi ponderis, ex integro digestos, suis posteris dereliquit.

XXXIV.

DE OBITU DOMNI JOHANNIS, ABBATIS NOSTRI.

His sane aliisque bonis virtutum exercitiis in senectutem admissus, quatuordecim annis et paulo plusquam quinque mensibus, nomine et opere, abbatizavit. Imminente igitur sue advocationis articulo, admissa sanguinis minutione, vixque spatio sue pausationis percurso, incumbit ei, alicujus rei gratia, comitem terre, Bergis, navigio adire; negotioque peracto, cum jam inde redire disposuisset, turgescente brachio, mortis inequalitate tactus, ad propria nave deportatur. Dumque morbus, cotidie crescens, paulatim vitalibus immineret, unctione crismatis et perceptione vivifici corporis, et confessione salutari, peccatorumque remissione, exitum suum expostulat muniri. Quod consecuturus, dum a sacerdote secrete interrogaretur, utrum aliquas peculiaritatis haberet reiculas (nam id ei suspitione quorumdam imputabatur) respondit cunctis audientibus, illisque nimio compassionis merore condolentibus, nec unius oboli precium sibi reservasse. Demum pie adeptus quod devote postulaverat, cum jam sabbatum tercie quadragesimalis ebdomade advesperasceret, completorio cantato, circundedit lectum illius omnis fratrum coadunatio, ut suis precibus patris exitum omnipotenti commendarent Domino. Quibus visis, innuit (nam loqui non poterat) sibi sacrosanctam afferri crucem; qua allata, toto corpore humi fusus, devotissime orat. Oratione peracta, dum levatus assurgeret, vidit astantem quemdam e fratribus, alterius fratris iniquitate nuper graviter offensum. Reminiscensque injurie fratri a fratre injuste illate, offensique animum erga alterum non bene concedisse, illico pedibus ejus provolvitur, utque filius pie fratri indulgeat, pius pater exorat. Nec mora indulta venia quam precatur, circa noctis dominice medium, anno ab incarnatione Domini millesimo nonagesimo quinto, quarto nonas martis, nobis flentibus et psallentibus, efflavit spiritum. Ablutoque et induto veste sacerdotali, pro more, corpusculo, lacrimis hoc deducentibus psalmisque comitantibus, in ecclesia deponitur; ibique, celebratis vigiliarum excubiis cum luctuosis psalmorum concentibus, subsequenti die, omnes pene hujus burgi cives indicti conveniunt. Cum quibus et prepositus sancti Audomari, idemque archidiaconus ecclesie Taruanensis, cum preposito Watinensi et clericorum multitudine, assunt. Pacta ergo missarum frequentatione, elemosinarumque distributione, et stationaria anime commendatione, a sacerdotibus vispilionibus, ad tumulum defertur. O quantus dolor! quis gemitus! quanta suspiria! quante lacrime illum nobis diem reddidere lugubrem! nusquam unquam recolo me audisse tam luctuosas funeris exequias, que adeo gemitu dilatate exercuerant, ut psalmodie modulatio gemitus confusione planctusque opprimeretur dolore nimio. Tandemque ab oculis omnium sepulcri profunditate adimitur, in occidentali cornu claustri, juxta capituli introitum; sed adhuc ejus probitas pietatisque studium in ore multorum non inmerito versatur.

EPITHAPHIUM.

Quarta dies martis, mortis singultibus artis,
Clara suis annis, clausit pia gesta Johannis.
Cujus peccatis parcendo, tue pietatis
Munere, sidereis hunc jungas, Christe, choreis;
Et sis ei merces, qui nutu cuncta coherces,
Ut cui congaudet gaudens per secula laudet.

EPITHAPHIUM[1].

Regibus ex proavis, probus indole, mente suavis,
    Dux Roberte, ruis gloria magna tuis;
Quem pietas carum fecit, victoria clarum.

---

[1] Scilicet Roberti Frisonis.

LIBER SECUNDUS.

I.

DE VENERANDO LAMBERTO ABBATE.

Jamque dies secunda planctus et sepulture defuncti patris, quibusdam nostrorum eo usque invisa, nunquam amplius videnda advenerat, qua, congregatis in unum fratribus senioribus, ut decebat, cum junioribus, tractandum et decernendum communi erat consilio, quis potissimum pastor et rector preponi deberet gregi dominico. Cunctis igitur in capitulo assidentibus, quodque futurum erat suspensis animis expectantibus, post recitatam lectionem martyrologicam, cum subsecuta pronuntiatione sancti Benedicti regule, jamque a priore petita cum benedictione, dataque loquendi licentia, prior presidens hec prorupit in verba : « Quoniam, dulcissimi patres et do-
« mini, dira mortis conditio incumbit filiis Ade, a die nativitatis sue
« usque in diem reversionis in matricem omnium viventium, equum
« est sic jus commune generale similiter et naturale mortis imperium
« in nobis et in caris nostris viris admittere, quatinus animos vestros
« hinc ab illecebrosis mundi cupiditatibus refrenet mortis metus et
« tribulatio, illinc vero ad speranda pietatis munera omnipotentis Dei
« relevet gratia et miseratio. Nec minus par est sanctam caritatem
« vestram obitu nuper evispilati patris obturbatam ab ingruentis ni-
« mietate doloris modicum temperare, et de substituendo pastore
« unanimiter tractare, qui dux et signifer in dominica constitutus
« acie, victricibus aquilis insignitus, de longe et de prope sevientium
« incursionem hostium et rabiem sciat sapienter repellere. » Sicque perorans tres viros non parve probitatis electioni omnium proponit. De quibus singulis diversis diversa sentientibus, hisque illum aliisque alium eligentibus, unus e fratribus, nescio quo mentis impetu arreptus, cunctis audientibus, Lambertum unum ex tribus expe-

tens, *vox Domini vox populi*, garrulus inclamat. Volens itaque prior dissidentium animos in idem velle et idem nolle, firmitate amititie, revocare, hac oratione iterum omnes alloquitur : « O unanimis Deo-
« que grata conventio, meminisse debetis illius allegationis ewange-
« lice, quam per se ipsa veritas corroborat, dicens : *Omne regnum in*
« *seipsum divisum desolabitur, et domus super domum cadet.* Si ergo per
« indissolubilitatem concordie et pacis, sine qua nemo videbit Deum,
« in regno illius pacifici vultis admitti qui fecit utraque, unum vi-
« rum e tribus eligite, quia nemo potest duobus dominis aut tribus
« servire. »

II.

Mox, ad hec, mutatione dextere Excelsi, omnes ad idem conversi[1]; uni omnium infigitur intentio, et Lambertum, qui junior erat, pene omnes pari voto eodemque expostulant consilio. Quo audito, diem certum indicit, quo se venturum, ad magnitudinem rei determinandam, esse predicit. Sed interim ad electum nostrum spaciando divertamur; et quibus animi moribus, quibusve vite exercitiis ad hujus honoris apicem excreverit, videamus. Facile enim iisdem virtutibus regnum conservatur, quibus parandum putatur. A tempore igitur pueritie sue, sicuti ego accepi, vir idem venerabilis, litterarum studio initiatus, votoque parentum, servituti divine sub monachali professione obligatus, Deo, in hoc cenobio Sithiensi, sub abbate Heriberto, supra sepius memorato, nutriendus et imbuendus offertur.

III.

Ubi, cum, quasi sub alis illius galline ewangelice, educatus, etate simul et studio majusculus maturesceret, paulatimque progrediendo, adolescentie metas attingeret, fervore studii, gallicana auditoria petiit, que, quasi prudentissima apes, diversos flores frequentans, quitquid dulcius quicquidve honestius erat, vivacitate ingenii et congessit, et, in favo memorie cuncta recondens, famelicis postmodum

---

[1] Locus corruptus nec tamen admodum obscurus.

infundenda reservavit. Denique suos repetens, magister puerorum efficitur; quitquidque prius ex diversorum doctorum fonte hauserat, lacteis rivulis mellitisque guttulis, sitibundis propinabat. His grammaticam, illis divinam paginam, quibusdam vero insinuabat musicam. Nec minus populares quoque sua predicatione, utputa verbi potens, sepius illustrare curabat. Quibus omnibus omnes excellens, ut omnibus proderet, omnium assensu, in prioratum sublimatur. Quem aliquandiu gradum verbo et opere perornans, expeditam privatamque gestiens ducere vitam, onus cum honore ultro deposuit, et usque ad adventum comitis, ut proposuit, secrete exercitiis vite operam dedit.

IV.

Statuto die igitur, omnis congregatio adunata, presul quoque Parisiacensis, Goiffridus nomine, qui his in partibus tunc temporis morabatur cum suis, clerici eciam sancti Audomari, cum quibusdam eciam nostri ordinis fratribus, ad substituendum abbatem venientes, dum in capitulo assiderent, cunctis intente audientibus, prior recapitulat omnia. Cunctis, ut dictum est, repetitis per ordinem, electioni assentiunt omnes et favent. Nec mora consurgit ille noviter electus; veniamque petens, et indignum se clamitans, onus prece recusat, sed recusando non impetrat. Tandem velit, nolit, licet multum renitens, oneri supponitur, moxque omnium vox, ad *Te Deum* laudandum, in sublime attolitur; ipseque psallentium chorum, consonantibus signis, in ecclesia subsequitur. Sicque omnibus in sua potestate susceptis, virgam tamen pastoralem non ferebat, nec in principali sede, utpote necdum consecratus, sedebat. Adveniente siquidem sue consecrationis tempore, octava scilicet die pascalis ebdomade, paratis omnibus, cum multa suorum vel militantium manu, Taruennam ad sedem maternam deducitur; ibique a pontifice ejusdem civitatis Gerardo honorabiliter, ut decebat, consecratus, ad sibi noviter commendandam, stipatus multis comitantium copiis, redit ecclesiam.

V.

Nobis interim expectantibus, nuntio precedente, ecce sponsus venit. Exeundum erat obviam ei. Mox nimirum omnis fraterna coadunatio, amictu succincta niveo, cultuque palliata vario, quasi sponsa de thalamo processit obviam sponso. A qua ille nudis pedibus multumque collacrimans, baculum manibus gestans, susceptus modulantium vocibus, altisonis precedentibus, ab episcopo in sede capitanea constituitur. Ubi finita cantantium modulatione, ab omnibus pacis oscula offeruntur, sicque de cetero ut domnus et abbas honoratur. Acta sunt hec anno dominice nativitatis millesimo nonagesimo quinto, anno vero sue etatis tricesimo quarto, prima die aprilis.

VI.

Hec de illius priori conversatione, electione simul et consecratione, nemo me dixisse inutiliter calumpnietur; sed certe, utilitatis gratia, me cuncta congessisse equanimiter credat; ut scilicet omnem ordinem eligendi abbatis posteris relinquerem tenendum; simulque panderem huic Sithiensi cenobio non paucos non parve probitatis viros inolevisse, raroque tales qui omni essent digni honore defuisse; nullumque huic loco promovendum fore, nisi quem, secundum timorem Dei, electio fratrum poposcerit, et quem, nulla alia consuetudinali rectitudine vel potencia, sed, solo assensu preficientium, decreverit, seu quem episcopus Taruanensis, si in promptu fuerit, a se consecratum et pastorali virga insignitum, in throno cardinali collocaverit.

VII.

Sublimatus igitur hoc ordine in honoris culmine, cepit bonorum virorum in agendis uti consilio, et eorum per omnia sapienter informari exemplo, quo insurgentes contra se repelleret hostes, et tumultuantium insolescentes compesceret lites. Cum in processu temporis multa mentis inhesit industria, quam subsecuta est tanta in omnibus que agebat efficacitas et gratia, ut nil in propriis vel alienis, nil in militaribus vel in regularibus, nil in popularibus vel in negotiis ecclesiasticis, nil in laicorum placitis vel in clericorum sinodis ortum est tam diversum tamque inextricabile, quod suo non expediret juditio perfacile. Hincque factum est ut, quasi tellus arida hiemali asperitate, per supervenientem gratam aeris serenitatem detersa, solis ignivomis vaporibus vegetata, virescit et virendo florescit, et florendo maturescit; sic non solum hoc Sithiense cenobium, verum etiam aliorum loca sanctorum, ad laudem et honorem nominis Christi, hujus patris Lamberti jugi sollertia in melius mutata, proficerent, donec fructu multiplici sancte exercitationis, multas Christo animas lucrifacerent. Multa quippe, que, antecessorum suorum incuria, vel ablata vel pessundata et depravata fuerant, suo labore et benevolentia, ecclesie sunt restituta, reparata et emendata. Que cuncta suo in loco conveniencius patebunt, cum scripto apparuerit quibus et in quibus et a quibus hujus loci melioratio, monacorumque laudabilis conversio, per ordinem, facta est. Ab exterioribus igitur incipientes, ad interiora usque ad nostros descendamus, a quibus iterum exeuntes, ad corrigenda aliorum sepius cenobia, expeditius proficiscamur. Imprimis igitur cartarum exemplaria, que, Romanorum pontificum auctoritate, illo agente, de libertate omnium ecclesiarum nostrarum confirmate sunt, ponamus, aliaque aliarum personarum, quas de diversis ecclesie utilitatibus assignari fecerat, postea subscribere studeamus.

VIII.

EXEMPLAR CARTE URBANI PAPE SECUNDI, DE LIBERTATE ALTARIUM NOSTRORUM [1].

23 mart. 1093.

« Urbanus, episcopus, servus servorum Dei, dilecto filio Lamberto, abbati monasterii confessoris Christi Bertini, ejusque successoribus regulariter substituendis imperpetuum. Pie postulatio vo-

[1] Vulgat. a Miræo, *Oper. diplom.* tom. III, pag. 21.

luntatis effectu debet prosequente compleri, quatinus et devotionis sinceritas laudabiliter enitescat, et utilitas postulata vires indubitanter assumat. Quia igitur dilectio tua ad sedis apostolice portum confugiens, ejus tuitionem debita devotione requisivit, nos supplicationi tue clementer annuimus, et beati Bertini confessoris monasterium, cui, Deo auctore, presides, quod videlicet monasterium idem beatus Bertinus in honore sanctorum apostolorum Petri et Pauli fundasse cognoscitur, et omnia ad ipsum pertinentia, sub tutela apostolice sedis excipimus. Per presentis igitur privilegii paginam apostolica auctoritate statuimus, ut quecumque hodie cenobium vestrum juste possidet, sive in futurum, concessione pontificum, liberalitate principum, vel oblatione fidelium, juste et canonice poterit adipisci, firma tibi tuisque successoribus et illibata permaneant. Quia vero quidam simoniace pravitatis ramus in Galliarum partibus jam diutius adolevit, ut ecclesie, que vulgari vocabulo apud vos altaria nuncupantur, monasteriis date, sepius ab episcopis, sub palliata avaritia, venundentur, mortuis nimirum seu mutatis clericis, quos personas vocant; nos, auctore Deo, venalitatem omnem, tam ex misteriis quam ex rebus ecclesiasticis propellentibus[1], hec ulterius fieri auctoritate apostolica prohibemus. Porro, quecunque altaria vel decimas ab annis triginta et supra, sub hujusmodi redemptione, monasterium vestrum possedisse cognoscitur, quiete deinceps et sine molestia qualibet, vobis vestrisque successoribus possidenda firmamus, salvo utique episcoporum censu annuo, quem ex eis hactenus habuerunt : ecclesiam, videlicet, de Stenkerca in Taruannensi parrochia, ecclesiam de Graveninga, ecclesiam de Broburg, cum capellis suis; ecclesiam sancte Margarete, sancti Johannis, sancti Martini; ecclesiam de Piternesse, de Longanessa, de Gisnes, de Poparingehem cum ipsa villa de Arkes, de Harbela, de Coeka, de Helcin, de Wiserna, de Aquina, de Bofrichem, de Scales, de Hunela, cum villis earum; ecclesiam de Turbodeshem; in Noviomensi parrochia, ecclesiam de Calmunt; in Tornacensi, ecclesiam

---

[1] Rectius apud Miræum, *propellentes*.

de Rucheshem, de Hetlingehem, de Hunumkohem, de Westkerke, et decima de Clemeskerke; in Coloniensi parrochia, ecclesiam de Frequena, de Guildestorp; in Belvacensi, terram Hubertuisim dictam, cum omnibus pertinentiis earum seu appenditiis. Decernimus itaque ut nulli omnino hominum liceat vestrum cenobium temere perturbare, aut ejus possessiones auferre, vel ablatas retinere, vel temerariis vexationibus fatigare; sed omnia integra conserventur eorum, pro quorum sustentatione ac gubernatione concessa sunt, usibus omnimodis profutura, salva canonica episcopi Morinensis reverentia. Obeunte te, nunc ejus loci abbate, vel tuorum quolibet successorum, nullus ibi, qualibet subreptionis astutia, preponatur, nisi quem fratres, communi consensu, vel fratrum pars consilii sanioris, secundum Dei timorem et beati Benedicti regulam, elegerint.

« Vos igitur, filii in Christo dilecti, Dei semper timorem et amorem in cordibus vestris habere satagite, ut quanto a secularibus tumultibus liberiores estis, tanto amplius placere Deo tocius mentis et anime virtutibus anheletis. Si qua sane, in crastinum, ecclesiastica secularisve persona, hujus privilegii paginam sciens, contra eam temere venire temptaverit, secundo terciove commonita, si non satisfactione congrua emendaverit, potestatis honorisque sui dignitate careat, reamque se divino juditio existere de perpetrata iniquitate cognoscat; et a sacratissimo corpore, et sanguine Dei et Domini redemptoris nostri Jesu Christi aliena fiat, atque in extremo examine districte ultioni subjaceat. Cunctis autem eidem loco justa servantibus sit pax Domini nostri Jesu Christi, quatinus et hic fructum bone actionis percipiant, et apud districtum judicem premia eterne pacis inveniant. Amen.

« Datum Turonis, per manum Johannis, sancte Romane ecclesie diaconi cardinalis, decimo[1] kal. aprilis, indictione quarta, anno dominice incarnationis millesimo nonagesimo sexto, pontificatus autem domini Urbani secundi pape nono. »

[1] Apud Miræum, *nono*.

PARS SECUNDA. — SIMONIS LIB. II.

IX.

EXEMPLAR PRIVILEGII PASCALIS PAPE SECUNDI, DE HUJUS LOCI LIBERTATE[1].

« Paschalis, episcopus, servus servorum Dei, dilecto filio Lamberto 25 maii, 1107. Sithiensi, abbati venerabilis monasterii sancti Bertini, ejusque successoribus regulariter substituendis imperpetuum. Ad hoc nos, disponente Domino, in apostolice sedis servitium promotos, agnoscimus ut ejus filiis auxilium implorantibus efficaciter subvenire, et ei obedientes tueri ac protegere, prout Dominus dederit, debeamus; unde oportet nos venerabilibus manum protectionis extendere et

[1] Hanc chartam, sed non totam, edidit Miræus, *Oper. diplom.* tom. III, pag. 24. Hic secuti sumus ordinem capitulorum, eisque seriem numerorum naturalem præfiximus; alios numeros, qui, ut videtur, legebantur in quodam codice antiquo, quosque exscriptor codicis nostri præpostere ac solum in margine notavit, una cum nostris, e regione appositis, habes in tabula sequenti.

In cod. antiq.	In edit. nostr.
X	IX
XXIV	X
XXV	XI
XXXV	XII
XXXVIII	XIII
XXXVIII	XIII A
XXXIX	XIV
XL	XV
XLII	XVI
XLIII	XVII
XXXVII	XVIII
XXXVI	XIX
XXXIV	XX
XXXII	XXI
XXXIII	XXII
XXVI	XXIII
XXII	XXIV
XXI	XXV
XX	XXVI
XXXI	XXVII
XXX	XXVIII
XXIII	XXIX
XXVII	XXX
XIX	XXXI
XLI	XXXII
....	XXXIII
XLVI	XXXIV
XLIII et XLIV	XXXV
XLVII	XXXVI
XLVIII	XXXVII
IX	XXXVIII
XII	XXXIX
XV	XL
XIII	XLI
XIV	XLII
XVI	XLIII
XXVIII	XLIV
XXIX	XLV
XLIX	XLVI
XI	XLVII
XVII	XLVIII
XVIII	XLIX
L	L

servorum Dei quieti attentius providere. Igitur, pro beati Bertini confessoris reverentia, Sithiense monasterium, cui, Deo auctore, presides, quod videlicet idem beatus Bertinus in honore apostolorum Petri et Pauli fundasse cognoscitur, et omnia ad ipsum pertinentia, sub tutela apostolice sedis excipimus, et a cura ejusdem monasterii, quam fratres monaci Cluniacenses, per fratrem nostrum Johannem, Taruennensem episcopum, seu per Robertum, comitem Flandrie, seu per te, capitulo tuo et Taruanensi inconsulto, quod nullatenus fieri debuit, sibi dicunt esse concessam, nos, communicato consilio cum fratribus nostris episcopis et cardinalibus, super his que presenti decreti confirmatione statuta sunt, privilegiis eorum qui super hoc se habere affirmant, dictante justicia, cassatis, ipsos apostolica auctoritate absolvimus, et, sicut coram nobis judicatum est, prefatum monasterium et abbatem loci in antiquo sue libertatis et immunitatis genio continue permanere decernimus. Universa igitur ad ipsum legitime pertinencia, nos, largiente Domino, tibi tuisque successoribus, decreti presentis assertione, firmamus : scilicet in Taruanensi parrochia, eidem monasterio adjacentes, videlicet ecclesiam sancte Margarete[1], ecclesiam sancti Johannis; sancti Martini; ecclesiam de Herbela; ecclesiam de Peternessa; ecclesiam de Torbodeshem, sicut retroactis temporibus, ab omni episcopali redditu liberas. Confirmamus eciam vobis ecclesiam de Broburg, cum cappellis suis; ecclesiam de Graveninga, et de Lo; ecclesiam de Arkes, cum eadem villa; ecclesiam de Poperingehem, cum eadem villa; ecclesiam de Stenkerka; ecclesiam de Brusele; ecclesiam de Scales; ecclesiam de Boveringhem, cum villis earum; villam de Aldenfort, et de Ostresela, et de Rokestor, cum terra quam emisti ab Arnoldo de Wenti, et aliis terris adjacentibus; allodium quod Clarenbaldus dedit in villa Lustingehem; ecclesiam de Coieka, et ecclesiam de Helcin, cum villis earum, et partem ecclesie de Walnas; ecclesiam de Locanes, et Aquina; ecclesiam de Hunela, cum eadem villa; altare de Merchem,

---

[1] Hanc ecclesiam beate Margarete concessit Lambertus abbas cuidam ecclesiastico Gunzelino, pro censu xvi lib. statutis terminis annuis solvendarum. *In margine Cod.*

quod venerabilis Johannes, episcopus, vobis concessit. In Noviomensi parrochia, Kanetecurtin. In Torvanensi[1], ecclesiam de Rokeshem; ecclesiam de Hetlingehem; ecclesiam de Hitlingehem, de Westkerke, et decimam de Clemeskerke. In Coloniensi parrochia, ecclesiam de Frekena; ecclesiam de Gildestorp, cum appenditiis earum. Ex quibus precipimus ut nulla per episcopos vel eorum ministros exactio, quibuslibet occasionibus, exigatur, salvis episcoporum annuis redditibus. Ecclesiam quoque de Coclers, quam Baldricus, Tornacensis ecclesie episcopus, tibi tuisque successoribus ordinandam, una cum altari de Rusletha, omni exactione liberam tribuit, preter decem solidos denariorum, qui, singulis annis, de Rusletha episcopo persolvuntur. Porro abbatis subrogationem penes monasterium sancti Silvini apud Alciacum, juxta preteriti temporis morem, in vestra semper concedimus dispositione persistere. Stationes autem apud vos publicas per episcopum omnino fieri prohibemus; nec frequentius ibi, nisi ab abbate vocatus fuerit, veniat; ne in servorum Dei recessibus popularibus occasio prebeatur ulla conventibus, ac simpliciores ex hoc animos plerumque, quod absit, in scandalum trahat. Statuimus autem ut in omnibus parochiis vestris nullus ecclesiam vel monasterium, refragante voluntate vestra, edificare vel edificatum tenere presumat; nullusque presbiter sive clericus in ecclesiis vel capellis vestris, sine vestro assensu, per se vel per vim alterius, licentiam habeat permanendi, aut aliquot ibi officium assumendi. Siquando vero, quod absit, vestre diocesis episcopum vel catholicum non esse, vel apostolice sedis gratiam et communionem non habere contigerit, fratres vestros, ordinationis gratia, ad catholicum episcopum transire permittimus, et in communi parrochie interdicto, clausis ostiis, secrete divina officia celebrare. Demum, totum illud atrii spatium, quod ab omni basilice vestre parte, usque ad medium Agnionis fluvii cursum interjacet, nos ecclesie vestre, presenti decreto, firmamus, cum piscariis Mera et Grath, Mardic et Strangnerh, et Laugha et terris adjacentibus, cultis sive incultis, prout

---

[1] Leg. ut apud Miræum, *Tornacensi.*

priscis temporibus possedistis. Nemini vero facultas sit idem cenobium temere perturbare, aut quecunque ipsius sunt vel fuerint, quibuslibet occasionibus, auferre; sed omnia integra conserventur, eorum pro quorum sustentatione et gubernatione concessa sunt, usibus omnimodis profutura. Si qua igitur in futurum ecclesiastica secularisve persona, hanc nostre constitutionis paginam sciens, contra eam temere venire temptaverit, secundo tertiove commonita, si non satisfactione congrua emendaverit, potestatis honorisque sui dignitate careat, reumque se divino judicio existere de perpetrata iniquitate cognoscat; et a sacratissimo corpore et sanguine Dei et Domini Redemptoris nostri Jesu Christi aliena fiat, atque in extremo examine districte ultioni subjaceat. Cunctis autem eidem loco justa servantibus sit pax Domini nostri Jesu Christi, quatinus et hic fructum bone actionis percipiant, et apud districtum judicem premia eterne pacis inveniant. Amen. Scriptum per manum Raineri, scrinarii regionarii et notarii sacri palatii.

« Datum Laterani, per manum Johannis, sancte Romane ecclesie diaconi cardinalis et bibliothecarii, viii° kal. junii, indictione decima quinta, anno dominice incarnationis millesimo centesimo septimo, pontificatus autem domni Paschalis secundi pape nono[1]. Ego Paschalis, catholice ecclesie episcopus. »

X.

EXEMPLAR TRADITIONIS CLARENBALDI DE SUO ALLODIO IN VILLA LUSTINGHEM[2].

26 maii, 1102.

« In nomine Patris et Filii et Spiritus Sancti. Ego Clarenbaldus, cognitum habens neminem nostrum hic manentem civitatem habere, ex his, que divina gratia mihi contulit, dignum duxi sanctos Dei heredes facere, quatinus ibidem omnipotenti Domino servientes pro excessibus meis ipsius clementiam jugiter debeant exorare. Unde omnibus Dei fidelibus nostrisque posteris notum esse volumus, quo-

---

[1] Rectius *octavo*.
[2] Edit. a Martenn. *Anecd.* tom. IV, col. 132 sq.

niam, ob remedium anime mee et domini mei Balduini comitis, et patris ac matris mee, necnon Anselini fratris mei, allodium meum in villa Lustinghem dicta[1], videlicet terras illas quas Amalbertus, Heremarus et Regemarus in usus meos excolunt, ita omnino liberas ac quietas, sicut ego possideo, Deo sanctoque Bertino, ac sanctis inibi quiescentibus, ex integro trado. Hanc vero traditionem in sollempni curia Roberti comitis, ejusque generose conjugis Clementie, fecimus in publico scilicet fidelium Dei conventu episcoporum et principum Et ne futuris temporibus quispiam hoc infringere presumpserit, reverendi episcopi Johannes Morinensis atque Lambertus Attrebatensis, a nobis rogati, in commune anathematizaverunt et subscripserunt. Ego eciam Robertus, Dei gratia, Flandrensium comes, hoc scriptum firmavi, et sigillo meo consignans, eos qui subscriberent jussi. Decretum igitur tam a me est quam ab episcopis suprascriptis, ceterisque fidelibus meis, ut quicunque hoc infringere temptaverit, quadraginta libras[2] comiti persolvat, ita tamen ut reus ex hoc Deo satisfaciat. Signa eorum qui subscripserunt:

« Signum CLAREMBALDI, archidiaconi Attrebatensis. Signum BERNOLDI, Wattiniensis prepositi. Signum RAINERI, cappellani. Signum comitis Gisnensis MANASSES. Signum ONULPHI, dapiferi. Signum HOST, pincerne. Signum AMULRICI, connestabellarii. Alii eciam multi interfuerunt testes.

« Facta est autem hec donatio sollempniter apud Bergas, in Pentecosten, anno ab incarnatione Domini millesimo centesimo secundo, indictione decima, feria secunda, regnante Francorum rege Philippo. Preterea terras illas quas Ancelinus Veltre atque Willelmus ex eodem Claremboldo habuerunt, ut scilicet ab abbate teneant, Deo sanctoque Bertino concessit. Recitata est et confirmata hec carta Remis, in pleno concilio, sub terribili anathematis interpositione, a domno Radulpho, ejusdem urbis reverendo archiepiscopo, et a conprovin-

---

[1] Habet ecclesia sancti Bertini justiciam altam, mediam et bassam, prout repertum est in veteribus cartulariis. *In margine Cod.*

[2] *Alias* LX. Sic in Cod. secunda manu scriptum.

cialibus episcopis, anno Verbi incarnati millesimo centesimo quarto decimo, nonis septembris[1]; presentibus quoque abbatibus, cum ceteris ecclesiarum prelatis omnibus, eidem anathemati unanimiter assensum prebentibus. »

XI.

EXEMPLAR PRIVILEGII COMITIS ROBERTI JUNIORIS, DE LIBERTATE MOLENDINORUM NOSTRORUM DE ARKES.

1102.

« In nomine Patris et Filii et Spiritus Sancti. Ego Robertus, Dei gratia, Flandrensium comes, possessionibus, sanctorum nihil omnino volens auferre, vel in aliquo diminuere, inclinatus precibus Lamberti, abbatis sancti Bertini ac fratrum ibidem Deo famulantium, videlicet pro remedio anime mee atque conjugis seu liberorum, concessi, et presentis pagine attestatione firmavi, ut, quia villa Arkas, que est unum ex principalibus membris predicti sancti, ad cotidianum victum fratrum, cum molendinis suis, pertinet, omnem multuram quam hactenus habuerunt quiete deinceps et sine molestia qualibet habeant et possideant : in tantum videlicet, ut, a predicta villa Arkas usque Broburg atque Lodic, nulla omnino alia mollendina intersint; quoniam equum et Deo acceptum fore credimus, ut unaqueque ecclesia omnibus que sui juris sunt in pace gaudeat. Facta est autem hec confirmatio, anno ab incarnatione Domini nostri Jesu Christi millesimo centesimo secundo, indictione decima, feria sexta, in villa Hislensi, his presentibus quorum nomina et signa annotari placuit.

«Signum Roberti, comitis. Signum Roberti, advocati. Signum Roberti, castellani. Signum Rogeri, castellani. Signum Everardi. Signum Frumoldi, insulani. Signum Frumoldi de Ypres. Signum Bertulfi, prepositi Brugensis. Signum Gummari, cancellarii; Raineri, cappellani. Signum Roberti, canonici, aliisque quampluribus viris. »

[1] Aliter apud Martenn. *Ann.* MCXIIII. *indictione octava,* IIII *nonas septemb.*

XII.

EXEMPLAR CARTE BALDRICI, TORNACENSIS EPISCOPI, DE ALTARIBUS DE COCLARA ET RUSLEDA, QUE TANCRADUS, CANONICUS, NOBIS TRADIDIT.

« Baldricus, Dei gratia, Noviomensium atque Tornacensium episcopus, omnibus sancte religionis cultoribus, sic transire per bona temporalia, ut non amittant eterna. Quedam, fratres, in episcopatu nostro, in Flandrensi scilicet territorio, apud Coclers, in honore sancti Martini, antiquitus fundata fuit ecclesia, cujus curam et personatum predecessor noster bone memorie, domnus Robertus, episcopus, fratri Tancrado, clerico, commendavit. Idem vero Tancradus, nostro in tempore, ad honorem Dei cupiens locum illum exaltare, atque de virtute in virtutem proficiendo sublimare, nostram adiit presentiam, humiliter et devote obsecrans, quatinus ecclesiam illam domno Lamberto, sancti Bertini abbati, viro religioso, ejusque monachis, perpetuo possidendam concederemus. Oravit eciam ut ecclesiam de Rusleda, quam ipse similiter sub eodem personatu tenebat, eisdem fratribus donaremus, et sub perpetua libertate confirmaremus. Hujus igitur humili suscepta petitione, immo predictorum fratrum considerata religione, consilio et assensu Lamberti, archidiaconi, nostrorumque clericorum, concessimus eis eorumque successoribus predictas ecclesias sub perpetua libertate possidendas, salvo, in quarto anno, synodali jure, salvo quoque censu decem scilicet solidis, quos de ecclesia Rusleda, unoquoque anno, in festivitate sanctorum Simonis et Jude, solita est solvere.

1106.

« Illud etiam pagine huic commendari decrevimus, ut abbas sancti Bertini sollicita consideratione provideat, quatinus ecclesia de Coclara[1] monacorum suorum cultu et habitatione, ad laudem et gloriam nominis Christi, decoretur; et in ecclesia de Rusleda sacerdos constituatur, qui ab episcopo vel ab ejus ministris curam plebis suscipiat, et debitam eis obedientiam exibeat. Hanc quoque reverentiam nobis

[1] Ecclesia de Coclara efficitur prioratus. *In margine Cod.*

nostrisque successoribus ab eodem abbate reservari volumus, si pro qualibet ecclesiastica necessitate, semel vel bis in anno, monitus fuerit, ut et ipse advenire et synodali conventui nostro non negligat interesse. Ne ergo privilegii hujus auctoritatem quilibet violare presumat, sub anathemate interdiximus, et sigilli nostri signum eidem adhibuimus, clericis nostris presentibus et assensum prebentibus.

« Signum BALDRICI, Tornacensis episcopi. Signum LAMBERTI, archidiaconi; GONTERI, decani; GONTERI, prepositi; BALDUINI, cantoris; TANCRADI; HENRICI, decani, et aliorum.

« Actum Tornaci, anno dominice incarnationis millesimo centesimo sexto, indictione quarta decima, regnante rege Philippo, domno Baldrico episcopante, Roberto juniore Flandrensibus dominante.

« Signum GUIDONIS, cancellarii. »

XIII.

DE HUJUS ECCLESIE SANCTI BERTINI DEDICATIONE.

Lamberti abbatis, pie recordationis, tempore, cenobii sui Sithiensis dedicatio facta est, anno nativitatis nostri Redemptoris supra millesimum centesimo sexto, in honore sancte genitricis Dei et Petri Paulique, apostolorum, necnon et divi patris et patroni Bertini, abbatis, in capite mensis maii, presentibus episcopis Johanne Morinensi, et Odone Cameracensi; abbatibus Normanno sancti Salvii de Monasteriolo, qui tunc chorum regebat monacorum; Bernoldo item Watiniensi, et quampluribus aliis spectabilibus viris. Verum, ut nostris temporibus rata essent enarrata, idem Johannes, episcopus, apicibus suis hanc cartam reliquit nobis inspiciendam, cujus exemplar ecce.

XIII A.

EXEMPLAR JOHANNIS, MORINORUM EPISCOPI, DE HUJUS ECCLESIE ET CIMITERII CONSECRATIONE.

« In nomine Patris et Filii et Spiritus Sancti. Ego Johannes, Dei gratia, Morinorum episcopus, notum fieri cupio tam futuris quam presentibus, quia, in die consecrationis basilice beati Bertini, que a nobis, prestante Domino, facta est, anno Verbi incarnati millesimo centesimo sexto, nos, post missarum sollempnia, omnibus rite peractis, dum ad atrium dedicandum procederemus, corpora sanctorum Audomari, Bertini, Folquini atque Silvini debita veneratione subsecuti sumus; deinde vero, una cum multitudine cleri ac populi, per medium fluvii Agnione, quo videlicet ejusdem cenobii insula ambitur, navigio circumvecti, eisdem sanctis presentibus et nobiscum, per Dei gratiam, ut credo, cooperantibus, totum infra spatium usque ad ipsam basilicam circumquaque sacravimus; cruces quoque a quatuor partibus atrii affigentes, episcopali benedictione sollempniter consignavimus. Cujus rei testes interfuerunt Odardus, Cameracensis episcopus, cum archidiaconis suis Anselmo atque Radulpho; clerici vero Taruanenses, Herbertus et Arnulphus, archidiaconi, ceterique quamplures tam laici quam clerici. Quicunque igitur, contra hanc nostre immunitatis paginam, predictum atrium infringere vel imminuere, aut a jure ecclesie beati Bertini aliqua occasione alienare presumpserit, nisi, admonitus Deo et fratribus, satisfecerit, eterne maledictionis vinculis subjaceat, atque reatus sui penas in die tremendi examinis perpetualiter exsolvat.

« Datum Taruenne, anno Verbi incarnati millesimo centesimo duodecimo.

« Signum Johannis, Taruennensis episcopi. »

XIV.

EXEMPLAR CARTE JAMDICTI EPISCOPI, DE CIMITERIO ECCLESIE SANCTI NICOLAI DE GREVELINGA.

« Quia apostolus dicit, *Quecunque facitis in verbo aut in opere, omnia in nomine Domini facite;* in ejus igitur nomine Dei Patris omnipotentis et Filii et Spiritus Sancti, notum sit cunctis fidei catholice cultoribus, quia ego Johannes, Dei gratia, Morinorum episcopus, cimiterium, ad tumulanda mortuorum corpora, concedo ecclesiole sancti

Nicolay, juxta Gravenngam in Broburg site. Hoc autem fieri venerabilis filius noster Lambertus, Dei gratia, abbas sancti Bertini, parrochianorum illius loci precibus misertus, a nobis impetravit. Dispensatione autem tali factum est, ut unam libram, que de Broburg eidem abbati, singulis annis, persolvebatur priusquam hec parrochiola a Broburg dividebatur, hanc presbiter et parrochiani hujus ecclesie ipsi abbati duobus terminis persolvant: videlicet in omnium sanctorum festivitate, solidos decem; in Christi nativitate, solidos totidem. Divisio est autem inter hanc parrochiam et Broburg terra Roberti filii Folcheri. Huic autem episcopali nostre sedi duos solidos, et non plus, prefata ecclesia, singulis annis, in autumpnali sinodo, persolvet.

« Actum anno incarnati Verbi millesimo centesimo decimo quarto, indictione septima.

« Signum JOHANNIS, Taruanensis episcopi. »

XV.

EXEMPLAR CARTE ROBERTI, EPISCOPI ATTREBATENSIS DE TRADITIONE ALTARIUM ANESIN WERKIN, SALOMES ET HAUTAY, CUM CAPPELLIS SUIS [1].

« In nomine sancte et individue Trinitatis. Ego Robertus, Dei gratia, Attrebatensis episcopus, venerabili fratri Lamberto, abbati sancti Bertini, ejusque successoribus regulariter substituendis in perpetuum. Sacerdotali congruit benevolentie eorum qui in sancte matris ecclesie gremio fide moribusque proficiunt, sancta studia juvare, piis votis concurrere, et maxime eorum qui jugo monastice sanctionis humilia colla subdidere. Unde, frater venerande abba Lamberte, cum a vestra dilectione rogarer quatinus aliquot altaria de nostra diocesi monasterio vestro conferrem, que fratrum ibidem Deo sanctisque ejus Bertino, Audómaro, Folquino, Silvino servientium usibus proficerent, amore ductus vestre vestrorumque filiorum religionis, petitionem vestram eo citius eoque libentius exaudiendam judicavi, quanto clarius constat quoniam ea que fidelium oblatione ecclesie

[1] Edit. *Gall. Christ.* tom. III, instr. col. 112.

vestre collata sunt, non in proprietates monacorum, non in turpes usus secularium misera vanitate consumuntur, sed hospitum susceptioni, pauperum recreationi, sufficienti domesticorum administrationi, honesta et rationali largitate dispensantur. Hujus igitur rei consideratione, necnon et archidiaconorum nostrorum Drogonis atque Roberti consilio, hec altaria, his nominibus nuncupata, Anesin, Werkin[1], Salomes, Hautay, cum appenditiis, cappellis, ad refectionem fratrum vobis perpetuo jure possidenda concessi, salvis duntaxat nostris et archidiaconi ministrorumque nostrorum consuetudinibus, sicut Attrebatensis ecclesie canonicus mos exigere cognoscitur; hoc insuper addito, ut vos vestrique successores, nisi preostensa competenti excusatione, celebrandis sinodis nostris non omitatis interesse. Quisquis itaque hanc nostram donationem quolibet modo infringere vel violare presumpserit, si non satisfactione congrua delictum suum correxerit, in tremendo examine eterne districtioni subjaceat.

« Actum apud Sithiense monasterium, anno dominice incarnationis millesimo centesimo vigesimo tercio, indictione prima, presentibus ydoneis testibus, quorum hic subnotantur nomina.

« Signum Roberti, Attrebatensis episcopi. Signum Drogonis et Roberti, archidiaconorum. Signum Alvisi, Aquiscinensis abbatis. Signum Hugonis, prepositi Betuniensis. Signum Warneri, decani.

« Ego Saswallo, cancellarius, subscripsi. »

XVI.

EXEMPLAR CARTE IDE, GENEROSE COMITISSE BOLONIENSIS, DE COMITATU CUJUSDAM TERRE SANCTI BERTINI[2].

« In nomine sancte et individue Trinitatis. Cum constet unicuique incerta et eminens mors, quam necessarium nobis sit saluti nostre bonis operibus elemosinarumque largitionibus insistendo consulere,

---

[1] Sanctus Amatus episcopus, patronus de Warkin, ubi etiam sanctus Bertinus habet altam jurisdictionem. *Ex margine Codicis.*

[2] Apud Miræum, *Oper diplom.* tom. I, pag. 79.

cotidianus mundane rei defectus satis ostendit. Unde ego Ida, Boloniensium, Dei gratia, comitissa, notifico tam futuris quam presentibus qualiter, ob salutem anime mee, necnon pro anima domini mei comitis Eustachii, et pro incolumitate filiorum meorum[1] Godefridi et Balduini, qui contra paganorum incursus, ex precepto apostolico, Iherosolimam profecti sunt, omnes consuetudines et comitatum, et quitquid ad me pertinebat de terra, quam Ongyz[2] et Berwoldus, Deo et sancto Bertino, ad elemosinam pauperum, tradiderunt, domno Lamberto, abbati de cenobio ejusdem Christi confessoris Bertini, et fratribus ibidem Deo servientibus, perpetuo possidendas concesserunt; ea videlicet ratione, ut nullus de heredibus predictorum virorum de terra illa sibi quicquam amplius usurpare audeat, nec comes Boloniensis, neque quisquam ex parte ejus de consuetudinibus seu comitatu illius aliquid exigere presumat, sed libera et quieta, ad usus pauperum, in perpetuum permaneat. Quod si quis infringere conatus fuerit, eterne maledictionis vinculo obligatus, in inferno cum Juda, traditore Domini, debitas penas exsolvat, nisi digna satisfactione cito penitens resipuerit.

« Actum in villa Merch, anno dominice incarnationis millesimo nonagesimo octavo, indictione prima[3], regnante Philippo, rege Francorum, in presentia spectabilium personarum. »

SECUNTUR VERSUS IN LAUDEM VIRORUM IN JAMSCRIPTO EXEMPLARI CONTENTORUM.

Contigit in vestris quiddam, Taruanna, diebus,
Unde Deo laudes immensas reddere debes;
Qui dignando tuos elegit parrochianos,
Quos Iherosolime reges dedit et patriarchas:
Primo Godefridus, Balduinus vero secundus;
Ejusdem frater post hunc regnavit: uterque
Filius Eustachii comitis, quos nobilis Ida,
Christe, tue genti feliciter edidit omni.

[1] Suppl. ex. Miræo, *Eustathii.*
[2] Apud Miræum, *Ondigir.*
[3] Sic etiam apud Miræum. In annum tamen 1098 incidit indict. 6.

XVII.

EXEMPLAR EUSTACHII, BOLONIE COMITIS, DE COMITATU TERRARUM DE MERCH[1].

« In nomine sancte et individue Trinitatis. Ego Eustacius, Dei gratia, Boloniensium comes, notifico tam futuris quam presentibus qualiter, ob salutem anime mee, necnon pro anima patris mei Eustacii, comitis, matrisque mee Yde, comitisse, et fratrum meorum Godefridi, Ierosolimitani regis, atque Balduini, qui ei in regno successit, terram quam beatus Bertinus infra ministerium de Merk possidet, videlicet que ad elemosinam pauperum pertinet, a comitatu et omnimoda consuetudine, necnon ab omni prorsus exactione, liberam fecerim, preter decimam et fossatum, sic tamen ut de eodem fossato demonstratio illa, que vulgo *bisene*[2] vocatur, nullatenus exigatur.

1122.

Hujus autem libertatis concessio facta est a me Eustacio apud Capellam, post reditum meum ab Ierosolimis anno vigesimo; dominice autem incarnationis millesimo centesimo vigesimo secundo, indictione decima quinta; regnante Ludovico rege in Francia, necnon Danense Carolo marchionatum administrante in Fladria; presente Johanne, Morinorum episcopo, et aliis testibus ydoneis, tam clericis quam laicis, quorum nomina subtus habentur annotata.

« Signum Eustacii, comitis Boloniensis. Signum Johannis, Morinorum episcopi. Signum Heriberti et Walteri, archidiaconorum. Signum Lamberti, abbatis sancti Bertini. Signum Balduini, abbatis sancti Vulmari. Signum Rodulfi, filii comitis Eustacii. »

XVIII.

EXEMPLAR LAMBERTI, EPISCOPI TORNACENSIS, DE TRADITIONE ALTARIS DE RUMBEKA CUM CAPELLIS SUIS.

« In nomine Patris et Filii et Spiritus Sancti. Ego Lambertus, Dei gratia, Tornacensium sive Noviomensium episcopus, notum fieri volo

1116.

---

[1] Edid. Miræus in *Oper. diplom.* tom. I, pag. 84.
[2] *Besene* ap. Miræum.

me, abbatis sancti Bertini, Lamberti nomine, precibus inclinatum, ut altare de Rumbecke, cum capellis suis, videlicet Calkingehem atque Hocanam, tum pro remedio anime mee, tum pro fratrum devotione, ecclesie sancti Bertini ac fratribus ibi Deo servientibus concederem, ita tamen ut nulli successorum meorum hanc concessionem liceat infringere vel diminuere, sed fratres quiete et sine molestia qualibet predictam ecclesiam possideant et habeant; decernimus, consilio Roberti, archidiaconi nostri, necnon et ceterorum clericorum nostrorum, supradictis petitionibus adquiescere, ita scilicet ut presbiter ejusdem parrochie a me vel ab archidiacono Tornacensis ecclesie, prout consuetudo est, curam accipiat, et obedientiam et sinodalia jura ecclesie Tornacensi michi et meis ministris integre solvat, sicut antea facere solebat. Hanc igitur tuitionis paginam sigilli mei impressione et pontificali auctoritate firmavimus; et quicumque eam qualibet occasione infringere presumpserit, quoad usque resipiscat, anathematizamus et a luminibus sancte matris Ecclesie sequestramus.

« Actum Tornaci, anno Verbi incarnati millesimo centesimo decimo sexto, indictione nona.

« Signum LAMBERTI, Tornacensis episcopi. Signum ROBERTI, archidiaconi. Signum GOTERI, decani. Signum GUNTERI, prepositi Signum BALDUINI, cantoris. Signum HENRICI, decani.

« Ego Hugo, cancellarius, subscripsi et relegi. »

XIX.

EXEMPLAR TRADITIONIS QUORUMDAM ALTARIUM, SCILICET LISVEGNE, SVELGEKERKE, BOVENKERKE, ERNINGHEM.

1119.

« In nomine Patris et Filii et Spiritus Sancti. Ego Lambertus, gratia Dei, Tornacensium ac Noviomensium episcopus, fratri Lamberto, venerabili abbati sancti Bertini, suisque successoribus imperpetuum. Religiosis votis justisque desideriis hilarem ac facilem accommodare debemus assensum. Cum siquidem, karissime frater, venerabilis abba Lamberte, postulasti a nobis, ad fratrum alimoniam et servitium

Dei, et sancti Bertini, aliquod ecclesie tue benefitium in nostro episcopatu concedi; nos igitur, pro tua bona devotione et monasterii tui religione, diligenter annuentes, ad remissionem peccatorum nostrorum nostrumque anniversarium, Roberti archidiaconi nostri assensu et clericorum nostrorum consilio, tibi, abba Lamberte, tuisque successoribus et ecclesie sancti Bertini concedimus et confirmamus altare de Sliswege, altare de Svelguekerke, altare de Ermingehem et de Bovenkerke, in perpetua libertate et canonica possessione jure tenenda; cathedraticum tantum, et que sinodalis juris sunt, singulis annis persolvetis. Presbiteri, qui eisdem altaribus deservierint, episcopo Tornacensi debitam justiciam et obedientiam exibebunt. Hec, ut ita in posterum inconvulsa permaneant, sigilli nostri impressione signamus, et eorum qui subscripti sunt testimonio corroboramus. Quisquis autem contra hanc decreti nostri paginam ire temptaverit, anathema sit, donec resipiscat et satisfaciat.

« Actum apud Roslaram, anno incarnationis dominice millesimo centesimo decimo nono, indictione duodecima.

> « Signum LAMBERTI, Tornacensis episcopi. Signum JOHANNIS, Morinensis episcopi. Signum ROBERTI, Attrebatensis archidiaconi. Signum HERIBERTI, Morinensis archidiaconi. Signum GUALTERI, Morinensis archidiaconi. Signum ALBRICI, capellani, et aliorum.
>
> « Ego HUGO, cancellarius, subscripsi et confirmavi. »

XX.

EXEMPLAR CARTE JOHANNIS, EPISCOPI, DE TRADITIONE DE OXSELARE, JUXTA CASLETUM.

« Johannes, Dei gratia, Morinorum episcopus, fratri Lamberto, venerabili abbati sancti Bertini, ejusque successoribus in perpetuum regulariter substituendis. Locum qui dicitur Osclarum, in pago Mempisco, juxta montem Cassel situm, in quo videlicet est ecclesia beati Martini in honore fundata, tam clericorum quam et laicorum vicinorum precibus rogatus, providentie tue tuorumque successorum in perpetuum, cum omnibus que ad eandem ecclesiam pertinent, fideliter committimus, et dispositioni subjecimus. Juxta possibilitatem itaque prefati loci, monastice religionis servitutem ibidem vigere volumus; ita tamen ut priore et monacis, secundum dispositionem abbatis sancti Bertini ibidem regulariter degentibus, prefata ecclesia, cum omnibus que vel jam illius sunt, vel in perpetuum ex fidelium devotione fieri possunt, ad honorem Dei sanctique Martini libere et absque ullius persone seu potestatis secularis exactione disponantur, salvo tamen sinodali censu episcopo Taruanensi persolvendo. Decernimus eciam de omnibus eidem loco jam collatis vel in futurum conferendis, tam in terris quam in ceteris rebus, ut nec abbati nec alicui successorum ejus facultas sit aliquid inde auferre, imminuere vel alienare. Quicunque autem huic nostre sanctioni contraire temptaverit, perpetuo anathemati subdatur, nisi ammonitus resipuerit.

« Actum apud Sanctum Bertinum, anno Verbi incarnati millesimo centesimo decimo quinto.

« Signum Johannis, episcopi Morinensis. »

Ex dictis patet locum dictum antea prioratum esse.

XXI.

EXEMPLAR CARTE JOHANNIS, EPISCOPI, DE EGGAFRIDI CAPELLA, QUALITER VENIT IN USUS FRATRUM BERTINENSIUM.

Circa a. 1111.   « Ego Johannes, Dei gratia, Morinorum episcopus, notifico tam posteris quam presentibus, quia vir quidam venerabilis laicus, nomine Idesbaldus, ecclesiam dictam Eggafridi capellam, quam pater ejus Eggafridus fundare ceperat, instaurare instituit; ibidem itaque, pro remedio anime sue, et patris et matris sue, et uxoris filiorumque suorum illic humatorum, octoginta terre sue mensuras et septem vaccas Deo sancteque genitrici Marie per nos dedit in manus venerabilis filii nostri Lamberti, abbatis sancti Bertini, in usus fratrum ibi servientium. Facta autem hac donatione apud Taruennam, in nostra presentia et archidiaconorum nostrorum Herberti et Walteri, Walterique custodis et aliorum plurium, mox viro prefato id petente, omnes quicunque donum hoc ulterius infringerent excommunicationis peste innodavimus. Quo facto, rursus ipse, cum Hugone, canonico de Furnis, et laicis pluribus, in capitulum sancti Bertini veniens, dedit eandem donationem, in presentia fratrum, modo supradicto; et, illo rursus id postulante, ab abbate, cum fratribus, facta excommunicatione, idem confirmatum est. Abbas vero, precibus tam viri quam nostris acquiescens, locum in gubernatione accepit, ita ut de his que jam ibi collata sunt aut in posterum ex devotione fidelium conferenda, tam in terris quam in aliis rebus, nulli abbatum aut alicui persone facultas sit aliquid inde auferre, imminuere aut fraudare. Ceterum, abbas providebit semper loco fratres tot et tales qui, juxta loci possibilitatem, servitium Dei, secundum monastice religionis dignitatem, honeste faciant. Preterea dedit idem vir tantum terre sue prefato abbati que reddet singulis annis tres firtones argenti; et abbas, ex sua benevolentia, concessit priori et fratribus ibi servientibus altaris portiones cum decimis minutis : ita videlicet quod messium et agnorum, qui ex decima obvenerint, duas partes habebit abbas, terciam partem et cetera omnia que ad altare pertinent fratres habebunt. Est itaque locus iste cella sancti Bertini libera, ut suprataxavimus, per omnia in abbatis pendens providentia. Quicunque igitur hanc sciens sanctionis nostre paginam contraire mente obstinata presumpserit, hic et in futuro Dei juditio anathema sit, nisi resipuerit.

Ego Petrus, Dei gratia, presbiter cardinalis et sancte sedis romane legatus, subscripsi, et, juxta decreta confratris nostri Johannis, Morinensis episcopi, confirmavi.

« Signum Johannis, episcopi Morinensis. »

XXII.

EXEMPLAR CARTE JOHANNIS, MORINORUM PRESULIS, DE ALTARI EGGAFRIDI CAPELLE, ET DE ANNIVERSARIO SUO.

« Ego Johannes, Dei gratia, Morinorum episcopus, notum fieri volo me, abbatis sancti Bertini, Lamberti nomine, precibus inclinatum, *Circa a. 1112.*

Eggafridi capellam, tum pro remedio anime mee, tum pro fratrum devotione, ipsis fratribus concessisse; ita sane ut nulli successorum meorum hanc nostram concessionem liceat infringere vel diminuere, sed fratres, quiete et sine molestia qualibet predictam ecclesiolam possidentes, pro me omnipotentis Dei misericordiam non pigeat exorare. Preterea statuimus ut anniversario meo fratribus de eadem ecclesiola refectio, cum administratione vini, preparetur, et pro clericis Taruannensis ecclesie, dum obierint, offitium fieri, et anniversarium diem eorum apud sanctum Bertinum annotari singulisque annis celebrari, salvo utique annuo censu Taruannensis episcopi.

«Signum JOHANNIS, episcopi Morinensis. Signum HERBERTI et WALTERI, archidiaconorum. Signum BERNARDI, canonici. Signum HEREMARI, canonici.»

XXIII.

EXEMPLAR JOHANNIS, EPISCOPI, DE GISNENSI SILVA.

1109.

«Ego Johannes, Dei gratia, Morinorum episcopus, notum volo fieri quandam silvam apud Gisnes proprii esse juris sancti Bertini, fratremque et filium nostrum Lambertum, abbatem sancti Bertini, et comitem Gisnensem Manassem, in presentia clericorum meorum, in hoc pari concensu convenisse; ut, pro ejusdem silve annuali censu, comes Gisnensis, secundum quod eadem silva divisa atque determinata dinoscitur esse, abbate cum suis precedente, et comite subsequente, duodecim solidos, in festivitate sancte Rictrudis, abbati annuatim persolvat. Ad quem censum persolvendum, sex solidos, quos ei de comitatura sua debebat quedam mulier de Scales, Lidwif nomine, ea conditione persolvi ab eadem muliere vel ab herede abbati comes instituit, ut, si terra, quam eadem mulier de sancto Bertino possidet, aliquando inculta et non habitata remanserit, abbas eam, nichil de comitatura ejusdem terre tribuens, colat et operetur, quoadusque ad abbatis voluntatem aliquis eam repetens incolat et operetur, et sex solidos, pro censu, omni anno, abbati persolvat. Qui autem residuos sex solidos persolvere debent, hi sunt : Walterus duos solidos; Elfridus duodecim denarios; Hemfridus duodecim denarios; Gunfridus totidem; Alolphus totidem. Si autem in predicto termino, hi quinque viri, vel heredes eorum post eos, ex toto censum non persolverint, ab abbate, vel nuntio ejus, comiti hoc ipsum intimabitur. Si vero infra quindecim dies post predictum terminum, quod debetur persolutum non fuerit, de comitatura terre cujusdam Rodberti de Aldenfort ab eodem Rodberto, vel herede ipsius, quantum in his quinque viris seu heredibus eorum, de non persoluto censu defuerit, abbati restituetur. Hoc insuper sciendum, quod ad curtem abbatis, apud Scales et apud Gisnes, muniendam quotiens necesse fuerit, et ad domos et horrea edificanda et restauranda, et ad ignem faciendum, et ad servitium coquine ejus, quotiens ibi veniens commoratus fuerit, nullo contradicente, ex eadem silva ligna sufficienter abbas accipiet. Hac igitur conventione in presentia clericorum meorum facta, et litterarum annotationi mandata, nostraque auctoritate et proprio sigillo coram testibus signata atque corroborata, si quis ecclesiam sancti Bertini ex hac conventione deinceps defraudaverit, excommunicationi subjaceat, nisi resipiscat et ad emendationem veniat.

« Signum Johannis, Morinensis episcopi.

« Testes fuere :

« Herbertus, archidiaconus; Ernolfus, archidiaconus; Walterus, custos, Hugo, canonicus; Elembertus de Kelmes; Lidbertus, nepos ejus; Alelmus de Arkas; Hugo, Malus Vicinus.

« Anno dominice incarnationis millesimo centesimo nono, indictione secunda, facta est carta atque corroborata Taruenne. »

XXIV.

EXEMPLAR JOHANNIS, EPISCOPI, DE CIMITERIO MONIALIUM DE BROBURG[1].

Circa a. 1120.

« In nomine Patris et Filii et Spiritus Sancti. Ego Johannes, Dei gratia, Morinorum episcopus, notum facio tam futuris quam presentibus, venerabilem comitissam, Clementiam nomine, in constitutione monialium de Broburg, in parrochia sancti Bertini, nobis mediantibus, ab abbate optinuisse cimiterium solummodo tumulandis corporibus earumdem ac servientium suorum, sive domibus ac propriis mansionibus ibidem sibi famulantium, in nativitate Domini, in purificatione sancte Marie, in Pasca, in Penthecosten, in festo sancti Johannis, in festo omnium sanctorum, in commemoratione omnium fidelium defunctorum, postquam parrochialem missam audierint, communicaverint, debitas oblationes persolverint, facultatem habeant ad monasterium istud eundi et benefaciendi, si voluerint. Decernimus itaque atque statuimus, ut, hac concessione excepta, de omnibus que ad predicti sancti ecclesiam pertinent, tam decimis quam oblationibus, ceterisque quibuslibet adquisitis vel adquirendis, abbatissa seu moniales, nulla occasione aut ingenio, nec alia quelibet ecclesiastica secularisve persona, aliquando usurpet vel alienet, quoniam acceptum coram Deo fore credimus, ut sic nova loca roboremus, ne antiquis sanctorum monasteriis detrimentum possessionum suarum aliquatenus inferamus. Si quis igitur hanc nostre auctoritatis paginam sciens contra eam venire temptaverit, si non satisfactione congrua emendaverit, a sacratissimo corpore ac sanguine Domini nostri Jesu Christi sese alienari sciat, et, in tremendo examine, eterne districtioni subjaceat.

« Factum est hoc, presentibus idoneis testibus.

« Signum Johannis, Morinensis episcopi. Signum Achardi, archidiaconi Signum Gerardi, prepositi. Signum Alboldi, prepositi. »

[1] Apud Miræum, *Oper. diplom.* t. IV, p. 190.

XXV.

EXEMPLAR CARTE JOHANNIS, EPISCOPI, REDDITIONIS CUJUSDAM TERRE.

« Ego Johannes, Dei gratia, Morinorum episcopus, pro commisso   Circa a. 1114. suscepti regiminis officio cupiens aliorum errata corrigere, eorumque saluti in posterum providere, notum facio terram quamdam, quam Alelmus Mustela in censum tenuit, predecessori meo domno Gerardo ab abbate sancti Bertini inconsiderate nimis concessam. Quod nimirum, quia pactione quadam, simoniaca videlicet interveniente, factum cognovimus, communicato super hoc consilio, qua nobis juste ac canonice retineri posset nullam rationem invenire potuimus. Unde, tam abbate quam fratribus unanimiter supplicantibus, quatinus ecclesie sue terram, tot annorum curriculis possessam, restitueremus, tandem, eorum precibus inclinati, petentibus eciam archidiaconis Acardo atque Arnulpho, Waltero thesaurario, Fulquino cantore, Hugone sacerdote, una cum quibusdam aliis, sancto Bertino, cujus hereditaria erat, eam reddidimus, et, ut eidem famulantes sine qualibet molestia in perpetuum habeant atque possideant, sigilli nostri impressione firmamus.

« Signum JOHANNIS, episcopi Morinensis. »

XXVI.

EXEMPLAR CARTE JOHANNIS, EPISCOPI, DE DECIMA LEPROSORUM HUJUS VILLE SANCTI AUDOMARI.

« In nomine Patris et Filii et Spiritus Sancti. Amen. Cum apud   1106. castellum sancti Audomari in multis more inconsueto succresceret, essetque valde molestum, cum hujusmodi indiscrete cohabitare hominibus, inspiravit caritas Dei quendam divitem, nomine Vumradum, qui propriis sumptibus cepit locum construere remotum, et satis ydoneum hominibus tali egritudine occupatis. Cumque esset

locus ille in contermino ecclesie sancte Dei genitricis Marie et
beati Audomari, itemque sancti Petri et sancti Bertini, ne posset
quisquam mortalium ecclesiastico jure decimas loci illius sibi usurpare, contradicentibus preposito atque abbate supradictarum ecclesiarum, utpote decimas eorum proprias atque communes, pio concensu tradiderunt eas pauperibus omnibus, quocunque tempore ibi
manentibus, intra ambitum, qui ex parte australi publica strata con-
cluditur, comprehensas, domnus videlicet Arnulphus, prepositus
ecclesie sancte Marie et sancti Audomari, et domnus abbas Lambertus ecclesie sancti Petri et sancti Bertini; et ut ecclesiam, et
proprium sacerdotem, et cimiterium haberent, voluerunt, cum omni
libertate et sine exactione quorumcumque reddituum : ita tamen
ut nullus omnino forinsecus ad sepulturam ibi suscipiatur, nisi leprosus et eis famulantes, et si forte quispiam, seculari conversatione
contempta, se eisdem sociaverit. Quod si casu aliquo, quod absit,
locus in desolationem venerit, ita ut cimiterium vel ecclesia ibidem
merito honorari minime debeatur, ecclesia sancti Audomari simulque ecclesia sancti Bertini decimas suas, sicut antiquitus consueve-
runt, in commune recipiant. Hoc autem collaudatione communi
confirmatum est, cum auctoritate domni Johannis, tunc episcopi
Taruanensis, et ejus sigillo roboratum, quatinus omni tempore in-
concussum permaneat; extante Romano pontifice domno Paschali,
archiepiscopo Remensi Manasse, rege Philippo regnante in Francia,
comite Roberto dominante in Flandria, anno dominice incarnationis
millesimo centesimo sexto, indictione quarta decima, ipso adjuvante
cujus anni non deficient in secula. Amen.

« Signum Johannis, episcopi Taruannensis. »

XXVII.

EXEMPLAR TRADITIONIS ALTARIUM WARNESTUN ET HAVESKERKE, PER JOHANNEM, EPISCOPUM
MORINORUM.

« In nomine Patris et Filii et Spiritus Sancti. Amen. Ego Johannes,

Dei gratia, Morinorum episcopus, notum fieri volo tam presentibus quam futuris quod ecclesiam de Guarnestun, pro remissione peccatorum meorum, et patris mei et matris mee, ibidem requiescentium, ecclesie sancti Bertini concessi et dedi, quatinus ab abbate sancti Bertini monaci, qui Deo in predicta ecclesia de Warnestun, sub precepto et obedientia ipsius serviant, in perpetuum constituantur. Ad sustentationem eciam fratrum monacorum, qui in eadem ecclesia de Warnestun Deo servituri sunt, ecclesiam de Haveskerke concessi et dedi. Utrasque autem predictas ecclesias, videlicet Warnestun et Haveskerke, ab omni exactione et consuetudine in perpetuum, preter quinque solidos Flandrensis moncte, in autumpnali synodo, episcopo persolvendos, liberas esse concedimus; et sigilli nostri impressione firmamus; et ne quis hanc nostram donationem et constitutionem infringere vel infirmare audeat, sub anathemate interdicimus.

« Signum Johannis, episcopi Morinensis. Signum domni Lamberti, Noviomensis et Tornacensis episcopi. Signum Herberti, archidiaconi. Signum Bernardi, canonici. Signum Geroldi, clerici. Signum Fulcardi, decani. Signum Albrici et Nicolay.

« Actum est hoc anno ab incarnatione Domini millesimo centesimo decimo nono. »

XXVIII.

EXEMPLAR CARTE JOHANNIS, EPISCOPI, DE CONCORDIA INTER LAMBERTUM, ABBATEM, ET THEINARDUM, CASTELLANUM.

« In nomine sancte et individue Trinitatis. Ego Johannes, Dei gratia, Morinorum episcopus, notum fieri volo presentibus et futuris Christi fidelibus quod in subjectis declaratur scriptis. Cum igitur Balduinus, Roberti junioris filius, strenuissimus scilicet Flandrensium comes, monasterio beati Bertini fratribusque in eo Deo servientibus, pro remedio anime sue, ac fratris sui, ibidem ante annos aliquot honorifice sepulti, necnon et antecessorum suorum, elemosinam quandam, comitatum videlicet omnium terrarum et hospitum, quos eadem ecclesia in castellaria Broburgensi ipso tempore possidebat, libere dedisset; Theinardus, Broburgensis castellanus, reputans se, ex hac comitis donatione, dampnum incurrere, et quasi justicias suas, quas in prefatis judicibus judicandis obtinere solebat, in futurum amittere, egre admodum tulit, et contra ejusdem monasterii abbatem, domnum videlicet Lambertum, graves aliquandiu inimicitias exercuit. Deo autem, omnium auctore bonorum, sue paci ecclesie providente, inter ipsum abbatem et castellanum, per crebras nostras nostrorumque admonitiones, concordie unionem reformavimus, eosque in sancte osculo pacis, ipso quo dicturi sumus modo, conjunxximus. Nobis namque Arie, una cum clericis nostris, constitutis, sepefatus castellanus quitquid juris habere in eodem comitatu videbatur, in manum prenominati comitis, nobis multisque aliis intuentibus, sponte reddidit, et ut ecclesia in futurum libere et quiete possideret, concessit. Comes autem eamdem quam prius fecerat ecclesie donationem, ut magis haberetur rata, per manum nostram abbati denuo confirmavit; et, ut in predictis terris et hospitibus nullus deinceps, abbate et ejus ministris exceptis, super ejusdem comitatus concessione aliquam potestatem exerceat, sanctivit. Decrevit eciam ut abbas judices proprios, qui vulgariter scabini vocantur, ibidem habeat, quorum judicio que agenda fuerint agat. His omnibus a comite et castellano, coram multis testibus, patratis, plures adhuc in porticu domus ipsius, domno Carolo presente, testes adhibuimus. Quorum in audientia, cum Theinardus omnia que prefati sumus, presente filio suo Henrico, recognovisset, et presertim ut de presbiteris et cantariis, ad abbatem pertinentibus, ulterius cum non inquietaret, concessisset, quod Gislebertum, filium suum, ad ipsum concedere faceret promisit. Nos ergo, ex consilio virorum prudentium, in omnes qui ecclesiastice possessionis hanc libertatem scienter in posterum infringere, violare aut imminuere temptaverint, excommunicationem dictavimus. Actum est hoc Arie, anno Verbi incarnati millesimo centesimo decimo nono, indictione duodecima.

« Signum Johannis, episcopi Morinensis.

« His testibus : Herberto, Waltero, archidiaconis; Otgero, sancti Audomari preposito; Johanne, Ariensi preposito; domno Karolo et Wilhelmo, nepotibus comitis, et multis aliis. »

XXIX.

EXEMPLAR CONCORDIE INTER LAMBERTUM, ABBATEM, ET EVERARDUM, CLERICUM, DE ALTARI DE HELCIN.

« Hec concordia facta est inter abbatem sancti Bertini, domnum Lambertum, et Everardum, clericum, filium Odberti de Helcinio. Predictus siquidem clericus querimoniam quandam, sed non satis rationabilem, adversus abbatem habuit. Porro abbate justiciam exequi atque ecclesiasticum judicium subire parato, tandem, pro sopienda tocius controversie discordia atque querela, habito cum suis consilio, prefato Everardo quatuor marchas argenti dedit, necnon terras quasdam, ita nominatas, pratum sancti Martini, et femetir Petri, presbiteri, atque sarch Lamberti, tantum in vita sua ei prestitit, ea procul dubio conditione, ut, post discessum illius, nullus heredum, nullus successorum suorum, quicquam ex eisdem terris exigere vel vendicare presumat, sed ex integro ad usus abbatis et fratrum omnino redirent.

1104.

« Actum est Alciaci, anno Verbi incarnati millesimo centesimo quarto, in presentia domni Johannis, Taruannensis episcopi, mediantibus clericis suis, ac predictam pactionem inter eos componentibus, videlicet Waltero, thesaurario; Gozelino, canonico; Heriperto, capellano.

« Ego Johannes, Morinorum episcopus, interfui, et presentis pagine attestatione munivi; presentibus quoque Odone, Alciacensi abbate, Warino, abbatis ville priore.

« Signum Johannis, Morinorum episcopi. »

XXX.

EXEMPLAR CARTE CONCORDIE INTER ABBATES LAMBERTUM SANCTI BERTINI ET GISLEBERTUM
ANDERNENSEM DE QUADAM TERRA.

1105.

« Inter abbatem sancti Bertini Lambertum et abbatem de Andernes[1] Gislebertum orta contentio est, de quadam terra que Vinnemari campus vocatur; unde se ab ecclesia Andernensi magnam injuriam perpessum fuisse conquestus est; quam terram Vinnemarus de Turnehem sancto Bertino contradidit, ibidem sepulturam eligens. Que contentio tandem in hunc modum sopita est. Abbas Gislebertus, se deliquisse cognoscens, supradictam terram, in presentia domni Johannis, Morinensis episcopi, ab abbate in censum accepit; ea pactione, ut, singulis annis, in festivitate sancti Martini, quatuor mensuras frumenti, quas rascrias vocant, in villa Aldenfort, ad curtem sancti Bertini persolvat, similiter et successores sui. Factum est hoc in villa Alekin, anno ab incarnatione Domini millesimo centesimo quinto, in presentia domni Johannis episcopi, unde, et pro testimonio, sigillum suum jussit apponi.

« Signum Johannis, episcopi Morinensis. Huic concordie interfuerunt Arnulphus, prepositus; abbas Hamensis Giraldus; Walterus, thesaurarius; Alolphus de Wimes. »

XXXI.

EXEMPLAR CARTE GERARDI, MORINORUM EPISCOPI, DE LIBERTATE ALTARIUM NOSTRORUM,
PRO COMMUTATIONE ALTARIS DE GISNES.

18 oct. 1097.

« In nomine sancte et individue Trinitatis. Ego Gerardus, Dei gratia, Morinorum episcopus, quod feci filiis ecclesie tam presentibus quam futuris volo intimare; et, quoniam constat hoc presens seculum in suis partibus esse caducum et labile, dignum duxi, non solum testibus, verum eciam scripto, ut ratum maneat, confirmare. Ego

[1] Hodie *Andres*, haud procul ab oppido Guisnensi.

igitur, tempore quo domnus apostolicus Urbanus apud urbem Arvernie concilium celebravit, domnus Lambertus, tunc monasterii sancti Bertini abbas, apud ipsius misericordiam impetravit, ut de ecclesie, cui preerat, possessionibus, ei privilegium fecisset, et factum auctoritatis signo confirmasset. Ibi quoque addidit quedam nostri episcopatus altaria, que a nostro sive cujuslibet Morinensis episcopi jure ita pendebant, ut, defunctis personis, in nostram deliberationem redirent. « Quecunque, inquiens, altaria vel decimas, ab annis triginta et supra, monasterium vestrum possedisse cognoscitur, quiete deinceps et sine molestia qualibet vobis successoribusque vestris possidenda firmamus, salvo utique censu episcopi annuo, quem ex eis hactenus habuit. » Quodque predictus abbas, absque meo et archidiaconorum canonicorumque nostrorum assensu, quod non debuerat, expetiit, ad nos rediens, ut ratum manere concederemus, humili ac pia devotione expostulavit. Quam postulationem, que satis erat ydonea et honestati obnoxia, coram sancta synodo, impresso nostre auctoritatis sigillo, benigne confirmamus, ita videlicet, sicut in privilegio apostolico supramemorato continetur. Altarium hec sunt nomina : Stenkerka; Grevelunga; Broburg, cum capellis suis; ecclesia sancte Margarete; sancti Johannis sancti Martini; ecclesia de Piternesse; ecclesia de Longanessa; ecclesia de Kelmes; ecclesia de Poperinghem; ecclesia de Arkes; ecclesia de Harbela; ecclesia de Koica; ecclesia de Helcin; ecclesia de Wiserna; ecclesia de Aquina; ecclesia de Tourboshem; ecclesia de Bovrikerke; ecclesia de Scales; ecclesia de Hunela. Ne autem in istorum libertate altarium nostra gravari videretur ecclesia, abbas predictus, cum capituli sui consilio et assensu, terram quandam, quam Alelmi Mustele heres tenet, que adjacens est urbi Taruannensi, et altare de Gisnes ipsi ecclesie nostre tradidit; ita videlicet ut ad mensam canonicorum altare, et ad meam successorumque meorum, terra imperpetuum appendeat. Si quis igitur hujus privilegii paginam violare seu infestare scienter temptaverit, iram Dei incurrat, excommunicationi eterne subjaceat, donec ad dignam satisfactionem et emendationem veniat; omnibus vero observantibus Deus et Dominus noster Jesus Christus in hoc seculo pacem suam tribuat, et in futuro portas glorie sue aperiat.

« Actum est Taruenne, in sancta sinodo, anno dominice incarnationis millesimo nonagesimo septimo, regnante rege Philippo, coram ydonearum personarum testimonio, indictione quarta[1], xv. kal. novembris.

> « Signum GERARDI, episcopi. Signum CARINI, decani. Signum ARNULFI et HUGONIS, archidiaconorum. Signum WALTERI. Signum FOLQUINI et WIDONIS, canonicorum. »

XXXII.

CONCORDIA INTER ABBATEM LAMBERTUM ET BALDUINUM DE SALPERVINC, DE QUODAM FEODO.

1096.

« Hec conventio facta est inter domnum abbatem Lambertum et Balduinum de Salpervinc, de tribus librabus denariorum, quas ab abbate Johanne se dixit habere, ex parte uxoris sue, que filia erat cujusdam Almari Specars, fratribus tamen super hoc reclamantibus semper, quia eosdem denarios de bono cellararie accipere consueverat. Mortuo namque abbate Johanne, dum supradictus Balduinus feodum illud ab abbate Lamberto repeteret, restiterunt fratres, dicentes injustum esse ut de mensa eorum alicui feodum daretur, maxime quia hoc absque advocato et absque assensu capituli factum fuerat. Unde factum est ut, dum nullum placitandi exitum idem Balduinus haberet, quia jam in curia comitis Roberti idem feodum abjudicatum fuerat, pro sopienda omnium controversia omnique querimonia, acceptis ab abbate quinque marcis argenti, idem Balduinus quitquid clamoris et justicie in supradicto feodo videbatur habere, a se alienaret et forisfaceret; sicque in presentiarum abjudicatum est ab hominibus abbatis nichil eundem Balduinum vel quemlibet heredum suorum juris in eodem feodo habere.

« Actum anno Domini millesimo nonagesimo sexto. »

[1] Rectius *quinta*.

XXXIII.

EXEMPLAR JOHANNIS, EPISCOPI MORINORUM, DE TRADITIONE CUJUSDAM PREDII, CALVASART VOCATI.

« Ego Johannes, Dei gratia, Morinorum episcopus, notifico omnibus Christi fidelibus, tam posteris quam presentibus, quia quatuor fratres, videlicet Segardus, filius Segardi de Baisen, et uxor ejus; Hugo, frater ipsius, et uxor ejus; Alardus, frater ejus, et uxor ipsius; et Ernoldus, frater ejus, postquam dederant Deo et sancto Bertino, ut nobis testati sunt, predium quoddam sui juris, Calvasart nomine, quartam partem videlicet ville, tam in agris quam in silvis et aquis et campis, pro remedio animarum suarum et parentum suorum omnium, super altare, in presentia tocius conventus fratrum et laicorum, quorum nomina sunt : Willelmus, dapifer; Hepselinus; Walterus de Campanes, camerarius ejusdem abbatis; Petrus, camerarius; Folbertus, camerarius; Guncelinus de Insula; frater ejus Erembaldus; Balduinus, scabinus, et reliqui plures, ad nos Taruennam, pro confirmanda donatione eadem, venerunt; et, in presentia fratrum et clericorum nostrorum, allodium prefatum Cavalsart[1] in manus nostras, ad opus ejusdem sancti et fratrum ibidem Deo servientium, nostra auctoritate continendum dederunt, ita ex toto, sicut prius ad altare sancti illud dederunt. Quam elemosinam ad opus, ut dictum est, sancti recipientes, continuo excommunicavimus quicunque ulterius in perpetuum in hac re moliretur injuriam, usque ad satisfactionem congruam. Hujus rei testes : Herbertus, archidiaconus; Walterus, custos; Otto, scolasticus; Lambertus, Islensis; Walterus, frater Herberti archidiaconi, ceterique quamplurimi. Quibus omnibus rite peractis, rursus iidem fratres donum idem amplius confirmare volentes, ad villam beati Bertini, Helcin dictam, venerunt, ubi adunata multitudine vicinorum circumanentium, simul cum monachis et reliquiis ab abbate sancti Bertini illuc directis, in eamdem villam Cavalsart perrexerunt; presentemque ostendentes digito terram, rursus ibidem dede-

[1] Sic, et inferius.

runt, et in presentia multorum qui affuerunt, tam ipsi quam et uxores eorum, pro omni posteritate sua, eandem terram abjecerunt. Facta sunt hec anno Domini millesimo centesimo nono decimo, Balduino, nobili principe, comitatum in Flandria agente, qui successit Roberto patri, qui sepultus quiescit Attrebati; regnante quoque in Francia nobilissimo rege Ludovico, ejusdem Balduini, Flandrarum principis, consanguineo, qui Philippo patri successit in regno.

« Actum est autem post sollempnitatem natalis Domini, ante quadragesime exordium, grandis tempore nivis, cujus eciam reminisci nos pro signo in carta postulaverunt multique affuerunt. Hujus rei testes sunt :

«Anselmus de Elstrud; Balduinus, frater ejus; Hugo de Hestrut, filius Alolfi; Ernulfus de Lisburg; Robertus de Cavalsart, et alii quamplures. »

XXXIV.

EXEMPLAR CARTE MANASSE, COMITIS GISNENSIS, DE TRADITIONE REDDITUS SEDECIM STUFFERORUM.

Ante a. 1137.

« In nomine sancte et individue Trinitatis. Notum sit tam futuris quam presentibus quod ego Manasses, Gisnensium comes, Deum timens, concessi et dedi, pro salute anime mee et remissione peccatorum meorum, ecclesie sancti Bertini libere redditum sexdecim solidorum apud Aldenfort[1], singulis annis, cum hominibus redditum debentibus. Terra autem, quam dedi, jacet juxta curtem sancti Bertini, sicut vadit vicus mollendini versus occidentem. His in testimonium vocatis : abbate Andernensi Gregorio[2]; Arnulpho de Liques; Roberto, fratre ejus; Roberto de Vulhiis, et Waltero, fratre ejus, cum pluribus aliis.

« Signum Manasse, comitis Gisnensis. »

[1] Sanctus Bertinus in villa sua de Audenfort habet curtem et mollendinum. *In marg. Cod.*

[2] Obiit Manasses a. 1137; Gregorius vero Andernensem abbatiam non obtinuisse videtur ante a. 1144. Ex quo colligimus multo post exaratam chartam, aut Gregorium ipsum subscripsisse, aut illius nomini titulum abbatis a librario fuisse præscriptum.

XXXV.

Exemplaria duarum litterarum[1] hic omitto scribere, que ipsius comitis supramemorati sigillo sunt signata, partim propter brevitatem, partim eciam propter earumdem parvam efficatiam, presertim nunc temporis, cum de villa Scales dicta non aliquid recipiamus, de qua una illarum litterarum loquitur[2]. Alia est de comitatu Widonis de Elenbom, sub data anni millesimi centesimi noni decimi. Nunc autem infrascriptum erit exemplar carte Roberti junioris, Flandrie comitis, de libertate ville sancti Bertini, Poperinghem dicte.

XXXVI.

« In nomine Patris et Filii et Spiritus Sancti. Ego Robertus, marchio Flandrensium, omnem contentionem et controversiam inter me et successores meos, et abbates sancti Bertini, de villa que dicitur Poperinghem, penitus dissipare volens, scriptis in posterum mansuris, tam presentibus quam et futuris notificare curavimus, quid ad jus comitis attineat de eadem villa. Itaque equites, in supradicta villa Poperinghem habitantes, in expeditiones comitis proficisci debent; et, nisi perrexerint, comes, super hoc abbatem placitando, emendationem vel both accipiet ab ipso abbate, quod remanserunt. Illi vero qui in predicta villa ad banverch constituti sunt, debent comiti tantum ut landesbanwerch et landeswere; et placitum inde erit abbatis. Preterea, quicunque, in prefata villa Poperinghem, de furto aut falsis nummis, vel de alio crimine, preter quod pertinet ad curerhet convicti fuerunt, ad abbatem tota terra ipsius et tercia pars substancie

1110.

---

[1] Hæc duo diplomata faciunt cap. xliv et xliii, lib. II domni Simonis: quorum postremum habeo ad longum in lib. dipl. In marg. Cod.

[2] Illa scilicet quam vulgavit Andr. Duchesne, Hist. généal. de la maison de Guisnes, pr. pag. 40.

devolvatur; ad comitem vero due partes substancie redibunt. Porro abbas placitabit, et justiciam faciet in supradicta villa.

« Actum in villa Furnensi, anno Domini millesimo centesimo decimo.

> « Signum ROBERTI, comitis junioris. Signum BERTULFI, prepositi. Signum ADAM de Formesele, et aliorum. Signum THEINARDI, castellani. Signum FROOLPHI, castellani. Signum FLORENTII, castellani. »

XXXVII.

CONCORDIA INTER ABBATEM LAMBERTUM SANCTI BERTINI ET LAMBERTUM DE RENINGELS, DE MINISTERIO DE POPERINGHEM.

1107.

« Notum sit omnibus quod villa Poperinghem, quam Arnulphus comes sancto Bertino tradidit, cum comitatu ipsius ville, pro redemptione anime sue, et tam successorum suorum, videlicet comitum, quam predecessorum, in magna pace fuit usque ad tempus quo Odo de Reningels ministerium obtinuit, qui pravas consuetudines in eadem villa elevavit; unde, mortuo Odone, hec conventio facta est inter Lambertum, filium ejus, et abbatem sancti Bertini, Lambertum nomine. Post mortem siquidem Odonis, Lambertus, filius ejus, venit ad abbatem Lambertum, rogans eum ut quod pater suus ab eo tenuerat, scilicet quoddam feodum in terris, et ministerium de Poperinghem ei redderet, offerens pecuniam pro ministerio. Abbas vero, communicato consilio cum capitulo ecclesie et hominibus suis, feodum quidem terre concedens, ministerium reddere noluit, propter magnas injusticias et forisfacturas quas pater ejus fecerat, videlicet depredando homines sancti, contra justiciam et voluntatem monaci procurationem ville habentis, et sine juditio scabinorum, et coactas petitiones faciendo. Et cum ad eum, nisi decimus nummus de placitis pertineret, reliquos novem, et cetera que de placitis ad abbatem pertinebant, abbati et ecclesie violenter auferebat. Timens vero abbas et fratres ne similes filius injusticias faceret, sub testimonio et presentia fratrum et militum suorum, eidem Lamberto ministerium ad custodiendum tantummodo commendavit, et nullum donum ei aliquatenus inde fecit : ita tamen ut tamdiu hanc custodiam haberet, quamdiu abbati placeret. Idem tamen Lambertus omnino promisit et in conventionem habuit abbati, coram predictis testibus, quod nullam coactam petitionem in eadem villa faceret, neque sine assensu prepositi et juditio scabinorum quemquam in villa depredaret, nec ea, que de placitis ad abbatem pertinent, ad se quolibet modo traheret; et si querimonia de aliqua forisfactura ministeriali fuerit facta, nullatenus admissam causam, nisi publico placito, coram preposito et judicibus, determinaret; nec quemlibet, post factum clamorem, sine preposito reconciliaret; neque terram in villa sine voluntate et licentia abbatis emeret, pro eo quod pater suus censum terre sue semper retinuerat; neque stramen equorum, nisi cum voluntate abbatis, in curia haberet. Cum vero milites ville in expeditionem comitis moniti proficisci deberent, prepositus, cum consilio ministerialis et scabinorum, de uno pauperiori milite redemptionem accipiens, quinque solidos et quatuor nummos ministeriali, ad expensas suas in hostem comitis, in auxilium daret; relique vero militum redemptiones, si que fuerunt, non ad ministerialem, sed ad abbatem pertinerent. Postremo, nullam injuriam in predicta villa faceret. Et si in eadem villa quod homines pand vocant accipitur, nusquam, nisi in curia abbatis, deponetur. Et de omnibus submanentibus seu hospitibus abbatis, vel de rebus eorum qui in burgo vel in villa manent, ministerialis, nisi monitus a preposito, nullatenus se intromittat. Hec conventio facta est anno centesimo septimo, in camera abbatis, sub his testibus quorum nomina subscripta sunt.

« Signum sancti Bertini, abbatis. ELEMBERTUS de Kelmes; ALARDUS de Menteka; WIDO de Crunbeke; HEREMARUS GARETIR; ROBERTUS, filius ejus, testes fuerunt. Postremo hujus conventionis totum capitulum est testis. »

XXXVIII.

EXEMPLAR PASCHALIS PAPE SECUNDI, DE HUJUS LOCI LIBERTATE, DE ABBATIS ELECTIONE,
ET QUOD SUMUS SUB UMBRACULO ET TUTELA DOMINI APOSTOLICI.

19 jun. 1112.   « Paschalis, episcopus, servus servorum Dei, dilecto filio Lamberto, Sithiensis monasterii abbati, ejusque successoribus regulariter substituendis in perpetuum. Ad hoc in apostolice sedis regimine, Domino disponente, promoti conspicimur, ut, ipso parante, religionem augere, et ejus servis tuitionem debeamus impendere. Tuis igitur, dilecte in Domino fili, abba Lamberte, justis petitionibus annuentes, beati Bertini Sithiense cenobium, quod in Taruanensi parrochia situm est, cui, Deo auctore, presides, sub tutelam et protectionem sedis apostolice suspicimus, et contra pravorum hominum nequitiam auctoritatis ejus privilegio communimus. Statuimus enim ut universa ad idem monasterium legittime pertinentia vobis vestrisque successoribus quieta semper et illibata permaneant; ipsum vero monasterium, juxta predecessorum nostrorum Victoris et Urbani sanctiones, in sua plenius libertate ac immunitate perpetuo conservetur, quamdiu illic regularis ordinis vigor et disciplina permanserit. Porro abbatem in eodem monasterio non alium preesse censemus, nisi quem fratres, communi consensu, vel fratrum pars sanioris consilii, secundum Dei timorem et beati Benedicti regulam, elegerint. Decernimus ergo ut nulli omnino hominum liceat idem monasterium temere perturbare, aut ejus possessiones auferre, vel ablatas retinere, minuere, vel temerariis vexationibus fatigare, sed omnia integra conserventur eorum, pro quorum sustentatione ac gubernatione concessa sunt usibus omnimodis profutura, salva Taruanensis episcopi canonica reverentia. Si qua igitur ecclesiastica secularisve persona, hanc nostre constitutionis paginam sciens contra eam temere venire temptaverit, secundo tercio ve commonita, si non satisfactione congrua emendaverit, potestatis honorisque sui dignitate careat, reumque se divino juditio existere de perpetrata iniquitate cognoscat, et

a sacratissimo corpore et sanguine Dei et Domini redemptoris nostri Jesu Christi aliena fiat, atque in extremo examine districte ultioni subjaceat; cunctis autem eidem loco justa servantibus sit pax Domini nostri Jesu Christi, quatinus et hic fructum bone actionis percipiant, et apud districtum judicem premia eterne pacis inveniant. Amen.

« Scriptum per manum Raineri, scrinarii regionarii et notarii sacri Palatii.

« Datum Laterani, per manum Johannis, sancte romane ecclesie diaconi cardinalis et bibliothecarii, tercio decimo kalendas julii, indictione quinta, incarnationis dominice anno millesimo centesimo duodecimo, pontificatus autem domni Paschalis secundi pape anno tertio decimo. »

XXXIX.

ALIUD EXEMPLAR PRIVILEGII EJUSDEM PAPE, DE HUJUS LOCI SANCTI BERTINI LIBERTATE.

« Paschalis, episcopus, servus servorum Dei, dilecto filio Lamberto, abbati monasterii sancti Bertini, salutem et apostolicam benedictionem. Que religionis prospectu statuta sunt, firma debent perpetuitate servari. Illud itaque religionis ac discipline, quod a Cluniacensi cenobio suscepistis, perpetua volumus apud vos observantia custodiri. Porro quod de monasterii vestri libertate in Lateranensi palatio a fratribus nostris episcopis et cardinalibus, coram nobis, judicatum et privilegio nostro confirmatum est, repetita sanctione firmamus; et ita ratum ac inconvulsum servari apostolice auctoritatis dispositione statuimus, ut nemini deinceps in perpetuum liceat illud infringere, nemini liceat ausu temerario retractare.

« Data Viterbii, octavo idus octobris. »

8 oct. circa a. 1115.

XL.

PASCHALIS PAPE EXEMPLAR AD BELVACENSEM EPISCOPUM, DE QUADAM TERRA SANCTI BERTINI, HUBERTISIN DICTA, CUJUS PRIUS IN CAPITULO ABBATIS WALTERI MENTIO FACTA EST.

« Paschalis, episcopus, servus servorum Dei, venerabili Waloni,

11 oct. circa a. 1105.

Belvacensi episcopo, salutem et apostolicam benedictionem. Justiciam a te diligi multis jam experimentis didicimus; idcirco quod justicie est strenuitati tue confidenter indicimus. In presentia siquidem tua et aliorum coepiscoporum, filius noster sancti Bertini abbas Lambertus possessionem quandam, que Hubertuisin dicitur, in villa Buri, monasterio suo rationabiliter vindicasse significavit, quam Hugo quidam de Buri, auxilio Fulconis, filii Ebali, violenter tenet; unde eciam a legato nostro Celestino, Prinestino episcopo, in Remensi concilio excommunicatus asseritur. Tuam igitur experientiam monemus et precipimus, ut, sicut tibi nota est, justiciam monasterio exequaris. Nec solum excommunicationem, que in Hugonem illum et fautores ejus dictata est, teneas, sed in tota villa Bury et in tota terra Fulconis officia divina prohibeas, donec monasterio satisfaciant.

« Data Ferentini, quinto idus octobris. »

XLI.

LITTERE JOHANNIS, EPISCOPI MORINENSIS, AD PASCHALEM PAPAM.

Circa a. 1115.

« Domno ac patri suo Paschali, venerabili pape, Joannes, Dei gratia, Morinorum episcopus, debitam cum orationibus obedientiam. Necessarium duximus serenitati paternitatis vestre innotescere, abbatem sancti Bertini, Taruanensi ecclesie omnimodo subditum, Cluniaci, me nolente ac prohibente, professionem fecisse. Sed, cum de proventu cujusque ordinis gaudeam, et maxime monastici, concessi postmodum monacos sancti Bertini disciplina Cluniacensis ordinis, inde allata ab abbate suo, disponi et regi. In mea eciam et comitis presentia statutum est, monachis ignorantibus et capitulo Taruanensi inconsulto, cujus consilio fieri debuisset, abbate sancti Bertini defuncto, quod in ecclesia Cluniacensi monacus eligeretur, cui, a me vel a successore meo, ad conservationem Cluniacensis ordinis, quasi promptiori, abbatia committeretur, in omnibus tamen salvo jure Taruanensis ecclesie. Abbas vero Cluniacensis cum noviter ad partes nostras, visitandi gratia ecclesias suas, venisset, Flandrensium comiti atque comitisse mandavit, quatinus cum ad ecclesiam sancti Bertini, ut ad suam propriam, conducerent. Unde comes et comitissa et principes terre, qui curie intererant, valde turbati, quia propter specialem ordinem ecclesie sancti Bertini collatum, abbas Cluniacensis vellet possessiones ecclesie omnimodo sibi vindicare, et quam liberam credebant, ut liberis prediis fundatam et liberaliter constitutam, vellet ancillare abbati Cluniacensi, tali commotione accessus turbatus est. Scilicet monaci dolentes se plus equo gravari, preferunt michy quedam privilegia satis antiqua et autentica, nec umquam amplius a me visa vel cognita, Victoris pape atque Urbani pape, que quodammodo videntur adversari supradicte institutioni. Quapropter vestram imploramus misericordiam, quatinus diligentia vestre discretionis hec tanta intueatur privilegia, et ne novam servando institutionem, anathema Victoris atque Urbani pape incurramus, vestra provideat pastoralis cura. »

XLII.

PASCHALIS PAPE RESPONSIO AD LITTERAS EPISCOPI MEMORATI.

« Paschalis, episcopus, servus servorum Dei, venerabili Johanni, Morinorum episcopo, salutem et apostolicam benedictionem. Tam ex fraternitatis vestre litteris, quam ex predecessorum meorum sancte memorie Victoris et Urbani privilegiis, cognovimus atque perspeximus beati Bertini monasterium, usque ad promotionis tue tempora, in sue libertatis genio continue permansisse, salvo jure solius Taruanensis ecclesie. Unde tam nobis quam fratribus nostris, dictante justicia, visum est, ut, si quid a te vel a Flandrensi comite, seu ab ejusdem loci abbate, minus provide minusque rationabiliter gestum est, nullum propter hoc detrimentum monasterio ingeratur. Nos igitur locum ipsum, quamdiu monastice religionis vigere claruerit, et abbatem loci in sua libertate et immunitate permanere decernimus.

20 apr. circa a. 1115.

« Datum Laterani, decimo tertio kal. aprilis. »

XLIII.

PAPE PASCHALI JOHANNES, EPISCOPUS, NOTIFICAT CONCORDIAM INTER ABBATES SANCTI SCILICET BERTINI ET CLUNIACENSEM FACTAM.

Circa a. 1117.

« Domno et patri suo Paschali, venerabili pape, Johannes, Morinensis ecclesie minister indignus, debitam cum orationibus obedientiam. De pace et concordia inter domnum abbatem Cluniacensem et domnum abbatem sancti Bertini componenda, venerabiles coepiscopi et confratres nostri Catalaunensis, Parisiensis, postquam a sede Romana reversi sunt, una cum Ambianensi episcopo, fraternitatem nostram sepius monuerunt. Nos autem, quia ex eorum relatione, et ex litteris quibus abbatem sancti Bertini in causam vocastis, id vobis placere intelleximus, libentius et attentius cum predictis fratribus efficere curavimus. Libertate itaque ecclesie beati Bertini, secundum privilegium vestrum, integra permanente, nec uno quidem verbo exacti vel pactionis de memorata ecclesia habito, predicte persone in obsculo pacis, per Dei gratiam, se invicem susceperunt. Igitur si quis forte sublimitati vestre aliter actum nunciaverit, procul dubio paternitas vestra nichil esse noverit. »

XLIV.

EXEMPLAR CARTE BALDUINI HAPIEULE, FLANDRIE COMITIS, FILII ROBERTI JUNIORIS, DE COMMUTATIONE VILLE OSTRESELA PRO BERQUARIA.

1114

« In nomine Patris et Filii et Spiritus Sancti, vita et salus omnibus Dei ecclesie defensoribus. Quoniam apud veteres quidem consuetudo inolevit, ut, si quid in ecclesiasticis dignum memoria fieret, id litterali attestatione firmaretur, idcirco ego Balduinus, Dei gratia, Flandrensium comes, notum facio tam futuris quam presentibus, me, pro commutatione ville Ostresele dicte, que sancti Bertini juris fuisse dinoscitur, dedisse tantum terre eidem sancto in Furnensi territorio, de berquaria videlicet, unde Eremboldus Musolf, utpote berquarius, ante id temporis censum solvit, quantum ad redditum viginti octo librarum, singulis annis, pertinere dinoscitur. Hanc igitur berquariam ab omni exactione prorsus immunem et liberam, quemadmodum ego eam possedi, ita predicto sancto Bertino, in presentia optimatum meorum, jure hereditario in perpetuum possidendam contradidi, atque sigilli mei impressione subterfirmavi.

« Actum est hoc apud Sanctum Audomarum, in sollempni curia, anno ab incarnatione Domini nostri millesimo centesimo decimo quarto, indictione septima, regnante Ludovico, Francorum rege, principante in Flandria eodem Balduino comite, ea scilicet die qua ab ipso comite cunctisque proceribus Flandrie pax confirmata est sacramentis.

« Huic donationi vel confirmationi, reverendi episcopi Johannes, Taruanensis, et Lambertus, Noviomensis, et cum his viri boni testimonii, tam clerici quam laici, interfuerunt, quorum nomina hic placuit annotari.

« HERMES, abbas Bergensis. CLEREMBALDUS, archidiaconus Attrebatensis. WIL-LELMUS, castellanus Sancti Audomari. WINEMARUS, castellanus Gandensis. WALTERUS, castellanus Brucgensis. WALTERUS, castellanus Curtracensis. THEINARDUS, castellanus Broburgensis. FROOLPHUS, castellanus Bergensis.

« His vero atque aliis plurimis astantibus, a supradictis episcopis Noviomensi atque Taruanensi, atque a domno Lamberto, abbate sancti Bertini, a quo hec commutatio facta est, anathematizatum atque terribiliter interdictum est, ut quicunque hanc donationem infringere presumpserit, nisi condigna resipuerit penitentia, auctoritate Patris et Filii et Spiritus Sancti, et omnium sanctorum, sit anathema, maranatha. Fiat, fiat. »

XLV.

EXEMPLAR BALDUINI COMITIS, FILII ROBERTI, DE LIBERTATE ARKES, DE DECIMA ET COMITATU DE BROBURG [1].

« In nomine sancte et individue Trinitatis. Ego Balduinus, Dei gratia, Flandrensium marchisus, filius Roberti comitis, qui sepulcrum

1119.

[1] Hujus instrumenti fragmentum edidit Malbranq, *de Morinis*, tom. III, pag. 110.

Domini et Iherusalem, cum ceteris principibus militie Christianorum, Deo cooperante, armis suis devicit, plurimum saluti mee prodesse confido, si, in hac brevi et mortali vita, loca sanctorum, eisque die noctuque servientes, contra pravorum hominum incursus, juxta potestatem a Deo mihi concessam, tueri ac defendere non negligo, quatinus apud omnipotentis Dei misericordiam eosdem sanctos pro excessibus meis, tam in vita quam in morte, habeam intercessores. Quocirca omnibus notum esse cupimus me, ad petitionem Lamberti, abbatis ecclesie sancti Bertini, concessisse, ut cartam quam proavus meus Baldinus Insulanus de immunitate ville Arkas et decimatione Broburgensis castellarie eidem loco firmaverat, ego quoque his meis temporibus renovarem. Cujus postulationi clementer annuentes, omnia que in eadem carta continentur, nos modis omnibus renovando confirmamus; et ut nullus advocatorum, nullus hominum, nisi per abbatem, homines predicte ville capiat aut distringat, seu bona eorum deripiat, et presertim ut in omnibus parrochiis quas sanctus Bertinus habet in castellaria Broburg. Quicquid decime de nova terra, sive per secessum maris, sive ex palustribus locis, et nunc et in futurum accreverit, inde duas garbas, hereditario jure, beatus Bertinus possideat, una cum decimatione de berquariis et vaccariis. Preterea vero, quia pater meus locum illum diligens, ordine ac religione ibidem instaurata, fratrem meum Guillelmum eodem in loco sepelivit, iccirco pro remedio anime mee et patris ac fratris mei, trado in elemosinam beato Bertino et abbati Lamberto ac successoribus ejus comitatum de terra et de submanentibus sive hospitibus, quos sanctus Bertinus habet in predicta castellaria, sic tamen ut ubi hospites comitis, qui super vaccarias et berquarias ejus manent, per Kerkebode ierint, ibi quoque hospites sancti Bertini eant. Si quis autem remanserit, forisfacturam illam que ad hoc pertinet, aut per se aut per judicem suum, abbas comiti persolvet, ipseque hoc dampnum super hospites suos recuperabit. De terris vero quas sanctus Bertinus habet, que banwerc debent, concessi ut de unaquaque terra duo solidi, singulis annis, ab abbate comiti persolvatur. Insuper eciam, pro quiete et pace ecclesie, judices proprios, quos vulgo scabinos vocant, abbas ibidem habebit, per quos, tam de alta quam infima lege, libere et sine contradictione placitabit. Denique si pro salute anime sue quilibet terram sancto Bertino tradiderit, totum illud quod prenominata terra comiti debet, abbas persolvet. De illa nichilominus terra que militem debet in expeditionem comitis, et de solario, similiter abbas singulis annis quatuor solidos dabit ubi comes jusserit. Ut ergo hujus donationis nostre carta tempore successorum meorum rata et inconvulsa permaneat, non solum sigillo nostro corroboravimus, sed etiam anathematis innodatione, ne quis eam infringere presumat, excommunicari fecimus, et eos qui interfuerunt, tam clericos quam laicos, ad testimonium subterscribi precepimus.

« Signum domni JOHANNIS, venerabilis Morinorum episcopi, qui presentis carte nostre concessionem et donationem sub excommunicatione confirmavit. Signum eciam mei, scilicet BALDUINI, Flandrie comitis, ad majorem astipulationem, annotari jussi. Signum HERIBERTI, archidiaconi. Signum WALTERI, archidiaconi. Signum JOHANNIS, prepositi de Aria. Signum OTGERI, tunc prepositi de Sancto Audomaro. Signum CAROLI, regis Danorum filii. Signum TAMARDY, castellani de Broburg. Signum HENRICI, filii ejus. Signum WILLELMI, castellani Sancti Audomari.

« Actum apud Ariam, anno dominice incarnationis millesimo centesimo decimo nono, indictione duodecima. Quicunque ergo hanc nostre donationis cartam quolibet ingenio infringere temptaverit, sex libras auri principi terre persolvat. »

XLVI.

EXEMPLAR CARTE BALDUINI HAPKIN, COMITIS, DE THELONEO HUJUS VILLE, ET DE TERRA ROLINGEHEM [1].

« In nomine Patris et Filii et Spiritus Sancti, amen. Ego Balduinus, Dei misericordia, Flandrensium comes et advocatus, deliberans in animo meo, me, propter scelerum meorum enormitates, a Deo juste

1117

[1] Edid. ex parte Malbranq, de Morinis, tom. III, p. 105.

flagellari et paterne castigari, maxime quod ecclesiis sanctorum, quarum defensor a Domino constitutus sum, debitum honorem non impendi, nec eas iniquorum injuriis afflictas recte defendi; episcoporum, abbatum religiosorumque virorum quos ad me visitandum Dei bonitas invitavit, usus consilio, ad penitentie condigne medelam, et catholice confessionis asylum tota mente confugio; statuens, et tam in presentia laicorum quam clericorum decernens, ut, inter cetera que in terra mea, ob salutem anime mee, emendari et in melius reformari desidero, ecclesie sancte, quas predecessorum meorum sublimitas fundavit bonisque suis ampliavit, sua omnia in pace ampliori per me possideant: unde precipio et precipiendo postulo, ut specialiter ecclesie sanctorum confessorum Audomari atque Bertini, quo videlicet in loco requiem meam in Christo elegi, ubique in terra mea res suas tranquillas habeant; theloneum vero suum quod per annos triginta, et eo amplius, possederunt, unde et injurias multas a burgensibus suis nostro tempore sustinuerunt, libere deinceps, sine calumpniatoris offensa, sicut antiquitus, possideant. Terram etiam de Rolingehem, quam Arnoldus senior de Arda, et filius suus Arnoldus, post eum, ecclesie sancti Bertini tradiderunt, ego, quia ad feodum meum pertinere a quibusdam dicitur, prefate ecclesie possidendam concedo. Hujus rei testes :

« Johannes, Morinorum episcopus; Balduinus, presbyter et capellanus; Froolfus, castellanus Bergensis ; Amalricus, constabulus ; Gerardus, camerarius; Haimericus Casletensis.

« Signum Balduini comitis, filii Roberti.

« Datum anno MCXVII. »

XLVII.

EXEMPLAR PRIVILEGII PAPE PASCHALIS SECUNDI, DE COMMUTATIONE VILLE OSTRESELE, ET QUIBUSDAM ALIIS.

1115.

« Paschalis, episcopus, servus servorum Dei, dilectis filiis Lamberto abbati, et fratribus sancti Bertini, salutem et apostolicam benedictionem. Officii nostri nos hortatur auctoritas pro ecclesiarum statu sollicitos esse, et earum quieti, auxiliante Domino, providere. Quamobrem nos petitionibus vestris annuimus, et commutationem inter vos et Balduinum, Flandrensium comitem, factam, quia utilem monasterio credimus, scripti presentis assertione firmamus. Pro commutatione siquidem ville Ostresele dicte, que juris sancti Bertini fuisse dinoscitur, monasterio vestro apud Furnas quandam terram, videlicet berquariam, in parrochia Wlepem, unde Eremboldus Musolf, utpote berquarius, ante id temporis censum solvit; que videlicet certis dimensionibus, pro more patrie illius, mensurata, vigenti octo librarum redditum, singulis annis, persolvit. Hanc igitur berquariam cum eodem redditu ab omni exactione prorsus immunem ac liberam, quemadmodum idem comes possedit, et monasterio vestro, in presentia optimatum suorum, jure hereditario tradidit, nos in perpetuum manere decernimus. Duas etiam garbas decime de nova terra Dipesele dicta, et duas garbas de nova terra Huemareserce dicta, et terram quandam in villa Atrike dicta, sicut ab eodem comite monasterio vestro collate sunt, quietas vobis et integras manere sancimus. Porro altaria duo, unum de Eggafridi capella, et alterum de Warnestum, que dilectus et venerabilis confrater noster Johannes, Taruanensis episcopus, in possessionem perpetuam beato Bertino tradidit, nos quoque vobis in possessionem perpetuam confirmamus, salvo ejus videlicet episcopi censu annuo, qui ex eisdem altaribus est persolvendus. Nemini ergo in posterum liceat hec que superius annotata sunt a vestri cenobii unitate ac possessione dividere, sed, sicut premissum est, quieta et integra omnia in ejus jure ac ditione serventur. Si quis igitur, decreti hujus tenore cognito, temere, quod absit, contraire temptaverit, honoris et officii sui periculum patiatur, atque excommunicationis ultione plectatur, nisi presumptionem suam digna satisfactione correxerit.

« Datum Laterani, octavo kal. aprilis, per manum Johannis, sancte Romane ecclesie diaconi cardinalis ac bibliothecarii, incarnationis dominice anno millesimo centesimo quinto decimo, indictione septima¹, pontificatus autem domni Pascalis secundi pape anno itidem quinto decimo. »

XLVIII.

EXEMPLAR PRIVILEGII DOMNI CALIXTI PAPE SECUNDI, DE HUJUS LOCI LIBERTATE ET ALTARIUM NOSTRORUM, ET QUALITER SUSCIPIT NOS SUB TUTELA SUA; ITEM QUOD NULLUS IN ABBATEM PREFICIATUR, NISI ELECTUS A CONVENTU NOSTRO².

31 oct. 1119.

« Calixtus, episcopus, servus servorum Dei, dilecto filio Lamberto, Sithiensis monasterii abbati, ejusque successoribus regulariter substituendis in perpetuum. Justis votis assensum prebere, justisque petitionibus aures accommodare nos convenit, qui, licet indigni, justicie custodes atque precones in excelsa apostolorum Petri et Pauli specula positi, Deo auctore, conspicimur. Proinde, dilecte in Christo fili Lamberte abba, tuis petitionibus annuentes, beati Bertini Sithiense monasterium, quod in Taruannensi parrochia situm est, cui, Deo auctore, presides, sub tutela et protectione sedis apostolice suscipimus, et contra pravorum hominum nequitiam auctoritatis hujus privilegio communimus. Statuimus enim universa ad idem monasterium legitime pertinentia vobis vestrisque successoribus quieta semper et illibata conservari, videlicet comitatus de omnibus terris quas sanctus Bertinus habet in castellaria de Broburg, sicut Balduinus comes, per manum Johannis, episcopi, vobis concessit, et de omnibus terris que per secessum maris, sive ex palustribus locis proveniunt, in omnibus videlicet parrochiis quas sanctus Bertinus habet in predicta castellaria; duas garbas decime, et de omnibus berquariis atque vaccariis decimationem, sicut Balduinus, comes Insulanus, vobis concessit, et omnia que idem suo scripto confirmavit; molendina in atrio monasterii vestri constructa, terram de Culhem et Flechmel et Helescolke, quas per episcopum derationastis. Preterea concordiam illam, que facta est ante predictum venerabilem Johannem, episcopum, inter vos et Everardum, clericum, videlicet de altari de Helcin

¹ Legend. *octava*.
² Vulgat. a Miræo, *Oper. diplom.* tom. III, pag. 32.

et capellis ejus, omnino ratam censemus. In Taruannensi quoque parrochia, ecclesiam nuncupatam Oxelare et Warnestim et Haveskerke, altare de Merchem, ecclesiam de Eggafridi capella; in Tornacensi parrochia, ecclesiam de Coclara, de Ruslethe et de Runbecca, cum capellis suis, ecclesiam de Lisgnege et de Snelgerkeke, et de Hermingehem et de Bovenkerke; in Attrebatensi parrochia, altare de Anesin; in Coloniensi, ecclesiam de Fresquena et Wildestorp; in Belvacensi, terram Hubertuisin dictam, cum omnibus suis pertinentiis seu appenditiis, terram quoque Clarembaldi de Lustingehem, terram quam comes Robertus, pro anime sue remedio et filii sui Willelmi, vobis dedit; similiter berquariam quam comes Balduinus, qui in monasterio vestro sepultus est, adhuc vivens vobis dedit, et quam Carolus ei, in comitatu succedens, legali donatione concessit; item berquariam pro commutatione ville Ostresele datam, et duas portiones decime de Brucsele. Omnes eciam decimationes annuatim, fratrum industria colligantur, ne sub censualitate, occasione dationis, res vestre inquietentur vel impediantur. Curtes quoque monasterii ita libere in dispositione fratrum manere sancimus, ut nullus pro eisdem servandis quicquam juris hereditarii habeat. Ipsum preterea monasterium, juxta predecessorum nostrorum Victoris, Urbani, Paschalis pape sanctiones et privilegia, loco eidem collata, in sua plenius libertate ac immunitate perpetuo conservetur, adeo ut nulli, nisi Romano pontifici, salva tamen episcopi Taruanensis canonica reverentia, in aliquo respondeat, quandiu illic regularis ordinis vigor ac disciplina permanserit. Porro abbatem in eodem monasterio, non alium, preesse censemus, nisi quem fratres communi consensu, vel fratrum pars sanioris consilii, secundum Dei timorem et beati Benedicti regulam, elegerint. At hec religioni vestre concedimus, in communi parrochie interdicto, divina offitia, clausis januis, celebrare. Decernimus ergo ut nulli omnino hominum liceat idem monasterium temere perturbare. » Et cetera omnia usque in finem, ut supra, in primo privilegio Pascalis pape.

« Ego Calixtus, catholice ecclesie episcopus, subscripsi.

« Datum Remis, per manum Grisogoni, sancte romane ecclesie diaconi cardinalis ac bibliothecarii, secundo[1] kal. novembris, indictione terciá decima[2], incarnationis dominice anno millesimo centesimo nono decimo, pontificatus autem domni Calixti secundi pape anno primo. »

XLIX.

CALIXTUS PAPA SECUNDUS, DE LIBERTATE LOCI NOSTRI, DE ELECTIONE ABBATIS PENES ALCIACUM, ETC.

30 mart. 1123.

« Calixtus, episcopus, servus servorum Dei, dilecto filio Lamberto, abbati Sithiensis monasterii sancti Bertini, ejusque successoribus regulariter substituendis in perpetuum. Sicut injusta poscentibus nullus est tribuendus effectus, sic legitima desiderantium non est differenda petitio. Tuis igitur, dilecte in Domino fili Lamberte abbas, justis petitionibus annuentes, Sithiense beati Bertini monasterium, cui, Deo auctore, presides, sub tutelam et protectionem sedis apostolice confovendum suscipimus. Statuimus enim ut nullus abbas in eodem monasterio preponatur, nisi quem fratres, communi consensu, vel fratrum pars consilii sanioris, secundum Dei timorem et beati Benedicti regulam, de sua congregatione providerint eligendum. Porro, juxta domni predecessoris nostri sancte memorie Paschalis pape decretum, abbatis subrogationem penes Alciacum, non aliunde quam de vestro monasterio, fieri apostolica auctoritate decernimus. Sane, juxta Roberti comitis corroborationem, a villa Arkas, et a molendinis que infra ambitum monasterii vestri continentur, nulla prorsus, usque Broburg et Lodic, alia molendina intersint, sicut nec retroactis fuere temporibus. Molentes autem omnemque molturam, quam de ministerio advocati sancti Bertini, sive aliunde, quiete hactenus possedistis, deinceps libere et absque omni contradictione vos possidere censemus. Deinde totum illud atrii spatium quod ab omni basilice vestre parte, usque

---

[1] *Undecimo*, apud Miræum.   [2] Rectius *duodecima*.

ad medium Agnionis fluvii cursum interjacet, sicut per fratrem nostrum Johannem, Morinorum episcopum, constat esse sacratum, ita nos ecclesie vestre presenti decreto firmamus, cum piscariis et terris adjacentibus, cultis sive incultis, videlicet a prefata villa Archas usque ad vetus monasterium, prout priscis temporibus posse distis. Illarum quoque decimarum medietatem, que vobis et canonicis sancti Audomari communi jure proveniant, scilicet de sancto Micaele, de sancto Quintino in Lokenes, de sancto Martino extra burgum, de sancto Jacobo de Tatinghuem, et de Cormettes, necnon et illorum quatuor denariorum communis thelonei, quos fraternitas tua, una cum prefatis canonicis, adversus burgenses, sibi, coram episcopo Taruanensi, rationabiliter vindicavit, scripti hujus auctoritate firmamus. Refectionem preterea, quam fratribus monacis et pauperibus in tuo anniversario tribuendam constituisti, nos inviolabilem permanere sanctimus. Si qua igitur in futurum ecclesiastica secularisve persona..... » ut supra in privilegio Paschalis secundo.

« Datum Laterani, per manum Hugonis, sancte Romane ecclesie subdiaconi, tercio kal. aprilis, indictione prima, incarnationis dominice anno millesimo centesimo vigesimo tercio, pontificatus autem domni Calixti secundi pape anno quinto. »

L.

Jamque tempus expostulat ut ab exterioribus stilum revocemus, qualemque se erga Dei cultum exhibuerit breviter explicemus.

Eo namque tempore, non solum in hac, sed in omnibus Flandrarum et pene in universis Gallicanis ecclesiis, dissolutione discipline religio monastica adeo tepuerat, ut, nisi instantia ferventi, corrigi non posset. Qua igitur occasione, quibusve auxiliatoribus, ad hoc ipsum Deus hunc accinxerit, succincta narratio manifestabit.

LI.

DE HUCBERTO, EPISCOPO, SUCCESSORE DROGONIS, EPISCOPI.

Taruanenses nativa insolentia erga suos episcopos sepe tumultuantes, tres sibi invicem succedentes ex ipsis, non sine infamia, deposuere. Nam, post Drogonem felicis memorie, Taruanensis civitatis vigesimum sextum episcopum, Hubertus, electione cunctorum, satis honeste litteratus, pontificatum adeptus, magna confusione a Morinensibus deturpatur. Quibus dum acriter resisteret, nescio qua de causa, incurrit iram apostolicam, a qua anulo pontificali, non tamen beneficiis expoliatus ceteris, ex hac occasione adversariis invalidior redditur. Qui in quodam conventu, dum seorsum cum paucis staret, ac nescio quid cum ipsis confabularetur, ex improviso quidam de adversariis, laxato equo, lancea cum impetu hunc apetiit, graviterque vulneravit; timensque ex vulnere mori, monacus hic in Sithiu efficitur. Cui antea sua talis depositio divinitus, ut ego audivi, a viro veraci ostensa est.

LII.

Dum ergo, quadam nocte dominica, post matutinos, aliis exeuntibus, in ecclesia precibus incumberet, Deum instanter rogavit, ut, si ei quod episcopus esset placeret, hoc ipsum ei ostendere dignaretur. Subitoque soporatus, ut sibi videbatur, vocem de superius audivit: « Librum vite legi et relegi, in quo nusquam Hucbertum episcopum inscriptum inveni. » Qua voce, quod episcopus esset Deo displicere, vel quod episcopus non obierit, designatum conjecimus; non quod vita eterna caruerit. Nam, ut dictum est, monacus effectus de vulnere convaluit; vitamque religiosam diutius ducens, honesto fine quievit apud vetus monasterium, sub hoc abbate Lamberto; ibique est sepultus, ut summa prece humiliter postulavit, quia cum ceteris fratribus in Sithiu cenobio sepeliri indignum se adjudicavit.

LIII.

QUALITER ALBERTUS, EPISCOPUS, FUERIT DETRUSUS.

Post quem, Albertus de Belle, rogatu suorum in regia, comitisque majoris Roberti violentia, intrusus, ab omnibus cum terribili execratione est refutatus. Nam, crucifixo ante valvas ecclesie constituto, cartulam de collo suspenderunt inscriptam, horrenda interdictione, qua prohibebatur ne non electus sedem episcopalem auderet preoccupare. Quod cum fautores ejusdem Alberti pro nichilo ducerent, unus eorum, ut audivit, arreptam cartulam in tanta detraxit, ut crucifixam Domini ymaginem facie tenus terre dejiceret. Quo facto, clericis in diversa dispersis, bonisque eorum direptis, invasor ecclesiam per aliquantulum temporis preoccupavit, cum, ex improviso ab Eustatio, advocato, interceptus, mutilata lingua, abscissisque summitatibus articulorum, digno cum dedecore, caruit quod irreverenter presumpsit.

LIV.

DE DOMNO GERARDO, EPISCOPO MORINORUM.

Morinenses vero, post hujus exaltationem, Gerardum substituerunt. Adversus quem toxicata dicta exacuentes, non cessaverunt, donec multis vituperabilibus infamie redderent, et, ab Urbano papa dignitate pontificali exutum, dejicerent. Visus est idem postea, in monte sancti Eligii, juxta Attrebatum, communem cum canonicis ducere vitam.

LV.

DE ELECTIONIS DIVERSITATE.

Ad substituendum igitur pontificem, tota in prelatis Morinensis ecclesia[1] Taruenne adunatur diocesis. Clerus canonicum quemdam Sancti Audomari, Erkembaldum nomine, virum nobilem, litteratum

---

[1] Fort. emendand. *tota Morinensis in ecclesia Taruenne*, etc.

et bene morigeratum, elegit. Sed is et electores et electionem altiori consilio repudiavit, quia electos suos quam ignominiose tractaverint prudenter consideravit. Illis vero alium eligentibus, facta est de electione dissentio.

LVI.

DE ELECTIONE JOHANNIS, EPISCOPI MORINENSIS.

Abbates namque archidiaconum Attrebatensem Johannem, de monte sancti Eligii regularem canonicum, lingua latina, romana et theutonica adprime eruditum, personam spectabilem, prudentem et religiosam; clerici vero Obertum de Hela, satis inferioris commendationis, elegerunt. Que contentio terminanda fuit universalis pontificis juditio. Pars igitur utraque Romam proficiscitur.

LVII.

Pater Lambertus, duobus abbatibus secum comitantibus, fretusque litteris sue et meliori parti suffragantibus, Clementie scilicet, Flandrarum comitisse, Morini, cum suo electo, nuda voce armati, ad Hugonem Dyensem, qui tunc clari nominis in ecclesia habebatur, pervenere. Cujus consilio, ille electus Obertus reversus est. Pars vero utraque Romam pervenit. Abbates itaque causam suam in curia explicantes, citius sunt auditi et exauditi, quia litteris prefate comitisse roborati (nam conjux ejus, junior Robertus, tunc Ierosolimis morabatur), et predicti Hugonis auctoritate animati, domnique Anselmi, archipresulis Cantuariensis, viri per cuncta laudabilis, quem Anglia expulsum a Willelmo Rufo ibique exulantem offenderant, auxilio confortati, citius impetravere ad quod venerant. Nec mora, pars adversa capud flexit, nostrisque consensit. Quibus in idipsum consentientibus cum apostolicis munimentis, Taruennam redeuntes, electionem omnium consensu confirmavere, electumque suum domnum Johannem, cum qua decebat honorificentia, suo tempore consecratum, cum maximo populorum plausu, ecclesie Morinensi importavere, anno Domini millesimo nonagesimo nono.

LVIII.

In qua quem qualemque se, per continuos triginta annos exhibuerit, littera non docet, sed viva operum testimonia hodieque probant. Cujus memoriam in benedictione licet commendandam non suscepimus, illa illum in reedificanda propria ecclesia, in adquirendis ecclesie ornamentis, que vel nulla vel pauca invenerat, et libris magno sumptu conscriptis, in propaganda religione per totam suam dyocesim, commendat. Nam apud Lo, Eversam, Ypres, regulares constituit canonicos; et, suo tempore, apud Broburg, Gisnes, Merchem, sanctimoniales constitute sunt. Nobis vero altare de Merchem, de Eggafridi capella, de Warnestim, de Haveskerke, sub cartarum allegatione, et multa alia bona contulit. Cujus viri probitas, cum michi ex minima parte (multa enim fuerat) nota fuerit, in hoc admiranda et notanda fuerit, quod numquam ab aliquo, nec eciam ab adversario, aliquando infamatur, quasi, causa cupiditatis, juditium vel justiciam subverterit; quo vitio adeo caruit, ut nullum nostri temporis hominem me vidisse recolam puriorem. Vix enim alicujus subditorum sibi zenia suscepit, sed eciam oblata sepius eum refutasse audivimus. Bannos vel emendationes de forisfacturis vix aliquando suscepit, cum alii prelati ampliant, anxie petant, extorqueant, et, cum non datur quantum volunt, insaniant. Discretus in juditiis, ad hospites liberalis, pauperum recreator, et secundum Deum et secundum seculum vitam duxit honorificam.

LIX.

DE INTERFECTIONE WILLELMI, REGIS ANGLIE.

Hujus regiminis anno secundo, anno videlicet Verbi incarnati millesimo centesimo, Robertus junior a Jerosolimis, cum multa militie secularis laude armis ibidem adquisita, rediit, et Willelmus, prioris Willelmi regis Anglie filius, eodem anno a Waltero de Bekam, ex improviso, interficitur. Qui, cum rege in saltu venatum iens, dum sagitta cervum appeteret, eadem, divinitus retorta, rex occiditur. Cujus interitus sancte recordationis viro Hugoni, abbati Cluniacensi, est preostensus. Nam, cum idem sanctus, jam etate et sanctitate provectus, et archipresul Cantuarie Anselmus, vir preclari ingenii in divinis et in liberalibus, Cluniaci, quasi magna ecclesie duo luminaria, morarentur, et abbas sciret archipresulem infestatione predicti regis Anglie cessisse, quadam die in parte sanctus sanctum duxit, et quod interiisset rex abbas pontifici prenuntiavit; quod postea verum probatum fuit.

LX.

Rege vero sagitta percusso, Henricus, junior natu, successit, Roberto, primogenito, tunc ab Ierosolimis redeunte et necdum Nortmanniam perveniente. Qui rediens, ut eventum rei audivit, congregata peditum equitumque copiosa multitudine, adversus fratrem mare pertransiit, sed, fratris prudenti consilio flexus, ei reconciliatus est. Henricus vero rex permansit. Qui, postea in Nortmannia congressus cum fratre Roberto, eum cepit, et in captivitate usque ad obitum ejus tenuit. Rex vero Henricus Anglia et Nortmannia potitur annis fere triginta quinque, quantum ad gloriam seculi, omnium prosperitate et admodum utriusque populi.

LXI.

DE HUJUS CONVENTUS REDUCTIONE AD REGULAM.

His ita digestis, ad nostrum Johannem, Dei gratia, Morinensem presulem, redeamus. Tanti itaque viri exemplo excitatus, et de ejus auxilio confidens abbas Lambertus, quod ante jam deliberavit, de ecclesie sue correctione cogitavit. Cujus talis fuit accessus. Anno igitur dominice incarnationis millesimo centesimo primo, gravi correptus infirmitate, nocte quarte dominice adventus Domini, in qua canitur, *Canite tuba in Syon,* capitulum fratrum intravit, ac, prolixo sermone habito, de regno Dei, de penis inferni, se, in fine sermonis graviter infirmari et de vita periclitari, asseruit. Timensque sibi, quod fratres commissos sibi dissolute et indisciplinabiliter permisisset eatenus vivere, in verbo Dei et virtute Spiritus Sancti, eis interdixit, ne quilibet eorum quid prosperitatis haberet, vel aliquid de reliquiis ciborum que ad elemosinam pertinebant, servientibus daret. Habebant enim pene singuli sibi servientes, quibus dabant que pauperibus debebantur. Peculiare enim habere, dare sine licentia et accipere, vel ceteris dissolutionis operibus incumbere, penes eos tunc temporis vix alicujus erat negligentie. Ad insolitum ergo fratres concitati interdictum, exarserunt in eum sicut ignis in spinis, et, ignominiosis verbis defatigatum, ad lectum ire coegerunt. Sed de infirmitate in brevi convalescens, ut rebelles compesceret operam dedit. Signum tamen discordie, quod eodem die inceptum est, manifeste apparuit. Nam post sinaxim vespertinorum, cum fratres cenam expectarent, ecce ex improviso ignis nonnullis fratribus de pistrino exire visus est. Quo attonitis fratribus, huc illucque discurrentibus, scalas ad extinguendum ignem ascendunt. Sed fantasma, non ignis fuit; quod, turbatis omnibus, ilico disparuit, signum pretendens dissentionis et fraterne dispersionis.

LXII.

Cum igitur aliquantulum temporis inter monacos et abbatem pertransisset in hujusmodi dissentione, abbas comitem Robertum juniorem, per comitissam Clementiam et per nonnullos regni proceres, convenit, ut ecclesie sancti Bertini de religione consuleret, et, ne qualibet in posterum injuria in monacis eadem religio deficeret, idem cenobium Cluniacensibus, ad substituendum abbatem, subjiceret. Quod cum monachis veraciter compertum est, per prepositum et canonicos Sancti Audomari ecclesieque Taruanensis, conveniunt, utrum verum esset quod audierunt de subjectione suorum sueque ecclesie. Quod prius denegans, postremum verum asseruit, sed se id destructurum sacramentis promisit.

LXIII.

Hac promissione monacis suspensis, interim parabatur profectio ad papam Johannis, episcopi ecclesie Morinensis, cum quo se abbas profecturum asseruit. Sed illi scientes nil esse quod pretendebat, interdixerunt ei tumultuose ne iret. Profectus est tamen cum episcopo. Monacum, quem secum assumpsit, in quadam Cluniacensium cella, sub custodia inclusit. Ipse vero Cluniaci remansit, professionem fecit, ordinem didicit. Episcopus usque Romam pervenit. Quo, perfecto negotio, a Roma Taruennam sine abbate redeunte, seniores sanioris consilii, aliis dicentibus, « Nolumus hunc regnare super nos, » legationem post eum miserunt, dicentes : « Revertere in domum tuam. » Quo renuente, secundo miserunt et reduxerunt.

LXIV.

Venienti pars conventus maxima debitam reverentiam noluerunt exhibere; pauci tamen ei obviam exiere. In crastino eum convenerunt, si professus esset Cluniaci. Illo neque negante neque asserente, publice dixerunt se illi nolle obedire, nisi negaret aut assereret. Ille autem ab aspectibus se subripiens, clam convocatis militibus suis cum gladiis, illis ex improviso supervenit, rebelles cepit, et in diversis ecclesiis dispersos inclusit.

LXV.

Cluniacenses vero de diversis Cluniacensium monasteriis, ex licentia pie memorie Hugonis abbatis, introduxit, anno dominice incarnationis millesimo centesimo primo. Quibus introductis et regulariter vivere incipientibus, residui qui remanserant adeo rigorem discipline pertimuerant, ut per diversas et exteras regiones fuga lapsi dispergerentur; nonnulli eciam, proh dolor! absque habitu monacali morerentur. Quod me tetigisse nulli displiceat; sed sciant posteri, et caveant quam multimoda pericula animarum, quotque desolationes ecclesiarum scisma pariat inter monacos et discordia.

LXVI.

Non tamen Deus destituit hunc locum servitio divino : nam, quaquaversum religione spirante, monaci de indisciplinatis cenobiis, milites sua relinquentes, clerici, rustici, pueri ad conversionem certatim currentes, multa donaria ecclesie contulerunt. Crevit intus Dei cultus et monacorum numerus; exterius vero rerum copia adeo, ut in brevi coadunatis plusquam centum vigenti fratribus, omnibus bonis abundarent. Novitas enim et fervor religionis plurimos incitaverat; quos dum pater Lambertus non discernit, dubie recipit, qui ei suisque in longum successoribus, totique ecclesie postea multum oneri fuere.

LXVII.

DE CONCILIO AB URBANO PAPA PENES CLARUMMONTEM CELEBRATO, ET PROFECTIONE CHRISTIANORUM CONTRA PAGANOS.

Hujus regimonii anno primo, ante ordinem inceptum, anno videlicet Verbi incarnati millesimo nonagesimo quinto, papa Urbanus secundus celebre omnibus seculis Avernis, apud Clarummontem, concilium coadunavit; in quo generali decreto omni ordini etatis, sexui, quibus Deus inspiraret expeditionem contra paganos, instituit, qui tunc temporis Iherosolimam occupaverant, multumque terre Christianorum in Romania invaserant. Qua sanctione, quasi divina admonitione, cerneres totum mundum christianitatis contra paganos incitatum ad ultionem pro Deo infremuisse. Nobilitas terre, omnes populi, principes, juvenes et virgines, senes cum junioribus, de sedibus suis migrant. Quibus bella Domini certatim preliantibus, tantum Dominus ad laudem sui nominis, et ad dilatationem christianitatis dicitur ostendisse ut, si, bellorum Domini tempore evenissent, hodie ad laudem Domini ecclesia non immerito recitasset. Nam captam civitatem sanctam ab ethnicis, his interfectis, Christiani obtinuerunt, anno dominice incarnationis millesimo nonagesimo nono : atque in ea, que metropolis fuit Judeorum, post regem regum, Christiani constituerunt regem Christianorum Godefridum, Lotharingie ducem egregium. Quo magnifice regnante, dum nonnulli non amplius ad seculi illecebras, post tanta pericula que pro Deo sunt perpessi, deliberassent redire, consilio principum, exercitus templo Dei se sub hac regula devoverunt, ut, seculo abrenunciantes, proprietate carentes, castimonie vacantes, communem sub paupertate habitu ducerent vitam; armis tantum contra insurgentium paganorum impetus, ad terram defendendam, uterentur, quando necessitas exigeret. Quorum regula penes eos nota habetur. Hoc de illa expeditione sat sit tetigisse, quia novi quamplures volumina inde confecta conscripsisse.

LXVIII.

DE INTRODUCTIONE ORDINIS EX HOC CENOBIO SITHIU IN VICINAS ECCLESIAS.

De Ierosolimis igitur scribendo Flandriam redeuntes, qualiter cetere circumjacentes ecclesie ad correctionem religionis sint coacte succinctim commemoremus. Que, cum erga ecclesiam Sithiensem mixtim et livore et timore variarentur, nunc invidentes ejusdem provectibus, nunc vero timentes ne coacti involverentur similibus, sapientia Dei de correctione earum congruam adinvenit opportunitatem, abbatum scilicet de hoc mundo vocationem aut intestinam fratrum dissentionem.

LXIX.

DE ECCLESIA ALCHIACENSI.

Primo igitur Alciacensis ecclesia pastore destituitur proprio, magne simplicitatis et innocentie viro, nomine Norberto. Cui cenobio cum pastorem providere debeat Sithiensis congregatio, tam ex apostolica sanctione, quam ex priscorum institutione, abbas Lambertus, se totum suaque omnia Cluniacensibus indulgens, ex eis quemdam, Odonem nomine, virum religiosum, preposuit cenobio. Quod, quia, inconsulto abbate Cluniacensi, factum est, non cessisset ei in prosperum, nisi pro eo abbatis Lamberti intercessisset suffragium. Per quem Cluniaci a suis in gratiam susceptus, ad regendam susceptam ecclesiam rediit. Ubi mox cum multa sit perpessus adversa ab adversariis sacre religionis, illis fugientibus, viri timorati ad conversionem venerunt; per quos abbas idem cenobium, fere per viginti annos, et secundum regularem normam et secundum exteriorem habundantiam honestissime gubernavit.

LXX.

DE ECCLESIA SANCTI VINNOCI DE BERGIS.

Hoc ergo monasterio pulcre, juxta suum modulum, in disciplina confirmato, divine sationis usque ad mare se extendit propagatio, et in monte, qui antiquitus dicebatur mons Baal, in sancti scilicet Vinnoci cenobio, campi heremi germinaverunt germen odoris Domini. Que ecclesia, de canonicis secularibus in monacos pridem mutata, ab hoc Sithiensi cenobio, tempore Roderici abbatis, et monachicam mutuavit religionem. A quo tempore tanta confederabantur mutue dilectionis familiaritate he due ecclesie, ut par esset, unam corrigi ab altera. Erat itaque ea tempestate in prefato monasterio Ingelbertus, vir alte nobilitatis secundum seculum, abbas, si sano introitu per ostium intrasset Qui, abbatisandi cupiditate illectus,

Ermengerum, abbatem suum, complicibus non minoris culpe sibi adhibitis, injuste accusavit; illique deposito succedens, per aliquot annos idem cenobium tenuit. Qui, imminente mortis articulo, publice confessus est patrem suum a se injuste accusatum et infamatum. Quo sepulto, conventus, legatione Romam missa, decreto pape, Ermengerum, diu depositum, abbatem, ut justum fuit, receperunt. Qui infra biduum provecte etatis bonique testimonii obiit, et meliorationem sui monasterii in manu Dei reliquit.

LXXI.

Bergenses vero novitate vite veterem hominem nolentes deponere, de suis electionem, animo obstinato, fecere. Sed episcopus Johannes, cernens non sic oportere, cum viris prudentibus, principi terre innotuit ecclesiam desolatam vita correctiori indigere, de religiosis electum indisciplinatis abbatem constitui debere. Clementia, nobilis comitissa, hortatu patris Lamberti, monarcham Robertum juniorem ad hoc deflexit. Comes episcopo in hoc consensit; episcopus ad patrem Bertinensium Lambertum de hoc respexit. Abbas super hoc priorem nostrum Hermetem constituendum decrevit. Qui, in ecclesia Sithiensi a pueritia nutritus, et eo tempore Cluniaci commorans, hinc ocius revocatus est; et in dicto conventu, die prefixo, comes, episcopus, pater Lambertus, cum eodem Hermete, fratribusque nostris ad ordinem servandum adhibitis, Bergis affuere. Bergensibus itaque hinc illincque dispersis, tam episcopali auctoritate quam comitis potentia, Hermes, consecratus abbas, cenobio Bergensi introducitur. Diruta pene atque imperfecta invenit omnia. Accingitur in opus Dei; fervet intus religio, cujus virtus certo exterius clarescit indicio. Convertuntur seculares, currunt ad vitam communem; quosque abbas, ut homo tantum, in facie novit, quamplures ad religionem suscepit; quos postea totius religionis subversores et proprii honoris calidissimos expertus est insidiatores : quod suo in loco convenienter dicemus.

LXXII.

DE SUPERBO CONATU CANONICORUM WATINIENSIUM, ET DE RESISTENTIA ET FACTIS ABBATIS LAMBERTI.

Interea Watinienses, ad dampnum Sithiensis ecclesie, molendina inter vetus monasterium et Watenes edificare ceperunt. Quod audiens pater Lambertus, ut leo infremuit; illosque constanter Taruenne. coram episcopo Johanne, aggrediens, dum sensit eundem presulem egre sibi favere, quia ejusdem ordinis erant ipse et ipsi, ad comitem se convertit; ejusque auctoritate inceptum opus cessare fecit; et ne inter Arkas et Broburg aliquando fierent, nisi forte infra curtem ad usus fratrum fiant molendina, ejus privilegio confirmavit.

LXXIII.

Postea vero, quod nemo se visurum putavit, multo sumptu molendina infra ambitum curtis edificare cepit noster Lambertus; et, contra opinionem omnium, ad effectum, sicut hodie apparet, adduxit aqueductum nichilominus subterraneum[1], ad commodum presentium et futurorum, omnibus officinis sui monasterii induxit.

Capellam sancte Marie, infirmantium domum cum claustro, dormitorium, hospitium, duas turres in fronte monasterii pavimentum, pomeria, et nonnulla alia, ad usus fratrum, in ea honorificentia, in qua hodieque cernuntur, edificavit ad cultum Dei.

Campanas pene omnes, crucem auream preciosi operis, casulam operosi artificii, cum quampluribus ornamentis, scilicet casulis, cappis, dalmaticis, stolis, candelabris, textis auro et argento, et preciosis lapidibus paratis, in Dei thesauros intulit.

Tabulam eciam auream preciosi operis, que postea, tempore Leonis abbatis, in vadimonium posita, furata est; et duas tabulas argenteas cum ciborio, que eciam tempore predicti Leonis ablata

---
[1] Suppl. *quem*.

fuere, in ecclesia posuit. Et insuper ipsam ecclesiam maxima ex parte plumbo tegi fecit.

LXXIV.

Exterius vero feoda, que antecessores ejus minus inconsulte dederant, decimas a laicis possessas, villas, redditus, terras, silvas, que vel negligenter amissa, vel injuste possidebantur, magna industria ecclesie revocavit.

Susceptioni pauperum adeo devotus fuit, ut, preter eam liberalitatem humanitatis quam diversis temporibus pauperibus exhibuit, tabulam altaris argenteam, diebus famis, ad egentium usus erogaret. Hospitalitati que, usque ad id tempus, egre impendebatur, tanta mentis alacritate incubuit, ut quod ille caritatis intuitu inceperat, postmodum huic ecclesie, ad maximum gravamen, a posteris pro debito exigeretur. Fuit igitur munimento exterius, intus vero vel utilitati vel ornamento; acquisivit que defuerant, pauca multiplicavit, minus decentia decoravit.

Quid tandem? suo tempore Sithiense cenobium in superbiam posuit seculorum; a qua cecidit per insolentiam filiorum. Et, ne aliquod probitatis vestigium circa ecclesiam sibi commissam illum effugeret, dedicationem ejus in capite kal. maii instituit, coadunatis comite Roberto juniore, Clementia comitissa, cum primoribus pene omnibus tocius Flandrie, ab episcopis Johanne et Odone, anno dominice incarnationis millesimo centesimo sexto, celebriter factam, astante ordinis diversi, sexus promiscui, etatis ambigue copiosa multitudine, cum dedicatio antiquioris ecclesie fuerit circa kal. octobris, ut ex antiquis libris et breviariis invenitur.

LXXV.

DE ATTREBATENSI ECCLESIA.

Attrebatenses ea tempestate per se potiebantur proprio presule, Lamberto nomine. Nam antea, ab obitu beati Vedasti, plebs Cameracensis et Attrebatensis, usque ad id temporis, uno regebantur pontifice; sed, propter discidium quod tunc erat inter apostolicum sacerdotium et orientale imperium, ad diminuendam orientalis regis dignitatem, ab apostolico Urbano II° plebi Attrebatensi, indulto privilegio, confirmatum est uti pontifice proprio; sub quo, in beati Vedasti ecclesia, inter Henricum abbatem, sancte simplicitatis virum, suosque monacos efferbuit discordia, que compescenda fuit disciplinari ferula.

LXXVI.

Consuluit abbas Henricus patrem Lambertum. Ambo comitem Robertum conveniunt in unum, ut Sithienses mittantur Attrebatum. Ad quorum adventum trepidant Attrebatenses, finguntque sibi mille timores ubi non fuit timor, ceduntque venientibus in brevi ad melius revocandi. Die itaque inter se constituta, assunt in capitulo monachi. Presul cum patre Lamberto, comitante Sithiensium flore electo, silentioque premisso : « Vobis, inquit episcopus, o fratres et « monachi, ad exprobrationem cecitatis interne Balaam, vesani pro- « phete, brutum proponendum est subjugale. Quod, mira Dei poten- « tia, ore diserto in articulata verba dirupit, priusque quam propheta « angelum, adversantem cum gladio, in via stantem, previdit, cui, « cum reverenter asina cessit, angelus presidenti prophete miseri- « corditer pepercit. Vos itaque non immerito comparandi estis non « videnti divina; asine vero comes laicus, qui, cum tot sustineat et « tanta negotia, solus litteram non legit, sed, per Dei gratiam, in- « terioribus luminibus apertis, que vestre sunt saluti proficua sol- « licite attendit, vosque, in via non bona aberrantes, ad viam nititur « reducere veritatis, cum vestris cotidie prejaceat oculis et littera « legalis et lectio prophetica cum gratia evangelica; que, cum legitis, « aut non intelligitis, aut intellecta prorsus negligitis. » Sic perpaucis sermonem concludens, ad meliora torpentes animabat.

LXXVII.

Anno igitur dominice incarnationis millesimo centesimo nono, ab Attrebatensibus susceptus est ordo Cluniacensis. Sed fratres qui indignati exierant, frustra inceptum bonum destruere nitebantur. Nam Romam profecti, cellam, Aspres dictam, ecclesie sancti Vedasti appendicem, apostolica auctoritate sibi donari poscebant, ut abbatem inibi ex suis preponerent. At vero, consilio sapientie, conatum mutavere insipientie; reversi namque ad suam ecclesiam, incepte religioni concordes manus dedere.

LXXVIII.

DE OBITU ROBERTI, COMITIS FLANDRIE, FILII FRISONIS.

Anno incarnati Verbi millesimo centesimo undecimo, Robertus junior, regnante in Francia Ludovico, regis Philippi filio, in expeditione ejusdem regis positus, Cellis moritur. Cujus corpusr ex idem, cum magna procerum Francigenarum caterva, Attrebatum transtulit, ibidemque sepelivit. Filiusque ejus Balduinus Flandris comes constituitur, vix pueritie etatem excedens. Quo anno Acquicinenses, inter se tumultuantes, abbatem suum deposuerunt, et priorem Attrebatensem, monachum Sithiensem, Alvisum nomine, sibi communi electione pastorem preposuerunt, virum per omnia industrium; rem qualemcunque utcunque deducere ad effectum.

LXXIX.

DE OBITU ANSELMI ARCHIEPISCOPI, ET HUGONIS ABBATIS.

Anno dominice incarnationis millesimo centesimo nono, vir apostolicus Cantuariensis archipresul, Anselmus, speculum monacorum, et honorabilis Hugo, abbas Cluniacensium, occasu glorioso huic vite sublati sunt. Quorum obitus abbati Affligementium[1] Fulgentio permonstratus est : vidit enim in sompnis quasi duos loculos mortuorum ab angelis in cetum deferri. Somniumque vigilans conjectura discutiens, animadvertit convenientius non posse interpretari quam in horum virorum obitu. Qui non multo post tempore mundo miraculum innotuit. Archipresul enim, post laudabilem Deo et hominibus conversationem vite, post profusam ingenii sui liberalitatem, post liberalem in divinis profunditatem, post nonnulla ab eo facta, per Domini miracula, ut quidam de vita ejus liber conscriptus hodieque declarat, non obiit, sed ad Deum abiit. Cujus os mellitum, Sancti Spiritus organum, dum fratres et filii, pre nimia dilectione, condire, balsamo de pixide episcopali prolato, voluissent, tam modicum inventum est, ut vix faciei sancte ad condendum sufficeret. Quod subito tanta inter manus condientium exuberavit affluentia, ut totum sanctum corpus inde habundanter perungerent.

LXXX.

Quo mense aprili migrante, abbas Hugo, sancte recordationis, eodem anno precedentem ad Deum subsequitur. Cujus obitus tali miraculo illi prenunciatur. Quidam ruricola, in proximo terram colens, prope se pre oculis vidit quasi quamdam connivantium multitudinem transire. Quem dum unus ex transeuntibus interrogaret, cujus terra esset, respondit sancti Petri, Hugonisque, abbatis Cluniacensis esse. « Mea, inquit, terra est; meus est et abbas. Sed vade, dic « ei ut instet operi bono, quia finis vite imminet ei de proximo. » Homo paruit, dictum non tacuit, mors in brevi evenit, veramque visionem esse probavit. Unde conjectum est ab audientibus hujusmodi mandato sanctum Petrum rustico apparuisse, sanctique viri obitum prenunciasse. Qui cujus sanctitatis fuerit, gesta vite ipsius a nonnullis studiose conscripta satis declarant; quantave dignitatis

---

[1] De monasterio Affligemensi, *Afflinghem*, in finibus Brabantiæ et Flandriæ, uno milliari Alosto vel circiter, conf. *Gall. Christ.* t. V, col. 36.

prerogativa, quibus operibus, qua religionis excellentia intus et extrinsecus creverit sub eo Cluniacus per annos fere sexaginta, quibus abbatisavit, memoria ejus, que in generatione generationum benedicetur, in eternum fixum habebit.

LXXXI.

DE PONTIO ABBATE, SANCTI HUGONIS SUCCESSORE.

Successit ei, electione conventus, tunc Cluniaci commorantis, quidam Pontius, etate juvenis. Hic cum monacus alterius esset ecclesie, in juventutis flore, pro nobilitate sua, a nonnullis episcopus electus, reclamantibus sapientioris consilii viris, ad Paschalem papam proficiscitur, ejus auctoritate cupiens adipisci episcopalem dignitatem. Sed papa, intuens eum non esse etatis huic dignitati convenientis, multorumque audiens reclamationem, hunc secum aliquanto tempore detinuit, alterumque concessit substitui episcopum. Postea vero hunc Cluniacum misit, et abbati Hugoni venerabili attente commendavit. Cui, ut dixi, succedens, post paucos annos ordinationis sue, peragratis superioribus monasteriis Hispanie, Burgundie, Francie, Abbatis Villam tandem devenit, cum jam, ante adventum Domini, Lamberto abbati mandaverit se in Sithiu celebraturum pascha Domini. Quod quidam aliter retorquentes, dixerunt hunc dixisse se curiam suam velle celebrare in ecclesia sancti Bertini quasi in propria. Cluniacenses tunc nobiscum conversantes, ceterisque principantes lenitate animi, ejus adventu exhilarati, referebantur inter se dixisse, quod abbas Lambertus, in presentia Cluniacensis, debita reverentia et potestate privaretur, Cluniacensis deponeret quos vellet substitueretque, et in cardinali abbatis sede staret, ut abbas abbatum. Quod nostrates, cum patre Lamberto, audientes, concidit vultus eorum.

Et ne adventus Cluniacensium nobis et illis magnum generaret excidium, abbas Lambertus latenter egit, ut comitissa Clementia, (nam vir ejus, Robertus junior, eodem anno obierat,) abbati Cluniacensi mandaret, non ei esse tunc opportunum ad ecclesiam sancti Bertini venire, sed, si vellet, ad ecclesias ceteras Flandrie, cum omni honorificentia suscipiendus, veniret. Quo Cluniacences mandato suscepto, conjectura non fallaci animadverterunt Sithiensium hoc factum consilio. Unde Cluniacensis, Sithiensem conveniens abbatem, ita eum ab incepta libertatis defensione avertit, ut omnes Cluniacensibus resistentes Lambertus abbas haberet exosos.

LXXXII.

Major tamen pars conventus nullis terroribus nulloque timore ab intentione defensionis ecclesie sue flectebatur; quapropter conveniebant frequenter, et qualiter se defendere possint mutuo tractabant. Unde abbas commotus, priorem, cujus consilio ad hoc animatur, Aquiscincti exilio religavit. Cerneres unum eumdemque virum, ut ita dicam, milies de una eademque mutasse anima. Hinc etenim timebat valde inferior cum fortioribus inire conflictum; idem vero metuebat ne ecclesia a fundamentis libera, sui causa, sub Cluniacensi servitute perpetuum, quantum ad seculum, subiret imperium. Filios enim hujus lucis plus humana quam divina cauteriari ignominia, cum in Deo unum sint liber et servus, barbarus et scita[1].

Quid tandem? Turbatur tota Flandria, et, ad libertatem defendendam Sithiensem, anicula et trementi capite animatur. Audiens autem Cluniacensis terram conturbari, dirigit priorem Abbatis Ville, cum aliis prudentibus, ad abbatem Sithiu Lambertum, ut ei conductum querat a Comitissa veniendi ad ecclesiam sancti Bertini. Abbas vero, volens satisfacere Cluniacensibus, cum responsalibus eorum ad Comitissam proficiscitur. Nuncii cum abbate rogant domnam, ut conductum det Cluniacensi Pontio ad ecclesiam sancti Bertini veniendi,

[1] Forte *scitus*.

quasi ad propriam. Puer Balduinus Hapkin, cum matre et proceribus, *quasi ad propriam*, egre tulerunt, et eis se accipiendas inducias super hoc respondendi communi consilio censuerunt. Reversi sunt nuncii absque effectu. Quorum famuli Sithiu a nostris valde deturpati et injuriati sunt.

LXXXIII.

Postera vero die, de omnibus se volens excusare abbas Lambertus, cum episcopo Johanne et cum Gelduino, tunc apud nos incluso, dudum abbate Aquiscinensi, ad Cluniacensem pervenit, satisfaciens ei de omnibus. Sed Cluniacensis, omne ei pondus imponens, dixit se excusationem non accepturum, nisi priores Sithiensis cenobii, postera die, ad se Rumiliacum adduceret, eique, ad removendam de cetero suspicionem, professionem facerent. Quod si nollet facere, Cluniacenses, qui eatenus in Sithiu morabantur, sibi Rumiliacum adduceret.

Abbas Lambertus, cum episcopo reversus, ad nos fratres quamplurimos, in hoc ei assentientes, induxit. Audivit itaque hoc castellanus Audomaricola, et statim ad adjutorium nostrum advenit, magna comminatione contradicens, ne quis nostrum tale presumeret. Unde frustratus abbas suo conamine, vocat Cluniacenses, qui tunc nobiscum erant, indicatque eis Cluniacensis preceptum. Preparansque eis que necessaria erant, ascensis equis, eos Rumiliacum perduxit. Inde vero Cluniacensis transiens, usque Leons pervenit.

LXXXIV.

Audiens vero duos nostros monachos, qui Cluniaci jam antea professi erant, adhuc Attrebati demorari, missis caballis, eos ad se vocavit. Abbas Lambertus, ut hoc audivit, turbatus, Atrebatum concitus venit, et abbatem Aquiscinensem, de quo supra memoravimus, cum edituo Morinensi, ad Cluniacensem premittens, monet ut illum conveniant ex sua parte, quatinus sibi reddat suos; si noluerit, eum appellent Rome coram papa, de oppressione rationem redditurum.

Factumque est ita. Appellatione igitur facta, Cluniacensis mitius, ex consilio, cepit agere, quia cognovit se gratiam Romanam tunc obscurius habere. Veniente igitur abbate nostro Leone, Cluniacenses cum eo nescio quid, quasi amicabiliter, proposuerunt. Sicque noster ad nos reversus, cum familiaribus suis cepit tractare quod facto opus esset in tanto negotio, quia considerabat difficile Cluniacensibus posse resistere, sed difficilius Flandrarum superbiam, Burgundionum dominationem admittere.

Animatus itaque suorum consilio, Romam proficiscitur expositurus Romane curie Cluniacensium injuriam. Cui fortuna tam leta arrisit facie, ut quicquid postulavit, asque ulla difficultate, a papa Paschali, judicio tocius Romane curie, impetraret. Invenit enim eos adversus Cluniacenses commotos.

LXXXV.

DE CONSECRATIONE HENRICI IMPERATORIS.

Jam enim antea Henricus junior, rex Orientalis, qui Henrici regis Anglie filiam duxerat, patre mortuo, Romam, cum exercitu maximo, apostolica benedictione in imperatorem consecrandus, petiit. Nam eatenus, ut dixi superius, inter apostolicum sacerdotium et regnum imperatorium, scisma erat. Sed, dum inter se convenire non possent, rex papam, cum universis cardinalibus, captum compulit, ut ei privilegium, quod postea nuncupatum est *pravilegium*, papa concederet, nullum episcopum consecrari, nisi ex assensu regio. Quo facto, consecravit eum. Hoc vero Cluniacenses detestantes, potius ex superbia quam ex justicia, Romanis verba scripsere ignominiosa. Quibus irritati, Lamberto abbati indulserunt litteras et privilegium, quibus que facta sunt sive ab eodem abbate, sive ab episcopo, sive a comite, contra libertatem Sithiensis ecclesie, omnia irrita fierent. His munitus abbas, et reversus cum gaudio, susceptus est a nobis cum tripudio, quibus non erat ultra de iterando labore suspicio; sed frustra, quia adhuc viridi latuit anguis in herba.

LXXXVI.

Pater vero Lambertus, ut sapiens, in die bonorum non immemor malorum, metuens Romanorum cupiditatem et inconstantiam, Cluniacensium vero in re perficienda plurimam constantiam, et sibi et posteris per multos quesivit internuntios a Cluniacensibus pacis concordiam. Quam recusantes, cum abbate suo Pontio, Romam proficiscuntur, non tam nostri causa, quam pro recuperanda apostolica gratia. Qua vix reddita, dum abbas, infra palatium, in quodam cenaculo residens, cum suis tractaret de nobis, subito cenaculum cecidit, et unum morte contrivit; alteriusque coxa ita confracta, ut ad hospitium manibus famulorum deportaretur : ceteri vix evaserunt. Quod plerique pro miraculo habentes, dixerunt sanctum Bertinum pro suis injuriis illud dejecisse. Nilque ad votum consecuti, ne omnino rubore perfunderentur, litteras emunctorias utcunque adquirentes, quibus abbati Lamberto precipiebatur ut de professione Cluniaci facta responderet, aut prefixo die se apostolice presentaret potentie, reversi sunt Cluniacenses; sed noster abbas, auxilio Cononis, legati Francie et cardinalis, nobis valde amici et familiaris, has debilitavit litteras.

LXXXVII.

Videntes autem nostri adversarii se undique impares esse, et a multis de improbitate sua sibi derogari, simulavere se concordiam suscipere velle. Cujus rei gratia, pater Lambertus, cum Johanne presule, Cluniacum venerunt; factumque est ut, cum illi tempus redimentes meliores expectarent dies, noster quoque abbas, si aliud non posset, pacem tantum in diebus suis acquireret, fucata potius amicitia quam vera, invicem reconciliarentur. Concessisque illi monachis, quos prius habuit, ad nos, cum favore adquisite libertatis, rediit, futurum ut post ejus obitum, que pacificata videbantur, in chaos reverterentur antiquum. In vita tamen ejus, ecclesia in pristino statu permansit. Illo senio delabente, omnia interius et exterius paulatim defecere.

LXXXVIII.

DE QUODAM MIRACULO SANCTI AUDOMARI SITHIENSIS.

Quo tempore quidam clericus dixit se per beatum Audomarum a captivitate paganorum hoc modo liberatum. Quadam die christianorum atque gentilium congressione invicem facta, pagani superiores fuere, nonnullisque christicolis occisis, quibusdam eciam in captivitatem ductis, clericus, cum ceteris captus, in dominium cujusdam primatis devenit; qui, dum comminationibus ad denegandam Christi fidem urgeretur, territus, subito ei in memoriam sanctus Audomarus incidit : ejus meritum et sanctitatem Ierosolimis a nostratibus jam antea audierat. Quem, in tanta angustia coartatus, dum sibi adesse devote postulat, ilico, in monachica veste, inter circumastantium multitudinem, invocanti, ceteris non videntibus, visibiliter astans sanctus Audomarus, compedibus eum solvens : « Sequere, inquit, me. » Statimque cum sequens, extra opidum venit, cunctis qui aderant eum abeuntem cernentibus, sed quod fuge intenderet non animadvertentibus. Quo extra opidum posito, sanctus hunc reliquit. Moxque custodibus, quasi de extasi mentis ad se reversis, dum fugisse intelligunt, cum magno strepitu insequuntur fugientem. Quos audiens, magis conturbatus, extra viam publicam paululum secedens, sub arbore contigua resedit, hostesque suos et in viam et extra videns discurrere et in se pedibus impingere, non est visus ab eis. Oculi enim illorum tenebantur ne eum agnoscerent, cum ecce illi oranti sanctus Audomarus, equo albo insidens, et pontificalibus redimitus indumentis, illi apparuit, et ut post se ascenderet ammonuit. Ascendit ilico, boias, id est ligamina pedum ferrea, ferens in manibus. Quem in brevi multa pervolans terre spacia sanctus deposuit; et quis esset, vel quid faciendum esset, vel quo pergeret, manifestis insinuavit indiciis. Cum catenis pervenit Ierosolimis, narrans omnibus qualiter sit ereptus; et quia immensi ponderis vincula fuerant, ex uno anulo duos fecit, et ad Sanctum Audomarum, in Flandriam, venit, eosque, in conspectu ejus, cunctis admirantibus, ante altare appendit.

LXXXIX.

DE ECCLESIA SANCTI PETRI IN GANDAVO, BLANDINIUM DICTA.

Anno Verbi incarnati millesimo centesimo septimo decimo, ecclesia sancti Petri in Gandavo, jamdudum tam regulari districtione, quam liberalium artium nobilitata eruditione, adeo tunc temporis ab utroque pastorum incuria deciderat, ut inibi cerneres tocius dissolutionis confluxisse sentinam, per honorabilem virum Arnoldum, ejusdem monasterii abbatem, reilluminata est. Qui de nobilioribus tocius Bracbantie oriundus, electione concordi fratrum, in abbatem consecratur. Dum ab omnibus de religione desperaretur, cepit prudenter penes se tractare, vitulos indomitos, contra stimulum discipline semper recalcitrantes, sub jugo regularis norme, aratro dominico non facile posse coaptari. Quod ut quomodo posset, patrem Lambertum consulit. Adeunt ambo Balduinum puerum et Clementiam matrem, qui Flandriis preerant, ut mergenti Petro et *salvum me fac* clamanti, cum Domino manum extendant. « Ne dubitatis, « inquit, modice fidei, de nostro auxilio, quod, opitulante Deo, vobis « in omnibus aderit tempore oportuno. » Sicque dispositis que necessaria erant itineri, prefixo die, comes, Johannes episcopus, pater Lambertus, cum duodecim suis fratribus, Gandavum conveniunt, illis, more foliorum, frustra trementibus, et adventui nostro cedentibus.

XC.

Quorum adventum quidam eorum ex prioribus jam antea prenoscens, in somnis se vidisse testatus est quosdam incognitos in choro *Te Deum laudamus* ab initio usque ad finem cantantes, et in fine uniuscujusque versiculi sublimi voce adjicientes, *sancte Bertine, kyrie eleyson.* Cujus visionis presagium futurorum pretendebat eventum : nam, beato opitulante Bertino, misertus est Dominus populo suo, et hereditatem suam non despexit in sancti Petri cenobio. Ubi adeo et tunc et postea fervor regularis incanduit, ut superexcelleret in religione omnes ecclesias, a quibus ea tempestate admissa est correctio. Que et a cenobitis sancti Bavonis, licet coactis, non multo post tempore, suscepta, et a nonnullis aliis Flandrarum monasteriis est incepta; sed ipso patre, pre infirmitate et senecta debilitato. cepit tepescere, et pene usque in defectum languescere.

XCI.

DE CORRECTIONE ECCLESIE SANCTI REMIGII REMENSIS.

Correctis igitur prope cunctis tocius monarchie Flandrarum cenobiis, ad gallicanum coturnum humiliandum regularis extenditur ferula. In Remensi namque urbe metropolitana, ecclesie sancti Remigii, usque adeo interius dissolutio, exterius vero rerum necessariarum apparuit desolatio, ut cum non abbatie sed regni appellanda esset nomine, vix paucis inibi degentibus sufficerent subsidia vite. Metropolitani igitur et circumadjacentium ecclesiarum virorum prudentium consilio, abbate ejusdem cenobii, sub honesta causa et quasi ex proprio assensu, remoto, fratribus ex libera electione imminebat alium substituere. Concione itaque facta, pater Lambertus, cum ceteris et cum electis Sithiensium fratribus, intererat, ad cujus nutum omnium intentio respiciebat. Qui, divina procul dubio tactus gratia, Odonem, abbatem sanctorum Crispini et Crispiniani martirum, virum ad omnia sagacem et industrium, eis eligendum insinuavit : hunc namque de Suessionensi civitate Remis proficiscens secum adduxerat. Substitutus igitur, vellet, nollet, ad onus impositum, cameli ewangelici similitudine, genu cordis flectitur; et tanta instantia ad melioranda queque intus et exterius accingitur, ut, contra opinionem omnium, multis adversitatibus undique concurrentibus et occurrentibus, ecclesiam sibi commissam propemodum insigniorem cunctis Gallie cenobiis in exteriorum rerum habundantia, in edifitiorum ad usum hospitum divitum et pauperum eleganti honorificentia, in propositi regularis fervore redderet et reverentia. Sic Flandria Gallis rivulos propinavit religionis.

XCII.

DE OBITU DOMINI BALDUINI HAPICULE, COMITIS.

Quo tempore Balduinus comes, cum Willelmo, filio Roberti, quem Henricus, rex Anglie, captum tenebat in Normannia, contra eumdem regem cum exercitu profectus, a quodam Brittone levi ictu vulneratur. Qui, diutino langore correptus, monacus sancti Bertini in extremis efficitur, et, anno dominice incarnationis MCXIX, sine herede moritur, et in Sithiu cenobio, astante Carolo, ejus successore, cum universa procerum multitudine et electo Flandrarum flore, tumulatur, data pro ejus anima quadraginta librarum berquaria. Cujus frater Willelmus, junior natu, ante patrem mortuus, Sithiu sepelitur, a patre data parte cujusdam berquarie ad anniversarium faciendum. Carolus vero, jure propinquitatis, successit; erat enim filius Canuti, regis Dacie, ex filia primogenita Roberti Frisonis et Gertrudis.

XCIII.

DE DEPOSITIONE HERMETIS, ABBATIS BERGENSIS, ET EJUS SUCCESSORE.

Quo principante, erga religionem exarsit diaboli invidia, et per quosdam virtutum simulatores veritatem subvertere studens, inter Bergenses tali ordine semina submisit discordie. Abbas enim Hermes, dum coram fraterno colore fucatis sepe conqueretur de regiminis aggravatione nimia, seque onus velle deponere fateretur, nisi timeret de depositione postea frustra penitere, illi toxicato consilio suggesserunt, ut terminum paucorum dierum prefigeret, infra quem depositionem abbatie sacramento super ewangelium confirmaret, ne spe amplius recuperandi honoris ad regimen anelaret. Credidit tamen stulte versipellium persuasioni, et accepta stola, super ewangelium juravit quitquid jurandum illi dictaverant; et statim se jurasse penituit; accessitisque Johanne episcopo et abbate Lamberto, se stulte egisse penitendo fatetur, sed frustra. Nam dum mediatores inter ipsos aliquod pacis medium componere vellent, monaci animo obstinato se nunquam perjuro obedituros asserebant. Qui dum diffidunt de episcopo, comitem Carolum adeunt, et pecunia inductum ad id quod postulant sibi conciliant, qui alias bonus, si contra avaritiam sibi consuluisset aliquantulum. Quo spondente auxilium, oritur inter abbatem et monacos lis et contentio; que, dum Taruenne finiri non poterat, Remis ad metropolitanam sedem cause fit appelatio. Quo dum tenderent, famulum Johannis episcopi, quem pro ducatu ab ipso monaci acceperant, parentes ipsius abbatis Hermetis, illo nescio, interficiunt. Cujus morte offensus episcopus, animum ad opitulandum abbati substraxit, atque ad monachorum voluntatem implendam se totum erexit. Videns vero abbas se in omnibus inferiorem, loco cessit, atque in quadam ecclesiola sancti Nicasii Remis, usque ad obitum suum se inclusit. Episcopus vero quendam virum religiosum nomine Thomam, nuper ex preposito clericorum regularium monachum Sithiensem effectum, Bergensibus abbatem substituit; et eodem anno, in depositione sancti Bertini, omne illud cenobium ignis consumpsit, Dei satis evidenti juditio, ut cujus monachum tam subdole tractaverunt, in ejus festo, omnibus edificiis privarentur que ad usum illorum et commodum idem ipse, tam injuste ab eis confusus, decenter et honorifice preparaverat.

XCIV.

DE EGROTATIONE DOMNI LAMBERTI, ABBATIS NOSTRI.

Anno incarnati Verbi MCXXIII°, abbas Lambertus, paralisi ex improviso percussus, adeo dissolvitur, ut, amissa loquela, et media corporis parte debilitata, plus quam biennio usque ad obitum scilicet languesceret. Quo tempore cerneres omnia turbari, et in antiquum chaos turbata velle reverti : dispensatores exteriorum, quorum manus eatenus superhabundaverat, causari de pecunia danda deficere, que exigebantur jam persolvisse vel se non habere; intus discipline dissolutio, de substituendo abbate musitatio, ad abbatie[1] multorum inhiabat ambitio; magisque in hoc turbabatur, quia quidam fratres nostri, qui Cluniaci professionem fecerant, cum priore majore in hac ecclesia tunc dominabantur.

In magna igitur fluctuatione positi, ad removendam suspitionem de Cluniacensibus et ad majorem fratrum securitatem, consilio communi inito, decernunt cum episcopo, vicarium abbatis Symonem, postea abbatem, ad rem publicam gubernandam debere substitui. Quo facto, quidam Cluniacensium nobiscum commorantium indignati discessere, et, vel odio invidentium, vel ambitione ad honorem abbatie aspirantium, egere, ut vicarius substitutus necdum anno finito deponeretur. Crederes deinde tanta inconstantia fluctuare monachos, ut milies in die crederes mutare animos. Sua quippe querentes, dum lubricis currunt gressibus, quid mirum si sine luce offendunt?

XCV.

DE ELECTIONE ET CONSECRATIONE JOHANNIS II, ABBATIS.

Sed, quia tandem utcunque terminanda erat hujusmodi dissentio et permulta variantium instabilitas, coadunatis undecunque fratribus, et comite cum presule accersito, ab ipso accepta, quendam Johannem, persona honorabilem, lingua theutonica disertum, nuper de canonico regulari monachum effectum, magno clamoris strepitu, communiter eligunt, abbate Lamberto adhuc vivente et reclamante. Qui in vigilia assumptionis sancte Marie, anno dominice incarnationis MCXXIIII[to] consecratus, vix septennio abbatisavit.

[1] Sic. Suppl. *honorem*.

XCVI.

DE OBITU LAMBERTI, ABBATIS HUJUS LOCI.

Cujus regiminis anno primo, anno Verbi incarnati MCXXV^{to}, pater Lambertus hoc verbum ore frequentans in extremis, *in manus tuas commendo spiritum meum*, obiit, et in capella sancte Marie, quam ipse infirmis edificaverat, Johanne, episcopo Morinorum, exequialia administrante officia, sepelitur. Cujus epitaphium legere cupientibus tale est :

> Sic homo splendescit quasi flos, velud herba virescit;
> Sed subito moritur, cinerescit; nec reperitur
> Quod, Lamberte, satis, pater, ostendis pietatis,
> Hec cujus fossa brevis inclita continet ossa!
> Sublimis sensu, doctrina, nomine, censu ;
> Quem genus ornavit, facundia notificavit,
> At cinis ecce jaces. Obitum signate, sequaces,
> Dena kalendarum quem lux rapuit juliarum.

Ea tempestate mulier quedam de Lotharingia, vinclis ferreis brachia utraque habens, pro penitentia, constricta, in hoc cenobio, multis astantibus, precibus sancti patris Bertini solvitur.

XCVII.

DE PRIMA PROFECTIONE JOHANNIS ABBATIS ROMAM, SUI CENOBII ET APPENDENTIUM TUITIONIS GRATIA.

Et quia suspitio de infestatione Cluniacensium omnes, sed ipsum precipue decoquebat, remoto priore qui Cluniaci professus fuerat, paratis omnibus, Romam profectus, privilegium de libertate hujus ecclesie a Calixto papa, qui Gelasio successerat, acquisivit, et cum omnium applausu reversus est, atque susceptus.

XCVIII.

EXEMPLAR PRIVILEGII CALIXTI PAPE, DE QUO SUPRA.

11 oct. 1124.

« Kalixtus episcopus, servus servorum Dei, dilecto filio Johanni, abbati monasterii sancti Bertini, ejusque successoribus regulariter substituendis imperpetuum. Equitatis et justicie ratio persuadet nos ecclesiis perpetuam rerum suarum firmitatem et vigoris inconcussi munimenta conferre. Non enim convenit Christi servos, divino famulatui deditos, perversis pravorum hominum molestiis agitari, et temerariis quorumlibet vexationibus fatigari; similiter et predia, usibus celestium secretorum dicata, ullas potentum angarias nichil debent extra ordinarium sustinere. Cum igitur communis omnium ecclesiarum cura nobis concessa sit, commissum tibi, dilecte in Domino fili Johannes abba, sancti Bertini monasterium, cum omnibus ad ipsum pertinentibus, ad exemplar predecessorum nostrorum, in beati Petri et nostram tutelam protectionemque suscipimus, statuentes ut universa ad idem monasterium legitime pertinentia vobis vestrisque successoribus quieta semper et illibata permaneant; preterea ipsum monasterium, juxta predecessorum nostrorum Victoris et Urbani et Paschalis sanctiones, et privilegia eorum eidem loco collata, in sua plenius libertate et immunitate perpetuo conserventur, adeo ut de statu suo nulli, nisi pontifici romano, respondeat, salva tamen Taruanensis episcopi canonica reverentia. Pariter eciam confirmamus cuncta eidem cenobio pertinentia, tam ea que hactenus devotione fidelium Christi illic collata sunt, quam que deinceps legaliter conferenda sunt, in arvis, campis, pratis, pascuis, silvis, aquis aquarumque decursibus, molendinis, piscariis, villis, ecclesiis, comitatibus, familiis, vineis, pomeriis, cunctisque suis mobilibus vel immobilibus, cultis vel incultis. Altaria quoque illa, que in Atrebatensi parrochia monasterium vestrum possidere cognoscitur, quiete deinceps et sine molestia qualibet vobis vestrisque successoribus possidenda firmamus : ecclesiam videlicet de Werkin, ecclesiam

Salomes, ecclesiam Hautay; item altaria Lisvegne, Snelgnekerke, Erninghem, Bovenkerke, que per manum Lamberti, Tornacensis episcopi, ecclesie vestre collata sunt; berquariam quoque quadraginta librarum, que est in territorio Furnensi, quam Carolus dedit pro anima Balduini comitis; et terram de Buri, quam ecclesia vestra in Belvacensi pago possidere cognoscitur, similiter firmamus. Decernimus autem ut a villa Arkas usque Lodic nullum molendinum, absque tuo tuorumque successorum assensu, construere, et in omnibus parrochiis vestris, nullus ecclesiam vel monasterium, refragante voluntate vestra, edificare presumat; nullusque presbiter sive clericus in ecclesiis vel capellis vestris sine vestro assensu et libera voluntate, per se, vel per vim alterius, licentiam habeat permanendi, aut aliquod sibi officium assumendi. Si vero, ex precepto episcopi, terra bannita fuerit, in ecclesiis et capellis vestris monachi et clerici vestri, clausis januis et laicis exclusis, divina celebrare misteria non desistant. Quod si aliqui de parrochianis vestris pro speciali delicto excommunicati fuerint, ipsis ab ecclesia exterminatis, aliis divina non negentur offitia. Statuimus eciam ut nullus abbas in eodem monasterio preponatur, nisi quem fratres communi consensu, vel fratrum pars consilii sanioris, secundum Dei timorem et beati Benedicti regulam, de sua congregatione providerint eligendum. Decernimus ergo ut nulli omnino hominum liceat sepefatum monasterium temere perturbare, aut ejus possessiones auferre, vel ablatas retinere, minuere, vel temerariis vexationibus fatigare; sed omnia integra conserventur eorum pro quorum sustentatione et gubernatione concessa sunt, usibus omnimodis prefutura. Si qua igitur in futurum ecclesiastica secularisve persona, hanc nostre constitutionis paginam sciens, contra eam temere venire temptaverit, secundo tercieve commonita, si non satisfactione congrua emendaverit, potestatis honorisque sui dignitate careat, reamque se divino juditio existere de perpetrata iniquitate cognoscat, et a sacratissimo corpore et sanguine Dei et Domini redemptoris nostri Jesu Christi aliena fiat, atque in extremo examine districte ultioni subjaceat.

Cunctis autem eidem loco justa servantibus sit pax Domini nostri Jesu Christi, quatinus et hic fructum bone actionis percipiant, et apud districtum judicem premia eterne pacis inveniant. Amen.

Datum Laterani, per manum Haimerici, sancte Romane ecclesie diaconi cardinalis et cancellarii, v^{to} idus octobris, indictione III^a, incarnationis anno $MCXXIIII^{to}$, pontificatus autem domni Kalixti secundi pape anno sexto. »

XCIX.

EXEMPLAR LITTERARUM CALIXTI PAPE AD JOHANNEM, MORINENSIUM PRESULEM.

30 mart.

« Kalixtus episcopus, servus servorum Dei, venerabili fratri Johanni, Morinorum episcopo, salutem et apostolicam benedictionem. Beati Bertini monasterium, cum omnibus rebus et possessionibus suis, ad romane jus ecclesie pertinere, fraternitati tue credimus esse notissimum. Qua in re bona ejus, que antiquitus cognoscitur possedisse, decreti nostri pagina confirmavimus. Tue igitur dilectioni rogando, mandamus ut omnia bona ejus manutenere ac defendere studeas, et presertim ea que predecessorum nostrorum sunt privilegiis confirmata; satagas eciam, et firmiter in posterum teneas, ut abbatis erogatio penes Alchiacum de prefato monasterio fiat, et inde electo, sine occasione aliqua, manum benedictionis imponas, quatinus et nos beati Petri filios pro amore nostro a te amplius diligi cognoscamus, et tu a nobis gratiarum mercaris accipere actiones.

« Datum Laterani, III° kal. aprilis. »

C.

DE OBITU CALIXTI PAPE SECUNDI, ETC.

Vix tribus [1] post hec mensibus emensis, Calixtus, qui de Vien-

---

[1] Leg. *octo* vel *novem*; nisi malis *duobus*, hæc scilicet verba *post hæc* referens ad chartam capituli XCVII. Calixtus nempe obiit 11 vel 12 decembr. 1124.

nensi episcopo factus apostolicus, et Clementie, comitisse Flandrarum, germanus, moritur; successitque Honorius. Dumque securitatem et prosperitatem sibi opinaretur affuturam abbas Johannes, subito Sithienses, levitate solita, contra eum conspirantes, eum deponere vi, non accusatione, nituntur. Sed premunitus suorum hominum consilio, conspiratores captos per diversa cenobia dispersit. Ipse abbas ecclesiam de Lisgnege cum appenditiis suis a Simone Tornacensi presule sibi acquisivit.

CI.

EXEMPLAR TRADITIONIS EJUSDEM ALTARIS.

« In nomine Patris et Filii et Spiritus Sancti. Simon, Dei gratia Tornacensis atque Noviomensis episcopus, ecclesie sancti Bertini nunc et imperpetuum. Sicut ea que de ecclesie statu a nobis facta fuerint, firma in posterum et inconvulsa volumus permanere; ita que a nostris olim predecessoribus constituta sunt, nulla a nobis debent imminutione convelli. Quam ob rem ecclesias illas Lisgnege, Snelgerkerke, Bovenkerke, Erningehem, quas bone memorie predecessor noster Lambertus, episcopus, ecclesie beati Bertini, in perpetua libertate possidendas, contradidit, viso ipsius privilegio, viso Roberti archidiaconi nostri assensu, et clericorum nostrorum subscriptione, audita quoque in idipsum domni pape Calixti confirmatione; nos eciam, presente Godescalco, ipsorum altarium persona, et in hoc ipsum assensum prebente, nostra auctoritate ecclesias easdem beato Bertino in perpetuo jure a modo possidendas concedimus, et privilegii nostri astipulatione roboramus, quemadmodum a predecessore nostro domno Lamberto olim concessum est, et apostolice sedis auctoritate confirmatum. Si qua igitur deinceps ecclesiastica secularisve persona, contra apostolici decreti et hujus nostri privilegii paginam ire, vel aliquam inferre injuriam presumpserit, divine ultioni subjaceat, et ab ecclesia Dei, donec resipuerit, alienus fiat.

1125.

Actum Noviomi, anno dominice incarnationis MCXXV[to], indictione III[a].

« Signum SIMONIS, episcopi Tornacensis. Signum ROBERTI, Tornacensis archidiaconi. Signum FULCERII, decani. Signum HUGONIS, archidiaconi Noviomensis. Signum WALCHERII, thesaurarii.

« Ego HUGO, cancellarius, subscripsi. »

CII.

EXEMPLAR CARTE CAROLI, FLANDRIE COMITIS, DE LIBERTATE COMITATUS DE BROBURGH.

1125.

« In nomine sancte et individue Trinitatis. Carolus, divina favente clementia Flandrensium comes. Cum apud me sepius pertracto de hujus vite brevitate, que sicut vapor fumi in puncto dispergitur; tantoque me obligatiorem curis secularibus considero, quanto majoris culmine honoris sublimatus conspicior; hoc potissimum evadendi consilium eligo, ut ecclesias et loca sanctorum, que sub ditione mea sunt, ab omni oppressione et injuria pravorum hominum defendam, atque bona eorum qui eisdem sanctis die noctuque serviunt, integra et quieta conservare studeam, quatinus ipsi sancti in celo dignentur pro peccatis meis intercedere, quos in terra decrevi fideliter honorare. Unde notum fatio tam futuris quam presentibus, me, ad petitionem Johannis, abbatis sancti Bertini, renovasse et renovando confirmasse donationem illius comitatus, quem nepos meus Balduinus, comes, tradidit in elemosinam beato Bertino et abbati Lamberto ejusque successoribus, videlicet de terra et submanentibus sive hospitibus, quos idem sanctus Bertinus habet in castellaria de Broburgh; insuper concedens ut proprios scabinos abbas ibidem haberet, per quos tam de alta quam de infima lege libere et sine contradictione placitaret. Sed, cum, post mortem nepotis mei Balduini, multa et longa contentio inter abbatem et Teinardum, castellanum, duraret, dicente eodem Teinardo, quia de placitis que ad scutedum pertinent, non debere placitari ad virscariam abbatis, neque per scabinos ejus inde judicari; tandem, post graves querelas, quas super hac re abbas et monachi apud me fecerant, constituto die, utrosque, scilicet abbatem et castellanum, ante nos adesse jussimus. Quibus in presentia nostra constitutis, utrorumque causas in juditio baronum meorum posui. Qui eidem Teinardo successoribusque ipsius forisjudicaverunt quitquid occasione scultedum[1] in illo comitatu usurpare contendebat; hoc eciam judicantes predicti barones, ut de hospitibus ac sumanentibus, et de ipso comitatu, nullus unquam placitaret, nisi ad virscariam abbatis et per scabinos ejus, et nomine tenus de scultedis, id est de furibus, de furtis et latrociniis, ac prorsus de omni lege et forisfactura, tam maxima quam infima. Hoc juditium Teinardus et filii ejus, Henricus scilicet et Gislebertus, audierunt, et nichil contradictionis adhibuerunt. Ut igitur quod de sepedicto comitatu a nepote meo Balduino donatum et a baronibus meis judicatum, atque a me renovatum et confirmatum est, ratum ac inconvulsum futuris temporibus permaneat, presenti carta, sigillo meo munita, hoc ipsum astipulare curavi, et idoneos testes qui interfuere subnotari feci.

« Signum Caroli, comitis. Signum Roberti de Belunia. Signum Eustacii de Taruenna. Signum Willelmi, castellani Sancti Audomari. Signum Tainardi, castellani de Broburg. Signum Gisleberti, castellani de Bergis. Signum Henrici et Gisleberti, filiorum Tainardi, castellani.

« Actum apud Ariam, anno dominice incarnationis MCXXV[to], indictione tertia. »

CIII.

DE INTERFECTIONE CAROLI, COMITIS FLANDRIE.

Anno millesimo c° xx° septimo Verbi incarnati, octavo vero sui principatus anno, Carolus apud Brugis, in quadragesima, missam audiens, infra canonem orationibus instans, manum cum elemosina pauperi porrigens, manu servorum suorum, coram altari, propter justiciam, occiditur. Cujus mortem portentuosa signa precurrunt.

[1] Sic. Fort. leg. *scultedi*.

Nam in dungionum fossis abundantia sanguinis emanans, et a plerisque decoctus, intolerabilem fetorem de se reddidit; sanguinem qui effusus est in morte Caroli, vel in ipsius ultione, pretendens, et fetorem proditionis quaquaversus expandens.

CIV.

DE ULTIONE PREDICTI COMITIS, ET EJUS SUCCESSORE WILLELMO.

Quo occiso, Ludovicus Grossus, Francorum rex, in Flandria venit, et, licet cum difficultate, successorem Caroli, Willelmum, filium Roberti, comitis Normannorum, quem Henricus rex tunc captum tenuit, Flandris preposuit, et Caroli proditores diversis tormentorum generibus, ut dignum erat, interemit. Demum tot clades, tot incendia, tot bella, tot perturbationes adversus Willelmum insurgunt, totque malis Flandria afficitur, ut tedeat dici vel scribi, quantomagis pati.

CV.

QUALITER WILLELMUS DE YPRA ANHELAVIT AD COMITATUM.

Willelmus de Lo, ex concubina filius Philippi, fratris Roberti junioris, Flandrie comitis, elevabatur dicens : *Ego regnabo.* Qui, maximam partem populi sibi concilians, quedam castra sue subdidit ditioni. Quo cognito, rex cum Willelmo comite Ypris obviam vadit, eumque captum vinculo et carceri, per aliquantulum temporis, mancipavit. Sed postea ei, prece suorum, falso reconciliatus, idem Willelmus de Lo comiti sacramentum fidelitatis fecit, quod vix uno die servavit.

CVI.

DE ARNOLDO DANO.

Suscitavit adhuc ei Sathanas et alium adversarium, Arnoldum scilicet, nepotem Caroli defuncti ex sorore ejus primogenita. Dicebat enim se esse jure propinquitatis regni heredem. Qui, ab Audomaricolis susceptus, ex hoc monasterio sibi fecit municionis castrum unde rebellaret. Quo audito, comes Willelmus Normannus cum suis eum obsedit, nonnullis nitentibus ignem apponere. Sed, Deo nos adjuvante, et comite ne hoc quis presumeret comminante, nil dampni, sed magnam incurrimus infamiam; nam Johannis abbatis consilio, qui forte tunc aberat, suspitione quorumdam, id factum perhibebatur. Arnoldum tamen coegit tandem exire, et jus tocius Flandrie abjurare; sed necdum malorum finis.

CVII.

DE THEODERICO DE ELSATHIA, POSTEA COMITE.

Videntes vero quidam Flandrarum proceres comitem consiliis Nortmannorum, qui ei pupillo eatenus adheserant, inniti, invidia ducti vel pecunia Henrici regis inducti, Theodericum, filium Theoderici, ducis de Helsath, quem genuit ex Gertrude, filia Roberti Frisonis, vidua Henrici Bruselensis, evocaverunt; et, ei faventes, multa mala constituerunt in Flandria. Proditio namque, perjurium, infidelitas, federis prevaricatio a Flandris estimabatur eo tempore prudentia. Quid tandem? Post multa decem milia malorum, cum valida manu armatorum, in campo Hackespul, Willelmus et Theodericus ad prelium conveniunt, fugatoque Theoderico cum suis, Willelmo cessit victoria; sed in brevi victorie usus est leticia.

CVIII.

DE INTERFECTIONE ET SEPULTURA WILLELMI COMITIS.

In castro namque Alst dicto, Theodericum obsidens, cum jam immineret adversariorum deditio, vulneratur. Quo vulnere morti contiguus, monachus hic efficitur; et, in Sithiu cenobio deportatus, ad caput Balduini dudum Flandrie comitis, ante crucem tumulatur [1].

[1] *Hujus Willelmi comitis tumba marmorea videri potest. In marg. Cod.*

Sed nunc temporis eorum sepulcra non apparent, propter frequentem ecclesie inaltationem sive mutationem.

CIX.

DE THEODERICO COMITE, EJUS SUCCESSORE.

Theodericus vero, multis ei resistentibus, tocius Flandrie monarches appellatur : ad gubernandum agrestes mores, utpote his nunquam assuetus, valde impar. Nam, tacitis his que in diversis locis, diversis temporibus, a diversis hostibus ingruebant mala, Willelmus de Lo, ex castro Sclusa resistens, tot homicidiis, tot incendiis, tot rapinis, tot ecclesiasticarum villarum desolationibus adversus illum est debachatus, ut tempus retributionis malorum Flandrensium imminere videretur. Sed, quia post tenebras speranda est lux, tam diros eventus leti successere successus.

CX.

DE OBITU SUAVEHILDIS, PRIME UXORIS THEODERICI.

Uxor enim Theoderici comitis, pro qua ex cognatione consanguinitatis idem[1] erat occulte, obiit. Post quam, comitis Andegavensis filiam conjugem duxit, nomine Sibillam, ex qua liberos utriusque sexus suscepit, cum ex priori uxore unicam tantum filiam habuerit, quam Ivvanus de Alosto postea sortitus est in conjugium. Willelmus quoque de Lo, comiti quasi trabes in oculo gravis et odiosus, capto supradicto castro, de Flandria est expulsus in Angliam. Accessit et tocius boni eventus.

CXI.

DE OBITU CLEMENTIE, COMITISSE FLANDRIE.

Clementia namque, Roberti junioris vidua, que catenus pene terciam partem Flandrie dotis loco tenuit, defuncta, comiti presenti

---

[1] *Idem*, scilicet Willelmus de Lo. Conf. II. *Thes. anecd.* tom. III, p. 634 et 387.

quecunque habuit dereliquit. Que adhuc vivens duas ecclesias sanctimonialium edificavit in Broburg et apud Advennis.

CXII.

DE SECUNDA PROFECTIONE JOHANNIS ABBATIS ROMAM.

Cluniacenses vero, patris Lamberti audientes obitum, rediviva importunitate nos prevenientes, Honorium papam statim in initio promotionis sue adeunt, et privilegium de sibi subjicienda Sithiensi ecclesia adquirunt. Nuncii vero nostri, post, sed tarde, venientes, nil libertatis antecessorum suorum nobis indulte impetrare potuerunt. Sed per omnia Cluniacensibus favens, litteris mandavit abbati Johanni quatinus infra quadraginta dies, visis litteris, Cluniacensibus professionem faceret. Qua attonitus jussione, secundo Romam petiit; munimenta libertatis Sithiensis ecclesie curie publicavit, vixque obtinuit ut dissidentes prefixo placitandi die in causam revocaret, juditioque cardinalium ventilatam determinaret.

CXIII.

DE TERCIA EJUS PROFECTIONE, ET DOMNI APOSTOLICI DISSENTIONE.

Post circulum vero anni terciam preparavit profectionem. In qua, comitatus cum archiepiscopo Remensi, Cluniacum cum suis pervenit, temptans si aliquod pacis medium per archipresulem ibi posset invenire. Quo non invento, episcopus et abbas divisi, abinvicem diverso itinere Romam petierunt. Cui appropinquantes, fama promulgante, ad eos pervenit papam Honorium obiisse; Romanos partes in electione fecisse; totam Romam turbari. Pene enim universa civitas, pars eciam magna cardinalium Petrum, Petri Leonis filium, eligentes, Anacletum appellaverunt; pars vero major et melior curialium Gregorium presbiterum cardinalem ad titulum Sancti Archangeli papam constituentes, Innocentium nominaverunt. Qua dissentione lis utrimque exercetur et contentio, sanguinis effusio, homicidia, sanctorum locorum violatio, ecclesiarum omnium infra urbem expoliatio. Nec minoris sevicie et cupiditatis exemplo, ad confusionem tocius ecclesie, inter utrumque decertatum est, quam inter Pompeium et Caium Cesarem, ad desolationem tocius urbis et orbis. Remensis vero hoc audiens, de medio itinere reversus est; abbas autem noster Romam pervenit, et in tali perturbatione omnes invenit. Auditoque prudentium sed non recepto consilio, ut cum pace rediens neutri parti faveret, donec terminata discordia esset, ab Anacleto, qui Cluniaci a puero monachus erat, privilegium ecclesie Sithiensis impetravit. Unde Innocentius propter hoc illum excommunicavit. At Petrus Anacletus, favorem et assensum Rogeri, ducis Sicilie et Apulie, cum omnibus ecclesiis ditionis sue sibi concilians, a nonnullis videbatur posse prevalere. Innocentius vero, sapienti usus consilio, urbem exivit, Cluniacum pervenit, ecclesiam inibi consecravit; et postea Remis, pene tota civitate et latinitate favente, concilium solempniter celebravit.

CXIV.

DE TRANSITU JOHANNIS, MORINORUM EPISCOPI.

Abbas Johannes tertio Roma rediens, Johannem, pie memorie Taruannensem episcopum, obisse invenit. Hic a puero feliciter vivere incipiens, feliciori progressu cotidie de virtute in virtutem proficiens, ultimum diem felicissimo fine conclusit. Jamque mori incipiens ornamentorum et librorum copiam, in quorum adquisitione devotus invigilaverat, Deo ejusque matri offerri super altare precepit. Deinde omnia que necessaria erant in usum ad exequias ejus venientium, tam pauperum quam divitum, per dispensatorem preparari fecit; post qualiter defunctus debuisset indui, vel ubi sepeliri vellet, sanissimo sensu ordinavit; sicque divinis munitus sacramentis, anno incarnati Verbi millesimo centesimo tricesimo, episcopatus vero sui anno xxxi°, mundo quidem obiit, sed ad Deum in secula benedictum abiit.

CXV.

DE ELECTIONE BALDUINI, FRATRIS THEODERICI.

Quo sepulto, dum de substituendo ageretur presule, maxima popularis multitudo fratrem Theoderici comitis Flandrie, nomine Balduinum, adhuc infra etatem minorem, conclamaverunt debere esse pontificem, ad tanti oneris et honoris fascem et fastum omnino imparem. Unde a metropolitano et a suffraganeis refutatus, per aliquantulum temporis in eadem ecclesia commorans, justitiam requirentibus et negotia habentibus visus est respondere, sibi non faventibus mala inferens et pejora inferre intentans.

CXVI.

DE CONSECRATIONE ET ELECTIONE MILONIS EPISCOPI.

Sed cum Remensis archipresul Taruanensibus preciperet ut, iterato insimul convenientes, personam dignam et episcopatui ydoneam canonice eligerent, nec illi, pro timore comitis vel Balduini, Taruenne ad hoc convenire presumerent, Remis convocatis duobus archidiaconibus, nonnullis etiam sed admodum paucis clericis, eorum electione, Milonem, quendam clericum, ex domni Norberti tunc nova institutione ordinis Premonstrati, Morinensi ecclesie consecravit episcopum, anno Verbi incarnati M° C° tricesimo primo.

CXVII.

DE DEPOSITIONE JOHANNIS, LOCI HUJUS ABBATIS.

Johannes tamen, priori scilicet Balduino electo obstinato inherens animo, et Petro Leonis Rome presidenti consentiens, dum arundineo baculo innititur, perforata manu ejus, parti deteriori fit proclivior, et cadit cum cadentibus, de casu non amplius resurrecturus. Nam non multo post littere venerunt apostolice, quibus interdictum est ne monachi eum pro abbate recognoscerent, nec ei obedientiam exiberent. His ergo commotus, portitorem litterarum et recitatorem publice in ecclesia manibus famulorum aggreditur, et, verberibus illo affecto, quasi de injuria ultus, statim egreditur; et redditus ecclesie illius anni sibi usurpans, Romam ad Petrum proficiscitur. nec ulterius comparuit.

CXVIII.

DE SUCCESSORE EJUS DOMNO SIMONE.

Bertinienses vero, accepta a metropolitano licentia, quendam a puero nutritum in eodem cenobio, nomine Simonem, virum religiosum, nobilem et bene litteratum, sed impeditioris lingue, substituerunt, incarnationis dominice anno supra relato. Qui dum, tempore Lamberti abbatis, jussu ejusdem patris, per nonnulla Flandrie cenobia ordinem corrigendo introduxisset, etiam eidem infirmanti vicarius hujus loci, ut superius positum est, substituitur. Postmodum quoque, tempore Johannis abbatis supradicti, post Odonem, venerabilem Alciacensem abbatem, eidem loco abbas subrogatus est, et per Johannem Morinensem episcopum consecratus. Quam ecclesiam cum quadriennio strenue gubernasset, post recessum predicti Johannis, sancti Bertini, electione communi hujus loci monachorum, per Milonem Morinorum antistitem, huc adductus est, incarnati Verbi anno M° C° tricesimo primo, et in sede principali abbatis sollempniter collocatus; et vix quinquennio post hec abbatisavit, quia necdum processus inter nos et Cluniacenses sopitus erat. Quocirca Innocentius Cluniacensium petitioni acquievit, litteras congregationi huic dirigens, ut suum electum, non propter persone inidoneitatem, sed electionem indiscretam, deponerent. Quibus perlectis, repente abbas noster cessit, et locum sue nativitatis, Gandavum, petiit, usque in ultimis vite sue diebus ibi commorans.

LIBER TERTIUS.

PROLOGUS.

Sithienses vero, perterriti litteris apostolicis, quibus preceptum est ut, remoto predicto Simone, abbatem Cluniacensium eligerent consilio, cum Milone episcopo, incarnationis Christi anno centesimo tricesimo sexto, Romam profecti sunt, jam Remis celebrato concilio ab eodem papa Innocentio, et a Galliis Romam reverso. A quo licentiam libere electionis, secundum regulam sancti Benedicti et secundum morem antiquorum, vix emungendo impetrantes, reversi sunt, et de electione cum ceteris tractare ceperunt. Sed, cum diverso spiritu in diversa trahentes per multos variarentur, tredecim mensium sine abbate pertransiit spatium, nobis nunc illum, nunc istum, usque ad sextum eligentibus. His diebus multa cenobia cremantur: scilicet sancti Petri Corbiensis, Audoeni in Rothomago, sancti Johannis in Monte, juxta Morinum, et alia in Brabantie, Hanonie et Anglie finibus. In Arkes, sancti Bertini villula, merita beati presulis Folquini effulsere, de ipsius sancti pigneribus ab incendio intactis.

DE HUJUS SIMONIS ABBATIS AMORE AD ECCLESIAM.

Quantum amoris habuerit Sithiensis ecclesie fratribus, venerabilis Simon abbas, posteris reliquit scripto. Nam, a tempore abbatis Roderici usque ad Leonis electionem inclusive, gesta abbatum erudito, ut apparet, descripsit stilo. Leonio item, suo successori, vitam agii patris Bertini, heroico versu descriptam, obtulit; cujus prefatio sub sequenti forma habetur :

> Filius et frater merito tuus, o pia mater,
> Laudibus immensis celeberrima plebs[1] Sithiensis,

---

[1] Plebs, i. e. ecclesia, parochia.

Unam cum reputem tibi non satis esse salutem,
Me conferre putes tibi cum patre mille salutes.
Ergo fave Simoni, queso, pater alme Leoni,
Cui quod concepi dudum, modo scribere cœpi,
Laude Dei, festa nostri patris inclita gesta,
Rore velud verno, perfusus amore paterno.
Ex quibus ille bonus humilis pater atque patronus
Plurima que gessit bene gesta silendo repressit,
Dissimulans crebris virtutibus esse celebris,
Ne dubius staret, si signis fama volaret.
Quam quia vitavit, dum se nihil esse putavit,
Scripta semel vita, scriptis quoque bis repetita,
Fanda magis late, nimia transit brevitate.
Que tamen affatu celebrique notata relatu,
Hinc patre sublato, sed sanctis associato,
Quammultis vere referentibus hec patuere.
Nos, qualicunque sermone loquimur, utrumque
Et quod celavit et quod stilus abreviavit
Ut depromamus, tandem sic incipiamus.
Nobilis urbs, gaude celebri Constantia, laude,
Prole Deo grata, Phebo magis irradiata,
Ad laudem Christi que gignere promeruisti
Bertinum magnum, quasi fons de flumine stagnum,
Quod rigat et inundat, parat, et dape semper habundat.
Nec minus elatam, sed te magis esse beatam,
Conjubilans, multa tibi dico laude; resulta,
Inclita Flandrensis gens, et sacra plebs Sithiensis,
Est tibi namque datus, non ex te sanguine natus.

Et cetera que secuntur. Ex quibus versibus sumpti sunt supramemorati in capitulo abbatis Arnulphi primi[1]. Cumque jam fatus domnus Symon annis duodecim in Ganda stetisset, regressus ad monasterium, clausit in bonis dies suos, sicut infra dicetur[2].

[1] Hos versiculos, parum ad rem nostram facientes, prætermisimus.

[2] Prologus hujus libri III et caput cxvii libri II chartulario Simonis a quodam ejus continuatore vel a librario adjecta sunt.

I.

DE ABBATE LEONIO SIVE LEONE.

Placuit tandem nobis, Deo inspirante virorumque prudentium consilio suffragante, super vitulum novellum cornua producente et ungulas, domnum videlicet Leonium, Laubiensem abbatem[1]. Qui, ex nobilioribus Furnensis populi originem ducens, curialiter educatus et curialibus moribus instructus, patrui ac patris officio jam adultus perfungitur. Hii namque secretorum curialium consiliis et negotiis assidui, elemosinam comitum Flandrensium ad usus pauperum Christi administrarant. A quorum mundiali consuetudine mente degenerans, cum viginti quatuor esset annorum, curiam cum mundo despitiens et Christi pauperes Christo relinquens, Aquiscincti monacus efficitur sub venerabili Alviso, qui de monacho Sithiensi abbas Aquicinensis, et de abbate factus est, post beatum Vedastum, tercius episcopus Atrebatensis. Sed, cum ea tempestate, zelo Dei et virorum religiosorum studio ferventi, gallicane ecclesie de dissolutione ad normam converterentur regularis discipline, idem episcopus jamdudum sentiens prefatum Leonium regularis temperie tyrocinii disciplinabiliter morigeratum, animadvertit hunc monasteriali regimonio perutilem et ydoneum.

II.

DE ECCLESIA LAUBIENSI.

Sicque ejus suffragante auxilio, archipresul Remensis Laubiensi hunc prefecit cenobio. Quod a beato Ursmaro, Leodicensi pontifice, fundatum, et liberali munificentia Christicolarum adeo est ditatum, ut tunc temporis, insignius tocius Leodicensis et Cameracensis diocesis celebraretur ecclesiis. Apostolica quoque tanta honoratum est prerogativa, ut abbates ejusdem cenobii in celebratione missarum

---

[1] Hic aliquid deesse videtur.

pontificalibus uterentur indumentis, vicesque pontificis agerent in Leodicensi ecclesia, quando id exigebat episcopalis absentia. Exteriora nichilominus ejusdem ecclesie, ad similitudinem dispensationis mense Salomonis [1] ita erant ordinata, ut duodecim prepositi, singuli singulis mensibus anni, administrarent omnia que ad victum inibi servientibus et hospitibus supervenientibus erant necessaria. Verum tante divitie ad tantam magnitudinem paupertatis pervenerunt et inopie, ut vix fratribus sufficerent subsidia vite. Accingitur itaque ille novus ad opus Dei; curtes desolatas restaurat, ad culturam terre eatenus neglectam congrua instrumenta et animalia preparat, intus et exterius diruta reedificat, incomposita disciplinabiliter componit et ornat, hostes imminentes ecclesie turbat et exturbat, adeoque in brevi in cultu religionis et in abundantia rei proficit exterioris, ut, coadunatis plusquam septuaginta fratribus, omnia administraret sufficientia.

III.

DE ELECTIONE LEONII, ABBATIS NOSTRI.

Hunc igitur fideles Sithiensis ecclesie censuerunt prudenti consilio transferendum, et contra impetum Cluniacensium, ad enervandam eorum superbiam, opponendum. Communiter ergo eligitur, honorabiliter adducitur, incarnationis Domini anno c° tricesimo octavo, sollempniter suscipitur, prudenter cunctis, Deo gratias, proficitur.

IV.

DE PRIMA EJUS PROFECTIONE ROMAM.

Vixque unius anni spatio transeunte, Cluniacensi importunitate pulsatur, litteris apostolicis ad causam evocatur; preparatis omnibus, cum episcopo Atrebatensi domno Alviso, Romam proficiscitur. Adventum Cluniacensis, a depositione sancti Martini usque in mediam

---

[1] Vid. *Reg.* lib. III, cap. IV, v. 7 et 27.

quadragesimam, quando generale celebrandum erat concilium, patienter prestolatur. Quo temporis spatio, cum colloquii tum conversationis familiaritate, tum servitii assidua liberalitate, apostolicam tociusque curie adquisivit gratiam.

V.

DE HUIC ECCLESIE LIBERTATE REDDITA.

Tandem venit dies egiptiaci periculi. Lis utrunque conseritur, antiquiora et correctiora mediis opponuntur privilegia. Nam nostra Cluniacensium munimentis erant antiquiora, et post illorum, nostra successerunt correctiora, que adversariorum cassarent interposita privilegia. Cluniacensis quidem voluit obtinere privilegiorum ostensione sola; Sithiensis vero juditio et justicia. At papa, acceptis dissidentium privilegiis, per continuos decem dies ea retinuit, et sagaciter cum cardinalibus tractans que prestantiori justicia prevalere deberent, diligenter inspexit, nostrisque Cluniacensium munimenta cassari deprehendit. Sic itaque a nostris tota curia informans juditium, liberam omnino a Cluniacensi subjectione Sithiensem ecclesiam cum abbate, publico juditio, diffinivit.

VI.

DE REDITU LEONIS ABBATIS A ROMA.

Sed ne viri religiosi detrahentium invidia malo discordie denotarentur, domnus papa dissidentes abbates in osculo pacis reconciliavit. A quo abbas noster, indulto sibi de libertate privilegio, auctoritate apostolica et cardinalium manu subscriptione confirmato, et horribili excommunicatione munito, cum omni prosperitate gaudens et exultans, susceptus a nobis, repedavit. Litteras insuper secum detulit apostolicas, quibus intimatum est metropolitano et suffraganeis, comiti et primoribus, clero et populo, minimis et majoribus, omnia que et qualiter facta sunt.

VII.

EXEMPLAR PRIVILEGII PAPE INNOCENTII, DE HUJUS ECCLESIE LIBERTATE ET POSSESSIONIBUS.

16 apr. 1139.

«Innocentius, episcopus, servus servorum Dei, dilecto filio Leoni, abbati sancti Bertini, ejusque successoribus regulariter substituendis, imperpetuum. Que ad perpetuam ecclesiarum vel cenobiorum utilitatem sunt a sanctis patribus instituta, nulla debent improbitate convelli, nulla temporum varietate turbari, sed et quanto apostolice sedi major reverentia ab universis ecclesiis exibetur, tanto magis in earum tuitione nos oportet esse sollicitos, et ipsarum quieti debemus attentius providere. Ideoque, dilecte in Deo fili, Leo abbas, decisionem controversie, que est diutius agitata inter te et dilectum filium nostrum Petrum, Cluniacensem abbatem, pro subjectione quam idem abbas sibi in tuo monasterio vindicabat, ad posterorum memoriam carte et atramento duximus committendam. Dum igitur idem abbas et fratres sui apud nos sepenumero questi essent, pro substractione subjectionis et obedientie, que sibi a beati Bertini monasterio negabatur, ad respondendum exinde ante nostram es presentiam evocatus. Cumque, statuto termino, nostro te conspectui presentasses, quoniam prefatus abbas non venit neque misit, quamvis, cum tua incommoditate atque gravamine, usque ad tempus concilii moram in curia nostra fecisti, et partem alteram diutius expectasti; prefatus itaque abbas, ad concilium veniens, de querelis unde inter vos statutus terminus fuerat, agere supersedit. Tua tamen dilectio non iccirco minus, tam in plenaria synodo quam in Lateranensi palatio, coram nobis se multociens ad justiciam presentavit. Unde eciam, utrorumque privilegiis diligenter inspectis, tandem, fratrum nostrorum episcoporum et cardinalium communicato consilio, sententiam predecessoris nostri sancte recordationis Paschalis pape, fratrum suorum episcoporum et cardinalium juditio exinde promulgatam, et a successore ejus papa Calixto, apostolice memorie, confirmatam, rationabili studio prosequentes, privilegiis Cluniacensium, que super hoc se habere ab apostolica sede dicebant, justicia dictante, cassatis, tam te quam successores ac fratres tuos, seu monasterium sancti Bertini, ab hujusmodi lite et Cluniacensium subjectione absolvimus, idemque cenobium sue restituimus libertati, et, salvo jure Taruanensis ecclesie vel episcopi, eumdem locum sub solius Romane ecclesie ditione atque tutela perpetuo permanere decernimus; statuentes ut quascunque possessiones, quecunque bona idem locus inpresentiarum juste et canonice possidet, aut in futurum, concessione pontificum, largitione regum, liberalitate principum, oblatione fidelium seu aliis justis modis, Deo propitio, poterit adipisci, firma tibi tuisque successoribus et illibata permaneant. In quibus hec propriis duximus exprimenda vocabulis : in Taruanensi parrochia, ecclesiam sancte Margarete, ecclesiam sancti Johannis, sancti Martini, ecclesiam de Harbela, ecclesiam de Petrenessa, ecclesiam de Torbessem, sicut antiquitus, ab omni episcopali redditu liberas; ecclesiam de Broborg cum capellis suis; duos eciam manipulos decime nove terre, ubicunque accreverit in tota parrochia de Broborg, que extenditur usque ad terminos vicinarum parrochiarum, quam ecclesie sancti Bertini comes Flandrie Balduinus Insulanus et Robertus filius ejus, et successores eorum, contradiderunt et confirmaverunt; ecclesiam de Archas cum eadem villa, ecclesiam de Popringhem cum eadem villa, ecclesiam de Steenkerka, ecclesiam de Bruxele, ecclesiam de Scales, ecclesiam de Bovrinkehem cum villis earum, villam de Aldefort et de Ostresela, et de Rokestoir cum terra quam emit ecclesia ab Arnulpho de Venti, et aliis terris adjacentibus; allodium quod Clarembaldus dedit in villa Lustinghem, ecclesiam de Coeka et ecclesiam de Helcin cum villis earum, et partem ecclesie de Vualnas; ecclesiam de Locanes et Aquina, ecclesiam de Hunela cum eadem villa, altare de Merchem, quod 'venerabilis Johannes episcopus vobis concessit. In Noviomensi parrochia, Canetekurtim, id est Calmunt. In Tornacensi, ecclesiam de Rokeshem, ecclesiam de Hedinghem, de Westkerke, et decimam de Clemes-

kerke, ecclesiam de Hitinghem, ecclesiam de Lisimega, ecclesiam
de Snelguekerke, ecclesiam de Erninghem, ecclesiam de Bovenkerke. In Atrebatensi parrochia, ecclesiam de Vuerkin, ecclesiam de
Salomones, ecclesiam Hautay. In territorio Furnensi, berquariam
quadraginta librarum, quam Carolus dedit pro anima Balduini comitis, et terram de Buri, quam ecclesia vestra in Belvacensi pago
possidere cognoscitur. In Colloniensi parrochia, ecclesiam de Frekena, ecclesiam de Gildestorp cum appenditiis earum. Ex quibus
precipimus ut nulla per episcopos vel eorum ministros exactio quibuslibet occasionibus exigatur, salvis episcoporum annuis redditibus.
Ecclesiam quoque de Coclers, quam Baldricus, Tornacensis ecclesie
episcopus, Lamberto, bone memorie abbati, suisque successoribus
ordinandam, una cum altari de Rusleta, omni exactione liberam tribuit, preter decem solidos denariorum, qui, singulis annis, de Rusleta, episcopo persolvuntur. Totum etiam atrii spatium quod ab omni
parte basilice vestre usque ad medium Agnionis fluvii cursum interjacet, cum piscariis Mera et Grath, Mardic et Stranguere, et Langha
et terris adjacentibus, cultis vel incultis, sicut antiquitus possedistis.
Iterum in parrochia Taruanensi, ecclesiam de Oxelara, ecclesiam de
Vuarnestim, ecclesiam sancte Marie, que dicitur Eggafridi capella;
ecclesiam de Haveskerke. Subrogationem etiam abbatis in monasterio sancti Silvini apud Alciacum, juxta preteriti temporis morem,
in vestra semper concedimus dispositionem. Stationes vero publicas
ab episcopo in eodem fieri monasterio, eumdemque episcopum ibidem frequenter venire, nisi ab abbate et fratribus vocatus fuerit,
omnino prohibemus. Obeunte vero te, nunc ejusdem loci abbate,
nullus ibi qualibet surreptionis astucia vel violentia preponatur, nisi
quem fratres communi consensu, vel fratrum pars consilii sanioris,
secundum Dei timorem et beati Benedicti regulam, elegerit. Sanctimus insuper, ut in omnibus parrochiis vestris nullus ecclesiam vel
monasterium, sine vestro assensu, edificare vel edificatum tenere
presumat; nullusque presbiter sive clericus, in ecclesiis vel capellis
vestris, sine vestra concessione, licentiam habeat permanendi, vel

in eisdem divina celebrare presumat. Ad indicium autem hujus percepte a Romana ecclesia libertatis, singulis annis, unciam auri nobis nostrisque successoribus persolvatis. Decernimus ergo ut nulli omnino hominum liceat idem monasterium, super hac nostra concessione ac confirmatione, temere perturbare, aut ejus possessiones auferre, vel ablatas retinere, minuere, seu quibuslibet aliis molestationibus vexare; sed omnia integra conserventur, eorum, pro quorum gubernatione ac substentatione concessa sunt, omnimodis usibus profutura. Si quis sane in posterum rex, dux vel marchio, princeps, comes, archiepiscopus, episcopus, vel quelibet ecclesiastica secularisve persona, hujus nostre constitutionis paginam sciens, contra eam temerario venire temptaverit, secundo tertiove commonita, si non congrua emendatione satisfecerit, potestatis honorisque sui dignitate careat, reamque se divino juditio existere de perpetrata iniquitate cognoscat, et a sacratissimo corpore et sanguine Dei et Domini redemptoris nostri Jesu Christi aliena fiat, et in ultimo examine districte ultioni subjaceat. Cunctis autem eidem ecclesie sua jura servantibus sit pax Domini nostri Jesu Christi, quatinus hic fructum bone actionis percipiant, et in futuro premia eterne felicitatis acquirant. Amen, amen, amen.

« Ego Innocentius, catholice ecclesie episcopus, subscripsi.

« Datum Laterani, per manum Haymerici, sancte Romane ecclesie diaconi cardinalis et cancellarii, sexto kal. may, indictione secunda, dominice incarnationis anno Mº Cº XXXIXº, pontificatus autem domni Innocentii pape secundi anno decimo. »

« Adjuva nos, Deus salutaris noster. »

VIII.

EXEMPLAR LITTERARUM INNOCENTII PAPE, EPISCOPO ET ARCHIDIACONIS TARUANENSIS ECCLESIE, COMITI ET BARONIBUS FLANDRIE, DE HUJUS LOCI LIBERTATE.

« Innocentius, episcopus, servus servorum Dei, dilectis filiis Miloni, episcopo Morinensi, Philippo et Miloni, archidiaconis, et toto

26 apr. 1139.

capitulo Morinensium, necnon et Theoderico, Flandrensium comiti, illustri viro, Sibille, comitisse, et baronibus per Flandriam constitutis, salutem et apostolicam benedictionem. Dilectioni vestre notum fieri volumus, quod carissimus filius noster Leo, abbas sancti Bertini, pro querela, quam sibi abbas et Cluniacenses monachi inferebant, ad nostram presentiam evocatus accessit. Ceterum prefatus abbas adventum suum usque ad concilium distulit, et, statuta die, suam nobis presentiam non exhibuit. Iterum tempore concilii, utroque abbate presente, Cluniacensis de querelis suis agere supersedit; abbas vero sancti Bertini, tam in plenaria sinodo quam in nostro Lateranensi palatio, se ad justiciam et juditium nichilominus multociens presentavit. Unde etiam, fratrum nostrorum episcoporum et cardinalium communicato consilio, et utriusque partis privilegiis diligenter inspectis, monasterium sancti Bertini a Cluniacensium subjectione omnino absolvimus, et, salva justicia episcopi et Taruanensis ecclesie, sub solius sancte Romane ecclesie ditione perpetuo permanere et sua libertate gaudere decrevimus. Que cum ita sint, dilectioni vestre mandamus et mandando precipimus, quatinus prefatum monasterium et dilectum filium nostrum Leonem, abbatem ipsius loci, diligatis et honoretis, et in sua justicia manutenere curetis.

« Datum Laterani vi^{to} kal. maii. «

IX.

DE SECUNDA EJUS PROFECTIONE ROMAM.

Et ne securitas pareret negligentiam, defuncto papa Innocentio, secundo Romam petiit, et, a Celestino secundo privilegium impetrans, dignitatem libertatis nostre renovavit et reconfirmavit.

X.

EXEMPLAR CELESTINI PAPE, DE LIBERTATE ET POSSESSIONIBUS ECCLESIE SITHIENSIS.

19 jan. 1144.

« Celestinus, episcopus, servus servorum Dei, dilecto filio Leoni, abbati Sancti Bertini, ejusque successoribus regulariter substituendis imperpetuum. Justicie et rationis ordo suadet ut qui sua desiderat a successoribus mandata servari, predecessoris sui procul dubio voluntatem et statuta custodiat. Ideoque, dilecte in Domino fili, Leo abbas, decisionem controversie, que est diutius agitata inter te et dilectum filium nostrum Petrum, Cluniacensem abbatem, pro subjectione, quam idem abbas sibi in tuo monasterio vindicabat, quemadmodum a predecessore nostro bone memorie papa Innocentio, nobis quoque et aliis fratribus suis presentibus et collaudantibus, facta est, et scripti sui munimine roborata, confirmamus et ratam manere censemus. Privilegiis itaque Cluniacensium, que super hoc se habere ab apostolica sede dicebant, ab eodem predicto predecessore nostro, justicia dictante, cassatis, ad exemplar ipsius tam te quam successores ac fratres tuos, seu monasterium sancti Bertini, ab hujusmodi lite et Cluniacensium subjectione absolvimus; idemque cenobium libertati proprie restitutum, salvo jure Taruanensis ecclesie vel episcopi, sub solius Romane ecclesie ditione atque tutela perpetuo manere decernimus; statuentes ut quascunque possessiones, quecunque bona idem locus in presentiarum juste et canonice possidet, aut in futurum concessione pontificum, largitione regum, liberalitate principum, oblatione fidelium, seu aliis justis modis, Deo propitio, poterit adipisci, firma tibi tuisque successoribus et illibata permaneant. In quibus hec propriis duximus exprimenda vocabulis : In Taruanensi parrochia, ecclesiam sancte Margarete, ecclesiam sancti Johannis, sancti Martini, ecclesiam de Harbela, ecclesiam de Peternesse, ecclesiam de Turbessem, sicut antiquitus ab omni episcopali redditu liberas; ecclesiam de Broburg cum capellis suis; duos eciam manipulos decime nove terre ubicunque accreverit in tota parrochia de Broburg, que extenditur usque ad terminos vicinarum parrochiarum; ecclesiam de Arkes cum eadem villa, ecclesiam de Poperinghem cum eadem villa, ecclesiam de Steenkerka, ecclesiam de Brusele, ecclesiam de Scales, ecclesiam de Boveringhem cum villis earum, villam de Aldenfort et de Ostresela et de Rokestor, cum terra quam emit ecclesia ab Arnulpho de Vuenti, et aliis terris adjacentibus; allodium quod Clarembaldus dedit in villa Eustinghem, ecclesiam de Coeka, ecclesiam de Helcin cum villis earum, et quod ex dono Johannis bone memorie, Morinensis episcopi, in ecclesia de Valnas possidetis; ecclesiam de Locanes et Acquina, ecclesiam de Hunela cum eadem villa, altare de Merchem, quod venerabilis Johannes episcopus vobis concessit. In Noviomensi parrochia, Canete Curtim, id est Calmunt; in Tornacensi, ecclesiam de Rokeshem, ecclesiam de Edingehem, de Vestkerke, et decimam de Claneskerke; ecclesiam de Hildingehem, ecclesiam de Lisnega, ecclesiam de Snelgekerke, ecclesiam de Erningehem, ecclesiam de Bovenkerke. In Atrebatensi parrochia, ecclesiam de Verkin, ecclesiam de Salomes, ecclesiam Hautay. In territorio Furnensi, berquariam quadraginta librarum, quam Carolus dedit pro anima Balduini comitis, et terram de Buri, quam ecclesia vestra in Belvacensi pago possidere cognoscitur. In Coloniensi parrochia, ecclesiam de Frekene, ecclesiam de Gildestorp, cum appenditiis earum. Ex quibus precipimus ut nulla per episcopos vel eorum ministros exactio quibuslibet occasionibus exigatur, salvis episcoporum annuis redditibus; ecclesiam quoque de Coclers, quam Baldricus, Tornacensis ecclesie episcopus, Lamberto bone memorie abbati, suisque successoribus, ordinandam, una cum altari de Rusleta, omni exactione liberam tribuit, preter decem solidos denariorum, qui, singulis annis, de Rusleta episcopo persolvuntur; totum eciam atrii spatium, quod ab omni parte basilice vestre usque ad medium Agnionis fluvii cursum interjacet, cum piscariis Mera et Grath, Mardic et Stranguer, et Laugha, et terris adjacentibus, cultis vel incultis, sicut antiquitus possidetis. Iterum in parrochia Taruanensi, ecclesiam de Osclara, ecclesiam de Vuarnestim, ecclesiam sancte Marie, que dicitur Eggafridi capella, ecclesiam de Haveskerke. Prefati quoque predecessoris nostri vestigiis inherentes, concordiamque inter Lambertum predecessorem tuum, dilecte in Domino fili, Leo abbas, et Everardum, filium Odberti de Helcinio, super altari ejusdem ville et capellis suis, in presentia Johannis, bone memorie Morinensis episcopi, et clericorum ejus, rationabiliter facta est, et scripto suo firmata, auctoritate apostolica confirmamus, et presentis scripti pagina communimus. Pratum quoque sancti Martini, et femedir Petri presbiteri, atque sart Alberti, que, pro conservanda concordia, eidem Everardo, tantum in vita sua, concessa sunt, idem monasterium absque ullius contradictione, juxta tenorem ipsius concordie, de cetero quiete possideat. Stationes autem publicas ab episcopo in eodem fieri monasterio, eumdem episcopum frequenter venire, nisi ab abbate et fratribus vocatus fuerit, omnino prohibemus. Obeunte vero te, nunc ejusdem loci abbate, nullus ibi qualibet surreptionis astucia vel violentia preponatur, nisi quem fratres communi consensu vel fratrum pars consilii sanioris, secundum Dei timorem et beati Benedicti regulam, elegerit. In monasterio quoque sancti Silvini apud Alciacum, juxta antiquam consuetudinem, de vestra congregatione ydonea et religiosa persona semper in abbatem preponatur, eligatur. Statuimus eciam ut, juxta decretum felicis memorie Urbani pape, in parrochialibus ecclesiis quas tenetis, episcoporum consilio presbiteros collocetis, quibus episcopi parrochie curam cum vestro assensu committunt, ut ejusdem sacerdotes de plebis quidem cura rationem reddant; vobis autem pro rebus temporalibus, ad monasterium pertinentibus, debitam subjectionem exibeant. Sanctimus insuper ut infra parrochias vestras nullus ecclesiam vel monasterium absque vestro assensu edificare presumat, salva nimirum in omnibus apostolice sedis auctoritate. Ad inditium autem hujus percepte a Romana ecclesia libertatis, singulis annis untiam auri nobis nostrisque successoribus persolvatis. Decernimus ergo ut nulli omnino hominum liceat idem monasterium super hac nostra concessione ac confirmatione temere perturbare, aut ejus possessiones auferre, vel ablatas retinere, minuere, etc. » Ut supra in privilegio Innocentii, usque in finem.

« Ego CELESTINUS, catholice ecclesie episcopus, subscripsi.

« Datum Laterani, per manum Gerardi, sancte Romane ecclesie presbiteri cardinalis ac bibliothecarii, quarto decimo kal. februarii, indictione septima, incarnationis dominice anno M° C° XLIII°, pontificatus vero domni Celestini secundi pape anno primo. Fiat pax in virtute tua et abundantia in turribus tuis. Sanctus Petrus, Sanctus Paulus. »

XI.

EXEMPLAR DOMNI ALVISI, EPISCOPI ATREBATENSIS ET HUJUS LOCI QUONDAM MONACI, TRADITIONIS ALTARIS DE BARLIN.

1141.

« In nomine Patris et Filii et Spiritus Sancti, amen. Ego Alvisus, Dei miseratione Atrebatensis episcopus, universis sancte matris Ecclesie filiis imperpetuum. Superne miserationis respectu, ad hoc pastoralem curam suscepimus et Ecclesie regende sollicitudinem gerimus, ut justis precantium votis faveamus, et omnibus divino cultui insistentibus, quantum, Deo donante, possumus, subvenire debeamus. Proinde, juxta petitionem tuam, karissime frater Leo, venerabilis abbas sancti Bertini, tibi tuisque successoribus pro anime nostre et predecessorum nostrorum redemptione, altare de Barlin perpetuo tenendum concedimus, et auctoritatis nostre privilegio confirmamus, salvo in omnibus jure Atrebatensis episcopi et ministrorum ejus. Si quis vero hujus nostre confirmationis paginam temerario ausu violare temptaverit, cum Simone Mago anathema sit. Ut autem hujus auctoritatis paginam ratam et inconvulsam permanere faciamus, presentium testium signa subnotari precipimus, et ad memoriam futurorum conservari.

» Signum prepositi sancti Nicholai, decani. Signum Thome, cantoris. Signum Herberti, sacerdotis. Signum Roberti, subdiaconi. Signum Vualteri, abbatis sancti Vedasti. Signum Johannis, prioris. Signum Vuillelmi, monachi et sacerdotis.

» Ego Alvisus, Dei miseratione Atrebatensis episcopus, hoc privilegium relegi, subscripsi, et in nomine Patris et Filii et Spiritus Sancti propria manu confirmavi.

» Actum Atrebati, anno dominice incarnationis m° c° quadragesimo primo, indictione iv^{ta}, episcopatus autem domni Alvisi, Atrebatensis episcopi, anno x°. »

XII.

EXEMPLAR LUCII SECUNDI PAPE, DE HUJUS ECCLESIE SANCTI BERTINI LIBERTATE, ET QUIBUSDAM POSSESSIONIBUS QUE DESUNT IN SUPRASCRIPTIS PRIVILEGIIS.

« Lucius, episcopus, servus servorum Dei, dilectis filiis Leoni, abbati sancti Bertini, ejusque fratribus tam presentibus quam futuris regulariter substituendis in perpetuum. Ad hoc nos, disponente Domino, in apostolice sedis servitium promotos agnoscimus, ut ejus filiis auxilium implorantibus efficaciter subvenire, et ei obedientes tueri ac protegere, prout Dominus dederit, debeamus. Unde oportet nos venerabilibus locis manum protectionis extendere, et servorum Dei quieti attentius providere. Eapropter, dilecti in Domino filii, vestris justis postulationibus clementer annuimus, et beati Bertini monasterium, in quo divino mancipati estis obsequio, sub beati Petri et nostra protectione suscipimus, et presentis scripti privilegio communimus; statuentes ut quascunque possessiones, quecunque bona idem monasterium in presentiarum juste et canonice possidet, aut in futurum, concessione pontificum, largitione regum vel principum, oblatione fidelium seu aliis justis modis, Deo propitio, poterit adipisci, firma vobis vestrisque successoribus, et illibata permaneant. In quibus hec propriis duximus exprimenda vocabulis : In episcopatu Atrebatensi, altare de Anesin, altare de Werkin, altare de Barli; in Tornacensi episcopatu, altare de Runbeke, liberum a personatu, salvis redditibus episcopalibus; in Morinensi episcopatu, altare de Vuiserna cum eadem villa, decimam in ecclesia sancti Martini, decimam apud Longuenesse, decimam apud Sanctum Micaelem, decimam apud Tilleke. Decernimus ergo ut nulli omnino hominum liceat prefatum monasterium temere perturbare aut ejus possessiones auferre vel ablatas retinere, minuere, aut quibuslibet vexationibus fatigare, sed omnia integra conserventur eorum, pro quorum gubernatione et sustentatione concessa sunt, usibus omnimodis profutura, salva diocesani episcopi canonica justitia, et apostolice sedis auctoritate. Si qua igitur in futurum ecclesiastica secularisve persona, hanc nostre constitutionis paginam sciens, contra eam temere venire temptaverit, etc. » Usque in finem, ut supra in aliis privilegiis.

« Ego Lucius, catholice ecclesie episcopus, subscripsi.

« Data Laterani, per manum Baronis, sancte Romane ecclesie subdiaconi, septimo kal. junii, indictione septima, incarnationis dominice anno MC° quadragesimo quarto, pontificatus vero domni Lucii secundi pape anno primo. »

In circuitu circuli scribitur :

« Ostende nobis, Domine, misericordiam tuam. »

XIII.

DE TERCIA PROFECTIONE LEONIS ABBATIS ROMAM.

Et, ne amplius spes recuperandi Cluniacensibus aspiraret, tempore Eugenii tercii, tercio Urbem petiit, et privilegium ejus privilegiis de olim recuperata libertate adjecit. Sic vir sagax et prudens successoribus suis in posterum previdit, ut nec multis expensis sumptuum, nec difficultate itineris, nec ab incepto deterreri posset labore corporis, quatinus ecclesiam in pace relinqueret, quam omnimodo turbatam invenit.

XIV.

EXEMPLAR PRIVILEGII EUGENII TERCII PAPE, DE LIBERTATE ET HUJUS ECCLESIE POSSESSIONIBUS.

25 apr. 1145.

« Eugenius, episcopus, servus servorum Dei, dilecto filio Leoni, abbati sancti Bertini, ejusque successoribus, etc. » Ut supra in privilegio Celestini pape[1]. « Item in parrochia Taruanensi, villam de Vinserna, cum terris suis et wastinis, que extenditur usque ad terminos de Edekin et Longuenesse; ecclesiam de Osclara, ecclesiam de Vuarnestun, ecclesiam sancte Marie, que dicitur Eggafridi capella; ecclesiam de Haveskerke, et decimam Sancti Martini; decimam

[1] Vide superius, pag. 314.

sancti Michaelis, decimam de Longanessa, decimam de Edekin, decimam de Tilleke, etc.... » Iterum, ut supra in jam dicto Celestini pape privilegio. « Quod autem de capella et cimiterio leprosorum de Broburg, a venerabili fratre nostro Milone, Morinensi episcopo, rationabiliter statutum est et scripto suo firmatum, confirmamus et ratum manere censemus; ita videlicet, ut in eadem capella leprosis tantum et sibi servientibus divinum celebretur officium; atque in cimiterio nullus nisi leprosus sepeliatur, nec ad conversionem ibidem nemo nisi leprosus recipiatur. Item in Atrebatensi parrochia, altare de Barlin, quod venerabilis frater noster Alvisus, Atrebatensis episcopus, tibi tradidit; in Noviomensi episcopatu, altare de Runbeka, liberum a personatu, salvis justiciis episcopalibus. Stationes, etc... » Usque in finem, ut supra in privilegio Innocentii [1].

« Ego EUGENIUS, catholice ecclesie episcopus, subscripsi.

« Data Viterbii, per manum Roberti, sancte Romane ecclesie presbiteri cardinalis et cancellarii, vii° kal. maii, indictione viii*, incarnationis dominice anno m° c° quadragesimo quinto, pontificatus vero domni Eugenii tercii pape anno primo. »

Signatum cum circulo.

In ejus circuitu scribitur : « Fac mecum, Domine, signum in bono; » et in medio dicti circuli : « Sanctus Petrus. Sanctus Paulus. Eugenius papa tertius. »

[1] Vide superius, pag. 310.

PARS TERTIA[1].

CONTINUATORES SIMONIS.

I.

DE EVENTIBUS ILLIUS TEMPORIS.

Anno incarnati Verbi ut supra[2], visa est cometa; et incontinenti Edessa, civitas Christianorum, que et Rotasia dicitur, capta est a paganis, et in ea archiepiscopus, cum clero suo, et plurimi populorum diversis occasionibus interfecti, martires, ut creditur, Deo sunt consecrati. Qua de re, post biennium, reges, principes, nobiles, ignobiles, senes et juvenes adversus gentiles accinguntur. Quorum pars major dignitate et numero, per terram iter arripiens, per Hungariam et Constantinopolim, ad Jerosolime terre subventionem proficiscitur. Pars item altera, navali prelio Saracenos, qui magnam Italie partem occupaverant, agressa, Osiliponam, munitissimam jamdicte provincie civitatem, cum magno labore et plurima utrinque strage, capit, et, debellatis Turcis, liberam Christianis reliquit. Illorum qui per terram profecti sunt duces precipui fuerunt: Conradus, Romanorum imperator; Ludovicus, Francorum rex, et comes Flandrie Theodericus; et, cum eis, multi alii clerici, nomine et fama digni, de utroque regno electi; inter quos episcopus Atrebatensis Alvisus, hujus cenobii prius monachus, et Leo, noster abbas sancti Bertini, affuerunt. Qui tamen parum vel nichil profecerunt, quia Deus, qui non in fortitudine equi voluntatem habet, nec in tibiis viri beneplacitum est ei, ut creditur, non erat cum eis; quia eciam terram illam miraculis, potius quam viribus, contra paganos

---

[1] In ora Cod. legitur: *Hic incipit continuator Simonis.*

[2] Anno 1145, tercio vero ante obitum venerabilis Simonis, abbatis quondam hujus loci, qui, a tempore Roderici abbatis usque huc, gesta abbatum erudito, ut apparet, stilo descripsit. *In marg. Cod.*

defendere, et ab eis ablatam nobis semper consuevit restituere. Multi enim eorum a Turcis capti et occisi sunt; plurimi vero fame, pestilentia et labore consumpti. Ex quibus ille venerabilis Alvisus, Atrebatensium presul, diem obiit penes Philippopolim, Tracie urbem, non sine magno Francorum et Flandrensium merore. Ceteri vero qui evadere potuerunt, diversa maceratione afflicti, repatriaverunt.

II.

QUALITER DOMNUS SIMON, QUONDAM NOSTER ABBAS, SCRIPTURE CHRONICE SUE FINEM FACIT.

Hec que, per sexaginta annos, me recolo veraciter vidisse vel a veracibus audisse, de successoribus et diversis discordie excessibus Sithiensis ecclesie, de Flandrensium comitum successione et subjecte gentis inter se varia dissentione, summatim me tetigisse lector equanimiter ferat; et quid morbus intestine dissentionis in cenobiis inter abbates et monachos, in ecclesiis inter presules et clericos, in monarchiis inter comites et populos, in regnis inter reges et duces, ad destructionem tocius boni parere soleat diligenter animadvertat et caveat.

III.

DE OBITU ET SEPULTURA DICTI SIMONIS ABBATIS.

Anno siquidem Verbi incarnati M° C° quadragesimo octavo, Simon, quondam abbas hujus loci, de Gandavo huc regressus, et hic infirmatus, obiit mortem, sepultusque est in cimiterio ecclesie, juxta rotundam beate Marie virginis capellam, II° nonas februarii, cum omnium fratrum lamentatione et luctu; sed nunc tumba ejus intra jamdictam capellam cernitur media inter Lambertum et Leonem abbates. Epitaphium ejus, lapide insculptum, tale est :

> Abbas sacratus, virtute vigens monacatus,
> Celo translatus, Simon jacet hic tumulatus,
> Quarta dies februi quem pace fovet requiei.

IV.

DE BELLO INTESTINO HUJUS CENOBII FRATRUM, ET IPSIUS SEDATIONE PER LEONIS ABBATIS VENTURAM.

Cumque idem abbas noster Leo jam profectus esset ad iter supra relatum, orta est inter fratres, super solutione pecunie quam secum portaverat, miserabilis seditio. At primo verbis, deinde pugnis et fustibus congressum facientes, spectaculum facti sunt huic mundo, angelis et hominibus, et in derisum omni populo. Accurrunt itaque ad hoc sedandum cum burgensibus feodati ecclesie laici, et, consilio prioris Erkembaldi et fratrum partis sanioris, seditiosiores per vim expellunt. De quibus traditi sunt quidam Sathane in eternum interitum, ad monasterium denuo nunquam reversuri; alii, etsi quidem reversi sunt, tanti criminis nota non caruerunt. Sedata aliquantulum seditione, distrahuntur thesauri ecclesie; ciboria et loculi sanctorum, ablato auro et argento, denudantur; sed parvum vel nullum inde sensit ecclesia emolumentum, quia tunc non erat rex in Israel, fluctuabatque domus magistro orbata; et, propter absentiam magistri, unusquisque, prout sibi placitum erat, agebat. Hec ad cautelam summatim tetigimus, ut discatis quam grave sit dispendium religioni dissensio, per quam pax et caritas confunditur, et de qua omnis iniquitas nascitur et propagatur. Verum, cum predictus abbas, qui magne exercitus parti in missarum celebrationibus et animarum secretis consiliis prefuit, et, tam in itinere quam in terra Solimorum religiosa conversatione commendandus, regibus et principibus merito gratus et amabilis extitit, peracta peregrinatione, repatrians, pallia et sericas vestes, necnon alia ecclesie ornamenta, non minoris pretii quam pecunia, quam secum proficiscens tulerat, retulisset, omnem fomitem odii et discordie penitus extinguere, et, si quid de facultate possessionum exterius, et de observatione vel rigore ordinis interius deperierat, totis viribus studuit revocare et restaurare plenissime.

V.

DE CENOBII HUJUS CONFLAGRATIONE FORTUITA.

Sed, quia sanctorum summis est negatum stare diu, paucis post hec evolutis annis, ignis vorax, de parvo tugurio ex parte occidentali sancti Audomari ville prorumpens, medietatem fere castri et totum monasterium nostrum, cum omnibus pene officinis, miserabiliter incineravit, incarnationis dominice anno quinquagesimo secundo : quod eo magis tremendum fuit, quia in nocte depositionis agii patris Bertini contigit; et cum sciamus quod judilia Dei semper justa sint, licet multociens occulta, hec peccatis nostris imputemus; commonentes tam nostros professos quam advenientes extraneos monachos, ut qualiter festis sanctorum interesse debeant considerent, scientes se ad mensam divitis accessisse, et qualia de memoria sanctorum percipiunt, talia de se Deo sanctisque ejus debere fercula preparare; et non in commessationibus et ebrietatibus, in dissolutione et voluptate, sed in psalmis et lectionibus, in honestate morum et spirituali edificatione, diem sollempnem oportere celebrare. Ut enim ostenderetur utrosque in talibus graviter deliquisse, congregatis duodecim aut amplius abbatibus et magna monacorum multitudine, media nocte festivitatis ipsius sancti, dum ad vigilias stare deberent, irruit super eos repente ignis in furore Domini, quos invenit amplius copia vini et ciborum superfluitate repletos, quam gratia Spiritus Sancti et caritatis latitudine roboratos. Disperguntur statim singuli tanquam oves lupo superveniente, et quot capita, tot ibi fuere diverticula : et ille quidem capam, ille tunicam, alius frenum vel sellam amisit; eratque in tanta multitudine paucos inveniri, qui de integra rerum suarum conservatione possint gloriari. Convertitur itaque dies festus in merorem et tristitiam; cunctique prudentes poterant evidenter intelligere quam sit horrendum in manus Dei viventis incidere. Cum itaque, pro tristi eventu, omnes dolor et stupor invasisset, abbas Leo, tanquam vir prudens, hoc presertim suis peccatis imputans, plus ceteris, ut decuit, dolebat; quia jam in senium vergens, cum post tot labores et itinerum fatigationes, ut emeritus, requiem deberet sperare, in laberintum, nisi fune Dei educatur, inextricabilem se devenisse considerabat. Nec tamen inter adversa desperans, quid facto opus sit, habito cum amicis et viris prudentibus consilio maturo, tractare cepit. Et primo quidem per abbatias conventum disponit; deinde ad tanti dampnum excidii recuperandum se accingens, que de edificiis subjecta erant erigere, et que angusta ampliare, que et minus pulcra et religioni ydonea instaurare nisu toto et decorare studuit. Dei etenim comitante adjutorio, multi de suis elemosinis operantem juvare cepere; precipue vir nobilis, cui nomen Willelmus de Ypra, filius filii comitis Flandrie Roberti Frisonis, scilicet Philippi, qui plus Yra[1], rege Tyri, non solum in marmorum incisione lapidum et lignorum Salomonem nostrum juvit, verum et in auro, argento, plumbo et diversis donis totius operis non tam adjutor quam cooperator exstitit. Et cum multa de hujus viri erga nos munifica liberalitate dicere possemus, hoc omnino pretereundum non esse censemus, quod duas nobis in Anglia ecclesias, Trullejam scilicet et Scilleiam, cum suis appenditiis, ad susceptionem hospitum dedit; ex hoc maxime inspiratus, ut dicitur, quod a periculis incendii domus hospitalis hujus cenobii intacta remansit, credens Deum exinde ostendisse gratum sibi, in illa domo, in susceptione hospitum obsequium sibi exibitum fuisse. Cartule hujus traditionis, que facta est tempore regis Anglie Stephani, penes nos habentur; similiter et confirmationes Theobaldi, Cantuariensis archipresulis, Anastasii quarti et Adriani Romanorum pontificum; sed nunc nichil profectus reportant, quoniam ex illis bonis alia sunt cenobia Anglica dotata. Qualiter etiam ejusdem donatoris bonorum anniversarii procuratio de ecclesiis premissis fieri debeat, in martirologiis nostris continetur, ut patet intuenti.

[1] Legend. *Hira* vel *Hiram* de quo vide *Reg.* lib. III, cap. v et passim.

VI.

DE REPARATIONE EDIFICII ECCLESIE DESTRUCTI.

Infra biennium itaque, vel parum amplius, quod dictu, ne dicam factu, mirabile erat, cunctis que ignis consumpserat, multo venustius quam ante fuerant reparatis, tertio anno, ad festivitatem Omnium Sanctorum, abbates et venerabiles viros invitans, filios, qui dispersi erant, ad sinum matris revocat; peroptans in eis opere impleri quod in illa festivitate voce solet decantari : *In consilio justorum et congregatione magna opera Domini.* Ut igitur posteri luctuosam exitii desolationem et revocationis sue hodiernam consolationem memoriter teneant, constituit idem venerabilis abbas hoc festum de cetero, ut diem dive nativitatis, debere sollempniter celebrari, electis ad decorandum festum dulcioris armonie responsoriis, et quibusdam, que Cluniacensis ordo decantaverat, pretermissis.

VII.

QUALITER HENRICUS, ANGLORUM REX, ECCLESIAM NOSTRAM CALUMPNIAVIT.

Postea quam Henricus Stephani, regis Anglorum, successor exstitit, Willelmo Yprensi et ecclesie sancti Bertini infestus fuit, adeo ut, primo a finibus Anglorum eliminato, alteri terras ecclesie dono datas subtrahere conaretur. Ne igitur Leoni, viro religioso, torpendi per ocium daretur occasio, idem rex, ecclesiarum predictarum occasione, calumpniam adversus abbatem suscitavit, asserens quitquid, tempore ejusdem Stephani, qui terram suam hostiliter occupaverat, gestum erat, injustum esse; nec Willelmum, qui, licet post tyrannum, ut dicebat, in regno secundus esset, de rebus violenter usurpatis aliquid posse dare; ideoque totum quod donaverat in irritum revocari debere. Protractus super his in causam a rege et baronibus ejus, qui post Willelmum de Lo ad hereditates suas redierunt, in predictis ecclesiis jus patronatus merito requirentes, viriliter resistebat, et nunc prece, nunc pretio, nunc litteris apostolicis patrocinia sibi concilians, pacem tandem cum omnibus fecit, et non sine magno labore et expensis, a novis patronis novas cartas impetrans, quod semel adquisierat conservare studuit et confirmare. Et ut breviter de ejus actibus concludam, nunquam aliquo regiminis sui tempore, si sanus et incolumis fuit, ocio vel quieti vacare potuit, sed semper propria vel aliena negotia tractare, consiliis principum interesse, eorumque negotium de regno ad regnum solebat circumferre; et cum alias vir honestus et religiosus esset, in hoc tamen reprehensibilis videbatur, quod in talibus, ut quidam aiebant, plus equo gloriabatur.

VIII.

QUALITER ABBAS NOSTER BIENNIO ANTE OBITUM CARUIT VISU, ET DE USURPATIONE BERQUARIE.

Ad paterne correptionis, ut creditur, signum, quia in supramemoratis exercitiis culpa deesse non poterat, secundo vel parum amplius ante obitum suum anno, corporalium oculorum lumen amisit; quod tamen, unius anni spatio evoluto, medicinalibus fomentis adjutus, etsi non adeo clare ut prius, per Dei gratiam, recuperavit. Interea, quia, propter defectum corporalem, nec interioribus nec exterioribus, sicut consueverat, intendere poterat, cepit et interius rigor ordinis aliquantulum relaxari, et exterius possessionum gubernatio periclitari. Theodericus enim, comes Flandrie, cum Philippo filio suo, in parrochia sancti Villebrordi novam villam facere volentes, magnam berquarie partem, quam Robertus comes, pro anima filii sui Willelmi pueri, qui ante capitaneum altare sepultus jacet, dedit, violenter usurpavit, et usurpatam injuste retinere et possidere non abhorruerunt. At contra, senex Leonius, qui semper in adversis, ut leo fortis, esse solebat et intrepidus, etsi vires resistendi non haberet, in quantum potuit reclamavit. Qui, nec labori nec etati nec corporee infirmitati parcens, comitem adiit, eum constanter arguens et res ecclesie sue toto conamine requirens. Quem comes, tum pro etatis reverentia, tum pro antique familiaritatis amicitia, benigne suscipipiens, cum spe bona domum reverti suasit. Sed, dum reverteretur, in itinere infirmitate correptus, in lectica ad monasterium est delatus; ubi, post aliquot tempus, lecto decubans, langoris camino decoquitur.

IX.

QUALITER ADHUC VIVENS ORDINAVERIT ANNIVERSARIUM SUUM, ET DE FELICI OBITU JOSSIONIS MONACHI.

Venerabilis siquidem et emeritus abbas, cupiens in futurum pro se rogari, ante hujus seculi transitorii egressum, cenobii sui monachis capitulariter convocatis, anniversarium quotannis ab eis petiit fieri, et petitum cito adipiscitur. Ut autem futuris patere posset, hoc scriptum eisdem reliquit.

EXEMPLAR CARTE.

« Ego Leo, Dei gratia, abbas monasterii beati Bertini, universis michi in perpetuum successuris in eodem monasterio prelatis et filiis, presenti scripto notum facere decrevi, quoniam, annuente et confirmante capitulo, statuerim anniversarium meum singulis annis fieri, die quo ex hac luce me migrare intulerit jussio Domini. Fuerunt insuper quidam probi homines, qui bonis suis ecclesiam beati Bertini catenus ampliaverunt, ut anniversaria sua sibi a fratribus concedi et inconvulsa stabiliri promererentur. Circumspecta igitur ratione, quibus redditibus hec convenientius assignari possent, perpendi quia census de Broburg ad xxxv libras, et eo amplius, nostris temporibus accreverit, et idcirco, ex eodem censu, quantum unicuique anniversario aptatum est, diebus statutis, absque ulla vel ullius refragatione, fratribus procurari determinavi. Distinxi igitur ad meum anniversarium sexaginta solidos, unde habebit conventus generale piscium et vinum cum braceolis; ad anniversarium abbates, decani, quadraginta quatuor solidos, unde vinum et pisces preparentur. Que qui infregerit, a fratribus, qui tunc presentes aderant, se sciat excommunicatum, nisi resipuerit. »

Interea, resurrectionis dominice anno m° centesimo sexagesimo tertio, quidam hujus congregationis monacus, cui nomen Jossio, christifere matri multum devotus in vita, in hoc cenobio leto fine dies vite sue clausit; qui mortuus inventus est habens in facie rosas quinque rosidas, ut patet legenti paginam miraculi.

X.

DE OBITU DOMNI LEONIS ABBATIS, ET EJUS SEPULTURA.

Tandem, ubi tempus mortalitatis debitum solvendi advenit, ecclesiasticis munitus sacramentis, abbas pie recordationis in fide sancte ecclesie migravit a seculo, mense januario, altera conversionis sancti Pauli apostoli, anno sexagesimo tercio. Cujus corpus, vestimentis monacalibus indutum, fratres sepelierunt ante altare sacelli sancte Marie, quod ipse, post incensionem, restauraverat et ampliaverat; et cum baculo pastorali addiderunt, ad ejus factorum memoriam, virgultum unum palme transmarine, simile illis que portantur in die Palmarum ad processionem, que ipse secum detulit in reditu itineris Iherosolomitani. Sub capite item suo, quod reclinatum est, in parvo loco lapideo scripserunt : HIC JACET LEO ABBAS. In hac forma ego hec scribens intuitus sum, tempore domni Anthonii abbatis, cum, ejus jussu, pavimentum predicti sacelli ad altitudinem pedis elevaretur, et gradus lapidei ante altare fierent, postquam in sepulcro annis trecentis quadraginta quinque jacuerat. Ut autem inventum fuit, sic ex integro dimissum est. Illo tempore etiam inventa fuerunt ossa abbatum Lamberti et Simonis in suis monumentis.

Epitaphium Leonis abbatis est tale :

> Virtus Sampsonis mel sumpsit in ore Leonis,
>   Quod non a misterio posse carere scio ;
> Sic quoque dum moritur noster Leo, mel reperitur
>   Ejus in ore jacens, atque sapore placens.
> Nam, si perpendas mores patris atque sequendas
>   Ejus virtutes verbaque, mella putes.

PARS TERTIA. — CONTINUATORES SIMONIS.

O clarum stemma, de quo te, splendida gemma,
Et decus abbatum contigit esse satum !
Qui dum templa, domos regales, horrea, promos,
Multaque mira struis, proh dolor ! ecce ruis.
Ante diem februi sexta suprema tui [1].

Ejus memoriam habere debent Sithienses in secula, retribuentes ei orationum suffragia, qui multa, ut apparet, in libertate ecclesie adquirenda, in amplificandis possessionibus, in diversis domus Dei ornamentis, vel aliis pluribus modis tribuit benefitia.

Anno Domini MCLVIII., quinto ante obitum predicti abbatis, obiit Milo, Morinorum episcopus, nomine et re bonus; cui successit Milo, archidiaconus, canonicus Sancte Marie de Bosco. Carte que tempore predicti abbatis de acquisitis vel commutatis possessionibus facte sunt, penes nos habentur; quas, cum longum sit per singula recitare, hec sufficiat summatim commemorare.

Anno siquidem incarnati Verbi quinquagesimo quinto, privilegium accepit exemptionis nostre a conventu Cluniacensi, et confirmationis omnium bonorum nostrorum et libertatis ecclesie, sic incipiens : « Adrianus episcopus, servus servorum Dei, dilecto filio Leoni, » etc. « Justicie et rationis ordo, » etc. Signatum in fine cum circulo, in cujus circuitu scribitur, « Oculi mei semper ad Dominum; » et in medio dicti circuli : « Sanctus Petrus. Sanctus Paulus. Adrianus papa IIII^{tus}. » Hujus privilegii multi annumerantur testes.

« Datum Beneventi, per manum Rolandi, sancte Romane ecclesie presbiteri cardinalis et cancellarii, sexto kalend. februarii, indictione IIII^{ta}, incarnationis dominice anno quo supra, pontificatus vero domni Adriani pape IIII^{ti} anno secundo. »

Ab eodem pontifice impetravit adhuc tria privilegia; item a Theoderico comite privilegium de commutatione ville de Hencin ad quamdam berquariam in Ramscapple ; item ab eodem, de terra empta a Johanne Raspei; item de terra Trudbaldi de Aldenborg, et de quadam terra in Gistella; item ab Arnulfo, Gisnarum comite,

[1]. Scilicet : Dies sexta ante diem primam februi fuit suprema tui.

quod liberi sumus a theloneo apud Gisnis[1]; et alia plura in nostra thesauraria conservata.

XI.

DE DOMNO GODESCALCO, ABBATE HUJUS LOCI.

Mortuo, ut premissum est, Leone abbate, Arnoldus, abbas Affligensis in Brabantia, hic concorditer eligitur, sed a Cameracensi episcopo ad quod fuerat electus venire non permittitur. Reditur itaque ad electionem; et per moram attracto periculo, vota nostrorum in diversa sparguntur, sed sanior pars in abbatem Hamensem Godescalcum consentitur, incarnationis dominice anno M° C° LX° tertio. Qui, a puero hic monacus effectus, in annis juvenilibus apud Alchiacum nomine et offitio prior extitit, et postea, ad nos reversus, ministerium hospitarii administrans, in abbatem Hamensem fuerat electus, semper et ubique caste, humiliter et religiose conversatus. Verum, quia sepe contingit quod amici Dei hujus mundi inimici sunt, non erat in oculis filiorum hominum gratiosus, semper permanens in proposito severitatis rigidus, et ad humanos favores sibi conciliandos flecti nescius. Inde erat quod comiti et secularibus displicebat, et etiam, unde plus vir Deum timens angebatur, intestinum, immo parricidale a filiis contra eum discidium suscitabatur, ut dicere posset intus pugne, foris timores.

XII.

QUALITER FUIT IN CONCILIO TURONENSI, ET DE PRIVILEGIIS AB EO IMPETRATIS.

19 mai. 1163. Primo regiminis sui anno, concilio Turonis, a domno Alexandro tertio papa celebrato, interfuit; ubi honeste conversatus, et circa ea que agere intendebat satis sollicitus, ad nos cum privilegiis et confirmationibus et litteris apostolicis honorifice est reversus. Inter que

[1] Eadem forte immunitas vulgata in libro cui titulus: *Hist. génér. de la maison de Guines*, pr. p. 94.

accepit privilegium libertatis omnium bonorum ecclesie sue et confirmationis sententie late contra Cluniacenses; quod sic incipit.

EXEMPLAR.

« Alexander, episcopus, servus servorum Dei, dilecto filio Gothescalco, abbati sancti Bertini, ejusque successoribus regulariter substituendis in perpetuum. Justicie et rationis ordo suadet, etc., » ut in privilegio Innocentii pape suprascripto, f° 240 v° et seq.[1]. Signatum cum circulo, in cujus circuitu scribitur, « Vias tuas, Domine, demonstra michi, » et in medio dicti circuli, « Sanctus Petrus. Sanctus Paulus. Alexander papa III., » cum subscriptione que sequitur :

26 mai. 1163.

« Ego ALEXANDER, catholice ecclesie episcopus.

« Ego HUBALDUS, Hostiensis episcopus, etc.

« Datum Turonis, per manum Hermanni, sancte Romane ecclesie subdiaconi et notarii, septimo kal. junii, indictione undecima, incarnationis dominice anno M° C° LX° III°, pontificatus vero domni Alexandri pape tertii anno quarto. »

XIII.

QUALITER SITHIENSES SUO ABBATI INFESTI FUERUNT.

Necdum fermentum malicie adversus patrem a corde filiorum erat expurgatum; nam pars magna conventus, et presertim juvenes quos abbas Leo nutrierat, quibus videbatur mutatus color optimus, noluerunt eum regnare super se; conciliatisque sibi comitis et filii sui Philippi (qui jam patre decrepito, quasi regnabat, ut dicebatur) favoribus, Taruennam, in autumnali sinodo, ut abbatem suum accusarent, ausu temerario venire non timuerunt. Quod presciens abbas, cum suis, illos contra obedientiam egressos, tamquam seditiosos et sacre regule transgressores, in plena sinodo fecit excommunicari; convocatisque hominibus ecclesie, nobilibus viris, domum reversus,

---

[1] Vid. supra, p. 310.

eosdem excommunicatos, post ipsum, monasterium intrare volentes, tamquam apostatas jussit excludi. Videres itaque mirabilem congressum, parentibus et amicis exclusorum per vim januas irrumpere volentibus, et, e contra, hominibus abbatis eosdem cum dedecore repellentibus, et quosdam eorum fere usque ad necem cedentibus. Audito hoc, complices excommunicatorum, qui in claustro erant, eos ad se per fores ecclesie introduxerunt; quod abbatem non latuit. Qui videns se nil proficere, sed magis tumultum fieri, furioso impetui ad tempus cedendum putavit. Apud Arckes igitur per aliquot tempus manens, exspectabat et optabat insensatorum conversionem, qui noluerunt intelligere ut bene agerent, facientes Dei domum speluncam latronum, longe detestabilius quam in Egipto; seorsum hiis qui abbati favebant, et excommunicatis seorsum edentibus et bibentibus, et, propter excommunicationis sententiam, in horrore et confusione utrisque communiter existentibus. Compellitur tandem abbas, desolationem domus Dei non sustinens, et rebellium obstinationem aliter coercere non valens, comitis patrocinia querere, que, proposita conditione, comes libenter impendit: scilicet, ut partem berquarie quam, ut superius diximus[1], tempore Leonis abbatis occupaverat in pace, retineret, assignatis ecclesie in concambium centum solidis, in parrochia sancti Jacobi de Nova Palude. Hinc quitquid dampni vel detrimenti sustinuit ecclesia, illos, ut videtur, respicit in capite, qui dominum et patrem suum, virum religiosum, impugnaverunt gratis; quibus, justo Dei juditio, secundum nequitiam operum suorum facta est retributio, per vim comitis quibusdam turpiter de cenobio eliminatis, quibusdam per monasteria exilio relegatis.

Discite, obsecro, quicunque hec legitis, hoc exemplo disciplinam; memorantes vulgare proverbium, quod suaviter se castigat qui exemplo alterius, ante castigationem, seipsum emendat.

[1] Vid. supra, p. 328.

XIV.

QUALITER SANCTUS THOMAS, CANTUARIENSIS ARCHIPRESUL, HIC FUERIT RECEPTUS, ET QUIBUSDAM EVENTIBUS HUJUS TEMPORIS.

Propulso ab Anglia beato Thoma, viro utique sanctitate predito, Gallorum petiit terminos, circa annum Domini[1] sexagesimum quintum. Veniens itaque idem beatus presul apud Clarum Mariscum, parum resedit; nocturnoque tempore carinam ascendens, apud ecclesiolam beati Bertini, scilicet vetus monasterium, applicuit; triduo illic commorans cum suis, quarto die, ad abbatis Godescalci petitum, Sithiense, per fluvium Agnione, adiit cenobium; ubi, cum aliquandiu, una cum priore et maxima parte monacorum, receptus ac nutritus esset, tandem, paucis transactis diebus, relictis ecclesie Christi monacis, Ludovicum, Francie regem, petiit, sua cum comitiva. Post complementum autem septem annorum, cum pace non vera ad Angliam revertitur, ubi in sua ecclesia cathedrali, ante altare, dum celebraret, proditorie capite mulctatur, anno Domini septuagesimo[1].

> Anno milleno centeno septuageno [2],
> Anglorum primas corruit ense Thomas.

Tempore hujus exilii, decedit Flandrarum comes Theodericus, succeditque ei filius ejus Philippus. Milo item, sequenti anno MCLXIX., hujus nominis secundus Morinorum presul, diem obiit, cui successit Desiderius, prepositus Insulanus et Tornacensis archidiaconus.

XV.

DE RESISTENTIA ABBATIS NOSTRI CONTRA ADVERSARIOS SUE ECCLESIE.

Ut autem, ad materiam nostram redeuntes, gesta abbatis nostri prosequamur, nullo fere quo hic prefuit tempore, a tribulatione et persecutione liber fuit. Intus eum, ut premisimus, odiosum et suspectum habebant monachi; foris prosequebantur clerici et laici.

---

[1] Subaud. MC.   [2] Secunda manu: *anno scilicet* 1168.

Comiti Theoderico etsi parum gratus erat, Philippo ejus[1] multo minus, Roberto, Ariensi et sancti Audomari preposito, ejusdem Philippi consiliario, instigante et dominum suum in odium viri simplicis exasperante.

Accepta enim idem Robertus occasione, quod, in multis locis, ecclesia nostra cum ecclesia collegiata sancti Audomari redditus communes habet, dicebat justum et ex antiqua consuetudine, a tempore Fridogisi abbatis, institutum esse, canonicos nobiscum antiquas equaliter possessiones debere dividere. Hec et hujusmodi falsa et perversa machinatione commentans, graves et juges abbati inferebat molestias, nunc possessiones ecclesie distrahendo et auferendo, nunc invadendo, nunc libertati ecclesie, in quantum poterat, derogando.

Et, ut de multis pauca loquamur, idem prepositus Nicolaum, quemdam militem, cui neptem suam vel, ut alii dicebant, filiam tradidit in uxorem, terram quandam in villa Vuiserna per multum tempus, partim ex elemosina, partim ex emptione, a nobis possessam, fecit calumpniari et per vim comitis aufferri; datis tamen ab eodem Nicholao sexaginta marcis, quibus terram illam ab antecessoribus suis, non nobis venditam, sed in vadimonio positam fuisse dicebat. Abbas autem, quamdiu et quantum potuit, restitit; sed, oppressione malitiosi prepositi, sive misericordia urgente, qui per satellites comitis possessiones nostras invadi fecerat, coactus est predictam pecuniam recipere, arbitrans melius esse, de re, ut sibi videbatur, perdenda, aliquid retinere, quam totum amittere.

Emit autem ex eadem pecunia terram quandam in Ramscappla, de cujus redditibus tribus, in quadragesima Dominica, unum fratribus consuevit procurari.

XVI.

1171.

Incarnationis item dominice septuagesimo primo, accidit res celebri memoria digna, et omnium Sithiensium possessionum perva-

---

[1] Suppl. *filio*.

PARS TERTIA. — CONTINUATORES SIMONIS.

soribus formidanda. David nempe, predicti Nicolai militis pater, et abbas tunc temporis de Claro Marisco, comite permittente et sepedicto preposito patrocinante, molitus est in villa nostra de Arkes per terram nostram fossata et aquarum conductus facere; et, cum ab abbate et monacis nostris contradiceretur, arroganter comminatus est quod ab incepto opere nequaquam desisteret, donec illud ad finem, secundum suam voluntatem, deduceret. Verum, tante arrogantie et presumptionis impatiens, ultio, ut creditur, divina haud longe post subsecuta est. Nam, sequenti die, predictum opus ingressus, pro libitu suo operarios de conductu faciendo docturus, in eodem loco, equo sub eo calcitrante, humi prostratus est; confractoque crure, qui sanus illuc advenerat, domum in lectica est reportatus, ab invasione terre nostre deinceps, Deo gratias, desistens, et terribile et formidandum invasoribus terre sanctorum exemplum relinquens. Hoc, si quidem meritis sanctorum jure sit adscribendum, videtur tamen quod Dominus etiam in hoc respexit humilitatem servi sui, quem sua adjuvit miseratione, spem adjutorii non habentem in homine.

Item sepenominatus Robertus, infra terminos parrochie nostre Broburgensis, quandam paludem, ingenio suo et comitis expensis, ad terram deduxit arabilem; et in ea, nobis reclamantibus quod contra statuta erat canonum, basilicam fundans, mansiones et funiculos possessionum colonis distribuit, decimis nostris de eadem palude usurpatis et violenter detentis. Et cum hoc idem Robertus ad dampnum nostrum fecisset et detrimentum, convertit idipsum benignus Deus nobis in lucrum et emolumentum. Nam, non multo post, idem Robertus, qui non solum nos, sed eciam multos per Flandriam et Viromandiam nobiles injustis fatigationibus et exactionibus oppresserat, jussu nobilis viri Jacobi de Avennes, divine ultionis, ut creditur, ministri, a vilibus personis occiditur, et in eadem parrochia jus parrochiale monasterium nostrum, ut justum erat, adipiscitur.

De decima tamen duarum garbarum questio, que, adhuc vivente

ipso, ceperat, post mortem ejus inter nos et abbatissam Broburgensem durabat; eadem abbatissa privilegia comitum, sed nostris posteriora, ostendente, per que duas garbas novarum terrarum, que de paludibus vel recessu maris, in castellaria de Broburg, adcrevissent, volebat sibi vindicare, contra privilegii Balduini Insulani tenorem, super hoc abbas noster, quamdiu vixit, cum predicta abbatissa jugem habuit controversiam.

Contra illos de Claro Marisco eciam, qui, auctoritate novorum privilegiorum, tam de veteribus quam de novis terris decimas nobis solvebant, volebant auferre, plusquam semel Romam misit, tam ibi coram domno papa Alexandro, tam in terra ista, coram delegatis judicibus, non sine magnis expensis et laboribus placitans; et siquidem parum profecit, in hoc tamen commendatur quod pro posse suo, jus ecclesie sue omnibus modis detinere et conservare contendit.

Eodem tempore, ecclesia nostra terram quandam in villa de Sperleka, ad elemosinam pertinentem, perdidit, comite Boloniensi Matheo, secundum recognitionem bone, immo ut melius fatear, male veritatis, adversum nos divisionem requirente, et abbate nostro, qui, ut vir religiosus, simpliciter ambulabat et secundum se existimabat alterum, in id consentiente.

XVII.

QUALITER WILLELMUS, CASTELLANUS SANCTI AUDOMARI, RECOGNOVIT SE, CORAM PHILIPPO, COMITE FLANDRIE, INJUSTE CALUMPNIARI PALUDEM DE ONDEMONSTRE ET PISCATIONEM IN MERA.

Paludem quoque de Salpervinc et veteri monasterio idem abbas adversus castellanum sancti Audomari Willelmum, qui omnes paludes in vicinia sui castri ad feodum suum pertinere dicebat, data magna pecunie quantitate, non tam detinuit quam redemit. De aqua eciam Mera dicta ab eodem castellano multas et graves calumpnias sustinens, in jure suo retinendo multum laboravit, empta ab ipso et ejus homine Gerardo Honwa palude plusquam quadraginta mensurarum, eidem Mera adjacentium, uti hec carta testatur.

PARS TERTIA. — CONTINUATORES SIMONIS.

EXEMPLAR HUJUS RECOGNITIONIS.

« In nomine Patris et Filii et Spiritus Sancti, amen. Ego Philippus, Dei gratia, Flandrensium comes, notum fatio presentibus et futuris, quod controversia, que inter Godescalcum, abbatem sancti Bertini, et Willelmum, castellanum Sancti Audomari, pro quibusdam paludibus, diu versata est, hoc tandem modo sopita est. Cum ecclesia sancti Bertini paludem de Ondemonstre, a Kesgate usque ad Elsled, et paludem de Honle, sexaginta et eo amplius annis, liberas et in pace possedisset, Willelmus, castellanus sancti Audomari, eidem ecclesie multas et graves molestias super his intendit. « Tandem, in se reversus, sumpto altiori consilio, in sollempni curia mea, apud Sanctum Audomarum, in presentia mei et hominum meorum, de injusta calumpnia, injuria sua recognita, omni jure, quod supra predictas paludes clamaverat, propria se attestatione privavit, et cum exfestucatione verpivit. Quo facto, Godescalcus abbas, meo consilio, prefato castellano viginti quinque marchas largitus est. Postmodum vero prefatus Willelmus castellanus, quorumdam depravatus consilio, magnam partem piscature, que Mera dicitur, sibi injuste usurpavit, dicens aquam illam suam paludem, magna ex parte, operuisse : pro qua re gravis inter ecclesiam sancti Bertini et ipsum iterum controversia orta est. Hac itaque controversia aliquandiu inter eos durante, predictus castellanus, sumpto meliori consilio, in curia mea, Bergis, injuriam super hoc et super predictis paludibus in publico et manifeste recognovit. Paludem quoque suam, quam juxta Mere ripam habuit, a cruce Nienverled usque Hindringled, id est Bovinghemsuab, habentem unam mensuram in latitudinem, in manu mea, quia de feodo meo erat, michi reddidit. Deinde facta exfestucatione, audito hominum meorum juditio, quod idem castellanus nichil amodo juris in eadem palude haberet, ecclesie sancti Bertini in elemosinam imperpetuum libere possidendam concessi. Castellanus vero, pro pace inter ecclesiam sancti Bertini et ipsum conservanda, et omni calumpnia deinceps reprimenda, sexaginta tres marchas ab abbate accepit; et, ut predictam paludem ab omnium calumpniantium oppressione securam et liberam conservaret, me fidejussorem constituit. Ne autem hoc in posterum infirmare presumat aliquorum improbitas, hoc, tam sigilli mei impressione, quam fidelium testium qui interfuerunt auctoritate, ita roborari feci.

« Testes :

> « Robertus, prepositus sancti Audomari. Alexis, abbas Bergensis. Alexander, prepositus de Vuatenis. Wido, castellanus Bergensis. Ricolphus, monacus de Claro Marisco. Henricus Rastel, et alii plures.

« Actum est anno Domini M° C° LXX° secundo. »

XVIII.

DE QUIBUSDAM FACTIS ABBATIS NOSTRI AD UTILITATEM SUE ECCLESIE ET EJUS MEMBRORUM PROVENIENTIBUS.

Cum tot et tantas in exterioribus continue sustineret oppressiones, semper tamen crescebant redditus ecclesie et possessiones. Folcardus namque vestiarius, videns redditus ad ministerium sibi commissum pertinentes crevisse, petiit ab abbate et impetravit, ut, singulis annis, darentur fratribus nova pellicea, que eatenus nisi post biennium habere consueverant.

In Clemeskerka, tempore ejusdem abbatis, Ingramnus monacus novam curtem instituit, ibidem circiter centum mensuris terre et aliis redditibus emptis.

Curtes de Aquin et Kelmis solo tenus combustas, quasi de novo reedificari fecit abbas; Arkas eciam, Longanessa, Vuiserna muro cinxit lapideo.

Fecit et lavatorium eneum, fusoria arte sumptuose elaboratum, quod, etsi quidem, eo vivente, nequaquam erectum, et in loco claustri, ubi docuit, fuit locatum; moriens tamen reliquit sumptus ad hoc perficiendum sufficienter necessarios, sicut effectus docet.

Decreta Gratiani, libros magistri Hugonis de Sancto Victore, glosas magistri Gisleberti et magistri Petri Lumbardi super epistolas Pauli, historiam ewangelicam et scolasticam, et quosdam alios sacre scripture libros, sicut in librariis nostris apparet, scribi fecit.

Cartas de acquisitionibus ejus, vel de concordiis erga calumpniatores vel infestatores predictos, ab ipso factis, si quis nosse voluerit, in thesaurariis nostris invenire poterit.

XIX.

DE OBITU ET SEPULTURA ABBATIS NOSTRI.

Post tot autem labores et continuas luctas, lecto decubans, et sicut talem decuit virum, omnibus que decedentibus necessaria sunt sacramentis rite peractis et perceptis, appositus est ad patres suos, migrans de hoc seculo in senectute bona, anno Domini millesimo centesimo septuagesimo sexto, et regiminis sui quarto decimo; sepultusque est in capitulo [1], inter scamna novitiorum, sub tumba marmorea, que in principio regiminis Anthonii abbatis translata fuit, ubi nunc cernitur, faciens gradum. Ante pulpitum ejusdem capituli epitaphium ejus est tale :

> Hic recubat cui gloria nominis est Godescalcus,
> Cujus.... aperit tituli quod littera claudit.
> Mundus obit juveni, juvenileque quodque senescit.
> Mox, secli studio transcurso, flamine sancto,
> Hic Sithiu votum tenet et monacus fit; et inde
> Migrat in officium patris, huncque locum tenet. Idus
> Quarte septembris, tribus atque decem pater annis,
> Spe sancta comite, decedit virgo senexque.

XX.

DE ELECTIONE DOMNI SIMONIS ABBATIS.

Post mortem pie memorie Godescalci abbatis, cum ventum esset ad electionem, considerantes nostri difficile in multitudine inveniri

---

[1] Ante imaginem Crucifixi; cujus anima requiescat in pace, amen. *In marg. Cod.*

unitatem, electis de communi cetu duodecim bone opinionis viris, eligendi abbatem ipsis concorditer prebuerunt potestatem. Qui elegerunt domnum Simonem, personam vultu venerabilem, et elegantis forme virum. Qui, in diebus adolescentie sue a domno Leone in monachum receptus, ab illo usque ad id fere tempus indulgentius enutritus, et in ordine remissius semper, ut dicebatur, fuerat conversatus; at postquam ad quod fuerat electus rite est sublimatus, mox mutatur in virum alterum : preteritas negligentias corrigere, ad melioris vite frugem se preparare, et ad convertendum suos suorumque mores in melius operam adhibere, ut illud beati Benedicti videretur in eo quodammodo impleri : *Dum de alienis ratiociniis cavet, de suis sit sollicitus.* Dicebatur ejus promotionem ideo a quibusdam fuisse procuratam, quia in similibus sibi obnoxium sperabant suis negligentiis fore consentaneum. Quod utrum verum vel falsum sit, quia de alienis conscientiis judicare non debeo, non est meum diffinire. Hoc tamen veraciter possum dicere, quod illos, de quibus hujusmodi suspitio habebatur, conqueri frequenter audivi, quod a domno abbate ante suam promotionem diligerentur, etsi modo ab ejus amore elongati et benefitiis essent alieni.

XXI.

DE AMOTIONE PRIORIS CLAUSTRALIS.

Priorem sui conventus, qui promotionem ejus, utpote caput eligentium, pro posse et scire suo, procuraverat, quia vir carnalis erat et minus huic offitio aptus, fere inter ipsa initia promotionis amovit, et alium, vita et scientia multo utiliorem, amoti loco substituit. Plerosque eciam alios qui sperabant se abbatem invenisse secundum cor suum, spes sua fefellit, re eis quidem versa in contrarium, sed ordini et honestati domus Dei in melius quam sperabatur. Accingitur itaque novus athleta in opus monasterii sui, scilicet dejecta et confracta erigere et consolidare; ab antecessoribus suis pretermissa vel neglecta supplere et restaurare, variis operibus et vestibus decorare, et in exterioribus possessiones ampliare; lites eciam et contentiones, que de eisdem usque ad tempus ejus duraverant, honesta et rationabili concordia terminare.

Et, ut de opere ejus edificiali imprimis loquamur, statim ut abbas est effectus, ante ingressum monasterii pontem lapideum per flumen Agnionam, veteri qui jam ruinam minabatur dejecto, a fundamentis novum erexit, et sumptuoso et quasi perpetuo opere decenter consummavit.

XXII.

DE QUIBUSDAM FACTIS AD PROFECTUM CENOBII SUI PROVENIENTIBUS.

Insuper etiam cameram, ex australi parte templo appendentem, que, post incensionem, a tempore Leonis abbatis, adeo destructa et neglecta erat, quod vix parietum signa ibidem apparerent, multo decentius et melius quam antiquitus fuerat reedificavit. Cui in latere, contra meridiem, cenaculum superaddidit, lignariorum arte subtiliter et venuste compactum, quod totius curie extitit quasi speculum et ornamentum, estimatis tamen expensis, plus continens pulcritudinis quam utilitatis.

Fecit quoque crucem ligneam, ymagine Salvatoris appensa, astantibus eciam Marie, Johannis et cherubin ymaginibus, aliisque pluribus, ad representationem dominice passionis pertinentibus, cruci vel trabi, cui eadem inherebat, miro decore affixis. Que omnia arte sculptoria et pictoria, ineffabiliter resplendentia, domui Dei ornamento sunt valde et decori.

Frontale eciam feretri beati patris Bertini de auro et argento et lapidibus preciosis, subtili opere fecit excudi[1]. Item, regiminis sui anno tertio, qui erat incarnationis dominice annus septuagesimus octavus, cum, secundum antiquam consuetudinem, nuncius abbatie Coloniam

---

[1] Ex ms. pergameno : Feretrum quoque sancti Folquini, et aliud quoque, in quo reliquie de virginibus Coloniensibus et alia sacrosancta pignera continentur, fabricari fecit. Tempore enim hujus abbatis, due vel amplius de societate xi millium virginum a Colonia ad nos sunt delatæ. *In margine Cod.*

Agrippinam pergeret pro redditibus nostris, jussu venerabilis Simonis abbatis, sanctarum reliquiarum cupidi conquisitoris, missis cum eo utriusque status personis, de collegio undecim millium virginum quatuor fere corpora, cum multis diversorum sanctorum reliquiis, ad nos detulit, et ad monasterium suum transferri fecit; et in feretro de argento, cupro et lapidibus cristalinis decoro opere fabrefacto et ornato, cum magna parte corporis sancti protectoris nostri Audomari, et pigneribus sanctorum Columbani abbatis et Vualberti, duo corpora illarum virginum reposuit; reliqua pignera earum in scrinio eburneo recondidit cum gaudio et alacritate.

Casulam rubeam, aurifrigio optime circumligatam, et aliam albi coloris, satis valentem, et tres vel amplius cappas sericas, et pallium bonum, inornatum, et thesaurum ecclesie comparavit et reposuit.

Ante portam monasterii sui, in terra quam a Luca burgense plus quam centum marcis emerat, fundamenta domus lapidee jecit, quam suo successori in ultimis perficiendam dimisit [1].

Post hec, ciborium, quod, sicut supramemoravimus, dum abbas Leo in expeditione Hierosolimitana esset, decrustatum fuit, cupreis imaginibus superauratis parum minoris pulcritudinis, etsi minoris valoris quam ante esset, idem abbas reparavit; partem tamen sumptuum, infirmitate preventus, successori solvendam reliquit.

Fecit item abbas iste, ex australi parte monasterii, vivarium unum, juxta quod viam versus Arkas, nobis et ordini utilem et congruentem, acquisivit et instituit.

XXIII.

DE TRANSLATIONE OSSIUM SANCTORUM NEREI ET ACHILLEI.

31 mai. 1181.

Pridie kalendarum junii anni supra millesimum centesimum octogesimi primi, idem Simon abbas, cum honesta comitiva, ad vetus monasterium transiens, transtulit ossa beatorum martirum Christi

---

[1] Taxatis, antequam perficeretur in expensis et sumptibus, plus quam 360 marcis. *In marg. Cod.*

Nerei et Achillei, que ibidem beatus pater Bertinus a Roma detulit, una cum capillis et duobus ossibus sancte Marie Magdalene, et in vasculo eburneo, operose facto, recondidit. Philippus tamen, prior Sithiensis cenobii, aliud vasculum, subtili arte excusum, de auro, argento et cupro superaurato fabricari fecit.

XXIV.

DE TERCIA TRANSLATIONE CORPORIS AGII PRESULIS FOLQUINI.

Septimo idus junii anni supramemorati, sanctus antistes Folquinus, qui in cenobio Sithiensi, multis virtutibus et signorum miraculis clarens, corpore quiescit, a duobus presulibus, Desiderio scilicet Morinensi et Petro Telonensi, ex veteri scrinio, in quo a domno abbate Lamberto, sui regiminis anno tercio, collocatus, per annos ferme octoginta quatuor jacuerat, tercio transfertur, et in nova capsa, precepto domni Simonis abbatis honorifice fabrefacta, reconditur, anno a transitu ejusdem sancti episcopi trecentesimo tricesimo primo, cum primum sub terra jacuisset, usque ad suam elevationem, annis septuaginta sex, et in primo feretro centum sexaginta quinque, regiminis abbatis anno v°, astantibus preclare fame viris duobus, scilicet archidiaconibus Taruanensis ecclesie, Lamberto et Waltero; octo item abbatibus, domno scilicet Alexi Brugensi, Waltero Alchiacensi, Nicolao Taruanensi, sancti Johannis de Monte, Petro Andrensi, Willelmo Hamensi, Hermanno de Aldenburgo, Everardo Clari Marisci, Algero de Capella, et aliis multis utriusque ordinis personis. In hujus feretri dextra parte hii versus infrascripti scribuntur suo ordine.

7 jun. 1181.

> Hii calicem mortis pro vite pane biberunt,
> Unde rosas, violas et lilia carne vicerunt.
> Discipulos humiles, patientes atque pudicos,
> Emeritos Dominus nimium confortat amicos.

Petrus Roma, Andreas Acaia, Johannes Epheson, Thomas India, Bartolomeus Armenia, Jacobus Iherosolima.

IN PARTE SINISTRA.

Abbati Simoni tua qui sic ossa reponi
Fecit, Folquine, sit summa salus sine fine.
Folquini veneranda patris hic membra locantur,
Antistes dudum qui fuerat Morinum :
Philippus Bithinia, Tadeus Prusia, Matheus Etiopia, Paulus Grecia.

IN ANTERIORI FRONTALI.

Hic est filius meus dilectus, in quo complacui.
Vox audita patris, testes novitasque decoris.
Laudibus immodicis Christi sociatus amicis.

IN POSTERIORI.

Hic in carne Deum cognosce legendo Matheum.
Sol oritur stella, Christus de matre puella.

ITEM IN ALIO RELIQUIARI.

Hic sita membra, tuis spes fuit, Folquine, salutis.

Quantas eciam Dominus in hac translatione dignatus sit exercere virtutes pro sui servi reverentia, si quispiam nosse velit, in diversis voluminibus cenobii Sithiensis poterit reperire; quare hic brevitatis gratia supersedimus.

XXV.

DE QUERELA SUI PREDECESSORIS CUM ABBATISSA PER EUM JAM SEDATA.

His de materialibus ejus operibus succinctim enarratis, ad ea que de acquirendis possessionibus vel de litibus et controversiis, que predecessorem suum nimis oppresserant, pacificandis operatus est, stilum vertamus oportet.

Primo igitur controversiam que, a tempore abbatis Godescalci, de decima Nove Paludis, inter nos et abbatissam Broburgensem adhuc durabat, pacificare intendens, cum rem videret implicitam, presertim quia abbatissa multis et fortibus inniteretur adjutoriis, scilicet privilegiorum auctoritate, curie favore, et superba sangui-

PARS TERTIA. — CONTINUATORES SIMONIS. 347

nis nobilitate, abbas compromisit in arbitros, abbatissa libenter annuente et idipsum requirente. Arbitri itaque in primis parrochiam nostram ab adjacentibus parrochiis dividentes, decimam communiter partiendam arbitrati sunt; ita tamen quod pro salvandis privilegiis nostris, que Broburgensibus priora erant, abbatissa partem sibi assignatam sub trecensu quinque solidorum a nobis possideat. Hujus transactionis carta inter partes communiter facta penes nos habetur in hec verba[1].

XXVI.

EXEMPLAR CONCORDIE INTER ABBATEM NOSTRUM ET PREPOSITUM WATINIENSEM, ET ABBATISSEM SUPRASCRIPTAM [2].

« In nomine Patris et Filii et Spiritus Sancti, amen. Frequenter compertum est contentiones et controversias, in pacem et concordiam reductas, postmodum in deterius pullulare, ubi constat geste rei seriem vera et diligenti declaratione conscriptam in testimonium non apparere. Inde est quod ego Simon, Dei gratia, abbas sancti Bertini, et ego Alexander, prepositus Watinensis, et ego Mathildis, abbatissa Broburgensis, presentium et futurorum memorie commendamus, post diu habitam inter nos controversiam supra decimis quarumdam terrarum, in Broburgensi parrochia adjacentium, compromissione inter arbitros facta, scilicet domnum David de Claromaresc, et Lambertum de Sancti Petri Bronc, et Arnoldum de Lo, inter nos factam esse concordiam, datis, predictorum trium virorum arbitrio et nostro communi bene placito, preposito Watinensi duobus manipulis decime perpetuo possidendis, a Milharled usque ad parvam Holke, sub annuo censu duodecim denariorum persolvendorum ecclesie sancti Bertini in purificatione sancte Marie.

1178.

[1] Que etsi multum iniquitatis quantum ad nos videatur continere, tamen et indubitanter affirmo abbatem, si melius potuisset fecisse, nequaquam in hujus compromissionis arbitrium consensisse. Hec Simonis sunt in Continuatore. *In margine Cod.*

[2] Edidit ex parte Malbranq, *de Morinis*, t. III, p. 317.

In Watinensi nichilominus parrochia, decima de Alsinghe et veteri Holke, et quidquid id fuerit, sive zud sive north, unde controversias inter ecclesias Broburgensem et Watinensem dinoscitur extitisse, sopita a modo omni calumpnia, jure perpetuo cedet in usus ecclesie Watinensis, his terminis distinguentibus Broburgensem parrochiam a Watinensi et a circumjacentibus et conterminis parrochiis, ab occidentali parte a Banenwerc, Smalcholke, usque in Enna; ab australi parte, a Banenwerc usque Strangwere, et a Strangwere usque Linke, et a Linke in Radfield. Medietatem autem predicte decimationis, preposito assignate, abbas abbatisse equipolenti consideratione recompensavit, secundum quod estimationem et valentiam ejus appreciandam esse perspexit. Quod vero residuum est decimationis nove terre in Broburgensi parrochia, abbas et abbatissa equaliter divident, salvo in ceteris jure parrochiali ecclesie sancti Bertini, quod, nullo alio participante, integerrime possidebit. Abbatissa vero, pro eo quod in equali divisione manipulorum predicte decime cum abbate communicat, de quinque solidis, in natali Domini persolvendis, sancto Bertino annuatim censualis existet. Si quis vero, quod absit, hujus concordie et pacis emulus perturbator accesserit, et, ut hanc infringat, nove alicujus discordie occasiones introducere, aut antique semina suscitare presumpserit, sit anathema maranatha, nisi condigna satisfactione resipuerit. Et ne aliquis, ut predictum est, presumpto conamine huic conventioni in posterum audeat contraire, hanc trium sigillorum nostrorum munimine dignum duximus insignire, tribus trium ecclesiarum nostrarum conventibus gratenter assentientibus, et probatis quorum nomina subscripta sunt viris testimonium perhibentibus. Hii autem sunt :

« Desiderius, episcopus; Alexis, abbas de Berghis; Willelmus, abbas de Alciaco; Nicolaus, abbas sancti Johannis; Eustacius, prepositus de Monte sancti Eligii ; Walterus, archidiaconus ; Philippus, prior sancti Bertini ; Everardus, decanus; Johannes, cantor; Gislebertus, decanus de Bomi; Johannes de Suessionis, et ceteri quamplures.

« Actum est hoc anno Domini millesimo c° lxxviii°. »

XXVII.

QUALITER ABBAS NOSTER CONCILIO LATERANENSI INTERFUIT, ET DE PRIVILEGIIS AB EO IMPETRATIS.

Anno sequenti (MCLXXIX), Alexander papa tertius, Lateranis residens, generale a cunctis mundi partibus concilium evocavit, ubi et abbas noster cum reliquis affuit; ibique, tempore concilii, honeste conversatus, inter alia que a domno papa impetravit, litteras commissionis ad Morinensem episcopum, et comminatorias ad Philippum, comitem Flandrie, de decima alletium acquisivit. Regressus itaque ad propria, quia sciebat omnia per Flandriam ad nutum comitis fieri, cum litteras apostolicas eidem presentasset, comes illos de Gravelingis et omnes maritimos de Broburgensi castellaria, et de comitatu Boloniensi, cujus tunc temporis dominus erat, utputa tutor Ide comitisse, neptis sue, illos de Calesio et Petressa convocavit, suadens eis et imperans ut apostolico mandato parerent. Quod illi audientes, ut turba in conturbationem labi facilis, tumultuose responderunt a seculo non esse auditum aliquos decimam alletium exigere, hoc omnino fieri non posse, melius velle mori quam in hujusmodi subjectionem se paterentur redigi. Illi vero prudentiores qui erant, favorem comitis secreto promissionibus sibi conciliare studebant; alii terribiles minas effundebant, quod monachos prius occidendo decimarent, quam monacis decimas alletium persolverent. Sic abbas illo die nichil proficiens, tristis et quasi desperans abcessit, nonnullis eciam de nostris ei tacite subsannantibus et dicentibus : « Unde hoc Simoni, ut melior omnibus predecessoribus « suis, venerabilibus viris, esse vellet, qui nunquam tale aliquid « exigere voluerunt, cum multo majoris potentie, religionis et scientie « essent ? »

Propter hoc tamen ab incepto opere non destitit, sed, memorans vulgare proverbium, quod *ad primum ictum quercus non cadit*, iterum per litteras et mediatores, maximeque per virum religiosum

Gerardum de Mescimis, comitis consiliarium, precibus et promissionibus, eumdem comitem attemptat, se suaque omnia ei exponens, tantum ut ecclesiam in suo jure juvaret et manuteneret. Hinc comes erga humiles et sibi subditos misericordie semper visceribus habundans, ad humilem abbatis instantiam, litteras illis de Calesio, qui pertinatiores erant, fieri jussit, mandans eis voluntatem suam esse, ut cum ecclesia sancti Bertini pacem debeant facere. Has litteras cum duo monachi, Stephanus, tunc temporis hospitarius, et Willelmus de Dringham, illis de Calesio attulissent, populus effrenis et furibundus noluit expectare ut mandatum domini sui audiret, nec intelligere ut benefaceret, sed, currentes ad arma, monachos occidere voluerunt. Qui fugientes in templum, seseque illic prout melius poterant concludentes, diem extremum vite sue adesse putabant, nil nisi horam mortis prestolantes; altero eorum coram altari prostrato, altero super altari sedente, et inter brachia ymaginem sancti Nicolai tenente. Illesi tamen, per Dei misericordiam, nobili viro Balduino, conestabulario de Ernibinghem, eos conducente, evaserunt. Cognito hoc, comes ultionem tante presumptionis non duxit negligendam, nemine tamen nominatim inculpato in palam apparente, in omnes culpam deflexit, mulctans eos in pena mille librarum. Inter nos eciam et illos de querela componens, partem unam decime, unde lis erat, nobis, alteram constructioni vel reparationi ecclesie, terciam pauperibus erogandam assignavit; et, ne nos amplius deberemus exigere, vel ipsi de cetero minus dare, tam idem comes quam Ida, Boloniensis comitissa, obsides se utrinque constituerunt; decernentes quoque, ut pax firmior esset, ut, sicut nos terciam partem decime habituri essemus, ita in solutione tercie partis predictarum mille librarum, maritimos omnes juvaremus. Carta de hujus compensationis contractu penes nos habetur, sed nichil nobis hoc tempore prodest, sicut nec alie multe, videlicet Philippi et Ide, Willelmi, Remensis archiepiscopi, et Desiderii episcopi.

XXVIII.

CARTA ALEXANDRI PAPE, NE LAICIS TENEAMUR PREBENDAS CONFERRE.

« Alexander episcopus, servus servorum Dei, dilectis filiis abbati et fratribus sancti Bertini salutem et apostolicam benedictionem. Justis postulationibus religiosorum virorum assensum impertiri facilem volumus et debemus, ut eo fortius obsequiis divinis et observancie sue professionis insistant, quo se viderint a sede apostolica celerius exaudiri. Volentes igitur que domui vestre pia sunt provisione collata, usibus eorum servari qui regularem vitam ibidem, inspirante Domino, profitentur, auctoritate vobis apostolica indulgemus, ut prebendam in monasterio vestro nulli laico teneamini deinceps, vel clerico seculari conferre.

« Datum Laterani, quinto nonas martii. »

3 mart. circa 1180.

XXIX.

EXEMPLAR CONFIRMATIONIS EJUSDEM PAPE SUPER DECIMAS DE VARANCIIS.

« Alexander episcopus, servus servorum Dei, dilectis filiis abbati et fratribus sancti Bertini salutem et apostolicam benedictionem. Justis petentium desideriis dignum est nos facilem prebere consensum, et vota, que a rationis tramite non discordant, effectu prosequente, complere. Eapropter, dilecti in Domino filii, vestris justis postulationibus grato concurrentes assensu, decimas de Waranciis, sicut eas juste et pacifice possidetis, auctoritate vobis apostolica confirmamus, et presenti scripti patrocinio communimus; statuentes ut nulli omnino liceat hanc paginam nostre confirmationis infringere, vel ei ausu temerario contraire. Si quis autem hoc attemptare presumpserit, indignationem omnipotentis Dei et beatorum Petri et Pauli, apostolorum ejus, se noverit incursurum.

Datum Laterani, tertio kalendas martii.

27 febr. circa 1180.

XXX.

ALIUD EXEMPLAR EJUSDEM, IN QUO CONTINETUR, QUOD DUO SINT PRESBITERI IN PARROCHIALI ECCLESIA BROBURGENSI.

19 febr.
circa 1180.

« Alexander episcopus, servus servorum Dei, dilectis filiis abbati et capitulo sancti Bertini salutem et apostolicam benedictionem. Relatum est auribus nostris, quod, cum ecclesia vestra de Broburg, de antiqua consuetudine, in obsequio suo duos habere debeat sacerdotes, nec unus presbiter ipsius administrationi sufficiat, quidam instancius postulant ut uni eam presbitero committatis. Nolentes igitur impacientiam sustinere, ut prescripta ecclesia obsequio consueto fraudetur, auctoritate vobis apostolica prohibemus ne ipsam unius ministerio permittatis esse contentam, sed duos semper ipsius servitio, secundum antiquam et rationabilem consuetudinem, mancipetis; ita tamen quod unus debeat alteri, juxta sanctiones canonicas, subjacere.

« Datum Laterani, undecimo kal. martii. »

XXXI.

ITEM ALIUD EXEMPLAR, IN QUO VULT QUOD NULLUS ARCHIEPISCOPUS, EPISCOPUS AUT QUEVIS ALIA PERSONA, IN ECCLESIAS AD JURISDICTIONEM NOSTRAM SPECTANTES, EXCOMMUNICATIONIS SIVE INTERDICTI SENTENCIAM PROMULGET.

2 mart.
circa 1180.

« Alexander episcopus, servus servorum Dei, dilectis filiis abbati et fratribus sancti Bertini salutem et apostolicam benedictionem. Suscepti cura regiminis nos inducit, ut petitiones religiosorum, que rationi concordant, debeamus efficaciter exaudire, ut ea que favore religionis facienda sunt, se a nobis impetrasse letentur. Eapropter, dilecti in Domino filii, vestris justis postulationibus clementius annuentes, auctoritate vobis apostolica indulgemus, ut in ecclesias, ad juridictionem vestram spectantes, nulli liceat, sine manifesta vel judicio canonico, causa probata, interdicti sententiam promulgare.

« Datum Laterani, vi^{to} nonas martii. »

XXXII.

EXEMPLAR CONFIRMATIONIS DUARUM PARTIUM DECIME DE LOLINGHEM CUJUSDAM MILITIS DE VUATINIS.

« Alexander, episcopus, servus servorum Dei, dilectis filiis abbati et capitulo sancti Bertini, salutem et apostolicam benedictionem. Si quando ab apostolica sede requiritur quod juri conveniat et consonet, honestati petentium desideriis facilem convenit preberi consensum, eorumque vota, effectu prosequente, compleri. Hac itaque ratione inducti, et vestris justis postulationibus inclinati, duas partes decime de Lulinghem adjudicatas monasterio vestro, et paludem a G. milite des Watenis vobis in elemosinam datam, sicut eas rationabiliter possidetis, vobis et eidem monasterio auctoritate apostolica confirmamus, et presentis scripti patrocinio communimus : statuentes ut nulli omnino hominum liceat hanc paginam nostre confirmationis infringere, vel ei ausu temerario contraire. Si quis autem hoc attemptare presumpserit, indignationem omnipotentis Dei et beatorum Petri et Pauli, apostolorum ejus, se noverit incursurum.

« Datum Laterani, xi° kal. martii. »

19 febr.
circa 1180.

XXXIII.

EXEMPLAR EJUSDEM PONTIFICIS, QUALITER NOBIS CONFIRMAT MOLITURAM IN BASSO MINISTERIO.

« Alexander, episcopus, servus servorum Dei, dilectis filiis abbati et conventui sancti Bertini, salutem et apostolicam benedictionem. Justis petentium desideriis dignum est nos facilem prebere consensum, et vota, que rationis tramite non discordant, effectu sunt prosequente complenda. Eapropter, dilecti in Domino filii, vestris justis postulationibus grato concurrentes assensu, molituram annone de ministeriali beati Bertini in villa sancti Audomari, sicut monasterium vestrum ipsam, a quadraginta retro annis rationabiliter possedisse

8 mart.
circa 1180.

dignoscitur, vobis et per vos eidem monasterio auctoritate apostolica confirmamus, et presentis scripti patrocinio communimus : statuentes ut nulli omnino hominum liceat hanc paginam nostre confirmationis infringere vel ei aliquatenus contraire. Si quis autem hoc attemptare presumpserit, indignationem omnipotentis Dei et beatorum Petri et Pauli, apostolorum ejus, se noverit incursurum.

« Datum Anagnie, octavo idus martii. »

XXXIV.

DE PRIVILEGIIS LUTII TERCII, ROMANI PONTIFICIS.

Papa Alexandro defuncto, succedit ei Lutius, a quo abbas noster Simon plura accepit privilegia; inter que unum narrabo, scilicet quod possumus in metis parrochiarum hujus ecclesie instituere scolas et clericos, qui gubernent eas. Cujus privilegii tenor talis est.

XXXV.

EXEMPLAR.

« Lutius, episcopus, servus servorum Dei, dilectis filiis abbati et conventui sancti Bertini, salutem et apostolicam benedictionem. Cum a sede apostolica petuntur ea que a rationis tramite non discordant, facilem nos convenit prebere consensum, et justa vota petentium effectu prosequente complere, ut et devotionis sinceritas laudabiliter enitescat, et utilitas postulata vires indubitanter assumat. Eapropter, dilecti in Domino filii, vestris justis postulationibus grato concurrentes assensu, presentibus vobis litteris auctoritate apostolica indulgemus, ut vobis in omnibus parrochiis vestris liceat clericos instituere, qui, assensu et propria voluntate vestra, regimen scolarum obtineant; et hec firma et illibata decernimus omni tempore permanere : statuentes ut nulli omnino hominum liceat hanc paginam nostre concessionis infringere, vel ei aliquatenus contraire. Si quis autem hoc attemptare presumpserit, indignationem omnipotentis Dei et beatorum apostolorum Petri et Pauli se noverit incursurum.

« Datum Verone, tertio idus augusti. »

XXXVI.

DE BEATO BERNARDO, PENITENTE HUJUS LOCI MONACO.

Tempore hujus abbatis, anno gratie M° C° octogesimo tercio, exemplar et speculum totius sanctitatis, vere penitens beatus Bernardus, Montis Pessulani quondam civis, deposito onere carnis, susceptus est ab angelis; quem, propter multa que in ejus obitu evenerunt miracula, collegio sanctorum aggregatum esse simplicitas credit ecclesie. Cujus penitentiam, actus et miracula, si quis nosse voluerit, extant de iis volumina, in quibus seriatim hec omnia addiscere poterit.

XXXVII.

QUALITER PHILIPPUS COMES DEDIT ECCLESIE LX STUFFEROS.

Flandrie comes Philippus, Theoderici de Elzachia filius, saluti sue consulens, et de suis gazis ecclesiam ditare cupiens, huic cenobio contulit in elemosinam, pro pane et vino, ad sacramentum eucharistie conficiendum, sexaginta stufferos territorio Furnensi recipiendos annuatim, ut patet per infra scriptum.

XXXVIII.

EXEMPLAR.

« In nomine sancte et individue Trinitatis imperpetuum. Ego Philippus, Flandrie et Viromandie comes, notum esse volo omnibus, quod pro salute anime mee dedi in elemosinam ecclesie sancti Bertini LX solidos, singulis annis accipiendos, Furnis, in dominica palmarum, ex offitio Leonii notarii. De istis vero denariis statui, ut solummodo procurentur vinum et panis ad confitiendum sacramentum

1177.

altaris. Ne igitur hec elemosina possit ab aliquo infringi vel cassari, sigilli mei auctoritate eam confirmari precepi, anno Domini millesimo centesimo septuagesimo septimo. »

XXXIX.

DE CONCAMBIO BERQUARIE.

Supramemoratus comes Philippus, nondum adepto desiderio suo, de berquaria, quam in parrochia sancti Villebrodi, ut superius diximus, habebamus, cum ubique res nostras, tanquam fidelis ecclesie defensor, defenderet et manuteneret, ibi tamen cum multas et graves sustineremus injurias, corrigere dissimulavit, et quasi ex industria, ut possessionem illam in odium et tedium nobis verteret, quodammodo, ut videbatur, consensit. Unde abbas noster, voluntati comitis obtemperare utile credens, concessit ei totam berquariam, redditis etiam centum solidis, quos Theodericus, pater suus, abbati Godescalco in Nova Palude assignaverat. Comes vero dedit nobis in concambium viginti libras in terra Furnensi, de brevi Leonii notarii, quas et privilegio suo perpetuo habendas confirmavit.

XL.

EXEMPLAR PRIVILEGII.

« Ego Philippus, Flandrie et Viromandie comes, notum esse volo tam presentibus quam futuris, quod dedi abbati et ecclesie sancti Bertini xx libras Flandrensis monete, singulis annis recipiendas ex offitio Leonii notarii de Furnis; in festo sancti Andree decem libras, et in festo sancti Johannis x libras, pro concambio terre sue quam habebant apud Greveninga. Ut ratum habeatur imperpetuum, presentem cartulam sigilli mei auctoritate et testium subnotatione muniri precepi.

• Signum G. D. Signum Walteri de Loc. Signum Anselmi de Rolenghem. Signum Leonii, notarii. Signum Riquardi, notarii. Signum fratris Theobaldi.

XLI.

QUALITER ABBAS NOSTER DEDIT IN FEODUM QUANDAM TERRAM TRIGINTA DUARUM MENSURARUM IN FURNIS.

Quodam tempore, dum Theodericus comes Iherosolimis esset, Leonius, abbas bone memorie, de manu Philippi, filii sui, qui, vivente patre, quasi perfunctorie jura comitatus exercebat, quandam terram in territorio Furnensi circiter xxx duarum mensurarum, que de feodo comitis erat, in elemosinam receperat, Lambertum, cujus eadem terra fuerat, monachum faciens. Que, regresso eodem Theoderico, cum a propinquis ejusdem Lamberti in causam tracti essemus, nobis est adjudicata, eo quod filius de hereditate, que ex parte patris venit, vivente patre, nihil potuit vel debuit dare, quem constabat, secundum leges, nondum aliquid habuisse. Hanc terram abbas, de quo hic sermo est, favore comitis et baronum qui judices curie erant, studio et diligentia sua, sibi acquisito, recuperavit, dictante et judicante curia, quia privilegium comitis inde habebamus, quod comes privilegium suum salvare deberet, et, sicut pater donationem, que de terra sua sine suo assensu facta fuit, quamdiu vixit, potuit infirmare, ita filius, qui hereditarius heres erat, quod per se factum recognoscebat, conservare debuit et confirmare. Verum, quia eadem terra multo tempore a laicis possessa erat, et de manu in manum vendita et revendita, et ut melius a nobis elongaretur, multis eciam nobilium virorum homagiis implicita, si non aurea tunc pacis fuissent tempora, plus nobis adjudicatio terre illius nocuisset quam profuisset; presertim cum idem laici asscrerent et probare vellent, quod, datis Jordano, monacho et camerario nostro, viginti marcis, tempore Theoderici comitis, nobiscum pacem fecissent. Terram illam duobus vel parum amplius annis post hec in manu nostra tenuimus, sed nunquam sine querela; nam carruce nostre multociens de eadem violenter fuerunt ejecte, horrea furtive succensa, et numquam inde, nisi per vim comitis, aliquid profectus habere potuimus. Unde timens abbas quod, si aurea pacis tempora mutarent colorem suum, plus detrimenti quam commodi nobis posse ex hoc evenire, communicato cum fratribus et hominibus ecclesie consilio, pacem cum predictis hominibus fecit, accepto ab eis quantum potuit pecunie, quibus, ut pax firmior esset, eandem terram in feodum dedit.

XLII.

DE CONCORDIA INTER ABBATEM NOSTRUM SIMONEM, ET WILLELMUM, SANCTI AUDOMARI CASTELLANUM, CAUSA TERRITORII NOSTRI DE SALPERWIIC.

1180.

« Quoniam a fugitiva hominum memoria conventiones, facta vel dicta majorum, temporis prolixa diuturnitate obliterari sepe compertum est, ab his quibus sapientia profusior a Deo donata est, geste rei annotatione et adhibitorum testium remedio, huic vitio obviare provisum est. Inde est quod ego Philippus, Flandrie marchio et Viromandie comes, presentibus indico et ad posteros fida relatione transmitto, quod, cum inter Simonem, abbatem sancti Bertini, et Willelmum, castellanum sancti Audomari, super quadam palude centum et quindecim mensurarum, infra ambitum fossati in villa de Salperwiic inclusarum, tam in nostra presentia quam in Morinensis episcopi curia diu agitaretur controversia, castellano predictam paludem ad jus feodi, quem quasi de me se tenere dicebat, constanter trahente, abbate vero ecclesiam sancti Bertini eandem paludem LX annis possedisse multorum testimonio comprobante; sopita omni prorsus calumpnia, in pacem et concordiam tandem hoc modo redierunt. Cum super jure et proprietate et debita possessione partes diffiderent, et graves ac frequentes altercationes inter se sepius agitarent, tandem castellanus, importunitate precum Desiderii, Morinensis episcopi, devictus, cum ego quoque episcopi precibus acclamarem super justicia sua, qua ecclesiam sancti Bertini vexabat, amicorum consilio et bonorum instinctu, salubriter resipiscens, in presentia eorum quos, Iherosolimam profecturus, vice et loco meo, regimini Flandrie preesse constitui, et aliorum quamplurimorum, quitquid juris in predicta palude clamaverat, cum exfestucatione vuerpivit, et Deo et beato Bertino in elemosinam tribuit; ita tamen, ut anathematis periculo ipse et heres suus subjaceant, si quando predictam donationem infringant. Assensum quoque meum huic donationi confirmande, cum me repatriare contigisset, acquirere se compromisit. Hanc eciam donationem privilegii datione, trium quoque sigillorum impressione, episcopi scilicet et abbatis et sui, communiter cum abbate ecclesie sancti Bertini, adhibito multorum testimonio, sollempniter confirmari ab episcopo impetravit, anno Domini M^o C^o septuagesimo septimo. Cum igitur divina me reduxisset clementia anno abhinc tercio, qui est annus Verbi incarnati millesimus centesimus octogesimus, et apud Mepes morarer, et uterque, abbas videlicet et castellanus, in mea staret presentia, nactus oportunitate castellanus, et sponsionis sue non immemor, assumptis secum amicis suis, qui et mihi accepti erant, me obnixe deprecatus est, ut predictam donationem, sicut et prius episcopus, ita et ego ecclesie sancti Bertini privilegio meo et sigillo, propter irreptiones malignantium, confirmarem. Ut ergo huic donationi nemo audeat in posterum refragari, in presentia hominum meorum, qui illic aderant, privilegii datione et sigilli mei impressione muniri et corroborari feci. Hujus confirmationis et donationis testes sunt :

> « GERARDUS de Meschines, sigillarius meus. PETRUS, capellanus meus, de Ruould. Magister WILLELMUS, Anglicus. BALDUINUS de Betunia. ANTHONIUS, dapifer de Sancto Audomaro, et alii plures.

« Actum est hoc anno Domini M^o C^o LXXX°. »

XLIII.

DE QUIBUSDAM SANCTORUM RELIQUIIS.

Circa idem tempus, venerabilis abbas noster, de quo mentionem agimus, reperiens gloriosas reliquias, digitale scilicet beate Marie, matris Christi, cum capillis, et diversa pignera apostolorum Petri et Pauli, cum nonnullis aliis sanctorum reliquiis, cuncte plebi venerandas declaravit, signis miraculosis sequentibus super viro et muliere Audomaricolis ; demum in theca, miro decore ornata, reposuit, que hactenus penes nos servatur, veluti patet per hec metra sequentia, ad commendationem contribuensium edita, hoc modo :

> Clauditur hoc opere, quod gemmis fulget et ere,
> Ad decus ecclesie, sancte digitale Marie.
> Virgo Maria, tuum digitale, tuosque capillos
> Qui sic texit, eum precibus tuearis, et illos
> Huic operi sua qui tribuendo fuere benigni,
> Semper ab insidiis hostis defende maligni.
> Hoc tibi gratum sit fabricatum vas ope Christi.
> Fabrice mundi fabricatorem genuisti.
> Per te, Christe, via, quem semper virgo Maria,
> Nil operante viro, circumdedit ordine miro,
> Cujus in hec cura vigilavit, luce futura,
> Pax ubi vera datur, per te sine fine fruantur
> Huic operi dantes operam vel opes. [Tua[1]], Petre,
> Hec foris exclusit Petrus, interiusque reclusit
>   Arte manuque sua, pignera, Paule, tua ;
>   Mox ut opus fuerit experiatur opem.

XLIV.

QUALITER ABBAS NOSTER DIU LANGUIT FEBRIBUS.

Ut autem de gestis hujus abbatis breviter concludam, semper, quamdiu compos sui extitit, studium ejus et intentio in edificando aliquid vel fabricando fuit, vel eciam acquirendo. Verum quatuor annis, vel paulo plus, ante suum obitum, febrem quartanam incidens, cum fere cunctis diebus, sicut superius diximus, tepide in religione vixisset et remisse, accepta de necessitate infirmitatis occasione, quia quartanariis delicatis cibis et optimo vino uti precipitur, potui et sumptuosis epulis nimis indulsit[2].

---

[1] Supplevimus *tua*.

[2] Ita quod illud Boetii manifeste in eo videretur impleri, « Multos delicie morbos et intolerabiles dolores, velud quendam nequitie fructum, fruentium solent inferre corporibus. » *In marg. Cod.*

XLV.

DE JACTURA REDDITUUM ECCLESIE.

Quia uno inconvenienti dato plura solent contingere, multa exinde tam interius quam exterius cotidie super nos accrescebant inconvenientia, que longum esset enarrare per singula. Ut autem de multis pauca loquamur, domnus abbas dietim per se et per medicos suos delitiose vivendo multa expendebat; prior claustralis, qui similiter multociens infirmabatur, eadem faciebat; omnesque, exemplo prelatorum, consentanei et inexcusabiles in hoc videbantur, potacionibus et commessationibus operam plus justo dantes. Hinc omnia monasterii ministeria, presertim cellararii et vinitarii, in profundum debitorum redacta sunt; ita quod unde solvi possent non esset apud nos substantia, neque hoc evenisset si naturalem appetitum sequuti fuissent.

XLVI.

QUALITER ABBAS ISTE PRELATURE CESSIT.

Crevit interea inter fratres discordia, adeo ut, tam in Remensi quam in Philippi Flandrarum comitis curiis, de abbate novo nobis destinando frequenter tractaretur; et, ut relatum fuit, quidam per conductitios mediatores, a comite et archiepiscopi consiliariis, non sine periculo anime sue, abbatiam Sithiensem irreligiose per munerum promissiones querebant.

Hoc cum nostrates comperissent, evocato Morinorum episcopo Desiderio, abbatem Simonem rogaverunt, ut pastorali renunciaret cure, honestius ac utilius esse dicentes ut abbatiam sponte desereret, quam quod ei aufferretur invito. Consilio itaque filiorum et precibus acquiescens, resignavit curam regiminis Johanni, Laubiensi monaco, bone vite viro, v° idus jul., millesimo centesimo octogesimo sexto dominice nativitatis anno, assignata ad necessaria vite, quamdiu viveret, apud Poperinghem, pensione, et prioratu de Ocslara cum omnibus suis pertinentiis.

XLVII.

DE OBITU ET SEPULTURA PRETITULATI ABBATIS.

Vixit autem in prioratu jam relato, juxta Casletum sito, abbas noster mensibus sex, diebus de viginti duobus demptis, quo in loco consortiis caruit humanis, quarto kalendarum februarium; et inde huc delatus in navi ecclesie prope introitum chori, juxta Heriberti pie memorie abbatis tumulum, ex aquilonis parte, ante reverendam dominice passionis representationem, quam ipse decorari fecerat, sepulture est traditus.

Et hic finit continuator Simonis, qui gesta habet Leonis, Godescalci et Simonis III[1].

XLVIII.

INSTITUTIO CEREI ARDENTIS IN LANTERNA VITREA ANTE BEATI PATRIS BERTINI CAPSAM.

« Presentes sciant et futuri, consensu tocius capituli, a domno Simone, abbate suprascripto, constitutum esse, ut ante patrem sanctum Bertinum cereus ardere debeat die noctuque in perpetuum. Hoc autem Philippus, hujus conventus prior, ob sancti pignoris amorem, inchoans, Deo favente, labore proprio ad effectum usque produxit. Emit enim sua peculiari acquisitione terram in pago Broburgensi sitam, ex qua annuatim quatuor marche proveniunt, que nunquam pro alio accidentali poterunt imminui, duobus quoque temporibus, videlicet in purificatione beate matris Marie, et festo sancti Martini hyemalis, fideli libramine, a censoribus erunt persolvende. Nec sit aliquis qui a sancti hujus veneratione subtrahere audeat, nisi velit anathematis censuram incurrere. Pro hujusmodi benefactis, memoratus prior anniversarium habet, a sepefato abbate

[1] Leg. II. Hæc extrema verba adjecit, ut videtur, librarius.

stabilitum, die sui obitus, quinto scilicet nonarum martii. Cujus anima preventu mortalitatis, dignum penitencie fructum non perdat, sed per misericordiam Dei in pace requiescat. Amen. »

XLIX.

ALIUD PRIVILEGIUM LUCII PAPE TERCII.

Biennio quam prius memoratus abbas prelature cederet, accepit privilegium a Lucio tercio papa, in quo continetur libertas ecclesie; et ut nullus in parochiis nostris ecclesiam vel monasterium, absque nostro assensu, edificare vel edificatum tenere presumat, et de omnibus terris comitatus Broucburgensis duas garbas decime, de omnibus berquariis atque vaccariis plenam decimationem habere decernit; in Tornacensi episcopatu, altare de Runbeka liberum a personatu, salvis redditibus episcopalibus; item ut terciam partem alletium recipiamus, et sepulturam omnibus sepeliri in hoc cenobio cupientibus liberam, demptis excommunicatis. Necnon alia nobis confirmat, cujus privilegii textus habetur in hac forma.

L.

EXEMPLAR PRIVILEGII.

« Lucius, episcopus, servus servorum Dei, dilectis filiis Simoni, abbati monasterii sancti Bertini, ejusque fratribus, tam presentibus quam futuris, monasticam vitam professis imperpetuum. In eminenti apostolice sedis specula, disponente Domino, constituti, sicut imitari predecessores nostros in bonis debemus operibus, sic eciam summam curam adhibere nos convenit, ne quod ab ipsis pia fuerit provisione statutum, nobis, quod avertat Dominus, negligentibus, quorumlibet valeat impulsione turbari. Eapropter, dilecti in Domino filii, decisionem controversie, que inter monasterium vestrum et bone memorie Petrum, quondam Cluniacensem abbatem, pro subjectione, quam idem abbas sibi in vestro monasterio vindicabat,

22 dec. 1184.

quemadmodum a predecessore nostro felicis memorie papa Innocentio, fratribus suis presidentibus et collaudantibus, facta est, et scripti sui munimine roborata, imitantes pie recordationis predecessorum nostrorum Eugenii et Alexandri, pontificum Romanorum vestigia, auctoritate apostolica confirmamus, et ratam permanere censemus. Privilegiis itaque, Cluniacenses que super hoc se habere ab apostolica sede dicebant, ab eodem Innocentio, justicia dictante, cassatis, ad exemplar predictorum predecessorum nostrorum Romanorum pontificum, tam vos quam successores vestros, necnon et ipsum monasterium sancti Bertini ab hujusmodi lite et Cluniacensium subjectione absolvimus; idemque cenobium libertati proprie restitutum, salvo jure Taruanensis ecclesie vel episcopi, sub solius Romane ecclesie ditione vel tutela perpetuo permanere decernimus. Ad indicium autem, etc. [Ut in privilegio Innocentii pape, supra scripto.] Locum ipsum, juxta castrum Sancti Audomari, in quo prefatum monasterium situm est, cum omnibus pertinentiis suis. In Morinensi parrochia, etc. [Ut in eodem privilegio Innocentii.] In Cantuariensi parrochia, ecclesiam de Trulega, ecclesiam de Cilham, cum earum capellis et aliis pertinenciis suis. Compositionem preterea inter vos et abbatissam de Broburg super terminos parrochie vestre, de assensu partium factam, sicut hinc inde recepta est, et in scripto autentico venerabilis fratris nostri Morinorum episcopi continetur, ratam habemus, et eam auctoritate apostolica confirmamus. Quod autem de capella et cimiterio leprosorum de Broburg a bone memorie Milone, episcopo Morinensi, statutum est, et scripto suo firmatum, ratum manere censemus, ita videlicet ut in eadem capella leprosis tantum et sibi servientibus divinum celebretur officium; atque in eorum cimiterio nulli, nisi leprosi et eorum familie, tumulentur. In monasterio quoque sancti Silvini, apud Alchiacum, abbas vester, qui pro tempore fuerit, tanquam in speciali filia, secundum Dei timorem, et beati Benedicti regulam, corrigendi que corrigenda sunt, cum religiosorum virorum consilio, plenam, sicut hactenus, habeat potestatem. Statuimus eciam ut, infra terminos parrochiarum vestrarum, nullus ecclesiam vel oratorium absque vestro assensu, edificare presumat, salvis tamen privilegiis Romanorum pontificum. Stationes autem publicas ab episcopo in vestro monasterio, seu episcopum illuc venire, nisi ab abbate et fratribus fuerit evocatus, omnimodo fieri prohibemus. Possessiones preterea et decimas, quas monasterium vestrum a quadraginta annis inconcusse possedit, et inpresentiarum sine controversia possidetis, in omnibus et per vos eidem monasterio auctoritate apostolica confirmamus. Sane novalium vestrorum, que propriis manibus aut sumptibus colitis, sive de nutrimentis animalium vestrorum, nullus a vobis decimas exigere vel extorquere presumat. Liceat quoque vobis clericos vel laicos, e seculo fugientes, liberos et absolutos ad conversionem recipere, et eos absque contradictione aliqua retinere. Cum autem generale interdictum terre fuerit, liceat vobis, januis clausis, exclusis excommunicatis et interdictis, non pulsatis campanis, subpressa voce divina officia celebrare. In parrochialibus siquidem ecclesiis, quas habetis, liceat vobis sacerdotes eligere, et diocesano ecclesie presentare, quibus, si ydonei fuerint, episcopus animarum curam committat : ita quidem quod ei de spiritualibus, vobis autem de temporalibus, debeant respondere. Crisma vero, oleum sanctum, consecrationes altarium seu basilicarum, ordinationes vero monachorum, qui ad sacros ordines fuerint promovendi, a diocesano suscipiatis episcopo, si quidem catholicus fuerit, et gratiam atque communionem sedis apostolice habuerit, et ea vobis gratis et absque pravitate aliqua voluerit exhibere ; alioquin liceat vobis quem malueritis catholicum adire antistitem, qui nimirum, nostra fultus auctoritate, quod postulatur indulgeat. Sepulturam quoque ipsius loci liberam esse decernimus, ut eorum devocioni et extreme voluntati qui se illic sepeliri deliberaverint, nisi forte excommunicati vel interdicti sint, nullus obsistat, salva tamen justicia illarum ecclesiarum a quibus mortuorum corpora assumuntur. Obeunte vero te, nunc ejusdem loci abbate, vel tuorum quolibet successorum, nullus ibi qualibet surreptionis astucia seu violentia preponatur, nisi quem fratres, communi consensu, vel fratrum pars consilii sanioris, secundum Dei timorem et beati Benedicti regulam, providerint eligendum. Decernimus ergo ut nulli omnino hominum, etc. [Usque ad finem, ut in privilegiis Innocentii pape et Celestini suprascriptis.]

« Ego Johannes, tituli sancti Marci presbiter cardinalis.

« Ego Laborans, presbiter cardinalis sancte Marie trans Tiberim, tituli Calixti.

« Ego Humbertus, tituli sancti Laurencii in Damaso presbiter cardinalis.

« Ego Pandulfus, presbiter cardinalis tituli basilice duodecim Apostolorum.

« Ego Lucius, catholice ecclesie episcopus. Sanctus Petrus. Sanctus Paulus.

« Datum Verone, per manum Alberti, sancte Romane ecclesie presbiteri cardinalis et cancellarii, xi. kal. januarii, indictione iii^a, incarnationis dominice anno m° c° lxxxiiii^{to}, pontificatus vero domni Lucii pape tercii anno quarto. »

Hinc sequitur auctorisatio legis quondam facte de ministerialibus, qui moderno tempore ballivi appellantur, predii et ville sancti Bertini de Popringhem, per Philippum Flandrarum comitem, filium Theoderici, in Guatina humati.

LI.

TEXTUS LITTERE TALIS HABETUR.

1179.

« In nomine Patris et Filii et Spiritus Sancti. Amen. Ego Philippus, Dei gratia, Flandrensium et Viromandorum comes, notum fieri volo presentibus et futuris, me, ad peticionem Simonis, abbatis, et fratrum cenobii sancti Bertini, ea que ab antiquis temporibus pro quiete et securitate prenominate ecclesie patrata sunt, sed et Theoderici, patris mei, et aliorum predecessorum meorum privilegiis confirmata, de recenti reconfirmasse, et ea, prout Dominus dederit, vita comite, velle modis omnibus confirmare. Unde, quoniam ministeriales ville de Popringhem, quam ecclesia sancti Bertini antiquo jure possidere dinoscitur, multas et magnas injusticias sepius in suis ministeriis faciunt, homines depredando contra voluntatem monachi, procurationem ville habentis, et sine judicio scabinorum coactas petitiones faciendo, et plus quam decimum nummum de placitis, que ad abbatem pertinent, ecclesie violenter auferendo, ratam et inconvulsam decernimus. Conventionem olim inter Lambertum abbatem et Lambertum ministerialem de Poperinghem, teste capitulo, coram ecclesie hominibus, carta et sigillo sancti Bertini confirmatam; eamdemque legem de ceteris ministerialibus ecclesie tenendam auctorisamus, ut scilicet nullus eorum vel per hereditariam successionem, vel in feodum habeat suum ministerium, nec alio modo quam abbati vel ecclesie dare placuerit. Et ministerialis de Popringhem decimum nummum tantum, secundum prefatam conventionem, de placitis jure suo accipiat. Hujus confirmationis testes subscripti aderant presentes :

« Desiderius, episcopus Taruanensis. Robertus, frater ejus, prepositus Insulanus. Gerardus de Mescines. Willelmus de Mescines, notarius comitis. Eustacius, camerarius. Rogerus, castellanus Cortracensis. Walterus de Locres.

« Actum est hoc Arie, anno m° c° lxxix^{to}. »

LII.

IDEM COMES FLANDRIE, DE QUERELA SOPITA INTER SANCTUM BERTINUM ET WALTERUM DE FORMISELLE SUPER PALUDE DE HONELA.

TEXTUS PACIFICATIONIS TALIS.

« In nomine Patris et Filii et Spiritus Sancti. Ego Philippus, Flandrie et Viromandie comes, notum facio presentibus et futuris, quod controversia, que inter ecclesiam sancti Bertini et Walterum de Formisela, de palude de Honlle orta est, in hunc modum, in presentia

1186.

mea, bono pacis est terminata. Cum ecclesia sancti Bertini prefatam paludem trecentis ferme annis, vel parum plus aut minus, possedisset, et usumfructuarium exinde semper Walterus, ex occasione comitatus quem in villa de Honlle habebat, jus proprietatis in fundo dicte paludis vindicare voluit. Sed tandem in se reversus, saniori consilio, in presentia mea et hominum meorum, quod injuste aliquid juris inibi reclamaverat recognovit, et se penitus ab illa injusta reclamatione cum exfestucatione abrenunciando absolvit, et idipsum uxorem, liberos et fratres abrenunciare fecit. Quia tamen Walterus, non ex propria deliberatione, sed perversorum quorumdam consilio depravatus, hanc calumpniam inceperat, abbas sancti Bertini, consilio et precepto meo, predicto Waltero septuaginta libras dedit, et sic ab omni injusta vexatione requiescendi spem et fiduciam acquisivit. Et ut possessio ecclesie in posterum libera et quieta permaneat, ego auctoritate sigilli mei totam paludem illam de Honela, usque in Wateneleth, ecclesie sancti Bertini in perpetuum confirmo, et, testimonio hominum meorum apposito, cartam hanc ratam et firmam esse decerno. Testes :

« GUERARDUS, Insulensis prepositus. WILLELMUS, castellanus sancti Audomari. GISLEBERTUS DE ARIA. BALDUINUS DE HAVESKERKA. JOHANNES DE RININGA. THEODERICUS DE RUBRONC. FOLCARDUS et DANIEL, monachi sancti Bertini.

« Actum est hoc anno Domini millesimo centesimo octogesimo sexto, apud Ruhout. »

LIII.

Penultimo quam prius anno Simon abbas suo cederet regimini, requiritur ab incolis predii sui de Atcona, quod ad presens nuncupamus Atquinium, juxta articulum privilegii apostolici ubi dicitur : « Statuimus eciam ut infra terminos parrochiarum vestrarum nullus ecclesiam vel oratorium, etc. » quatenus assensum daret basilicam construendi in septis sue parrochie de Atcona sive Acquinio memorate.

LIV.

TEXTUS LICENTIE CONSTRUENDI.

« In nomine Patris et Filii et Spiritus Sancti. Ego Desiderius, Dei gratia, Morinorum episcopus, notum facio tam presentibus quam futuris, quod, cum Willelmus de Arfrenges et convicanei sui, longe positi ab ecclesia, assiduas incommoditates sustinerent, multa precum instancia facta ad nos et ad abbatem sancti Bertini, tandem accepta ab ecclesia beati Bertini licentia, nostro assensu capellam construendi infra terminos parrochie de Acquinio, hanc de substituendo capellano et de rebus capelle disponendis ordinationem ab eadem ecclesia impetrarunt, quam se servaturos esse unanimiter compromiserunt, salvo in omnibus jure episcopali. Willelmus itaque et sui coadjutores quadraginta mensuras terre presbitero capelle, vel centum solidos Flandrie monete, si presbiter eos magis amaverit, ad sustentamentum victus et vestitus assignaverunt, quos nec ecclesia sancti Bertini ad se unquam debebit attrahere, nec collatores elemosine vel successores eorum in suos poterunt usus revocare. Si autem presbiter pro tali precio capelle noluerit servire, illi a quibus ecclesia descendit, si capellanum voluerint habere, quod necessarium ei fuerit tenebuntur supererogare. Sane institutio et substitutio capellani ad nullum alium nisi ad abbatem sancti Bertini pertineat, ita quod domnus episcopus debita sibi presentationis reverentia non careat, conservato quoque jure ecclesie de Acquinio de sepultura mortuorum, de sponsalibus, de baptisteriis, de reconciliatione parientium, de confessionibus, anniversariis, tricenariis, et de omni canonica consuetudine, quam fideles matri ecclesie diebus determinatis debent. Si quid autem presbitero capelle, simplicibus festis vel privatis diebus, oblatum fuerit, sine reclamatione et placiti controversia ei remanebit. In recompensatione vero harum voluntariarum oblationum, Willelmus raseriam frumenti, in festivitate sancti Michaelis annuatim, apud Kinendale, solvendam ecclesie de Acquin assignavit, quam Elbodone Eolpith[1], censuarius predicti Willelmi, et sui successores perpetualiter solvent : ita quod, si tempore prescripto raseria illa soluta non fuerit, monachus prepositus de Acquin, cum scabinis a predicto Elbodone, vel successoribus suis, pant accipere, et, donec frumentum suum habuerit, libere poterit retinere. Ne igitur in posterum de hoc aliqua questio emergere possit, conventio hec cirographi, particione nostro sigillo insignita, et beati Bertini sigillo appenso corroborata, perpetuam generet memoriam, et omnem ambiguitatis seu discordie eliminet incidentiam. Hanc religiose conventionis cartam quisquis infregerit, auctoritate Domini nostri Jesu Christi, et sanctorum canonum, et nostra, anathemati subjaceat. Amen.

« Actum est hoc anno Domini millesimo c. octogesimo vi[to]. »

LV.

SIMON, ABBAS PRETITULATUS. QUOMODO QUIDAM HENRICUS DE INSULA VOLEBAT SE SUBTRAHERE A PARROCHIALI JURISDICTIONE ECCLESIE DE TRULLEGA. HEC LITTERA ABBATIS JAMDICTI ANNO X° FACTA EST.

SEQUITUR TEXTUS.

1176.

« Ego Simon, Dei patientia, abbas sancti Bertini, notum fieri volo presentibus et posteris, quod, cum Henricus de Insula a parrochiali jurisdictione ecclesie de Trudlega se niteretur subtrahere, et ob id inter ecclesiam sancti Bertini, ad cujus titulum memorata parrochia pertinere dinoscitur, et eundem Henricum controversia verteretur, tandem, abdicata injuria sua, tam ipse Henricus quam uxor ejus Margareta, atque heredes ipsorum, Cantuarie, in capitulo presbiterorum, assistente Huberto, archidiacono Cantuarensi, ac magistro Willelmo de sancta Fide, se parrochianos esse predicte ecclesie sancti Michaelis de Trudlega recognoverunt, ac decimas tam frugum quam nutrimentorum et aliarum omnium rerum suarum, que eis renoventur in anno, eidem ecclesie fideliter debere. Hoc autem ea

[1] Fort. leg. *Colpith*.

ratione factum est, ut tam ipsi quam parentes eorum in benefitiis et orationibus sint ecclesie beati Bertini, et ut dies obitus memorati Henrici et uxoris ejus Margarete, anniversarius quando evenerit, sicut unius fratris congregationis predicte ecclesie in regula annotetur. Insuper eciam in federe perpetue pacis, prefatus Henricus unum de filiis suis puerum trans mare abbati mittet, qui videlicet puer litteris instructus, ac ceteris vite necessariis per abbatem diligenter educatus, post tres aut quatuor annos, si voluerit, monachus efficietur.

« Acta sunt hec anno Domini m. c. septuagesimo sexto, Cantuarie, in ecclesia sancte Marie, presente Herberto, archidiacono, et per manum ipsius confirmata, in conspectu eciam capituli de Hospringa, assistente magistro Willelmo de sancta Fide, ac pluribus aliis boni testimonii personis tam ecclesiastici ordinis quam secularis; presidente in ecclesia beati Bertini predecessore meo pie memorie Godescalco, abbate. »

LVI.

Magnificetur Deus unicuique suorum fidelium, non ex operibus meritoriis et justicie, sedj uxta mensuram amplissime caritatis sue, tribuens dona carismatum, qui eciam voluminis hujus corpus, opera pauperis ac modici famosi Sithiu cenobii religiosi, inchoari, mediari et terminari permisit. Faxit ergo diu esse, quatinus Sitdiu cenobiali gremio valeat deservire. Et quidem ipse scribens non quod debuit exsolvit, verum quod pro exiguis viribus potuit, ut filii, matris sue Syon speculamine, suique consortes enarrent filiis qui nascentur et exurgent, quo amplius ponant in Deo et sanctis spem suam, et non obliviscantur benefactorum ac operum veteranorum patrum ejus. Fatetur item ipse non vinculo obedientie, prout nonnulli ex senioribus patribus suos spirituales cenobitas, ne otio torperent, et exinde ad rumores mundanos proniores essent, coegerunt, et quidem congrue, verum hinc inde librata nedum vacatione fratrum honesta, sed et monasterii sui utilitate, istud Deo, sancto Petro sanctoque

Bertino, exemplo excitatus priorum, devotus offerre et fratribus. Nec putet lector scriptorem, immo potius transsumptorem, quicquam novi auctoritate sensuali addidisse, quin patrum suorum Folcuini, Simonis et Johannis Longi, abbatum, traxerit ex pharetra, aut ex litteris autenticis vel oculo tenus inspexerit, ut, ita multiplicatis libris, ignorantia procul pellatur ecclesie juris. Interdum etenim visum est ex voluminibus similibus nonnulla a gliribus, soricibus, murilegis et id genus animalibus, vel abscisione foliorum, dividi, corrodi, annulari, stillicidio putrefieri, igne fortuito cremari; quod, ut remur, non fiet de presenti, si in manibus inciderit ecclesiastici zelatoris. Demum de omissis veniam postulaturus, si quid reperibile in eo sit laudis, ad laudem petit transeat Conditoris. Amen[1].

---

[1] Comitatus Flandrie erigitur anno Domini viii^e lxii^o.

Arthesium erigitur anno m° c° iiii^{xx} xix.

Castellania Sancti Audomari membrum fuit Flandrie.

Mutuum factum ex ea comiti Guidoni Flandrie, anno m° ii^c iiii^{xx} vi.

Balliviatus Sancti Audomari annis centum i. eo amplius erectus est post erectionem comitatus Arthesii. *In marg. Cod.*

INDEX GENERALIS.

A

ABBATIS VILLA, p. 280-281.
ABBUNFUNTANA, fluvius in pago Taruanensi, p. 65.
ABEL, abbas, p. 26.
ACCARDUS, Taruennæ civitatis præsul, successor Humfridi, p. 116.
ACHARDUS, Morinensis archidiaconus, p. 236, 237.
ACHILLEUS, martyr. Ejus ossa, p. 345.
ACQUICINENSES inter se tumultuantes, p. 278. V. ACQUISCINCTUM et ATQUINIUM.
ADALA, conjux Arnulfi magni, Flandriæ comitis et abbatis monasterii Sithiensis, p. 141, 142, 150.
ADALARDUS, abbas cœnobii Sithiensis, Hugonis abbatis successor, p. 92, 94, 97, 107, 109, 110, 161, 162, 165, 166.
ADALOLPHUS, markisus, p. 138. — Filius Balduini Calvi, comes et abbas Sithiensis, p. 140, 141.
ADALOLPHUS II, monasterii Sithiensis monachus, cui ejusdem monasterii regimen ab abbate Regenoldo fuit commissum, p. 142, 153, 154, 170.
ADALFREDUS, vir illuster, p. 31.
ADALGERUS, episcopus, Erkembodi successor, p. 50.
ADALSTENUS, rex Angliæ, p. 145.
ADLINGEEM, altare in diœcesi Tornacensi, p. 176.
ADRIANUS papa IV, p. 326, 331.
ADROALDUS, vir illustrissimus, tradit almo Bertino, in territorio Taruanensi, villam sui juris Sithiu nuncupatam, p. 17 sq.
ADVENNIS, p. 301.
ADVOCATUS, p. 142, 154, 166, 167, 183, 184.

AFFLIGENSE monasterium, in Brabantia, p. 332.
AGANESBERGA, locus, p. 159.
AGILO, Blandinii monasterii in Gandavo gubernator, p. 145.
AGNIONA sive AGNIO, fluvius, p. 18, 49, 186, 219, 225, 263, 312, 316, 335, 343.
AGULFUS, vir illuster, p. 21.
ALAMANNIA, p. 89.
ALBERTUS DE BELLE, Morinensis episcopus, p. 265.
ALBERTUS, S. Romanæ ecclesiæ presbiter cardinalis et cancellarius, p. 366.
ALBOLDUS, præpositus, p. 236.
ALBRICUS, Sithiensis monachus, Arkas veniens crudeliter apprehensus et deturpatus, p. 185.
ALCHIACENSIS ecclesia, p. 273.
ALCHIACUM (monasterium S. Silvini apud), p. 197, 219, 332, 364. — In pago Taroanensi, p. 18, 98, 241, 262, 294.
ALDENFORT, villa, p. 218, 242, 246, 311, 315.
ALDOMHEM, villa, p. 103, 124.
ALEKIN, villa, p. 242.
ALEXANDER papa III, p. 332, 333, 338, 349, 351, 352, 353, 354, 364.
ALEXANDER, præpositus de Vuatenis, p. 340, 347.
ALEXIS, abbas Bergensis, p. 340, 345, 348.
ALFRIDUS, abbas Sancti Vulmari, p. 176.
ALGERUS, abbas de Capella, p. 345.
ALLODIUM, p. 218.
ALODIS, p. 150, 159.
ALPES, p. 126.
ALQUERUS, Sithiensis monachus, a quo monasterium S. Petri a fundamentis incœptum, p. 200.
ALSINGHE, locus, p. 348.
ALST, castrum, p. 299.

ALTEIA, fluvius, p. 49.
ALVISUS, Aquiscinensis abbas, p. 227. — Sithiensis monachus, Acquicinensis abbas, Attrebatensis episcopus, p. 278, 307, 308, 318, 321, 322, 323.
AMALFRIDUS, vir inclytus, p. 28.— Vir illuster, p. 29, 30, 32.
S. AMANDI monasterium, p. 110.
AMLACHARIUS, episcopus, p. 26.
AMNEIO, in pago Taroanensi, p. 18.
AMULRICUS, conestabularius, p. 221, 258.
ANACLETUS, Petri Leonis filius, papa electus, p. 301, 302.
ANAGNIA, civitas, p 354.
ANASTASIUS papa IV, p. 326.
ANDERNIACA villa, p. 121.
ANDIACUM, p. 59.
ANESIN, altare in Attrebatensi episcopatu, p. 227, 261, 319.
ANGABERTUS, vir illuster, p. 31.
ANGLI, p. 138.
ANGLIA, p. 197, 268, 305, 326, 335.
ANINESHEM, locus, p. 160.
S. ANSBERTUS, Rothomagensis episcopus, p. 33.
ANSELMUS, Cameracensis archidiaconus, p. 225.
ANSELMUS, Cantuariensis archipræsul, p. 266, 268, 278.
ANTHONIUS, qui et GODESCALCUS, abbas Sithiensis, p. 341.
ANTHONIUS, dapifer, de Sancto Audomaro, p. 359.
APPILIACUM, super fluvio Ysara, in pago Noviomensi, p. 40.
S. APRI monasterium, p. 145.
AQUIN, curtis, p. 340.
AQUINA (ecclesia de), p. 215, 218, 243, 311, 316.
AQUISCINCTUM, p. 281, 307. V. ACQUICINENSES et ATQUINIUM.
AQUISGRANI palatium, p. 84, 121.
AQUITANIA, p. 89, 92.
ARAGA, locus, p. 159.
ARECAS, villa, p. 67. V. ARKAS.
ARIA, monasterium, p. 162, 240, 257, 297, 367.
ARIACUM, p. 80, 162.
ARIBO, diaconus, notarius, p. 183.
ARKAS, villa, p. 27, 146, 150, 183, 184, 185, 186, 203, 204, 205, 215, 222, 235, 256, 262, 275, 293, 334, 340, 344.
ARKES (ecclesia de), p. 218, 243, 311, 315.

ARKES, S. Bertini villula, p. 305.
ARNOLDUS, senior de Arda, p. 258.
ARNOLDUS, abbas monasterii S. Petri in Gandavo, p. 286.
ARNOLDUS, nepos Caroli Danensis, Flandriæ comitis, p. 298, 299.
ARNOLDUS, abbas Affligensis in Brabantia, p. 332.
ARNULFUS, archidiaconus, p. 194, 205.
ARNULFUS magnus, Flandriæ comes et markio, abbas Sithiensis, filius Balduini Calvi, Flandriæ comitis, p. 141, 142, 143, 146, 147, 148, 149, 150, 151, 153, 306.
ARNULPHUS DE VENTI, p. 311, 316.
ARNULPHUS III, filius Balduini Montensis, Flandriæ comes, p. 197.
ARNULPHUS, archidiaconus Taruanensis, p. 225, 237, 244.
ARNULPHUS, præpositus ecclesiæ S. Mariæ et S. Audomari, p. 238, 242.
ARNULFUS, Gisnarum comes, p. 331.
ARVERNIA, urbs, p. 243.
ARVERNIS, p. 271.
ASCIUM, villa dominica, super fluvio Widolaci, p. 19, 65.
ASPRET, cella, ecclesiæ sancti Vedasti appendix, p. 278.
ATCONA, villa, p. 99. Nunc Atquinium, p. 368.
ATHALA. V. ADALA.
ATQUINIUM, sive ACQUINIUM, villa, p. 124, 368. — Parrochia, p. 369, 370. V. ACQUICINENSES et AQUISCINCTUM.
ATRIKE, villa, p. 259.
ATTINIACENSE merum, p. 28.
ATTINIUM, fiscum regium, p. 27, 28.
ATTREBATE, civitas, p. 123, 133, 148, 246, 277, 282.
ATTREBATENSIS ecclesia, p. 276, 277, 321.
AUDACHERUS sive AUDATHER, notarius, p. 122, 125, 163.
AUDOBERTUS, episcopus, p. 26.
S. AUDOENI monasterium Rothomagi, p. 305.
AUDOMARUS, clarus genere. Prolud. p. 1. — Præsul, p. 17. — Apostolicus vir, p. 18. — Pater, p. 18. — Episcopus, p. 19, 26. — Taruennensis ecclesiæ episcopus, facit domno Bertino privilegium ecclesiæ suæ, p. 22, 23. — Ejus reliquiæ, p. 148.
S. AUDOMARI castellum, p. 237. — Castrum, p. 364. —Villa, p. 187, 325, 393, 353. — Civitas, p. 185, 255.

INDEX GENERALIS.

AURIANA, abbatissa monast. Hunulficurtis, p. 28 sqq. — Filia Amalfridi et Childebertanæ, p. 32.
AUSTRASIA, p. 89.

AUTISSIODORENSE cœnobium, p. 197.
AUTISSIODORENSIS pagus, p. 89.
AVARORUM, id est Hunorum, regnum, p. 89.

B

BAAL, mons, p. 273.
BABONUS, sacebaro, p. 19.
BAGINGATUN, locus, p. 72.
BAGINUS, episcopus, p. 26.
BAIOARIA, p. 126.
BAISEU, locus, p. 245.
BALDETRANNUS, vir illuster, p. 31.
BALDRICUS, Noviomensis atque Tornacensis episcopus, p. 223, 224, 312, 316.
BALDRICUS, archidiaconus, p. 206.
BALDUINUS FERREUS, Flandrarum comes, p. 127, 140.
BALDUINUS CALVUS, marchisus Flandriæ, Boloniæ, Ternensisque comes, p. 134, 135, et abbas monasterii Sithiu, p. 139.
BALDUINUS BARBATUS, Flandriæ comes, p. 142, 153, 154, 176, 178.
BALDUINUS INSULANUS, Flandriæ comes, p. 180, 183, 184, 187, 194, 197, 203, 221, 256, 260, 311, 338.
BALDUINUS SECURUS sive HAPKIN, Roberti junioris filius, Flandrensium comes, p. 239, 254, 255, 257, 258, 259, 261, 278, 282, 286, 288.
BALDUINUS, comes, Caroli Danensis, Flandriæ comitis, nepos, p. 296.
BALDUINUS, filius Eustachii II, comitis Boloniensis et Idæ Namurcensis, rex Hierosolymitanus, p. 228.
BALDUINUS, filius natu minor Balduini Insulani et Richildis, frater Arnulphi III, p. 197.
BALDUINUS, frater Theoderici Elsatici, Taruanensis episcopus, monachus quondam Corbeiæ, p. 175, 176, 193, 303.
BALDUINUS, abbas Sancti Vulmari, p. 229.
BALDUINUS, cantor Tornacensis, p. 224, 230.
BALDUINUS, nobilis vir, conestabularius, p. 350.
BALDUINUS, castellanus, p. 205.
BALDUINUS, scabinus, p. 245.
BALLIVI (ministeriales qui moderno tempore appellantur), p. 366.
BALLIVIATUS Sancti Audomari, p. 372.
BALNEOS (monasterium qui dicitur ad), p. 145.
BALTHECHILDIS, regina, Chlotarii III mater, p. 22.

BANENWERC, locus p. 348.
BANNUM, p. 151.
BANWERCH, p. 247, 256.
BARLIN, in Attrebatensi parrochia, p. 318, 319, 321.
BARO, subdiaconus, notarius sanctæ romanæ ecclesiæ, p. 320.
S. BAVONIS monasterium, p. 146. — Cenobitæ p. 287.
BEBORNA, locus, p. 69.
BEINGAHEM, villa, p. 100, 124.
BELRINIUM, super fluvio Quantia, in pago Taruanensi, p. 49, 122.
BELVACENSIS pagus, p. 168, 293, 312, 316.
BENEDICTUS, Bellitrensis ecclesiæ episcopus, p. 183.
BENEFICIUM, p. 195.
BERGAS, p. 178, 197. — Bergis, p. 208, 221, 274.
BERGENSE cœnobium, p. 274.
BERGENSES monachi, p. 274.
BERGIS, curia, p. 339.
BERHARIUS, miles, p. 88.
BERMINGAHEM sive BERNINGAHEM, villa, p. 98, 100.
BERNARDUS, archidiaconus, p. 177.
B. BERNARDUS, Montis Pessulani civis, Sithiensis monachus, p. 355.
BERNOLDUS, Watiniensis præpositus, p. 221. — Abbas Watiniensis, p. 224.
B. BERTA, p. 33.
S. BERTINI abbates, p. 13 sqq. Ambitus castelli circa monasterium S. Bertini a Balduino Calvo, comite et abbate monasterii Sithiu, constructus, p. 139. V. SITHIU.
S. BERTINI villula in Arkes, p. 305.
BERTINUS, clarus genere, Prolud. p. 1. — Abbas, Sithiensis cœnobii primus structor, p. 15. — Ejus nominis etymologia, p. 15. — Relicta patria, Sithiu cum duobus adit, p. 16. — Sanctus vir, Sithiu templum lapidibus rubrisque lateribus intermixtum erigit, p. 17. — Abbas de Sitdiu monasterio, p. 20, 21, 24. — Compater Walberti comitis, p. 27, 28, 32, 34, 41.

BERTHRADA, uxor Pippini, p. 56.
BERTRUDA, mater Goiberti, p. 157, 158, 163.
BERTULFUS, præpositus Bergensis, p. 222, 248.
BERTUS, artifex, p. 109.
BETUNIA, civitas, p. 359.
BISENE, p. 229.
BLADARDUS, notarius, p. 31.
BLANDINIUM monasterium, in Gandavo, p. 127, 140, 145, 154.
BLANGIACUM monasterium, in pago Taruanorum, p. 33.
BLITMARUS, vir illuster, p. 31.
BODORA, subministerialis cujusdam majoris, p. 190.
BOFRICHEM (ecclesia de), p. 215.
BOLONIENSIS comes, p. 338.
BONEFATIUS, Albanensis episcopus, p. 183.
BONINGAHEM, villa, p. 107.
BONONIA, locus, p. 167.
BONONIENSIS pagus, p. 196.
BORTHEEM, locus, p. 80.
BOTH, p. 247.
BOTNIGAHEM, villa, p. 99.
BOVERINGHEM (ecclesia de), p. 218, 315.
BOVENKERKE, altare in Tornacensi parrochia, p. 231, 293, 312. — Ecclesia de Bovenkerke, in Tornacensi parrochia, p. 261, 295, 316.
BOVINGHEMSUAB, locus, p. 339. V. HINDRINGELD.

BOVO, abbas Sithiensis, p. 180, 181, 183, 184, 187, 188, 189, 190, 195.
BOVRIKERKE (ecclesia de), p. 243.
BOVRINKEHEM (ecclesia de), p. 311.
BRABANTIA, p. 286, 305, 332.
BRAGUM, p. 20, 21.
BRITANNIA, p. 89.
BROBURG, castellaria in Flandria, p. 187, 192, 193, 226, 262, 267, 275, 296, 338. — Ecclesia, p. 215, 218, 222, 236, 243, 301, 311, 315, 321. — Census, p. 329. — Cimiterium leprosorum, p. 364.
BROBURGENSIS parrochia, p. 337, 347. — Castellaria, p. 194, 204, 240, 256, 260, 349. — Abbatissa, p. 338, 346, 364. — Comitatus, p. 363.
BRODBORCH. V. BROBURG.
BROMA, locus in pago Bononensi, super fluvio Elna, p. 112, 113.
BRUCSELE (berquaria de), p. 261.
BRUGIS, p. 297.
BRUNO, vir illuster, p. 31.
BRUSELE (ecclesia de), p. 218, 311, 315.
BUNARIUM, modus agri, p. 165, 166.
BUONINGAHEM in marisco, locus, p. 124.
BURGENSES Sancti Audomari, p. 185.
BURGUNDIA, p. 89, 280.
BURTHEM, locus, p. 161.
BURY, villa, p. 252, 293, 312, 316.

C

C. CÆSAR, p. 302.
CAFITMERE, locus, p. 93, 94.
CALESIUM, civitas, p. 349, 350.
CALIXTUS papa II, p. 260, 261, 262, 263, 291, 292, 294, 295, 310.
CALKINGEHEM, capella, p. 230.
CALMONT, villa proprii juris sancti Bertini, p. 73, 124, 178, 190, 195. — Calmunt in Valles, p. 206. — Ecclesia in Noviomensi parrochia, p. 215, 316. V. CANETECURTIM.
CALVASART, villa, p. 245, 246.
CAMERACENSIS pagus, p. 21.
CAMPANIAS, locus in pago Taruanensi, p. 71, 72, 112, 165.
CANETECURTIM, id est Calmunt, in Noviomensi parrochia, p. 311, 316. V. CALMONT.
CANONICI regulares apud Lo, Eversam et Ypres, a Johanne, Morinensi episcopo, constituti,

p. 267. — Sancti Audomari, p. 269. — Ecclesiæ Taruanensis, p. 269.
CANTUARIA, civitas, p. 371.
CANTUARIENSIS parrochia, p. 364.
CANUTUS, rex Daciæ, p. 288.
CAPELLA, villa, p. 229.
CAPRIUNUS, fluvius, p. 65.
CAPSA, p. 164.
CARICIACUM, villa ubi regale palatium, p. 32. V. CRISCIACUM.
CARINUS, Morinensis decanus, p. 344.
CAROLUS, Ludovici Pii filius. V. KAROLUS.
CAROLUS BONUS, DANENSIS, comes Flandriæ, filius Canuti, regis Danorum, et Adelæ, filiæ Roberti Frisonis, p. 229, 257, 261, 288, 289, 293, 296, 297, 298, 312, 316.
CASLETUM castrum, p. 197, 362.
CASMERA, villa, p. 175.

INDEX GENERALIS.

CASTELLANIA Sancti Audomari, membrum Flandriæ, p. 372.
CASTELLANUS, p. 240.
CASTELLARIA Broburgensis, p. 194, 204, 240, 256.
CATHRIU, in pago Pontivo, super fluvium Alteiæ, p. 128.
CELESTINUS, legatus, Prenestinus episcopus, p. 252.
CELESTINUS papa II, p. 314, 317, 318, 320, 321, 366.
CELLA, p. 150.
CELLIS, locus, p. 278.
CENSUS de Broburg. p. 329.
CHILDEBERTANA, matrona Amalfridi, illustris viri, p. 32.
CHILDEBERTUS III, Francorum rex, Chlodovei III frater, p. 36, 38, 39, 41, 43, 45, 46.
CHILDERICUS II, rex, p. 35, 43, 45, 46.
CHILDERICUS III, Francorum rex, p. 50. V. HILDERICUS III.
CHILPERICUS II, Francorum rex, Dagoberti III successor, p. 42, 43, 44, 45, 46.
CHLODOVEUS II, rex, filius Dagoberti, p. 16, 19, 20, 35, 43, 45, 46.
CHLODOVEUS III, rex, Theoderici III filius, p. 34, 42, 43, 45, 46.—Ejus signum, p. 36.
CHLOTARIUS III, rex, Chlodovei II regis filius, p. 20, 26, 35, 43, 45, 46. — Commutationem villarum beati Bertini et Mummoleni confirmat, p. 20, 22.
CHONRADUS, pater Hugonis junioris, cœnobii Sithiensis abbatis, avunculi Karoli Calvi, p. 107. V. CONRADUS.
CHRISTIANUS, notarius, p. 187.
CHRODBERTUS, notarius, p. 41.
CHRODGARIUS, vir illustris, p. 55.
CHROTECHILDIS, regina, Chlodovei III genitrix, p. 36. — Ejus signum, *ibid.*
CHUNEBERTUS, grafio, p. 19.
CILHAM, ecclesia in Cantuariensi parrochia, p. 364.
CIMITERIUM leprosorum de Broburg. p. 364.
CLANESKERKE (decima de), in Tornacensi, p. 316.
CLAREMBALDUS sive CLEREMBALDUS, Attrebatensis archidiaconus, p. 221, 255.
CLAREMBALDUS DE LUSTINGEHEM, p. 261. — Allodii sui in villa Lustingehem donator, p. 218, 220.
CLARUS MONS, in Arvernis, p. 271.

CLARUS MARISCUS, locus, p. 335, 337, 338, 340.
CLEMENTIA, conjux Roberti II, Flandrensium comitis, p. 221, 236, 266, 269, 274, 276, 281, 286, 295, 300.
CLEMESKERKE (decima de), in parrochia Tornacensi, p. 216, 219, 311, 340.
CLOTHACARIUS, p. 35. V. CHLOTARIUS III.
CLUNIACENSES monachi, p. 218, 333, 364.
CLUNIACENSIS ordo, p. 327. — Conventus, p. 331.
CLUNIACUM, p. 252, 268, 270, 273, 274, 280, 282, 284, 290, 291, 301, 302.
COCLARA (ecclesia de), in Tornacensi parrochia, p. 224, 261.
COCLERS (ecclesia de), in Tornacensi parrochia, p. 219, 223, 312, 316.
CODICES quos Johannes de Ypra, Sithiensis abbas, conscribi fecit, p. 207.
COEKA (ecclesia de), p. 215, 218, 311, 316.
COIACUM, villa, p. 101, 124.
COIKA, villa, p. 195.
COLONIA (bonum de), p. 195.
COLONIA AGRIPPINA, p. 343.
S. COLUMBANI pignora, p. 344.
COMETES stella apparet, p. 118.
COMITATURA, p. 234, 235.
COMITATUS, p. 205, 228, 240, 246, 247, 256.
COMPENDIUM palatium, p. 28, 125, 126, 135.
CONFELENS, castrum, p. 48.
CONON, legatus Franciæ et cardinalis, p. 284.
CONRADUS III, Romanorum imperator, p. 322.
CONRADUS, notarius, p. 48. V. CHONRADUS.
CONSTANTINOPOLIS, p. 322.
CONSTANTINUS pagus, p. 21.
CONSTANTINUS, vir illuster, p. 31.
CONSUETUDINES et comitatus, p. 228.
CORBEIA, monasterium, p. 153.
CORBUNACUM, locus, p. 40.
CORMETTES, locus, p. 263.
CRASMARUS, vir illuster, p. 31.
CRISCIACUM, palatium, p. 31, 33, 52. V. CARICIACUM.
CRUMBEKE, locus intra Mœnpiscum, super Fleterna fluv. p. 117, 249.
CULHEM, locus, p. 205. — Terra, p. 260.
CURMONTIUM, locus, in pago Bononensi, super Edivinia fluv. p. 80, 156, 158, 161, 165, 166.
CURSO (de), p. 157.
CURTES monasterii Sithiensis, p. 261. — Apud Scales, p. 235. — Sancti Bertini, p. 246.

D

Dadbertus, abbas Sithiensis monasterii, Nantharii successor, 55, 56, 57.
Dagmaringahem, locus, p. 80, 162, 165.
Dagobertus III, rex, filius Childeberti III, p. 41, 42, 44.
Dakingahem, locus, p. 124.
Dalvas, villa, p. 175.
Damasus, episcopus, p. 142.
Daventer, portus, p. 125.
David, Corbeiæ monachus, Taruennæ civitatis præsul, Wicfridi successor, p. 153.
David, abbas de Claro Marisco, p. 337.
Decanus Sithiensis, p. 153.
Decreta Gratiani, p. 340.
Desiderius, Morinensis episcopus, p. 345, 348, 350, 358, 361, 367, 369.
Desiderius, præpositus Insulanus et Tornacensis archidiaconus, p. 335.
Dilgia, fluvius in pago Taruanensi, p. 115.
S. Dionysii, martyris Christi, monasterium, p. 55, 56, 126.
Diorwaldingatun, locus in pago Bononensi, p. 111.
Diva, locus, p. 40.
Draucio, episcopus, p. 26.
Dringham, locus, p. 350.
Drogo, Taruanensium præsul, p. 186, 192, 193, 194, 264.
Drogo, Attrebatensis archidiaconus, p. 227.
Dudan, vir illuster, p. 31.

E

Ebertramnus, abbas Sancti Quintini, p. 20, 21.
Ebresengahem, p. 80, 161.
Ebroinus, præpositus, p. 68.
Ecclesia collegiata sanctorum Martini et Vinnoci, p. 178.
Ecloum, locus in pago Bononensi, p. 71.
Edekin, locus, p. 320, 321.
Edenenas, locus, p. 98.
Edessa, civitas christianorum, quæ et Rotasia dicitur, p. 322.
Edingehem (ecclesia de), p. 316.
Edivinia, fluvius in pago Bononensi. V. Curmontium.
Edwinus sive Etwinus, rex, p. 145.
Eggafridi capella, in Taruennensi parrochia, 232, 233, 259, 261, 267, 312, 316, 320.
Elbodone Colpith, censuarius Willelmi de Arfrenges, p. 370.
Elciacum. V. Alciacum.
Elcinum, villa, p. 195.
Elenbom, locus, 247.
Eltrudis, uxor Balduini Calvi, comitis Flandriæ et abbatis monasterii Sithiu, p. 140.
S. Eligii mons, juxta Attrebatum, p. 265.
Elna, fluvius in pago Bononensi, p. 113.
Elsled, locus, p. 339. V. Esled.
Elst, locus, p. 204.
Elstrud, locus, p. 246.
Elvardus, miles, p. 187.
Embreka, locus, p. 160.
Embriacum, locus, p. 158.
Embrica, locus, p. 167.
Enerelmus, decanus, p. 177.
Engelandus, monasterii Sithiensis præpositus, p. 145.
Enna, locus, p. 348.
Ennena, fluv. p. 159.
Epitaphium Johannis de Ypra, Sithiensis abbatis, 209. — Roberti Frisonis, Flandriæ comitis, ibid.
Erchanfridus, vir illuster, p. 31.
Erchembodus, lector, p. 39.
Erkembaldus, Sithiensis prior, p. 324.
Erkembaldus, Sancti Audomari canonicus, pontifex Morinensis electus, p. 265.
Erkenbodus sive Erkenbodo, abbas monasterii Sithiu, successor Erlefridi, p. 41, 42, 43, 44, 45, 46, 47. — Taruennensis ecclesiæ sublimatus episcopus, p. 48, 49, 51, 52.
Erlefridus, abbas monasterii Sithiu, p. 39, 40, 41.
Ermenfridus, vir illuster, p. 31.
Ermengerus, Alchiacensis abbas, p. 274.
Ermentruda, Karoli Simplicis regis mater, p. 136.
Ermentrudis, genitrix sancti Folquini, Taruanensis episcopi, p. 141.

ERMINGEHEM sive ERNINGHEM, altare, p. 231, 293, 295, 312, 316.
ERNOLFUS, Morinensis archidiaconus, p. 235.
ERNULFUS, advocatus, p. 176.
ESLED, locus, p. 186. V. ELSLED.
ETENASBERG, locus, p. 162.
EUDO, dux, p. 44.
EUGENIUS papa II, p. 80, 158, 163.
EUGENIUS papa III, p. 320, 321, 364.
EUSTACHIUS II, comes Boloniensis, p. 228.
EUSTACHIUS III, comes Boloniensis, filius Eustachii II et Idæ, p. 229.

EUSTACIUS, Philippi, Flandrarum comitis, camerarius, p. 367.
EUSTACIUS, præpositus de Monte Sancti Elegii, p. 348.
EUSTATIUS, comes, p. 187.
EUSTATIUS, advocatus Taruanensis, p. 205.
EUSTINGHEM, villa, p. 316.
EVERARDUS, vir illustris, monasterii Sithiensis advocatus, p. 142, 150, 154.
EVERARDUS, abbas Clari Marisci, p. 345.
EVERSA, ecclesia, p. 267.
EVERWINUS, miles, p. 88.

F

FABRICINIO, in pago Taroanense, p. 18.
FALCOBERG, mons, p. 138.
FAMES magna et mortalitas hominum per pestilentiam, p. 117, 118.
FEMETIR, p. 241, 317.
FEODUM, p. 357, 367.
FERENTINUM, civitas, p. 252.
FIDEI CREDITORES, p. 154.
FISCUS, p. 142, 150.
FLANDRIA, p. 229, 238, 246, 272, 276, 281, 286, 298, 299, 337, 349, 358, 372.
FLANDRIÆ moneta, p. 369.
FLECHMEL, locus, p. 260.
FLETERNA, fluvius intra Mempiscum, p. 117.
FLETRINIUM, in pago Isseretio, p. 68.
FLITMUM sive FLIDMUM, locus, p. 118.
FLORENTIUS, castellanus, p. 248.
FODERUM, p. 151.
FOLBERTUS, largitor, p. 72.
FOLBERTUS, Karoli Simplicis antesignanus, p. 137.
FOLBERTUS, Cameracensis episcopus, p. 142.
FOLCARDUS, vestiarius, p. 340.
FOLCO, canonicus, abbas Sithiensis, p. 126, 127. — Quondam Sithiensis abbas, Remorum archipræsul, p. 134, 135, 136.
FOLQUINUS, Morinorum episcopus, p. 85, 86, 88, 90, 91, 92, 93, 95, 111, 140, 179, 181, 225, 345, 346.
FOLQUINUS, Folquini monachi Sithiensis pater, p. 140, 141, 146.
FOLQUINUS, levita et monachus Sithiensis, chartularii Sithiensis scriptor, p. 15, 146, 154, 170, 372.
FOLQUINUS, Taruanensis canonicus, p. 244.

FONTANETI prælium in pago Autisiodorensi, p. 89.
FORMESELE, locus, p. 248.
FRAMERICUS, Morinorum episcopus, p. 193.
FRANCIA, p. 126, 246, 280.
FRANCIA OCCIDENTALIS, p. 89.
FRANCIA ORIENTALIS, p. 89.
FRANCILIACO, villa in pago Taroanensi, p. 18, 21.
FRANDRIS (in), p. 160.
FRAXERIÆ, locus in Frandris, p. 160.
FREDUM, p. 151.
FREKENAS, FREQUENA, FRESQUENA (ecclesia de), in Coloniensi parrochia, p. 149, 216, 219, 261, 312, 316.
FRESINGAHEM, villa in pago Taruanensi, super Agniona fluv. p. 62, 97.
FRESINNIUM, super fluvio Capriuno, in pago Taruanensi, p. 65.
FRIDOGISUS, Anglus, sancti Martini Turonensis et monasterii Sithiensis abbas, p. 74, 76, 77, 78, 79, 82, 87, 155, 156, 336.
FROOLPHUS, castellanus Bergensis, p. 248, 258.
FULCARDUS, Taruanensis decanus, p. 239.
FULCERIUS, Tornacensis decanus, p. 296.
FULGENTIUS, Affligementium abbas, p. 279.
FULQUINUS, cantor Taruanensis, p. 237.
FUNDENIS (ad) seu Malros, p. 18.
FURNÆ, p. 233, 259, 335.
FURNENSE territorium, p. 254, 293, 316, 355, 356, 357.
FURNENSIS villa, p. 248.
S. FURSEI monasterium, p. 158.

G

GALLIA, p. 288, 305.
GAMMO, notarius, p. 120.
GANAPE, p. 158, 160.
GANDA sive GANDAVUM, civitas, p. 127, 140, 203, 306, 323.
GAUZLINUS, abbas cœnobii S. Amandi, p. 131.
GAUZLINUS, notarius, p. 164.
GELASIUS, papa, p. 291.
GELDUINUS, Aquiscinensis abbas, p. 282.
GELWALDASTORP, locus, p. 124.
GERARDUS, Cameracensis episcopus, p. 187, 199.
GERARDUS, Morinensis episcopus, p. 212, 242, 244, 265.
GERARDUS, sanctæ Romanæ ecclesiæ presbiter cardinalis ac bibliothecarius, p. 317.
GERARDUS, camerarius, p. 258.
GERFRIDUS, abbas monasterii Blandinii in Gandavo et monasterii Sithiensis, p. 143, 144, 145.
GERARDUS, cancellarius, p. 206.
GERARDUS, præpositus, p. 236.
GERARDUS DE MESCIMIS, Philippi Elsatici, Flandriæ comitis, consiliarius sive sigillarius, p. 350, 359, 367.
GERBALDUS, diaconus, notarius, p. 63.
GERBODO, advocatus monasterii Sithiensis, p. 176, 183, 184, 186, 187, 201, 204.
GERFRIDUS, vir illuster, p. 31.
GERMANI ORIENTALES, p. 126.
GERMANUS, abbas sancti Winnoci, p. 176, 178.
S. GERMANI Autisiodorensis cœnobium, p. 189.
S. GERMANUS de civitate Parisii, p. 33.
GERTRUDIS, comitissa, Roberti Frisii conjux, p. 205.
GERWALDUS, Sithiensis monachus, p. 108.
GERVINUS, sancti Bertini cœnobita, abbas Alchiacensis, p. 197.
GILDESTORP (ecclesia de), in Coloniensi parrochia, p. 219, 312, 316.
GIRALDUS, abbas Hamensis, p. 242.
GISLEBERTI liber super epistolas Pauli, p. 341.
GISLEBERTUS, Andernensis abbas, p. 242.
GISLEBERTUS, castellanus de Bergis, p. 297.
GISLEFRIDUS, centenarius, p. 31.
GISNA, in pago Bononensi, p. 70, 71, 105.
GISNA sive GISNES, villa, p. 124, 332.
GISNES (ecclesia de), p. 215. — Silva apud Gisnes, p. 234. — Curtis abbatis Sithiensis apud Gisnes. — Altare de Gisnes, p. 242, 267.
GISTELLA, locus, p. 331.
GLINDONUM, locus, p. 20, 21.
GLOBUS ignis maximus de æthere lapsus, p. 118.
GODEFRIDUS, Lotharingiæ dux, rex Hierosolymitanus, p. 272.
GODEFRIDUS BULLONIUS, filius Eustachii II, comitis Boloniensis et Idæ Namurcensis, rex Hierosolymitanus, p. 228.
GODESCALCUS, quamplurium altarium persona, p. 295.
GODESCALCUS, sive Gothescalcus, Hamensis et Sithiensis abbas, p. 332, 333, 339, 341, 346, 356, 362, 371.
GOIBERTUS, Gundberti pater, plurimarum villarum largitor, p. 79, 80, 156, 157, 158, 159, 160, 161, 165, 166.
GOIFFRIDUS, Parisiensis præsul, p. 212.
GONTERUS, decanus Tornacensis, p. 224, 230.
GONTERUS, præpositus, p. 224.
GOTIA, p. 89.
GRANAI, villa, p. 152.
GRATH, piscaria, p. 219, 312, 316.
GRATIANI decreta, p. 340.
GRAVANGERUS, episcopus, p. 26.
GRAVELINGÆ, civitas, p. 349.
GRAVENINGA (ecclesia de), p. 215, 218, 226.
GREGORIUS papa II, p. 181.
GREGORIUS, abbas Andernensis, p. 246.
GREGORIUS, notarius, p. 182.
GREVELUNGA, altare, p. 243.
GREVENINGA, locus, p. 356.
GREVIA, locus, p. 124.
GRIMBALDUS, sacerdos sive diaconus et monachus Sithiensis, p. 114, 118, 129, 134.
GRISCIACUM palatium, p. 22. V. CRISCIACUM.
GRISOGONUS, sanctæ Romanæ ecclesiæ diaconus cardinalis ac bibliothecarius, p. 262.
GRUONOBERG, GRUONOMBERG, GRUONONBERG, locus, p. 80, 124, 162, 165.
GUALTERUS, Morinensis archidiaconus, p. 231.
GUARNESTUN. V. WARNESTUN.
GUATINA, ubi Philippus, Flandrarum comes, humatus, p. 366.
GUERARDUS, Insulensis præpositus, p. 368.

Guido, cancellarius, p. 224.
Guildestorp (ecclesia de), in Coloniensi parrochia, p. 216.
Gummarus, cancellarius, p. 222.
Guntbertus, Sithiensis monachus, filius Goiberti et Ebertrudæ, peritus scriba, plurimarum villarum largitor, p. 155, 156, 157, 160, 161, 162, 163, 167. — Duos antiphonarios propria manu conscripsit et tertium, quem elucidavit et aureis litteris decoravit, p. 79, 80. — Iturus Romam, p. 167. — Notarius, p. 67, 69, 71, 72, 88. — Præpositus, p. 93, 94.
Gunterus, Tornacensis præpositus, p. 230.

H

Haganus, cujus genus et nobilitas ignorabatur a Francis, super omnes a Karolo puero rege elatus, p. 136.
Haimericus, Romanæ ecclesiæ diaconus cardinalis et cancellarius, p. 294, 313.
Hamensis abbas, p. 332.
Hamma, locus super fluvio Marsbeke, in pago Mempisco, p. 129.
Hanelmos, villa, p. 196.
Hanonia, pagus, p. 305.
Hardradus, abbas monasterii Sithiensis, Dadberti successor, p. 57, 58, 59, 60, 63.
Harbela, villa, p. 175, 215. — Ecclesia de Harbela, p. 243, 311, 315.
Harduinus, Tornacensis civitatis episcopus, p. 176, 177.
Haroldus II, Angliæ rex, p. 197.
Hatstulfus, rex, p. 55.
Hautay sive Hantay, altare in Attrebatensi parrochia, p. 227, 293, 312, 316.
Haveskerke (ecclesia de) in parrochia Taruanensi, p. 239, 261, 267, 316, 320, 368.
Hebbencurt, locus in pago Vermandensi, p. 125.
Hebrona, cella, p. 68.
Hedenesberg, p. 80.
Hedinghem (ecclesia de), p. 311.
Heingaselis sive Heingasele, in pago Terwanensi, p. 115.
Helcin (ecclesia de), p. 215, 218, 243. — Altare, p. 260, 311, 316. — Villa, p. 245, 316.
Helescolke, locus, p. 260.
Helicbruna, fluvius in pago Bononensi, p. 113.
Hemfridus, præpositus, p. 154.
Hemmanwil, locus, p. 80.
Hemmawic, Hemmaving, locus, p. 162, 165.
Hencin, villa, p. 331.
Henricus I, Francorum rex, p. 180, 187.
Henricus V, imperator, p. 283.
Henricus I, rex Angliæ, p. 268, 288, 299.

Henricus II, rex Anglorum, p. 327.
Henricus, abbas monasterii S. Vedasti Attrebatensis, p. 277.
Henricus, decanus Tornacensis, p. 224, 230.
Henricus diaconus, notarius, p. 61.
Henricus de Insula, p. 370, 371.
Henrikengahem, Henrikengehem, sive Milhem, locus, p. 80, 159, 161, 165.
Herbela (ecclesia de), p. 218.
Herbertus, Taruanensis archidiaconus, p. 225, 232, 234, 235, 239, 241, 371.
Heremarus, decanus, p. 206.
Heribertus largitur res proprietatis suæ ad opus monasterii Sithiensis, p. 112.
Heribertus II, Roberti regis gener, p. 137, 138, 139.
Heribertus, abbas Sithiensis, successor Bovonis, p. 188, 190, 193, 194, 196, 197, 198, 199, 211.
Heribertus, Morinensis archidiaconus, p. 229, 231, 257.
Hermannus, abbas de Aldenburgo, p. 345.
Hermes, abbas Bergensis, p. 255, 274, 288, 289.
Hermingehem (ecclesia de), in Tornacensi parrochia, p. 261.
Hervetingehem, locus, p. 203.
Hestrut, locus, p. 246. V. Elstrud.
Hethenesberg, locus, p. 158.
Hetlingehem (ecclesia de), in parrochia Tornacensi, p. 216, 219.
Hettesnasmont, locus, p. 160.
Hettingeem, altare in diœcesi Tornacensi, p. 176.
Hicclesbecke, ecclesia in Mempisco, super fluv. Quantia, in pago Taruanensi, p. 95.
Hiddigareta, locus, p. 159.
Hieronimus, sancti Folquini, Taruanensis episcopi, pater, p. 141.
Hierosolyma, p. 271, 272, 285, 322, 357, 358.

HIEROSOLYMITANA expeditio, p. 344.
HILDEBERTUS, rex. V. CHILDEBERTUS.
HILDEBRANDUS, nepos Arnulfi, Flandriæ comitis, abbas Sithiensis, p. 146, 147, 153, 154, 155.
HILDEBRANDUS, sanctæ Romanæ ecclesiæ archidiaconus, p. 183.
HILDERICUS III, Francorum rex, p. 50, 51, 52, 55. V. CHILDERICUS III.
HILDINCURTIS, villa in pago Vermandensi, p. 132.
HILDINGEHEM (ecclesia de), p. 316.
HILDINI CURTIS, villa in pago Vermandensi, p. 131.
HILDRAMNUS, vir illuster, p. 31.
HILDUINUS, canonicus, abbas Sithiensis, successor Humfridi, p. 112, 113, 114, 115, 116, 118, 121, 122, 123, 124, 126.
HILDWALDCURT, super fluvio Abbunfuntana, in pago Taruanensi, p. 65.
HILKINIUM, villa, p. 124.
HILPERICUS, rex. V. CHILPERICUS II, Francorum rex.
HILSFEROLD, locus, p. 107, 124.
HINCMARUS, archipræsul Remensis ecclesiæ, p. 127.
HINDRINGELD, locus, p. 186, 204, 339.
HIRNETHOLD, locus, p. 124.
HISDENNE, villa, p. 80, 161.
HISLENSIS villa, p. 222.
HISPANIA, p. 280.
HITINGHEM (ecclesia de), p. 312.
HLOTARII regnum, p. 136, 137, 140.
HLOTARIUS, rex, p. 120. V. LOTHARIUS.
HLOTARIUS, imperator, filius Ludovici Pii, p. 89. V. LOTHARIUS.
HLOTARIUS, Francorum rex, filius Hludovici Transmarini, p. 149.
HLUDOVICUS. V. LUDOVICUS.
HLUDOVICUS, imperator, filius Karoli Magni, p. 79.
HLUDOVICUS BALBUS, Karoli Calvi filius, p. 126.
HLUDOVICUS TRANSMARINUS, rex, p. 138, 142, 149.
HLUDOVICUS, Ludovici Pii filius, Germaniæ rex.
HLUDOVICUS, filius Ludovici Germaniæ regis, p. 121.
HOCANAM, capella, p. 230.
HOKINGAHEM, locus, p. 161.
HOLKE parva, locus, p. 347.

HOLKE vetus, locus, p. 348.
HONELA sive HONLE (palus de), p. 339, 367, 368.
HONORIUS papa II, p. 293, 301.
HOST, pincerna, p. 221.
HOSTEDE, p. 80, 161.
HOSTIENSIS episcopus, p. 333.
HRODBERTUS, diaconus et notarius, p. 112.
HRODFRIDUS vel HROTFRIDUS, vir, quarumdam rerum suarum cum abbate Sithiensi Hilduino commutationem facit, 116.
HROKASHAMUM sive THEREALDUS LOCUS, cella, in pago Flandrensi, p. 53, 159. V. ROCHASHEM.
HUBALDUS, Hostiensis episcopus, p. 333.
HUBERTUISIM (terra dicta), in Belvacensi parrochia, p. 216, 252, 261.
HUBERTUS, archidiaconus, p. 176.
HUBERTUS, miles, p. 187.
HUBERTUS, Cantuariensis archidiaconus, p. 370.
HUCBALDUS, monachus cœnobii Sancti Amandi, donat et precatorio nomine recipit villam Hildincurtem, in pago Vermandensi, p. 131, 132.
HUCBERTUS sive HUBERTUS, Taruannensis episcopus, p. 264.
HUCMARESERGE (nova terra dicta), p. 259.
HUGO, rex Francorum, p. 168.
HUGO, filius Karoli Magni et frater Hludovici Cæsaris, successor Fridogisi in monasterio Sithiensi, p. 82, 84, 85, 86, 88, 90, 92, 124.
HUGO junior, Chonradi filius, avunculus Karoli Calvi, cœnobii Sithiensis abbas, successor Adalardi, p. 107, 109, 134.
HUGO, dux Francorum, Rodberti regis filius, p. 137, 138.
HUGO, cancellarius, p. 230, 231, 296.
HUGO, vir illustrissimus, ecclesiæ Vuachimvillaris venditor, p. 148.
HUGO, præpositus Betuniensis, p. 227.
HUGO, abbas Cluniacensis, p. 268, 270, 278, 279, 280.
HUGO, sancte Romane ecclesie subdiaconus, notarius, p. 263.
HUGO, Taruanensis archidiaconus, p. 244.
HUGO, Noviomensis archidiaconus, p. 296.
HUGO, canonicus de Furnis, p. 233.
HUGO DYENSIS, vir clari nominis in ecclesia, p. 266.

INDEX GENERALIS.

Hugonis de Sancto Victore libri, p. 340.
Humbaldingahem, locus, p. 158, 160, 167.
Humbertus, episcopus Silvæ Candidæ, p. 182.
Humbertus, archidiaconus, p. 194.
Humbertus, tituli S. Laurencii in Damaso presbyter cardinalis, p. 366.
Humbertusin, Humbertutsin, terra in pago Belvacensi, super fluv. Tera, p. 168.
Humfridus, Taruanensis episcopus et abbas Sithiensis, p. 111, 116, 162, 163, 167.
Hunduncurth, locus, p. 128.

Hunela (ecclesia de), p. 215, 218, 243, 311, 316.
Huneles (molendinum de), p. 195, 198.
Hungaria, p. 322.
Hunrocus, comes, pater Adalardi abbatis, cœnobii Sithiensis monachus et largitor, p. 110.
Hunulfi Curtis, in pago Kambrincensi, super fluvio Scald, p. 28, 29, 30, 32.
Hunumkohem (ecclesia de), p. 216.
Huolingaam, locus, p. 107.

I

Ida, filia Godefridi Barbati, Lotharingiæ ducis, uxor Eustachii II, comitis Boloniensis, p. 227, 228, 349, 350.
Idesbaldus, vir venerabilis laicus, ecclesiæ dictæ Eggafridi capellæ donator, p. 232.
Ingelbertus, vir altæ nobilitatis, Alciacensis abbas, p. 273.
Ingelramnus, comes, p. 187.
Ingenocus, Britannus, p. 37.

Innocentius papa II, p. 301, 302, 305, 310, 313, 314, 321, 333, 364, 366.
Isera sive Isaba, flumen, p. 136.
Iseræ portus, sinus, p. 107.
Isseretius pagus, p. 68.
Istem, locus, p. 161.
Italia, p. 89, 126, 322.
Iwanus de Alosto, p. 300.

J

Jacobus de Avennes, nobilis vir, p. 337.
S. Jacobus de Nova Palude, p. 334.
Johannes papa VIII, p. 121.
Johannes, Morinensis sive Taruennensis episcopus, p. 218, 219, 221, 224, 225, 226, 229, 231, 232, 233, 234, 235, 236, 237, 238, 239, 241, 242, 245, 252, 254, 257, 258, 259, 260, 263, 268, 270, 274, 275, 276, 282, 284, 286, 289, 291, 294, 302, 304, 311, 316.
Johannes de Ypra, abbas Sithiensis, p. 198, 202, 203, 205, 206, 244.
Johannes II, monasterii Sithiensis abbas, lingua theutonica disertus, p. 290, 292, 293, 296, 302, 303, 304, 372.
Johannes, Laubiensis monachus, Sithiensis abbas, p. 363.

Johannes, Ariensis præpositus, p. 241, 257.
Johannes, archidiaconus, p. 176.
Johannes, sanctæ Romanæ ecclesiæ diaconus cardinalis ac bibliothecarius, p. 216, 259.
Johannes, Attrebatensis archidiaconus, Montis Sancti Eligii regularis canonicus, episcopus Morinensis ab abbatibus electus, p. 266.
Johannes, tituli S. Marci presbyter cardinalis, p. 366.
S. Johannis ecclesia, in Taruanensi parrochia, p. 243, 311, 315.
S. Johannis in monte, juxta Morinum, monasterium, p. 305.
Jordanus, monachus et camerarius Sithiensis, p. 357.

K

Kanetecurtin, in Noviomensi parrochia, p. 219.
Karisiacum, regale palatium, p. 123.
Karlomannus, rex, filius Pippini, p. 56.
Karlomannus, nepos Karoli Calvi, p. 126. — Filius Ludovici Balbi, Francorum rex, p. 127.

Karolus Martellus, dux, p. 44.
Karolus Magnus, rex Francorum, p. 56, 57, 59, 60. — Rex Francorum et Langobardorum ac patricius Romanorum, p. 63, 64. — Imperator, p. 68, 69, 71, 73, 82.

KAROLUS CALVUS, Hludovici Pii filius, p. 89, 92, 94, 107, 112, 114, 116, 118, 119, 120, 121, 122, 123, 125, 126, 162, 167.
KAROLUS CRASSUS, rex Suavorum, filius Hludovici, regis Noricorum, Francorum rex, imperator, p. 127, 129, 130.
KAROLUS SIMPLEX, p. 130, 136, 137, 140.
KASELLUM, locus ultra Rhenum, p. 125.
KELMES, locus, p. 235, 243, 249.
KELMIAS ET STRATO, adjacentiæ Sethiaci villæ, super fluv. Agniona, p. 49.
KELMIS, locus ubi est ecclesia, p. 97. — Villa, p. 124, 195. — Curtis, p. 340.
KERKEBODE, locus, p. 256.
KESGALE, locus, p. 186, 339.
KESSIACUM, p. 80, 162, 165.
KILCIACUM sive KILTIACUM, p. 80, 162, 165.
KIMBRESACA, civitas, p. 203.
KINENDALE, villa, p. 369.
KOICA (ecclesia de), p. 243.
KROKASHEM, locus, p. 124.

L

LABORANS, presbyter cardinalis S. Mariæ trans Tiberim, tituli Calixti, p. 366.
LAMBERTUS, abbas Sithiensis, p. 169, 210, 211, 214, 217, 223, 224, 226, 228, 229, 230, 231, 232, 233, 234, 238, 240, 241, 242, 243, 244, 248, 249, 250, 251, 252, 255, 256, 258, 260, 262, 264, 266, 268, 271, 273, 274, 275, 276, 277, 280, 281, 282, 284, 286, 289, 290, 291, 296, 301, 304, 312, 316, 323, 330, 345, 367.
LAMBERTUS, Hejaniensis abbas, p. 203.
LAMBERTUS, Attrebatensis episcopus, p. 221.
LAMBERTUS, Tornacensium sive Noviomensium episcopus, p. 229, 230, 239, 255, 293, 295.
LAMBERTUS, Tornacensis archidiaconus, p. 224.
LAMBERTUS, ministerialis de Poperinghem, p. 367.
LAMBERTUS, Taruanensis ecclesiæ archidiaconus, p. 345.
LAMPANESSE, p. 80, 161.
LANDEBERTUS, monachus, notarius, p. 26.
LANDESBANWERCH, p. 247.
LANDESWERE, p. 247.
LAGHA sive LAUGHA, piscaria, p. 219, 312, 316.
LARDBRUCA, locus, p. 124.
LATERANENSE palatium, p. 251, 253, 259, 263, 293, 310, 313, 314, 317, 320, 349, 351, 352, 353.
LAUBIENSE cœnobium, p. 307.
LAUDARDIACA sive LAUNARDIACA, villa in pago Taroanensi, p. 18, 20, 21.
LAURENTIA, terra sita super fluv. Agniona, p. 175.
LEDDINUS, abbas, p. 187.
LEIA, fluvius, p. 91.
LEO papa III, p. 68.
LEO papa IX, p. 180.
LEO vel LEONIUS, Sithiensis abbas, p. 275, 305, 307, 309, 310, 314, 315, 316, 318, 319, 320, 322, 323, 324, 325, 327, 328, 329, 330, 331, 332, 333, 334, 342, 343, 344, 357, 362.
LEODICENSIS ecclesia, p. 308.
LEODRINGÆ mansiones, super fluvio Quantia, in pago Taruanense, p. 49.
LEONIUS, notarius, p. 355, 356.
LEONS, locus, p. 282, 283.
LEPROSORUM cimiterium de Broburg, p. 364.
LEUDUNIS, p. 151.
LIEGESBORDH, villa, p. 90.
LINKE, locus, p. 348.
LIODRICUS, largitor quarumdam rerum possessionis suæ Hilduino, abbati monasterii Sithiensis, p. 114, 115.
LISBURG, locus, p. 246.
LISGNEGE (ecclesia de), in Tornacensi parrochia, p. 261, 295, 316.
LISIMEGA (ecclesia de), p. 312.
LISVEGNE, altare, p. 293. V. LISGNEGE.
LO, altare, p. 193. — Ecclesia, p. 218, 267.
LOCANES (ecclesia de), p. 218, 311, 316.
LOCLESSIS, p. 80, 162.
LOCONESSA sive LOCONESSIS, villa, p. 125, 145.
LODIC, locus, p. 222, 262, 293.
LONASTINGAHEM, p. 80, 159, 162.
LONASTUM, super fluv. Abbunfuntana, in pago Taruanensi, p. 65.
LONINGAHEIMUM sive LONINGAHEM, villa in pago Bononensi, p. 60, 61, 97, 196.
LONGANESSA (ecclesia de), p. 215, 243, 319, 320, 321. — Locus ubi est ecclesia, p. 340.
LOOM ad Sentinas, locus, p. 124.

INDEX GENERALIS.

Losantanas, in pago Taroanensi, p. 18.
Lotharingia, p. 291.
Lotharius. V. Hlotarius.
Lotharii regnum, p. 146.
Lotharius, imperator, filius Ludovici Pii, p. 89.
Lotharius, rex, filius Lotharii imperatoris, p. 120.
Lotharius, Francorum rex, filius Hludovici Transmarini, p. 151.
Lucas, Burgensis, p. 344.
Lucius papa II, p. 318, 320.
Lucius papa III, p. 354, 363, 366.
Ludovicus. V. Hludovicus.
Ludovicus, imperator, filius Karoli Magni, p. 73, 74, 75, 76, 77, 82, 84, 89, 114, 157, 160.
Ludovicus, Ludovici Pii filius, Germaniæ rex, p. 89.
Ludovicus, filius Ludovici, Germaniæ regis, p. 121.
Ludovicus VI, rex Franc. p. 229, 246, 255, 278, 298.
Ludovicus VII, Francorum rex, p. 322, 335.
Lugdunum, regia civitas, p. 136, 138.
Lulinghem, locus, p. 353.
Lunchold, locus, p. 124.
Lustingehem, villa, p. 218, 311.
Luxovium monasterium. Prolud. p. 1.

M

Madocus, Britannus, p. 37.
Magnigeleca, villa in pago Taroanensi, p. 18.
Major, p. 190.
Malros seu ad Fundenis, in pago Taroanensi, p. 18.
Manasses, Gisnensis comes, p. 221, 234, 246.
Manasses, Remensis archiepiscopus, p. 238.
Mardic, piscaria, p. 219, 312, 316.
S. Margarete ecclesia, in Taruanensi parrochia, p. 218, 243, 311, 315.
S. Maria de Bosco, p. 331.
S. Mariæ monasterium, in civitate Tornacensi, p. 177.
Marsbeke, fluvius in pago Mempisco, p. 129.
S. Martini monasterium, caput et totius Sithiensis abbatiæ principatus, p. 38.
S. Martini ecclesia, in Tornacensi episcopatu, in Flandrensi territorio, p. 218, 223. — In Morinensi episcopatu, p. 319, 320.
S. Martini ecclesia, in loco qui dicitur Osclarum, in pago Mempisco, juxta montem Cassel fundata, p. 231.
Masto, in pago Taroanensi, p. 18.
Mathilda, Saxonici generis, conjux Balduini, Flandriæ comitis, p. 153.
Mathildis, abbatissa Broburgensis, p. 347.
Mattheus, comes Boloniensis, p. 338.
Maximus, archidiaconus, p. 88.
S. Medardi monasterium, p. 92.
Megenfridus, filius Ruodwaldi, Sithiensis monachus, p. 111.
Megenharius, monachus et presbyter, notarius, p. 116, 117.

Mekerias, in pago Terwanensi, infra Mempiscum, p. 115.
Mellingaselis, p. 80, 162.
Mempiscus, pagus, p. 49, 95, 115, 117, 129.
Menapum fines, p. 107.
Menolvingahem, locus, p. 122.
Menteka, locus, p. 122, 249.
Menthiacum, locus, super fluv. Elna, in pago Bononensi, p. 112, 113.
Mepes, locus, p. 359.
Mera, piscaria, p. 219, 312, 316, 338. V. Mere.
Merch, Merk, villa, p. 228, 229. V. Merki.
Merchem (altare de), p. 218, 261, 267, 311, 316.
Mere vetusta, p. 186, 204. — Aqua Mere, p. 207, 339.
Merki fiscus, p. 142.
Merkisa, locus, p. 124.
S. Michaelis monasterium, Wachimvillare dictum, p. 150, 319, 321.
S. Michaelis (ecclesia) de Trudlega, p. 370.
Middelhem, locus, p. 160.
Mighem, locus in pago Bononensi, p. 93, 94, 107.
Milharled, locus, p. 347.
Milnom, locus, p. 80.
Milo, monachus Sithiensis, archidiaconus ecclesiæ Taruanensis, p. 168. — Morinensis archidiaconus, p. 313, 331.
Milo, Morinensis episcopus, p. 303, 304, 313, 321, 331, 364.
Milo II, Morinorum presul, p. 335.
Ministeriales, p. 366, 367.
Ministerium, p. 248, 367.

INDEX GENERALIS.

MINTHIACUS. V. MENTHIACUS.
MONETA (Razo et Africus, frater ejus, de), p. 208.
MONS, locus in pago Pontivo, super fluv. Alteia, p. 49.
MONS PESSULANUS, civitas, p. 355.
MONS SANCTI ELIGII, juxta Attrebatum, p. 265.
MONSTERIOLUM, civitas, p. 145.
MORINENSIS ecclesia, p. 267, 384.
MORINI, p. 266.

MORINORUM civitas, p. 192.
MORKE, fiscus, p. 150.
MORLAKA, locus, p. 186.
MORNINGEHEM, villa, p. 98.
MORUS, Sithiensis cœnobii monachus, p. 90, 92.
MULDELHEM, locus, p. 158.
MUMMOLENUS, Noviomensis episcopus, p. 20, 21, 22.
MUNNINIO, villa, p. 108.

N

NANTHARIUS, abbas Sithiensis, Waimari successor, p. 53, 55, 56, 59.
NANTHARIUS junior, abbas Sithiensis, Odlandi successor, p. 68, 71, 72, 74.
NANTUATUM, Burgundiæ monasterium, p. 126.
NEREUS martyr. — Ejus ossa, p. 345.
NEUMAGUM, regium palatium, p. 148.
S. NICASII ecclesiola Remensis, p. 289.
NICHOLAUS papa I, p. 181.
NICOLAUS, Taruanensis, abbas S. Johannis de Monte, p. 345, 348.
S. NICOLAI ecclesiola, juxta Gravelingam, in Broburg sita, p. 226.
NIENVERLED (a cruce) usque Hindringled, p. 339.
NIUHEM palatium, p. 79.

NIUSTRIA, p. 89.
NIVATIO, vir illuster, p. 31.
NORBERTUS, Bertiniensis monachus, Alchiacensis abbas, p. 197, 273.
NORBERTUS, ordinis Præmonstrati institutor, p. 303.
NORDMANNI, p. 116, 126, 127, 138.
NORICA, p. 89.
NORMANNIA, p. 288.
NORMANNUS, abbas sancti Salvii de Monasteriolo, p. 224.
NOVA PALUS, locus, p. 346, 356.
NOVIOMAGENSIS pagus, p. 21.
NOVIOMENSIS parrochia, p. 219.
NOVIOMUM, civitas, p. 206, 296.

O

OBERTUS DE HELA, a clericis episcopus Morinensis electus, p. 266.
OCSLARA (prioratus de), p. 362.
ODARDUS, Cameracensis episcopus, p. 225.
ONGIVA, regina, genere transmarina, uxor Karoli Simplicis, p. 138.
ODGRINUS, advocatus, p. 88, 129.
ODLANDUS, monasterii Sithiensis abbas, Hardradi successor, p. 63, 64, 67.
ODO, Francorum rex, p. 130, 132, 136.
ODO, Cameracensis episcopus, p. 224.
ODO, abbas monasterii SS. Crispini et Crispiniani, p. 287.
ODO, Alciacensis abbas, p. 241, 273, 304.
ODO DE RENINGELS, qui ministerium de Poperinghem obtinuit, p. 248.
ODOLDUS, canonicus, Saxonici generis, monasterii Sithiensis decanus, p. 147, 153, 154, 155.

OEWINUS, Folquini et Regenwalæ pater, p. 141.
OKKANINGAHEM, villa, p. 80, 124.
ONDEMONSTRE (palus de), p. 339.
ONULPHUS, dapifer, p. 221.
OSCLARA (ecclesia de), p. 316, 320.
OSCLARUM, locus in pago Mempisco, juxta montem Cassel, p. 231.
OSILIPONA, civitas, p. 322.
OSTRESELA sive OSTRESELD, villa, p. 201, 202, 218, 254, 259, 261, 311, 315.
OTGERUS, Sancti Audomari præpositus, p. 241, 257.
OTTO, rex orientalis Galliæ, p. 148.
OTTO, cancellarius, p. 151.
OXELARE, ecclesia in Taruannensi parrochia, p. 261, 312. V. OSCLARA.

INDEX GENERALIS.

P

Pandulfus, presbyter cardinalis tituli basilicæ XII apostolorum, p. 366.
Parisiacus pagus, p. 55.
Parona Scottorum, castrum, p. 137, 138.
Pascandala, villa, p. 103.
Paschalis papa II, p. 217, 220, 238, 250, 251, 252, 253, 254, 258, 260, 261, 262, 280, 292, 310.
Peternessa (ecclesia de), p. 215, 218, 243, 311, 315.
Petressa sive Petresse, villa, p. 150, 154, 175, 349.
S. Petri monasterium, quod Sithiu vocatur, p. 114.
S. Petri ecclesia in Gandavo, Blandinium dicta, p. 127, 286.
S. Petri Corbeiensis monasterium, p. 305.
Petri Lombardi liber super epistolas Pauli, p. 341.
Petrus, archidiaconus sanctæ Romanæ ecclesiæ, p. 183.
Petrus, presbyter cardinalis et sanctæ sedis Romanæ legatus, p. 233.
Petrus, cantor, p. 206.
Petrus, Petri Leonis filius, papa electus et Anacletus nuncupatus, p. 301, 303.
Petrus, Cluniacensis abbas, p. 310, 315, 363.
Petrus, Telonensis episcopus, p. 345.
Petrus, abbas Andrensis, p. 345.

Petrus, Philippi, Flandriæ comitis, capellanus, p. 359.
S. Pharo de Meldis, frater Walberti, p. 33.
Philippopolis, Thraciæ urbs, p. 323.
Philippus I, Francorum rex, p. 189, 194, 196, 203, 206, 221, 228, 238, 244, 246.
Philippus Elsaticus, Flandriæ et Viromandiæ comes, Theodorici Elsatici filius, p. 328, 333, 335, 336, 339, 349, 350, 355, 356, 366, 367.
Philippus, Morinensis archidiaconus, p. 313.
Philippus, prior Sancti Bertini, p. 348, 362.
Pippinus, Francorum rex, p. 55, 56, 57.
Pippinus, Ludovici Pii filius, rex Aquitaniæ, p. 89.
Pippinus, filius Pippini, Aquitaniæ regis, Aquitaniæ rex, p. 89, 92.
Piternesse. V. Peternessa.
Pompeius, p. 302.
Pontio, palatium, p. 122.
Pontius, abbas Cluniacensis, p. 280, 281, 284.
Pontivus pagus, p. 49, 127, 128.
Poparingehem sive Poperinghem, villa, p. 215, 218, 243, 247, 248, 311, 315, 362, 366, 367.
Prætor urbanus Sithiensis, p. 142, 154.
Precaria, p. 152, 162, 165.
Provincia, p. 89.
Pupurninga sive Pupurningahem, villa, p. 102, 124.

Q

Quadonocus, Britannus, p. 37.
Quantia, fluvius, p. 49.
Quede, altare, p. 193.
Quentuicum sive Quintwicum, p. 80, 162, 165.

Quertliacum, locus super fluv. Elna, in pago Bononensi, p. 112, 113.
S. Quintini monasterium, p. 90, 91, 118. — Castrum, p. 120, 137.
S. Quintini decima in Lokenes, p. 263.

R

Rabodus, Noviomensis episcopus, p. 206.
Radfield, locus, p. 348.
Radlandus, presbyter, notarius, p. 160.
Radulphus, Remensis archiepiscopus, p. 221.
Radulphus, Cameracensis archidiaconus, p. 225.
Ragemfridus, Chilperici II dux, p. 44.

Ragenerus, decanus, p. 177.
Ragnulfus, notarius, p. 19.
Rainerus, scrinarius regionarius et notarius sacri palatii, p. 220, 251.
Rainerus, capellanus, p. 221, 222.
Raingerus, dapifer, p. 204.
Ramscapple, locus, p. 331, 336.

INDEX GENERALIS.

Raseria, mensura, p. 242.
Ravangerus sive Ravengarius, Morinorum episcopus, p. 33, 41, 48.
Recca, locus, p. 124.
Regenhardus, Sithiensis monachus, p. 108.
Regeno, sacerdos et monachus, notarius, p. 132.
Regenoldus, abbas Sithiensis, successor Hildebrandi, p. 148, 152, 153, 155.
Regenwala, filius Odwini fraterque Folquini, p. 141.
Reka, locus, p. 80, 162, 165. V. Recca.
Remensis urbs metropolitana, p. 287.
Remi civitas, p. 135, 136, 149, 221, 262, 289, 302, 303.
S. Remigii ecclesia, p. 287.
Remmia, villa in pago Pontivo, super fluv. Alteiæ, p. 128.
Reningels, locus, p. 248. V. Rininga.
Rhenus, fluvius, p. 121, 125, 148, 153.
S. Richarius, p. 152.
Richildis, Balduini Insulani conjux, Arnulphi III mater, p. 197.
Ricolvingahem sive Ricolvingeem, locus, p. 80, 158, 161.
Ricsinda, Everhardi, summæ nobilitatis viri, conjux, p. 142.
Rigobertus, abbas monasterii Sithiu, p. 38, 39.
Rikelinus, puerulus S. Bertino oblatus, p. 152.
Rininga, villa, p. 368. V. Reningels.
Riquardus, notarius, p. 356.
Robertus, filius Balduini comitis Insulani, dictus Frisius, p. 197, 203, 204, 205, 207, 209, 265, 288, 311.
Robertus II, Hierosolymitanus, Flandrarum comes, p. 218, 222, 224, 238, 239, 244, 246, 247, 248, 255, 258, 261, 262, 266, 267, 269, 274, 276, 277, 278, 281, 298, 328.
Robertus II, dux Normanniæ, p. 288, 298.
Robertus de Bethunia, p. 187, 297.
Robertus, sanctæ Romanæ ecclesiæ presbyter cardinalis et cancellarius, p. 321.
Robertus, Attrebatensis episcopus, p. 226, 227.
Robertus, Noviomensis episcopus, p. 223.
Robertus, Attrebatensis archidiaconus, p. 227, 230, 231.
Robertus, Tornacensis archidiaconus, p. 295, 296.
Robertus, Ariensis et Sancti Audomari præpositus, p. 336, 337, 340, 367.
Robertus, decanus, p. 206.
Robertus, canonicus, p. 222.
Robertus, advocatus, p. 204, 205, 222.
Robertus, castellanus, p. 222.
Rochashem, villa in pago Flandrensi, p. 53, 176. V. Hrokashamum et Rokeshem.
Rodbertus, rex Francorum, frater Odonis regis, pater Hugonis, postea Francorum ducis, p. 136.
Rodbertus, rex Francorum, filius Hugonis Capeti, p. 168, 176, 178.
Rodericus, abbas Sithiensis, p. 170, 171, 173, 174, 175, 176, 178, 188, 195, 273, 305.
Rodulfus, Francorum rex, filius Ricardi, genere Arvernicus, p. 138.
Rodulfus, abbas Sithiensis, p. 127, 129, 130, 131, 132, 133, 134, 135.
Rodulfus, castelli Sithiensis prætor urbanus, p. 142, 154.
Rodulfus, filius Eustacii III, Flandriæ comitis, p. 229.
Rodwaldus, vir illustris, pater Megenfridi, p. 118.
Rogerus, castellanus, p. 204.
Rogerus, castellanus Cortracensis, p. 367.
Rogerus, comes, p. 187.
Rogerus, dux Siciliæ et Apuliæ, p. 302.
Rokeshem (ecclesia de), in parrochia Tornacensi, p. 215, 219, 311, 316. V. Rochashem.
Rokestor, villa, p. 218, 311, 315.
Rolenghem, locus, p. 356.
Rolingehem, terra, p. 258.
Roma, p. 158, 167, 180, 187, 266, 270, 274, 277, 282, 284, 291, 301, 302, 304, 305, 308, 314, 320, 338, 345.
Romania, p. 271.
Romanorum regnum, p. 89.
Rosierias, locus in pago Ambianensi, p. 128.
Roslara, locus, p. 231.
Rotomagus, p. 138.
Rotasia sive Edessa, civitas christianorum, p. 322.
Roudwaldus, p. 111. V. Ruodwaldus.
Ruhould, silva vicina villæ de Arkes, p. 185, 204.
Ruhout, villa, p. 368.
Rumbecke (altare de), in Noviomensi episcopatu, p. 230, 319, 321.

INDEX GENERALIS. 389

Rumiliacum, villa in pago Taruanensi, p. 38, 282.

Rumingahem, Rummingahem, villa, p. 101, 124.

Rumoldus, abbas Sancti Vinnoci, p. 178.

Runbesca (ecclesia de), in Tornacensi parrochia, 261, 363.

Ruodwaldus, Megenfridi, Sithiensis monachi, pater, p. 111, 112.

Rusletha, in Tornacensi parrochia, p. 219, 225, 261, 312, 316.

Rustica, villa in Sana Terra, in pago Ambianensi, p. 128.

S

Sacebaro, p. 19.

Salefridus, decanus, p. 177.

Salomes sive Salomones, altare in Attrebatensi episcopatu, p. 227, 293, 312, 316.

Salomon, p. 308.

Salperviic sive Salperving, villa, p. 244, 338. — Palus, p. 338.

S. Salvatoris basilica in Steneland, p. 160.

Sana Terra, in pago Ambianensi, p. 128.

Sanctimoniales, apud Broburg, Gisnes et Merchem a Johanne, Morinensi episcopo, constitutæ, p. 267.

Sanctus sive Sancta, locus super fluv. Widolaci, p. 65, 66.

Saraceni, p. 322.

Sargh, p. 241.

Saroaldsclusa, super fluv. Summa, in pago Vermandensi, p. 40.

Saswallo, cancellarius, p. 227.

Saxonia, p. 89.

Scabini, p. 370.

Scala sive Scales, villa, p. 104, 124, 235, 246, 311, 315. — Ecclesia, p. 215, 218, 234, 243.

Scamnis, locus, p. 160.

Scilleia, ecclesia in Anglia, monasterio Sithiensi ad susceptionem hospitum data, p. 326.

Sclusa, castrum, p. 300.

Segardus fratresque ejus, filii Segardi de Baiseu, donatores cujusdam allodii, Calvasart nomine, p. 245.

Selerciacum sive Selertiagum, p. 20, 21.

Selis locus, p. 159, 160.

Sethiacum, Sethtiacum, Sethliacum, villa super fluv. Agniona, p. 49, 165.

Sibilla, uxor Theodorici Elsatici, Flandriæ comitis, p. 300, 314.

Siginus, vir illuster, p. 31.

Silva Candida, p. 182.

Silva faginina, p. 165.

Silva saginacia, p. 165.

Silvanectum, p. 92.

S. Silvini monasterium apud Alciacum, p. 219, 312, 317, 364.

S. Silvinus, postea Taruennensis episcopus, p. 33, 44, 147, 177, 181, 225.

Simon I, Noviomensis episcopus, p. 295, 296.

Simon I, natione Gandensis, abbas monasterii Sithiensis, continuator Folquini, p. 169, 304, 305, 306, 323, 330, 346, 362, 370.

Simon II, Sithiensis abbas, p. 341, 342, 344, 345, 347, 349, 354, 358, 361, 362, 366, 368, 370.

Simon, vicarius Sithiensis abbatis, posteaque ejusdem monasterii abbas, p. 290.

Simpiacum, p. 80, 161, 165.

Sinningahem, villa, p. 80, 124, 161.

Sitdiu sive Sithiu, monasterium in pago Taruanensi, in honorem S. Mariæ, et SS. Petri et Pauli apostol. constructum, p. 15, 21, 25, 30, 32, 33, 34, 54, 61, 62, 64, 126, 275, 338. — Villa, supra fluv. Agniona, p. 18, 23, 129. — Insula, p. 23, 24. — Locus desertus, p. 17.

Situs, locus, p. 90. V. Sitdiu.

Sliswege (altare de), p. 231.

Smalcholke, locus, p. 348.

Snelgekerke (ecclesia de), in Tornacensi parrochia, p. 261, 293, 312, 316. V. Svelguekerke.

Sotligehem, locus, p. 203.

Sperdia, locus, p. 162.

Sperleka, villa, p. 338.

Squerda, locus, p. 80.

Stapulas, villa, p. 175.

Steneland, Stenelant, Steneilant, locus, p. 80, 156, 157, 158, 159, 160, 161, 165, 166.

Stenkerca (ecclesia de), in Taruannensi parrochia, p. 215, 218, 243, 311, 315.

Stephanus III, Romanus pontifex, p. 55.

STEPHANUS, rex Angliæ, p. 326, 327.
STEPHANUS, Taruanensis ecclesiæ episcopus, p. 138.
STEPHANUS, archidiaconus, p. 177.
STEPHANUS, Sithiensis monachus, hospitarius, p. 350.
STRANGUERE, piscaria, p. 219, 312, 316, 348.
STRATE, locus, p. 80, 162.
STRATO ET KELMIAS, adjacentia Sethiaci villæ, super fluv. Agniona, p. 49.
STRATSELE, super fluv. Niopa, in pago Tarwanensi, intra Mempiscum, p. 117.

STUFFERI, p. 355.
SUBMINISTERIALIS causa, p. 190.
SUELGERUS, Alchiacensis abbas, p. 197.
SUESSIONENSIS civitas, p. 287.
SUESSIONICUS pagus, p. 136.
SUESSIONIS civitas, p. 46.
SUINARD, pastura inter capellam leprosorum Sancti Audomari et crucem de Arkes jacens, p. 185, 197.
SVELGUEKERKE (altare de), p. 231. V. SNELGEKERKE.

T

TARUANENSIS pagus, p. 17, 18, 138, 149. — Parrochia, p. 250. — Urbs, p. 243.
TARUENNA, civitas, p. 116, 176, 212, 225, 232, 235, 244, 245, 266, 270, 275, 289, 303, 333. — Villa, p. 124. — TARWANA, p. 80, 162.
TATINGA, TATHINGAHEM, villa, in pago Taroanensi, p. 18, 158, 263.
TERA, fluviolus, in pago Belvacensi, p. 168.
TERNENSIS pagus, p. 121, 122.
TERWANA, villa, p. 106. V. TARWANA.
THEINARDUS, Broburgensis castellanus, p. 240, 248, 255, 296, 297.
THELONEUM, p. 257, 258. — A Karolo Calvo monasterio Sithiensi concessum, p. 118, 119, 120. — Apud Gisnis, p. 322.
THEOBALDUS, Cantuariensis archipræsul, p. 326.
THEODERICUS III, rex, Chlotarii III frater, p. 27. — Chlodovei et Bathildis filius, p. 33. — Clodovei III pater, p. 34. — Rex, p. 35, 43, 45, 46, 47.
THEODERICUS IV, Francorum rex, p. 44, 46, 47, 48, 50, 51.
THEODERICUS ELSATICUS, Flandriæ comes, p. 299, 300, 314, 322, 328, 331, 335, 336, 355, 356, 357, 366.
THEREALDO LUCO (ecclesia quæ dicitur), p. 59, 60.
THIALE portus, p. 148.

THIEDALA, mater Folquini Sithiensis monachi, p. 146.
THIODBERTUS, pater Goiberti, p. 157.
THIODRADUS, scabinus, p. 129.
THOMAS, Bergensis abbas, p. 289.
THOMAS, Cantuariensis archipræsul, p. 335.
THORBODASHEM, THORBODESSEM, villa, p. 106, 124, 175.
TILLEKE, p. 319, 321.
TINGIACUM sive TINGRIACUM, locus, p. 80, 162.
TOLETANA civitas, p. 145.
TORBESSEM sive TORBODESHEM ecclesia, in Taruanensi parrochia, p. 218, 311.
TORNACENSIS civitas, p. 177.
TORNACUM, civitas, p. 230.
TOTINGETUN, in pago Bononensi, p. 70.
TOURBOSHEM sive TURBESSEM, ecclesia, p. 215, 243, 315.
TRIACUM, locus, p. 165.
TRUDBALDI terra, p. 165.
TRULLEGA, TRULLEIA, ecclesia, in Anglia, in Cantuariensi parrochia, p. 326, 364, 370.
TUNNINIUM, villa, p. 20, 21.
TURBODESHEM. V. TOURBOSHEM.
TURCI, p. 322, 323.
TURINGIA, p. 89.
TURNEHEM, locus, p. 242.
TURONIS civitas, p. 216, 332.
TURRINGAHEM, villa, in pago Ternensi, p. 121, 122.

U

UNDRICUS, comes, p. 88.
UPHEM, locus, in pago Bononensi, super fluv. Helicbruna, p. 112, 113.

URBANUS papa II, p. 214, 216, 243, 250, 253, 261, 265, 271, 277, 292, 317.
URSMARUS, Leodicensis pontifex, p. 307.

INDEX GENERALIS.

V

Vallis, villa, p. 20.
Vampingaham, locus, p. 107, 124.
Vausune, villa, in pago Constantino, p. 20, 21.
S. Vedasti monasterium Atrebatense, p. 123, 133, 147.
S. Vedastus, præsul Attrebatensis, p. 33, 307.
Vermandensis pagus, p. 21, 125, 131.
Vernum, palatium, p. 77.
Verona, civitas, p. 355, 366.
Vertunum, locus, p. 122.
Victor papa II, p. 180, 183, 250, 253, 261, 292.
S. Villebrordi parrochia, p. 328, 356.
Vimiacus pagus, p. 127.
Vinciacum, locus ubi Karolus, filius Pippini, contra Childebertum regem pugnam iniit, p. 44.
S. Vinnoci cœnobium, p. 273.
Vinradus, sancti Bertini monachus, p. 178.
Vinserna, villa, p. 320.
Vioradus, notarius, p. 55.
Viromandia, p. 337.
Viterbium, p. 251, 321.
Vostringe, locus, p. 80, 159, 162, 166.
Vuachimvillare, ecclesia in pago Bononensi, p. 148, 150, 153.
Vualbertus. V. Walbertus.
S. Vualberti pignora, p. 344.

Vualdo, largitor cujusdam ecclesiæ, in villa Granai dicta, p. 152.
Vualdringahem, in pago Tarwanensi, super fluv. Dilgia, p. 115.
Vualnas (ecclesia de), p. 311, 316.
Vualterus. V. Walterus.
Vualterus, filius Rodulfi, castelli Sithiensis prætoris urbani, monachus Sithiensis effectus, p. 142.
Vualterus, abbas Sitbiensis, p. 168.
Vualterus, abbas S. Vedasti, p. 318.
Vuerkin (ecclesia de), in Attrebatensi parrochia, p. 312.
Vuesarinium sive Vuesarmium, villa, p. 124, 162. V. Wesarinium.
Vuettinus, auctor libri Visionum, p. 73.
Vuidengahem villa, p. 107.
Vuileræ, locus, in pago Bononensi, p. 113.
Vuinidbertus, sacerdos et monachus, notarius, p. 157.
Vuiserna, villa, in Morinensi episcopatu p. 319, 336.
Vulfaaldus, vir illuster, p. 31.
Vulhiis (Robertus de), p. 246.
Vumradus, dives, structor loci ad usum leprosorum apud S. Audomari castellum, p. 237.
Vuoradus, Sithiensis monachus, p. 108.

W

Waimarus, abbas monasterii Sithiensis, p. 51, 52, 53.
S. Walaricus, p. 33, 147, 152.
Walbertus. V. Vualbertus.
Walbertus, comes, compater beati Bertini, p. 27, 147, 185, 203.
Walcherius, Tornacensis thesaurarius, p. 296.
Walnas (ecclesia de), p. 218.
Walo, Belvacensis episcopus, p. 252.
Walterus. V. Vualterus.
Walterus, Taruanensis archidiaconus, p. 229, 232, 234, 235, 241, 257, 345, 348.
Walterus, Morinensis custos, p. 232, 235.
Walterus, thesaurarius, p. 237, 241, 242.
Walterus de Campanes, camerarius abbatis Sithiensis, p. 245.

Walterus, castellanus Bruegensis, p. 255.
Walterus, castellanus Curtracensis, p. 255.
Walterus de Bekam, Willelmi Rufi, Angliæ regis, interfector, p. 268.
Walterus, abbas Alchiacensis, p. 345.
Walterus de Locres, p. 367.
Walterus de Formisela, p. 367, 368.
Waranciis (decima de), p. 351.
Waraulfus, diaconus, vir illuster, p. 31.
Warinus, prior Abbatis Villæ, p. 241.
Warnerus, decanus, p. 227.
Warnestim sive Warnestun, ecclesia in parrochia Taruanensi, p. 239, 259, 261, 267, 312, 316, 320.
Wasconia, p. 89.
Wateneleth, locus, p. 868.

WATENES, locus, p. 275, 340.
WATINENSIS parrochia, p. 348.
WATINIENSES canonici, p. 275.
WAURANTIS, villa, p. 26.
WERKIN, altare in Attrebatensi episcopatu, p. 227, 292, 316, 319.
WESARINIUM sive WESIRINIUM, villa, p. 80, 103. V. VUESARINIUM.
WESTERNEHEM, locus, p. 203.
WESTKERKE, villa, in parrochia Tornacensi, p. 124, 176, 216, 219, 311, 316.
WICFRIDUS, pontifex, p. 95.
WICFRIDUS, monasterii Sithiu præpositus, successor Stephani in episcopatu Taruanensi, p. 138, 142, 146, 148, 151, 153.
WICIACO, in pago Taroanensi, p. 18.
WIDINGAHAM sive WIDINGAHAMMUM, locus, p. 124, 133.
WIDOLACUS, fluvius, p. 65.
WIDO, abbas monasterii Blandinii in Gandavo et monasterii Sithiensis, p. 145. — S. Bavonis monasterio abbas destinatus, p. 146.
WIDO, castellanus Bergensis, p. 340.
WILDESTORP (ecclesia de), in Coloniensi parrochia, p. 261.
WILERIA, locus in pago Bononensi, p. 80, 113, 162.
WILLELMUS, comes Nortmanniæ, postea rex Angliæ, p. 197.
WILLELMUS RUFUS, rex Angliæ, p. 266, 267.
WILLELMUS, filius Roberti II, Normanniæ ducis, a Carolo Grosso, Francorum rege, comes Flandris præpositus, p. 298, 299.

WILLELMUS DE YPRA, filius Philippi, filii Roberti Frisonis, Flandriæ comitis, p. 326, 327.
WILLELMUS, filius Roberti II, Flandriæ comitis, p. 261, 288, 328.
WILLELMUS, castellanus Sancti Audomari, p. 255, 257, 297, 339, 358, 368.
WILLELMUS DE LO, p. 298, 300, 327.
WILLELMUS DE MESCINES, notarius Philippi Flandrarum comitis, p. 367.
WILLELMUS, castellanus Sancti Audomari, p. 338.
WILLELMUS, abbas Hamensis, p. 345.
WILLELMUS, abbas Alciacensis, p. 348.
WILLELMUS, Remensis archiepiscopus, p. 350.
WILLELMUS DE ARFRENGES, p. 369.
WILLELMUS DE SANCTA FIDE, p. 370.
WIMES, locus, p. 242.
WINETBALDUS, Sithiensis monachus, p. 108.
WINIDMARUS, notarius, p. 50.
WINEMARUS, miles, p. 135.
WINEMARUS, castellanus Gandensis, p. 255.
WINEMARUS, qui Heriberto abbati Sithiensi beneficium reddidit, p. 195.
WINNINGAHEM, p. 80, 160, 161, 165.
S. WINNOCUS, Britannus, p. 37.
WISERNA (ecclesia de), p. 215, 243, 340.
WLEPEM, parrochia, p. 259.
WOLINGAHAM, locus, p. 124.
WOMARUS, monasterii Sithiensis ad tempus rector, p. 145, 146.
WOROMHOLD, cœnobium, p. 37. — Cella, p. 90.

Y

YPRES, civitas, p. 204, 267, 298.

DICTIONNAIRE GÉOGRAPHIQUE.

A

Abbatis Villa, Abbeville (Somme), chef-lieu d'arrondissement.

Acquiscinctum, Aquiscinctum, Anchin (Nord), commune de Pecquencourt, arrondissement de Douai, canton de Marchiennes.

Advennis, Avesnes-le-Comte, chef-lieu de canton, arrondissement de Saint-Pol-sur-Ternoise (Pas-de-Calais).

Affligense monasterium, Afflinghem, abbaye de l'ordre de S. B. dans le Brabant méridional, près d'Alost, entre Gand et Bruxelles.

Agnio, Agniona, fluv. l'Aa, rivière qui prend sa source à Bourthes, quatre lieues E. S. E. de Boulogne-sur-Mer, passe à Saint-Omer, et se jette dans l'Océan un peu au-dessous de Gravelines.

Alchiacum, Alciacum, Auchi-les-Moines (Pas-de-Calais), arrondissement de Saint-Pol sur-Ternoise, canton du Parcq. Selon Le Mire, ce serait Auchi-au-Bois (Pas-de-Calais), arrondissement de Béthune, commune de Norrent-Fontes.

Aldenfort, Audenfort (Pas-de-Calais), commune de Clerques, arrondissement de Saint-Omer, canton d'Ardres.

Alekin, Alquines (Pas-de-Calais), arrondissement de Saint-Omer, canton de Lumbres; plutôt qu'Annequin, canton de Cambrin.

Alostum, Alost, à trois lieues S. S. O. de Termonde et à cinq lieues et demie S. E. de Gand, dans la Flandre orientale, royaume de Belgique.

Alteia, fluv. l'Authie, rivière qui prend sa source près du village d'Authies (Somme), arrondissement de Doullens, canton d'Acheux, et se jette dans l'Océan à trois lieues S. O. de Montreuil-sur-Mer.

S. Amandi monasterium, le monastère de Saint-Amand-les-Eaux (Nord), arrondissement de Valenciennes, chef-lieu de canton.

Ambianensis pagus, l'Amiennois, dans la haute Picardie (Somme).

Anagnia, Anagni, ville de l'ancien Latium, capitale autrefois des Herniques, maintenant dans la campagne de Rome, entre Palestrine et Ferentino.

Anderniaca villa, Andernach, sur le Rhin, à trois lieues au-dessous de Coblentz, royaume de Prusse.

Appiliacum, Appilli (Oise), canton de Noyon.

S. Apri monasterium, l'abbaye de Saint-Èvre, sous les murs de Toul (Meurthe).

Aquin, Aquina, Acquinium, Atquinium, Acquin (Pas-de-Calais), arrondissement de Saint-Omer, canton de Lumbres.

Aquiscinctum. V. Acquiscinctum.

Aquisgrani palatium, le palais d'Aix-la-Chapelle, entre Liége et Cologne, royaume de Prusse.

Aquitania, l'Aquitaine, depuis nommée Guyenne.

Arecas, Arkas, Arkes, Arques, sur l'Aa (Pas-de-Calais), arrondissement et canton de Saint-Omer.

Aria, Aire-sur-la-Lys (Pas-de-Calais), arrondissement de Saint-Omer, chef-lieu de canton.

Arvernia, l'Auvergne (Puy-de-Dôme).

Ascium, Aix-en-Ergny (Pas-de-Calais), arrondissement de Montreuil-sur-Mer, canton d'Hucqueliers.

Atcona sive Atquinium. V. Aquin.

Attiniacense merum, Attinium, Attin (Pas-de-Calais), arrondissement de Montreuil-sur-Mer, canton d'Étaples.

Attrebate, Arras (Pas-de-Calais), chef-lieu du département.

S. Audoeni monasterium Rothomagi, l'abbaye de Saint-Ouen, à Rouen (Seine-Inférieure).

S. Audomari civitas, Saint-Omer (Pas-de-Calais), chef-lieu d'arrondissement.

Austrasia, l'Austrasie, ou France orientale, par opposition à la Neustrie, ou France occidentale.

Autissiodorensis pagus, l'Auxerrois (Yonne).

B

Baal. Mons, la montagne de Groen-Berg, au pied de laquelle fut d'abord bâti un village qui depuis est devenu la ville de Bergues-Saint-Winox (Nord), arrondissement de Dunkerque.

Bagingatun, peut-être Bayenghem-lès-Éperlecques, arrondissement de Saint-Omer, canton d'Ardres, à environ trois lieues S. E. du village de Campagne. Autour de ce village on trouve les lieux nommés Landrethun-le-Nord, Landrethun-lès-Ardres, Frethun, etc. Ou peut-être Baincthun, arrondissement et canton de Boulogne-sur-Mer (Pas-de-Calais).

Baiseu, Baisieux (Nord), arrondissement de Lille, canton de Lannoy.

Barlin, Barlin (Pas-de-Calais), arrondissement de Béthune, canton de Houdain.

S. Bavonis monasterium, le monastère de S. Bavon de Gand.

Beborna, Borre, arrondissement et canton d'Hazebrouck (Nord).

Beingahem, Bainghen (Pas-de-Calais), arrondissement de Boulogne-sur-Mer, canton de Desvres.

Belle, Belle, dit aussi Bailleul (Nord), arrondissement d'Hazebrouck, chef-lieu de canton. La rivière qui passe auprès se nomme Bellebeck.

Belrinium, Beaurain-Château et Beaurain-Ville (Pas-de-Calais), arrondissement de Montreuil-sur-Mer, canton de Campagne-lès-Hesdin.

Belvacensis pagus, le Beauvoisis, Picardie (Oise).

Bergas (in), Bergues (Nord), arrondissement de Dunkerque, chef-lieu de canton.

Bergense cœnobium, le monastère de Saint-Winox. Vid. S. Vinnoci cœnobium.

Betunia, Béthune (Pas-de-Calais), chef-lieu d'arrondissement.

Blandinium monasterium in Gandavo, le monastère de Blandinberg à Gand, ainsi nommé à cause de sa situation sur la montagne de Blandin.

Blangiacum monasterium, le monastère de Blangi-sur-Ternoise (Pas-de-Calais), canton du Parcq.

Boloniensis. V. Bononiensis.

Boningahem, Bonningues-lès-Calais (Pas-de-Calais), arrondissement de Boulogne-sur-Mer, canton de Calais.

Bononia, Boulogne-sur-Mer (Pas-de-Calais), chef-lieu d'arrondissement.

Bononiensis pagus, le Boulonnais, Picardie (Pas-de-Calais).

Bovenkerke, Bovekercke, à une lieue et demie E. N. E. de Dixmude et à six lieues S. O. de Bruges, dans la Flandre occidentale, royaume de Belgique.

Boveringhem, peut-être le même que Bovrinkehem. V. ce nom.

Bovrinkehem, Beuvrequen, arrondissement de Boulogne-sur-Mer, canton de Marquise; ou peut-être Bouvelinghem, arrondissement de Saint-Omer, canton de Lumbres (Pas-de-Calais).

Brabantia, Bracbantia, le Brabant, province du royaume de Belgique.

Bragum, Bray-Saint-Christophe (Aisne), arrondissement de Saint-Quentin, canton de Saint-Simon.

Britannia, la Bretagne, ancienne province de France.

Broburg, Bourbourg (Nord), arrondissement de Dunkerque, chef-lieu de canton.

Broma, peut-être Brêmes, canton d'Ardres, arrondissement de Saint-Omer (Pas-de-Calais).

Brucsele, Brusele, Broxeele, qu'on écrit aussi Brozeele, arrondissement de Dunkerque, canton de Wormhoudt (Nord).

Brugis, Bruges, ville et chef-lieu de la Flandre occidentale, royaume de Belgique.

Burgundia, la Bourgogne (Côte-d'Or, Saône-et-Loire, Ain, Yonne).

Burthem, Bourthes (Pas-de-Calais), arrondissement de Montreuil-sur-Mer, canton d'Hucqueliers.

Bury, Buri (Oise), arrondissement de Clermont, canton de Mouy.

DICTIONNAIRE GÉOGRAPHIQUE.

C

CAFITMERE, peut-être Caffiers (Pas-de-Calais), arrondissement de Boulogne-sur-Mer, canton de Guines.

CALESIUM, Calais (Pas-de-Calais), arrondissement de Boulogne-sur-Mer.

CALKINGEHEM, peut-être Cachtem, à une demi-lieue E. de Rumbeke et non loin d'Ouckène, dans la Flandre occidentale, royaume de Belgique. Ces trois lieux sont donnés par la même charte.

CALMUNT, le même que Canetecurtis. V. ce nom.

CAMERACENSIS pagus, le Cambrésis, Flandre française (Nord).

CAMPANIAS, Campagne, canton de Guines, arrondissement de Boulogne-sur-Mer; ou plutôt Campagne-lès-Boulonnais, arrondissement de Montreuil-sur-Mer, canton d'Hucqueliers (Pas-de-Calais).

CANETECURTIS, id est Calmunt, Canectancourt (Oise), arrondissement de Compiègne, canton de Lassagni.

CANTUARIA, Cantorbery, dans le comté de Kent, en Angleterre.

CAPELLA, Capelle, arrondissement de Lille, canton de Cysoing (Nord).

CAPRIUNUS, fluv. aujourd'hui la Planquette, rivière qui prend sa source au S. O. de Plancques, canton de Fruges, arrondissement de Montreuil-sur-Mer, et se jette dans la Canche à Ecquemicourt, canton de Campagne-lès-Hesdin, même arrondissement (Pas-de-Calais).

CARICIACUM, KARISIACUM, Quierzi, arrondissement de Laon, canton de Couci-le-Château (Aisne).

CASLETUM, Cassel (Nord), arrondissement d'Hazebrouck, chef-lieu de canton.

CASMERA, peut-être Camiers (Pas-de-Calais), arrondissement de Montreuil-sur-Mer, canton d'Étaples.

CELLÆ, Chelles, canton de Lagni, arrondissement de Meaux (Seine-et-Marne).

CLARUS MARISCUS, Clairmarais (Pas-de-Calais), arrondissement et canton de Saint-Omer.

CLARUS MONS, in Arvernis, Clermont-Ferrand, chef-lieu du département du Puy-de-Dôme.

CLUNIACUM, l'abbaye de Cluni (Saône-et-Loire), arrondissement de Mâcon.

COCLARA, COCLERS, Couckelaere, canton de Thourout, arrondissement de Bruges, dans la Flandre occidentale, royaume de Belgique.

COEKA, COIACUM, KOICA, Coyecques, canton de Fauquembergue, arrondissement de Saint-Omer (Pas-de-Calais).

CONFELENS castrum, Coblentz, sur le Rhin, royaume de Prusse.

COLONIA AGRIPPINA, Cologne, sur le Rhin, royaume de Prusse.

COMPENDIUM palatium, le palais de Compiègne (Oise), chef-lieu d'arrondissement.

CONSTANTINOPOLIS, Constantinople, capitale de l'empire turc.

CONSTANTINUS pagus, le Cotentin, en Normandie, département de la Manche.

CORBEIA, monasterium, l'abbaye de Corbie (Somme), arrondissement d'Amiens.

CRISCIACUM palatium, Créci (Somme), arrondissement d'Abbeville.

CRUMBEKE, Crombeke, canton de Haeringhe, arrondissement de Furnes, dans la Flandre occidentale, royaume de Belgique.

CULHEM, Culhem, commune de Fléchin (Pas-de-Calais), arrondissement de Saint-Omer, canton de Fauquembergue.

CURMONTIUM, Cormont (Pas-de-Calais), arrondissement de Montreuil-sur-Mer, canton d'Étaples.

D

DAVENTER portus, Deventer, sur l'Yssel, dans le royaume des Pays-Bas.

DILGIA, fluv. le ruisseau de Blequin, près duquel est situé Vaudringhem (Pas-de-Calais), arrondissement de Saint-Omer, et qui se jette dans l'Aa, à Lumbres.

S. DIONYSII monasterium, l'abbaye de Saint-Denis, à Saint-Denis (Seine).

DIVA, Dives (Oise), arrondissement de Compiègne, canton de Lassagni.

DRINGHAM, Dringham (Nord), arrondissement de Dunkerque, canton de Bourbourg.

E

EDESSA, quæ et ROTASIA dicitur, Édesse, aujourd'hui Orfa, sur la gauche de l'Euphrate, à quatorze lieues environ de ce fleuve.

EDIVINIA, fluv. la Dordone, ruisseau qui se jette dans la Canche entre Étaples et Montreuil-sur-Mer (Pas-de-Calais).

EGGAFRIDI capella, Eggewaertscappelle, canton et arrondissement de Furnes, dans la Flandre occidentale, royaume de Belgique.

ELCINUM, le même que Helcin.

ELNA, fluv. l'Hem, rivière qui prend sa source à Escœuilles (Pas-de-Calais), arrondissement de Saint-Omer, canton de Lumbres, et passe à Tournehem.

ELSTRUD, Hestrus (Pas-de-Calais), arrondissement de Saint-Pol-sur-Ternoise, canton d'Heuchin.

EMBRECA, EMBRIACUM, EMBRICA, Embry, canton de Fruges, arrondissement de Montreuil-sur-Mer (Pas-de-Calais).

EVERSA, Eversham, sur l'Yser, à une petite demi-lieue à l'est de Stavele, canton de Haeringhe, arrondissement de Furnes, dans la Flandre occidentale, royaume de Belgique.

F

FERENTIUM, Ferentino, en Italie, dans l'État de l'Église.

FLANDRIA, la Flandre française ou wallonne, et la Flandre orientale et occidentale, dans le royaume de Belgique.

FLECHMEL, Flechinelle, commune d'Enquin (Pas-de-Calais), arrondissement de Saint-Omer, canton d'Hucqueliers.

FLETERNA, fluv. rivière voisine de Crombeke, peut-être celle qui est désignée, dans la carte de Cassini, sous les noms d'Elsendam et de rivière de Poperingue.

FLETRINIUM, Flêtre (Nord), arrondissement d'Hazebrouck, canton de Bailleul.

FONTANETUM, Fontenai (Côte-d'Or), commune de Marmagne, arrondissement de Semur, canton de Montbar.

FORMESELE, peut-être Fourmies (Nord), arrondissement d'Avesnes, canton de Trélon; ou plutôt Woormeseele, abbaye à une lieue et un quart au sud d'Ypres, dans la Flandre occidentale, royaume de Belgique.

FRESINGAHEM, Farsingue, hameau sur l'Aa, près d'Esquerdes (Pas-de-Calais), arrondissement de Saint-Omer, canton de Lumbres.

FRESINNIUM, Fressin (Pas-de-Calais), arrondissement de Montreuil-sur-Mer, canton de Fruges.

FUNDENIS, Fontaine-lès-Hermans (Pas-de-Calais), arrondissement de Saint-Pol-sur-Ternoise, canton d'Heuchin.

FURNENSIS villa, Furnes, dans la Flandre occidentale, royaume de Belgique.

FURNENSE territorium, le territoire de Furnes.

S. FURSEI monasterium, le monastère de S. Fursi de Péronne (Somme).

G

GANAPE, peut-être le même que KANAPES, Canaples, arrondissement de Doullens, canton de Domart (Somme).

GANDA, GANDAVUM, Gand, dans la Flandre orientale, royaume de Belgique.

GISNA sive GISNES, Guines (Pas-de-Calais), arrondissement de Boulogne-sur-Mer, chef-lieu de canton.

GISTELLA, Ghistelles, chef-lieu de canton, à trois lieues trois quarts O. S. O. de Bruges, dans la Flandre occidentale (Belgique).

GOTIA, la Gothie, qui comprenait le Roussillon, une partie du Languedoc et une partie de la Catalogne.

GRANAI, Grenai (Pas-de-Calais), arrondissement de Béthune, canton de Lens.

GREVELINGA, GREVENINGA, Gravelines (Nord), arrondissement de Dunkerque, chef-lieu de canton.

GUARNESTUN. V. WARNESTIM.

DICTIONNAIRE GÉOGRAPHIQUE.

H

Hamma, Ham (Nord), arrondissement de Lille, canton de Lannoi.

Hanonia, le Hainaut, ancienne province dont Valenciennes était la capitale, et qui fait maintenant partie du département du Nord, en France, et du royaume de Belgique.

Harbela, Herbelle (Pas-de-Calais), arrondissement de Saint-Omer, canton d'Aire-sur-la-Lys.

Haveskerke, Haverskerque (Nord), arrondissement d'Hazebrouck, canton de Merville.

Hedenesberg, Hethenesberg, peut-être Audembert (Pas-de-Calais), arrondissement de Boulogne-sur-Mer, canton de Marquise.

Heingaselis, peut-être Hinges (Pas-de-Calais), arrondissement et canton de Béthune.

Helcin, Heuchin (Pas-de-Calais), arrondissement de Saint-Pol-sur-Ternoise, chef-lieu de canton.

Helescolke, peut-être Escouck, lieu au nord-est de Waltan (Nord), arrondissement de Dunkerque, canton de Bourbourg.

Helicbruna, fluv. petite rivière qui prend sa source à Remboral et à Créqui (Pas-de-Calais), arrondissement de Montreuil-sur-Mer, canton de Fruges, et se jette dans la Canche à Beaurainville, même canton et même arrondissement.

Hemmawic, Hemmavinc, Hemmanwil, peut-être Hemmes (les Grandes), commune de Marck (Pas-de-Calais), arrondissement de Boulogne-sur-Mer, canton de Calais; ou Hemmes (les Petites), commune d'Oye (Pas-de-Calais), arrondissement de Saint-Omer, canton d'Audruicq.

Hennin, peut-être le même que Helcin.

Henrikengahem. V. Milhem.

Hervetingehem, Hervelinghen (Pas-de-Calais), arrondissement de Boulogne-sur-Mer, canton de Marquise.

Hildini Curtis, peut-être Itancourt (Aisne), arrondissement de Saint-Quentin, canton de Moy.

Hislensis villa, Lille, chef-lieu du département du Nord.

Hocanam, Ouckène, hameau à une demi-lieue S. de Rumbeke, et à trois quarts de lieue S. O. de Cachtem. V. Calkingerem.

Hokingahem, Hocquinghen (Pas-de-Calais), arrondissement de Boulogne-sur-Mer, canton de Guines.

Holcke, Holqne (Nord), arrondissement de Dunkerque, canton de Bourbourg.

Honela, Honle, Hunela, Huneles, peut-être Houlles (Pas-de-Calais), arrondissement et canton de Saint-Omer.

Hostede, Hostade, au sud de Furnes, dans la Flandre occidentale, royaume de Belgique.

Hrocashamum. V. Rochasham.

Hunulfi Curtis, Honnecourt (Nord), arrondissement de Cambrai, canton du Cateau.

I

Isera, l'Yser, rivière qui prend sa source entre Saint-Omer et Staple (Pas-de-Calais), et se jette dans l'Océan à Nieuport.

Iseræ Portus, Nieuport, sur l'Océan, dans la Flandre occidentale, royaume de Belgique.

Issebeticus pagus, pays de l'Yser, Flandre (Nord).

J

S. Johannis in Monte monasterium, Saint-Jean-au-Mont, près de Thérouanne (Pas-de-Calais), arrondissement de Saint-Omer, canton d'Aire-sur-la-Lys.

K

Kanetecurtis. V. Canetecurtis.
Karisiacum. V. Carisiacum.

Kasellum ultra Hrenum, probablement Cassel, dans la Hesse électorale.

Kelmes, Kelmias, Kelmis, Quelmes (Pas-de-Calais), arrondissement de Saint-Omer, canton de Lumbres.

Kessiacum, Quesques (Pas-de-Calais), arrondissement de Boulogne-sur-Mer, canton de Desvres.

Kilciacum, Kiltiacum, peut-être Cléti (Pas-de-Calais), arrondissement de Saint-Omer, canton de Lumbres.

Koica. V. Coeka.

Krokashem. V. Rochashem.

L

Lampanesse, Lamprenesse, sur l'Yser, entre Furnes et Dixmude, dans la Flandre occidentale, royaume de Belgique.

Laubiense cœnobium, l'abbaye de Lobbes, dans le Hainaut, royaume de Belgique.

Laurentia terra, peut-être Lumbres (Pas-de-Calais), arrondissement de Saint-Omer, chef-lieu de canton.

Leia, fluv. la Lys, rivière qui prend sa source à Lisbourg (Pas-de-Calais), arrondissement de Saint-Pol-sur-Ternoise, et se jette dans l'Escaut à Gand.

Leodicensis ecclesia, l'évêché de Liége, chef-lieu de la province de ce nom, dans le royaume de Belgique.

Leodringæ, peut-être Lederzeele (Nord), arrondissement de Dunkerque, canton de Wormhoudt.

Leudunum, pour Laudunium, Laon, chef-lieu du département de l'Aisne.

Liegesbordh, Liegesburth, Lisbourg (Pas-de-Calais), arrondissement de Saint-Pol-sur-Ternoise, canton d'Heuchin.

Linke, Linck (Nord), commune de Cappel-brouck, arrondissement de Dunkerque, canton de Bourbourg.

Lisgnege, Lisvegne, Lisseweghe ou Lissewege, canton et arrondissement de Bruges, dans la Flandre occidentale, royaume de Belgique.

Lisburg, probablement le même que Liegesbordh et Liegesburth. V. Liegesbordh.

Lo, Loo, canton de Haeringhe, arrondissement de Furnes, dans la Flandre occidentale, royaume de Belgique.

Locanes, Loquin (Haut et Bas), (Pas-de-Calais), arrondissement de Saint-Omer, canton de Lumbres.

Loconessa, Loconessis, Longuenesse (Pas-de-Calais), arrondissement et canton de Saint-Omer.

Lokenes. V. Locanes.

Loom, Loon (Nord), arrondissement de Dunkerque, canton de Gravelines.

Lugdunum, Laon, chef-lieu du département de l'Aisne.

Lulinghem, Leulinghem (Pas-de-Calais), arrondissement de Saint-Omer, canton de Lumbres.

Lustingehem, Lottinghen (Pas-de-Calais), arrondissement de Boulogne-sur-Mer, canton de Desvres.

Luxovium, Luxeuil (Haute-Saône), arrondissement et canton de Lure.

M

Malbos. V. Fundenis.

Mardic, Mardick (Nord), arrondissement et canton de Dunkerque.

Marsbeke, la Marque, rivière qui prend sa source à Thumeries (Nord), arrondissement de Lille, canton de Pont-à-Marq.

S. Martini ecclesia, in loco qui dicitur Osclarum, l'église de Saint-Martin d'Oxelaere (Nord), arrondissement d'Hazebrouck, canton de Cassel.

S. Martini ecclesia, in Tornacensi episcopatu, Saint-Martin de Couckelaere, canton de Thourout, arrondissement de Bruges, dans la Flandre occidentale, royaume de Belgique.

S. Martini monasterium, caput et totius Sithiensis abbatiæ principatus, le monastère de Saint-Martin-au-Laert (Pas-de-Calais), arrondissement et canton de Saint-Omer.

Mempiscus pagus, Flandre, Artois, Belgique. Ce pays paraît répondre au territoire des anciens *Menapii*.

Menapum fines, frontières du pays des Ménapiens, dans le voisinage de Nieuport, Flandre occidentale, royaume de Belgique.

DICTIONNAIRE GÉOGRAPHIQUE.

MENTEKA. V. MENTHIACUM.

MENTHIACUM, peut-être Mentques-Nort-Bécourt (Pas-de-Calais), arrondissement de Saint-Omer, canton d'Ardres.

MERCH, MERCHEM, MERK, MERKI fiscus, Mercq-Saint-Lievin (Pas-de-Calais), arrondissement de Saint-Omer, canton de Fauquembergue.

MERE, les Moeres (Nord), arrondissement de Dunkerque, canton de Hondschoote. C'est un pays couvert d'eau, entre Bergues, Furnes et Dunkerque.

MERKISA, Marquise (Pas-de-Calais), arrondissement de Boulogne-sur-Mer, chef-lieu de canton.

MILHEM, sive HENRIKENGAHEM, Millam (Nord), arrondissement de Dunkerque, canton de Bourbourg.

MONASTERIOLUM, Montreuil-sur-Mer (Pas-de-Calais), chef-lieu d'arrondissement.

MONS PESSULANUS, Montpellier, chef-lieu du département de l'Hérault.

MONS SANCTI ELIGII, Mont-Saint-Éloi (Pas-de-Calais), arrondissement d'Arras, canton de Vimi.

MORINORUM civitas, Thérouanne (Pas-de-Calais), arrondissement de Saint-Omer, canton d'Aire-sur-la-Lys.

N

NANTUATUM, Nantua (Ain), chef-lieu d'arrondissement.

NEUMAGUM, Nimègue, dans le royaume des Pays-Bas, sur la rive gauche du Wahal.

NIOPA, fluv. la Nieppe, rivière qui joint la Lys au canal d'Hazebrouck.

NOVIOMUM, Noyon (Oise), arrondissement de Compiègne.

O

OCSLARA, OSCLARA, OSCLARUM, OXELARE, Oxelaere (Nord), arrondissement d'Hazebrouck, canton de Cassel.

P

PARISIACUS pagus, le Parisis, Ile-de-France (Seine, Seine-et-Oise).

PARONA SCOTTORUM, PARONÆ CASTRUM, Péronne (Somme), chef-lieu d'arrondissement.

PETRESSA, Pétresse, nom d'une partie de la ville de Calais (Nord).

PHILIPPOPOLIS, Philippopoli ou Filibe, sur la Mariza, en Romanie.

PONTIVUS pagus, le Ponthieu, Picardie (Somme).

PONTIO vel PONTIGO, Ponthion (Marne), arrondissement de Vitri-le-Français, canton de Thiéblemont.

POPARINGEHEM, POPARINGHEM, Poperingue ou Poperingen, chef-lieu de canton de l'arrondissement d'Ypres, dans la Flandre occidentale, royaume de Belgique.

PUPURNINGAHEM, le même que Poparingehem. V. ce nom.

Q

QUANTIA, fluv. la Canche, rivière qui prend sa source à Magnicourt-sur-Canche (Pas-de-Calais), arrondissement de Saint-Pol-sur-Ternoise, canton d'Avesnes-le-Comte, et se jette dans l'Océan à Étaples.

QUERTLIACUM, Clerques (Pas-de-Calais), arrondissement de Saint-Omer, canton d'Ardres.

S. QUINTINI castrum, Saint-Quentin (Aisne), chef-lieu d'arrondissement.

S. QUINTINI monasterium Vermandis, le monastère de Saint-Quentin, dans la ville du même nom.

R

Recca, Reka, Recques (Pas-de-Calais), arrondissement de Montreuil-sur-Mer, canton d'Étaples.

Remi, Reims (Marne), chef-lieu d'arrondissement.

Reningels, Reninghelst, canton de Poperingue, arrondissement d'Ypres, dans la Flandre occidentale, royaume de Belgique.

Rininga, Rincq, canton d'Aire-sur-la-Lys, chef-lieu de canton, arrondissement de Saint-Omer (Pas-de-Calais).

Rochashem, Hrokashamum, Rokashemum, Rokeshem, Roxem, canton de Ghistelles, arrondissement de Bruges, dans la Flandre occidentale, royaume de Belgique.

Rokestor, Roquetoire (Pas-de-Calais), arrondissement de Saint-Omer, canton d'Aire-sur-la-Lys.

Rosierias, Rosières (Somme), arrondissement de Montdidier, chef-lieu de canton.

Rotasia. V. Edessa.

Rumbecke, Rumbeke, à trois lieues et demie au N. O. de Courtrai, dans la Flandre occidentale, royaume de Belgique.

Rumiliacum, Rombli (Pas-de-Calais), arrondissement de Béthune, canton de Norrent-Fontes.

Rumingahem, Ruminghem (Pas-de-Calais), canton d'Audruicq, arrondissement de Saint-Omer.

S

Salomes, Salomones, Salomé (Nord), arrondissement de Lille, canton de la Bassée.

Salperviic, Salpervinc, Salperwick (Pas-de-Calais), arrondissement et canton de Saint-Omer.

S. Salvator sive Steneland, probablement Saint-Sauveur, commune d'Arras (Pas-de-Calais).

Sanctus, Sains-lès-Fressin (Pas-de-Calais), arrondissement de Montreuil-sur-Mer, canton de Fruges; ou Sains-les-Pernes (Pas-de-Calais), arrondissement de Saint-Pol-sur-Ternoise, canton d'Heuchin.

Saroaldsclusa, peut-être Sérancourt (Grand) (Aisne), arrondissement de Saint-Quentin, canton de Saint-Simon.

Scala, Escales (Pas-de-Calais), arrondissement de Boulogne-sur-Mer, canton de Calais.

Scald, fluv. l'Escaut, fleuve qui prend sa source au mont Saint-Martin, près le Catelet (Aisne), arrondissement de Saint-Quentin.

Sclusa, l'Écluse (Nord), arrondissement de Douai, canton d'Arleux.

Sempiacum, Sempi (Pas-de-Calais), arrondissement de Montreuil-sur-Mer, canton de Campagne-lès-Hesdin.

Sethiacum, Setliacum, peut-être Setques (Pas-de-Calais), arrondissement de Saint-Omer, canton de Lumbres.

Silvanectum, Senlis (Oise), chef-lieu d'arrondissement.

S. Silvini monasterium apud Alciacum, le monastère de Saint-Silvain, à Auchi-les-Moines (Pas-de-Calais), arrondissement de Saint-Pol-sur-Ternoise, canton du Parcq.

Sinningehem, Seninghem (Pas-de-Calais), arrondissement de Saint-Omer, canton de Lumbres.

Sithiu, Saint-Omer (Pas-de-Calais), chef-lieu d'arrondissement.

Squerda, Esquerdes (Pas-de-Calais), arrondissement de Saint-Omer, canton de Lumbres.

Stapulas, Étaples (Pas-de-Calais), arrondissement de Montreuil-sur-Mer, chef-lieu de canton.

Steneland. V. S. Salvator.

Stenkerca, Steenkerke, au S. E. de Furnes, dans la Flandre occidentale, royaume de Belgique.

Strate, Estrée (Pas-de-Calais), arrondissement de Montreuil-sur-Mer, canton d'Étaples.

Stratsele, Strazeele (Nord), arrondissement et canton d'Hazebrouck.

Suessio, Soissons (Aisne), chef-lieu d'arrondissement.

Suessionicus pagus, le Soissonnais, Picardie (Aisne).

DICTIONNAIRE GÉOGRAPHIQUE.

T

Taruanensis pagus, le Thérouennais ou pays des Morins (Picardie, Artois, Flandre).

Taruenna, Terwana, Thérouanne (Pas-de-Calais), arrondissement de Saint-Omer, canton d'Aire-sur-la-Lys.

Tatinga, Tatingahem, Tatinghem (Pas-de-Calais), arrondissement et canton de Saint-Omer.

Tera, fluv. le Thérain, rivière qui prend sa source dans l'arrondissement de Beauvais, et se jette dans l'Oise au-dessous de Creil.

Ternensis pagus, le Ternois, sur la Ternoise, dans le Thérouennais ou pays des Morins (Picardie, Artois, Flandre).

Thorbodashem, peut-être Tubersent (Pas-de-Calais), arrondissement de Montreuil-sur-Mer, canton d'Étaples.

Tilleke, Tilloi-lès-Hermanville (Pas-de-Calais), arrondissement de Saint-Pol-sur-Ternoise, canton d'Aubigni.

Tingiacum, Tingriacum, Tingri (Pas-de-Calais), arrondissement de Boulogne-sur-Mer, canton de Samer.

Toletana civitas, Toul (Meurthe), chef-lieu d'arrondissement.

Tornacensis civitas, Tornacum, Tournai, sur l'Escaut, royaume de Belgique.

Tornacensis pagus, le Tournaisis.

Tunninium, peut-être Tugni (Aisne), arrondissement de Saint-Quentin, canton de Saint-Simon.

Turingia, la Thuringe, province d'Allemagne, dont la capitale est Erfurt.

Turnehem, Tournehem (Pas-de-Calais), arrondissement de Saint-Omer, canton d'Ardres.

Turonis, Tours, chef-lieu du département d'Indre-et-Loire.

U

Uphem, Offin (Pas-de-Calais), arrondissement de Montreuil-sur-Mer, canton de Campagne-lès-Hesdin.

V

Vallis, Vaux, arrondissement de Saint-Quentin, canton de Vermand (Aisne).

Vermandensis pagus, le Vermandois, Picardie (Aisne).

Vernum palatium, le palais de Ver (Oise), arrondissement de Senlis, canton de Nanteuil-le-Haudoin; ou de Verneuil (Oise), arrondissement de Senlis, canton de Pont-Sainte-Maxence.

Verona, Vérone, ville de Lombardie.

Vertunum, Verton (Pas-de-Calais), arrondissement et canton de Montreuil-sur-Mer.

Vetus Monasterium, Saint-Momelin, arrondissement de Dunkerque, canton de Bourbourg (Nord).

Vimiacus pagus, le Vimeu, Picardie (Somme).

Vinciacum, Vinchi, près Crèvecœur (Nord), arrondissement de Cambrai, canton de Marcoing.

S. Vinnoci cœnobium, le monastère de Saint-Winox, à Bergues (Nord), arrondissement de Dunkerque, chef-lieu de canton.

Vinserna, Vuesarinium, Vuiserna, Wesarinium sive Wesirinium, Wiserna, Wizernes (Pas-de-Calais), arrondissement et canton de Saint-Omer.

Viromandia. V. Vermandensis pagus.

Viterbium, Viterbe, ville de l'État de l'Église, en Italie.

Vualdringahem, Vaudringhem (Pas-de-Calais), arrondissement de Saint-Omer, canton de Lumbres.

Vuesarinium. V. Vinserna.

Vuidengahem, Widengahem, Widengahammum, Widehem (Pas-de-Calais), arrondissement de Montreuil-sur-Mer, canton d'Étaples.

Vuiserna. V. Vinserna.

W

Warangiis, peut-être Wavrans (Pas-de-Calais), arrondissement de Saint-Omer, canton de Lumbres.

Warnestim sive Warnestun, Warneton, canton de Messines, arrondissement d'Ypres, dans la Flandre occidentale, royaume de Belgique.

Watenes, Watinensis parrochia, Watten (Nord), arrondissement de Dunkerque, canton de Bourbourg.

Werkin, Verchin (Nord), arrondissement et canton de Valenciennes.

Wesarinium sive Wesirinium. V. Vinserna.

Westernehem, Westrehem (Pas-de-Calais), arrondissement de Béthune, canton de Norrent-Fontes.

Westkerca, Westkerke, canton de Ghistelles, arrondissement de Bruges, dans la Flandre occidentale, royaume de Belgique.

Widengahem sive Widengahammum. V. Vuidengahem.

Widolacus, fluv. C'est peut-être la rivière d'Aa, depuis sa source à Bourthes jusqu'à Lumbres (Pas-de-Calais).

Wimes, peut-être Vimille (Pas-de-Calais), arrondissement et canton de Boulogne-sur-Mer.

Wiserna. V. Vinserna.

Woromhold, Wormhoudt (Nord), arrondissement de Dunkerque, chef-lieu de canton.

Y

Ypres, Ypres, dans la Flandre occidentale, royaume de Belgique.

CARTULAIRE

DE

L'ABBAYE DE LA SAINTE-TRINITÉ

DU MONT DE ROUEN,

AVEC NOTES ET INTRODUCTION,

PRÉPARÉ POUR L'IMPRESSION

PAR A. DEVILLE,

CORRESPONDANT DE L'INSTITUT
(ACADÉMIE DES INSCRIPTIONS ET BELLES-LETTRES).

CHARTULARIUM

MONASTERII SANCTÆ TRINITATIS

DE MONTE ROTHOMAGI.

INTRODUCTION.

L'abbaye de la Sainte-Trinité du mont de Rouen, plus connue sous la désignation de Sainte-Catherine, nom qu'elle emprunta aux reliques de cette sainte, qu'on y conservait avec vénération[1], fut fondée au xie siècle, sous la règle de saint Benoît, par Gozelin d'Arques, vicomte de Rouen, et par Emmeline, sa femme. L'acte de fondation, qui ouvre ce cartulaire, porte la date de 1030. Il est signé par le duc de Normandie, Robert I, qui y prend le titre de marquis[2], par l'archevêque de Rouen, Robert, arrière-petit-fils de Rollon, et par le fondateur lui-même. L'abbaye de la Sainte-Trinité de Rouen couronnait la montagne qui domine la ville à l'est. Son église offrait, au dire de témoins oculaires[3], la plus grande analogie avec la belle église de Saint-Georges de Bocherville, édifiée, à deux lieues de Rouen, par le grand chambellan de Guillaume le Conquérant, Raoul de Tancarville :

---

[1] « Ubi sacratissimæ ac venerabilis virginis et martiris Caterinæ miro miraculo cotidie ab omnibus longe lateque venerantur ossa. » Charte xc.

[2] Les ducs de Normandie, à l'exception de la branche des Plantagenets, prennent indifféremment, dans leurs diplômes, la qualification de ducs, de comtes, de marquis, de princes et même quelquefois celle de patrices et de consuls.

[3] Pommeraye, *Histoire de l'abbaye de la Sainte-Trinité de Rouen*, p. 40.

elle devait produire, sur ce point si élevé, l'effet le plus imposant et le plus pittoresque. A peine si l'on pourrait aujourd'hui indiquer la place qu'elle occupait; elle a complétement disparu, ainsi que les bâtiments claustraux et l'enceinte fortifiée dans laquelle était compris le monastère[1]. Cette église, qui en avait remplacé une plus ancienne, bientôt jugée trop petite, avait été construite par le troisième abbé, Gautier, dans la seconde moitié du xie siècle; car, dans ces temps reculés, les arts, comme les sciences et les lettres, avaient trouvé un asile au fond des cloîtres. Là, dans le silence et la méditation, se formaient des hommes également versés dans l'architecture, la sculpture, la peinture, qui surent imprimer aux monuments sortis de leurs mains un caractère de grandeur, de hardiesse, d'élégance, de la plus exquise originalité; mérites longtemps méconnus, dénigrés même, par nos artistes modernes, mais auxquels ils sont enfin forcés de payer leur tribut d'admiration. De l'école de la Sainte-Trinité du mont de Rouen surgirent, presque à son origine, des hommes éminents par leurs talents : c'est ainsi que le moine Aynard en sortait, en 1043, pour aller bâtir l'église de Saint-Pierre-sur-Dive; Alvérède, en 1050, pour construire celle du Tréport; Robert, en 1053, celle de Cormeille. Ces pieux cénobites en furent en même temps les premiers directeurs spirituels.

La position occupée par l'abbaye de la Sainte-Trinité sur un point culminant, qui dominait la ville de Rouen, l'avait plus d'une fois exposée aux insultes des armées ennemies, lors des siéges que cette ville eut à soutenir. Véritable forteresse elle-même, car elle avait des murs crénelés et flanqués de

[1] Le musée d'antiquités de Rouen possède un énorme chapiteau en pierre et quelques pavés coloriés, seuls débris de l'abbaye de la Sainte-Trinité.

INTRODUCTION.

tours, l'abbaye fut l'objet d'attaques en règle, qui portèrent de sérieuses atteintes à sa prospérité et qui finirent par compromettre son existence : la création, au XVIe siècle, d'un fort bastionné en avant de l'abbaye et se liant à ses fortifications, en avait fait une véritable place de guerre. Les habitants de Rouen, d'un autre côté, voyaient avec une inquiétude qu'ils ne dissimulaient pas cette citadelle toujours menaçante, qui plongeait sur leur cité, et d'où un ennemi heureux pouvait, depuis l'invention du canon, la réduire en cendres en quelques heures. Aussi firent-ils entendre d'unanimes réclamations auprès de Henri IV, lors de l'entrée de ce prince dans Rouen, à la suite du siége de 1591. Henri IV, qui avait été longtemps arrêté devant le fort de Sainte-Catherine, où il avait failli échouer, se prêta facilement aux instances des Rouennais. La destruction du fort fut résolue. L'abbaye, dont il faisait partie intégrante, fut enveloppée dans le même arrêt de proscription. Les habitants de Rouen se mirent à l'œuvre avec une telle ardeur, qu'en quelques jours l'église de la Sainte-Trinité et les bâtiments claustraux jonchèrent le sol de leurs débris.

Henri IV avait préalablement obtenu du pape Clément VIII un bref pour la suppression de l'abbaye, pour sa réunion et le transport de ses revenus à la chartreuse de Gaillon, fondée, en l'année 1563, par le cardinal Charles de Bourbon, le roi de la Ligue. Ce bref porte la date du 3 mai 1597. Les religieux de la Sainte-Trinité, qui s'étaient réfugiés dans Rouen, firent opposition à cette sentence et soutinrent avec énergie leurs droits. Ils ne pouvaient espérer de faire relever les murs de leur couvent, mais ils insistaient pour ne pas être incorporés aux chartreux de Gaillon. Enfin, par une transaction, confirmée par lettres de Henri IV, du 4 janvier 1598, ils obtinrent que la moitié des revenus de leur abbaye fût laissée à leur disposition, et qu'on leur permît de s'établir sur tel point de la province qu'ils voudraient choisir en conservant la règle de leur saint patron. Ce fut aux portes de Rouen, dans l'ancienne léproserie de Saint-Julien, qu'ils avaient acquise des hospices de Rouen, qu'ils se retirèrent. L'abbaye de la Sainte-Trinité du mont de Rouen comptait cinq cent soixante-sept années d'existence, sous vingt-sept abbés, lorsqu'elle fut détruite en 1597.

On place en tête de ses bienfaiteurs les ducs de Normandie, Robert I et Guillaume le Conquérant, son fils. A leur exemple, les seigneurs normands les plus puissants, les Robert comte d'Eu, les Guillaume fils d'Osbern, les Raoul de Varenne, les Roger de Montgomery, les Gautier Giffard, etc. sans parler du fondateur lui-même, Gozelin d'Arques, l'enrichirent à l'envi de leurs donations. Plus tard, nous trouvons parmi ses bienfaiteurs les seigneurs de Tancarville, de Cailly, d'Enneval, et le célèbre Enguerran de Marigny, qui fit faire à ses frais, le long de la côte de Sainte-Catherine, des degrés en pierre pour faciliter l'accès du monastère. Nul doute qu'on ne doive ranger dans la même catégorie Mathieu de Trye, maréchal de France sous Charles le Bel, Isabelle de Dreux, sa femme, et Robert de Floques, bailli d'Évreux, tué à la bataille de Montlhéry sous Louis XI, dont les cendres reposaient dans l'église abbatiale. On y voyait aussi le tombeau des fondateurs Gozelin d'Arques et Emmeline, ceux d'un grand nombre de membres de la riche famille normande d'Enneval, et les tombes de plusieurs abbés. Le souvenir de ces sépultures et quelques inscriptions tumulaires, conservées par les historiographes de Rouen, voilà tout ce qui en reste aujourd'hui.

INTRODUCTION.

Précieux débris du vieux monastère normand, le cartulaire dont nous publions le texte a, comme par miracle, échappé à cette destruction générale. Il gisait ignoré à Rouen, au milieu de liasses de procédures, dans un coin poudreux des archives départementales, lorsqu'un heureux hasard nous l'y fit découvrir. Nous nous empressâmes d'en faire une copie, étant loin de soupçonner alors qu'il dût un jour prendre rang dans cette collection.

Ce cartulaire, le plus ancien peut-être que possède la Normandie, se recommande moins par le nombre de pièces que par leur date reculée et l'importance relative de quelques-unes d'entre elles. Il embrasse les soixante années qui se sont écoulées de 1030 à 1091, c'est-à-dire le règne entier de Guillaume le Conquérant et quelques années des ducs Robert, père et fils de ce prince célèbre. Nous y voyons figurer un assez grand nombre des plus anciennes et des plus puissantes familles normandes et anglo-normandes. A l'aide de ce cartulaire il devient même possible de faire remonter d'un et même de deux degrés plusieurs d'entre elles, et d'éclaircir la filiation, encore incertaine, de quelques autres[1]. Sous le rapport de la chronologie, de la géographie, de la division territoriale, des transactions, du prix vénal des terres, de la condition des personnes, des usages en Normandie, au XIe siècle, ce petit monument n'offre pas moins d'intérêt.

Quelques-unes des chartes qu'il renferme acquièrent un prix tout particulier aux yeux de l'érudit et même de l'historien. Qu'il nous suffise, pour nous borner à une ou deux citations, de mentionner la charte LXXXII, qui n'est autre que le jugement rendu par Guillaume le Conquérant lors du plaid tenu à sa cour, en l'année 1080, au sujet d'une

[1] Nous citerons particulièrement les maisons de Varenne et de Vernon.

contestation dans laquelle était intéressée l'abbaye de la Sainte-Trinité. Nous pourrions signaler encore l'acte LXVII, où nous trouvons un trait curieux relatif au même prince, qui semble donner un démenti aux chroniqueurs et à la tradition, quand ils le dépeignent comme un homme d'humeur sévère et farouche. On sait que dans ces temps reculés, pour imprimer aux donations faites devant témoins un caractère plus authentique, on faisait fréquemment figurer, au moment même de la donation, un objet matériel comme, par exemple, une motte de terre, une gerbe de blé, un morceau de bois, un fer de lance, un couteau, etc. à titre symbolique ou féodal. Dans une circonstance de ce genre, relatée dans notre charte LXVII, Guillaume le Conquérant ayant fait apporter un couteau, s'en saisit en jouant, et faisant semblant d'en percer la main de l'abbé de la Sainte-Trinité, lui dit : « C'est ainsi que la terre que je te donne doit être à toi[1]. » Ce trait, malgré son apparente simplicité, appliqué à un homme aussi célèbre, mérite d'être signalé.

Il nous reste à dire quelques mots de l'exécution matérielle du cartulaire. Ce manuscrit se compose de vingt feuillets, en peau d'âne, réunis en trois cahiers, ayant 0^m 33 de hauteur sur 0^m 25 de largeur, et contenant de vingt-six à vingt-huit lignes à la page. Il est réglé à la pointe. L'écriture en est très-belle, nette, pleine, et présente tous les caractères de l'écriture en usage en Normandie vers la fin du XIe siècle. Les lettres ont de 3 à 4 millimètres de hauteur. L'encre a sensiblement rougi avec le temps. Le dernier feuillet fait seul exception, sous le rapport calligraphique, à ce que nous venons de dire. Bien que l'écrivain ait cherché à se rapprocher du corps

---

[1] « Hæc donatio facta est per unum cultellum, quem prefatus rex joculariter dans abbati quasi ejus palmæ minatus infigere : Ita, inquit, terra dari debet. »

du cartulaire, on voit, au premier coup d'œil, tant l'imitation est grossière, qu'il s'agit ici d'une addition quasi moderne.

Les pièces se suivent, au cartulaire, sans titre, sans sommaire, ou sans autre indication, même celle d'un numéro, bien que nous en ayons adopté un dans notre transcription, pour faciliter le renvoi à la table des matières que nous plaçons en tête du texte. Seulement les pièces commencent à la ligne, et la lettre initiale est tracée, alternativement d'une pièce à l'autre, en vert et en rouge. Cette opération a dû s'effectuer après coup, bien que peut-être par la même main, car plusieurs lettres sont restées en blanc : l'écrivain enlumineur n'a pas complété son travail. Cette lacune s'applique aux chartes cotées XXVII-XXXV et LXIV-LXXVI. Quoi qu'il en soit, ces rubriques doivent être contemporaines du manuscrit, à en juger par la simplicité des lettres et le caractère du dessin.

Les pièces sont au nombre de quatre-vingt-dix-sept. La plus ancienne, celle de la fondation de l'abbaye, est de l'an 1030, ainsi que nous l'avons dit ci-dessus; la plus récente est de l'année 1091. Bien que ces chartes ne portent pas généralement de date, il n'est pas impossible d'en déterminer une, du moins approximativement, pour un assez grand nombre d'entre elles, en s'aidant des noms des personnages historiques, des évêques et abbés, qui y figurent, et de quelques autres indications particulières. Ce travail serait plus difficile pour une trentaine d'autres actes. En effet, ils ne sont pas rangés dans un ordre chronologique, bien que le collecteur ait cherché à placer les plus anciens en tête du recueil. J'ai indiqué dans la table sommaire l'année à laquelle se rapportent les chartes dont j'ai pu ainsi fixer la date, ou celle qui était relatée dans le corps même de la pièce.

A l'exception de cinq ou six chartes qui ont été publiées, avec plus ou moins d'exactitude, par D. Pommeraye dans son Histoire de l'abbaye de la Sainte-Trinité de Rouen, tout le reste était complétement inconnu. Cette collection a donc, à part les autres titres qui la recommandent à l'attention des érudits, le mérite de la nouveauté.

INDEX CHARTARUM.

NUMERI CHARTARUM.	ANNI.	ARGUMENTA.	PAGINÆ.
I	1030	Charta Rotberti, ducis Normannorum, qua confirmat fundationem abbatiæ Sanctæ Trinitatis, a Gozelino vicecomite peractam..............	421
II	1038-1050	Charta Isemberti, abbatis Sanctæ Trinitatis, de emptione manerii Heltonis, confirmante Willelmo, comite Normannorum..................	423
III	1030-1034	Gozelinus vicecomes dat abbatiæ Sanctæ Trinitatis terram Corbuzonis, annuente Rotberto, comite Normannorum........................	424
IV	1038 — "	Willelmus et Osbernus, fratres, largiuntur terram Herchembaldi vicecomitis et Turoldi camerarii, annuente Willelmo, duce Normannorum.....	424
V	1030-1035	Vicecomes Erchembaldus donat prata de Salhus, et quod possidebat in villa, annuente Rotberto, comite Normannorum..................	425
VI	1035-1040	Gulbertus, filius Erchembaldi, cedit vallem Richerii et prata de Reduil, annuente Willelmo, comite Normannorum.......................	425
VII	" — 1052	Robertus, comes de Ou, et Beatrix, conjux ipsius, dant silvam de Spinei, annuente Willelmo, comite Normannorum..................	426
VIII	1034-1035	Gozelinus vicecomes largitur vineas in valle Wathenensi, annuente Rotberto, principe ac duce Normannorum......................	427
IX	1030-1034	Vinea in territorio Vernonensi empta et donata a Gozelino vicecomite, annuente Rotberto, comite.	427
X	1060-1066	Urso et Ursilinus tradunt vineas in pago Ebroicensi, Willelmo comite subscriptore.........	427
XI		Odo Alcepied vendit quamdam vineam........	428
XII		Conventio inter abbatem et Drogulum vinitorem, mancipium monasterii............	428

NUMERI CHARTARUM.	ANNI.	ARGUMENTA.	PAGINÆ.
XIII		Osmundus de Longa Villa tradit vineam in Longa Villa..................................	429
XIV		Godefredus, coquus, de Vernonello, dat vineam.	429
XV		Ogerus de Panillosa, miles, dat vineam in Longa Villa..................................	430
XVI	1066	Willelmus Vernonensis, filius Hugonis, et Emma, conjux ejus, dant teloneum castri Vernonensis, annuente Willelmo, rege Anglorum et duce Normannorum........................	430
XVII		Heppo et Otto, fratres, dant terram in Longa Villa, in loco dicto Altiz.......................	431
XVIII		Hersent Grosse donat quatuor jugera terræ in Longa Villa..............................	431
XIX	1050-1075	Rainerius abbas emit vineam................	431
XX		Rainerius abbas emit vineam in Monte (Rothomagi).	432
XXI		Rainerius abbas emit partem vineæ...........	432
XXII		Emma de Longa Villa dat in alodio portiunculam terræ................................	432
XXIII	1052-1066	Ricardus, comes Ebroicensis, jubente et annuente Willelmo principe, reddit ecclesiam de Gravignei.................................	433
XXIV	1030-1035	Gozelinus vicecomes concedit ecclesiam Montvillæ et Cardonvillam, annuente Rotberto comite....	433
XXV	1059	Guillelmus et Gislebertus, filii Godefredi, Archarum vicecomitis, dant, alodii nomine, terram in Montvilla............................	434
XXVI		Rodulfus Hacchet, miles, tradit in alodium terram in Montvilla	434
XXVII	1055	Rodulfus de Warethna vendit centum acras silvæ in Monte Rothomagi, terram in Blovilla, pratum in Sottevilla, etc. annuente Willelmo, duce Normannorum.............................	435

INDEX CHARTARUM.

NUMERI CHARTARUM.	ANNI.	ARGUMENTA.	PAGINÆ.
XXVIII	1055	Rodulfus de Warenna vendit portionem silvæ montium Blovillæ et Scurræ...............	436
XXIX	1059	Rodulfus de Warenna vendit villas Amundi Villæ, Anglicevillæ, Flamenvillæ, Maltevillæ, annuente Willelmo, consule Normanniæ............	436
XXX	1059	Rodulfus de Warethna tradit decimam rusticorum in Amundi Villa et in Flamenvilla..	437
XXXI	1060	Hugo de Flamenvilla vendit decimam in Amundi Villa, annuente domino ipsius Rodulfo de Warethna.	437
XXXII	1060	Hugo marescal dat, alodii nomine, decimam in Flamenvilla........................	439
XXXIII		Alveredus de la Bruere vendit decimas in Maltevilla et Amunde Villa, annuentibus Widone comite et Rodulfo de Warethna..................	439
XXXIV	1062	Willelmus, filius Ansgeri de Salceid, miles, vendit terram arabilem in Amundi Villa, annuente Rodulfo de Warenna.....................	439
XXXV	1074	Rodulfus de Warenna et conjux ejus Emma dant decimam Osulfi Villæ...................	440
XXXVI		Adelia largitur ecclesiam de Salceid, confirmantibus filiis ipsius Rogerio et Rotberto........	440
XXXVII	1033	Guillelmus de Vernone vendit prata apud Martinvillam, annuente Willelmo, Normannorum consule.	441
XXXVIII	1050-1066	Willelmus de Scalfou et filius ejus Willelmus dant Guiardi Villam in episcopatu Lisiacensi......	442
XXXIX	1066	Rogerius de Montgomeri perdonat abbatiæ quod calumniabatur in terra Guiardi Villæ, annuente Willelmo, principe Normannorum..........	442
XL		Rogerius, filius Hugonis episcopi, vendit molturam virorum francorum et rusticorum in Blovilla, Novillula, etc. degentium...............	442

INDEX CHARTARUM.

NUMERI CHARTARUM.	ANNI.	ARGUMENTA.	PAGINÆ.
XLI		Rodulfus de Warenna vendit molturam virorum in eisdem villulis....................	443
XLII		Willelmus Deldic vendit decimam, annuente Radulfo de Warenna....................	443
XLIII	1053-1066	Rogerius de Buslei vendit decimam de Buslei, annuente Willelmo, principe Normannorum...	444
XLIV	"	Godardus, præpositus villæ Buslei, tradit in alodium decimam terræ suæ....................	444
XLV		Affirmatio donationis terræ de Sclavellis, a Gualterio Gifardo....................	444
XLVI	1050-1066	Ricardus et Rogerius, milites, filii Herluini senescalli, dant Altam Vesnam, annuente Willelmo, comite Normannorum....................	445
XLVII	1066	Redemptio medietatis capellæ Sanctæ Trinitatis et terræ ad eam pertinentis, annuente Willelmo, rege Anglorum....................	446
XLVIII		Gislebertus, Oculus Pulicis dictus, dat, titulo alodii, mansum in Appavilla....................	446
XLIX		Ansfredus, filius Osberni de Ou, vicecomitis, largitur, annuentibus dominis suis Emma, Osberni dapiferi uxore, et filiis eorum, possessiones in Valle Richerii, in villa Sancti Jacobi, in Caprevilla, Chivellei, Ermentrud, etc. Willelmo, principe Normannorum, chartam confirmante.....	447
L.	1053	Robertus, filius Hoelis, concedit beneficium Sancti Michaelis in Monte Rotomagi et ecclesiam Chevrevillæ....................	447
LI	1043	Warulfus de Chevrevilla, jussu domini ipsius Roberti de Maineres, donat terram Chevrevillæ, per unum capellum vulpinum, annuente Willelmo principe.	448
LII		Ricardus de Bundi Villa confert decimam villæ Putbuef et sex acras terræ....................	449

NUMERI CHARTARUM.	ANNI.	ARGUMENTA.	PAGINÆ.
LIII		Godefredus presbyter concedit decimam alodii sui.	450
LIV	1047	Ricardus de Bernai vendit in alodium tres mansos et dimidium molendini apud Quatuor Molendinos.	450
LV	1068	Willelmus comes, filius Osberni dapiferi, tradit consuetudines silvæ de Longo Bothel..........	450
LVI		Hugo Taleboth dat decimam de Sanreith, annuente Walone de la Roca..................	451
LVII	1066	Osmundus de Bodes dat decimam terræ suæ in alodium, annuente domino ipsius Rodulfo de Warenna...........................	451
LVIII	1063	Germundus de Ponte Sancti Petri tradit, post mortem, hereditatem suam.................	452
LIX	1059	Huelinus, frater Osmundi de Franca Villa, vendit LXX acras terræ in alodium...............	452
LX	1050-1075	Odo monetarius, filius Hunfredi coci, vendit abbati Rainerio terram Toterel super fluvium Cleræ..	453
LXI		Ricardus, frater Rotberti de Freschenes, donat terram in Montvilla......................	453
LXII		Ansguid de Sorenx, miles, tradit in alodium acram terræ et decimam in villa Sclavellis..........	453
LXIII	1066	Rogerius, filius Turoldi, condonat tria jugera terræ in Sothevilla...........................	453
LXIV	1066	Bernardus forestarius et filius ejus Willelmus dant tractum insulæ.......................	454
LXV	1055-1066	Restoldus et Teozo largiuntur quadraginta acras terræ in Grinvilla.......................	454
LXVI	//	Henricus de Grinvilla dat acram et dimidiam terræ.	455
LXVII	1069	Willelmus, dux Normannorum, rex Anglorum, donat terram Hermodesodes in Anglia.........	455

NUMERI CHARTARUM.	ANNI.	ARGUMENTA.	PAGINÆ.
LXVIII		Ricardus de Porco Mortuo concedit consuetudines et medietatem rerum suarum apud Bysei et x acras terræ ac domum in Roeillie................	456
LXIX	1049?	Lezelina, comitissa de Ou, dat terram unius cellarii capacem super ripam Sequanæ, annuentibus filiis ipsius............................	457
LXX	1063	Hugo de Franchevilla, miles, filius Senreth, vendit hortum in Martinvilla, annuente Willelmo, Vernonis castellario........................	457
LXXI		Ebroinus de Pormort tradit in alodium quamdam decimam in Warcliva....................	457
LXXII		Vigerius de Torduit dat terram in Warcliva......	458
LXXIII		Ricardus, filius Herberti, gravatoris de Alta Vesna, dat decimam beneficii sui apud Wardivam....	458
LXXIV	1068	Corbuzzo tradit tractum Osbernet juxta insulam Turhulm et tres acras prati................	458
LXXV		Mauricius, filius Corbuzzonis, camerarii comitis, compositione facta cum abbate Raynerio, dat in alodium terram Gruceth.................	459
LXXVI	1052	Hugo, monachus Sanctæ Trinitatis, emit L acras terræ in Bodesvilla.....................	459
LXXVII		Hugo monachus emit ab Emma, matre Hilberti de Lacei, XXII acras terræ in Bodesvilla.......	459
LXXVIII	1044	Huelinus de Franca Villa donat decimam terrarum suarum in Franca Villa, Falc, Bellebueth, annuente domino suo Willelmo Vernonensi.....	460
LXXIX		Hugo, forestarius, dat sex acras terræ in villa Bricrebech, annuente domino suo Rotberto Bertranno et uxore ejus Susanna.............	460
LXXX		Evardus, gener Herberti gravatoris, dat tres acras terræ in Alta Vesna........................	461

INDEX CHARTARUM.

NUMERI CHARTARUM.	ANNI.	ARGUMENTA.	PAGINÆ.
LXXXI	"	Odo et Ermengardis, uxor ejus, dant terram in suburbio Rotomagi....................	461
LXXXII	1080	Placitum in curia Willelmi, regis Anglorum, habitum, de possessione insulæ Oscelli sive Turhulmi.............................	462
LXXXIII	1091	Rodulfus del Bec dimittit decimam Ansfredi Villæ, quam Gernagois et Albereda, uxor ejus, antea largiti erant.................	463
LXXXIV	" — 1075	Abbas Rainerius tradit Hunfredo militi, filio Ruedri presbyteri, terram ad domum construendam in castello Archensi.................	464
LXXXV		Rodulfus de Goi dat terram de Belcaisne, dimidium arpennum vineæ medietatemque domus in Belvaco...........................	465
LXXXVI		Rodulfus de la Conterua largitur molendinum de Renbot Viler.....................	465
LXXXVII		Willelmus Calvus de Warcliva concedit quamdam decimam in perpetuam hereditatem.........	465
LXXXVIII		Balduinus Chochilinus de Warcliva dat decimam unius carrucæ.......................	465
LXXXIX	1080	Ingelrannus, Hilberti filius, donat duas garbas et terram in villa bosci qui dicitur Episcopi, annuente Willelmo, rege Anglorum...........	466
XC	1084	Fulcoio de Caldri dat quartam partem ecclesiæ de Behervilla, terram et duos hospites, annuente Philippo, rege Franciæ.................	466
XCI		Willelmus, filius Normanni, dat ecclesiam et decimam villæ de Richelcurt.................	467
XCII	1044	Philippus de Blarru reddit vineam de Deserto...	467
XCIII		Robertus de Caureoli Curte concedit decimam de Frasneio............................	468

53.

NUMERI CHARTARUM.	ANNI.	ARGUMENTA.	PAGINA.
XCIV		Ricardus de Rethvers dat ecclesiam et decimam villæ Opimensis..........................	468
XCV		Willelmus Pauliacensis et Hugo frater ejus dant ecclesias Huinili........................	468
XCVI		Benedictus de Verlei et Emma, uxor ejus, largiuntur 11 acras et unam virgam terræ..........	469
XCVII		Rainaldus, filius Vileberti Pain, et Eva atque Auffrida soror, dant pratum unum............	469

CHARTULARIUM
MONASTERII SANCTÆ TRINITATIS
DE MONTE ROTHOMAGI.

I.

In nomine sanctæ et individuæ Trinitatis. Rotbertus[1], divina ordinante providentia, Normannorum dux et rector. Si fidelium nostrorum petitionibus nos prebemus exorabiles, maxime in his in quibus ecclesiæ Christi et loca sanctorum indigent nostri regiminis functione juvari, et illorum animos in nostra fidelitate solidamus, et, quod majus est, Deo nos gratiores, et in principatu nostro perdurabiles fore confidimus. Quicquid enim in usus necessarios ecclesiis Christi et cultibus divinis dependimus, videlicet aut donativa conferendo, aut donata principalibus edictis confirmando, confirmata sollicite regendo, ad animarum non solum remedium, sed et temporalis regni statum et patriæ salutem proficere credimus. Proinde notum esse cunctis regni nostri fidelibus, tam præsentibus quam futuris, volumus, qualiter, ad suggestum quorumdam fidelium nostrorum, Gozelini videlicet vicecomitis et Emmelinæ uxoris ejus, locum nostræ serenitatis, dono concessum, haud procul ab urbe Rotomagi in vicino monte super fluvium Sequanæ, in quo ipsi ex proprio censu in honorem et venerationem sanctæ et individuæ Trinitatis, necnon gloriosæ genetricis Dei et virginis Mariæ omniumque simul sanctorum ecclesiam fundarunt. Hunc, immunem juris nostri judiciaria exactione reddentes et ecclesiasticis usibus mancipantes, in

[1] Robertus I, filius Ricardi II, dux Normanniæ. Decessit Niceæ. anno 1035.

perpetuum concedimus. Sed et res quas memorati fideles ex rebus hereditariis suis et ex nostra cessione in usum monachorum ibi famulantium ad eundem locum stipendiarias deputaverant. Id est in pago Talou villam unam, quæ ab incolis dicitur Kenehan. In eodem etiam pago Villare cum tribus molendinis et una ecclesia, cum omnibus videlicet quæ ad ipsam videntur appenditia. In ipso quoque pago predium ad villam Caldecota pertinens cum omnibus appenditiis suis, id est, salinis, terra in humectis maritimis, et in campis et in silvis. In Pasun quoque ecclesiam unam, supra mare positam, cum trigenta sex jugeribus; et capellam de Appavilla, et unum fisigardum in Dieppa; et apud portum ipsius Dieppæ quinque salinas et quinque mansuras, quæ solvunt per singulos annos quinque milia allecium; dies dominicos piscariæ de Archas. Ecclesiam de Mucedent; villæ etiam quæ dicitur Totes partem illam quæ ad Gozelinum pertinebat. In pago denique Rotomagensi, Anselmi villam cum ecclesia et molendino uno. Juxta murum ipsius urbis, supra fluviolum Rodobech, molendinum unum. Sed et insulam super alveum Sequanæ quam dicunt nomine Torhulmum, alio quidem vocabulo Oscellum. In pago Lisiacensi medietatem Brandevillæ et dimidiam ecclesiam. In pago Constantinensi Ernaldi mansionalem. In pago Ebrocensi duas ecclesias, scilicet de Gravingnei et de Vuest, et in Vuest duos mansos. In suburbio Rotomagensi ecclesiam Sancti Eligii. Et in pago Lisiacensi Martinvillam cum omnibus appenditiis suis. Hæc utique et cetera, quæ a fidelibus viris pro salute animarum suarum ex propriis rebus eidem sanctæ Trinitati donativa conferentur, nostræ majestatis edicto roboramus, ne quis videlicet judiciariæ vir potestatis ab hodierno in futurum horum aliqua temeraria usurpatione in proprios usus devocare, aut aliorsum extra præfatæ dominium ecclesiæ retorquere presumat. Quæ ego in usum monachorum Deo inibi famulantium dedi, presentibus fidelibus nostris, domno videlicet archipresule Rotberto avunculo nostro, necnon et comite Gisleberto, et ceteris quos non est præsentis negotii exponere. Sed, ne quis contra hunc inscriptionis titulum contradictionis temerariæ signum erigat, nostræ auctoritatis privilegio firmamus, et anuli nostri impressione roboramus.

> Signum Rotberti, marchisi. Signum Rotberti, archiepiscopi [1]. Signum Gozelini, vicecomitis, qui hunc locum construxit et donativis ampliavit. Signum Hugonis, episcopi [2].

Acta sunt hæc anno dominicæ incarnationis millesimo tricesimo, indictione tercia decima, Rotberto rege Francorum, Rotberto vero Ricardi filio Normannorum regnum moderante.

II.

Pateat omnibus christianæ religionis fidelibus, presentibus scilicet ac futuris, qualiter Isembertus, gratia Dei, venerabilis abbas monasterii in honore sanctæ et individuæ Trinitatis sanctæque Dei genetricis et semper virginis Mariæ atque omnium sanctorum dedicati, non sine magno desiderio et petitione totius congregationis sibi commissæ, divina favente clementia, predium Heltonis, quod possedit Gozelinus vicecomes, Novientum scilicet cum omnibus appenditiis suis, id est cum medietate Drincurt, et medietate Allaun, et cum viculo Norberti, ecclesiis, molendinis, aquis, pratis, pascuis ceterisque hujusmodi, ab ipso Heltone prædictus abbas eternaliter sanctæ Trinitati existendum comparavit. Quod factum laudavit Willelmus, comes Normanniæ, et Willelmus, filius Willelmi comitis, qui et hæres Heltonis, et Rotbertus comes frater ejus, ceterique principes, Niellus scilicet et Turstinus vicecomites, et alii quamplures cum universo populo. Et ut hæc firmius teneantur, rogante abbate et cunctis principibus, comes ipse supradictus primum donationem fecit, et post hæc chartam propria manu roboravit. Subscripserunt et alii quamplures ex principibus, supradictus scilicet Willelmus, heres Heltonis, et filii

---

[1] Rotbertus, archiepiscopus Rothomagensis, filius Ricardi I, ducis Normanniæ.

[2] Tres episcopi ejusdem nominis, hoc tempore, in Normannia existebant, scilicet Baiocensis, Abrincensis et Ebroicensis. Cujus sedis sit hic Hugo, dicere nequimus.

Turchitilli Hugo et Goffridus, necnon Walerannus comes, multique alii quorum nomina subscripta monstrantur.

> Signum WILLELMI, comitis Normannorum. Signum GOZELINI, vicecomitis. Signum HELTONIS. Signum WILLELMI, heredis Heltonis. Signum WAL- BERTI, fratris Heltonis. Signum WALERANNI, comitis. Signum ALBERICI, comitis. Signum HELTÆ, filii Heltonis. Signum ILBERTI, marescalli. Signum . . . . Signum ODONIS, presbiteri de Ivitot. Signum RO- GERII, presbiteri.

III.

Inter cetera etiam donativa, Gozelinus vicecomes dedit sanctæ Trinitati, annuente et concedente Rotberto, comite Normannorum, terram Corbuzonis cum omnibus appenditiis suis.

> Signum ROTBERTI, comitis Normannorum. Signum GOZELINI, vicecomitis. Signum ROGERII.

IV.

Christi fidelibus pateat quod Willelmus et frater ejus Osbernus, annuente matre eorum Emma, pro anima patris sui Osberni, cognomento Pacifici[1], et pro semetipsis, totam terram quam Herchembaldus vicecomes et Turoldus, comitissæ Gunnoris camerarius, de illis tenebant, sanctæ et individuæ Trinitati Rotomagensi, abbate Isemberto præsente, jure hereditario tradiderunt. Quam donationem Willelmus, dux Normannorum, laudavit, et manu propria roboravit. Sed, quia terra supradicti Erchembaldi magna ex parte in vadimonio erat, abbas predictus de ejusdem Sanctæ Trinitatis pecunia redemit eam, datis scilicet pro S. Jacobi terra duodecim libris denariorum, et aliis duodecim libris pro Sanctæ Trinitatis capella, et quatuor libris et uno equo pro Pissei terra, et pro terra de Pleiediz viginti quatuor libris denariorum; quos receperunt Croco et Erchembaldus, filii ejus-

---

[1] Hic tantummodo cognomen *Pacifici* Osberno dapifero inditum occurrit.

dem Erchembaldi vicecomitis, annuente Willelmo, comite Normannorum.

> Signum ejusdem WILLELMI, comitis. Signum WILLELMI, filii Osberni. Signum OSBERNI, fratris ejus. Signum EMMÆ, matris eorum, quorum est hæc donatio. Signum CROCI, filii supradicti Erchembaldi. Signum ERCHEMBALDI, fratris ejus. Signum GODEBOLDI. Signum DANEBOLDI. Signum ANSFREDI, filii Osberni. Signum GISLEBERTI, filii Turgisi. Signum ROGERII, filii Salomonis. Signum NORMANNI de Pleiediz. Signum WITBERTI del Puiz. Signum TURSTINI, filii Bloc.

V.

Noverint cuncti fideles, tam presentes quam futuri, quod Erchembaldus vicecomes, quando, Dei inspiratione et sua petitione, in nostro cœnobio monachus est effectus, in illo die dedit Sanctæ Trinitati prata de Salhus, et hoc quod in Sarlosvilla jure hereditario possidebat. Huic donationi annuit Rotbertus, comes Normannorum.

> Signum ejusdem ROTBERTI, comitis. Signum OSBERNI, dapiferi. Signum ejusdem ERCHEMBALDI. Signum FRANCONIS, fratris ejus. Signum GISLEBERTI, senescalli. Signum NORMANNI de Herolcurt. Ex nostra parte: Signum ODONIS, filii Anschitilli. Signum HEDDONIS de Canaan. Signum LETBALDI, sartoris. Signum ANSCHITILLI, pistoris.

VI.

Tempore quo Osbernus dapifer a suis hostibus est interemptus[1], Gulbertus, filius Erchembaldi vicecomitis, fidelis ejus, cum eo graviter est vulneratus. Qui, de animæ suæ salute sollicitus, Dei gratia inspirante, sub domno abbate Isemberto Sanctæ Trinitatis monachus est effectus. In die igitur quo religionis habitum sumpsit, dedit Sanctæ Trinitati vallem Richerii et prata de Reduil, annuenti-

---

[1] Osbernus, filius Herfasti, Gunnoris comitissæ fratris, quadam nocte, dum in cubiculo ducis (Willelmi) cum ipso in valle Rodoili securus soporatur, repente in strato suo a Willelmo, Rogerii de Monte Gumeri filio, jugulatur. (Willelmus Gemmeticensis, lib. VII, cap. II.)

bus fratribus ejus Crocone et Erchembaldo. Hoc factum Willelmus, comes Normannorum, laudavit et propriæ manus sigillo confirmavit.

> Signum WILLELMI, comitis Normanniæ. Signum WILLELMI, filii Osberni, de quo erat beneficium. Signum WILLELMI de Ou. Signum ROGERII de Bello Monte. Signum STIGANDI de mes Odon. Interfuerunt et alii testes. Signum WITBERTI del Puiz. Signum TURSTINI, filii Wigrini. Signum NORMANNI del Pleidiz. Ex nostris: Signum RICARDI, fratris Hermodi. Signum HEDDONIS de Chenean. Signum HUNFREDI, filii Ricardi. Signum GULBERTI, cujus est donatio. Signum CROCI. Signum ERCHEMBALDI [1].

VII.

Dei omnipotentis disponente gratia, Rotbertus, comes de Ou [2], et Beatrix, conjux ejus, annuentibus filiis suis, dederunt Sanctæ Trinitati jure hereditario silvam de Spinei et ea quæ ad ipsam silvam pertinent, pro salute animarum suarum et omnium parentum suorum, acceptis tamen ab abbate Isemberto et monachis ejus sexaginta libris denariorum. Hujus silvæ donationi annuit Willelmus, comes Normanniæ, et suæ auctoritatis signo corroboravit coram optimatibus suis in capitulo Sancti Audoeni, tempore quo discordia cepit inter ipsum et Henricum, regem Francorum [3].

> Signum WILLELMI, ducis Normannorum. Signum ROTBERTI, comitis de Ou, cujus est donatio. Signum ROGERII de Bello Monte. Signum ROGERII de Monte Gomeri. Signum WILLELMI, filii Osberni. Signum RODULFI, camerarii [4]. Ex parte ROTBERTI, comitis, testes : Signum GOISFREDI, filii Osberni de Ou. Signum ANSFREDI, fratris ejus. Signum WIDONIS, filii Amalrici. Signum RAINALDI de Sancto Martino. Signum OSBERTI de Alberti Villa. Signum RAINOARDI, forestarii. Ex parte nostra : Signum GONFREDI. Signum ISNELLI, pistoris. Signum RODULFI, sartoris. Signum RICARDI, filii Normanni. Signum RICARDI de Drincurt. Signum BERNARDI, filii Hermeri.

---

[1] Croco et Erchembaldus, fratres Gulberti donatoris.

[2] Robertus, tertius filius Willelmi Augensis et Lezelinæ.

[3] Willelmus de Archis contra Willelmum Nothum arma movens, ad partes suas Henricum, regem Francorum, adduxerat.

[4] Rodulfus de Tancardi Villa, magister aulæ Willelmi ducis.

VIII.

In Dei nomine, notum sit omnibus christianæ fidei cultoribus, presentibus scilicet et futuris, quod Gozelinus vicecomes, fundator nostri cœnobii, Sanctæ scilicet Trinitatis, quod situm est in Rotomagensi Monte, dedit, donavit et tradidit nobis quodcumque possidebat in valle Wathenensi, suas scilicet vineas et coemptionem omnium vinearum, quam tenebat de quodam homine, nomine Gamb, annuente et confirmante hoc Rotberto, inclito principe ac duce Normannorum, et filio ejus Willelmo, successore ipsius.

Signum Gozelini, vicecomitis.

IX.

Inter beneficia quæ, pro animæ suæ remedio, vicecomes Rotomagi Gozelinus huic Sanctæ Trinitatis loco, cujus idem ipse fundator et consummator primus extitit, vineæ decem arpendos in territorio Vernonensi in Longa Villa devotissime largitus est. Hanc ille ab illustri Heltone, generosi Gulberti filio, datis denariorum probatæ monetæ sexaginta libris, emit, cum totius census libertate jure hereditario, coram fidelibus suis et plurimis nobilibus et honestis testibus, de quibus nonnulli signa sua subscripserunt, quorum hæc sunt nomina.

Signum Rotberti, comitis. Signum Rotberti, archiepiscopi. Signum Gozelini, vicecomitis. Signum Emmelinæ, uxoris ejus. Signum Heltonis. Signum Walberti, fratris Heltonis. Signum Willelmi, heredis Heltonis.

X.

Tempore regis Francorum Philippi [1], Normanniam strenue regente inclito Willelmo marchiso, filio Rotberti comitis, quidam vir

---

[1] Philippus I, solio potitus anno 1060.

religiosus, nomine Urso, huic Sanctæ Trinitatis loco duos vineæ arpendos in Ebroicensi pago in Bisi Villa; et Ursilinus, ejus nepos, unum eidem vineæ contiguum arpendum, pro commissa fraternitate et animarum suarum, unanimiter tradiderunt cum magna devotione. Quia vero Azo, illorum dominus, jam erat defunctus, ejus uxor, vocabulo Hermna, atque filii Heppo et Ivo ac Ricardus hanc libenter annuerunt donationem, et, pro patris sui anima suisque animabus, eam ab omni debito in perpetuum fecerunt liberam coram testibus; et, pro testimonii signo, singuli super altare sigillum suum subscripserunt, inprecando hujus donationis invasores cum infernalibus anathematizandos.

> Signum Willelmi, comitis. Signum ipsius Ursonis. Signum Hepponis. Signum Ivonis. Signum Ricardi. Signum Hermnæ, matris eorum. Signum Ursonis, dapiferi Azonis. Signum Urselini, ejus nepotis. Hujus rei testes. Signum Azonis, militis. Signum Ansfredi, filii Osberni de Hou Signum Rogerii de Rotomago.

XI.

Quidam homo de Longa Villa, nomine Odo Alcepied, vendidit nobis dimidium vineæ (alteram enim partem habebamus), viginti duobus solidis in alodium.

> Testes : Signum Ivonis de Bisi. Signum Azonis de Fontanas. Signum Willelmi de Longa Villa. Signum Osmundi, filii ejus.

XII.

Vinitoris cujusdam nostri ac mancipii, nomine Droguli, conventio talis fuit. Hic igitur apud nos vehementer accusatus et in placitum adductus, adeo inventus est reus, ut septem librarum debito premeretur. Quas non habens unde redderet, ab abbate Rainerio cum uxore et liberis servili jure accipitur. Cumque misericordiam peteret, misertus est abbas. Non solum debitum dimisit, sed etiam quinque solidos hac ratione illi dedit, ut, tale penitus recedens consuetudinarium, sibi vindemiæ saccum, et quod dicunt closiriam, ipse vel heres ejus Sanctæ Trinitati in alodio dimitteret.

> Testes : Signum Ivonis, filii Azonis. Signum Azonis de Fontanas. Signum Ermenfredi de Bisi. Signum Goiffredi, nepotis Ermenfredi. Signum Turoldi. Signum Willelmi. Signum Osmundi, filii ejus. Signum Ricardi, senescalli.

XIII.

Osmundus de Longa Villa, cognomento Bestia, tradidit Sanctæ Trinitatis Rotomagensis monachis tres arpennos vineæ in eadem Longa Villa, pro redemptione animæ suæ ac parentum suorum, perpetualiter possidendam post obitum suum, si prolem ex legitima muliere non haberet. Si vero haberet, medietatem illi concessit et suprascriptis monachis alteram, signo crucis hanc donationem super altare confirmans coram testibus.

> Signum ipsius Osmundi. Signum Osmundi, filii Willelmi. Signum Rodulfi, fratris ejus. Signum Gisleberti, filii Hugonis de Flamanvilla. Signum Rodulfi, filii Hermeri. Signum Witmundi, sutoris. Signum Herberti de Anselmi Villa.

XIV.

Vir quidam de Vernoinello, vocabulo Godefredus, officio coquus, et uxor ejus, nomine Lisoia, pro concessa sibi societate proque animarum suarum salute, dederunt loci Sanctæ Trinitatis fratribus unum arpennum vineæ, eo tenore, ut singulis annis ipsi vineam suam colant, sed ex proventu ejus unum modium vini jam dicti fratres habeant; post mortem autem unius eorum, ejusdem vineæ medietatem, post utrorumque vero obitum ex integro totam. Hujus donationis, quam propriis manibus super altare ejusdem Sanctæ Trinitatis posuerunt, multi qui interfuerunt testes existunt. Ex quibus quorumdam nomina hic subscripta et signata sunt.

> Signum ipsius Godefredi. Signum Lisolæ, uxoris ejus. Signum Ivonis, presbiteri de Vernoinel. Signum Warengerii Tinel. Signum Adam de Prinseignei. Signum Hugonis de Maltevilla. Signum Ricardi, senescalli. Signum Osmundi, marescal.

XV.

Quidam miles, Ogerus nomine, de villa quæ dicitur Panillosa, quandam vineam hereditatis suæ in Longa Villa, loco Altilz nuncupato, devote largitus est Sanctæ Trinitati pro concessa sibi societate, proque cujusdam fratris sui, vocabulo Gerelmi, nuper in Anglia defuncti, animæ salute, et ut annuatim die festi sancti Audoeni commemoratio ejusdem fratris sui ab eis fiat, mortuorum more. Vineam coram altari Sanctæ Trinitatis, in presentia subscriptorum virorum memoratis fratribus concessit, et cartam manibus suis signo crucis firmavit.

> Signum ipsius Ogeri. Signum Willelmi, macecrarii. Signum Osmundi, filii ejus. Signum Osmundi Bestiæ. Signum Ricardi, senescal

XVI.

Notum sit Christi fidelibus, qualiter Willelmus Vernonensis, filius Hugonis, ejusque conjux Emma, precio simul et societate nostri monasterii accepta, dederunt Sanctæ Trinitati jure hereditario omnium nostrarum rerum per terram vel aquam commeantium theloneum, seu consuetudines omnes quæ sibi competebant vel ad ipsum castrum Vernonense pertinent. Facta est hæc conventio a domno abbate Rainerio in predicti castri foro, sub idoneis testibus, quibus etiam obnixe petentibus prefatus abbas, pro confirmatione hujus conventionis, fraternitatem monasterii contulit : annuente hoc Willelmo, rege Anglorum et duce Normannorum.

> Signum Willelmi, regis Anglorum. Signum Willelmi Vernonensis. Signum Emmæ, uxoris ejus. Signum Odardi. Signum Normanni, filii Ruil. Signum Anseredi, filii Gerelmi. Signum Walterii, filii Ricardi. Signum Raberii Longi. Signum Letardi, thelonarii. Signum Gisleberti Taillant. Signum Herberti, macecrarii. Signum Willelmi, filii Gonfredi, macecrarii. Signum Osmundi, filii ejus. Signum Ricardi, filii Herberti gravatoris.

XVII.

Confirmatio duorum fratrum, scilicet Hepponis et Ottonis, qui sanctæ et individuæ Trinitati Rotomagensi unum terræ jugerem in Longa Villa, loco qui dicitur Altiz, in elemosinam pro se suisque parentibus perpetuo in alodium tradiderunt, et cartam tam ipsi quam testes sigillaverunt ita.

> Signum ipsius Hepponis. Signum Ottonis. Signum Rotberti de Pormort. Signum Gunfridi. Signum Ricardi, senescalli. Signum Walterii, pistoris. Signum Rodulfi, filii Hermeri.

XVIII.

Donatio Hersent Grosse de quattuor jugeribus terræ in Longa Villa in alodio, pro quibus dedimus triginta quinque solidos.

> Signum Ricardi, viri ejus. Signum ipsius Hersent. Signum Hugonis Bursardi. Testes : signum Willelmi, macecrarii. Signum Osmundi, filii ejus. Signum Gisleberti Taillant. Signum Azonis de Fontanas, filii Rotberti. Signum Ebroini de Faleisa. Signum Ricardi de Drincurt. Signum Ricardi, senescalli.

XIX.

Domnus abbas Rainerius emit vineam a quadam femina, nomine Helena, hereditario jure, datis pro ea viginti sex solidis denariorum.

> Signum ipsius HELENÆ. Signum GOZELINI, prepositi. Signum WARENGERII. Signum HERNULFI, majoris. Signum ANSFREDI FURGUN. Signum BERNARDI, forestarii. Signum RODULFI, fratris ejus. Signum RICARDI, senescalli.

XX.

Ab Osmundo, filio Gam, emit abbas Rainerius partem vineæ quæ in monte est, datis ei viginti solidis. Emit etiam ab ipso Osmundo memoratus abbas unum arpennum vineæ in alodio, quem ille Osmundus, cum suis fratribus, sorori suæ dederat, quando maritum accepit. Dedit ergo ei scilicet Osmundo predictus abbas quattuordecim solidos, eo tenore, ut, si deinceps aliquis ejusdem vineæ calumpniator exurgeret, prefatus Osmundus aut suus heres similem vineam suprascripto abbati daret, ut certe de terra vel de propria alia pecunia quantum valuisse probaretur.

> Signum ejusdem OSMUNDI. Signum GOZELINI, prepositi. Signum WARENGERII, majoris. Signum HERNULFI. Signum OSBERNI de Bernival. Signum HENRICI, filii Gam. Signum ANFREDI FURGUN. Signum RICARDI, senescalli. Signum BERNARDI, coci. Signum RODULFI, fratris ejus.

XXI.

Huberto emit abbas Rainerius partem quam habebat in supradicta vinea, datis viginti duobus solidis, cujus testes sunt illi qui et supra.

XXII.

Quædam mulier de Longa Villa, nomine Emma, mater Ivonis, dedit Sanctæ Trinitati in alodio portiunculam terræ quæ sui juris erat, coram subscriptis testibus.

> Signum ejusdem EMMÆ. Signum WILLELMI Vernonensis. Signum WILLELMI, macecrarii. Signum OSMUNDI, filii ejus. Signum RABERII LONGI. Signum RICARDI, senescal. Signum BERNARDI. Signum RODULFI, fratris ejus.

XXIII.

Notum sit omnibus christianis, qualiter Ricardus, comes Ebroicensis[1], monachis Sanctæ Trinitatis ecclesiam de Gravignei, quam Rotbertus comes primus eis concesserat, atque post ejus obitum archiepiscopus Rotbertus eis abstulerat, jubente Willelmo principe, isdem Ricardus illis reddidit, accepto auri marco et quadraginta solidis nummorum ab abbate Rainerio et ejus monachis; atque ita predictam ecclesiam in perpetua hereditate eis contradidit. Quo facto, Willelmus comes et laudavit et annuit, atque manu propria sub horum testimonio confirmavit.

> Signum WILLELMI, comitis. Signum RICARDI, comitis Ebroicensis. Signum SALOMONIS. Signum ANSCHITILLI. Signum HEPPONIS. Signum GISLEBERTI. Signum GUNFREDI. Signum GISLEBERTI. Signum WALTERII. Signum ANSFREDI, filii Osberni. Signum GOIFFREDI DELBEC. Signum RAINALDI, filii Haimerii.

XXIV.

Omnibus sanctæ ecclesiæ filiis presentibus et futuris notum esse cupio, quod ego Gozelinus, Dei gratia vicecomes, ecclesiam Montvillæ, cum suo atrio et cum omni totius ejusdem Montvillæ decima, necnon et decimam de l'essart de la Haia de Porcelval, monachis sanctæ et individuæ Trinitatis, quos in Monte Rotomagi primus in Dei servitio adunavi, suos suorumque in usus concedo. Vivarium quoque piscium, et duos acros retro pomerium cum ipso pomerio, id est gardigno, tres etiam hortos ante monasterium ejusdem Montvillæ, sicut manifestum est a via publica usque ad rivulum; præter hæc Cardonvillam et haiam de Cardonvilla cum omni terra ad ipsam pertinente. Hæc omnia annuente domino meo, comite scilicet Rotberto, supradicti cœnobii monachis hereditario jure possi-

---

[1] Filius Roberti, archiepiscopi Rothomagensis necnon comitis Ebroicensis.

denda coram testibus trado; et ne quis horum calumniator existat aliquando, predicti domini mei et meæ subscriptiōne manus confirmo.

> Signum Rotberti, comitis. Signum Gozelini, vicecomitis. Signum Emmelinæ, vicecomitissæ. Signum Rainerii, monachi[1]; signum Einardi, monachi[2], qui hæc omnia receperunt sibi tradita vice ceterorum monachorum. Ad hoc testes : signum Droelini, prepositi; signum Rodulfi Burdon, qui ea tradiderunt. Signum Amundi. Signum Hertoldi de Limeisi. Signum Rodulfi Haccet. Signum Saluvali.

XXV.

Guillelmus et Gislebertus, filii Godefredi, Archarum vicecomitis, pro societate nostri monasterii et pro uno equo optimo ac denariorum non parvo numero, sed et aliis quamplurimis debitis, tradiderunt et dederunt in alodio monachis Sanctæ Trinitatis omnem terram quam tunc tenebant ex ipsis in Montvilla duo viri, scilicet Droelinus presbiter et alter Droelinus; sed et terram a loco qui Carus Ager dicitur usque ad fluviolum Claræ nuncupatum. Facta sunt hæc anno ab Incarnatione M. L. VIIII., multis viris presentibus, quorum aliquos superius annotavimus.

> Signum Willelmi, filii Godefredi. Signum Gisleberti, fratris ejus. Signum Osberni de Alberti Villa. Signum Rodulfi, coqui. Signum Ricardi, senescalli.

XXVI.

Quidam miles nomine Rodulfus, cognomine Hacchet, omnem terram quam in Montvilla de Willelmo, filio Godefredi vicecomitis tenebat, monachis Sanctæ Trinitatis pro animæ suæ remedio in alo-

---

[1] Rainerius, monachus, postea secundus abbas Sanctæ Trinitatis, successit Isemberto circa annum 1050.

[2] Einardus, monachus, provectus est, anno 1046, ad abbatiam Sancti Petri super Divam. Hoc monasterium Lezelina, uxor Willelmi, comitis Aucensis, fundaverat. (Vide Ordericum Vital. apud Duchesn. *Histor. Normann. Scriptor.* pag. 544-545.)

dium tradidit. Unde ab eisdem monachis in eodem cœnobio honorifice est sepultus.

> Signum ejusdem Rodulfi Hacchet. Signum Walterii, filii ejus, qui, accepta societate monasterii, paternæ donationi libentissime annuit. Signum Willelmi, filii Godefredi, qui pro hac donatione a domno abbate Rainerio unum equum de septem libris accepit. Signum Ricardi de Drincurt. Signum Rotberti de Allavio. Signum Ricardi de Bivevilla. Signum Rotberti. Signum Willelmi de Letmanvilla. Signum Bernardi, coci. Signum Willelmi Rufi. Signum Osmundi, marescal. Signum Guesmanni.

XXVII.

Non inconsulte antiquorum ritu approbatum constat, ut quod in constabiliendis rebus concors fidelium sententia approbat, hoc fideli litteræ tradatur, quæ longiore ævo perdurat. Cujus vivaci testimonio cunctis tam presentibus quam et nostris minoribus, notum facimus, nos fratres in Rotomagensi Monte Sanctæ Trinitati Deo nostro in unum servientes, quod habita cum Rodulfo Warethnæ emptionis conventione, in perpetuum hujus nostri loci alodium e vicino ejus centum acres silvæ triginta emimus libris, et quattuordecim acres terræ arabilis in Blovilla decem aliis libris, et item beneficium coci ejus Odonis apud villam dictam Merdeplud aliis decem libris. Item quoque pratum pontis Hunfridi subjacens decem libris. Item ab eodem Rodulfo terram unius carrucæ ad Blovillam pro sedecim libris, et terram prati Sottevillæ pro decem libris accepimus, et in ejus necessitate pallium unum pro viginti libras et xxx solidos dedimus. Item de supradicta silva centum acras emimus a Rogerio filio episcopi, qui et particeps et coheres est ejusdem alodii, xv libris. Sed et ipsam partem de castellario, quæ nostræ emptioni est continua et ad ipsum pertinebat, emimus xxx solidis. Supradictas autem centum acres quidam noster familiaris, nomine Rogerius, suo adjutorio nos confortavit emere, quum ipse prior xv libras pro sexaginta acres dedit, et post ad centenam perfectionem aliis xv libris, quas solvimus, pervenire nos fecit. Hujus emptionis affirmatorem dominum nostrum Willelmum, Normannorum ducem, ex ejus signo subter agnoscendum constat, et Rotomagensis archiepiscopi Malgerii subsignatam auctoritatem; et hujus rei ne quis infringere presumat affirmationem.

> Signum Willelmi, comitis. Signum archipræsulis Malgerii. Signum ejusdem Rodulfi de Guarethna. Signum Beatricis, uxoris ejus. Signum Rogerii, filii episcopi. Signum Huberti, filii Turoldi. Signum Willelmi. Signum Hugonis. Signum Hepponis. Signum Rotberti. Signum Warnerii, forestarii. Signum Erchemboldi. Signum Gunfridi. Signum Snelli. Signum Willelmi, filii Rogerii, heredis scilicet ipsius, qui, ut omni paternæ conventioni annueret, partem suam condonaret, xiiii libras et x solidos a nobis accepit. Signum Hugonis, fratris ejus. Signum Rodulfi de Cruizmara. Signum Turoldi, filii Osberni de Freschenes. Signum Gulberti, filii Rodulfi de Cruizmara. Signum Hugonis de Flamenvilla. Ex nostra parte: signum Ricardi, senescal. Signum Bernardi, coci. Signum Ansfredi, coci. Signum Ascelini, prepositi. Signum Rodulfi, filii Benzelli.

XXVIII.

Item Rodulfus de Warenna, consensu uxoris suæ, vocabulo Emmæ, domno Rainerio abbati et monachis Sanctæ Trinitatis totam portionem suam silvæ montium Blovillæ et Scurræ septem libris denariorum vendidit, quarta feria ante Pascha Domini, Willelmo, inclito duce Normannorum, assensum prebente.

> Signum ejusdem Willelmi, comitis. Signum ipsius Rodulfi. Signum Emmæ, uxoris ejus. Signum Hugonis de Flamenvilla. Signum Leudonis. Ex nostra parte: signum Ansfredi, coci. Signum Bernardi, coci. Signum Warnerii, forestarii. Signum Alberici, forestarii.

XXIX.

Notum sit omnibus sanctæ ecclesiæ filiis, tam præsentibus quam etiam futuris, qualiter vir quidam illustris, nomine Rodulfus de Warenna, cum conjuge sua, vocabulo Emma, divina favente gratia, quatuor sui juris ecclesias cum omnibus appenditiis suis, videlicet harum villarum, id est Amundi Villæ, Anglicevillæ, Flamenvillæ,

MONASTERII SANCTÆ TRINITATIS.

Maltevillæ, domno abbati Rainerio et monachis ejus, pro xxx libris denariorum, in alodio vendiderunt et tradiderunt. Sed et unicuique ecclesiæ contiguos sex jugeres terræ, quos acres dicimus, supradicto abbati et monachis in perpetuam hereditatem tradiderunt. Hoc ergo actum est favore et auctoritate Willelmi, consulis Normanniæ, qui etiam hujus negotii donationem firmavit, et proprio adnotationis signo cartam corroboravit.

Signum ejusdem WILLELMI, comitis. Signum RODULFI de Warenna. Signum EMMÆ, uxoris ejus. Signum HUGONIS de Flamenvilla. Ex nostra parte : signum BERNARDI, coci. Signum RICARDI, senescal. Signum OSBERNI BRUN COSTED. Signum ANSFREDI, coci. Signum HEDDONIS de Chanaan.

Acta sunt hæc anno ab incarnatione Domini M. L. VIIII.

XXX.

Item Rodulfus de Warethna, favente uxore sua Emma, dedit et tradidit nobis decimam duorum rusticorum in Amundi Villa, qui vocantur Anstel et Anschitillus, et in Flamenvilla decimam unius rusticani, nomine Salomonis; insuper tertiam partem decimæ quam a Rogerio, filio Henrici, accepit. In Maltevilla quoque ipse Rodulfus, annuente predicta uxore sua, veteris beneficii cujusdam militis, vocabulo Rogerii, pro septem libris denariorum in hereditatem nobis vendidit, et perpetualiter coram testibus tradidit.

Signum ipsius RODULFI. Signum EMMÆ, uxoris ejus. Signum HUGONIS de Flamenvilla. Signum WILLELMI, filii Anscheri. Ex nostra parte : signum RICARDI de Drincurt. Signum ROTBERTI de Allavio. Signum RICARDI, senescal. Signum BERNARDI, coci. Signum ANSFREDI, coci. Signum RODULFI, filii Hermeri.

XXXI.

Vir quidam, nomine Hugo de Flamenvilla, vendidit Sanctæ Trinitatis monachis decimam quam tenebat de domino suo Rodulfo de Warethna, in Amundi Villa, et terram unius mansi, annuente ipso

Rodulfo, qui etiam, accepto precio a monachis, dedit illis consuetudinem moltæ quæ sui juris erat in predicto manso. Et in Maltevilla decimam quam ex supradicto viro et ex alio nomine Willelmo, filio Walonæ, tenebat, et unum hortum et decimam culturæ de Ramara. Item in eadem villa dimidiam terræ mansuram, quam tunc temporis quidam rusticus, nomine Ulricus, de illo tenebat, ad quam etiam septem acros arabiles addidit; totam quoque terram quam in capite ejusdem villæ habebat. Adhuc etiam juxta horreum nostrum in eadem villa unum hortum, si absque calumnia habere posset; sin autem non posset, tres acros arabiles juxta eundem hortum daret. Item in capite prædictæ Maltevillæ ab illis videlicet septem suprascriptis, decem acras terræ usque ad viam, pro quadraginta solidis denariorum, in hereditatem nobis vendidit. In Flamenvilla quoque ipse predictus Hugo totam propriæ carrucæ decimam, necnon et omnium virorum ejusdem villæ ad se pertinentium, tam vernaculorum quam rusticorum, nobis tradidit ac donavit. Post modicum tempus pretaxati Hugonis dominus, scilicet supra memoratus Rodulfus, et uxor ejus, vocabulo Emma, ac filii eorum Rodulfus et Willelmus, ad nostrum venerunt monasterium; una cum eis venit ipse Hugo, rogavit eos ut harum omnium conventionum donationem in perpetuam hereditatem facerent, et coram altari Sanctæ Trinitatis suis manibus cartam signarent, et fecerunt. Harum omnium conventionum testes multi sunt; et maxime hi qui eodem die quo ejus puer monachus est effectus interfuerunt. Coram quibus ipse etiam predictus Hugo cartam manu sua firmavit, ibidem abbate Rainerio cum suis monachis astante.

> Signum Rodulfi de Warethna. Signum Vidonis de Briothna. Signum Willelmi, filii Walonis. Signum Emmæ, uxoris Rodulfi de Warethna. Signum Rodulfi, filii eorum. Signum Willelmi, fratris ejus. Signum ipsius Hugonis de Flamenvilla. Signum Rotberti, filii ejus. Signum Gisleberti, filii ejusdem. Signum Rodulfi de Wesneval. Ex nostra parte : signum Ricardi, senescal. Signum Osmundi, marescal. Signum Bernardi, coci. Signum Anspredi, coci [1].

[1] Ista charta, superioribus quoque opitulantibus, genti potenti comitum Warennæ et Surreiæ gradus quo florebat redditus est. Hic enim invenitur Rodulfus I de

XXXII.

Anno ab incarnatione Domini MLX., quidam vir nomine Hugo, equorum domitor, quod vulgo dicitur marescal, nostrum monasterium adiit, devote fratrem societati se commisit, ac dehinc, ob remedium sui ac suæ conjugis, tum nuper defunctæ, dedit et tradidit Sanctæ Trinitati, in alodio, omnem suam decimam in Flamenvilla, annuente domino suo, scilicet Rodulfo de Warethna, his viris presentibus quorum nomina subter assignata sunt.

> Signum RODULFI de Warethna. Signum ipsius HUGONIS. Signum HUGONIS de Flamenvilla. Signum HUGONIS de Limeisei. Ex nostra parte testes : SONEMANNUS; RICARDUS, senescal; BERNARDUS, cocus.

XXXIII.

Quidam miles de la Bruere, nomine Alveredus, annuente Adheliza, uxore sua, omnes decimas quas in Maltevilla et Amunde Villa possidebat, monachis Sanctæ Trinitatis, pro VIII libras, in hereditatem perpetuam vendidit. Quam venditionem Wido comes et Rodulfus de Warethna, cum uxore sua nomine Emma, annuerunt et confirmaverunt.

> Signum WIDONIS, comitis. Signum RODULFI de Warenna. Signum EMMÆ, uxoris ejus. Signum ALVEREDI. Signum ADHELIZÆ, uxoris ejus. Signum GOIFFREDI, fratris Alveredi. Signum HUGONIS de Flamenvilla. Signum ROTBERTI, filii ejus. Ex nostra parte testes : RODULFUS, filius Hermeri; GISLEBERTUS, filius Hugonis ; RICARDUS, senescal; GONFRIDUS.

XXXIV.

Anno dominicæ incarnationis MLXII., quidam miles, nomine Willelmus, filius Ansgeri de Salceid, abbati Rainerio et monachis ejus viginti acros terræ arabilis in Amundi Villa, primo pro viginti solidis

Warenna, conjux Beatricis, postea Emmæ, ex qua Rodulfum II et Willelmum I filios habuit. Hic Willelmus I comitatus est Willelmum Conquestorem in Angliam, a quo recepit fere trecenta maneria, postea a Willelmo Rufo comitatum Surreiæ.

in vadimonium, postea additis duodecim solidis, in hereditatem vendidit. Qua de re domino ejus, Rodulfo scilicet de Warenna, ut hanc conventionem annueret, tres libras predictus abbas dedit; qui libenter ipse et uxor ejus, nomine Emma, annuerunt, et donationem ad altare Sanctæ Trinitatis miserunt.

> Signum Rodulfi de Warenna. Signum Emmæ, uxoris ejus. Signum ipsius Willelmi, filii Ancheri. Signum Hugonis de Flamenvilla. Ex nostra parte testes : Goiffredus Delbec; Ricardus, senescal; Bernardus, cocus.

XXXV.

Omnibus sanctæ ecclesiæ filiis notum sit, quod Rodulfus de Warenna ejusque conjux, vocabulo Emma, cum filiis suis, Rodulfo scilicet atque Willelmo, post annos fere XVI quam quattuor villarum Caletensis pagi, Maltevillæ videlicet, Flamenvillæ, Amundi Villæ et Anglicevillæ, ecclesias et earum decimas nobis vendiderant[1], convenientes in hoc monasterio anno dominicæ incarnationis MLXXIIII., omnem totius Osulfi Villæ ejusdem Caletensis pagi, cum ecclesia, decimam, quam a Guillelmo, filio Rogerii, filii Hugonis episcopi xxx libris denariorum emerant, pro redemptione animarum suarum, in perpetuam hereditatem nobis dederunt, et donationem super altare Sanctæ Trinitatis posuerunt, coram testibus.

> Signum ipsius Rodulfi. Signum Emmæ, uxoris ejus. Signum Rodulfi, filii eorum. Signum Willelmi, fratris ejus. Signum Hugonis de Flamenvilla. Signum Rainaldi; signum Guillelmi, filiorum ejus. Signum Gisleberti, clerici. Signum Leudonis. Ex nostra parte testes : Ricardus, senescal; Bernardus, cocus; Ricardus de Appivilla; Guillelmus, sartor; Rainaldus Anglicus; Walterius, cocus; Albericus de Blovilla; Osbernus Bruncosted.

XXXVI.

Hæc est affirmatio donationis ecclesiæ de Salceid quam Adelia, pro Rodulfi de eadem villa viri sui anima, et pro se suisque amicis,

---
[1] Vide chartam XXIX.

cum tota decima, et cum sexaginta acris terræ, tradidit in alodium. Sed quia in vadimonium pro sex libris erat, Odo secretarius et Gislebertus camerarius ipsam peccuniam reddiderunt. Quam donationem postea predicti Rodulfi filii duo, scilicet Rogerius et Rotbertus, acceptis x solidis, a prefatis monachis libentissime annuentes confirmaverunt. Willelmus etiam Rogerii, filii episcopi filius, acceptis x solidis denariorum, libentissime annuendo confirmavit, et ad altare Sanctæ Trinitatis donationem perpetuo retinendam tradidit.

 Signum ipsius WILLELMI. Signum HUGONIS, fratris ejus. Signum ROGERII. Signum ROTBERTI. Signum ADELIÆ, matris eorum. Testes : WILLELMUS, filius Anscheri; WILLELMUS HACHET. Ex nostris : ROZELINUS; WILLELMUS, frater jus; RICARDUS, senescal; BERNARDUS, cocus.

XXXVII.

Liqueat omnibus sanctæ Dei ecclesiæ fidelibus, quod, anno ab incarnatione Domini MLIII., Guillelmus de Vernono, cum patre suo nomine Hugone, Sancti Wandregisili monacho, ad Sanctæ Trinitatis Rotomagense usque venit cœnobium, et ibi a domno abbate Rainerio, acceptis xxx libris denariorum, prata et reditiones eorum cunctas, quæ, cum suis militibus, apud Martinvillam, possidebat, vendidit ei in perpetuam hereditatem, clericis quidem ac laicis, hac precautione nominatis, illi ex utroque latere astantibus, qui etiam hujus modi venditionis veridici et nunc et semper, quocumque opus sit, testes erunt. Idem ipse Willelmus vendidit eidem abbati et monachis ejus medietatem supradictæ villæ quæ sibi jure hereditario competebat, cum omnibus appenditiis suis, annuente et propria manu confirmante hoc Willelmo, Normannorum consule.

 Signum WILLELMI, comitis. Signum MATHILDIS, comitissæ. Signum HUGONIS Vernonensis. Signum WILLELMI, filii ejus. Signum RICARDI, filii Gisleberti, comitis. Signum TUROLDI, hostiarii. Signum WERMONIS, monachi Sancti Audoeni. Testes : RICARDUS, senescal; BERNARDUS, cocus; OSBERNUS BRUNCOSTED.

XXXVIII.

Notum sit omnibus fidelibus, quod Willelmus de Scalfou et Willelmus, filius ejus, dederunt omnem Guiardi Villam, cum omnibus appenditiis suis, monachis Sanctæ Trinitatis Rotomagensis, quæ villa sita est in episcopatu Lisiacensi.

>Signum WILLELMI, ducis Normannorum Signum MATHILDIS, comitissæ. Signum WILLELMI de Scalfou. Signum WILLELMI, filii Ernaldi de Mosteriolo, qui dedit Sanctæ Trinitati decimam totius ejusdem Guiardi Villæ, presbiterum et ecclesiam alodii jure. Signum WILLELMI, filii Osberni. Signum RODULFI, camerarii. Signum HUGONIS, pincernæ. Testes : RAINALDUS infans; ANSFREDUS, filius Athlæ; GRENTO; HELGO del Maisnil; RICARDUS, filius Helgonis; RICARDUS, senescal; BERNARDUS, cocus; WAZO.

XXXIX.

Pateat cunctis Christi fidelibus, quia, anno dominicæ incarnationis MLXVI., tunc scilicet quando Normannorum dux Guillelmus cum classico apparatu ultra mare erat profecturus, quidam vir illustris, nomine Rogerius de Montgomeri, hoc quod in terra Sanctæ Trinitatis quæ Guiardi Villa dicitur, cum omnibus appendiciis suis, calumniabatur, domno abbati Rainerio et monachis ejus, coram memorato duce, ex toto perdonavit, ita ut ex illa hora a se vel suis heredibus eadem terra nequaquam ulterius calumniæ sentiret molestiam, sed libera et quieta Sanctæ Trinitati et monachis ejus in hereditatem permaneret. Annuente hoc et confirmante inclito principe Normannorum Willelmo.

>Signum ipsius. Signum ROGERII de Monte Gomeri. Signum WILLELMI, filii Osberni. Signum GIROLDI, senescalli. Signum RODULFI, camerarii. Signum HUGONIS, pincernæ. Testes : RICARDUS, senescal; BERNARDUS, cocus; ANSFRIDUS, filius Athlæ.

XL.

Agnoscant omnes Jeshu Christo famulantes, quod Rogerius, Hugonis episcopi filius, monachorum cœnobio Sanctæ Trinitatis Rotomagi devote se commendans orationibus, omnium virorum francorum scilicet et rusticorum sub suo dominio in Blovilla et Einardi mansionali et Novillula et in Scurra vel Merdepluet villa degentium, necnon et suæ domus propriæ in urbe Rotomagi constitutæ molturam domno Rainerio abbati ejusdem cœnobii, pro septem libris denariorum vendidit. Annuente sua uxore, Odain nomine, et eorum filiis Willelmo et Hugone.

> Signum ipsius ROGERII. Signum ODAIN, uxoris ejus. Signum WILLELMI. signum HUGONIS, filiis[1] eorum. Testes: GISLEBERTUS, presbiter; RICARDUS de Blovilla; WARNERIUS, forestarius; RICARDUS, senescal; BERNARDUS, cocus.

XLI.

Simili modo Rodulfus de Warenna molturam omnium virorum in eisdem villulis ad se pertinentium, supradicto abbati, pro septem quoque libris, in perpetuam vendidit hereditatem.

> Signum ipsius RODULFI. Testes: ROGERIUS, filius Henrici; HUGO de Limeisei; WARNERIUS, forestarius. Ex nostris: RICARDUS, senescal; BERNARDUS, cocus; RODULFUS, frater ejus; ROBARDUS, pistor.

XLII.

Decimam Villelmi Deldic emimus ab Alberada conjuge ejus, post mortem viri sui, xv libris denariorum, annuente filio ejus Rotberto. Rodolfus etiam de Warenna, dominus illorum, hoc annuit.

> Signum RODULFI de Warenna. Signum ROTBERTI DELDIC, filii Willelmi. Signum ALBEREDÆ, matris ejus. Testes: WILLELMUS, filius Norfredi; TURULFUS, filius Anstais; ROTBERTUS, filius Widonis; HUGO de Flamenvilla; RAINOLDUS, filius ejus; GIRARDUS, prepositus de Wesneval; INGULFUS ESCOLLANT. Ex nostris: RICARDUS, senescal; ANSCHITILLUS CAILLOU; RAINOLDUS BRITTO; WALTERIUS, pistor; WILLELMUS, sartor; ANSFREDUS, cocus; ROTBERTUS, cocus; OSMUNDUS, marescal.

[1] Sic.

XLIII.

Rogerius de Buslei vendidit domno abbati Rainerio et ejus monachis decimam ejusdem villæ, scilicet Buslei, quemadmodum sibi jure hereditario competebat, pro libris denariorum LX et XII et I equo. Et ne quis hujus venditionis possit contradictor vel calumpniator existere, Willelmi, principis Normannorum, roboratur signo et auctoritate.

> Signum WILLELMI, comitis. Signum ROGERII de Buslei. Signum ROTBERTI, comitis de Auco. Signum HERNALDI, cujus erat pars decimæ. Signum RODULFI de Cancei. Signum HUELINI de Drincourt. Signum RICARDI de Drincourt. Signum TUROLDI, fratris ejus. Ex nostra parte testes: ROTBERTUS de Allavio; RICARDUS, senescal; OSMUNDUS de Putangle; BERNARDUS, cocus.

XLIV.

Quidam vir Godardus, nepos scilicet Ernulfi, ejusdem villæ Buslei prepositi, decimam totius terræ suæ jam dicto abbati et ejus monachis tradidit in alodium, accipiens ab illis L solidos denariorum.

> Signum GODARDI. Signum ERNULFI, præpositi, avunculi ejusdem Godardi. Testes: RICARDUS, senescal; BERNARDUS, cocus.

XLV.

Sigillatio vel affirmatio donationis terræ de Sclavellis, quam ab Henrico de Sancto Salvio XX libris denariorum prius emeramus, quamque Gualterius Gifardus, dominus ejus, suæ suorumque saluti prospiciens in futurum, pro remedio animæ suæ omniumque parentum suorum, dedit et concessit Sanctæ Trinitati in perpetuam hereditatem. Inprecatusque est hujus terræ invasores seu calumpniatores perpetuo anathemate, nisi celerius resipuerint condempnari. Pro qua confirmatione eidem Gualterio, societate nostri monasterii recepta, a domno abbate Rainerio et cunctis fratribus, concessum est ei, ut omni die quo advixerit missam habeat familiarem, id est, *Deus qui caritatis*, et in canone nominatim memoretur; post mortem vero, missam cotidie pro defunctis, et in canone inter defunctos nominetur.

<small>Signum ipsius Gualterii. Signum Henrici de Sancto Salvio. Signum Willelmi, filii Gualterii Gifardi. Signum Gotheri, archidiaconi. Signum Walterii, filii ejus. Signum Odonis, fratris ejus. Signum Herbranni, dapiferi. Testes : Guillelmus Judas ; Gualterius Hageth ; Guillelmus, filius Fulcardi. Ex nostra parte : Ricardus, senescal; Osmundus, marescal; Bernardus, cocus; Rodulfus, frater ejus; Gislebertus Burdon.</small>

XLVI.

Omnibus sanctæ Dei ecclesiæ filiis manifestum sit, quod duo egregii milites, Ricardus et Rogerius, filii Herluini senescalli, et Ada, mater eorum, sibi suisque parentibus in futurum providentes, sanctæ et individuæ Trinitati Rotomagensi hæc perpetuo donaverunt et tradiderunt, videlicet ecclesiam in Alta Vesna cum tribus acris, et in eadem villa culturarum suarum decimam, et unam mansionalem in Gamaci, et piscinæ vel tractus decimam in Sequana, loco qui dicitur Fossa. Iterum Ricardus e proprio jure unum hortum in Alta Vesna ubi Granza sedet; tres quoque mansionales, et quicquid Herbertus Graverenc de illo tenebat Sanctæ Trinitati dedit. Rogerius vero e proprio jure terram quattuor boum in villa vocabulo Warnei, quam de illo tenebat quidam vir nomine Alboldus, qui postea noster monachus est effectus, pro qua terra eidem Rogerio l.v solidos dedimus: porro mater eorum Ada cum eodem filio suo Rogerio duos hortos et decem acros terræ arabilis in Alta Vesna. Domnus itaque abbas Raynerius et monachi ejusdem Sanctæ Trinitatis pro benedictione hæc utrisque dederunt, octo libras denariorum et unum electum equum et canem valde bonum. Predictus etiam abbas, annuentibus monachis suis, unum militem suum nomine Helgonem del Maisnil et servitium ejus prefato Rogerio dedit. Hæc ut diximus prædicti duo fratres Ricardus et Rogerius, et mater eorum Ada, annuente Willelmo, comite Normannorum, Sanctæ Trinitati, in perpetuam hereditatem tradiderunt, et cartam per semetipsos coram testibus firmaverunt.

> Signum WILLELMI, comitis Normanniæ. Signum MATHILDIS, comitissæ. Signum RICARDI, filii Herluini. Signum ROGERII, fratris ejus. Signum ADÆ, matris eorum. Signum AVITIÆ, uxoris Ricardi. Signum BENZELINI de Scoz. Signum YLBERTI de Dommaisnil. Signum HUGONIS de Fuscelmont. Signum DROCONIS. Signum AMANDI. Signum DURANDI ENGANET. Signum GULBERTI, filii Farman, de Rotuis, hominis Rainoldi Darsel. Ex nostris : signum DROCONIS, filii Goiffredi de Novo Mercato. Signum ERRARDI, diaconi. Signum FULCHELINI, filii HUNFREDI de Mathun. Signum RICARDI de Drincurt. Signum TUROLDI, fratris ejus. Signum RICARDI, senescal. Signum BERNARDI, coci. Signum RODULFI, fratris ejus. Signum OSBERNI BRUNCOSTED. Signum GOIFFREDI DELBEC.

XLVII.

Pateat fidelibus Christi, qualiter capellæ Sanctæ Trinitatis medietatem, et terram ad ipsam pertinentem, prius quidem Erchenbaldo, filio Erchenbaldi vicecomitis ultra mare proficiscenti, datis sex libris denariorum, deinde Hugoni pincernæ de Ivry, qui eam in vadimonio de ipso Erchenbaldo tenebat, datis XII libris, ex omni parte redemimus, et liberrimam in perpetuam hereditatem suscepimus, annuente rege Anglorum et duce Normannorum Guillelmo ejusque optimatibus.

> Signum WILLELMI, regis. Signum MATHILDIS, reginæ. Signum WILLELMI, filii Osberni. Signum EMMÆ, matris ejus. Signum ANSFREDI, filii Athlæ. Signum BERNARDI, forestarii. Ex nostris : signum RICARDI, senescal. Signum BERNARDI, coci. Signum TURSTINI, filii Wigrin.

XLVIII.

Gislebertus, qui Oculus Pulicis dicebatur, ad extrema veniens, dedit Sanctæ Trinitati in alodio unum mansum in Appavilla et ejus consuetudinem in molendino.

> Signum ipsius GISLEBERTI. Testes : ALAIN d'Eschetot; WILLELMUS de Winbelet villa; RICARDUS, senescal; ROGERIUS PONCON.

XLIX.

Celestis regni promereri appetit mansionem quisquis ad usus servorum Dei aliquam suæ terrenæ possessionis largitus fuerit portionem. Quapropter ego Ansfredus, Osberni de Ou vicecomitis, postea vero, Dei gratia, Hierosolimitani monachi, filius, annuentibus dominis meis, Emma, Osberni dapiferi uxore, et filiis ejus Willelmo et Osberno, una cum conjuge mea Emma, quicquid potui hereditatis jure dedi Sanctæ Trinitati Rotomagensi cœnobio de Monte, in quo unicum filium meum nomine Goiffredum optuli Deo serviendum. Hæc sunt igitur donaria quæ monachis dedi post obitum meum et uxoris meæ, pro remedio animæ meæ parentumque meorum et pro salute dominorum meorum, annuente Willelmo, inclito principe Normannorum : in territorio Rotomagensi, in valle Richerii et in villa Sancti Jacobi et Caprevilla, et super Sequanam, loco qui dicitur Salhus, quicquid mei juris erat; et inter Chivillei et Corolme duo prati jugera, et inter unius nominis villas, id est Chivillei, unum prati agrum, et in Ermentrud villa duo prati jugera, et in Rotomago domum meam propriam, et in suburbio Rotomagi vineam[1], cum domo et diversis arboribus fructiferis. Hæc omnia ego et uxor mea Emma supradictis monachis devote tradidimus, imprecantes harum omnium parvæ vel magnæ partis deinceps invasorem donationum anathemate perpetuo, si non satisfecerit, dampnandum. Amen.

<small>Signum Willelmi, comitis. Signum Willelmi. Signum Osberni. Signum Emmæ, matris eorum. Signum Ansfredi, qui hanc donationem fecit. Signum Emmæ, uxoris ejus. Signum Bernardi, forestarii. Signum Rainoldi de Salhus. Signum Petri, parmentarii. Testes ex nostra parte : Ricardus de Drincurt; Turoldus, frater ejus; Ricardus, senescal; Osbernus Bruncosted; Rogerius Poncon.</small>

L.

In Dei nomine. Notum sit omnibus Christi et sanctæ ecclesiæ

---
[1] Vinea in suburbio Rothomagensi, notatu digna.

fidelibus, qualiter Rotbertus, filius Hoelis, petitione fidelis sui Ansfredi, donavit et tradidit monasterio Sanctæ Trinitatis, quod situm est Rotomagi in monte Sancti Michaelis, beneficium in perpetuam proprietatem, quod ipse predictus Ansfredus de illo tenuit in Chevrevilla, id est ecclesiam cum decima totius villæ et x mansos, acceptis ab eo xx libris denariorum, et pro hac terra et pro aliis quas dedit monasteriis Fiscambensi et Fontanellæ. Hi sunt testes qui hoc viderunt et audierunt, et hoc affirmantes subscripserunt.

<blockquote>Signum Willelmi, comitis Arcarum[1]. Signum Gozelini, vicecomitis. Signum Godefredi, vicecomitis[2]. Signum ipsius Rotberti qui hanc fecit traditionem. Signum Ansfredi.</blockquote>

LI.

Anno dominicæ incarnationis mxliii., Warulfus de Chevrevilla, jussu domini sui Rotberti de Maineres, misit super altare Sanctæ Trinitatis donationem terræ Chevrevillæ per unum capellum vulpinum, ea ratione ut nullus ex eadem terra aut vendendi aut in vadimonium dandi habeat facultatem, nisi per abbatem Isembertum, coram quo facta est hæc donatio. Hujus licentia domnus Rainerius, tunc monachus, postea abbas, dedit præfato Rotberto centum solidos pro terra Osberni, filii Maingot, annuente ipso Osberno, filio Maingot. Sed et ipse Rotbertus ab abbate Isemberto et monachis, acceptis centum solidis, tradidit et dedit Sanctæ Trinitati in alodium totam moltam Chevrevillæ. Ipse etiam Rotbertus dedit Sanctæ Trinitati quattuor mansos in Chevrevilla pro vii libris denariorum. Nam tres ex his mansis Ansfredus, filius Adlæ, prius de ipso tenens in vadimonium, pro tribus libris dederat eos Sanctæ Trinitati. Monachi vero addiderunt his tribus libris quattuor, et dederunt Rotberto, et ita acceperunt ab eo illos tres mansos, et quartum nomine Udo-

---

[1] Filius erat Ricardi II, ducis Normannorum, et Paveiæ.

[2] Filius Osberni de Bolbec et pater Willelmi Archensis, necnon Gisleberti episcopi Ebroicensis. Uxorem duxerat filiam Gozelini, vicecomitis Archarum, quo adhuc vivente, vicecomes Archarum designatus est.

nem, cum xx acris terræ in perpetuam hereditatem, per unum albi manubrii cultellum. Item ipse Rotbertus, una cum uxore sua, nomine Renza, societate nostri loci accepta, pro remedio animarum suarum, Sanctæ Trinitati ex proprio jure sexaginta jugeres, quos acres dicimus, in Chevrevilla in alodio dederunt. Terram etiam de Chevremont, quam Ansfredus tenebat de prefato Rotberto in septem molas, dedit ipse Rotbertus Sanctæ Trinitati. Actum tempore Willelmi, fortissimi principis, filii Rotberti comitis, ipso annuente et confirmante, sub horum testimonio virorum.

> Signum ipsius WILLELMI, principis. Signum ROTBERTI de Maineres. Signum RENZÆ, uxoris ejus. Signum ANSFREDI, filii Adlæ. Signum HERSCHEMBALDI. Signum OSBERNI, filii Maingot. Signum WILLELMI de Capetval. Signum HERCHEMBALDI, avunculi Osberni. Signum WARULFI de Chevrevilla. Signum GODEFREDI FERET. Signum WARINI. Signum TURSTINI, filii Wigrin. Signum TUROLDI de Drincurt. Signum GOTMUNDI. Signum GUNFREDI. Signum HELINANDI. Signum WARNERII, vicedomini. Signum BERNARDI, forestarii. Signum ROGERII, filii ejus. Signum IVELINI, prepositi. Signum ROGERII PONCON.

LII.

Quidam vir egregius de Bundivilla, nomine Ricardus, cum uxoris suæ filiorumque suorum atque Ingelranni domini sui consensu, totius villæ, quæ dicitur Putbuef, in pago Rotomagensi, decimam, et sex bonæ terræ agros Sanctæ Trinitati eidem civitati imminenti, pro animæ suæ remedio, in perpetuam hereditatem tradidit. Placuit ergo istius loci monachis pro hac re ei duplicem rependere gratiam, id est corporalem et spiritalem : corporalem videlicet quattuor libras et quinque solidos denariorum; spiritalem vero, quod præcipuum est, totius congregationis in omnibus benefactis consortium fraternitatis. Igitur ob donationis affirmationem, propriis eam super hujus templi altare sigillaverunt manibus, excommunicantes eternaliter hujus rei invasores.

> Signum RICARDI. Signum MATHILDIS, uxoris ejus. Signum GISLEBERTI, filii ejus. Testes : NORMANNUS de Hesledes; RICARDUS, senescal; BERNARDUS, cocus.

LIII.

Quidam vir illustris, nomine Normannus, de Hesledes, filius Ingelardi, invadiavit Godefredo presbitero de Malalneit totam decimam alodii sui pro I. solidis denariorum. Quod vadimonium idem Godefredus ad extrema veniens largitus est monachis Sanctæ Trinitatis pro remedio animæ suæ. Post hoc accidit ut prefatus Normannus moriretur, atque in obitu suo constitutus, dedit decimam suprascriptam in alodio monachis Sanctæ Trinitatis, ubi etiam et sepultus est cum magna reverentia in porticu ejusdem cœnobii.

Signum Ingelardi. Signum Normanni. Signum Ricardi. Signum Gisleberti. Signum Godelef. Signum Osmundi. Signum Herberti.

LIV.

Anno ab incarnatione Domini MXLVII., quidam vir potens, vocabulo Ricardus, de loco qui dicitur Bernai, vendidit nobis in alodio tres mansos et dimidium molendini apud Quattuor Molendinos, sic enim eadem villa dicitur, pro octo libris denariorum. Sed et ipsius dominæ, vocabulo Emmæ[1], ut hoc annueret, xx solidos dedimus. Quæ libenter, cum filiis suis Willelmo et Osberno, predictam emptionem non solum annuit, sed etiam dono proprio nobilitavit, et eternaliter possidendam confirmavit.

Signum ipsius Emmæ; signum Willelmi; signum Osberni, filiorum ejus. Signum Ricardi de Bernai. Signum Croci. Signum Erchembaldi. Testes: Bernardus, cocus; Ricardus, senescal; Osbernus Bruncosted.

LV.

Anno ab incarnatione Domini MLXVIII., Willelmus comes[2], filius Osberni dapiferi, cum domino suo, rege Anglorum Willelmo, ultra mare profectus, et ibidem aliqua ægritudine detentus, dedit Sanctæ

---

[1] Uxoris Osberni dapiferi.   [2] Erat comes Palatii. Vide chartam LXVII.

Trinitati, pro remedio animæ suæ, consuetudines totius silvæ quæ Longum Bothel dicitur, ut habeant monachi Sanctæ Trinitatis perpetualiter ex eadem silva quantumcumque sibi opus fuerit in proprios duntaxat usus, videlicet ardendi, edificandi, porcos etiam pascendi copiam, vel alia quælibet humanæ necessitati commoda. Hæc ergo prelibatus comes Willelmus Sanctæ Trinitati in perpetuam hereditatem contulit. Willelmus quoque filius ejus, postea ad nostrum locum veniens, paternæ donationi libentissime annuit.

> Signum Willelmi, comitis, filii Osberni. Signum Willelmi, filii ejus. Signum Willelmi Alis. Signum Gozelini, filii Ivonis. Signum Durandi, forestarii.

LVI.

Quidam nobilium, nomine Hugo, cognomento Taleboth, dedit Sanctæ Trinitati decimam de Sanreith. Cujus donationi Walo de la Roca, ad quem prædictæ terræ possessio devenit postea, libenter annuit. Post hos successor illorum Osbernus de Ansevilla, accepta societate monasterii, predictorum virorum donationem et ipse annuendo confirmavit.

> Signum Hugonis Talebot. Signum Walonis de la Roca. Signum Osberni de Ansevilla. Signum Osberni de Hotot. Testes : Gulbertus de Ou ; Osbernus de Alberti Villa; Heddo de Canaan; Rodulfus, filius Hermeri; Rodulfus de Pauliaco; Osbernus, filius Goiffredi de Ou; Gozelinus de Alladio.

LVII.

Ea tempestate qua Guillelmus, dux Normannorum egregius, cum classico apparatu ingentique exercitu, Anglorum terram expetiit[1], quidam miles, nomine Osmundus de Bodes, cum aliis illuc profectus, et langore correptus atque ad extrema perductus, pro animæ suæ remedio, dedit Sanctæ Trinitati omnem decimam terræ suæ in alodio, quam domini sui Rodolfi de Warenna tenebat beneficio. Unde et

[1] Anno 1066.

eidem domino suo Rodulfo, ut hoc annueret, xxx solidos dedimus; quod et fecit ante altare Sanctæ Trinitatis.

> Signum Rodulfi de Warenna. Signum ejusdem Osmundi. Signum Rodulfi, heredis Osmundi. Testes : Alveredus de la Bruere; Goiffredus del Busc; Ricardus de Drincurt; Ilbertus de Longo Campo; Bernardus, cocus; Rotbertus, pistor.

LVIII.

Anno ab incarnatione Domini mlxiii., quidam vir de Sancti Petri Ponte, nomine Germundus, cum uxore sua Bersenta, Romam, orationis causa pergens, eo quod steriles erant, hereditatem suam monachis Sanctæ Trinitatis, pro commissa fraternitate, post obitum suum jure perpetuo tradiderunt: scilicet domum suam cum utensilibus, annonam, et fœnum, et hortum, iiii^{or} acres terræ, quos de Waleranno de Dalbuet et Azore de Rolvilla pro xii solidis annorum quattuor termino in vadimonium habebant, pro animæ suæ remedio obtulerunt, et in eadem villa unum acrem et dimidium de beneficio Durandi forestarii, annuente eodem Durando, perpetualiter largiti sunt, coram his testibus :

> Signum Durandi, forestarii. Signum ipsius Germundi. Signum uxoris ejus Bersendis. Signum Rogerii, fratris Durandi. Signum Rozelini. Signum Rainoldi. Signum Bernardi, coci. Signum Huelini, fratris ejus.

LIX.

Anno ab incarnatione Domini mlviiii., emimus ab Huelino, fratre Osmundi de Franca Villa, lxx acres terræ in alodio, pro xi libris denariorum; nam ex ipsa terra xlvi acres in vadimonio antea tenebamus pro viii libris denariorum et x solidis. Facta est autem a prefato Huelino terræ hujus donatio coram multis testibus.

> Signum ipsius Huelini. Signum Osmundi, fratris ejus. Testes : Willelmus, filius Germundi; Croco; Ricardus; Rohardus; Osbernus Bruncosted.

LX.

Terram quæ dicitur Toterel, quæ est super fluvium Cleræ, vendidit Odo monetarius, filius Hunfredi coci comitis, domno Rainerio abbati et monachis ejus, jure hereditario possidendam, pro xxv libris denariorum.

> Signum ipsius Odonis. Signum Ranerii, consiliarii infantis. Signum Tetboldi, gramatici. Signum Grimoldi de Mara. Testes de nostris : Ricardus; Evrardus; Rozelinus; Launomarus.

LXI.

Donatio Ricardi, fratris Rotberti de Freschenes, de terra duorum acrorum et dimidii, quam de illis tenebat Osmundus, filius Anselmi, in Montvilla. Hanc ergo predictus Ricardus dedit Sanctæ Trinitati pro anima fratris sui Rotberti, die scilicet sepulturæ ejus.

> Signum ipsius Ricardi. Signum Helvis, uxoris defuncti. Signum Alberedæ. matris. Testes : Normannus de Esletes; Osmundus, filius Adelelmi.

LXII.

In villa Sclavellis quidam miles de Sorenx, nomine Ansguid, annuente domino suo Rotberto de Chevruelcurt et uxore ejus, cum liberis suis, pro animæ suæ remedio, unum terræ acrum, coram testibus, nobis tradidit in alodium. Idem ipse Ansguid decimam totius terræ suæ, quam in supradicta villa tenebat, viginti solidis denariorum nobis perpetualiter possidendam vendidit, annuente supradicto Rotberto, domino suo.

> Signum ipsius Rotberti. Signum Ansguid. Testes : Ricardus et Hugo de Drincurt; Ernoldus, metedarius.

LXIII.

Rogerius, Turoldi filius, ultra mare cum Willelmo comite navigaturus, tres jugeres terræ in Sothevilla, pro remedio animæ suæ, monachis Sanctæ Trinitatis Rotomagensis in alodium condonavit; sed, quia in eadem navigatione morte preventus, hoc confirmare non valuit, quidam ejus miles, nomine Willelmus Trenchefoil, ipsum beneficium ejus vice largitus est libentissime : id ipsum Willelmo, rege Anglorum, annuente.

> Signum Willelmi, regis. Signum Willelmi Trenchefoil. Signum Bernardi, forestarii. Testes : Ricardus; Osbernus[1]; Rogerius Poncon.

LXIV.

Primo anno constructionis castri quod Goislenfontana dicitur, regnante Willelmo comite, Bernardus forestarius, cum filio suo Willelmo, consilio uxoris suæ Genzelinæ, tractum insulæ dedit Sanctæ Trinitatis, pro redemptione animæ suæ omniumque parentum suorum.

> Signum ipsius Bernardi. Signum Willelmi, filii ejus. Signum Genzelinæ, uxoris ejus. Testes : Gulbertus; Osbernus Bruncosted; Bernardus, filius Odini; Bernardus, cocus; Gislebertus, filius Girberti; Ricardus.

LXV.

Notum sit omnibus in Christum credentibus, quod, tempore Willelmi, comitis Normanniæ et Maurilii, archiepiscopi sanctæ Rotomagensis ecclesiæ, Restoldus et Teozo largiti sunt Sanctæ Trinitati Rotomagensi, in perpetuam hereditatem, quicquid alodii in Grinvilla habebant, hoc est quadraginta acros terræ, accipientes a domno abbate Rainerio centum denariorum solidos, et centum pro animabus suis perdonantes, ea scilicet ratione, ut ipsi et uxores eorum a suprascripto abbate et ab omnibus fratribus in communem recipientur societatem, sicut effecti sunt.

> Signum Restoldi. Signum Teizo. Testes : Evrardus, et Simon, frater ejus; Teizo, prefectus Sprivillæ.

---

[1] Bruncosted.

LXVI.

Quidam Henricus de Grinvilla dedit monachis Sanctæ Trinitatis in alodio acrum et dimidium terræ, quam de illis tenebat in beneficio.

Testes: EBRARDUS, frater Simonis; RICARDUS, senescal.

LXVII.

Regis regum Christi gratia largiente, qui cuncta semper pio gubernat moderamine, Willelmus, dux Normannorum, regnum adeptus Anglorum, cum esset in villa regia, quæ anglica lingua Gueritho dicitur, consilio et suggestione fidelis sui Willelmi, filii Osberni dapiferi, qui comes erat palatii, dedit Sanctæ Trinitati de Monte, in perpetuam hereditatem, terram quæ anglice Hermodesodes nuncupatur, cum ecclesia et omnibus sibi pertinentibus, scilicet in agris, pratis, pascuis, molendinis, aquis, humectis, silvis, ceterisque hujusmodi eidem villæ contiguis, presente abbate Raynerio cum duobus monachis Nicholao et Guillelmo. Hæc donatio facta est per unum cultellum, quem prefatus rex joculariter dans abbati quasi ejus palmæ minatus infigere: « Ita, inquit, terra dari debet. » Hoc ergo evidenti signo multorumque nobilium qui regio lateri astabant testimonio facta est hæc donatio, anno dominicæ incarnationis MLXVIIII.

Signum WILLELMI, regis. Signum MATHILDIS, reginæ. Signum WILLELMI, filii Osberni. Signum WILLELMI, episcopi Londoniæ. Signum GOIFFREDI, episcopi Constanciæ. Signum ROTBERTI, filii Guimar. Signum RICARDI, filii Torsteingoiz[1]. Signum ERFAST, tunc capellani, postea episcopi. Signum HUGONIS de Sillevilla.

[1] Ricardus, filius Torsteingoiz, vicecomes Abrincensis exstitit. Pater illius cum Willelmo Notho multum dimicaverat. (Vide Willelmum Gemmeticensem et Robertum Wace.)

LXVIII.

Notum sit omnibus, quod, ipso die quo Ricardus de Porco Mortuo effectus est monachus in monte Sanctæ Trinitatis, videlicet dominica tertia adventus Domini, ipse et uxor ejus Adeliz concessit abbati Walterio et monachis ejus, videlicet omnes illas consuetudines, quas de rebus Sanctæ Trinitatis apud Bysei habebat; concessit quoque illas quietas, quas sibi terra Turoldi, patris Ysemberti monachi, reddebat. Dedit etiam in perpetuum finem in Rocillie x acras terræ et 1 domum cum horto qui fuit Rogerii Tused. Concessit præterea omnium rerum suarum, quæ sunt apud Byseyum, nobis medietatem, tamdiu videlicet quousque peccunia nostra, de qua omnes illæ res debent disvadiari, ab uxore ejus et filio nobis reddatur. Aliam autem medietatem uxor ejus et filius interim habebunt; peccunia vero soluta, res suas quietas possidebunt, et nos omnium rerum illarum decimam habebimus. Ista autem conventio hoc modo et ea ratione facta est, quod uxor ejus et homines agere debent erga filium, ut videlicet, cum venerit, hoc idem quod factum est et velit et faciat esse ratum, et adhuc etiam istud, quia, si mortuus fuerit sine herede de legitima muliere, mortua matre, hoc totum perpetim possidendum Sanctæ Trinitati concedet. Habere præterea debemus partem ipsius Ricardi, videlicet terciam portionem ejus annonæ et vini, ad ultimum si ipsa Adeliz, uxor Ricardi, apud nos in Monte voluerit tumulari, quia paccione firmatum est suscipere eam debemus.

Testes, ex parte Ricardi : Osmundus de Insula, Bencelinus de Civeres, Adeliz, uxor ipsius Ricardi; Rotbertus de Porco Mortuo; Willelmus de Falesya. Ex nostra parte : Radulfus; Clarembaldus, frater ejus; Rotbertus, filius ejus; Fulcerus del Falc; Herbertus, filius ejus; Ansfredus de Blovilla; Ernulfus de Sancto Jacobo; Robertus Gislouth; Olivier; Radulfus Haterel; Malgerius de Culvertvilla; Lambertus; Rainoldus, præpositus; Geroldus de Elemosina.

Hæc charta recentius inserta fuit chartulario, sicut scriptura demonstrat.

LXIX.

Lezelina comitissa[1], quando cum filiis suis de castro Ou est ejecta, interventu Oylardi, fidelis sui, dedit abbati Isemberto et monachis ejus, pro remedio animæ suæ parentumque suorum ac liberorum incolumitate, terram unius cellarii capacem super ripam Sequanæ, cum esset in domo sua juxta Sancti Nicholai oratorium, annuentibus hoc filiis suis Hugone, Willelmo, Rotberto.

    Signum Lezelinæ. Signum Hugonis[2]. Signum Willelmi; signum Rotberti[3], filiorum ejus. Signum Oylardi. Signum Rodulfi, filii Fulconis de Alnou. Signum Willelmi, filii Turfredi de Germudi Villa. Signum Rodulfi Gifardi.

LXX.

Anno ab incarnatione Domini MLXIII., quidam miles Franchevillæ, Hugo nomine, filius Senreth, annuente domino suo Willelmo, Vernonis castellario, vendidit in perpetuam hereditatem quendam ortum in Martinvilla, sedecim solidis denariorum, cuidam monacho Sanctæ Trinitatis Rotomagensis, Franconi nomine.

    Signum Willelmi Vernonensis. Signum Hugonis, filii Senreth. Testes : Ricardus, senescal; Bernardus, cocus.

LXXI.

Quidam vir, nomine Ebroinus de Pormort, cum uxore sua Benzelina, tradidit in alodium monachis in Monte Rotomagensi Deo ser-

---

[1] Lezelina, filia Turchetilli, uxor Willelmi. comitis Augensis, uterini Ricardi II, dicti Busacii. Hic expulsus e castello Augensi, circa annum 1049, a Willelmo Notho, exsul profugit ad Henricum I, regem Francorum, a quo recepit comitatum Suessionensem. (Vide Willelmum Gemmeticensem, apud Duchesn. *Histor. Normann. Scriptor.* lib. VII, cap. xx.)

[2] Postea episcopus Lexoviensis, annis 1049-1077.

[3] Robertus, tertius filius Lezelinæ, comes Augensis institutus, fideliter Willelmo Notho serviit.

vientibus, quandam decimam suam, in villa quæ vulgo vocatur Warcliva, ad elemosinam substentandam, pro salute animarum suarum, accepta societate ejusdem monasterii, ac viginti sex solidis ab eisdem monachis karitative datis.

> Signum Ebroini. Signum Benzelinæ, uxoris ejus. Testes : Aitardus; Rodulfus; Huelinus; Odardus. De nostris : Osbernus de Alberti Villa, Ricardus, senescal; Bernardus, cocus; Rodulfus, frater ejus; Willelmus, sartor: Rotbertus, sartor.

LXXII.

Donatio Wigerii de Torduit et uxoris ejus Osmodis, de omni terra quam de illis tenebat Ebroinus de Pormort in Warcliva.

> Signum Wigerii. Signum Osmodis, uxoris ejus. Testes : Rogerius, filius Odelardi; Durandus, nepos ejusdem Wigerii; Ricardus, senescal.

LXXIII.

Hæc est donatio decimæ Ricardi, filii Herberti, gravatoris de Alta Vesna, de omni beneficio suo, quem tenet apud villam quæ vulgo dicitur Warcliva, qui eandem decimam Sanctæ Trinitatis elemosinæ tribuit.

> Signum ipsius Ricardi. Signum Rainoldi de Sprivilla. Signum Goiffredi, prepositi de Raderi Villa. Signum Warnerii, filii Frotmundi.

LXXIV.

Corbuzzo tradidit Sanctæ Trinitati tractum unum qui vocatur Osbernet, juxta insulam Turhulm, et tres acros prati et dimidium, pro quibus et ipse recepit a monachis xxx solidos; recepit etiam x solidos, ut donationem vicecomitis de sex hospitibus, qui manent in Quattuor Molendinis, perpetuo faveret.

> Signum ipsius Corbuzzonis. Testes : Osbernus; Vitalis; Werel.

LXXV.

Anno dom. incarnationis MLXVIII., Mauricius, filius Corbuzzonis, camerarii comitis, multimoda afflictus necessitate, nec ullo modo terram villæ Gruceth, quam nobis magna ex parte invadiaverat, valens redimere, ab abbate Raynerio et monachis expetiit, ut sibi aliquid ex ipsa terra dimitterent, et cetera sibi hereditario jure retinerent. Quod placuit abbati et senioribus. Dedit igitur Sanctæ Trinitati in alodium, ad ejus altare, omnem terram Gruceth, præter hæc : unum scilicet rusticum, nomine Willelmum, filium Goisberti, et alterum liberum Werel, cum sua terra, et terram Alveradi, sed et v acres terræ Mesturaz et tres in Maresc. Ea igitur ratione hæc ei largitus est abbas, ut nulli ex his quæ sibi dimisit neque vendere neque invadiare habeat potestatem, nisi monachis Sanctæ Trinitatis.

Signum MAURICII.

LXXVI.

Notum sit omnibus Christum colentibus, quod quidam monachus Sanctæ Trinitatis Rotomagensis, Hugo nomine[1], emit quinquaginta acros terræ, in villa quæ dicitur Bodes, VII libras denariorum et XVI solidos, ab Oduif, femina Rogerii, qui cognominabatur Malpasnage, et a filiis suis, Rotberto videlicet et Rogerio, in perpetuam hereditatem; et domnus abbas Isembertus, cujus tempore hæc gesta sunt, eidem predicto Rotberto VIIII acros in beneficio contulit.

LXXVII.

Iterum notum sit omnibusfi delibus, quod Emma, mater Hilberti de Lacei, dedit Sancto Amando, quando monialis ibidem effecta est, XXII acros terræ in eadem villa, in perpetuam hereditatem, in monte

---

[1] Hic Hugo videtur haud esse alius quam filius vicecomitis Gozelini, qui vitam claustralem, cum patre consociatus, in monasterio Sanctæ Trinitatis, amplexatus erat.

qui vocatur Mainart, quam suprascriptus monachus simili modo emit in perpetuam hereditatem ab Emma abbatissa, annuentibus monialibus suis, tres libras denariorum et sex solidos, sibi placitum faciente Beatrice moniali, quæ prefecturam villæ tunc temporis possidebat, eo quod terram ipsam tunc laborare nequibat.

> Signum Emmæ, abbatissæ. Signum Beatricis, præpositæ. Signum omnium sororum. Testes: Osmundus de Franchevilla; Walterius; Ursus; Johannes; Drogo, et multi alii.

LXXVIII.

Anno dominicæ incarnationis MXLIIII., Huelinus de Franca Villa, pro remedio animæ suæ et parentum suorum, et pro societate monasterii, donavit ad altare Sanctæ Trinitatis, in perpetuum, decimam terrarum omnium quas possidebat in Francha Villa, sive in villa quæ dicitur Falc, vel in Bellebueth, annuente domino suo Willelmo Vernonensi, pro qua et monachi dederunt eidem Hugelino unum equum et VI solidos.

> Signum Willelmi, domini sui. Signum ipsius Huelini. Testes: Ricardus, senescal; Osbernus Bruncosted; Heddo de Canaan; Bernardus, cocus.

LXXIX.

Notum sit cunctis fidelibus, quod ego Hugo, forestarius, ob remedium animæ meæ, do Sanctæ Trinitati et monachis sex acres terræ in villa quæ dicitur Bricrebech, annuente domino meo Rotberto Bertranno[1] et uxore ejus Susanna, et quicquid jure meo possideo, fratribus Sanctæ Trinitatis post obitum meum omnia derelinquo: hac videlicet ratione, ut, si ego conjugem meam morte precessero, portio substanciæ quæ me contingit ipsis fideliter tradatur ex toto; si vero ipsa prius occubuerit, nichilominus ejus portio prelibatis fratribus conferatur.

> Signum Rotberti Bertranni. Signum Suzannæ, uxoris ejus. Signum ipsius Hugonis, forestarii.

[1] Hic erat dominus de Briquebec.

LXXX.

Evardus, gener Herberti gravatoris, dedit Sanctæ Trinitati tres acros terræ in Alta Vesna, pro societate monasterii et pro remedio parentum suorum.

<small>Signum ipsius Huardi. Signum Herberti. Signum Tezelini, nepotis ejus.</small>

LXXXI.

Notum sit omnibus Christi fidelibus, quod Odo et uxor ejus, Ermengardis nomine, quo die sanctimonialem receperunt habitum, terram suam arabilem Sanctæ Trinitati Rotomagensi totam dederunt: ita tamen quod, quandiu eorum alter viveret, predicti sub dominio monasterii medietatem ejus sibi retineret; alteram autem medietatem eorum liberi, et post illos ipsorum successores, cum domo et appenditiis ejus quæ in suburbio habebant, sub superius dicti monasterii dominio simili modo, quandiu vixissent, possiderent. Quorum si quis, necessitate compulsus aliqua, portionem quæ sibi hereditario jure ex ea contigerat, vendere maluisset, ab abbate monasterii precium pro ea sumeret, aut, per ejus licentiam, a quovis homine, qui eam ejusmodi lege teneret. Hanc autem donationem quia libenti animo premissa Ermengardis cum omnibus suis firmavit liberis, a domno abbate Rainerio precibus suis obtinuit, quod, si absque heredibus ipsi omnes morerentur, quædam quæ ex altero ei erat nata viro, cum suo uno filio, quia dicti Odonis esset filiolus, quandiu vixissent, domum in suburbio jam scriptam more fratrum ejus teneret; post mortem vero eorum libere et absque aliqua calumpnia ad monasterium reverteretur; sibi quoque post obitum suum ab uno quoque monachorum illius ambivit trigintalem.

<small>Signum Odonis. Signum Ermengardis. Signum filiæ suæ. Signum Odonis, clerici, filioli scilicet predicti Odonis. Signum Fulcardi, filii eorum. Testes: Ansfredus, filius Osberni; Conan, filius David; Hunfredus, tanator; Gunzelinus, tanator; Durandus, filius Mainerii; Bernardus, filius Evrardi; Ingulfus et Rotbertus, fratres ejus; Bernardus, filius Durandi; Croco, filius Erchembaldi; Isnellus; Osbernus Bruncosted; Willelmus.</small>

LXXXII.

Quoniam ea quæ litteris imprimuntur firmius tenentur, de terra Sanctæ Trinitatis, quæ insula Oscelli vel Turhulmi dicitur[1], placuit fidelem et compendiosam facere descriptionem, et multis ac veris suffultam testimoniis utilem posteris pandere rationem. Postquam enim inclitus comes Normanniæ et marchio Rotbertus, et fidelis ejus Gozelinus, vicecomes de Archis, ecclesiam Sanctæ Trinitatis in monte Rotomagi construxerunt, dedicata est ab archiepiscopo Rotberto ejusdem urbis, et aliis episcopis. Interfuit huic dedicationi memoratus princeps cum optimatibus suis, et copiosa multitudine plebis. In hoc igitur conventu prelibatus vir Gozelinus, cum conjuge sua et filiis, fecit donationem de suis rebus, quas dedit monasterio, et, inter alia sui juris predia et dona, insulam Oscelli, quæ et Turhulmus dicitur, Sanctæ Trinitati et monachis ejus, jure hereditario possidendam libere et absolute tradidit, presente supradicto duce Rotberto et annuente, ac suæ confirmationis sigillo roborante, sed et cunctis qui ad dedicationem convenerant audientibus et faventibus. Quam insulam domnus Isembertus, primus ejusdem cœnobii abbas, et domnus abbas Rainerius, successor ejus, quandiu vixerunt, absque ulla calumpnia et contradictione tenuerunt. His ab hac luce substractis, domno abbate Walterio cœnobium gubernante, quidam Ebroicæ urbis episcopus, nomine Gislebertus[2], quam nemo antecessorum suorum fecerat, calumpniam prefatæ insulæ Sanctæ Trinitatis intendit, quæ usque ad regiam aulam pervenit. Ineptum visum est regi Willelmo de illa terra alicui audientiam dare, quæ patris sui dono tanti temporis spatio, id est, L annorum libera monasterii fuerat; sed tamen, ob reverentiam episcopalis personæ, placitum de-

---

[1] Postea de Bedasne.

[2] Gislebertus, episcopus Ebroicensis, filius erat Godefridi Archarum, filii Osberni de Bolbec et progeneri Gozelini Archensis. Eo jure contendebat de Oscello insula, quam avus illius Gozelinus monasterio Sanctæ Trinitatis dederat. Auctores *Galliæ christianæ* ferunt Gislebertum esse filium Osberni; hujus autem erat nepos, non filius.

dit, et in sua curia fieri statuit. Anno igitur dominicæ incarnationis millesimo LXXX., in paschali solennitate, presente rege Willelmo, et regina Mathilde, et filiis Rotberto et Willelmo, ipso rege jubente, tenuerunt hoc placitum magnæ auctoritatis et præcipuæ dignitatis viri tam de ecclesiastico quam seculari ordine, qui tunc, festivitatis gratia invitante, ad curiam regis convenerant : scilicet domnus Willelmus archiepiscopus Rotomagensis, Ricardus archiepiscopus Bituricensis, Warmundus archiepiscopus Viennæ[1], Goeffredus episcopus Constantiæ urbis, Gislebertus episcopus Lisiacensis, Rotbertus comes, frater regis, Rotbertus comes de Ou, Wido comes Pontivensis, Rogerius de Bellomonte, et filii ejus Rotbertus et Henricus, Rogerius de Monte Gumeri, Walterius Gifardus, Willelmus de Archis, heres defuncti scilicet avi sui Gozelini, qui præfatam terram insulæ dederat Sanctæ Trinitati, et omnes nobiliores curiæ regis. Qui predictus Willelmus, judicio placiti, ad satisfaciendum episcopo et dissentionem penitus abolendam, avitæ donationis testis processit, et jurejurando confirmare paratus fuit, quia, ipsa die et hora qua hanc terram Sanctæ Trinitati ipse Gozelinus dederat, libere eam et absolute sua dicione possidebat. Tunc episcopo nolente sacramentum recipere, jussu regis et auctoritate est confirmatum, et ab omnibus qui aderant judicibus jam superius memoratis decretum et diffinitum, ut predictam insulam Oscelli, quæ Torhulmus dicitur, abbas Walterius et monachi Sanctæ Trinitatis exinde omni tempore libere et absolute tenerent.

Signum WILLELMI, regis. Signum MATHILDIS, reginæ. Signum ROTBERTI; Signum WILLELMI, filiorum. Signum WILLELMI, archiepiscopi. Signum RICARDI, archiepiscopi. Signum WARMUNDI, archiepiscopi. Signum ROTBERTI fratris regis. Signum WIDONIS, comitis Pontivensis

LXXXIII.

Notum sit cunctis fidelibus, qualiter decimam Ansfredi Villæ, quam

[1] Notandum est archiepiscopos extraneos, scilicet Viennensem ac Bituricensem, adesse judices in placito Normannico.

Gernagois et Albereda, uxor ejus, cum filiis suis Willelmo et Rotberto, dederunt Sanctæ Trinitati pro animabus suis, annuente Willelmo, rege Anglorum et duce Normannorum, et annuente Rodulfo de Conchis, cujus erat ditionis, Rodulfus del Bec, qui eidem decimæ calumpniam ingerebat et eam monachis auferebat, Deo donante, eandem decimam Sanctæ Trinitati totam dimisit et concessit, hac ratione, ut neque heres ejus neque aliquis de cognatione ejus predictæ decimæ calumpniam ulterius inferre deberet, sed monachis Sanctæ Trinitatis deinceps libera perpetuo remaneret. Propter hoc abbas Walterius et monachi ejus dederunt eidem Rodulfo xiiii libras denariorum. Qui etiam unum hospitem in prefata villa dedit Sanctæ Trinitati, et decimam totius laboris sui et omnium hominum suorum, et decimam lanæ et caseorum de ovibus suis. Acta sunt hæc anno ab incarnatione Domini millesimo nonagesimo primo, annuente Rotberto, comite Normannorum.

> Signum Rotberti, comitis. Signum Rodulfi de Conchis. Signum Rotberti de Belmont. Signum Rodulfi del Bec. Signum Willelmi, filii Girardi. Signum Rogerii, fratris Rodulfi. Signum Gisleberti Crispini. Signum Rotberti, filii Alvuardi. Signum Rotberti Marmion. Signum Rodulfi Taisson. Signum Rotberti Herneis. Signum Ricardi de Baiocas. Signum Rogerii, filii Lantberti. Signum Pagani de Vilers. Signum Willelmi de Calz. Signum Willelmi de Franca Villa. Signum Gisleberti, filii Willelmi. Signum Radulfi de Blovilla. Signum Herberti de Anselmi Villa. Signum Ricardi, filii Gozelini.

LXXXIV.

Abbas Rainerius et monachi ejus Hunfredo militi, filio Ruedri presbiteri, terram, ad unam domum construendam, in castello Archensi tradiderunt : ea conventione, ut, post obitum ejus, eadem terra cum domo libere monachis redeat; et insuper de sua substantia xl. solidos, pro animæ suæ remedio, se daturum promisit, nec non in fraternitatis consortio sese mancipavit.

> Testes : Bernardus, filius Hermeri; Ansfredus, cocus; Gozelinus, portarius.

LXXXV.

Ego Rodulfus de Goi do Sanctæ Trinitati terram de Belcaisne, accepto singulis annis de censu uno modio sigli et altero avenæ. Dono etiam eidem Sanctæ Trinitati dimidium arpennum vineæ et medietatem domus meæ quæ est in Belvaco. Cetera vero omnia quæ mihi pertinent erunt Sanctæ Trinitatis jure hereditario post mortem meam vel uxoris meæ, Engelsent nomine.

<small>Signum Rodulfi de Goi. Signum Engelsent, uxoris ejus.</small>

LXXXVI.

Ego Rodulfus de la Conterua do Sanctæ Trinitati molendinum de Renbot Viler, pro salute animæ meæ et pro animabus parentum meorum.

<small>Signum Rodulfi de la Conterua. Signum Fulcoi de Parmes. Signum Ricardi, senescal. Signum Heluini. Signum Rogerii de Serlosvilla. Signum Rogerii de Barentin. Signum Durandi, campidoctoris.</small>

LXXXVII.

Pateat cunctis fidelibus Christi, quia Willelmus Calvus de Warcliva decimam suam, quam prius Tanculfo monacho Sanctæ Trinitatis, pro XXIIII solidos invadiaverat, societate loci accepta, in perpetuam concessit hereditatem, annuente et confirmante domino suo Willelmo de Scodeies.

<small>Signum ipsius Willelmi de Scodeies. Signum Willelmi Calvi, cujus est donatio. Signum Adelinæ, uxoris ejus. Signum Benzelini, filii ejus. Testes: Balduinus Chochilinus; Hugo, filius Rodulfi; Hugo, filius Rogerii; Ricardus, filius Herberti gravatoris; Rodulfus Mortpain; Balduinus; Rotbertus.</small>

LXXXVIII.

Balduinus, cognomento Chochilinus, de Warcliva, dedit Sanctæ

Trinitati decimam suæ carrucæ, quam prius invadiaverat Franconi monacho, accepto a domno abbate Walterio uno equo, et societate loci, præsente domino suo Willelmo de Scodeies et annuente

> Signum WILLELMI de Scodeies. Signum ipsius BALDUINI. Signum WILLELMI, filii ejus, qui presens erat, et libenter annuit. Testes: BERNARDUS, cocus; RODULFUS, frater ejus; HUGO, filius Rogerii de Warcliva; ROTBERTUS, filius Balduini Cochilini.

LXXXIX.

Anno ab incarnatione Domini MLXXX., ego Ingelrannus, Hilberti filius, concessu domini mei Willelmi, Anglorum regis, et Mathildis reginæ, conjugis ejus, filiorumque eorum Rotberti atque Willelmi, dono Sanctæ Trinitati, in perpetuum jus, pro redemptione animæ eorundem regis et reginæ ac filiorum, et meæ et antecessorum meorum, duas partes decimæ, id est duas garbas quæ michi attinent, de villa Bosci qui vocatur Episcopi, et tantum terræ ubi grancia et domus granciarii fieri possint, et quantum terræ ipse granciarius habebit; faciens inde hanc cartam Walterio, Sanctæ Trinitatis abbati, monachisque suis, tali conventione, ut isto meo clerico, qui in monasterium causa mei modo receptus est, alius ejusdem ordinis clericus pro eo in monasterium ad monachum recipiatur, et iste ordo de recipiendis clericis alius pro alio in reliquum teneatur.

> Signum WILLELMI, regis. Signum MATHILDIS, reginæ. Signum ROTBERTI, filii regis. Signum WILLELMI, fratris ejus. Signum INGELRANNI, cujus est donatio. Signum ROTBERTI, comitis de Moretuil. Signum VITALIS, abbatis. Signum RAINALDI, clerici. Signum ROTBERTI, filii Giraldi.

XC.

Anno dominicæ incarnationis MLXXXIIII., ego Fulcoio de Caldri, ob ipsius mei corporis inremediabilem infirmitatem, montem Sanctæ Trinitatis Rotomagensis adii, ubi sacratissimæ ac venerabilis virginis et martiris Caterinæ miro miraculo cotidie ab omnibus longe lateque venerantur ossa, ipsiusque interventu ibidem sospitatis munus accepi. Quamobrem notum sit omnibus catholicæ ecclesiæ filiis, quod ego et uxor mea Ita eidem Sanctæ Trinitatis loco damus quartam partem ecclesiæ in villa quæ vocatur Behervilla, ceteraque ad eandem ecclesiæ partem pertinentia. Ante portam ipsius ecclesiæ septentrionalem concedimus duos hospites, terramque quam ibi in nostro dominio tenebamus, annuentibus et donantibus filiis nostris, liberam ab omni servitio terreno et quietam. Hujus donationis cartam laudavit et confirmavit dominus noster Philippus, rex Franciæ.

> Signum PHILIPPI, regis. Signum FULCOI. Signum ITÆ, uxoris ejus. Testes: Ivo de Caldri; HAIMART de Valeiscurt; RODULFUS WALERNA; DROGO de Parnas. Ex nostris: RICARDUS, senescal; GOIFFREDUS de Pauliaco; RODULFUS QUARTER; OSMUNDUS, marescal; WILLELMUS de Barentin; GOISLOLDUS: ROTBERTUS de Lanberti Villa.

XCI.

Willelmus, filius Normanni, dedit Sanctæ Trinitati ecclesiam et decimam villæ, vocabulo Richelcurt, pro animæ suæ remedio et parentum suorum, acceptis ab abbate Walterio et monachis XXIIII libris denariorum, et duabus unciis auri, et uno equo[1].

XCII.

Anno ab incarnatione Domini MXLIIII., Philippus de Blarru reddidit nobis vineam de Deserto, quam ex multo jam tempore huic nostræ ecclesiæ dederat, annuentibus ipsius Philippi filiis Petro et Ivone, coram hiis testibus Paulo et Waltero, filiis Heberti Buglel.

---

[1] Hæc charta videtur inexpleta. Folium quod sequitur, ultimum chartularii, in quo sex chartæ perscriptæ sunt, scriptura paulo recentiore videtur exaratum.

XCIII.

Notum sit omnibus, quia ego Robertus de Caureoli Curte concessi in vita mea decimam meam de Frasneio, pro animæ meæ et omnium parentum meorum salute Sanctæ Trinitatis monachis, et ut filius meus parvulus, Rogerus nomine, in monachum recipiatur. Hanc donationem concessit Helyas, filius meus, et vice mea super altare Sanctæ Trinitatis posuit. Testibus hiis ex parte mea et ex parte filii mei Heliæ : Gervasio Sororio et Waltero, sororibus Heliæ, Goiffredo de Escal, Radulfo presbitero, et Radulfo parvo, Hugone Galeih, Wivemero. Ex nostra parte : Ricardo Fult, Gilberto Blovillæ, Hugone de Puteo.

XCIV.

Ricardus de Rethvers dedit Sanctæ Trinitati ecclesiam et decimam villæ Opimensis, acceptis tamen ab abbate Waltero et fratribus xv libris denariorum.

Signum Ricardi de Rethvers. Signum Girardi de Gornaco. Signum Hugonis de Bellebouf. Testes ex nostris: Ricardus, senescal; Bernardus, cocus; Rodulfus, frater ejus; Wilermus de Barentin; Ausgerus; Robertus de Barentin.

XCV.

Pateat cunctis fidelibus Christi, quod ego Willelmus Pauliacensis et Hugo, frater ejus, dederunt Sanctæ Trinitati ecclesias suæ ditionis Huinili, ac pro animæ meæ et parentum meorum salute; hac tamen.......... servicio ecclesiæ in prædicta ecclesia..........
...... Propter hoc dedimus Willelmo xx solidos et duos equos, Hugoni vero vii libras denariorum.

Signum Willelmi, Pauliacensis. Signum Hugonis, fratris ejus. Testes : Rainoldus de Belleboit.

XCVI.

Benedictus de Verlei et uxor ejus Emma dederunt Sanctæ Trinitati II acres terræ, scilicet unius qui est sub rogo monachorum Sancti Martini, et unam virgam autem pro anima Anscheri, prædictæ feminæ viri defuncti, et pro salute animarum suarum.

<small>Signum Benedicti. Signum Emmæ, uxoris ejus. Signum Odardi Boissel. Testes : Willelmus de Barentin ; Malgerus de Scalis ; Robertus de Barentin Aulgerus Ingran, filius Rodulphi ; Ricardus Haron.</small>

XCVII.

Notum sit omnibus, quoniam Rainaldus, filius Vileberti Pain, et Eva et Auffrida, soror ejus, dederunt Sanctæ Trinitati et beatæ Caterinæ[1] pratum unum, quod unoquoque anno reddit IIII solidos, testimonio Michaelis, soteris eorum, et assensu illius; et si Willelmus, filius Rainerii, reddiderit bene IIII^{or} solidos, tenebit quandiu voluerit; et si alius venerit qui amplius reddere voluerit, Willelmus supradictus libere reddet, et nos ad libitum nemini alio plus reddenti dabimus. Testes sunt hujus donationis Hugo, filius Eremburgis, et Benedictus, filius Nicholai.

<small>[1] Hic primum abbatia Sanctæ Trinitatis de monte Rothomagi videtur insignita patronatu sanctæ Catharinæ, cujus deinceps nomen accepit et servavit.</small>

INDEX NOMINUM.

A

Ada, uxor Herluini senescalli, p. 445, 446.
Adam de Prinsegnei, p. 430.
Adelelmus, pater Osmundi, p. 453.
Adelia, uxor Rodulfi de Salceid, p. 440, 441.
Adheliza, uxor Alveredi de la Bruere, p. 439.
Adelina, uxor Willelmi Calvi de Warcliva, p. 465.
Adeliz, uxor Ricardi de Porco Mortuo, p. 456.
Aitardus, p. 458.
Alain d'Eschetot, p. 446.
Alberada, uxor Willelmi del Dic, p. 443.
Albereda, mater Roberti et Ricardi de Freschenes, p. 453.
Albereda, uxor Gernagois, p. 464.
Albericus de Blovilla, p. 440.
Albericus, comes, p. 424.
Albericus, forestarius, p. 434.
Alberti Villa. V. Osbernus.
Alboldus, postea monachus, p. 445.
Alcepied, Odo, p. 428.
Alis Willelmus, p. 451.
Alladio (Gozelinus de), p. 451.
Allavio (Rotbertus de), p. 435, 437, 444.
Alnou (Fulco de), p. 457.
Alta Vesna (Herbertus de), p. 458.
Alveradus, p. 459.
Alveredus de la Bruere, miles, p. 439, 452.
Alvuardus, pater Rotberti, p. 464.
Amandus, p. 446.
Amundus, p. 434.
Anscherus, primus maritus Emmæ, p. 469.
Anscherus, Ansgerus, de Salceid, pater Willelmi, p. 437, 439.
Anschitillus, p. 425, 433.

Anschitillus Caillou, p. 443.
Anschitillus, pistor, p. 425.
Anschitillus, rusticus, p. 437.
Anselmi Villa. V. Herbertus.
Anselmus de Montvilla, pater Osmundi, p. 453.
Ansered, filius Gerelmi. V. Ansfredus.
Ansevilla (Osbernus de), p. 451.
Ansfredus, cocus, p. 436, 437, 438, 443, 464.
Ansfredus de Blovilla, p. 456.
Ansfredus, fidelis Rotberti, filii Hoelis, p. 448.
Ansfredus, filius Adlæ sive Athlæ, p. 441, 442, 446, 448, 449.
Ansfredus, filius Gerelmi, p. 451.
Ansfredus, filius Osberni, vicecomitis de Ou, p. 425, 426, 428, 433, 447, 460.
Ansfredus Furgun, p. 432.
Ansfridus. V. Ansfredus, filius Adlæ.
Aulgerus Ingran, filius Radulphi, p. 469.
Ausgerus de Salceid. V. Anscherus.
Ansguid de Sorenx, miles, p. 453.
Anstais, pater Turulfi, p. 443.
Anstel, rusticus, p. 437.
Appivilla (Ricardus de), p. 440.
Archis (Willelmus de). V. Willelmus.
Ascelinus, præpositus, p. 436.
Auco (Rotbertus de). V. Rotbertus, comes de Ou.
Auffrida, soror Rainaldi Vileberti Pain, p. 469.
Avitia, uxor Ricardi filii Herluini, senescalli, p. 446.
Azo de Fontanas, filius Rotberti, p. 428, 429, 431.
Azo, miles, maritus Hermnæ, p. 428.
Azor de Rolvilla, p. 452.

B

Baiocas (Ricardus de), p. 464.
Balduinus, p. 465, 466.
Balduinus Chochilinus de Warcliva, p. 465, 466.
Barentin (Ausgerus de), p. 468.
Barentin (Rotbertus de), p. 468, 469.
Barentin (Rogerius de), p. 465.
Barentin (Willelmus de), p. 467, 468, 469.
Beatrix, filia Gozelini, vicecomitis Archarum, monialis Sancti Amandi, p. 460.
Beatrix, uxor Rodulfi de Warenna, p. 436.
Beatrix, uxor Rotberti, comitis de Ou, p. 426.
Bec (Goiffredus del), p. 433, 440, 446, 452.
Bec (Rodulfus del), p. 464.
Belleboit (Rainoldus de), p. 468.
Bellebouf (Hugo de), p. 468.
Belmont (Robertus de), p. 464.
Bellomonte (Rogerius de), p. 463.
Bencelinus de Civeres, p. 456.
Benedictus de Verlei, p. 469.
Benedictus, filius Nicholai, p. 469.
Benzelina, uxor Ebroini de Pormort, p. 457, 458.
Benzelinus d'Escoz, p. 446.
Benzelinus, filius Willelmi Calvi et Adelinæ, p. 465.
Benzellus, p. 436.
Bernai (Ricardus de), p. 450.
Bernardus, p. 452.
Bernardus, cocus, p. 435, 446, 449, 452, 454, 457, 458, 460, 466, 468.
Bernardus, filius Durandi, p. 461.
Bernardus, filius Evrardi, p. 461.
Bernardus, filius Hermeri, p. 426, 464.
Bernardus, filius Odini, p. 454.
Bernardus, forestarius, p. 432, 446, 447, 449, 454.
Bernival (Osbernus de), p. 432.
Bersenda, uxor Germundi de Sancti Petri Ponte, p. 452.
Bertrannus. V. Rotbertus.
Bisi (Ermenfredus de), p. 429.
Blarru (Philippus de), p. 467.
Bloc, pater Turstini, p. 425.
Blovilla (Albericus de), p. 440.
Blovilla (Ansfredus de), p. 456.
Blovilla (Ricardus de), p. 443.
Blovilla (Radulfus de), p. 464.
Bodes (Osmundus de), p. 451.
Boissel (Odardus de), p. 469.
Briothna (Vido de), p. 438.
Britto, Rainoldus, p. 443.
Bruere (Alveredus de la). V. Alveredus.
Bruncosted Osbernus, p. 437, 440, 444, 446, 447, 450, 452, 454, 460, 461.
Buglel, Hebertus, p. 467.
Buievilla (Ricardus de), p. 449.
Bundivilla (Ricardus de), p. 449.
Burdon, Gislebertus. V. Gislebertus.
Burdon, Rodulfus, p. 434.
Bursardus Hugo, p. 431.
Busc (Goiffredus del). V. Bec.
Buslei (Rogerius de), p. 444.

C

Caillou Anschitillus, p. 443.
Caldri (Fulcoio de), p. 466, 467.
Caldri (Ivo de), p. 467.
Calz (Willelmus de), p. 464.
Canaan (Heldo de). V. Heddo.
Cancei (Rodulfus de), p. 444.
Capetval (Willelmus de), p. 449.
Caureoli Curte (Robertus de), p. 453, 468.
Chevrevilla (Warulfus de), p. 448, 449.
Chevruelcurt (Robertus de). V. Caureoli Curte.
Civeres (Bencelinus de), p. 456.
Clarembaldus, frater Radulfi, p. 456.
Conan, filius David, p. 461.
Conchis (Rodulfus de), p. 464.
Conterca (Rodulfus de la), p. 465.
Corbuzzo, p. 424, 458, 459.
Croco, p. 452.
Croco, filius Erchembaldi, vicecomitis, p. 424, 425, 426, 450, 461.
Crispinus, Gislebertus, p. 464.
Cruizmara (Rodulfus de), p. 436.
Culvertvilla (Malgerius de), p. 456.

D

Dalbuet (Walerannus de), p. 451.
Dareboldus, p. 425.
Darsel (Rainoldus), p. 426.
David, pater Conani, p. 461.
Delbec (Goiffredus). V. Bec.
Descalis (Malgerus). V. Escalis.
D'Eschetot (Alain). V. Eschetot.
D'Escoz (Benzelinus). V. Escoz.
Dic (Robertus del), p. 443.
Dic (Willelmus del), p. 443.
Dommaisnis (Ylbertus de), p. 446.
Drincurt (Huelinus de), p. 444.
Drincurt. V. Hugo, Ricardus et Turoldus.

Drogo, p. 446.
Drogo, filius Goiffredi de Novo Mercato, p. 446.
Droelinus, presbyter, p. 434.
Droelinus, præpositus, p. 434.
Drogo, p. 460.
Drogo, de Parnas, p. 467.
Drogulus, vinitor, p. 428.
Durandus, campidoctor, p. 465.
Durandus Enganet, p. 446.
Durandus, filius Mainerii, p. 461.
Durandus, forestarius, p. 451, 452.
Durandus, nepos Wigerii de Torduit, p. 458.

E

Ebrardus, diaconus, p. 446.
Ebrardus, frater Simonis. V. Evrardus.
Ebroinus de Faleisa, p. 431.
Ebroinus de Pormort, p. 457, 458.
Einardus, monachus, postea abbas Sancti Petri Divensis, p. 434.
Emma, abbatissa Sancti Amandi, p. 460.
Emma, uxor Rodulfi de Warenna, p. 436, 437, 438, 439, 440.
Emma, mater Hilberti de Lacei, p. 449.
Emma, mater Ivonis, p. 432.
Emma, uxor Ansfredi, filii Osberni, vicecomitis de Ou, p. 447.
Emma, uxor Benedicti de Verlei, p. 469.
Emma, uxor Osberni dapiferi, mater Willelmi et Osberni, p. 424, 425, 447, 450.
Emma, uxor Willelmi Vernonensis, p. 430, 431.
Emmelina, uxor Gozelini, vicecomitis Archarum, p. 421, 427, 434.
Enganet Durandus. V. Durandus.
Engelsent, uxor Rodulfi de Goi, p. 465.
Erchembaldus, vicecomes, postea monachus Sanctæ Catharinæ, p. 424, 425, 446.

Erchembaldus, filius Erchembaldi vicecomitis, p. 424, 425, 426, 446, 450.
Erchemboldus, p. 435.
Eremburgis, pater Hugonis, p. 469.
Erfast, capellanus, postea episcopus, p. 455.
Ermengardis, uxor Odonis, p. 461.
Ermenfredus de Bisi, p. 429.
Ernaldus de Mosteriolo, p. 442.
Ernoldus, metederius, p. 453.
Ernulfus de Sancto Jacobo, p. 456.
Ernulfus, præpositus villæ Buslei, p. 444.
Escal (Goiffredus de), p. 468.
Escalis (Malgerus d'), p. 469.
Eschetot (Alain d'), p. 446.
Escollant Ingulfus, p. 443.
Escoz (Benzelinus d'), p. 446.
Esletes (Normannus d'), p. 453.
Eva, soror Rainaldi Vileberti Pain, p. 469.
Evardus, gener Herberti, gravatoris, p. 461.
Evrardus, pater Bernardi, p. 461.
Evrardus, p. 453.
Evrardus, frater Simonis, p. 454, 455.

F

Falc (Fulcerus del), p. 456.
Faleisa (Ebroinus de), p. 431.
Falesya (Willelmus de), p. 456.
Farman de Rotuis, pater Gulberti, p. 446.
Feret (Godefredus), p. 449.

Flamanvilla (Hugo de), p. 440, 443.
Fontanas. V. Azo de Fontanas.
Franca Villa (Huelinus de), p. 460.
Franca Villa (Willelmus de), p. 452, 464.
Franchevilla (Hugo de), p. 457.

INDEX NOMINUM.

FRANCHEVILLA (Osmundus de), p. 452, 460.
FRANCON, monachus Sanctæ Catherinæ, p. 466.
FRANCON, frater Erchembaldi vicecomitis, p. 425.
FRESCHENES (Osbernus de), p. 436.
FRESCHENES (Ricardus de), p. 453.
FRESCHENES (Robertus de), p. 453.
FROTMUNDUS, pater Warnerii, p. 450.
FULCARDUS, filius Odonis et Ermengardis, p. 461.

FULCARDUS, pater Guillelmi, p. 445.
FULCERUS del Falc. V. FALC.
FULCHERINUS, filius Hunfredi de Mathun, p. 446.
FULCO de Alnou, p. 457.
FULCO de Parnes, p. 465.
FULCOIO de Caldri. V. CALDRI
FULT Ricardus, p. 468.
FURGUN Ansfredus, p. 432.
FUSCELMONT (Hugo de), p. 446.

G

GALEIH Hugo, p. 468.
GAMH, p. 427.
GENZELINA, uxor Bernardi forestarii, p. 454.
GERELMUS, frater Ogerii de Panillosa, p. 430.
GERELMUS, pater Ansfredi, p. 451.
GERMUDI VILLA (Turfedus de), p. 457.
GERMUNDUS de Sancti Petri Ponte, p. 452.
GERNAGOIS, p. 464.
GEROLDUS de Elemosina, p. 456.
GERVASIUS, p. 468.
GIFARD, GIFARDUS Gualterius, p. 444, 445, 463.
GILEBERTUS Blovillæ. V. GISLEBERTUS.
GIRALDUS, pater Rotberti, p. 466.
GIRARDUS de Gornaco, p. 468.
GIRARDUS, pater Willelmi, p. 464.
GIRARDUS, præpositus de Wesneval, p. 443.
GIRBERTUS, pater Gisleberti, p. 454.
GIROLDUS, senescallus Willelmi Nothi, p. 442.
GISLEBERTUS, p. 431.
GISLEBERTUS Burdon, p. 445.
GISLEBERTUS, camerarius, p. 441.
GISLEBERTUS Blovillæ, p. 468.
GISLEBERTUS, comes, p. 422.
GISLEBERTUS, clericus, p. 440.
GISLEBERTUS Crispinus, p. 464.
GISLEBERTUS, episcopus Ebroicensis, p. 463.
GISLEBERTUS, episcopus Lisiacensis, p. 462.
GISLEBERTUS, filius Girberti, p. 454.
GISLEBERTUS, filius Godefredi, vicecomitis Archarum, p. 434.
GISLEBERTUS, filius Hugonis, p. 437.
GISLEBERTUS, filius Hugonis de Flamenvilla, p. 429, 438.
GISLEBERTUS, filius Ricardi et Mathildis de Bundi Villa, p. 449.
GISLEBERTUS, filius Turgisi, p. 425.
GISLEBERTUS, filius Willelmi, p. 464.

GISLEBERTUS, Oculus Pulicis, p. 446.
GISLEBERTUS, presbyter, p. 443.
GISLEBERTUS, senescallus, p. 425.
GISLEBERTUS Taillant, p. 431.
GISLOLDUS. V. GOISLOLDUS.
GISLOUTH Robertus, p. 456.
GODARDUS, nepos Ernulfi præpositi, p. 444.
GODEBOLDUS, p. 425.
GODEFREDUS, GODEFRIDUS, Archarum vicecomes, p. 434, 448.
GODEFREDUS, dictus Coquus, p. 429, 430.
GODEFREDUS Feret, p. 419.
GODEFREDUS, presbyter de Malalneit, p. 450.
GODELEF, p. 450.
GOI (Rodulfus de), p. 465.
GOIFFREDUS de Escalis, p. 468.
GOIFFREDUS del Bec. V. BEC.
GOIFFREDUS del Busc. V. BEC.
GOIFFREDUS de Novo Mercato, p. 446.
GOIFFREDUS de Ou, p. 451.
GOIFFREDUS de Paviliaco, p. 467.
GOIFFREDUS, GOEFFREDUS, episcopus Constantiensis, p. 455, 463.
GOIFFREDUS, filius Osberni de Ou, vicecomitis, p. 426, 447.
GOIFFREDUS, monachus, filius unicus Ansfredi, filii Osberni, vicecomitis de Ou, p. 447.
GOIFFREDUS, frater Alveredi de la Bruere, p. 439.
GOIFFREDUS, præpositus de Raderi Villa, p. 458.
GOIFFRIDUS, nepos Ermenfredi de Bisi, p. 429.
GOFFRIDUS, filius Turchitilli, p. 424.
GOISBERTUS, pater Willelmi, p. 459.
GOISFREDUS. V. GOIFFREDUS, filius Osberni de Ou.
GOISLOLDUS, p. 467.
GONFREDUS, p. 426.
GONFRIDUS, p. 439.

INDEX NOMINUM.

Gornaco (Girardus de), p. 468.
Gozelinus de Alladio, p. 451.
Gozelinus, filius Ivonis, p. 451.
Gozelinus, pater Ricardi, p. 464.
Gozelinus, portarius, p. 464.
Gozelinus, præpositus, p. 432.
Gozelinus, vicecomes de Archis, p. 421, 422, 423, 424, 427, 433, 434, 448, 462, 463.
Gotherus, archidiaconus, p. 445.
Gotmundus, p. 449.
Graverenc (Herbertus), p. 445.
Grento, p. 442.
Grimoldus de Mara, p. 433.
Grinvilla (Henricus de), p. 445.
Gualterius Gifardus, p. 444, 445, 463.
Gualterius Hageth. V. Hageth.
Guesmannus, p. 435.
Guillelmus, dux. V. Willelmus.
Guillelmus, filius Fulcardi, p. 445.
Guillelmus, filius Godefredi, vicecomitis Archarum. V. Willelmus.
Guillelmus, filius Hugonis de Flamenvilla, p. 440.
Guillelmus, filius Rogerii, filii Hugonis, episcopi, p. 440.
Guillelmus Judas, p. 445.
Guillelmus, monachus Sanctæ Trinitatis, p. 455.
Guillelmus, sartor. V. Willelmus.
Guillelmus de Vernono, filius Hugonis. V. Willelmus Vernonensis.
Guimar, pater Rotberti, p. 455.
Gulbertus, p. 454.
Gulbertus de Ou, p. 451.
Gulbertus, filius Rodulfi de Cruizmara, p. 436.
Gulbertus, filius Erchembaldi, vicecomitis, postea monachus Sanctæ Trinitatis, p. 425, 426.
Gulbertus, filius Farman, p. 446.
Gulbertus, pater Heltonis, p. 427.
Gunfridus, p. 431, 435.
Gunnor, comitissa, p. 424.
Gunzelinus, tanator, p. 461.

H

Haccet Rodulfus, p. 434, 435.
Hachet Willelmus, p. 441.
Hageth Gualterius, p. 445.
Haimart de Valeiscurt, p. 467.
Harou Ricardus, p. 469.
Haterel Radulfus, p. 456.
Hebertus Buglel, p. 467.
Heddo de Canaan, p. 425, 426, 437, 451, 460.
Heldo de Canaan. V. Heddo.
Helena, p. 432.
Helgo del Maisnil, miles abbatis Raynerii, p. 422, 445.
Helinandus, p. 449.
Helta, filius Heltonis, p. 424.
Helto, p. 423, 424.
Helto, filius Gulberti, p. 427.
Heluinus, p. 465.
Helvis, uxor Rotberti de Freschenes, p. 453.
Helyas, filius Rotberti de Caureoli Curte, p. 468.
Henricus de Sancto Salvio, p. 444, 445.
Henricus de Grinvilla, p. 455.
Henricus, filius Gam, p. 432.
Henricus, filius Rogerii de Bello Monte, p. 463.
Heppo, p. 433, 436.
Heppo, filius Azonis et Emmæ, p. 428.
Heppo, frater Ottonis, p. 431.
Hebertus, macecrarius, p. 431.
Hebertus, p. 450.
Hebertus de Anselmi Villa, p. 429, 464.
Herbertus, filius Fulcherii del Falc, p. 456.
Herbertus, gravator, de Alta Vesna, p. 458.
Herbertus Graverenc, p. 445.
Herbrannus, dapifer, p. 445.
Herchembaldus, p. 449.
Herchembaldus, avunculus Osberni, filii Maingot, p. 449.
Herchembaldus, vicecomes, p. 424.
Herluinus, p. 465.
Hermerus, pater Bernardi, p. 426, 464.
Hermna, uxor Azonis, p. 428.
Hernaldus, p. 444.
Herneis, Rotbertus, p. 464.
Hernulfus, p. 432.
Hernulfus major, p. 432.
Herolcurt (Normannus de), p. 425.
Hersent Grosse, uxor Ricardi, p. 431.
Hertoldus de Limeisi, p. 434.
Hesledes (Normannus de), p. 449.
Hilbertus de Lacei, p. 459.
Hilbertus, pater Ingelranni, p. 466.
Hoel, pater Rotberti, p. 448.
Hotot (Osbernus de), p. 451.

HUARDUS. V. EVARDUS, gener Herberti.
HUBERTUS, filius Turoldi, p. 436.
HUELANNUS, frater Bernardi, coci, p. 452.
HUELINUS, p. 458.
HUELINUS de Drincurt, p. 444.
HUELINUS, HUGELINUS de Franca Villa, p. 460.
HUELINUS, frater Osmundi de Franca Villa, p. 452.
HUGO, p. 436, 457.
HUGO, episcopus, p. 423.
HUGO de Belleboef, p. 468
HUGO Bursardus, p. 431.
HUGO de Drincurt, p. 453.
HUGO de Fuscelmont, p. 446.
HUGO de Limeisei, p. 439, 444.
HUGO de Maltevilla, p. 430.
HUGO de Puteo, p. 468.
HUGO de Sillevilla, p. 455.
HUGO de Vernono, monachus Sancti Wandregisilii, p. 441.
HUGO de Flamenvilla, p. 429, 436, 437, 438, 439, 440, 443.
HUGO, episcopus, p. 423, 474.

HUGO, filius Eremburgis, p. 469.
HUGO, filius Gozelini, comitis, p. 459.
HUGO, filius Lezelinæ, comitissæ de Ou, p. 457.
HUGO, filius Rodulfi, p. 465.
HUGO, filius Rogerii de Warcliva, p. 465, 466.
HUGO, filius Rogerii, filii episcopi Hugonis et Odain, p. 443.
HUGO, filius Senreth, de Franca Villa, p. 457.
HUGO, filius Turchitilli, p. 424.
HUGO, forestarius, p. 460.
HUGO, frater Willelmi Paviliacensis, p. 468.
HUGO, frater Willelmi, filii Rogerii, p. 436.
HUGO Galeih, p. 468.
HUGO, marescal, p. 439.
HUGO, pincerna, p. 442, 446.
HUGO Taleboth, p. 451.
HUGO Vernonensis. V. HUGO de Vernono.
HUNFREDUS, cocus Willelmi comitis, p. 453.
HUNFREDUS de Mathun, p. 446.
HUNFREDUS, filius Ricardi, p. 426.
HUNFREDUS, filius Ruedri presbyteri, miles, p. 464.
HUNFREDUS, tanator, 461.

I

ILBERTUS de Longo Campo, p. 452.
ILBERTUS, marescallus, p. 424.
INGELRANNUS, p. 449.
INGELRANNUS, filius Hilberti, p. 466.
INGRAN Aulgerus, filius Rodulphi, p. 469.
INGULFUS Escollant, p. 443.
INGULFUS, frater Bernardi, p. 461.
INSULA (Osmundus de), p. 456.
ISEMBERTUS, abbas Sanctæ Catherinæ, p. 424, 425, 426, 448, 457, 459, 462.

ISNELLUS, pistor, p. 426.
ISNELLUS, p. 461.
ITA, uxor Fulcoionis de Caldri, p. 467.
IVELINUS, præpositus, p. 449.
Ivo de Bisi. V. Ivo, filius Azonis.
Ivo de Caldri, p. 467.
Ivo de Vernoinel, presbyter, p. 430.
Ivo, filius Azonis et Emmæ, p. 428, 429, 432.
Ivo, filius Philippi de Blarru, p. 467.
Ivo, pater Gozelini, p. 451.

J

JOHANNES, p. 460.

JUDAS Guillelmus, p. 443.

L

LACEI (Hibertus de), p. 459.
LA CONTERUA. V. RODULFUS.
LAMBERTI VILLA (Rotbertus de), p. 467.
LAMBERTUS, p. 456.
LAUNOMARUS, p. 453.
LETBALDUS, sartor, p. 425.
LETARDUS, telonarius, p. 431.
LETMANVILLA (Willelmus de), p. 435.

LEUDO, p. 436, 440.
LEZELINA, comitissa Augi, p. 457.
LIMEISI (Hertoldus de), p. 434.
LIMEISI (Hugo de), p. 439, 443.
LISOIA, uxor Godefredi coqui, p. 429, 430.
LONGA VILLA (Willelmus de), p. 428.
LONGO CAMPO (Ilbertus de), p. 452.

INDEX NOMINUM.

M

Mainerius, pater Durandi, p. 461.
Maisneres (Robertus de). V. Rotbertus.
Maisnil (Helgo del), p. 422, 445.
Malgerius, archiepiscopus Rothom., p. 436.
Malgerius de Culvertvilla, p. 456.
Malgerus Descalis, p. 469.
Maltevilla (Hugo de), p. 430.
Mara (Grimoldus de), p. 453.
Marmion Rotbertus. V. Rotbertus.
Mathildis, comitissa, uxor Willelmi Nothi, p. 441, 442, 446. — Regina, p. 446, 455, 463, 466.

Mathildis, uxor Ricardi de Bundi Villa, p. 449.
Mathun (Hunfredus de), p. 446.
Mauricius, filius Corbuzonis, camerarii, p. 459.
Maurilius, archiepiscopus Rothom., p. 451.
Mesodon (Stigandus de), p. 426.
Michael, p. 469.
Montegomerii. V. Rogerius.
Moretuil (comes de), p. 466.
Mortpain Rodulfus, p. 465.
Mosteriolo (Ernaldus de), p. 442.
Montgomeri. V. Rogerius.

N

Nicholaus, monachus Sanctæ Catharinæ, p. 455.
Nicholaus, pater Benedicti, p. 469.
Niellus, vicecomes Constantiensis, p. 423.
Norfredus, pater Willelmi, p. 443.
Normannus de Esletes, p. 453.

Normannus de Herolcurt, p. 425.
Normannus de Hesledes, filius Ingelardi, p. 449, 450.
Normannus de Plœdiz, del Puiz, p. 425, 426.
Normannus, filius Ruil, p. 430.
Novo Mercato (Goiffredus de), p. 446.

O

Odain, uxor Rogerii, filii Hugonis episcopi, p. 443.
Odardus, p. 431, 458.
Odardus Boissel, p. 469.
Odinus, pater Bernardi, p. 454.
Oduif, uxor Rogerii Malpasnage, p. 459.
Odo, p. 461.
Odo Alcepied, p. 428.
Odo, cocus Rodulfi de Warenna, p. 435.
Odo, filiolus Odonis, clericus, p. 461.
Odo, filius Anschitilli, p. 425.
Odo, frater Gotheri, archidiaconi, p. 445.
Odo, monetarius, filius Hunfredi coci, p. 453.
Odo, presbyter de Ivitot, p. 424.
Odo, secretarius, p. 441.
Ogerus de Panillosa, miles, p. 430.
Osbernus, p. 458.
Osbernus Bruncosted. V. Bruncosted.
Osbernus, dictus Pacificus, pater Willelmi et Osberni, p. 424.
Osbernus, dapifer, p. 425, 450.
Osbernus de Ansevilla, p. 451.
Osbernus de Bernival, p. 432.

Osbernus de Freschenes, p. 436.
Osbernus de Hotot, p. 451.
Osbernus de Ou, vicecomes, p. 447.
Osbernus, filius Osberni, dapiferi, et Emmæ, p. 424, 425, 447, 450.
Osbernus, filius Goiffredi de Ou, p. 451.
Osbernus, filius Maingot, p. 448, 449.
Osbernus, pater Ansfredi. V. Osbernus, filius Osberni, dapiferi.
Osbertus de Alberti Villa, p. 426, 434, 451, 458.
Osmodis, uxor Vigerii de Torduit, p. 458.
Osmundus, p. 450, 452.
Osmundus de Bodes, miles, p. 451.
Osmundus de Franca Villa, p. 452, 460.
Osmundus de Insula, p. 456.
Osmundus de Longa Villa, cognomento Bestia, p. 428, 429, 430.
Osmundus de Putangle, p. 444.
Osmundus, filius Adelelmi, p. 453.
Osmundus, filius Anselmi de Montvilla, p. 453.
Osmundus, filius Gam, p. 432.
Osmundus, filius Willelmi de Longa Villa. V. Osmundus de Longa Villa, Bestia.

Osmundus, filius Willelmi macecrarii, p. 430, 431, 432.
Osmundus, filius Willelmi, filii Gonfredi, macecrarii, p. 431.
Osmundus, marescal, p. 430, 435, 438, 443, 445, 467.

Otto, frater Hepponis, p. 431.
Ou (Goiffredus de), p. 451.
Ou (Gulbertus de), p. 451.
Ou (Rotbertus de), p. 463.
Oylardus, p. 457.

P

Paganus de Vilers, p. 464.
Panillosa (Ogerus de villa), p. 430.
Parmes (Fulco de), p. 465.
Parnas (Drogo de), p. 467.
Paviliacensis (Willelmus), p. 468.
Paviliaco (Goiffredus de), p. 467.
Paviliaco (Rodulfus de), p. 451.
Paulus, filius Heberti Buglel, p. 467.
Petrus, filius Philippi de Blarru, p. 467.
Petrus, parmentarius, p. 447.

Philippus de Blarru, p. 467.
Philippus I, rex Francorum, p. 427, 467.
Prinseignei (Adam de), p. 430.
Poncon. V. Rogerius.
Porco Mortuo (Ricardus de), p. 456.
Pormort (Ebroinus de), p. 457, 458.
Pormort. V. Robertus.
Putangle (Osmundus de), p. 444.
Puteo (Hugo de), p. 468.
Puiz. V. Witbertus.

R

Raberius Longus, p. 431, 432.
Radulfus de Blovilla, p. 464.
Radulfus Haterel, p. 456.
Radulfus Parvus, p. 468.
Radulfus, presbyter, p. 468.
Raherius, consiliarius, p. 453.
Rainaldus, Anglicus, p. 440.
Rainaldus, clericus, p. 466.
Rainaldus de Sancto Martino, p. 426.
Rainaldus, filius Hermeri, p. 433.
Rainaldus, filius Hugonis de Flamenvilla, p. 440.
Rainaldus, filius Vileberti Pain, p. 469.
Rainaldus infans, p. 442.
Rainerius, monachus, postea abbas, p. 434, 448. — Abbas, p. 428, 430, 431, 432, 433, 435, 436, 437, 438, 439, 441, 442, 443, 444, 445, 453, 454, 455, 459, 462, 464.
Rainerius, pater Willelmi, p. 469.
Rainoardus, forestarius, p. 426.
Rainoldus, p. 452.
Rainoldus de Bellebois, p. 468.
Rainoldus Britto, p. 443.
Rainoldus Darsel, p. 446.
Rainoldus de Salhus, p. 447.
Rainoldus de Sprivilla, p. 458.
Rainoldus, filius Hugonis de Flamenvilla, p. 443.
Rainoldus, præpositus, p. 456.

Renza, uxor Rotberti de Maineres, p. 449.
Restoldus, p. 454.
Rethvers (Ricardus de). V. Ricardus.
Ricardus, p. 426, 450, 452, 453, 454.
Ricardus, archiepiscopus Bituricensis, p. 463.
Ricardus, comes Ebroicensis, p. 433.
Ricardus de Appavilla, p. 440.
Ricardus de Buievilla, seu Bivevilla, p. 435.
Ricardus de Baiocas, p. 464.
Ricardus de Bernai, p. 450.
Ricardus de Blovilla, p. 453.
Ricardus de Bundi Villa, p. 449.
Ricardus de Drincurt, p. 426, 431, 435, 444, 446, 447, 452, 453.
Ricardus de Freschenes, p. 453.
Ricardus de Rethvers, p. 468.
Ricardus de Porco Mortuo, monachus Sanctæ Trinitatis, p. 456.
Ricardus Fult, p. 468.
Ricardus, filius Azonis et Emmæ, p. 428.
Ricardus, filius Gisleberti, comitis, p. 441.
Ricardus, filius Gozelini, p. 464.
Ricardus, filius Helgonis del Maisnil, p. 442.
Ricardus, filius Herberti gravatoris, de Alta Vesna, p. 431, 458, 465.
Ricardus, filius Herluini senescalli et Adæ, miles, p. 445, 446.
Ricardus, filius Normanni, p. 426.
Ricardus, filius Torsteingoiz, p. 455.

INDEX NOMINUM.

RICARDUS, frater Hermodi, p. 426.
RICARDUS Harou, p. 469.
RICARDUS, senescallus, p. 429, 430, 431, 432, 434, 436, 437, 438, 439, 440, 441, 442, 443, 444, 445, 446, 447, 449, 450, 454, 457, 459, 465, 467, 469.
RICARDUS, vir Hersent Grosse, p. 431.
RICARDUS de Bundi Villa, vir Mathildis, p. 449.
ROBERTUS, filius Hugonis de Flamenvilla, p. 439.
ROBERTUS Gislouth, p. 456.
ROBERTUS, rex Francorum. V. ROTBERTUS.
ROCA (Walo de la), p. 451.
RODULFUS. V. RODULFUS, frater Bernardi forestarii.
RODULFUS, p. 458.
RODULFUS Burdon, p. 434.
RODULFUS de Tancarvilla, camerarius, p. 426, 442.
RODULFUS, coquus. V. RODULFUS, frater Bernardi coci.
RODULFUS del Bec, p. 464.
RODULFUS de Cancei, p. 444.
RODULFUS de Conchis, p. 464.
RODULFUS de Cruizmara, p. 436.
RODULFUS de Goi, p. 465.
RODULFUS de Guarethna. V. de WARENNA.
RODULFUS de la Conterua, p. 465.
RODULFUS de Salceid, p. 440.
RODULFUS de Paviliaco, p. 451.
RODULFUS de Warenna. V. de WARENNA.
RODULFUS de Wesneval, p. 438.
RODULFUS, filius Benzelli, p. 436.
RODULFUS, filius Fulconis de Alnou, p. 457.
RODULFUS, RADULFUS, filius Hermeri, p. 429, 431, 437, 439, 451.
RODULFUS, filius Rodulfi de Warenna et Emmæ, p. 438, 440.
RODULFUS, filius Willelmi de Longa Villa et frater Osmundi, p. 429.
RODULFUS, frater Bernardi, coci, p. 432, 434, 443, 445, 446, 458, 466, 469.
RODULFUS, frater Bernardi, forestarii, p. 432.
RODULFUS, frater Rogerii, p. 469.
RODULFUS Gifard, p. 457.
RODULFUS Hacchet, p. 434, 435.
RODULFUS, heres Osmundi de Bodes, p. 452.
RODULFUS Mortpain, p. 465.
RODULFUS Quarter, p. 467.
RODULFUS, sartor, p. 426.
RODULFUS Taisson, p. 464.

RODULFUS Warethnæ. V. de WARENNA.
RODULFUS Walerna, p. 467.
ROGERIUS, p. 424.
ROGERIUS, ROGERUS, de Barentin, p. 465.
ROGERIUS de Bello Monte, p. 426, 463.
ROGERIUS de Buslei, p. 444.
ROGERIUS de Monte Gomeri, p. 426, 442, 463.
ROGERIUS de Rotomago, p. 428.
ROGERIUS de Serlosvilla, p. 465.
ROGERIUS dictus Malpasnage, p. 459.
ROGERIUS, filius Bernardi, forestarii, p. 449.
ROGERIUS, filius episcopi. V. ROGERIUS, filius Hugonis episcopi.
ROGERIUS, filius Henrici, p. 437, 443.
ROGERIUS, filius Herluini, senescalli, et Adæ, p. 445, 446.
ROGERIUS, filius Hugonis, episcopi, p. 435, 436, 440, 441, 443.
ROGERIUS, filius Lantberti, p. 464.
ROGERIUS, filius Odelardi, p. 458.
ROGERIUS, filius Rodulfi de Salceid et Adeliæ, p. 441.
ROGERIUS, filius Rogerii Malpasnage et Oduif, p. 459.
ROGERIUS, filius Salomonis, p. 425.
ROGERIUS, filius Turoldi, p. 453.
ROGERIUS, frater Durandi, p. 452.
ROGERIUS, frater Rodulfi, p. 464.
ROGERIUS, miles, p. 437.
ROGERIUS, ROGERUS, monachus, filius Roberti de Caureoli Curte, p. 268.
ROGERIUS Poncon, p. 446, 447, 449, 453.
ROGERIUS, presbyter, p. 424.
ROGERIUS Tused, p. 466.
ROHARDUS, p. 452.
ROHARDUS, pistor, p. 443.
ROLVILLA (Azor de), p. 452.
ROTBERTUS, p. 435, 436, 465.
ROTBERTUS Bertran, de Bricrebech, p. 460.
ROTBERTUS, archiepiscopus Rothomagensis, p. 422, 423, 427.
ROTBERTUS, cocus, p. 443.
ROTBERTUS, comes, frater regis Willelmi, p. 463.
ROTBERTUS, dux Normannorum, filius Ricardi II ducis, p. 422, 423, 424, 425, 427, 433, 434, 449, 462.
ROTBERTUS, filius Willelmi Nothi, comes Normannorum, p. 428, 463, 464, 466.
ROTBERTUS, comes de Moretuil, p. 466.

ROTBERTUS, comes de Ou, filius Lezelinæ et Willelmi, p. 426, 444, 463.
ROTBERTUS de Allaino sive Allavio, p. 437, 444.
ROTBERTUS de Barentin, p. 468, 469.
ROTBERTUS de Belmont, p. 464.
ROTBERTUS de Chevruelcurt, de Caureoli Curte, p. 453, 468.
ROTBERTUS de Lamberti Villa, p. 467.
ROTBERTUS de Porco Mortuo, p. 431, 456.
ROTBERTUS, filius Alwardi, p. 464.
ROTBERTUS, filius Clarembaldi, p. 456.
ROTBERTUS, filius Gernagois et Alberedæ, p. 464.
ROTBERTUS, filius Giraldi, p. 466.
ROTBERTUS, filius Guimar, p. 455.
ROTBERTUS, filius Hoelis, p. 448.
ROTBERTUS, filius Hugonis de Flamenvilla, p. 438, 439.
ROTBERTUS, filius Lezelinæ, comitissæ de Ou, p. 457.

ROTBERTUS, filius Rodulfi de Salceid et Adeliæ, p. 441.
ROTBERTUS, filius Rogerii de Warcliva, p. 466.
ROTBERTUS, filius Rogerii de Bello Monte, p. 463.
ROTBERTUS, filius Rogerii de Malpasnage, p. 439.
ROTBERTUS, filius Widonis, p. 443.
ROTBERTUS, filius Willelmi del Dic et Alberedæ, p. 443.
ROTBERTUS, frater Bernardi, p. 461.
ROTBERTUS de Freschenes, p. 453.
ROTBERTUS Herneis, p. 464.
ROTBERTUS, pistor, p. 452.
ROTBERTUS de Maineres, p. 448, 449.
ROTBERTUS Marmion, p. 464.
ROTBERTUS, rex Francorum, p. 423.
ROTBERTUS, sartor, p. 458.
ROZELINUS, p. 441.
ROZELINUS, frater Willelmi, p. 41.

S

SALCEID. V. ANSGERUS.
SALCEID Rodulfus, p. 440.
SALIUS (Rainoldus de), p. 447.
SALOMON, pater Rogerii, p. 425.
SALOMON, rusticanus, p. 437.
SANCTO MARTINO (Rainaldus de), p. 426.
SANCTO JACOBO (Ernulfus de), p. 456.
SANCTO SALVIO seu SALIVO (Henricus de), p. 444, 445.
SALUVALUS, p. 434.
SCALFOI (Willelmus de), p. 442.

SCODEIS (Willelmus de), p. 465, 466.
SENRETH, pater Hugonis, p. 457.
SERLOSVILLA (Rogerius de), p. 465.
SILLEVILLA (Hugo de), p. 455.
SIMON, frater Ebrardi, p. 454, 455.
SNELLUS, p. 436.
SONEMANNUS, p. 439.
SORENA (miles de), nomine Ansguid, p. 453.
SPRIVILLA (Rainoldus de), p. 458.
STIGANDUS de Mesodon, p. 426.
SUZANNA, uxor Rotberti Bertranni, p. 460.

T

TAILLANT Gislebertus, p. 431.
TAISSON Rodulfus, p. 464.
TALLBOTH Hugo, p. 451.
TANCULPUS, monachus, p. 465.
TEIZO, præfectus Sprivillæ, p. 454.
TEOZO, TEIZO, p. 454.
TETBOLDUS, grammaticus, p. 453.
TEZELINUS, nepos Herberti, gravatoris, p. 461.
TINEL Warengarius, p. 430.
TORDUIT (Wigerius de), p. 458.
TORSTEINGOIZ, vicecomes Abrincatensis, p. 423, 455.
TRENCHEFOIL (Willelmus), p. 454.

TURCHITILLUS, pater Hugonis et Goiffridi, p. 424.
TURFREDUS de Germundi Villa, p. 457.
TURGISIUS, pater Gisleberti, p. 425.
TUROLDUS, p. 429.
TUROLDUS, camerarius comitissæ Gunnoris, p. 424.
TUROLDUS de Drincurt, p. 444, 446, 447, 449.
TUROLDUS, filius Osberni de Freschenes, p. 436.
TUROLDUS, hostiarius, p. 441.
TUROLDUS, pater Huberti, p. 436.
TUROLDUS, pater Rogerii, p. 453.

Turoldus, pater Isemberti, monachi, p. 456.
Turstinus, filius Bloc, p. 425.
Turstinus, filius Wigrini, p. 426, 449.

Turstinus, vicecomes. V. Torsteingoiz.
Turulfus, filius Anstais, p. 443.
Tused Rogerius, p. 456.

U

Ulricus, rusticus, p. 438.
Urselinus, nepos Ursonis, p. 428.

Urso, dapifer Azonis, p. 428.
Ursus, p. 460.

V

Valona, mater Willelmi, p. 438.
Valeiscurt (Haimart de), p. 467.
Verlei (Benedictus de), p. 469.
Vernon. V. Guillelmus.
Vernon. V. Hugo.

Vido de Briothna, p. 438.
Vilebertus Pain, pater Rainaldi, p. 469.
Vilers (Paganus de), p. 464.
Vital, abbas, p. 466.
Vitalis, p. 458.

W

Walbertus, frater Heltonis, p. 424, 427.
Walerannus, comes, p. 424.
Walerannus de Dalbuert, p. 452.
Walerna Rodulfus, p. 467.
Walo de la Roca, p. 451.
Walterius, p. 432, 460.
Walterius, abbas Sanctæ Trinitatis, p. 456, 462, 463, 464, 466, 467, 468.
Walterius, cocus, p. 440.
Walterus, filius Heberti Buglel, p. 467.
Walterius, filius Ricardi, p. 431.
Walterius, filius Rodulfi Hachet, p. 435.
Walterius Gifardus. V. Gualterius.
Walterius, pistor, p. 431, 443.
Walterus, filius Gotheri, archidiaconi, p. 445.
Warcliva (Cochilinus de), p. 465.
Warcliva (Rogerius de), p. 466.
Warcliva (Willelmus Calvus de), p. 465.
Warengerius, p. 432.
Warengerius, major, p. 423.
Warengerius Tinel, p. 430.
Warenna (Rodulfus de), p. 435, 436, 437, 438, 439, 440, 443, 451, 452.
Warinus, p. 449.
Warmundus, archiepiscopus Vienn., p. 463.
Warnerius, filius Frotmundi, p. 458.
Warnerius, forestarius, p. 436, 443.
Warnerius, vicedominus, p. 449.
Warulfus de Chevrevilla, p. 448, 449.
Wermon, monachus Sancti Audoeni, p. 441.
Werel, rusticus, p. 458, 459.
Wesneval (Girardus, præpositus de), p. 443.

Wesneval (Rodulfus de), p. 438.
Wido, comes Pontivensis, p. 439, 463.
Wido de Briothna, p. 438.
Wido, filius Amalrici, p. 426.
Wido, pater Rotberti, p. 443.
Wigerius, nepos Durandi, p. 458.
Wigerius de Torduit, p. 458.
Wigrinus, pater Turstini, p. 449.
Willelmus, p. 429, 436, 461.
Willelmus Alis, p. 451.
Willelmus Calvus, de Warcliva, p. 465.
Willelmus. V. Willelmus Vernonensis, castellarius Vernonensis.
Willelmus, comes Archarum, p. 448.
Willelmus. V. Willelmus, filius Osberni, dapiferi.
Willelmus de Archis, p. 463.
Willelmus, Wilermus de Barentin, p. 467, 468, 469.
Willelmus de Calz, p. 464.
Willelmus de Capetval, p. 449.
Willelmus de Falesya, p. 456.
Willelmus de Franca Villa, p. 464.
Willelmus del Dic, p. 443.
Willelmus de Letmanvilla, p. 435.
Willelmus de Longa Villa, p. 428.
Willelmus de Ou, p. 426.
Willelmus de Scalfou, p. 442.
Willelmus de Scodeies, p. 465, 466.
Willelmus de Winbeletville, p. 446.
Willelmus Nothus, dux Normannorum et rex Angliæ, p. 423, 424, 425, 426, 427, 428,

431, 432, 436, 437, 441, 442, 444, 445, 446, 447, 449, 450, 451, 454, 455, 462, 463, 466.

WILLELMUS, episcopus London., p. 455.

WILLELMUS, filius Anscheri de Salceid, p. 437, 439, 440, 441.

WILLELMUS, filius Balduini de Warcliva, p. 466.

WILLELMUS, filius Bernardi forestarii, p. 454.

WILLELMUS, filius Emmæ. V. WILLELMUS, filius Osberni.

WILLELMUS, filius Emmæ et frater Osberni. V. WILLELMUS, filius Osberni.

WILLELMUS, filius Ernaldi de Mosteriolo, p. 442.

WILLELMUS, filius Lezelinæ, comitissæ de Ou et Willelmi, p. 457.

WILLELMUS, filius Gernagois et Alberedæ, p. 464.

WILLELMUS, filius Germundi, p. 452.

WILLELMUS, filius Girardi, p. 464.

WILLELMUS, filius Godefredi, vicecomitis Archarum, p. 433, 435.

WILLELMUS, rusticus, filius Goisberti, p. 459.

WILLELMUS, filius Gonfredi, macecrarii, p. 431.

WILLELMUS, filius Gualterii Gifardi, p. 445.

WILLELMUS, filius Hugonis Vernonensis, p. 441.

WILLELMUS, filius Norfredi, p. 443.

WILLELMUS, filius Normanni, p. 467.

WILLELMUS, filius Osberni, dapiferi, et Emmæ, p. 424, 425, 426, 442, 446, 447, 450, 451, 455.

WILLELMUS, filius Rainerii, p. 469.

WILLELMUS, filius Rodulfi de Warenna et Emmæ, p. 438, 440.

WILLELMUS, filius Rogerii, p. 436.

WILLELMUS, filius Rogerii, filii Hugonis, episcopi, p. 440, 441, 443.

WILLELMUS, filius Turfredi de Germundi Villa, p. 457.

WILLELMUS, filius Valonæ, p. 338.

WILLELMUS, filius Willelmi comitis, filii Osberni dapiferi, p. 451.

WILLELMUS, filius Willelmi de Scalfou, p. 442.

WILLELMUS (Rufus), filius Willelmi, regis, p. 423, 451, 463, 466.

WILLELMUS, frater Rozelini, p. 441.

WILLELMUS Hachet, p. 441.

WILLELMUS, hæres Heltonis, p. 424, 427.

WILLELMUS, macecrarius, p. 430, 431, 432.

WILLELMUS, Paviliacensis, p. 468.

WILLELMUS, Rotomagensis archiepiscopus, p. 463.

WILLELMUS, cognomine Rufus, rex Anglorum, p. 435.

WILLELMUS, sartor, p. 443, 458.

WILLELMUS Trenchefoil, p. 454.

WILLELMUS Vernonensis, filius Hugonis, p. 430, 431, 432, 457, 460.

WINBELETVILLA (Willelmus de), p. 446.

WESNEVAL (Rodulfus de), p. 438.

WINEMERUS, p. 468.

WITBERTUS, del Puiz, p. 425, 426.

WITMUNDUS, sutor, p. 429.

Y

YLBERTUS de Donmaisnil, p. 446.

YSEMBERTUS, monachus, filius Turoldi, p. 456.

INDEX LOCORUM.

A

ALBERTI VILLA, Auberville, p. 426, 434, 451, 458.
ALLADIUS, ALLAVIUS, ALLAUX, Aulage, près Neufchâtel, p. 423, 435, 437, 444, 451.
ALNOU, Aulnai, p. 457.
ALTA VESNA, Auteverne, près de Baudemont, p. 445, 458, 461.
ALTIZ ou AUTIZ, in Longa Villa prope Vernonem, Saint-Pierre-d'Aultiz, p. 430, 431.
AMUNDI VILLA, in pago Caletensi, Omonville, p. 436, 437, 439, 440.
ANGLIA, Angleterre, p. 430.
ANGLICA VILLA, in pago Caletensi, Anglesqueville, sur Saane, p. 436, 440.
ANSELMI VILLA, in pago Rotomagensi, Anseaumeville, p. 422, 429, 451, 464.
ANSEVILLA. V. ANSELMIVILLA.
ANSFREDI VILLA, Amfreville la Mivoye, p. 463.
APPAVILLA, APPIVILLA, Appeville, près de Dieppe, p. 422, 446.
ARCHAS, Arques, p. 422, 434, 448, 462, 463.
ARCHENSE castellum, château d'Arques, ou plutôt Arques, p. 464.
AUCUM, OU, Eu, p. 426, 428, 444, 447, 441, 457, 463.

B

BAIOCÆ, Bayeux, p. 464.
BARENTIN, Barentin, p. 465, 467, 468, 469.
BEHERVILLA, Berville, en France, p. 467.
BEC (del), le Bois près Darnetal, p. 446, 464.
BELCAISNE (terra de), Beauchaisne, p. 465.
BELBOUF, BELLEBOIT, BELLEBUET, Belbeuf, sous Darnetal, p. 460, 468.
BELLOMONTE, BELMONT (de), Beaumont, p. 426, 463, 464.
BELVACUM, Beauvoir, p. 465.
BERNIVAL, Berneval, p. 432.
BERNAI, Bernai, p. 450.
BIVEVILLA, BUIEVILLA, Biville, p. 435.
BISI, BISEY, in pago Ebroicensi, Bisi, près de Vernon, p. 426, 428, 429, 456.
BLARRU, Blaru, près de Vernon, p. 467.
BLOVILLA, Bloville, depuis Blosseville, à Rouen, p. 435, 436, 440, 443, 456, 464, 468.
BODES, BODESVILLA, Boudeville, près de Monville, p. 459.
BOSCI VILLA EPISCOPI, Bois-l'Évêque, entre Darnetal et Ry, p. 466.
BRANDEVILLA, in Lisiacensi pago, Branville, diocèse de Lisieux, p. 422.
BRICREBECH, Briquebec, p. 460.
BRIOTHNA, Bretonne ou Brionne, p. 438.
BRUERE (la), la Bruyère, canton de Montivilliers, p. 452.
BUSC (del), le Buc, près de Buchy, p. 452.
BUNDI VILLA, Bondeville, p. 449.
BUSLEI, Buly, près de Neufchâtel, p. 444.
BYSEI, BISI. V. BISI.

C

CALDECOTA, in pago Talou, Côte-Côte, près de Dieppe, p. 422.
CALDRY, CALDRI, Chaudry, en France, p. 466.
CALETENSIS pagus, pays de Caux, p. 440.
CALZ, Caules, canton de Blangy, p. 464.
CANAAN, Canehan, près d'Eu, p. 422, 425, 426, 437, 451, 460.
CANCEI, Canchy, près de Neufchâtel, p. 444.
CAPLTVAL, Capeval, près de Neufchâtel, p. 449.
CAPREVILLA, in territorio Rotomagensi, p. 447. V. CHEVREVILLA.
CARDONVILLA, Cardonville, p. 433.
CARUS AGER, près la rivière de Cleres. V. CLARUS AGER.
CAUREOLI CURTIS, Chauvincourt ou Quevrecourt, près de Gamaches, p. 468.
CHEANEAN. V. CANAAN.
CHEVREMONT, Quevremont, ou Sainte-Marguerite-sur-Mer de Caprimont, p. 449.

CHEVREVILLA, Quevreville-la-Milon, p. 448, 449.
CHEVRUELCOURT, Quevrecourt, près de Neufchâtel, p. 453.
CHEVILLEI, CHIVILLEI, in territorio Rotomagensi, Quevilly, p. 447.
CIVERES, Civières, près d'Écos, p. 456.
CLARÆ, CLERÆ, fluviolus, fluvius, la rivière de Cleres, p. 453.
CLARUS, CARUS AGER (apud Montvillam), à Montville, p. 434.
CONCHÆ, Conches, p. 464.
CONSTANTIA, Coutances, p. 455, 463.
CONSTANTINUS pagus, le pays de Coutances, p. 422.
COROLME, in territorio Rotomagensi, Couronne, p. 447.
CRUIZMARA, Croismare, p. 436.
CULVERTVILLA, Cuverville, p. 456.

D

DALBUET, Daubeuf, p. 452.
DESERTUM, près de Bisi, à Longueville, p. 467.
DIC, p. 443.
DIEPPA, Dieppe, p. 422.

DOMMAISNIL, Doumesnil, près de Gamaches, p. 446.
DRINCURT, Drincourt, depuis Neufchâtel, p. 423, 426, 431, 435, 437, 444, 446, 447, 449, 452, 453.

E

EBROICÆ urbs, Évreux, p. 462.
EBROICENSIS pagus, pays d'Évreux, p. 422, 428.
ELEMOSINA, l'Aumône, près Foucarmont, p. 456.
ERMENTRUD, faubourg Saint-Sever, à Rouen, p. 447.

ERNALDI, EINARDI mansionale, in pago Constantiensi, Mesnil-Esnard, p. 443.
ESCAL, ESCALIS, Escales, p. 468, 469.
ESCOZ, Écos, p. 446.
ESCHETOT, ECTOT, Équetot, p. 446.
ESLETES, Eslettes, p. 449, 450, 453.

F

FAC, FALCVILLA, Fauville, p. 456, 460.
FALESYA, FALEISA, Falaise (Eure), fief à Portmort, p. 431, 456.
FISCAMBENSE monasterium, monastère de Fécamp, p. 448.
FLAMENVILLA, in pago Caletensi, Flamanville, p. 429, 436, 437, 438, 439, 440, 443.
FRANCIA, la France, p. 467.

FRANCA VILLA, FRANCHEVILLA, Franqueville, près de Vernon, p. 442, 457, 460, 464.
FRASNEIUS, Saint-Aubin des Fresnes, diocèse d'Évreux, p. 468.
FRESCHENES, Fresquienne, p. 436, 453.
FONTANELLÆ monasterium, monastère de Fontenelle (Saint-Wandrille), p. 448.
FONTANAS, Fontaines, p. 428, 429, 431.

INDEX LOCORUM.

Fossa, in Sequana, Belle-Fosse, auprès d'Oissel, p. 445.

Fuscelmont, Château-sur-Epte, p. 446.

G

Gamaci, Gamaches, p. 445.
Germudi Villa, Gremonville, p. 457.
Goi, Goui, p. 465.
Goislenfontana (castrum de), Gaillefontaine, p. 454.
Gornacum, Gournai, p. 468.
Gravingnei, in pago Ebroicensi, Gravigny, dans le diocèse d'Évreux, p. 422, 433.
Grinvilla, Grainville, p. 454, 455.
Gruceth, Gruchet, près de Fauville, p. 459.
Guerith, villa regia, in Anglia, p. 455.
Guiardi Villa, Girardi Villa, in episcopatu Lisiacensi, Giverville, p. 442.

H

Herolcurt, Haucourt, près de Neufchâtel, p. 425.
Hermodesodes, in Anglia, p. 455.
Hesledes. V. Esletes.
Hotot, Hotot, p. 451.
Huinili, Henouville, près de Pavilly, p. 468.

I

Ivitot, Yvetot, p. 424.
Insula, Notre-Dame de l'Isle, près des Andelys, p. 456.

K

Kenehan, in pago Talou. V. Canaan.

L

Laroca, Laroque, p. 451.
Lacei, Lacy, p. 459.
Laconterua, p. 465.
Lanberti Villa, Lamberville, p. 467.
Letmanvilla, Emanville, près de Pavilly, p. 435.
Limeisei, Limezy, p. 434, 439, 443.
Lisiacensis pagus, pays de Lisieux, p. 422.
Londonia, Londres, p. 455.
Longa Villa, in territorio Vernonensi, Longueville, près de Vernon, p. 427, 428, 429, 430, 431, 432.
Longus campus, Longchamp, p. 452.
Longum bothel (silva), forêt de Longboël, p. 451.

M

Mainartmons, Monsmainart, Montmain, p. 460.
Maisnil, le Mesnil, p. 442, 445.
Maisneres, Maineres, Mainières, p. 448, 449.
Malalneit, Malaunay, p. 450.
Mansionale Enardi. V. Enardi Mansionale.
Maltevilla, in pago Caletensi, Mautheville, sur la Durdan; ou Motteville, au-dessus d'Yvetot? P. 430, 436, 437, 438, 439, 440.
Mara (de), Delamare, canton de Pavilly, p. 453.
Martinvilla, in pago Lisiacensi, Martinville, p. 422, 441, 447.
Mathun, Mathonville, près de Buchy, canton de Longueville, p. 446.
Merdeplud, Merdeplued, Merdepluet, Eauplet, près de Rouen, p. 435, 443.
Mesodon, Mésidon, p. 426.
Moretuil, Mortain, p. 466.

Mons Rotomagi, le mont Sainte-Catherine de Rouen, p. 427, 433, 435, 457, 462.
Montvilla, Montville, p. 433, 434, 453.
Mosteriolus, Monterolier, au-dessus de Buchy, p. 442.

Mons Gomeri, Montgomery, p. 426, 442 463.
Mucedent, Mucedent, p. 422.

N

Norberti viculus, Nobré, près de Neufchâtel, p. 423.
Normannia, la Normandie, p. 427.

Novientum, Nogent, près de Neufchâtel, 423.
Novillula, Neuvillette, près de Rouen, p. 443.
Novum mercatum, Neufmarché, p. 446.

O

Opimensis villa, Bourgbaudouin, p. 468.
Osbernet tractus, à l'île de Bedane, p. 458.
Oscelli insula, vel Turhulm, île de Bedane, p. 422, 458, 462, 463.

Osulfi Villa, in pago Caletensi, Auzouville-sur-Saane, p. 440.
Ou (castrum de), château d'Eu. V. Aucum.

P

Panillosa, Panilleuse, arrondissement des Andelys, canton d'Écos, p. 430.
Parmes, Parnes, Parnas, Parnes, p. 465, 467.
Paviliacus, Pauliacus, Pavilly, p. 451, 467.
Pasun, supra mare, le Porçon, sous Varengeville? P. 422.
Pissei, Pissi, p. 423.
Pleiediz, le Pleix, à l'est de Darnetal, p. 423, 425, 426.
Pons Hunfridi, à Eauplet, p. 435.
Porceval, Porcevil, p. 433.

Portmort, Porcus Mortuus, Pormort (Eure), p. 431, 456, 457, 458.
Prinseignei, Pressaigny, Pressagni-l'Orgueilleux, près de Vernonet, p. 430.
Puiz. V. Puteus.
Putangle, p. 444.
Putbeuf, in pago Rotomagensi, Pibeuf, près de Cailly, p. 449.
Puteus, le Puits, près de Dieppe, p. 425, 426, 468.

Q

Quatuor Molendina, Quatre-Moulins, p. 450, 458.

R

Raderi Villa, Ratieville, près de Clères, 458.
Rodobech, fluviolus, la rivière de Robec, p. 422.
Renbot Viler, p. 422, 465.
Reduil, Rieux, près de Blangy, p. 425.
Rethvers, Reviers, p. 468.
Richelcourt, Requiecourt, doyenné de Baudemont, p. 467.

Roillie, p. 456.
Rolvilla, Rouville, près Fauville, p. 452.
Roma, Rome, p. 452.
Rotomagensis pagus, pays de Rouen, p. 422, 443, 447, 449.
Rotomagus, Rouen, p. 421, 428, 447.
Rotomagi Mons. V. Mons Rotomagi.

S

Salceid, Sauchay, près d'Envermeu, ou Saussay, p. 439, 440.

Sancti Amandi monasterium, monastère de Saint-Amand de Rouen, p. 459.

INDEX LOCORUM.

SALHUS, super Sequanam, Sahur, p. 425, 447.
SANCTUS AUDOENUS, Saint-Ouen de Rouen, p. 426.
SANCTUS JACOBUS, Saint-Jacques-sur-Darnetal, p. 424, 447, 456.
SANCTUS MARTINUS, Saint-Martin, p. 426, 469.
SANCTI NICHOLAI oratorium, supra Sequanam, p. 457.
SANCTI PETRI PONS, Pont-Saint-Pierre, p. 452.
SANCTUS SALVIUS, Saint-Saire, p. 444, 445.
SANCTUS WANDREGISILIUS, Saint-Wandrille, p. 441.
SANREITH, SENRETH, p. 451, 457.
SARLOSVILLA, SERLOVILLA, Celloville-lez-Rouen, p. 425, 463.

SCALFOU, Échauffour, p. 442.
SCODEIS, Écouis, p. 465, 466.
SCURRA, Lescure, près de Rouen, p. 436, 443.
SCLAVELLIS (villa de), Éclavelles, près de Neufchâtel, p. 444, 453.
SEPTEM MOLÆ, Sept-Meules, p. 449.
SEQUANA, fluvius, la Seine, p. 421, 422, 445, 447, 457.
SILLEVILLA, Sierville, p. 455.
SPINEIT (silva de), forêt d'Épinay, près de Rouen, p. 426.
SPRIVILLA, Épreville, près de Darnetal, p. 454, 458.
SORENX, les Sorengs, près de Buty (Neufchatel), p. 453.
SOTHEVILLA, SOTTEVILLA, Sotteville-lez-Rouen, p. 435, 454.

T

TALOU pagus, pays de Talou, p. 442.
TORDUIT, Torduet, arrondissement de Lisieux, p. 458.

TORHULMUS, TURHULMUS, insula. V. OSCELLUS
TOTEREL, supra fluvium Cleræ, le Tot, p. 453.
TOTES, Totes, p. 412.

U

UDONE MANSUM, Mésidon. V. MESODON.

UVEST, in pago Ebroicensi, Huest, p. 422.

V

VALEISCURT, Haleiscurt, près Gaillefontaine, p. 467.
VALLIS RICHERII, in territorio Rotomagensi, Valricher, p. 425, 447.
VALLIS Wathensis, Vaterival, près du phare d'Ailly, p. 427.
VERLEI, Veilli, Villy, près de Blangy, p. 469.
VERNON, Vernon, p. 441, 457.

VERNONEL, VERNOINEL, Vernonet, p. 429, 430.
VERNONENSE territorium, pays de Vernon, p. 427.
VERNONENSE castrum, château de Vernon, p. 430.
VILERS, Vilers, p. 464.
VIENNA, Vienne, en Dauphiné, p. 463.
VILLARE, in pago Talou, Villars, p. 422.

W

WARCLIVA, WARDIVA, Verclive, p. 458, 465, 466.
WARNEI, Querny, ou Giverny, p. 445.

WESNEVAL, Esneval, p. 438, 443.
WINBELETVILLA, WINBETVILLA, Imbleville, près Totes, p. 446.

FIN DU TOME TROISIÈME.

www.ingramcontent.com/pod-product-compliance
Lightning Source LLC
Chambersburg PA
CBHW070403230426
43665CB00012B/1222